SIPRI年鉴2009

军备、裁军和国际安全

中国军控与裁军协会　译

时事出版社

1987年以前出版的各年鉴书名为：
《世界军备与裁军：斯德哥尔摩国际和平研究所【出版年号】》
《SIPRI年鉴2009：军备、裁军和国际安全》（英文版）
牛津大学出版社，牛津，2009，594页
（斯德哥尔摩国际和平研究所）
ISSN 0953-0282
ISBN 978-0-19-956606-8

图书在版编目（CIP）数据

SIPRI年鉴2009：军备、裁军和国际安全/斯德哥尔摩国际和平研究所编；中国军控与裁军协会译．—北京：时事出版社，2010.5
ISBN 978-7-80232-344-5

Ⅰ.①S… Ⅱ.①斯… ②中… Ⅲ.①军备－世界－2009－年鉴 ②裁军问题－世界－2009－年鉴 ③国际问题－安全－2009－年鉴 Ⅳ.①E118-54②D815-54

中国版本图书馆CIP数据核字（2010）第061056号

图字：01-2010-2159号

责任编辑：协　力

出版发行：时事出版社
地　　址：北京市海淀区万寿寺甲2号
邮　　编：100081
发行热线：（010）88547590　88547591
读者服务部：（010）88547595
传　　真：（010）68418647
电子邮箱：shishichubanshe@sina.com
网　　址：www.shishishe.com
印　　刷：北京百善印刷厂

开本：880×1230　1/32　印张：23.875　字数：700千字
2010年5月第1版　2010年5月第1次印刷
定价：98.00元
（如有印装质量问题，请与本社发行部联系调换）

中国军控与裁军协会

《SIPRI 年鉴》项目

主　任　叶如安

副主任　黎　弘

参与本卷翻译的单位

中国国际战略学会

中国国际问题研究所

中国国防科技信息中心

北京应用物理与计算数学研究所

中国军控与裁军协会秘书处

本卷翻译人员（以姓氏笔划为序）

王连成　田景梅　叶如安　刘宏俊　刘俊波　朱肖晶

许　巍　庄茂成　邢笑雷　李长和　陈　戎　谷景书

陆建新　苏晓辉　吴成迈　沈　桦　张　茜　孟　君

郑瑞祥　赵　铭　周爱群　高俊敏　唐寅初　徐家雄

蒋正明　蒋振西　琦　灵　翟玉成　翟德泉

译　审　庄茂成　叶如安　龚显福

斯德哥尔摩国际和平研究所（SIPRI）

SIPRI 是一家独立的国际性研究机构，致力于研究和平与冲突问题，尤其是军备控制与裁军问题。它建于 1966 年，以纪念瑞典连续享有 150 年的和平。

研究所的经费主要是由瑞典政府提议尔后由瑞典议会批准的赞助款。工作人员和董事会成员来自全球许多国家。研究所还设有一个顾问委员会，作为其国际咨询机构。

董事会对研究所的出版物中表述的观点不负责任。

年鉴主编和出版人：季北慈（Bates Gill）所长

执行编辑：伊恩·安东尼（Ian Anthony）

主任编辑：D. A. 克鲁克香克（D. A. Cruickshank）

编　辑：D. A. 克鲁克香克（D. A. Cruickshank）、乔伊·福克斯（Joey Fox）、耶塔·吉利根·博格（Jetta Gilligan Borg）、卡斯珀·蒂默（Caspar Timmer）

斯德哥尔摩国际和平研究所（SIPRI）

地　址：Signalistgatan 9，SE—169 70 Solna，Sweden
电　话：46 8/655 97 00
传　真：46 8/655 97 33
电子信箱：sipri@sipri. org
因特网网址：http：//www. sipri. org

序言

今年这一卷《SIPRI 年鉴》在该出版物的光辉历史上有着特殊的意义。《SIPRI 年鉴 2009》是本年鉴的第 40 卷。它是这些年数百名研究人员、编辑、图书馆员、行政人员和其他支持者及撰稿人所作努力的非凡证明，他们用公开资料致力于对冲突与安全、军费开支与军备、军控与裁军及不扩散等方面的动向进行最为全面而权威的诠释。把 40 卷《SIPRI 年鉴》汇集在一起，则毫无疑问是上述这些问题的一部四十年编年史。

很明显，自 1969 年首次出版《SIPRI 年鉴》以来，世界发生了很大变化。没有变化的是《SIPRI 年鉴》所确定的严谨学术态度和 SIPRI 研究所的坚定信念。本所始终认为，国际社会对于军备、裁军和国际安全问题需要得到权威而客观的信息和分析。

回顾《SIPRI 年鉴》的第一卷，可以看出 SIPRI 研究所在这些问题上的前后一致性：1969 年的第一卷就探讨并记载了世界军费开支、军事技术进步（包括潜射弹道导弹和生化战的发展）、裁军努力和冲突等问题。同其后来的各卷一样，那一卷年鉴对许多问题——从核武器试验计划、主要武器贸易、二战后的冲突，到当时谈判达成的 1968 年《不扩散核武器条约》（NPT）的论述，也都附有丰富的数据、情况、分析、年表和参考文件。

今天，对于深入了解和中肯分析军备、裁军和国际安全等问题的需要仍与以往一样迫切。对此，《SIPRI 年鉴 2009》可与先前的各卷年鉴相媲美，同样经得起检验。本卷年鉴由两位研究冲突和大规模平民离散问题的最著名专家罗伯塔·科恩和弗朗西斯·M·登新添了极为精彩的一章开篇，反映“人的安全”的日益重要性和国内冲突所带来的各种难题。本卷还深入分析了过去一年的冲突发展趋势、和平行动的正当性、阿富汗的政治与安全形势、军费开支的走向、军工生产、常规武器转让、世界核力量、核生化领域的动向、常规军备控制以及裁军与防扩散等问题。SIPRI 研究所特别高兴能在今年发表由“经济与和平研究所”发表的“2009 年全球和平指数”，这是一种衡量国家和平程度的独特方法。

总之，与以前的 39 卷一样，《SIPRI 年鉴 2009》在单本书中提供了关于军备、裁军与国际安全方面一系列问题的最好信息和分析。

在机构建议方面，SIPRI 研究所出现了充满活力的一年。2008 年，本所首次在北京、布鲁塞尔和华盛顿派驻人员，并将于 2009 年完成设点事宜。尤为高兴的是，本所在《外交政策》杂志的“2008 年智库编索”中名列前茅。该杂志在对全世界 5000 多家研究机构和智库的考察中，把 SIPRI 研究所排在“国际安全与外交事务”类别非美国智库中的第三位，在全球智库中排名第六位。

2008 年，三位得力的老职员在潜心工作多年后离开了本所。负责公共关系事务的埃瓦玛丽娅·卢斯-温特劳布（刚进所时曾任研究助理）于 2008 年年中退休。档案管理员卡罗尔·伯塔（进所后先任研究助理，后来为几位前任所长当过特别助理）和担任过若干项重要行政职务的毕比·亨森两人于 2008 年年底退休。我感谢他们多年来为研究所作出的杰出贡献。7 月份，彼得·雷亚的去世又使我们失去了为年鉴工作时间最长职员中的一位。他自 20 世纪 70 年代以来一直为年鉴编纂索引，其丰富经验将难有他人所能替代。

《SIPRI 年鉴》的筹备和出版工作是一项非凡的任务，没有一批非凡的人员脚踏实地地去干是不可能完成的。我要特别感谢积极投入工作的编辑们，他们是：大卫·克鲁克香克、乔伊·福克斯、耶塔·吉利根·博格和卡斯珀·蒂默。我还要感谢所有的作者们为本卷撰写的杰出文章。我还想向副所长丹尼尔·诺德、研究协调人伊恩·安东尼、财务与行政部主任安娜·赫勒戴、图书馆和文件部主任南尼·博德尔、信息技术部主任格尔德·哈格米尔-加弗鲁斯以及所长特别助理辛西娅·洛等人致以特别谢意，感谢他们对 SIPRI 研究所工作的大力支持。我还要对以罗尔夫·埃克尤斯大使为首的 SIPRI 董事会和许许多多支持本所的各国人士表示谢意，感谢他们的指导和奉献。

值此第 40 卷《SIPRI 年鉴》出版之际，我愿把它推荐给年鉴的新老读者们，期待着你们的点评和批评。

SIPRI 研究所所长
季北兹博士
2009 年 5 月

目录

第二部分　2008 年的军费和军备

第三部分 2008 年的不扩散、军控与裁军

第十二章 控制与安全相关的国际转让 ……………………（585）

附　件

本书摘要

第一部分　2008年的安全与冲突

冲突和单方面暴力造成的大规模流离失所：国家与国际的反应（《SIPRI年鉴2009》中文版第15—45页）

罗伯塔·科恩，弗朗西斯·M·登

民众在国内或跨境大规模流离失所是冷战后世界所出现的一个鲜明特征。国家绝对主权体系已发生变化：对待本国公民的国家行为已成为国际关注和监视的事。联合国大会2005年采纳了"保护责任"概念。这一概念使国家负有保护其公民的责任，使国家社会负有支持国家的义务。加入国家未尽到其责任，"保护责任"概念则规定国际社会需采取"集体行动"，保护受威胁民众。最近各个和平协议都对这种离散人员的返回、重新安置和融合做了一些规定。各国政府必须对其国内离散人员负起责任，联合国应积极配合，确保这些民众安全和持续地返回家园，避免某些团体的边缘化，并通过纠正以往过错的办法来解决冲突的根源。

武装冲突的趋势：针对平民的单边暴力（《SIPRI年鉴2009》中文版第46—81页）

叶卡捷琳娜·斯捷潘诺娃

武装冲突中针对平民的单方面暴力行为发生得很多。对立双方作战中的暴力虽然也有乱伤平民的情况，但相比之下，单方面暴力更是直接和故意伤害着平民，其形式有屠杀、任意杀人和恐怖袭击等。尽管自 20 世纪 90 年代初以来武装冲突在总体上呈下降趋势，但单方面暴力的数量却在上升。这种暴力系由政府军、主要的非国家行为体及地方武装组织等在内的各种武装的行为体所为，而且已成为一种日常性的暴行。对于单方面暴力的分析和衡量，可以通过多种可用的方法。经过对 2008 年发生在索马里、斯里兰卡、南奥塞梯和哥伦比亚的几场冲突中实施单方面暴力的规模、动机及实施者类型的剖析，可以对当代武装冲突中的这一方面得出一些有价值的看法。

和平行动的正当性（《SIPRI 年鉴 2009》中文版第 116—140 页）

莎伦·韦哈塔

在联合国实施首次维和行动已有 60 周年的 2008 年，有些行动面临着各种各样的问题，从而为维和努力和当前维和改革提出了一个有关正当性的问题。正当性系由三个互有联系并互为加强的因素确定的，即政治一致、合法性和道义根据。已发现的维和行动正当性中的不足则会损害行动的有效性。2008 年的欧盟科索沃整合团（EULEX Kosovo）表明，行动的政治一致和法律依据是行动正当性、行动部署、实施和撤出能力最根本的基础。欧盟乍得/中非共和国军事行动团（EUFOR Tchad/CRA）所面临的困难说明了行动授权的合理适当并切实执行，同认定该行动是否正当有着密切联系。联合国刚果民主共和国行动团（MONUC）、非盟索马里特派团（AMISOM）和非盟/联合国达尔富尔混合行动（UNAMID）突出证明了道义因素是保证行动驻地正当性的关键。正当性问题仍将是解决当前维和行动所面临的问题中的一个首要问题。

阿富汗的安全与政治形势：进展、问题和前景（《SIPRI 年鉴 2009》中文版第 198—217 页）

蒂姆·福克斯莱

在阿富汗，反恐战争日益加强但政治和经济上的进展迟缓，引起了国际社会的负面看法，并使阿富汗人民感到沮丧。美国的新战略强调在加强军事打击的同时要增强地区、发展和政治方面的努力，这使人感到鼓舞。但是，虽然国际社会承诺依然十分重要，而相互缺乏协调，将继续阻碍各方面的进展，“厌战”情绪已到处存在。奥巴马政府在阿富汗问题上的“地区”思想更多地指望着巴基斯坦，但那里却明显地存在着更多的问题。令人遗憾的是，阿富汗在今后几年中的命运看来仍是好坏参半，进展将依然会很慢，依然充满着问题，且十分脆弱。

第二部分 2008 年的军费和军备

军费（《SIPRI 年鉴 2009》中文版第 221—260 页）

萨姆·珀洛·弗里曼，卡塔利娜·佩尔多莫，伊丽莎白·申斯，彼得·斯塔伦海姆

2008 年全球军事开支总额估计达 1.464 万亿美元，比 2007 年实际增长 4%，比 1998—2008 年间增长 45%。这一军费总额约占全球国内生产总值（GDP）的 2.4%，或相当于人均 217 美元。2008 年，美国依然是遥遥领先于其他国家的世界上最大军费开支国——占全球军费总额的 41.5%——随后是中国（占 5.8%），接下来是法国、英国和俄罗斯，各占 4%—4.5%。任职八年的小布什总统使美国军费达到了二战以来实际增长的最高水平。在 2000 年至 2009 年间，其军费占 GDP 的比例从 3%升到了 4.5%。2008 年，世界其他地区的军费也都有较大增长，其原因既是因为经济增长，也是由于有些国家想当全球或地区大国。

军火生产（《SIPRI 年鉴 2009》中文版第 336—366 页）

萨姆·珀洛—弗里曼

除中国外，全球军火生产最大的 100 家公司（又称“SIPRI 100 强”），2007 年的军火销售总额为 3470 亿美元，比 2006 年的面值增长 11%。2007 年军火销售增长最大的公司一般都是装甲车制造商，特别是为美驻阿富汗和伊拉克的军队生产防地雷抗伏击车辆的公司、主要通过美国采购而扩张的英国公司，以及那些扩大军事服务的公司

和俄罗斯的航天企业。2008 年在北美和西欧的军火工业中超过 10 亿美元的并购有 4 宗，其中包括一家欧洲大陆公司第一次并购一家美国公司。其他较大的并购案主要是英国公司对美国公司的并购，继续进行着先前已开始的进程，即几乎所有英国军火生产厂家都要有较多的美国份额。

国际武器转让（《SIPRI 年鉴 2009》中文版第 389—413 页）

西蒙·T. 魏泽曼，马克·布罗姆利，皮埃特·D. 魏泽曼

2005 年以来，主要常规武器的转让出现了一种上升趋势。2004—2008 年间，年均交货量比 2000—2004 年间的年均量高出 21%。2004—2008 年间，5 个最大的出口国——美国、俄罗斯、德国、法国和英国的出口量约占全球总量的 80%。中国仍是 2004—2008 年间单一的最大武器进口国，但在最近的两年中其进口量出现较大下降。对亚洲和中东的出口量出现了增长。斯里兰卡内战的重起，使小额军火交易所产生的负面影响受到了重视。

世界核力量（《SIPRI 年鉴 2009》中文版第 455—498 页）

香农·N. 基尔，维达利·费琴科，汉斯·M. 克里斯滕森

2009 年初，8 个国家共拥有约 8392 件实战核武器。在 2008 年，已部署的实战核武器数量出现总体下降，主要是由俄、美根据 2002 年《削减进攻性战略武器条约》（SORT）进行了削减。两国宣布将谈判一项新的条约进行更大幅度削减。尽管对于核裁军的公众兴趣在 2008 年出现了再次高涨的迹象，但所有法律上承认的核武器国家均决心在未来一个不限定的期限内将继续保留他们的核武库，并正在进行现代化改进或已宣布将会这么做。

第三部分 2008 年的不扩散、军控和裁军

核军备控制与不扩散（《SIPRI 年鉴 2009》中文版第 505—532 页）

香农·N. 基尔

2008年，围绕伊朗核问题前景的外交僵局继续处于国际关注的中心位置。伊朗无视两项要求它中止核活动的新的安理会决议，继续快速进行它的铀浓缩活动。国际原子能机构对被指责的伊朗核武器研究计划的调查并未取得多大进展。在其他地方，关于分阶段取消朝鲜核计划的六方会谈出现了中断；有新的证据表明，叙利亚与朝鲜之间可能有着未宣布的核合作；俄罗斯与美国恢复了它们关于缔结一项新的军控条约的双边谈判。

降低生化材料带来的安全威胁（《SIPRI年鉴2009》中文版第533—556页）

约翰·哈特，彼得·克莱夫斯蒂格

2008年，政策制定者们继续加大防止和应对生化战威胁的措施，提出了许多应对化学、生物材料所带来威胁的重叠建议和措施，并对非国家行为体的活动信息提出了更全面的国际报告和跟踪措施。美国宣布，2001年炭疽信件袭击事件系由一名美国国防部门的科学家所为。1972年的《禁止生物武器公约》缔约国根据一项2007—2010年的会间会计划，举行了第二次政治和专家会议。1993年的《禁止化学武器公约》缔约国举行了第二次审议大会，但与会国首次未就会议的最后文件达成共识。

常规军备控制（《SIPRI年鉴2009》中文版第557—584页）

兹希洛·拉霍夫斯基，斯文亚·珀斯特

2008年，控制“非人道武器”的努力在全球层面上取得了不小的突破。2006年由一批认识一致的国家和非政府组织发起的对集束弹药打上标记并进行有效跟踪的“奥斯陆进程”，终于导致了一项具有法律约束力的公约的签署，该公约类似于上世纪90年代的反对“杀伤人员地雷”的运动。在俄罗斯于2007年12月决定暂停参加1990年的“欧洲常规武装力量条约”（CFE）之后，2008年该条约处于被搁置状态。西巴尔干国家的次区域军备控制框架协议继续得以顺利实施。欧洲地区的信任措施现在集中于应对小武器和常规弹药库存所构成的威胁。优化“行为准则”中关于安全的政治—军事方面内容，也被认为是改善欧安组织地区安全与稳定的一个重要组成部分。

控制与安全相关的国际转让（《SIPRI 年鉴 2009》中文版第585—609 页）

伊恩·安东尼，西比勒·鲍尔

最近几年，对于主张合作制定与安全相关物项出口控制法律的国家来说，要解决的中心问题一直是究竟应坚持区别对待原则还是应坚持普遍公平原则。最近，主张混合应用上述原则的做法得到了更多支持。这种做法将对少数令人关切的国家加强控制，而允许让技术在相互信任的国家之间较为自由地流动。在制定指导原则方面，一些出口控制机制把重点放在客观标准上，以减小各国在决定发放许可证时作出不同解释的风险。2008 年，核供应国集团（NSG）修改了做法，使其供应原则适用于受控物项向印度的出口。2008 年欧盟内部出口控制规则和程序的变化，突出了要将足够资源用于在整个欧洲执行和实施出口控制的重要性。

（庄茂成　译）

缩略语

ABM **Anti-ballistic missile**
反弹道导弹

ACV **Armoured combat vehicle**
装甲战车

AG **Australia Group**
澳大利亚集团

ALCM **Air-launched cruise missle**
空中发射巡航导弹

APC **Armoured personnel carrier**
装甲运兵车

APEC **Asia-Pacific Economic Cooperation**
亚太经合组织

APM **Anti-personnel mine**
杀伤人员地雷

APT **ASEAN Plus Three**
“东南亚国家联盟＋3”

ARF **ASEAN Regional Forum**
东盟地区论坛

ASAT **Anti-satellite**
反卫星

ASEAN Association of South-East Asian Nations
东南亚国家联盟

ATT Arms trade treaty
武器贸易条约

ATTU Atlantic-to-the Urals (zone)
大西洋到乌拉尔(地区)

AU African Union
非洲联盟

BMD Ballistic missile defence
弹道导弹防御

BSEC Organization ofBlack Sea Economic Cooperation
黑海经济合作组织

BTWC Biological and Toxin Weapons Convention
禁止生物武器公约

BW Biological weapon/warfare
生物武器/战

CADSP Common AfricanDefence and Security Policy
非洲共同防务与安全政策

CAR Central African Republic
中非共和国

CBM Confidence-building measure
建立信任措施

CBRN Chemical, Biological, Radiological and Nuclear
化学、生物、放射性和核材料

CBSS Council of the Baltic Sea States
波罗的海国家委员会

CBW Chemical and biological weapon/warfare
化学和生物武器/战

CCM Convention on Cluster Munitions
集束弹药公约

CCW Certain Conventional Weapons (Convention)
特定常规武器(条约)

CD Conference on Disarmament
裁军谈判会议（裁谈会）

CEEAC Communauté Economique des Etats de l'Afrique Centrale（Economic Community of Central African States，ECCAS）
中非国家经济共同体

CFE Conventional Armed Forces in Europe（Treaty）
欧洲常规武装力量（条约）

CFSP Common Foreign and Security Policy
共同外交和安全政策

CICA Conference on Interaction and Confidence-Building Measures inAsia
亚洲相互协作与建立信任措施会议

CIS Commonwealth of Independent States
独立国家联合体（独联体）

COPAX Conseil de Pais et de Securite de l'Afrique Centrale（Central Africa Peace and Security Coucil）
中部非洲和平安全理事会

CSBM Confidence- and security- building measure
建立信任与安全措施

CSCAP Council for Security Cooperation in theAsia Pacific
亚太安全合作理事会

CSTO Collective Security Treaty Organization
集体安全条约组织

CTBT Comprehensive Nuclear Test-Ban Treaty
全面禁止核试验条约

CTBTO Comprehensive Nuclear Test-Ban Treaty Organization
全面禁止核试验条约组织

CTR Co-operative Threat Reduction
合作减少威胁

CW Chemical weapon/warfare
化学武器/战

CWC Chemical Weapons Convention
禁止化学武器公约

DDR	**Demobilization, disarmament and reintegration** 复员遣散、解除武装和重新安置
DPKO	**Department of Peacekeeping Operations** （联合国）维和行动部
DPRK	**Democratic People's Republic of Korea（North Korea）** 朝鲜民主共和国（朝鲜）
DRC	**Democratic Republic of the Congo** 刚果民主共和国
EAEC	**European Atomic Energy Community（*also* Euratom）** 欧洲原子能联营
EAPC	**Euro-Atlantic Partnership Council** 欧洲—大西洋伙伴关系委员会
ECOWAS	**Economic Community of West African States** 西非国家经济共同体
EDA	**European Defence Agency** 欧洲防务局
ENP	**European Neighbourhood Policy** 欧洲睦邻政策
ERW	**Explosive remnants of war** 战争遗留爆炸物
ESDP	**European Security and Defence Policy** 欧洲安全和防务政策
EU	**European Union** 欧洲联盟
FMCT	**Fissile material cut-off treaty** 禁止生产核武器裂变材料条约
FSC	**Forum for Security Co-operation** 安全合作论坛
FY	**Fiscal year** 财政年度
FYROM	**Former Yugoslav Republic of Macedonia** 前南斯拉夫马其顿共和国

G8 Group of Eight
八国集团

GAERC General Affairs and External Relations Council
总务和对外关系委员会

GCC Gulf Cooperation Council
海湾国家合作委员会

GDP Gross domestic product
国内生产总值

GLCM Ground-launched cruise missile
地面发射巡航导弹

GNEP Global Nuclear Energy Partnership
全球核能伙伴计划

GNI Gross national income
国民总收入

GNP Gross national product
国民生产总值

GTRI Global Threat Reduce Initiative
全球减少威胁倡议

GUAM Georgia，Ukraine，Azerbaijan and Moldova
古阿姆集团

HCOC Hague Code of Conduct
海牙行为准则

HEU Highly enriched uranium
高浓缩铀

IAEA International Atomic Energy Agency
国际原子能机构

ICBM Intercontinental ballistic missile
洲际弹道导弹

ICC International Criminal Court
国际刑事法院

ICJ International Court of Justice
国际法院

ICTR **International Criminal Tribunal for Rwanda**
卢旺达国际刑事法庭

ICTY **International Criminal Tribunal for former Yugoslavia**
前南斯拉夫国际刑事法庭

IED **Improvised explosive device**
简易爆炸装置

IGAD **Intergovernmental Authority on Development**
政府间发展组织

IGC **Intergovernmental Conference**
政府间会议

IMF **International Monetary Fund**
国际货币基金组织

INDA **International non-proliferation and disarmament assistance**
国际防扩散和裁军援助

INF **Intermediate-range Nuclear Forces（Treaty）**
中程核力量（条约）

IRBM **Intermediate-range ballistic missile**
中远程弹道导弹

ISAF **International Security Assistance Force**
国际安全支援部队

JCG **Joint Consultative Group**
联合协商小组

JCIC **Joint Compliance and Inspection Commission**
联合履约和视察委员会

JHA **Justice and home affairs**
司法和内政

LEU **Low-enriched uranium**
低浓缩铀

MANPADS **Man-portable airdefence system**
便携式防空系统

MDGs **Millennium Development Goals**
千年发展目标

MER **Market exchange rate**
市场汇率

MIRV **Multiple independently targetable re-entry vehicle**
多个、可独立命中目标的再入飞行器

MOTAPM **Mines other than antipersonnel mines**
非杀伤人员地雷

MTCR **Missile Technology Control Regime**
导弹及其技术控制制度

NAM **Non-Aligned Movement**
不结盟运动

NATO **North Atlantic Treaty Organization**
北大西洋公约组织（北约）

NBC **Nuclear, biological and chemical (weapons)**
核、生物和化学（武器）

NGO **Non-governmental organization**
非政府组织

NNWS **Non-nuclear weapon state**
无核武器国家

NPT **Non-Proliferation Treaty**
不扩散核武器条约

NRF **NATO Response Force**
北约快速反应部队

NSG **Nuclear Suppliers Group**
核供应国集团

NWS **Nuclear weapon state**
核武器国家

OAS **Organization of American States**
美洲国家组织

OCCAR **Organisation Conjointe de Cooperation en Matiere d'Armement (Organisation for Joint Armament Cooperation)**
军备合作联合组织

ODA **Official Development Assistance**
官方发展援助

ODA **UN Office for Disarmament Affairs**
联合国裁军事务办公室

OECD **Organisation for Economic Co-operation and Development**
经济合作与发展组织

OIC **Organization of the Islamic Conference**
伊斯兰会议组织

OPANAL **Agency for the Prohibition of Nuclear Weapons in Latin America and the Caribbean**
拉丁美洲和加勒比地区禁止核武器组织

OPCW **Organisation for the Prohibition of Chemical Weapons**
禁止化学武器组织

OPEC **Organization of the Petroleum Exporting Countries**
石油输出国组织

OSCC **Open Skies Consultative Commission**
开放天空协商委员会

OSCE **Organization for Security and Co-operation inEurope**
欧洲安全与合作组织

P5 **5 permanent members of the UN Security Council**
安理会五个常任理事国（五常）

PFP **Partnership for Peace**
和平伙伴关系

PPP **Purchasing power parity**
购买力平价

PRT **Provincial reconstruction team**
（阿富汗）省重建工作队

PSC **Private security company**
私人安保公司

PSI **Proliferation Security Initiative**
防扩散安全倡议

R&D **Research and development**
研究与开发

SAARC **South Asian Association for Regional Co-operation**
南亚区域合作联盟

SADC **Southern African Development Community**
南部非洲发展共同体

SALW **Small arms and light weapons**
小武器轻武器

SAM **Surface-to-air missile**
地对空导弹

SCO **Shanghai Cooperation Organization**
上海合作组织

SCSL **Special Court for Sierra Leone**
塞拉利昂特别法庭

SECI **Southeast European Cooperation Initiative**
东南欧合作倡议

SLBM **Submarine-launched ballistic missile**
潜射弹道导弹

SLCM **Sea-launched cruise missile**
海上发射巡航导弹

SORT **Strategic Offensive Reductions Treaty**
削减进攻性战略武器条约

SRBM **Short-range ballistic missile**
短程弹道导弹

SRCC **Sub-Regional Consultative Commission**
次地区磋商委员会

SSM **Surface-to surface missile**
地对地导弹

SSR **Security sector reform**
安全部门改革

START **Strategic Arms Reduction Treaty**
削减战略武器条约

TLE **Treaty-limited equipment**
受条约限制的装备

UAE **United Arab Emirates**
阿拉伯联合酋长国

UAV **Unmanned air/aerial vehicle**
无人驾驶飞行器（无人机）

UCAV **Unmanned combat air vehicle**
无人驾驶作战飞行器

USAID **US Agency for International Development**
美国国际开发署

UN **United Nations**
联合国

UNASUR **Union deNaciones Suramericanas（Union of South American Nations）**
南美国家联盟

UNDP **UN DevelopmentProgramme**
联合国开发计划署

UNHCR **UN High Commissioner for Refugees**
联合国难民事务高级专员公署

UNROCA **UN Register of Conventional Arms**
联合国常规武器登记制度

WA **Wassenaar Arrangement**
瓦森纳安排

WEU **Western European Union**
西欧联盟

WMD **Weapon of mass destruction**
大规模杀伤性武器

常用符号

.. 未掌握或不适合使用的数据

— 零或可以忽略的数字

()	不确定的数据
b.	十亿（一千个百万）
Kg	公斤
km	公里（千米）
m	百万
th.	千
tr.	万亿（一百万个百万）
$	美元（除非另有注明）
€	欧元

（琦　灵　译）

引言　2008 年的国际安全、军备和裁军形势

季北慈

第一节　概述

过去一年形势的评估

过去一年里几乎在全球的每一个角落，安全、稳定与和平受到的威胁不断上升。全球金融危机的影响可能使这些挑战更加严峻，各国政府和非政府组织以种种有效手段艰难应对。阿富汗和伊拉克的冲突旷日持久，虽然伊拉克的安全形势有所好转，但阿富汗局势却恶化了。在全球其他地方，如布隆迪、哥伦比亚、以色列、巴勒斯坦、巴基斯坦、菲律宾、索马里、斯里兰卡和苏丹，有 16 场大规模国内武装冲突仍在蔓延，其中许多在 2008 年变得越来越紧张。冲突各方故意针对平民的暴力行为与日剧增，触目惊心。

俄罗斯与美国之间、俄罗斯与许多欧洲邻国之间的关系在 2008 年间严重恶化，最突出的表现是格鲁吉亚和俄罗斯 8 月间爆发的短暂但激烈的冲突，致使数百平民和士兵伤亡。这场冲突，再加上美国计划在捷克和波兰部署弹道导弹防御系统，损害了俄美在一系列问题上的合作，包括全球核裁军和应对伊朗谋求核武器问题。11 月在印度孟买发生恐怖袭击事件后，印巴关系仍然很紧张。看来，此类恐怖袭击事件今后还会发生。年底，以色列对加沙地带的哈马斯和伊斯兰真主党武装发动了几十年来最为猛烈的一次袭击。

世界军费开支、武器生产和武器贸易都继续呈现总体上升趋势，而制止核扩散的努力却进展甚微。拥有核武器的国家几乎没有表示要

裁减核武器的具体迹象。许多国家甚至在 2008 年采取了一些重要举措大力改进其核武库，而那些想获取核武器能力的国家也为实现拥核目标继续采取各种措施。由于俄罗斯 2007 年 12 月做出单方面决定停止履约，1990 年的《欧洲常规武装力量条约》在 2008 年一直处于被搁置状态。该条约是世界上最成熟、最受赞许的一项常规军控协定。

过去一年中，国际形势也有一些积极变化。奥巴马当选美国总统也许让人们对其产生过高期望，其中包括制订一项从伊拉克撤军的战略、稳定阿富汗局势以及调整美国与国际社会打交道的方式。人们还热切期待美国新总统努力重建大西洋两岸关系，与俄罗斯建立更卓有成效的关系。主动与穆斯林世界接触沟通，并通过任命处理阿富汗、中东、巴基斯坦和伊朗问题的特使，花更多时间和精力来改善这些地区的安全形势。

在世界其他地方，2008 年 3 月台湾国民党领导人马英九在选举中获胜，大大改善了中国大陆和台湾之间的关系，双方都表示愿意采取更多互信措施。中国采取的其他互信措施包括与韩国（或称南朝鲜）、俄罗斯和美国在 2008 年开通了双边军事热线。此外，也是在 2008 年，12 个南美国家领导人一致同意建立一个新的区域组织——南美国家联盟，包括成立南美议会，以深化地区政治经济一体化。

2008 年出现的一个最积极的动向是：94 个国家 12 月在奥斯陆签署了《禁止集束弹药公约》（CCM），其中包括 18 个北约成员国。该公约禁止使用、生产、储存和转让各种集束弹药。此外，核裁军的目标继续得到欧美各国前政要和现任政治领导人的高度关注和赞同。

《SIPRI 年鉴 2009》的主要内容

本卷系《SIPRI 年鉴》第 40 卷。各位撰稿人深入研究了上述问题以及有关国际与地区安全、维和行动、多边安全机制、军费开支、军事工业、武器贸易、防扩散和军控等领域的大量问题。《SIPRI 年鉴 2009》的 31 位撰稿人来自十几个国家，他们是各自研究领域中一些世界顶尖专家。

本卷正文共有十二章，分为三大部分，即国际安全、军备与裁军。第一部分是国际安全形势总论，各章论述和分析了国际安全形势中的一些主要动向。年鉴的第二部分提供了关于全球、地区和各国军备发展趋向的相关信息并做出分析，其中包括军费开支、武器生产、武器贸易和核力量现状等。第三部分的重点是裁军，各章概述和分析了过去一年中关于防止核扩散与核军控、减小生化材料的危险、常规军控以及控制其他与安全相关的物项和技术转让。

《SIPRI 年鉴 2009》还收集了有关所有这些问题的大量资料和分析，以及各项国际军控与防扩散协定汇编、多边安全机制和 2008 年度军控、防扩散和国际安全大事记等许多附录、附件。

《SIPRI 年鉴 2009》的研究成果主要有以下三个重要方面：

第一，国际安全形势日益突出的特点是：越来越多行为体的暴力行为蔓延和零散化，导致平民死亡人数不断上升，全球安全机制承担应对和解决冲突的任务更加艰巨、棘手。从阿富汗局势的恶化可以清楚地看到这种趋势。

第二，军费开支、武器生产和武器贸易均呈现继续上升势头，主要由美国及其处理阿富汗和伊拉克冲突的决策造成的。本卷撰稿时，2008 年年底爆发的全球金融危机尚未对上述总体上升趋势产生重大影响。虽然世界核武器总数有所减少，但核武器仍是核武器国家战略安全的核心。现有核武器国家和怀疑已拥有核武器的国家手中的核弹头总数超过 23300 枚。

第三，随着防扩散和裁军领域一些重大国际活动的临近，例如 2010 年 5 月将举行 1968 年的《不扩散核武器条约》审议大会，各国际组织和其它机构为了减小武器和武器技术扩散造成的威胁，正在竭力争取全面实现其目标或应对新的挑战。

第二节 《SIPRI 年鉴 2009》的主要内容和研究成果

安全和冲突

《SIPRI 年鉴 2009》头四章论述和分析了当前冲突中新出现的种种难题：大批平民流离失所；针对平民的单边暴力；维和行动的合法性问题；以及在阿富汗的各个国际安全机制日益削弱。

在本卷开篇章，两位研究国内冲突造成平民流离失所（IDPs）

问题的世界顶尖专家罗伯塔·科恩和弗朗西斯·M·登深入分析了由于暴力冲突导致大批平民流离失所的各种棘手问题。该章详细介绍了暴力冲突导致大规模平民流离失所的状况及其影响，指出这已日益成为当前暴力冲突的一个共同特点。两位作者说，全世界共有 2600 万平民流离失所，并指出国际社会无力有效应对由于暴力冲突造成大批平民流离失问题。

科恩和登强调指出，缔结和平协定时首先必须考虑和解决造成大批平民流离失所的根源，从而确保其安全返回家园。安置工作中，应征求流离失所者本人的意见，让他们参与冲突后的和平重建进程。两位作者还认为，有关国家政府必须真正对离散平民负起责任，并与国际社会更密切地合作。联合国也必须加强其负责改善离散平民遭遇的机构，国际社会则应更积极主动地与经常控制大批离散平民生活所在地的反叛团体沟通。最后，作者认为，如果即将发生或正在对无辜平民施暴，国际社会必须就干预的必要性增加共识。

第二章叙述世界各地武装冲突的发展趋势并附有相关资料，今年论述的重点是针对平民的单边暴力问题。虽然 20 世纪 90 年代以来，武装冲突问题上出现了某些积极动向，但“单边暴力”，即某国政府或某正规团伙肆意动用武力对平民施暴的行为，基本上未得到制止。当前武装冲突中“单边暴力”的主要表现形式及其具体案例分析在 2008 年关于哥伦比亚、格鲁吉亚、索马里和斯里兰卡四国的冲突中有详细介绍。这一章的主要结论是：非国家行为体“单边暴力”的情况日益增多，它们往往与本国政府联系密切并得到其支持。非国家行为体的单边暴力行为随着武装冲突中非国家行为体的分散化趋势和作用的总体上升而上升，尤其在弱国和失败国家更是如此。

第二章有两个重要附录。一个附录是由乌普萨拉大学冲突数据库项目编制的，提供了关于 1998 年至 2008 年大规模武装冲突样式的数据和分析，其中包括关于武装冲突中单边暴力的信息。另一个附录是 SIPRI 年鉴首次列入了《全球和平指数》（GPI）。GPI 是经济与和平研究所最近与经济情报署联合研究出来的一种测评方法，用 23 项指标对 144 个处于相对和平状态的国家排名次。

第三章对多边维和行动的主要动向进行了全面分析，并提供相关数据。该章的附录非常深刻且详细地介绍了2008年全球60项多边维和行动的情况并做出分析。本章提出了今年人们普遍关切的一个问题，即维和行动正面临一场体制性危机以及维和行动的正当性在此危机中所起的作用。有人认为，在2008年这一年中阿富汗、刚果民主共和国、格鲁吉亚、苏丹等国发生的种种事件，包括在处置“岛乱派”、维和人员的不端行为、政治僵局、维和人员部署受阻等方面存在的问题，使维和行动的前景岌岌可危。

本章首先论述了构成各项维和行动正当性的各种政治、法律和道义因素，然后阐述了具备（或不具备）正当性在2008年若干维和行动中起的作用。该章分析了目前正在实施的几项维和行动，其中包括南奥塞梯联合维和部队、欧盟科索沃法治特派团（EULEX Kosovo）、欧盟乍得和中非共和国军事行动团（EUFOR Tetad/RCA）、联合国刚果民主共和国行动团（MONUC）和非盟索马里特派团（AMISOM）。

第三章的结论是：实施某项特定维和行动在政治、法律和道义上是否正当与其最终的效果之间密切关联。在当地被视为缺少适当授权的维和行动或者维和人员进行非法活动和有其他不端行为（例如，指控MONUC成员走私武器、性剥削）的维和行动，不可能有效地完成其使命。当对有效维和行动的需求大大超过各国所能派出人员时，联合国和其他组织在部署维和行动时必须改进决策、加强监督和训练。这不单纯是为了“凑够人数”，也是为了保证维和行动在政治、法律、道义上享有充分的地位和正当性，从而尽可能产生最积极的影响。

第四章分析了阿富汗的安全形势。该章特别研究了受命促进阿富汗安全与稳定的各主要国际机构的职责及其面临的挑战。它们是联合国、欧盟、北约和国际安全支援部队（ISAF）。

该章在具体论述这些作用和挑战时强调指出：由于阿富汗的政治、经济、基础设施和日常生活条件十分困难，再加上对该国不甚了解，各国际组织在阿富汗开展的工作存在分散、重复、质差等问题。2008年即将离任的欧盟阿富汗问题特使就持类似看法。该章还指出，阿富汗政府在协调工作中也遇到其他各种协调问题，例如它要同约60个援助国、41个派出维和部队的国家和数百个非政府组织打交道。

在国际安全支援部队和北约内部，由于 15 个国家派出的约 26 个不同的重建施工队分散在阿富汗各个省，在指挥、任务分担和协调方面出现诸多问题。这些问题以及其他种种困难是阿富汗安全形势恶化的一个因素，并使之进一步恶化。

第四章得出的冷静看法是：虽然国际机构也想使阿富汗成为一个有生存能力的国家，并在其安全、重建和发展中起着关键作用，但是要使这些机构有效地发挥作用，目前的状况和前景不容乐观。各国对阿富汗的援助都受制于国内政局的变化，因此由这些国家参与的各国际机构，由于成员国之间不同的利益、能力和工作日程，将来还会有分歧。今后几年内，阿富汗仍将处于困境，充其量也只能是个虚弱国家。

军费和武器生产

本卷第二部分的四章对军费、武器生产、武器贸易和核力量进行了权威性全面分析并提供相关资料。《SIPRI 年鉴 2009》提供的文献资料表明，全球军费、武器生产和武器贸易继续呈上升趋势。关于核力量那章简明扼要地叙述了世界核武库不断现代化的情况，并指出数千枚核武器当今仍然处于高度戒备状态，尤其是俄罗斯和美国拥有的核武器。

第五章逐一翔实论述了全球各地区军费增长的趋势。该章各附录列出 1999 年至 2008 年这十年间 168 个国家的军费数据，并分类列出北约成员国用在武器装备和人员方面的军费数据。此外，该章着重分析了 2008 年美国的军费，特别侧重于“全球反恐战争”的费用。此章还首次提供了用于伊拉克安全部队费用的系统测算。

这一章提出的一个主要看法是：东欧地区的军费增幅最大，1999 年—2008 年这十年间增加了 170%，大部分为俄罗斯所增。这十年间美国的军费增加了 66%，按实际价格计算达到了二战以来的最高点。美国现在对战争拨款的做法不同于过去，阿富汗和伊拉克两处冲突的费用是以借贷方式紧急补充拨款筹集的。

第五章的结论是：世界军费在过去十年的年均增幅近 4%，即使金融危机不解除，近期内也会延续这一增幅。尽管联合国安理会 2008 年 11 月通过了一项没有约束力的声明，军费的这种增长势头看来仍将会继续保持。声明强调“保持适度军费水平的重要性，以使所有国家在维持最低适量军备的情况下其安全不被削弱”，并呼吁各国增加发展经费。

全球武器生产的趋势和主要动向在第六章中有详细论述和分析。该章还列入了 SIPRI 统计的 2007 年全世界 100 家最大军火公司和军工生产企业 2008 年的主要并购情况清单附录。全球武器生产也呈继续上升趋势，与第五章中介绍的军费持续增长同步。2007 年全球 100 家最大军火生产商的武器销售总额以账面价格计算增加了 11%，达到近 3500 亿美元。该章详细论述了促使军火工业发展的一些主要因素，论述了几个大并购案例，并简要谈到全球金融危机对全球武器生产的初步影响。

第六章指出，美国军费的持续增加导致武器生产兴旺，最受益的是英美公司。一个值得注意的趋势是像 BAE 系统公司这样的英国公司业务的增加。这些公司通过并购在美国市场占据了更强有力的地位。装甲车辆制造公司，如 BAE 系统、Navistar 公司和 Force Protection 公司因美国和其他国家在伊拉克驻军对防地雷反伏击 (MRAP) 车辆需求的增加而获益颇丰。该章还记述了军需服务公司的成功之道，尤其是那些提供信息和通讯技术支持的服务公司。尽管全球金融危机还在持续，但看来由于美国军费将保持高增长，欧洲地区军费将至少保持稳定增长，加之大宗武器采购又需要有很长的研制周期，这些因素综合在一起意味着大军火生产公司完全可以在近、中期保持旺盛销售。该章最后指出，目前看来世界大多数大武器制造商将继续保持相当于或超过冷战高峰时期的销售额。

在第七章，SIPRI 对全球武器贸易做出了年度深入测算和分析。该章分析了主要武器出口国美国、俄罗斯、若干欧盟国家和主要武器进口国特别是中国和印度的情况，同时也分析了向斯里兰卡的武器转让。该国是 2008 年世界最激烈的冲突国家之一。这一章还分析了全球金融危机和油价下跌对国际武器贸易的影响。此章的各附录提供了主要常规武器接受方和供应方、武器贸易额和目前使用的统计机制——例如“联合国常规武器登记制度”（UNROCA）等数据和信息。这些数据和信息提高了武器贸易的透明度。

这一章还记述了全球武器交货额继续呈上升趋势的情况。该章指出：自冷战结束以来，美国、俄罗斯、德国、法国和英国一直是全球五大武器出口国，约占这个时期全球武器出口总额的四分之三（2004 年至 2008 年是 78%）。2004 年至 2008 年，最大的五个武器进口国依次为中国、印度、阿联酋、韩国和希腊。

第七章的结论是：虽然全球金融危机和油价下跌可能会使今后几年的武器转让有所减少，但是主要武器供应国，尤其是美国，仍有大批订单待交付。而名列第二大武器出口国俄罗斯的武器出口可能会出现下降趋势。过去一年里，中国从俄罗斯的武器进口几乎中断，目前没有新的大额订单。今后几年俄罗斯还可能在印度市场面临美欧供应商的激烈竞争，近年来印度是俄罗斯武器出口的另一个大市场。

第八章深入分析了八个国家的核力量状况，它们是美国、俄罗斯、中国、英国、法国、印度、巴基斯坦和以色列。该章列入了关于现有核武器及运载系统的若干表格和裂变材料国际小组编制的统计全球高浓铀和分离钚库存的附录。截至 2009 年年初，八国拥有近 8400 枚实战部署的核武器，其中约 2000 枚处于高度戒备状态。如果把所有的核弹头，包括实战部署的、备用的、储存的、以及计划稍后拆除的完整弹头都计算在内，这八个国家共有 23300 多个弹头，其中约 90%是俄罗斯和美国的。该章还对朝鲜民主主义人民共和国（DPRK 或朝鲜）的核武器开发计划进行了评估。

这一章逐一介绍了这些国家核武器的数量、态势、研发计划以及核战略争论。此章得出的主要结论是：《不扩散核武器条约》所界定的五个法律上承认的核武器国家，在可预见的将来似乎都决心继续发展其核武器能力，并且将保持这种能力作为各自安全战略的核心。中国、法国和英国最近都宣布要部署新的核武器系统。除了这些国家外，印度、以色列和巴基斯坦三国也在继续研发和部署新的能携带核武器的运载系统。

诚然，俄罗斯和美国都准备采取措施裁减根据 1991 年的《削减战略武器条约》（START 条约）和 2002 年的《削减进攻性战略武器条约》（SOTR 条约）规定的实战部署的核武器数量。但是到本卷撰稿时尚不明确是否双方将签订一项新的美俄削减核武器协定，以替代 2009 年 12 月到期的 START 条约。此外，面临美国及其北约盟国日益扩大的常规力量优势，在近年来自身财力日益增强的情况下，俄罗斯在其安全战略中把核武器摆到了更重要的核心位置。在美国，拆卸核弹头的进度与 20 世纪 90 年代相比已经放慢，因为重点已放在通过延长核弹头的寿命上来保持“核武库持久有效”。

防扩散、军控与裁军

《SIPRI 年鉴 2009》第三部分主要介绍全世界为减少武器和武器技术造成的威胁做出不懈努力的情况。各章着重论述核军控与防扩散、生化武器材料、常规武器以及与安全相关物项的贸易。

第九章论述 2008 年核军控与防扩散方面的主要动向，着重介绍三个国家过去一年的动向。第一，该章回顾了有关伊朗核计划的动向，并介绍了国际原子能机构（IAEA）对伊朗以往和当前核活动的看法。第二，该章回顾了朝鲜和美国之间的一系列争端，特别是在建立双方都能接受的检查机制上的分歧。这个问题干扰和破坏了全面实施 2007 年 2 月达成的朝鲜无核化行动计划。第三，该章详细论述了 IAEA 对叙利亚一处可疑核反应堆场地的检查情况。此外，这一章还介绍了俄美核军控磋商和其它军控和防扩散多边机制的主要动向。

这一章的结论是，虽然俄美两国更加重视控制战略武器，一些高层政治领导人和著名前政要再次呼吁进行核裁军，但是各方围绕伊朗、朝鲜和叙利亚核计划的种种分歧和未找到答案的问题，表明国际防扩散机制软弱无力。联合国安理会明确要求伊朗停止其铀浓缩计划，但伊朗藐视安理会决定，这使人怀疑安理会是否有能力实施国际社会支持防扩散机制的意志。以色列袭击叙利亚可疑核设施表明，一些国家对这一机制是否能制止核扩散缺乏信心。由于朝鲜无核化进程再次陷入僵局，六方会谈是否成功在 2008 年也受到质疑。

第十章论述了国际社会过去一年为减小生化武器材料造成的潜在威胁所作的努力。该章深入分析了执行 1972 年的《禁止生物武器公约》（BTWC）和 1993 年的《禁止化学武器公约》（CWC）的进展情况，包括销毁化学武器库存和设施的进展。

该章详细论述了防止滥用化学和生物材料日益严重而复杂的挑战：成千上万种有毒化学物质和病原体理论上可用于邪恶目的。此外，大多数威胁评估报告都预见这种材料不会被国家滥用，而被非国家行为体滥用，这就使预防和补救措施更加复杂化。再者，当前工业和生物科学的进展（总的来说这是好事）使可能被滥用的材料更加致命、更易获取。这一章还介绍了2008年与生化武器相关的指控案例，并扼要介绍和分析了美国国内对2001年炭疽菌信件袭击事件的调查。

第十章最后指出，为防止生化材料滥用所做出的努力取得了一些积极进展。采取的措施包括：制订更有效的国家管理条例和防控对策；召开提高地区防范意识的研讨会和加强培训活动；更加重视和加强联合国安理会第1540号决议、禁化武组织、欧盟，以及在2006年的《联合国全球反恐战略》框架要求内采取的行动。此外，也越来越重视实验室和机制性的生物安全和生物安保实际举措。即便如此，作者实事求是地认为，想做到“绝对安全”是不可能的，对生化武器威胁的严重关切和不可预测因素将会继续存在。

第十一章介绍了常规军控动向，并论述了《禁止集束弹药公约》(CCM)、《欧洲常规武装力量条约》(CFE)、西巴尔干地区的常规军控以及欧洲安全与合作组织成员国之间加强互信等问题。该章对旨在减少常规武器威胁的各项机制和协定做出了喜忧参半的分析。一方面，2008年取得了一些重要突破，最有意义的是CCM谈判取得成功。这是一项有法律约束力的禁止使用、生产、储存和转让集束弹药的文书，2008年有94个国家签署；另一方面，欧洲常规军控形势仍然陷于困境。2007年12月，俄罗斯决定停止执行CFE条约（该条约一直是欧洲安全的基石），导致该协定在2008年全年被搁置。俄罗斯决定重新考虑参与条约活动的几条理由是：北约扩员，包括格鲁吉亚和乌克兰提出入盟要求，并邀请阿尔巴尼亚和波兰加盟；美国计划在捷克和波兰部署导弹防御系统；乌克兰要求俄罗斯2017年前从塞瓦斯托波尔基地撤出其黑海舰队；以及北约增加其“防区外”的活动，如在阿富汗的活动。结果，CFE条约成员国之间信息交流质量下降，条约有可能失败。

这一章的一个主要结论是，如果CFE条约不断削弱，又没有强有力的透明与核查机制，在中东欧就会出现像冷战时期那样有一种越来越不信任和充满风险的氛围。不过这种僵持局面反倒可能促使各国对各种安全机制进行一些反思，使之适应欧洲安全新的现实。

第十二章着重论述了其他与安全相关的许多转让问题，特别注意到 2008 年的重要动向，包括各主要多边出口控制机制的动向、核供应国集团（NSG）决定启动与印度的民用核合作、调整欧盟军品与两用物项出口控制政策，以及采取措施松动欧盟和其它可信赖的伙伴国之间的军事设备与技术贸易。该章的附录介绍了 2008 年一年内对 27 类强制性多边武器禁运项目的数据、信息和分析。

该章一项重要的研究成果是，详细论述了各出口国控制机制继续从普遍适用原则转向采取“量身定做、有针对性”地根据政治、安全和其它方面考虑区别对待每个国家的做法。该章还指出，为与印度开展民用核合作，NSG 决定可以对某特定国家网开一面，这也会产生一些问题，即进行扩散活动的国家究竟要付出什么样的政治“代价”，并会引发一场关于出口控制在制止防扩散方面的作用和意义的新辩论。

第三节　结论

《SIPRI 年鉴 2009》的十二个章节对过去一年的国际安全、军备和裁军形势做了全面、深入的分析。总的来说，各位撰稿人对当今世界的分析和描述是：从不断加剧的国内冲突到武器扩散，世界正面临越来越困难而严峻的各种安全挑战，而各国际组织应对这种挑战的能力却在日益下降。不过 2008 年形势中也出现了为数不多的几个亮点，其中包括伊拉克的安全形势虽然远没有稳定下来，但逐步有所改善，以及国际上大多数国家终于就禁止生产和使用结束弹药达成共识。

人们对美国新政府期望很高，希望其在应对上述一系列安全挑战方面取得进展。但是展望未来，《SIPRI 年鉴 2009》表明那是一项多么艰巨的任务。看来，发展中国家中一些弱国的国内暴力行动零散化的趋势还会继续发展，从而使平民百姓长期遭受暴力袭击，饱受苦难，使地区形势进一步动荡。阿富汗这个战乱频仍的国家在实现盼望已久的稳定和发展之前，安全形势很可能会进一步恶化。其邻国巴基斯坦的安全形势是否也会恶化，人们看法不一。该国安全形势对地区乃至全球的安全来说，是一个令人长期关注的更重要问题。俄罗斯和美国在今后一年里可能会迅速改善关系，包括双方在军控和防扩散方面的合作。但是，2010 年的 NPT 条约审议大会是否能开成功从而在核裁军和加强对扩散者的控制方面取得进展，在本卷撰写期间似乎还不能肯定，即便各方为此采取一系列高姿态行动来确保取得这种进展。非国家行为体将来有可能使用生化武器、放射性武器或核武器进行袭击仍然是个不祥之兆。世界金融危机的影响增加了这些和其他挑战的严重性，因为各关键国家难以重振必要的政治与经济意志去集体应对各种全球和地区安全问题。

（叶如安　译）

第一部分

2008 年的安全与冲突

第一章　冲突和单边暴力造成的大规模流离失所：国家和国际的反应

第二章　武装冲突的趋势：针对平民的单边暴力

第三章　和平行动的正当性

第四章　阿富汗的安全与政治形势：进展、问题和前景

第一章 冲突和单边暴力造成的大规模流离失所：国家和国际的反应

罗伯塔·科恩 弗朗西斯·M·登*

第一节 导 言

在后冷战时代，世界上出现的一个明显特点是发生在诸多国家内以及跨越国界的大规模的平民流离失所、离乡背井。这也是人类面临的不安全的一大特点，而在此背景下滋生的种族灭绝，恐怖主义活动，令人难以置信的违反人权的做法和骇人听闻的侮辱人格的行为均使平民蒙受巨大灾难。这些国内离乡背井者以及那些被迫背井离乡、流落他国的平民需要国际保护以免遭战争和单边暴力之苦，促使全球的政策和安全观发生了改变。在过去 20 年中，一个主张主权神圣不可侵犯、严格以国家为核心的制度已经演变成为一种将各国对待本国公民的行为置于国际关切和监督之下的做法。这一演变主要归功于人权运动的努力，因为长期以来，人权运动都主张人权是超越国界的，当一个国家未能尽到其保护人权的义务时，国际社会必须迫使该国政府对此承担责任。此外，人道主义团体帮助贫民的努力也功不可磨。国际社会为了保护平民而投入大量救援人员和部署大批维和部队执行维和行动以及那些预防性行动和建设和平的努力便是这种新现实的体现。

然而，视主权以及维护主权为其职责所在的观念，仍然远远超过国际上强制执行监督的意愿和能力。国际上对某些国家未能或无力保

---

* 本书各位作者均对《乔治敦大学》凯思林·普卢默为此书所提供的学术研究帮助谨表感谢。

护该国公民的现象所做出的反应往往显得软弱无力。因此，至关重要的是，联合国、有关政府、地区机构和民间社会要帮助这些国家发展其自己的预防发生大规模暴力事件的能力。与此同时，要促使其制定各种必要手段，以便在劝说失败或当广大人民群众仍然处在暴力和人道主义悲剧的威胁之下时，国际社会能采取果断行动。

本章将对因暴力而引起的大规模流离失所带来的挑战进行研究。第二节将着重探讨背井离乡的规模和性质，列举出某些国家未能保护其公民的实例，并对出现大规模离乡背井平民的后果进行探究。第三节将重点讨论为离乡背井的民众以及那些被卷入大规模战乱之中的其他平民百姓，提供更多保护所需要的政治、法律和具体实施的步骤。第四节为结束语并对今后的发展提出建议。

第二节 大规模流离失所的规模和性质

乌普萨拉冲突数据项目（UCDP）表明，实际上自 20 世纪 90 年代早期以来，暴力冲突的总数已经有所下降。[1] 而且，那些更严重、更激烈的冲突也有所减少。[2] 然而，引起战争和致使平民遭受伤亡的暴力事件的根本原因，从贫困到群体性不平等，却几乎没有得到改善，甚至有些情况还更加恶化了。[3] 当代世界继续存在的一个特点，仍然是猖獗的暴力在肆虐着很多国家，并造成源源不断的深受战争创伤的平民逃离内战、种族暴力和国家间的冲突。诸多国家存在着严重的政治和经济不平等以及已经失去同属一个国家情结的多种民族派别。造成武装冲突的起因，既归咎于政治领导人的操纵，也确有实实在在的族群怨恨的原因。那么，如何有效地对付这些冲突？现有的民

〔1〕详情请参见 L. 哈博姆和 P. 沃伦斯坦合著并刊登在《和平研究期刊》第 44 册第 5 期（2007 年 9 月）上的文章《武装冲突：1989—2006》。UCDP 有关武装冲突的资料也可在《人类安全报告项目》的《人类安全摘要，2007 年》（西蒙弗雷泽大学国际研究学院，温哥华，2007 年）查到。

〔2〕有关 2008 年发生的主要武装冲突的数量请参见本卷的附录 2A。

〔3〕参阅《人类安全报告项目》（同注释〔1〕）的第 7 页。

主和人权框架能否确定一个界限，以便解决与国家认同感和国内离乡背井潮相关的危机呢？

据估计，截至2008年年底，由武装冲突和违反人权所造成的国内流离失所的人口至少有2600万，而到2007年底，为了躲避武装冲突和逃避迫害而逃亡他国的难民总数，多达1140万人。[4] 虽然内战的实际数量有所下降，但被迫离乡背井、流落他乡的人数却有增无减。

由暴力引起的大规模流离失所的动态和影响

联合国秘书长国内离乡背井者人权事务代表沃尔特·卡琳不只一次地提醒国际社会："被迫流离颠沛、离乡背井在人生中并非只起一时影响之事，而是一种会产生重大摧残作用的变化。"[5] 被剥夺人生最基本条件——尤其是住所，食品，医疗，教育，社交活动和生计——的家庭，会在其本国被边缘化，被其他种族和宗教团体歧视，以及陷入绝望无助的贫困。[6] 结果是，整个社区，甚至是国家的某个地区，全部变得渺无人烟，土地荒芜，种植模式被荒废，基础设施严重受损，社区传统和体制结构饱受摧残。[7] 而对离乡背井者所逃往的地区来说，因为需要砍树毁林和铲除植被来为流离失所者建造房舍和提供燃料，所以该地区的环境会遭受大面积破坏。而在诸多城

[4] 有关IDP统计资料的更多情况请查阅国内人口迁移监测中心（IDMC）出版的《国内流离失所：2008年全球趋势和发展概况》（IDMC：日内瓦，2009年4月），第13页。有关难民的统计资料请参阅联合国难民事务高级专员署（UNHCR）发表的2007年全球趋势：难民，寻求避难者，返乡者，国内流离失所者和无国家者（UNHCR：日内瓦，2008年6月）第2页。

[5] 见W. 卡琳于2008年10月16日在奥斯陆《10年来解决国内离乡背井的指导原则，已取得的成绩和未来面临的挑战的会议》上所作的"强化国内流离失所者的权利"的报告，网址：〈http://www.brookings.edu/idp〉。

[6] 对欧洲和中亚因战争而被迫离乡背井者的调研发现，难民和国内流离失所长达10年以上者，尽管他们可能不在难民营，但是在一般情况下，均比那些没有流离失所的人更穷，失业率更高，拥有的物质资产更少，土地更少。见S.B. 霍尔茨曼和T. 奈扎姆合著的"生活在地狱边缘的人们：欧洲和中亚因战争而离乡背井者"（世界银行：华盛顿特区，2004年）。

[7] 见R. 科恩和F.M. 登合著的"逃生中的平民：全球性国内离乡背井的危机"（布鲁金斯学会出版社：华盛顿特区，1998年）第23—26页。

市，移入的人口给基础设施和服务带来极其沉重的压力，致使离乡背井家庭的子女很少甚至根本没有接受教育的机会。[8] 武装冲突及其造成的人们背井离乡，往往会影响经济发展计划，石油开采和采矿工作。尽管离乡背井常常被视为是一种只影响那些被迫离乡出走人们的现象，但实际上，其影响可对一个社会的政治、经济和社会基础造成破坏。

被迫离开自己的家园而流落他乡的人们的死亡率常常高于一般人口，有时甚至会高出 50 倍，同时他们还容易受到身体伤害、强奸、劫持以及染上疾病。[9] 国际红十字会确定了 4 种国内流离失所者面临的、容易使他们受到伤害和需要受到保护的问题：“寄居社区和离乡背井者之间关系出现紧张的危险；性暴力危险增加；家庭被分开，特别是把儿童同他们的父母及其他亲戚分开的危险增加；以及冲突的一方把离乡背井当成战争的一种工具或手段”。[10]

当大批难民和离乡背井者长期寄居难民营时，严重的安全问题便伴随而生，其中最为常见的是将难民营军事化。[11] 早在 20 世纪 80 年代，西方就曾把寄居在巴基斯坦的难民武装起来，同占领他们家园的前苏联进行斗争。今天，据说在苏丹的达尔富尔难民营的离乡背井者中，武器比比皆是，营中武装反叛分子随处可见，使难民营变得更加可疑，从而成为更易受到攻击的目标。[12] 在约旦和叙利亚，不少人士担心寄居在他们国家的难民——尽管不集中在难民营中—可能会

---

〔8〕 见 E. 穆尼和 . C. 弗伦奇合著的“障碍与桥梁：为国内流离失所家庭子女提供受教育之通路”；布鲁金斯—伯恩关于国内流离失所的项目，2005 年 1 月，网址：〈http://www.brookings.edu/papers/2005/0111humanrights-mooney.aspx〉。

〔9〕 科恩和登（同注释〔7〕）所写文章的第 23—29 页；和世界卫生组织（WHO）提交给联合国经济和社会理事会 2000 年 7 月 19—20 日在纽约召开的独立会议人道主义事务会议的文件“国内流离失所者，卫生和 WHO”，第 5 页。

〔10〕 国际红十字会于 2006 年 5 月发表的“国际红十字会在国内流离失所者问题上的立场”，网址：〈http://www.icrc.org/Web/Eng/siteengo.nsf/html/idp-icrc-position-030706〉，第 3 页。

〔11〕 参阅 S·J·斯蒂德曼和 F. 坦纳所写并由 F. 坦纳编辑的文章“对难民的摆布：战争，政治和对人类苦难的恶意利用”（布鲁金斯学会出版社，华盛顿特区，2003 年）。

〔12〕 参阅 C. 汗的文章“冲突，武器和军事化：达尔富尔离乡背井者营地的动态”，HSBA 工作文件第 15 期（小型武器调查：日内瓦，2008 年）第 8、17 页。

随着时间的推移而在其国内“挑起教派和种族之间的冲突”。[13] 巴勒斯坦难民的形势仍不失为一个范例，表明倘若难民问题长期得不到解决，便会滋生暴力和恐怖活动。

大约有一半或四分之三的难民和离乡背井者主要集中地，将会旷日持久地存在下去，即至少会存在5年以上，不论他们是生活在营地还是生活在不同城市。[14] 在苏丹达尔富尔的离乡背井者营地里，有200多万离乡背井者因家乡地区出现的暴力及其所造成的破坏而无法返回各自的家园，所以，自2003—2004年以来，他们一直住在营地中。在巴尔干半岛各国，尽管在10多年前那里的冲突就已经平息，但仍有离乡背井者——尤其是较年长者、残疾者和少数民族——居住在聚居中心。[15] 在南高加索地区发生的所谓“冻结”冲突中，当地政府常常不愿意帮助离乡背井者融入社会，相反，他们把这些人当作人质，以期达到通过让这些人返回家园的机会，收复在冲突中失去的土地的政治目的。正因如此，卡琳在阿塞拜疆所见到的是，在10多年后的今天，离乡背井者仍然居住在“帐篷营地，火车皮里和土坯房里”，而住在城市地区的离乡背井者则大多居住在“因年久失修而破败不堪和异常拥挤的集体宿舍或公共房舍中，包括以前的学校”。[16]

---

〔13〕 参见A. 哈珀在2007年12月的《被迫移民纵览》发表的“伊拉克：伴随不断的离乡背井而产生的不断增加的需要”，第53页和D.L. 拜曼所写的“伊拉克战争的下一阶段”，刊登在2007年11月的《记载（Slate）》上。

〔14〕 参阅E. 费里斯为联合国难民署和《布鲁金斯-伯恩关于国内离乡背井潮的项目》于2007年6月21—22日在日内瓦举行的讨论旷日持久的离乡背井者居住地专家研讨会所准备的背景文件“旷日持久的离乡背井者居住地的永久解决办法》2007年6月1日，网址：〈http://www3.brookings.edu/fp/projects/idp/conferences/20070622.pdf〉第25页。

〔15〕 参阅联合国秘书长国内离乡背井者人权问题的代表和驻波斯尼亚和黑塞哥维那代表团沃尔特·卡琳在联合国经济和社会理事会所做的报告“特殊群体和个人：大批移居他乡者和离乡背井者”，E/CN.4/2006/71/Add.4，2005年12月29日，第12页；以及联合国秘书长国内离乡背井者人权事务代表和驻塞尔维亚和黑山特派团代表沃尔特·卡琳在联合国经济和社会理事会所做的报告“特殊群体和个人：大批移居他乡者和离乡背井者”，E/CN.4/2006/71/Add.5和9，2006年1月9日，第2页。

〔16〕 参阅联合国秘书长国内离乡背井者人权事务代表和驻阿塞拜疆特派团代表沃尔特·卡琳在联合国大会所作的题为《促进和保护所有人权，公民权、政治权、经济权、社会权和文化权，其中还包括发展权》的报告，A/HRC/8/6/Ad.2，2008年4月15日，第13页。

在格鲁吉亚的离乡背井者—有时被称作“南高加索的巴勒斯坦人”〔17〕—已经慢慢开始接受协助他们融入当地生活的帮助，但仍保留他们返回家园的一切权利。这也是卡琳的前任弗朗西斯·邓所倡导的。

所谓的“仓库式收容方式”—是指难民和国内离乡背井者在难民营或隔离的居留地生活长达 5 年以上并依赖国际社会苟活于世，而其就业、接受教育和行动自由的权利受到限制或者得不到允许的情况—对国内离乡背井者来说，已经成为一种“一成不变的解决方式”。〔18〕在旷日持久的居住地，虽然诸多国内离乡背井者不再面临迫在眉睫的安全威胁，但是其经济和社会需要却常常无法得到满足，并被置于失业、没有土地、失去的财产得不到归还或者无永久性住所的境地。除非能帮助他们融入社会，否则，这种情况可能播下爆发新冲突的种子。

随着停火与和平协议的达成，期待国内离乡背井问题会不日得到解决的想法常常会油然而生。结果，各国和国际提供的人道主义援助也经常会随着战事的平息而逐渐减少，尽管离乡背井者要返回的地区并不稳定，或者是哪些地区已经被破坏得无法养活这些返乡的国内离乡背井者或难民。因此，有必要对何时结束离乡背井潮进行综合性研究，与此同时，要将重点放在找出永久性的解决办法上，以支持国内离乡背井者和难民返乡或重新定居、恢复正常生活、与当地社区和睦相处，以及将他们的需要纳入长期发展和减少贫困的计划中去。〔19〕

离乡背井潮危机乃全球性问题，但是世界上有些地区比其他地区所受到的影响要大得多，其中受冲击最严重的大陆是非洲，在那里集中居住着世界上近一半的国内离乡背井者（目前有 1200 万）。国内离

〔17〕 2000 年 5 月 8 日在第比利斯对 UNHRC 官员的采访。

〔18〕 参阅 M. 史密斯在《2004 年世界难民考察》发表的“被仓库式收容的难民：一种剥夺权利和蹂躏人道的做法”（美国难民和移民委员会：华盛顿特区，2004 年）第 38 页。

〔19〕 参见布鲁金斯学会—伯恩国内离乡背井潮项目和乔治敦大学发表的“何时结束离乡背井潮：一种永久性解决方案的框架”（布鲁金斯学会—伯恩国内离乡背井潮项目：华盛顿特区，2007 年 6 月）；以及费里斯的文章（同注释〔14〕）。

乡背井者最多的国家为苏丹、刚果民主共和国和索马里。[20] 除此之外，非洲还有约 300 万难民。[21] 非洲大陆徒有丰富的自然资源，却在应对离乡背井潮方面是世界上资源最为匮乏的大陆。而且，当年殖民主义留下的人为国界加上激烈的争权夺利和贫乏的经济资源，可能会使非洲大陆成为持续不断的冲突和离乡背井潮的源头所在。

单边暴力对大规模背井离乡潮所起的作用

虽然在世界上 3700 多万国内离乡背井者和难民中，多数皆因身陷交战双方的两面夹攻的困境中，或者是因为料到他们的家乡地区爆发战事而不得不逃离家园，但也确有相当数量的国内离乡背井者和难民，是因本国政府或者非国家武装组织由于政治、民族、种族和宗教原因把他们当作射杀目标而被迫离乡背井的。这种直接的和故意攻击手无寸铁平民的行为被称之为"单边暴力"——此乃 UCDP 使用的一个专用术语，其目的在于避开使用"恐怖主义"和"种族灭绝"这样高度带有情绪化的词汇。[22] 在发生单边暴力时，其受害者并未直接参与战事，虽然在一些冲突中，无辜平民由于与交战的一方有交往而被牵涉其中。那些逃离单边暴力者，常常难以与因饱受战乱之苦而离乡背井的人们区分开来。为了摆脱身陷交战双方两面夹攻困境的平民和那些受到故意攻击的人们，可能会同时逃往安全地区。然而，那些因成为暴力中被故意射杀对象而被迫逃离家园的民众与那些陷入广义暴力之中的人们相比，其经历有显著的不同，正因如此，前者可能更倾向于不愿意返回自己的家园。

经查明，在 2007 年新爆发国内离乡背井潮的 28 个国家中，有

〔20〕 参阅国内人口迁移监测中心的文章（同注释〔4〕），第 13—14 页。另也可参见 F. 邓的文章"非洲的国内离乡背井者"，由艾科克帕里等人编辑的《非洲联盟及其机构》（贾卡那媒体：开普敦，2008）。

〔21〕 美国难民和移民委员会（USCRI）发表的"世界难民调查 2007 年"（USCRI：华盛顿特区，2008 年），第 30—31 页。

〔22〕 UCDP 把针对平民的单边暴力界定为"一个国家的政府或一个正规团体组织针对平民诉诸武为并造成一年至少有 25 人死亡的事态"。参见 UCDP 的"UCDP 的定义"，网址：〈http：//www.ucdp.un.se/〉。更多详情请见本卷的第 2 章和附录 2A。

21个国家的政府都直接或间接地涉足了强迫其国民迁移他乡的事件。[23] 在有此现象的大多数国家中，皆因种族、民族、语言或宗教不同而被四分五裂，其政府要么受到一个或数个民族团体的操纵，要么是支持一个或数个民族团体而排斥或忽视其他民族、种族或宗教组织。那些被排斥或边缘化的群体，在得不到该国政府应给予其公民的保护和帮助时，常常会与占统治地位的群体发生冲突。随之而来的便是大规模离乡背井潮，那些被迫移居他乡的人们常常会因为与一个反叛团体、党派或意识形态派别有联系，或者在一般意义上与一个被视为劣等的或有威胁的种族、文化群体、宗教组织或社会组织有联系，而被当作是"敌人"。[24] 当一个国家的政府直接参与迫使少数民众离乡背景时，常常不把被迫移居他乡的人们当作自己的公民，而是视他们为"另类"。这种非人性化的过程使这些政府当局能够把造成众多平民百姓死亡或颠沛流离的责任轻描淡写地加以辩白。

在国内武装冲突中，当叛乱分子或军阀处于优势时，尤其在政府软弱无能、无力控制局势的国家里，交战方经常会置战争法则于不顾，把平民作为攻击目标，以及把他们当作达到政治和军事目的的一种战争武器。尽管有些反叛组织能通过这种手段成功地洗雪其正当的冤屈，并在战事结束后，在负责的政府中担任某些职务，但是更多的反叛组织会堕落为从事犯罪活动、相互厮杀、夺取包括难民和国内离乡背井者在内的、被忽视的人们的土地和财产、忙于发动针对平民的单边暴力活动的团体，从而引发新的离乡背井潮。[25] 一些针对离乡背井平民的最为残酷和令人发指的暴行均为非国家组织所为。

伊拉克和苏丹的达尔富尔地区是两个最好的例子，可以说明单边

---

[23] 参见国内人口迁移潮监测中心发表的"国内离乡背井潮：2007年全球趋势和发展概观"，(IDMC：日内瓦，2008年4月)，第15页。

[24] 参阅F.M.登所写的"国内离乡背井潮：对和平、安全和国家建设的挑战"和K.卡希尔编辑的"紧急救援行动"（福德姆大学出版社及国际卫生与合作中心：纽约市，2003年)，第119页。

[25] 见丹麦国际问题研究所的P.W.法根等编写的、被编为《康哥维奇工作文件03.6》的《哥伦比亚的国内离乡背井潮：国家和国际的反应》，(DIIS：哥本哈根，2003年6月)，第4页；和M.肖默拉斯所写的、被编为《苏丹工作文件8》的"苏丹地头蛇的反抗部队：历史与概览"（对轻武器的调查，国际问题研究生院：日内瓦，2007年)，第12页。

暴力在引发大规模离乡背井潮中所起的不容忽略的作用。在伊拉克，继2006年在伊拉克萨马拉的艾尔—阿斯卡里什叶派圣坛发生爆炸事件之后，频繁与政党、警察或军队交往的什叶派和逊尼派中激进的武装分子开始分别有计划、有步骤和有目的地迫害、屠杀和驱逐各自地盘上的逊尼派和什叶派人士，以便控制那些地区。〔26〕受宗派暴力的影响，在2006年和2007年间，150多万伊拉克人在国内流离失所，还有200万人则选择逃往国外。〔27〕在因种族和宗教原因迫使他人离开家园、迁移他乡时，使用的手段极其残忍，其目的是保证他们再也不会返回自己的家园。迄今为止，这种伎俩总的来说是奏效的。据国际移民组织称，在逃离国内的宗派暴力者中，至少有百分之四十的人不打算再返回他们的故土。〔28〕在那些逃亡国外的人中（大多为逊尼派和基督教徒），只有很少一部分人表示有返回伊拉克的意愿。〔29〕而在陆陆续续返回自己国家的人中，据称很多选择留在他们能占多数的

〔26〕参阅由A. 哈尔-卡里蒂和V. 坦纳撰写并被载入《布鲁金斯-伯恩国内离乡背井潮项目的不定期出版物》的文章"宗派暴力：激进团体加剧了伊拉克国内的离乡背井潮"（布鲁金斯学会—伯恩国内离乡背井潮项目，华盛顿特区，2006年10月），第7—8页、12—14页、27—29页和34—35页。

〔27〕有关估计为270万IDP（自2006年2月以来为150万人）的详情，请参阅国际移民组织（IOM）的两周一次的报告《IOM紧急需要评估》，2008年3月15日，网址：〈http：//www. iom. int/jahia/jsp/〉；有关估计为200多万的难民情况，请参阅UNHCR的"伊拉克局势"，网址：〈http：//www. unhcr. org/cgi-bin/texis/vtx/iraq〉。

〔28〕参阅国际移民组织出版的《伊拉克离乡背井者：2007年回顾》，网址：〈http：//www. iom-iraq. net/library. html〉第4和7页。还可参阅E. 费里斯和M. 霍尔援引国际医疗队提供的材料而撰写的"关于伊拉克人道主义问题和政治的最新情况"（布鲁金斯—伯恩国内离乡背井潮项目，2007年7月6日），网址：〈http：//www. brookings. edu/papers/2007/0706humanrights-ferris. aspx,〉，第2页；和艾尔-哈里蒂和V. 坦纳的文章（同注释〔26〕），第14和35页。

〔29〕UNHCR的一项调查发现，在受调查的居住在叙利亚的难民中，只有百分之四计划返回伊拉克。请参阅联合国综合地区消息网（IRIN）登载的"伊拉克：UNHCR关切为难民和IDP提供资金问题"，2008年4月30日，网址：〈http：//www. irinnews. org. /report-aspx? ReportID=77990〉。截至2008年4月，约有6000个IDP家庭已经返回伊拉克——约等于自2006年以来离开家园、出走他国者的百分之二——而且多半回到他们所属团体占多数的地区。参阅UNHCR发表的"伊拉克国内离乡背井者的最新情况"2008年4月1日，网址：〈http：//www. unhcr. org/cgi/－bin/texis/vtx/iraq? page=briefing&id=47f20efd6〉。

地方定居，而不是回到他们原来的家乡。[30]

伊拉克模式可能与种族大清洗之后的波斯尼亚和黑塞哥维那所发生的情况有些类同，即数量颇多的背井离乡者最终还是回到了本国，但是也不到从波斯尼亚和黑塞哥维那逃离的 220 万难民和国内离乡背井者的一半。另外，大部分人没有回到他们原来的家乡，而是选择迁到他们民族的人口占多数的地区去定居。在索回他们在家乡地区的财产后，很多人又将财产卖掉或与别人进行交换，然后移居到其他地区去了。至少有 100 万人没有返乡。[31] 虽然有关方面下了很大力气，努力在波斯尼亚和黑塞哥维那重新开创多民族居住的社区，但收效甚微，只有在图兹拉和萨拉热窝两个城市，少数民族占到了城市全部人口的百分之十以上。[32]

在苏丹，政府对种族不满和叛乱的反应几乎完全是军事行动，致使由非阿拉伯非洲人构成的少数种族群体饱受被剥夺财产、流离失所和被遗弃的极度痛苦。蓄意的焦土行动使居住在苏丹南部的大批丁卡和努埃尔部落的人（是指在长达 22 年的内战期间）、生活在南北边界地区的努巴人和最近遭受到同样命运的、生活在苏丹西部的富尔、扎格哈瓦和马萨里特部落的平民逃离家园、流离颠沛于他乡。实际上，

---

〔30〕 见 E. 费里斯的文章《面临的危机：伊拉克的离乡背井潮与安全》，第 5 期政策性文件（布鲁金斯学会：华盛顿特区，2008 年 8 月），第 24—25 页。

〔31〕 到 2006 年 5 月，在 220 万难民和 IDP 中，只有少于一半的人回到了战前他们各自的家乡和城市。参阅驻波斯尼亚和黑塞哥维那的 UNHCR 所发表的“附件 7 所说情况的现状—2006 年 5 月”，网址：〈http：//www. unhcr. ba/press/stateof annex7. htm〉。数目相当可观的人在回到自己的家乡不久，便又移居它乡。参阅 E. 穆尼为 2008 年 6 月 18—19 日在伊斯坦布尔召开的“冲突和移民会议：欧洲背景下的格鲁吉亚—阿布哈兹问题”所写的文章“为格鲁吉亚离乡背井者寻求持久性解决方案：波斯尼亚和黑塞哥维那的经验”。有关妨碍难民和 IDP 返乡的原因——如安全问题、在就业和服务方面所受到的歧视以及返乡人员所能得到的少得可怜的资源等—可查阅国际危机团体（ICG）所发表在《巴尔干报告的第 137 期》的“波斯尼亚和黑塞哥维那难民返乡继续面临挑战”一文，第 14—22 页（ICG：布鲁塞尔，2002 年 12 月 13 日）；和国内人口迁移监测中心（IDMC）发表的“波斯尼亚和黑塞哥维那：长久性解决所需要的更广泛和得到改善的支持”（IDMC：日内瓦，2008 年 8 月 28 日）第 6—8 页。

〔32〕 参阅纽约市立大学 D. 赛特所写但未发表的博士论文“IDP 返乡和定居的财产权：量化和比较性案例研究”，第 116—117 和 141 页；以及国内人口迁移监测中心（IDMC）发表的“波斯尼亚和黑塞哥维那：宗派分化继续阻碍着剩余人员的返乡行动和离乡背井者重新融入社会”（IDMC：日内瓦，2006 年 10 月 25 日）。

苏丹比世界上任何国家国内离乡背井的人数都多，2008 年为 490 万人。〔33〕达尔富尔只是苏丹中央政府对那些被其认为是劣等种族和被边缘化了的群体发动的战争史上最新的一章。因此，当叛乱者在 2003 年占领了政府的前哨阵地后，政府军便伙同阿拉伯詹贾维德武装组织屠杀了数万名来自达尔富尔部落的、手无寸铁的平民百姓（据估计多达 10 万人），强奸了数千名妇女和少女，放火烧毁了估计约 2000 个村庄（占那里村庄总数的百分之七十）和迫使 200 多万平民百姓逃离家园（逃到乍得的人数有 20 多万）。据估计，约有 30 万到 45 万人，特别是生活在收容所的离乡背井者，惨遭屠杀，或者因武装冲突引起的饥饿和疾病而命赴黄泉。〔34〕

在过去 10 年中，刚果民主共和国（DRC）的平民百姓始终受害于反叛军、地方武装力量、掠夺刚果资源的外国军队和本国政府难以控制的军队的单边暴力行为，而后者是最值得关注的。据估计，自 1998 年以来，约有 540 万刚果平民惨死于战乱和由此引起的疾病。今天，已有 140 万人被迫逃离家园，而其中最多的是来自位于基伍地区的各省。2008 年下半年，由于政府军和反叛力量之间在该地区狼烟再起，致使约 25 万人逃离家园，其中有的还是来自离乡背井者的营地。〔35〕在这些受害者中，妇女和少女首当其冲。她们中的数十万人长期被强奸和伤残，并因此毁掉了她们的家庭和社区。〔36〕在该国处境危险的种族中有图西族人，针对他们的攻击是由卢旺达胡图人组成的反叛军策划的，而后者直接参与了 1994 年的种族灭绝大屠杀。

---

〔33〕 国内人口迁移监测中心（同注释〔4〕）第 13 页。

〔34〕 参阅大赦国际发表的“苏丹：35 个 IDP 被单独囚禁”，2007 年 8 月 23 日的 ReliefWeb，网址：〈http：//www.reliefweb.int/rwb.nsf/db900sid/EMAE-76CPGQ〉；E. 里夫斯刊登在 2007 年 8 月 20 日《卫报》上的“在达尔富尔究竟死了多少人”一文；和 2008 年 6 月 6 日拯救达尔富尔编写的“在达尔富尔的种族灭绝简报件”，网址：〈http：//www.savedarfur.org./pages/background/〉。

〔35〕 参阅国内人口迁移监测中心（IDMC）发表的“刚果民主共和国：尽管已达成停火协议，但基伍北部地区的离乡背井现象仍在升级”（IDMC：日内瓦，2008 年 9 月 30 日）；以及 IDMC 的“聚焦北基伍省：漂泊不定的 IDP 所面临的严重违反人权行为”（IDMC：日内瓦，2008 年 11 月 21 日）。

〔36〕 参阅 J. 盖特尔曼发表在《纽约时报》上的“被强奸者的谈话震惊了刚果并促使该国改变”，2008 年 10 月 18 日。

借口“保护”他们而组成的另一支反叛军，则假借种族的名义接管了大片土地并企图借机推翻该国政府。一个明晰无误的事实是，刚果民主共和国国内部分难以平息的暴力，是卢旺达种族灭绝大屠杀的直接产物和国际社会未能及时制止的结果。另一个明晰可见的事实是，政府需要国际支持，以控制住那些非国家势力。例如，从乌干达蔓延到该国的“主的抵抗军”所实施的暴力，就是由受到国际刑事法庭起诉的一些人领导的，而它的领导人却迄今逍遥法外。〔37〕

第三节　对与暴力有关的大规模背井离乡潮的反应

直到二十世纪九十年代初，人们才开始重视保护国内流离失所人员的人身安全问题。〔38〕冷战结束，由于内战和国内武装冲突而被迫离乡背井的、数以数百万计的平民百姓的处境开始进入人们的视野，而在此之前是无法接触到这些人的。他们中的有些人被卷入了由两个超级大国发动的代理战争之中，另一些人则是因某些大国不再支持其原来的受庇护国，从而导致这些国家爆发了内战，所以才不得不逃离家园的。前苏联的解体也引起了围绕政治和领土支配权的激烈争斗和伴随而至的大规模平民百姓流向中欧、东欧和中亚的离乡背井潮。

然而，当时并没有向他们提供保护的国际机制。难民可以得到为了向其提供保护而建立的国际制度的帮助，但这些帮助并不涵盖国内离乡背井者，即使他们同样遭受到世道混乱的创伤和同样因流离失所而需要紧急保护和帮助。

〔37〕 参阅 A. 多尔曼刊登在 SIPRI《洞悉和平与安全》第 2009/1 期上的文章《在国际刑事法庭对性暴力提起公诉》，2009 年 5 月，网址：〈http：//books. sipri. org/〉。

〔38〕 参阅科恩和登的文章（同注释〔7〕），第 4 页。

为难民和国内背井离乡者而设的国际保护机制

鉴于难民无法受益于他们本国政府为其提供的保护，1951 年签署的、具有国际约束力的《1951 难民公约》可以为他们提供替代法律保护，并开设了一个特别国际机构——联合国难民事务高级专员署（UNHCR），以满足他们的需要。[39] 与此形成鲜明对照的是，国内离乡背井者仍生活在其本国，并且必须通过各自的政府提供保护和帮助。由于这些国家的政府往往无能为力或者根本不愿意提供上述保护和帮助，在过去 20 多年里，国际社会开始认识到国内离乡背井者同样需要某种形式的国际保护。于是便拟定了关于国内离乡背井者的指导原则，并于 1998 年由联合国秘书长国内离乡背井者事务代表弗朗西斯 · M. 登提交给联合国。尽管这些原则已经得到相当大的权限而且愈来愈多地被纳入国家立法中了，然而，该原则并不具有法律约束力。[40] 不仅如此，当前也没有任何一个负责国内离乡背井者的国际机构，尽管 2005 年联合国难民事务高级专员署同意，以联合国协作的方式，它将作为向国内离乡背井者提供保护的“集束”主角。[41]

---

〔39〕 按照 1950 年 12 月 14 日通过的联合国大会第 429（V）决议召开的关于难民和无国籍人士各国全权代表大会，于 1951 年 7 月 28 日通过了关于难民地位的《1951 难民公约》并于 1954 年 4 月 22 日起生效。联合国于 1950 年 12 月 14 日以联合国大会第 428（V）号决议的方式通过了联合国难民事务高级专员署规约。

〔40〕 关于国内离乡背井者指导原则的全文请查阅联合国人权事务高级专员署（UNHCHR）的“关于国内离乡背井者的指导原则”，网址：〈http：//www. unhchr. ch/html/menu2/7/b/principes. htm〉。2005 年，世界峰会的最后文件认可该指导原则为“保护国内离乡背井者的重要国际框架”。详情请参阅 2005 年 9 月 14—16 日举行的联合国大会 2005 年世界峰会的“2005 世界峰会：成果”，网址：〈http；//www. un. org/summit2005/documents，html〉，第 132 段。迄今已有 15 个以上的国家将指导原则纳入其国内立法。见 R. 科恩刊登在《全球治理》第 10 册第 4 期上的“关于国内离乡背井者的指导原则：国际确定标准的创新”（2004 年 10—12 月），第 470—471 页；和 J. A. 温德姆发表在布鲁金斯—伯恩国内离乡背井者人权问题项目上的文章“发展趋势：关于国内离乡背井者的法律和政策”（布鲁金斯—伯恩离乡背井者项目：华盛顿特区，2006 年冬），第 7—12 页。非洲联盟根据该指导原则草拟了一个有约束力的关于国内离乡背井者的公约，并有望在 2009 年获得通过。

〔41〕 参阅 J. 埃杰兰德的被收入《被迫迁移纵览》增刊的“朝着一个能做出更强有力人道主义反应的制度而努力”，2005 年 10 月，第 4—5 页。

虽然为国内离乡背井者提供保护的体制软弱无力、作为有限，然而，一些难民辩护者仍始终在质疑国际上把关注重点放在国内离乡背井者身上的做法，因为他们认为那样有可能损害保留跨国界提供避难所的权利。[42] 诚然，国际上对难民问题的日益冷漠是与国内离乡背井者人数的不断增加相伴而来的，但是，其主要原因还在于：冷战后对收容难民的政治态度的改变、对安全日益增长的关注（尤其是自 2001 年 9 月恐怖分子对美国发动的攻击以来）、高昂的财政花费、以及因大量新难民的涌入而造成的社会和文化上的混乱。[43] 此外，还有一个原因是，鉴定一个人是否为难民的工作愈来愈难，因为越来越多的人逃离本国的原因不一而足、交错混杂——如财产被无情地剥夺，环境恶化，气候变化以及武装冲突和迫害。[44] 更重要的是，在出现紧急事件时，难民和国内离乡背井者常常连在一起，无法分开，因此迫切需要设立一种更加全面的国际保护体制，既能保护难民，也能保护国内离乡背井者。英国国际发展国务大臣希拉里·本在 2004 年巧妙而且一针见血地问道："难道我们设立不同的机制并按照逃离家园者是否跨越了国际边界来区别对待的作法真的是明智之举吗？"[45]

主权负有提供保护的责任

保护国内冲突受害者的问题，在很大程度上会引出"人的安全"的概念，而这一概念试图将以侧重国家的安全过渡到强调个人的安全，也就是说，要保护人，与此同时也承认国家安全和个人安全是相

---

〔42〕 参阅 J. C. 哈撒韦发表在《难民问题研究期刊》第 20 册第 3 期上的文章"被迫迁移问题研究：我们能否同意先进行相互接触？"（2007 年 9 月），第 350—369 页。

〔43〕 参阅 S. F. 马丁等所著的"被迫离乡背井者：改进对被迫迁移者的人道主义反应"（列克星顿知识之库：拉纳姆，MD，2006 年），第 121—122 页；和 P. 马塔希的文章《非洲联盟何以有负于非洲大陆的 IDP》，allAfrica. com，2008 年 8 月 27 日。

〔44〕 参阅 A. 格特里斯在 2007 年 10 月 1 日在日内瓦召开的高级专员计划执行委员会第 58 次会议上所致的开幕词，网址：〈http：//www. unher. org/〉。

〔45〕 参阅 H. 本在国外开发学会所作的题为"国际人道体制的改革"的讲话，2004 年 12 月 15 日，伦敦，网址：〈http：//www. odi. org. uk/events/Benn15Dec/Humanitarian-reform-speech-final. pdf〉。

互关联的，因此应同时得到强化。[46]“人的安全”的概念包含人身安全以及政治、经济、环境、卫生和食品安全。

这种侧重点的改变反映了各种新的和处在演变之中的主权概念。在20世纪的大部分时间里，主权的传统观念妨碍了对保护本国国内平民的关注。诚然，自20世纪50年代起，国际红十字会就被明确赋予了保护身处武装冲突之中的平民百姓的授权，不仅如此，自20世纪70年代以来，它还可以坦然地在出现国家间冲突时履行其职责。同时，在20世纪70年代，联合国难民事务高级专员署也已开始有选择地向一些国家内出现的离乡背井者提供帮助。然而，从根本上说，在20世纪大部分时间里，主权和不干涉内政的原则，均按照联合国宪章第2条第7款的规定，严格得到执行。[47]

到20世纪90年代，这种情况出现明显变化，国际上开始采取协调一致努力，帮助和保护在其本国被迫迁徙的人们。联合国难民事务高级专员绪方贞子将联合国高级专员署的“行动涵盖范围”加以扩大，也将在紧急时期的国内离乡背井者，尤其是同难民混杂在一起的国内离乡背井者包括在内。她在自己撰写的回忆录中写道，她扪心自问：“究竟我们是应该循规蹈矩地遵照那些霸王条款不去履行我们在各国国内应该行使的权力而坐视不帮那些因受制而无法跨越边界的离乡背井者呢，还是应该更多而且现实地站在人道主义的立场上，力所能及地向他们提供帮助呢?”[48]她选择了后者，联合国难民事务高级专员署在1991年承担了保护伊拉克国内流离失所的库尔德人的责任。此后，在前南斯拉夫，联合国难民事务高级专员署成为帮助难民、国内离乡背井者和其他受害平民百姓的主要机构。这样一来，国内大规模离乡背井潮已成为国际人道主义行动

〔46〕参阅G. 埃文斯撰写的“提供保护的责任：彻底结束大规模犯罪的残暴行为”(布鲁金斯学会出版社：华盛顿特区，2008年)，第34—35页。

〔47〕参阅由雅克·丘诺德先生起草的、联合国经济和社会理事会的关于难民、离乡背井者和返回家园者的报告，E/109/Add. 1，1991年6月27日，第122段；和R. 科恩撰写的《人道主义必须履行的责任正在改变主权原则》ILSA季刊，第16册，第3期（2008年2月)，第14页。

〔48〕参阅绪方贞子的《动荡不定的10年：正视二十世纪九十年代难民危机》(W. W. 诺顿公司：纽约，2005年)，第38页。

的切入点。

当一个国家的政府竭力阻挠外界接触身处危险之中的平民百姓、或者故意让这些平民百姓遭受饥饿和其他虐待时，热衷于人道主义和人权的人们主张国际社会有权甚至有责任向那些人伸出援手。[49] 为保护受战争之害而被迫离乡背井的平民百姓，有人甚至还提出了人道主义干涉的权利，然而，由法国提出的有权进行人道干涉的条件，因为被认为违反了不干涉内政的原则，而屡屡遭到反对。[50]

一个更为受欢迎的提议，是强调“主权是一种负有提供保护的责任”。正如眼下的发起人为保护国内离乡背井者所构想的那样，这一概念有效地将主权修订为国家向本国被迫流离失所的平民承担保护责任的形式。此概念确认，国家负有向其国内离乡背井者提供保障生命安全的保护和帮助的首要责任，倘若无力做到这一点，应该要求并接受外来提出的援助。如果他们拒绝这么做，该责任便自然地转移给了国际社会。[51] 根据此概念，关于国内离乡背井潮的指导原则认定，

〔49〕 参阅 L. 迈尼尔所写的《处于困境的人道主义：评头论足谈苏丹生命线行动》(红海出版社：华盛顿特区，1991 年)；L. 迈尼尔和 T. 韦斯合著的“国际道德规范真的重要吗：苏丹的人道主义政策”，刊登在《伦理道德和国际事务》，第 5 册（1991 年）；R. 科恩撰写的“国内离乡背井者的人权保护问题”（难民政策团体：华盛顿特区，1991 年 6 月），第 16—19 页；难民政策团体为 1991 年 6 月 24—25 日举行的为国内离乡背井者提供人权保护会议整理的会议报告，网址：〈http://repository.forcedmigration.org/show-metadata.jsp?pid=fmo:3024〉；R. 科恩和 J. 丘诺德合著的“改进为国内流离失所者提供保护的制度安排”（布鲁金斯学会和难民政策团体的国内离乡背井者项目：华盛顿特区，1995 年 10 月），第 6—12 页和第 54—57 页；以及 T. B. 西博尔德所写的“人道主义军事干涉：成功与失败的条件”（牛津大学出版社：牛津，2007 年）。

〔50〕 见埃文斯的文章（同注释〔46〕），第 32—33 页。

〔51〕 参阅联合国秘书长国内离乡背井者事务代表弗朗西斯·M. 登先生在联合国经济和社会理事会的人权委员会的会议上所作的报告“人权，大迁徙和离乡背井者”，E/CN.4/1995/50，1995 年 2 月 2 日，第 38 段。迈尼尔的文章（同注释〔49〕），第 118—123 页；科恩的文章（同注释〔49〕），第 16—19 页；难民政策团体的文章（同注释〔49〕）；F. M. 登的文章“保护一贫如洗的流离失所者”（布鲁金斯学会出版社：华盛顿特区，1993 年），第 14—20 页；F. M. 登等的文章“负有保护责任的主权：非洲的冲突”（布鲁金斯学会出版社：华盛顿特区，1996 年），第 2—19 页和第 27—33 页；科恩和登的文章（同注释〔7〕），第 275—280 页；登的文章（同注释〔24〕）；和 T. 韦斯和 D. A. 科恩的文章“国内离乡背井者：概念化及其后果”（劳特莱芝：纽约，2006 年），第 45 页。

国家要承担保护和帮助国内离乡背井者的首要责任，但是，当这些国家的政府无力或未能履行其责任时，国际社会要起重要作用。该指导原则明确规定，当国家无力或不愿意向其离乡背井的平民百姓提供帮助时，国际社会有权向这些平民提供援助，并规定国家有义务提供“快速和畅通无阻接触国内离乡背井者的渠道”。另一方面，提供援助的组织要重视离乡背井者“对保护的需要及他们的人权”。〔52〕尽管国家要对其人民负责的概念，已经开始为国际社会所接受，也就是说，主权也负有保护和帮助本国人民的责任，但是国际社会接触离乡背井者的行动，却常常被这些国家以维护国家主权为由加以阻挠，其目的是把主权作为障碍，阻止外部的介入。

联合国大会于 2005 年通过了“有保护责任”（R2P）这一里程碑式的概念，从而对国际社会采取更多行动提出了更高的期望，以增强因种族灭绝行为、战争罪行、种族大清洗和反人类的罪行所造成的离乡背井者和其他平民的安全。根据主权负有提供保护责任的概念，R2P 把保护本国人民的首要责任赋予了国家，并且呼吁国际社会对各国履行保护其人民的行为给与支持。该概念规定，倘若某个国家未能履行其责任，国际上有责任采取“集体行动”，保护受威胁的平民百姓。不过，在现实情况下，将这一概念付诸实施，却尚需时日。〔53〕有关此概念的含义已经产生颇多的曲解。例如，77 国集团诸国已经明确表示，担心 R2P 会有利于北半球的强国对他

〔52〕参阅 UNHCR（同注释〔40〕)，原则的第 24—27 条。

〔53〕肯尼亚的情况出现后（2007 年底至 2008 年大选引发的暴力），R2P“集体行动”的条款第一次被付诸实施，并且为动员国际力量采取政治行动以制止种族暴力提供了有效框架。与此同时，在采取行动之前，已经造成估计 1000 平民被杀，50 万人被迫离乡背井，凸显出采取预防措施的必要性。然而，在急需保护的重大案例中，例如达尔富尔，刚果民主共和国和索马里，R2P 并没有得到有效实施。难怪联合国秘书长 R2P 的特别代表称“怀疑论者和社会观察家们认为，假如 R2P 原则只适用于容易解决的情况，那么他们完全有理由置疑其效能”。E. C. 勒克刊登在斯坦利基金会政策分析简报（斯坦利基金会：衣阿华州的马斯卡廷，2008 年 8 月）上的文章“联合国与提供保护的责任”，第 6 页。有关肯尼亚的情况可参阅联合国人道主义事务协调办公室下设的中、东非地区办事处发表的“关于离乡背井者的报告”第 3 期（2008 年 1—6 月），网址：〈http：//www.internal-displacement.org/〉，第 2 页；和 D. 麦肯齐的文章“肯尼亚暴乱数月后仍有数千名离乡背井者”，CNN，2008 年 5 月 16 日，网址：〈http：//www.cnn.com./2008/world/africa/05/16/kenyan displaced/〉。

们国家的内政进行军事干预。另外一些国家则误把 R2P 概念当作解决所有涉及大规模遭受苦难者的人权、卫生和环境问题的灵丹妙药。

实际行动上的反应

眼下，对国内离乡背井者的保护仍远不及对难民的保护。当联合国难民事务高级专员署向难民提供保护时，它基本上是依据难民公约来维护其为难民提供避难所和不被驱回的合法权益。就国内离乡背井者而言，国际上尚没有这方面的国际条约，也没有指定代理机构。至于保护国内离乡背井者的含义，又不得不求助于联合国机构间常设委员会对其予以澄清。由国际人道主义、人权、和开发组织组成的联合国机构间常设委员会于 2000 年公布了有关保护国内离乡背井者的政策，明确规定，对国内离乡背井者的保护涵括“所有旨在根据相关机构法律的字面意义和精神（如人权、人道主义和难民法律），使国内离乡背井者个人的权利得到尊重的活动)”[54] 按照《指导原则》的精神，上述说法被解释为保护国内离乡背井者的人身安全，为他们提供生活必需品，以及努力争取让他们享有最基本的经济、社会、文化和政治权利。[55]

当联合国关于国内离乡背井者的政策被落实到行动措施时，它会把为减少流离失所的危险而采取的预防性行动、确保已经离乡背井者能得到保护和帮助以及整合保护事务等内容纳入帮助国内离乡背井者返回家园或在异地定居的计划。在这方面，它要求监控和报告保护难民方面的问题，果断地为离乡背井者的权利进行辩护，以及加强基于

〔54〕 参阅机构间常设委员会（IASC）政策文件第 2 期的文章“保护国内离乡背井者”（IASC：日内瓦，2000 年 10 月），第 4 页；和 IASC 的“针对人道主义者和常驻协调员在保护国内离乡背井者方面的责任的补充指导原则”（IASC：日内瓦，2000 年 5 月）。

〔55〕 参阅联合国秘书长国内离乡背井者事务代表沃尔特·卡琳在联合国经济和社会理事会人权委员会议上所作的报告“特殊群体和个人：大规模迁徙和离乡背井者”，E/CN. 4/2005/84，2004 年 12 月 12 日，第 42 段。

社区的主动性行动。[56]

联合国在 2004 年进行的一次评估清晰地揭示出实施这些措施的困难。评估发现联合国在提供保护方面所起的作用，“仍然多半是临时性的，并且更多地取决于具体实施这些措施的个人的人格和信念，而不是一种制度化、体系化的行为”。[57] 妨碍对国内离乡背井者提供保护的重大体制问题有：1. 担心推动对国内离乡背井者的权利实施保护会影响与有关国家政府在政治、人道主义和发展计划方面的密切合作关系；2. 总部缺乏对加强提供保护努力的支持；3. 在实际保护办法或者在力主国内离乡背井者应享受的一系列权利时所需要的外交技巧方面缺乏训练；4. 缺乏很快部署和增加有经验的工作人员的能力；5. 对谁负责保护缺乏清楚的认识；6. 担心从事保护活动会带来危险。在引起离乡背井潮的国家从事向其人民提供保护的工作要比在他们逃往的东道国从事同样工作危险得多。这一点已经为日益增加的攻击援助人员的事实所证实。[58]

---

〔56〕 有关联合国对保护离乡背井者的具体规定和为加强安全而采取的措施方面的附加文件请参阅联合国人道主义事务协调办公室（OCHA）和布鲁金斯学会国内离乡背井潮项目的《运用有关国内离乡背井者指导原则手册》（OCHA 和布鲁金斯学会国内离乡背井潮项目：华盛顿特区，1999 年）；联合国 OCHA 作为机构间常设委员会政策文件系列第 1 期而发表的《关于保护国内离乡背井者实地实践的手册》（OCHA 和布鲁金斯学会国内离乡背井潮项目：华盛顿特区，1999 年）；和联合国机构间常设委员会（IASC）编写的“培育庇护树：通过人道主义行动保护离乡背井者的权利”（IASC：日内瓦，2002 年）。另请参阅国际红十字会的对其在过去几十年所从事的保护活动的总结摘要以及国际红十字会的文章“加强对身陷武装冲突和其他暴力处境中平民的保护”（ICRC：日内瓦，2008 年 9 月）。

〔57〕 参阅 S. 巴格肖和 D. 保罗的文章“保护还是视而不见：朝着对保护国内离乡背井潮更加有作为的联合国态度而努力”（联合国人道事务协调办公室/布鲁金斯—SAIS 国内离乡背井者项目，日内瓦，2004 年 11 月）第 3 页。

〔58〕 自 2007 年 7 月 1 日至 2008 年 6 月 30 日，有 25 名联合国的文职工作人员在“蓄意制造的事端”中被杀害（包括 21 名在当地聘用的人员）；63 名非政府组织的工作人员被杀害；在此期间，总共向联合国的工作人员发动了 490 次攻击（其中包括对肉体的攻击、抢劫、骚扰、恐吓、绑架以及非国家组织实施的扣押）。单单在苏丹就发生了 297 起攻击联合国工作人员的事件。参阅联合国秘书长 2008 年 8 月 18 日向联合国大会所作的题为“人道主义工作人员的安危和对联合国人员的保护”的报告，见联合国的报告，A/63/305，18 Aug. 2008，第 6—18 段。

为了建立一个更加协调一致的保护国内离乡背井者的系统，联合国已经指派联合国难民事务高级专员署在采用的一项新的“集束”式、协调保护行动的实施中，担当主导作用（这一方式是指在合作的方式下，各不同机构在不同的领域起主导作用）。〔59〕联合国难民事务高级专员署在保护难民和涉足紧急状况下的离乡背井潮事务的长期经验，使其成为担任此项工作的最为合适的选择。然而，联合国难民事务高级专员署却面临资源紧缺、授权有限的窘境，使其在世界范围保护国内离乡背井者的工作中，无力发挥强有力的领导作用。由于担心过多地关注国内离乡背井者的保护工作，会使其不能专心于难民的保护，并且损害寻求避难的权利，所以，迄今联合国难民事务高级专员署只是在为数不多的试验性的国家里起了主导作用。〔60〕好的一面是，在上述一些国家所做的评估表明，在提供保护方面的协调工作得到了改善，但是，对实际保护国内离乡背井者的工作究竟有多大提高，却从没有作过有效的衡量。〔61〕

联合国难民事务高级专员署已经制定了有关保护国内离乡背井者的政策和必需的措施，如国内离乡背井者保护手册，但是在其内部还没有形成向国内离乡背井者提供实地保护的能力，反而依靠由保护帽——一个由联合国和非政府组织发起的倡议——提供的外来保护官员或者来自自己内部的保护难民的官员（后者也可能同时需要被指派

〔59〕 根据联合国 2005 年的人道主义改革计划，联合国难民事务高级专员署被指派在发生紧急状况时，担当协调保护行动以及紧急避难所和营地管理方面的主导作用，而其他机构则被分别指派在供水、卫生、营养、早日恢复正常生活和其他“集束”活动中，起主导作用；见艾杰兰德的文章（同注释〔41〕）。

〔60〕 2007 年曾在下述 10 个国家运用过“集束”方式：中非共和国、乍得、哥伦比亚、科特迪瓦、刚果民主共和国、埃塞俄比亚、利比里亚、黎巴嫩、索马里和乌干达。2007 年世界上总共有 2600 万国内离乡背井者，而这些国家的离乡背井者加起来为 900 万。参阅国际人口迁移监测中心发表的文件（同注释〔23〕），第 20 页。

〔61〕 参阅联合国机构间常设委员会的“集束方式的评估报告”，2007 年 11 月 21 日，网址：〈http：//www. humanitarianreform. org. /Default. aspx? tabid=457〉，第 11 页；和联合国难民事务高级专员署的 J. 克里斯普、E. 基拉古和 V. 坦南特刊登在《被迫迁移纵览》上的“离乡背井者与人道主义改革”，2007 年 12 月，第 12—14 页。

去从事其他工作）从事这方面的工作。[62] 另外，联合国难民事务高级专员署也没有在总部——尤其是在国际保护处——确定一套专一的、高级的国内离乡背井者事务重点，以便监督将这一问题转入总体组织行动中去。[63] 尽管该机构的总体计划所帮助过的国内离乡背井者人数取得了值得称赞的增加，其中包括在一些长期得不到解决的地方，但是，联合国的协作方式在保护国内离乡背井者问题上，仍然始终缺乏勇于承担责任和积极负责的精神。[64] 若干专家评述说，国内离乡背井者在某些情况下，只是事后难民组织才去考虑的问题。[65]

当然，妨碍为国内离乡背井者提供更多保护的最大障碍并非在于机制性的安排，而是来自政府和拥有武装的非国家组织，它们拒绝或者想方设法阻挠国际上接近国内离乡背井者，并且还针对国内离乡背井者实施暴力。结果，自 1999 年以来，联合国安理会始终都在积极参与保护身处武装冲突之中的平民百姓的工作。正是安理会向若干国家提出了与国内离乡背井者进行接触的要求，部署了第 6 章和第 7 章所列举的维和行动，以及制定了保护面临紧迫威胁的平民百姓的框架安排，其中包括为援助国内离乡背井者货物的运输提供随行保护，在离乡背井者营地和难民营内或周围营造更为安全的环境，以及创造稳定的条件，使国内离乡背井者和难民能返回家园。[66]

一个实实在在的成果是，在愈来愈多的联合国维和行动授权中，

---

〔62〕 参阅刊登在《被迫迁移纵览》上的“使具有提供保护的能力：ProCap》，专刊，2006 年 12 月，第 14 页，网址：〈http：//ocha. unog. ch/ProCapOnline/〉。有关联合国难民事务高级专员署的手册，请参见全球保护集束工作小组的《为国内离乡背井者提供保护手册》（全球保护集束工作小组：日内瓦，2007 年 12 月）。

〔63〕 参阅 2008 年 16 日和 17 日对实地和总部工作人员的采访；和联合国难民事务高级专员署高级专员计划执行委员会的文章“在将离乡背井问题纳入联合国难民事务高级专员署和离乡背井行动全球工作计划方面取得的进步”，EC/59/SC/CRP. 16，2008 年 6 月 20 日。

〔64〕 参阅国内人口迁移监测中心的文章（同注释〔23〕），第 20 页。

〔65〕 参阅马丁等的文章（同注释〔43〕），第 112—123 页。

〔66〕 参阅联合国人道主义事务协调公室发表的文章“联合国有关保护身处武装冲突之中的平民百姓的大事记”，可登陆〈http：/ochaonline. un. org/〉查找。也可参阅联合国秘书长关于为身陷武装冲突之中的平民百姓提供保护的数次报告，最近一次是向联合国安全理事会提交的报告，S/2007/643，2007 年 10 月 28 日。

加上了保护国内离乡背井者和其他因受战争之害而即将面临威胁的平民百姓的权能，使若干国家的国内离乡背井者和难民增加了安全感。〔67〕而在另外一些国家，则因东道国的干扰、部队和装备数量不足和授权含糊不清，维和行动遭受挫折。联合国安全理事会内部的政治分歧增加了这些问题的难度，因为它们造成一些国家，尤其是发达国家，拒绝提供部队和装备，以及那些受影响的国家拒绝接受来自所有提供国的部队和装备。〔68〕而且，由于联合国没有战略后备队可依赖，所以每次派出维和部队时，均需从零开始。正因如此，联合国为向达尔富尔派出一支 26000 人的部队和警察以及相应数量的装备则整整花费了两年时间。同样，联合国于 2008 年用了一个多月的时间才核准向刚果民主共和国增派 3000 人，以便对付该国基伍北部地区升级的暴力，又花费了好几个月才落实了这些部队的部署。〔69〕除此之外，联合国驻刚果民主共和国特派团的授权一直是一个复杂因素。它一方面许诺协助该国政府营造一个安全的环境，另一方面在论及这一问题时，又忽略了这样一个事实，即该国的政府军正是制造针对国内离乡背井者和其他平民百姓的颇多暴力的始

---

〔67〕 参阅 W. G. 奥尼尔所写的、被收为布鲁金斯学会—约翰·霍普金斯 SAIS 国内离乡背井潮项目不定期文件的文章“维和行动人员面临的新挑战：国内离乡背井者”（布鲁金斯学会—SAIS 国内离乡背井潮项目：华盛顿特区，2004 年 4 月）；和他与 V. 卡西斯合写的、被收为布鲁金斯—伯恩国内离乡背井潮项目不定期文件的文章“为两百万国内离乡背井者提供保护：非洲联盟在达尔富尔工作的成功与缺点”（布鲁金斯—伯恩国内离乡背井潮项目：华盛顿特区，2005 年 11 月）。

〔68〕 请参见例如非洲联盟和联合国驻达尔富尔的混合特派团（UNAMID）的现状，参阅“联合国秘书长潘基文在安全理事会所作的关于 UNAMID 部署问题的报告”，请登陆 2008 年 8 月 28 日的 ReliefWeb 的〈http：//www. reliefweb. int/rwb. nsf/dh900sid/YSAR－7HXR53〉；联合国综合地区信息网（IRIN）2008 年 7 月 31 日的文章“‘可耻’缺失的直升飞机重要装备清单”，请登陆〈http：//www. irinnews. org/report. aspx？ReportID＝79551〉；以及 R. 科恩登在布鲁金斯东北亚评论上的文章“亚洲需要的有关灾难的标准”，2008 年 6 月，请登陆〈http：//www. brookings. edu/opinions/2008/06-disaster-standards-cohen. aspx〉。

〔69〕 参阅联合国新闻有关联合国派驻刚果民主共和国特派团（MONUC）的文章“鉴于出现的新的暴力活动，联合国代表呼吁向刚果民主共和国增派维和部队”，2008 年 10 月 4 日，请登陆〈http：//www. monuc. org/News. aspx？newsId＝18325〉。

作俑者。〔70〕实际上，那些需要保护的人们已经对联合国派驻刚果民主共和国特派团未能保护他们不受反叛组织和政府军暴力活动的侵害提出过强烈抗议。〔71〕

第四节　结束语：前进的道路

引起大规模离乡背井潮的深层次原因是围绕着权力、财富和资源共享发生的冲突，而这一情况又尤以按照种族、民族、宗教或文化划线而发生分裂的国家为甚。因此，不论是国内当局还是国际社会，均有机会在努力通过和平进程结束冲突和离乡背井潮并培养一种对未来集体的憧憬的同时，解决这些国家的深层次的结构性分裂。

鉴此，头等优先的问题应该是，努力达成若干和平协议，以解决其中的根本原因，并通过与国内离乡背井者进行更高级别的协商，为更好地消除难民和国内离乡背井者的担心预做准备。正如前联合国秘书长安南于 2006 年恰当强调的那样，让难民和国内离乡背井者返回自己的家园“往往是保持和平进程与振兴经济活动的关键因素”。〔72〕在过去二十多年中，达成的和平协议大都包含为那些流离失所者返回

---

〔70〕 参阅 2007 年 4 月 13 日的新闻稿（SC/8996）登载的有关联合国安全理事会的消息“安全理事会把派驻刚果民主共和国特派团的期限延至 5 月 15 日，一致通过 1751 号决议（2007）”。还可参阅 A. W. 甘比诺所写的文章“争取和平、保持进步的刚果”，外交关系委员会预防行动中心第 40 号特别报告（外交关系委员会出版社：华盛顿特区，2008 年），第 4、7 页。

〔71〕 参阅联合国刚果民主共和国特派团的文章“联合国为保护刚果平民向反叛势力发动进攻”，2008 年 10 月 28 日，网址：〈http：//www. monuc. org/news. aspx？ newsID=18513〉。有关 2008 年联合国刚果特派团以及其他维和行动的进展，包括有关保护平民百姓的问题，请参阅本卷的第 3 章。

〔72〕 参阅联合国新闻处的“联合国秘书长在联合国难民事务高级专员署执行委员会的报告：世界峰会对人道主义团体做出引人瞩目的承诺”，在联合国难民事务高级专员署执行委员会所作的报告，2006 年 10 月 6 日，网址：〈http：//www. unis. unevienna. org/unis/pressrels/2005/sgsm10145. htmL〉。

自己的家园、在异地定居和重新融入社区的条款。[73] 1995 年达成的《波黑和平总体框架》（即代顿协议）虽然并非完全成功，但是它寻求通过安排国内离乡背井者和难民返回家园来扭转该国的种族大清洗，并为归还财产作强制性安排。[74] 同样，2005 年在苏丹签署的《全面和平协定》，旨在使苏丹的南北之间有一个更加合理公平的财富分配和分权的解决方案，以及为流离失所者返回家园和在异地定居做出合理安排。在上述两个实例中，假如伴随有更加严格的国际监管，相信协议会得到更加有效的实施。

然而，苏丹政府和一个反叛派别在 2006 年签署的《达尔富尔和平协定》却未能达到此目的。协议的谈判工作很匆忙，未能就财富分配和分权问题达成可接受的方案，也没有为流离失所者的安全做出适当安排。苏丹的各主要反叛组织以及大多数离乡背井的平民百姓均拒绝接受该协议，结果反而在达尔富尔导致了更多的暴力。[75]

这一失败揭示了与离乡背井者进行协商以及将他们的需要纳入和平进程中的重要性。假如达尔富尔的协商做到了这一点，也许该国政府就不会只同意为受战争影响的人们提供 3000 万美元的补偿（估计人均 7.89 美元），而且会更加重视为离乡背井者返回家园做出安全保证的问题。[76] 与国内离乡背井者交换意见有助于避免暴力，制止对离乡背井者持续不断的剥削和虐待，营造一种离乡背井

〔73〕 参阅布鲁金斯—伯恩国内离乡背井潮项目的文章“在和平进程中解决国内离乡背井潮问题，和平协议与建设和平”（布鲁金斯—伯恩国内离乡背井潮项目：华盛顿特区，2007 年 9 月），第 2 页。

〔74〕 参阅 R. 威廉斯发表在纽约大学国际法律和政治期刊的第 37 册第 3 期上的文章《波黑国内冲突后归还财产和难民返回家园问题：对国际订立标准及其实施的意义》（2006 年 3 月）关于在实施代顿协议方面所遇到的困难，请参见注释〔31〕。

〔75〕 参阅 A. 马克塔尔在美国和平研究所作的报告“达尔富尔和平进程少了什么”，华盛顿特区，2006 年 7 月 24 日，网址：〈http://www.usip.org/fellows/report/2006/0724-mukhtar.html〉；和综合地区信息网上的文章“苏丹：反叛分子的四分五裂阻扰了达尔富尔的和平”，2006 年 9 月 11 日，网址：〈http://www.irinnews.org/Report.aspx?ReportId=60887〉。

〔76〕 参阅 O. 麦克杜姆的文章“苏丹许诺为达尔富尔提供 3000 万美元的补偿”路透社，2007 年 10 月 3 日。

者与当地平民更为信任的氛围，以及促进当地经济的恢复。[77]此外，鉴于很多国家大迁徙潮的规模，在商讨开创一个稳定与和平未来的计划时，如果没有国内离乡背井者和准备返回难民的参加，简直是不切实际的。[78]

其次，联合国机构必须把设法让各国政府承担起对离乡背井的平民百姓的责任视为其主要目标。为了促使各国承担更大的责任，卡琳提出了若干基准要求，其中包括：（A）制定预防措施，尤其是建立旨在保护受到威胁的平民百姓的预警和快速反应机制；（B）开展国家意识教育活动，在出现离乡背井者的情况下构建国家团结，以便抵消国内离乡背井者通常遭遇的种族、民族和思想意识造成的伤痕；（C）制定国家法律和政策，维护离乡背井者的权利；[79]（D）指定执行法律和政策的国家办事机构；（E）拨出适当的国家资源；（F）为国内离乡背井者寻找解决办法，其中包括安全和持久的返回家园、融入他们目前居住或在本国异地定居地区的社会（应该把国内离乡背井者融入社会或在异地定居的义务视作与他们返回家园的权利同等重要）；[80]（G）帮助归还返回家园的离乡背井者的财产、对他们进行补偿，以及建立解决纠纷的机制；（H）推行和解措施，以便使不同

〔77〕参阅布鲁金斯—伯恩国内离乡背井潮项目的文章“与离乡背井者商榷：超越务虚作法”2007 年 11 月 15 和 16 日，网址：〈http://www.brookings.edu/papers/2008/02-displacement.aspx?p=1〉。

〔78〕参阅布鲁金斯—伯恩国内离乡背井潮项目的文章（同注释〔73〕）。

〔79〕刚刚出版了一个帮助政府做好准备工作的手册。参阅布鲁金斯—伯恩离乡背井潮项目的文章“保护国内离乡背井者：法律和政策制定者手册”（布鲁金斯—伯恩国内离乡背井潮项目：华盛顿特区，2008 年 10 月）。

〔80〕在对南亚 500 多名离乡背井者进行采访后，加尔各答研究小组得出如下结论，“异地定居的义务应该被视为与离乡背井者返回家园权利同等重要。”类似的说法还有，在土耳其，土耳其经济和社会研究基金会也呼吁各国政府和国际社会不但要向选择返回家园的离乡背井者提供帮助，而且也要帮助那些选择融入当地社会或在异地定居的离乡背井者。参阅 R. 科恩的文章“倾听离乡背井者的声音：吸取的教训”（布鲁金斯—伯恩国内离乡背井潮项目：华盛顿特区，2008 年 9 月），第 39—40 页。至于难民，也应该更加重视他们融入邻国的选择，以便使他们在难民营地的“人类栈房”的居住条件、没有行动自由或无权寻找工作的困境以及能够享受稍微宽敞的住房和稍好的教育等问题得到解决。参见史密斯的文章（同注释〔18〕）。

的民族团体能生活在一起。[81]

在一些国家，“为土地、食品、饮水、就业机会和公共服务等奇缺资源”而展开的争夺和冲突，会将对立的群体和民族引向对抗，而倘若将上述一整套基准要求纳入联合国建设和平委员会从事的冲突后重建家园的工作中，便可以减少这些国家的暴力活动和离乡背井潮。[82] 迄今，该委员会并未对帮助离乡背井的平民百姓融入社区的工作给予足够重视，因此应该更加积极地与各国政府合作，确保那些平民百姓能够返回家园并且持久地待下去，根除排斥不同群体的做法，以及通过纠正过去诸如非公平占有财产和土地的不公正做法，解决争端的根本性问题。[83]

第三，国际组织需要制定更加有效的、机制化的解决办法，特别是在当地为国内离乡背井者建立一个具有奉献精神的责任中心。联合国的“集束”系统才刚刚建立，因此现在对其进行权威性的评估为时尚早。[84] 然而，必须尽一切努力，确保不同的“集束”——不论是负责保护的，还是提供紧急庇护所和管理营地的或者是负责早日恢复正常生活的——有效地为离乡背井者工作，以及确保各机构确实在当地与国家和国际的非政府组织合作，承担起责任。联合国负责人道主义事务的副秘书长、他在当地的常驻代表和人道主义事务协调员应该详查保护“集束”所报告的工作缺陷，并担当起更大的责任，确保向离乡背井者提供保护。[85]

第四，作为向国内离乡背井者提供保护“集束”的带头者，联合国难民事务高级专员署必须承担比目前大得多的领导作用，并为该项工作谋求资源、国际支持和工作人员。作为问题的主体，国内离乡背

[81] 参阅布鲁金斯—伯恩国内离乡背井潮项目的文章“解决国内离乡背井潮问题：国家责任的框架”（布鲁金斯国内离乡背井潮项目：华盛顿特区，2005 年 4 月）。

[82] 参阅 J. 克里斯普的文章“非洲被迫离乡背井潮：规模、困难及政策导向”，《难民研究新问题》出版的研究文件第 126 期（UNHCR：日内瓦，2006 年 7 月），第 17 页。

[83] 参阅 W. 卡琳在联合国建设和平委员会吸取教训工作小组会议上的发言“解决国内离乡背井者问题的持久办法：建设和平的一个重要方面”，2008 年 3 月 13 日，请登陆〈http://www.brookings.edu/speeches/2008/0313-internal-displacement-kalin.aspx〉。

[84] 参阅 A. 戴维斯刊登在《被迫迁移纵览》的文章“人道主义改革是否真的改善了对离乡背井者的保护和帮助?”，2007 年 12 月，第 15—16 页。

[85] 参见《国内人口迁移监测中心》的文章（同注释〔23〕），第 20 页。

井者的保护工作必须自始至终被视为工作的核心。这就意味着为保护国内离乡背井者培训和指派有献身精神的资深工作人员，建立能够快速调动到位的国内离乡背井者保护官员的团队，向国内离乡背井者容易受到伤害的地区的营地增派联合国难民事务高级专员署的人员，培训非政府组织从事保护工作的同事，找出保护城市地区和冲突不止、且旷日持久地区的国内离乡背井者的办法和方式，以及更加积极地宣传对国内离乡背井者的保护。其实，早就需要为背井离乡、逃往异国或异地的平民百姓寻求更加全面和制度化的解决办法。一方面，毋庸置疑的是，难民和国内离乡背井者应该有各自不同的法律系统，可是，联合国难民事务高级专员署的授权又是对难民而言的；另一方面，在实施时，该机构又应该寻求缩小保护难民和保护国内离乡背井者工作之间的差距，否则就干脆坦言保护和帮助国内离乡背井的平民百姓需要一种不同和更加有效的机构。在这种情况下，应该考虑设立一个不同的联合国的实体。

第五，鉴于目前保护国内离乡背井者尚没有更有效的制度化办法，指派一名有献身精神的联合国官员专门负责解决国内离乡背井者的困境问题，仍然极为必要。然而，联合国人权委员会已经明确表示，2010 年，计划指派一名与联合国高级人道主义或政治办公室联系甚少或毫无联系的，或者得到联合国秘书长授权的报告员，顶替联合国秘书长负责国内离乡背井者人权问题代表的位置。这一明确表示的目的，是要使这个准备设立的职位与其它同人权委员会有联系的报告员的职位相当，但那样做的实际效果会使该职位降级，并因此造成国内离乡背井者的保护工作出现真空。从对国内离乡背井者所产生的负面影响的角度看，应该对该计划进行重新审议。假如该计划不能保持该职位现有的地位和权限维持不变，国际社会应该考虑把该职位由一个志愿专家的职务改为联合国秘书长办公室一个全职、拿工资的职位，或者使其成为联合国秘书处的一部分。在联合国难民事务高级专员署没有将其作用扩展到涵括保护国内离乡背井者的职能、或者索性创设一个独立的实体之前，应该继续保留该代表目前所起的促进作用。

第六，当国内离乡背井者身处冲突之中时，应该考虑把与反叛组织进行对话看作是保护国内离乡背井者的一种形式。由于往往有为数众多的国内离乡背井者和其他平民百姓身处反叛者的控制之下，所以负责人道主义事务的前联合国副秘书长简·艾杰兰德曾把与反叛组织进行对话称之为“人道主义的需要”。〔86〕

不过，各国政府通常会限制或禁止与武装组织进行官方接触，其理由是，那样会给人一种承认反叛组织的合法性和承认他们的控制为既成事实的印象，或者等于与“恐怖分子”共事。因此，联合国的工作人员常常会谨慎从事，担心倘若他们与叛乱势力积极开展相应接触或有关保护国内离乡背井者的讨论，会弄僵他们与有关国家政府的关系，或者甚至会遭受被驱逐的命运。〔87〕

然而，假如没有这样的对话关系，向身处危险之中的国内离乡背井者和其他人提供维持他们生存的援助和保护“简直是不可能”的。〔88〕艾杰兰德发现与反叛组织互动有助于将救济援助送达被围困的社区、有助于减少对平民百姓的虐待和有助于维持停火。〔89〕联合国和非政府团体必须努力推动与武装反叛组织举行对话，与此同时，要寻求缓解有关国家政府对这种互动的不安。应当强调的一点是，对话可以使非国家武装组织承担责任，从而防止更多的虐待行动。其实，按照人道主义和人权标准训练非国家组织应当成为人道主义计划固定的一个部分，特别是因为一些团体将会在武装冲突结束后，承担起负责任的政府的相应责任。〔90〕

第七，保护平民百姓免受大规模暴力行为伤害的责任必须首先

〔86〕 参阅 G. 麦克休和 M. 贝斯勒尔的文章“与武装组织举行人道主义谈判：实践者的手册”（联合国人道主义事务协调办公室：纽约，2006 年 1 月）；以及 G. 麦克休和 M. 贝斯勒尔的文章“与武装组织举行人道谈判的指导原则”（联合国人道主义事务协调办公室：纽约，2006 年 1 月）。

〔87〕 参阅巴格肖和保罗合写的文章（同注释〔57〕），第 58 页。

〔88〕 参阅巴格肖和保罗合写的文章（同注释〔57〕），第 58 页。

〔89〕 参阅 J. 艾杰兰德的文章“十亿生命：来自人道第一线的目击报告”（西蒙和舒斯特：纽约，2008 年），第 57—58、203、209 和 214 页。

〔90〕 2002 年 11 月在苏丹的隆贝克举行研讨会，寻求增加非国家组织在人权和人道主义方面应负的责任，并吸收苏丹人民解放运动和苏丹人民解放运动的救援组织——苏丹救援和恢复协会——的代表参加了研讨会。参见布鲁金斯—SAIS 国内离乡背井潮项目、联合国秘书长国内离乡背井者事务代表和联合国儿童基金会举办地的“苏丹南部国内离乡背井潮研讨会”的有关文件，（布鲁金斯学会—SAIS 国内离乡背井潮项目：华盛顿特区，2002 年）。

始于旨在制止冲突和防止离乡背井潮的强有力的外交、经济和政治措施。然而，预防则为保护平民百姓各环节中最为薄弱的一环。甚至，它不是一个定义明确的概念。例如，1948 年的种族灭绝公约敦促各国采取必要的预防措施，但是却没有明确指出采取何种措施，也没有提供一个相应规范的框架。〔91〕要想填补这一空白，需要更好地了解种族灭绝和大规模暴力行为的种种征兆和表现以及应该采取的实际可行的预防战略，这一切都要以法律准则为依据。上述预防战略包括加强有关国家抵御国内危机和避免出现离乡背井潮的能力，设法让联合国的办事处、有关国家政府、和地区组织采取一致行动，包括从外交到预防性部署等行动。〔92〕诚然，2008 年制止在肯尼亚爆发的暴力事件常常被当作有效运用 R2P 的成功范例加以引证，但是事前并没有采取预防措施。因此，在即将举行大选或者出现发生暴力的明显迹象和征兆的国家，联合国需要实施有计划、有步骤的监督措施，以便及早进行戒备。考虑到国际社会在防止冲突方面显得软弱无力，有些人建议一些有足够资源和专业技能的国家带头动员和组织国际力量做出反应。〔93〕预防措施也应该包括推动对国际刑事法庭的更广泛支持，因为有时候，迫使犯有战争罪行和反人类罪行者对其所犯的罪行负责，可以成为预防的一种

〔91〕有关《防止和惩处种族灭绝罪行的公约》的摘要、内容要点和缔约国的名单请参见本卷的附件 A。

〔92〕参阅联合国秘书长在联合国大会上的报告“贯彻执行五点行动计划以及防止种族灭绝特别顾问活动的情况”，A/HRC/7/37，2008 年 3 月 19 日，第 24—25 段。另请参阅联合国文件 A/59/565，（2004 年 12 月 4 日）和 A/59/565/Corr. 1，（2004 年 12 月 6 日）里收录的评估威胁、挑战和变化的高级专门小组的报告“一个更安全的世界：我们共同的责任”，网址：〈http://www.un.org/ga/59/documentation/list5.html〉，第 37—38 页；伍德罗·威尔逊学者不定期文件国际中心的系列文件汇编第 2 期《防止出现和重建失败国家最有效的办法》2006 年 12 月，网址：〈http://www.wilsoncenter.org./topics/pubs/Oc-paper.pdf〉，第 6—9 页；埃文斯的文章（同注释〔46〕），第 79—104 页，以及 D. 汉伯格的文章“防止种族灭绝：及早发现和采取有效行动的实际可行的措施”（范例：博尔德，CO，2008 年），第 98—262 页。

〔93〕参阅 G. E. 史密斯、D. 沙利文和 A. 斯威特合写的文章“预防的代价：走在全球危机的前面”（美国进步与满足研究中心：华盛顿特区，2008 年 11 月）。

形式。[94]

第八，为了使人们能更好地了解保护责任这一概念，尤其是使联合国安全理事会的常任理事国以及能够动员支持履行此概念的广泛民间社会了解它，有必要对该概念的含义及如何运用作明确阐述。设法使各国政府和民众懂得在即将发生或正在发生针对手无寸铁的无辜平民百姓的大规模残暴罪行时采取国际行动的急迫需要，应该成为联合国秘书长、R2P 事务特别顾问和防止种族灭绝事务特别顾问必须努力达到的目标之一。需要与诸如中国这样的主要发展中国家和有影响的国家展开对话，其中包括与这些国家的智囊机构和非政府组织展开对话，以便推动有关 R2P 及其实施的讨论。

第九，联合国人权事务高级专员署应该更多地参与紧急情况下保护国内离乡背井者的工作。联合国人权事务高级专员署应该协助联合国难民事务高级专员制定实际可行的保护措施战略，以及设法使人权战略与确保营地现场从事人道援助工作人员的安全并行不悖。在苏丹，国际刑事法庭对苏丹总统巴希尔发出的通缉令导致了该国政府从达尔富尔驱逐从事人道援助的工作人员的举动，并因此将 100 万国内离乡背井者置于更加危险的境地。[95] 与此同时，救援人员的存在也不再允许被视为是在发生大规模残暴罪行时国际上不作为的理由。

第十，全球需要达成一致意见，将其意愿转化成一种能快速部署训练有素、授权明确有力、数量充足和装备齐全的军队和警察部队的保护能力。[96] 一般情况下，走这一步实属最后一种手段，但是这种国际能力，能使为避免冲突而更加有力地采取外交行动以及在谈判破

〔94〕 参阅埃文斯的文章“对国际法庭可能会起诉的担忧，结束了 2004 年在科特迪瓦散播仇恨言论的广播”，（同注释〔46〕），第 85 页。

〔95〕 参阅 E. 里夫斯刊登在《波士顿环球报》的文章“达尔富尔，国际法庭的缉捕令与人道主义的必要措施”，2009 年 3 月 21 日。

〔96〕 尽管世界峰会的成果文件未能像联合国秘书长的改革报告所说的那样认可建立“战略后备力量”的建议，但是它确实要求为创建这种能力而“进一步提出建议”，并要求地区组织考虑将它们的军事力量置于联合国待命安排之下和同意组建一支常备警察部队。参阅联合国秘书长向联合国大会提交的报告“更大的自由：朝着全人类享有发展、安全和人权而努力”，A/59/2005，2005 年 3 月 21 日，第 209 段；和联合国大会文件（同注释〔40〕），第 92—93 和 170 段。

裂后保护平民百姓的工作更加有坚强有力。假如国际社会失去这种保护能力，正如艾杰兰德所警告的那样，会很容易地使“毛毯和邦迪”取代“正义和保护”，使平民百姓处于无保护可言而不得不离乡背井的困境之中。〔97〕

（谷景书　译）

〔97〕 参阅艾杰兰德的文章（同注释〔89〕），第215页。

第二章 武装冲突的趋势：针对平民的单边暴力

叶卡捷琳娜·斯捷潘诺娃

第一节 导言

过去《SIPRI 年鉴》的版本大多根据传统定义—有关方军队之间势不两立的武装暴力，来集中描述武装冲突，但很多武装暴力并不适合归于此类。[1] 诸如屠杀、滥杀和恐怖袭击等其他暴力形式直接、有意地使平民受到伤害。即使这些暴力形式经常在武装冲突背景下发生而且自九十年代初以来武装冲突本身的发生率也在下降，这种对平民单边暴力却仍然有增无减。[2]

本章对武装冲突背景下持续发生的单边暴力进行探讨并予以解释。[3] 第二节略述现代武装冲突中单边暴力的主要形式。第三、四节探讨 2008 年这些暴力形式在索马里、斯里兰卡、南奥塞梯和哥伦比亚是怎样自我表现的。第五节为结束语。附件 2A 提供了有关数据，数据来自关于 1999—2008 年主要武装冲突的乌普萨拉冲突数据项目（UCDP）。附件 2A 还提供并分析了 1997—2006 年期间单边暴力的 UCDP 数据。附件 2B 提供了全球和平指数并描述了这一新数据集的收集办法，全球和平指数系《SIPRI 年鉴》今年首次公布。

---

〔1〕 参阅附录 2A 中 SIPRI 和乌普萨拉冲突数据项目（UCDP）使用的关于“武装冲突的全面定义”。

〔2〕 关于武装冲突呈下降趋势，参阅附录 2A 和 E. 斯捷潘诺娃的“武装冲突趋势”，SIPRI 年鉴 2008：军备．裁军和国际安全（牛津大学出版社：牛津，2008）。

〔3〕 暗杀政治对手（如针对性杀害工会成员）或在没有武装冲突情况下政府压迫平民不在查核之列。

第二节　武装冲突背景下的单边暴力

UCDP将单边暴力界定为在一个日历年内由一个政府或正式组建的集团对平民故意使用武装力量而导致至少25人死亡的行为。[4] 单边暴力并非是这样的武装冲突，因为它直接、有意地针对平民，而平民无法实施武装自卫。单边暴力也有别于偶然伤害平民的与战斗有关的暴力，如在战斗人员交叉火力中平民被伤及。[5] 然而，要对此进行区别往往并不简单。单边暴力在平时也可发生，但99%由单边暴力造成的死亡事故发生在受武装冲突影响的国家，许多单边暴力又由战斗人员所犯。[6]

界定和数据方面的问题

在战斗人员军事对抗过程中不加区别地攻击平民与单边暴力是有明显区别的。滥用（肇事者经常认为此用语不确切）武力与当前政府部队或非国家武装人员遂行的大多数战争样式分不开。即使在技术密集型军事行动中，平民也经常无故遭杀或受伤·美国领导的盟军和北约国际安全支援部队在阿富汗实施的作战行动以及以色列于2006年对黎巴嫩真主党和于2008年12月—2009年1月在加沙地带对哈马斯采取的作战行动都证实了这一情况。[7] 叛乱集团也经常采用一贯的战术性作案手法来置平民于危险之中，包括隐身于平民之中和从平民地域发起攻击等。与滥用暴力相反，单边暴力显然是一种有意识的政治和战略选择，技术上并非是现代战争样式不可分割的组成部分。

---

〔4〕关于单边暴力UCDP定义的更多解释，参见附录2A。没有包括纯粹犯罪性暴力，虽然两者之间难以区别。确定单边暴力的UCDP数据可从UCDP网站查到，网址：〈http://www.ucdp.uu.se/〉。

〔5〕用以解释由滥用暴力引起的伤亡和破坏的通用军语叫做“附带损伤”。

〔6〕K. 埃克和L. 赫尔特曼的“战时对平民的单边暴力：从新死亡数据中洞悉到的”，《和平研究》季刊第44卷第2册（2007年3月），第237页。

〔7〕关于阿富汗冲突，参阅本卷第4章。关于以色列与真主党之间的冲突，参阅S. 林德伯格和N. 梅尔文的“重大武装冲突”，SIPRI年鉴2007：军备．裁军和国际安全（牛津大学出版社：牛津，2007），第66—72页。

实际上，要区分单边还是不加区别地攻击平民的方法往往是有限的，在发生广泛蔓延的和大规模的暴力行动的情况下更是如此。据认为，滥用暴力和单边暴力都是严重违反国际人道法的。[8] 要确立将“意图”作为区分暴力种类的方法是困难的，因为肇事者会声称其目标是军事性的，但使用的武器本质上是滥杀性的（如杀伤人员地雷），或者在人口密集地区使用时此种武器特别易具滥杀效果（如集束弹药）。另外，倘若对平民的暴力只是社区间的，以部落为基础的和教派之间暴力的一部分，或者仅仅是地方权力和资源之争，就不能轻易对这种暴力进行分类，说它是“有意的”或“直接的”。倘若在冲突广泛蔓延地区同时发生单边暴力和犯罪暴力，分类同样是困难的，实际上根本不可能区别它是源于政治动机还是利益动机。[9] 还有一个固有的困难是，一般情况下，与战争相关的死亡情况相比，单边暴力引起的事故和伤亡不大可能被记录下来。[10]

UCDP 数据集的统计有较大的偏低倾向，但即使是最保守的 UCDP 数据集估计也表明过去 20 年的若干单边暴力行动有这样一种总趋向：1989—1999 年较为稳定上升；2000—2006 年处不稳定状态，但平均发生率高于前 10 年。[11] 这样，20 世纪 90 年代初至 2005 年，以国家为基础的武装冲突数量减少了，但有组织的单边暴力却变得更加流行。死亡数据同样表明，由与战争相关的武装暴力引起的平均死亡率下降了，而由单边暴力引起的死亡率并没有下降。[12]

政治、人道和人权影响

单边暴力数据的另一个局限性在于衡量单边暴力的规模—事故、行动和伤亡数量时，其影响（范围更广、不那么直接但较为严重）没

---

〔8〕 日内瓦公约附加议定书 1 第 51 条和附加议定书 2 第 13 条禁止有意将目标指向平民，包括禁止攻击可望引起平民大量丧命或财物遭破坏（按比例原则）的军事目标和将平民作为“人盾”使用。关于 1949 年日内瓦公约和 1977 年附加议定书，参阅本卷附件 A。

〔9〕 犯此举最多者为非国家行为体，但政府军也可能在实施单边暴力时附带抢劫和掠夺。

〔10〕 然而，恐怖暴力易被完整记录在案。

〔11〕 参阅附录 2A 第 5 节；人类安全报告项目，《人类安全摘要 2007》（西蒙弗雷泽大学：温哥华，2008 年）第 42 页。

〔12〕 参阅埃克和赫尔特曼的文章（同注释〔6〕）。

有得到充分反应。

单边暴力可以引起更大的不稳定政治效应，要超过（有意如此计划）其直接的影响。这一事实尤其反应在恐怖主义方面。在武装冲突背景下，恐怖主义将对平民和其他非战斗人员的单边暴力作为一种特殊的战术来对付通常更为强大的敌人。[13] 通常情况下，在非国家行为者与国家之间的不对称对抗中，由恐怖分子袭击引起的不稳定和公众恐慌可以成为费—效力量的倍增器。[14]

单边暴力会造成严重人道后果，尤其是在武装冲突背景下，一个明显例子是人口流离失所。在过去 10 年中，大规模人口流离失所已越来越成为武装暴力的主要直接目标，而不是副作用。这就部分说明了为什么自 1997 年以来全球国内人口迁移总数稳步上升，从 1740 万人增至 2008 年的 2600 万人。[15] 在敌对行动结束时，为逃避武装冲突和普遍不安全的平民会尽快返回家园，但那些遭受单边暴力或单边暴力威胁的人却不一样，不大可能返乡，甚至久不返乡。[16]

单边暴力行动通常只是最为极端的和凶狠的暴力，是更大范围侵犯人权的一种表现，包括暴力威胁——如绑架或抓儿童当兵，以及不一定是武装的暴力——如酷刑和性暴力等。当前的有组织武装冲突与九十年代初相比虽是低水平的，但根据倘可参考的指标显示，近几年侵犯人权的总体水平没有任何下降。[17]

更值得研究的单边暴力影响之一便是对平民生计的影响。在使受害者和他们的社区转变成为一种“角色”方面，单边暴力与其他

---

〔13〕 非战斗人员系不参加敌对行动的任何人，包括平民、军医、病员、伤员、俘虏和前战斗人员。

〔14〕 参阅 E. 斯捷潘诺娃的“不对称冲突中的恐怖主义：意识和结构部分”，SIPRI 研究报告第 23 期（牛津大学出版社，牛津，2008 年），第 13—20 页。

〔15〕 全部国内流离失所者（IDP）数量要比 1994 年达到的高峰 2800 万人低，但仍然可与其相比较。国际人口迁移监测中心（IDMC），国内人口迁移：2008 年全球趋势与发展之概述（国际人口迁移监测中心：日内瓦，2009 年 4 月），第 13、15 页。

〔16〕 要了解这方面的更多情况参阅本卷第 1 章第 2 节。

〔17〕 为描述基于若干来源的侵犯人权事件，参阅世界银行和人类安全报告项目，人类安全小地图册（无数版：布赖顿，2008 年），第 35—39 页。其他相关数据包括辛格拉尼利—理查兹（Cingranelli—Richards，CIRI）人权资料库，网址：〈http：//ciri. binghamton. edu/〉；风险项目中的少数民族政治歧视数据库，网址：〈http：//www. cidcm. umd. edu/mar/〉。

形式的暴力相比或许更为有效，包括强迫受害者和他们的社区参加现有的武装集团，组织起来武装自已，以便进行自卫、报复性攻击和收回土地、牲畜或他们的财产等。由于以社区为基础的“自卫集团”编成与更大规模的，特别是隶属于政府的民兵和重要准军事行为者的编成不同，它就有可能进一步加剧社区内部和教派之间的紧张关系。这就带来了这样一个问题，即对肇事者自已而言，系统卷入单边暴力的好处何在？从近期看，单边暴力可能有助于达成他们的政治、军事、意识形态和社会—经济目标，但从长远看可能适得其反，会进一步引发针对真正的或意想中的肇事者或他们从属的或有关的更多社区的暴力。

单边暴力的种类及分类学

有若干种方法来对单边暴力进行分类，例如：（1）根据规模与强度（小规模暴力，种族灭绝，其他大规模暴行等），也可根据暴力的主要目标和动机来定（集体惩罚，报复，整体消灭等）；（2）肇事者类型（政府，叛乱者，或其他非国家行为体）；（3）受害者类型。〔18〕本章的分析集中于规模、动机和肇事者类型以及单边暴力如何与武装冲突相关联。

关于单边暴力的规模，国际社会倾向于聚焦于大规模暴行，包括种族灭绝，尤其是在 1994 年未能采取行动来阻上卢旺达种族灭绝事件之后。卢旺达种族灭绝事件是过去 20 年中发生的最严重的暴行。然而，有数据显示，种族灭绝和其他大规模暴行虽然导致最大数量的平民死亡，但还远不是最为普遍的单边暴力形式。实施这种单边暴力的往往是一小部分可以被识别的人，而且持续时间短。相反，在大多数地区，规模相对较小但经常不断的单边暴力看起来是最主要的样式，但大多依然无人处理。

在现代冲突中，各种武装人员定期通过不分青红皂白的手段和单边暴力或其他的虐待方式来伤害平民。即使这样，政府、叛乱者、与

〔18〕 有关保护最易遭单边暴力的受害者—难民、国内流离失所者、妇女、儿童和老人的问题，参阅本卷第 1 章和 A. 多尔曼的“在国际刑事法庭起诉与冲突相关的性暴力”，SIPRI 和平与安全洞察第 2009/1 期，2009 年 5 月，网址：〈http：//books. sipri. org/〉。

政府结盟的集团和其他武装人员采取的暴力形式还是有细微的差别。

在大多数情况下，由政府军在平民居住地区实施的不加区别的攻击往往是更加致命性的，因为与叛乱者相比，政府军装备更加优良且更加倾向于使用重炮。与 20 世纪 90 年代下半期相比，21 世纪头十年的上半期由政府军单边暴力造成的死亡人数相对下降。[19] 政府军进行的单边暴力大多仍是其反叛乱战略的副产品。其反叛乱战略就是锁定真正的或感知的支持叛乱的目标源，尔后实施先发制人的打击或对支持叛乱的社区实施集体性惩罚以报复叛乱分子的攻击。判明平民中叛乱支持源的办法只是根据他们与叛乱发生地区有来往。政府军可能会使用或威胁使用各种暴力手段，包括就地处决和夷平村庄。

与政府直接卷入单边暴力相对减少有关联的—或者是可资解释的部分原因，是不断增加对诸如民兵和叛乱者分裂派与政府结盟人员的依赖。这些人员可能会根据其自身的社会—政治利益或部落分化隶属政府军或相对自治。依靠当地民兵与宗族管理相结合已成为许多国家的反叛乱战略核心。然而，这也可被视为将单边暴力和其他“肮脏”勾当外包括组织松散且不太负责的人员的一种途径。据确认，这些人员对待平民特别残暴。[20]

与政府结盟的民兵和准军事集团对平民所犯的一些最严重的暴行和虐待负有责任，部分抵消了政府单边暴力的减少。与此同时，致命的恐怖攻击正在成为许多叛乱集团进行不对称对抗中的选择方式。总的看，根据 UCDP 统计，非国家人员的单边暴力相对上升，这与单边暴力的普遍性扩散和多样化以及非国家人员在武装冲突中的作用加强是并行不悖的，在更为弱小和治理较差的国家中尤其如此。

---

〔19〕 埃克和赫尔特曼（同注释〔6〕），第 240 页。政府在单边暴力行动中杀害的平民比非国家人员在与政府夺权冲突中杀害的平民更多。但非国家人员在争夺领土冲突中实施单边暴力，杀害了 6 倍多的平民。

〔20〕 关于作为冲突人员的非政府人员的增加，参阅 C. 霍姆奎斯特的“重大武装冲突”，《SIPRI 年鉴 2006》（牛津大学出版社：牛津，2006 年）。关于许多正在进行中的冲突背景下的暴力增长，参阅斯捷潘诺娃的文章（同注释〔2〕）。

2008 年的地区样式

自 1989 年以来，非洲是受单边暴力影响最严重的地区，虽然近几年来亚洲经历了数量最多的单边暴力活动。亚洲单边暴力活动大部分发生在南亚（包括阿富汗）。[21] 2008 年，这些地区和中东继续遭受单边暴力的严重影响，其发生的背景是三场致命的重大武装冲突，即在斯里兰卡、阿富汗和伊拉克的武装冲突；在巴基斯坦的一次新的重大武装冲突和几次不太激烈的武装冲突；在印度的一系列较小的武装冲突和大规模恐怖活动；[22] 几次其他较小规模的武装冲突。

2008 年，在伊拉克的平民死亡人数减少。[23] 究其原因，主要是：驻伊多国部队改变了反叛乱战略；伊拉克武装分子对外国部队撤走的预期增大；过去的人口迁移和"种族清洗"，尤其是在巴格达地区，使得不同教派和教派内部的暴力实施更加困难。[24] 2008 年初，伊政府与什叶派民兵展开激烈战斗，之后在伊朗的支持下伊拉克政府与萨得尔派分子于 5 月在巴格达进行谈判，达成停火。但停火局面时不时地被打破，原因是政府在国内一些地区遂行作战行动，恐怖分子也发动毁灭性袭击，包括自杀性攻击，其袭击平民目标范围从逊尼派部落委员会至什叶派朝圣者。

相反，据联合国驻阿富汗援助代表团透露，2008 年头 5 个月，平民死亡人数为 698 人，较 2007 年同期增加 62%。[25] 据报道，叛乱

---

〔21〕 人类安全报告项目（同注释〔11〕）第 42—43 页。

〔22〕 2008 年最为致命的恐怖活动是 11 月 27—29 日发生在孟买的一系列协调一致的袭击。据印度内政部长帕拉尼阿潘·奇丹巴拉姆称，袭击使 164 人丧命（包括恐怖分子），308 人受伤。印度新闻局，"内政部长宣布采取加强安全的措施"，新闻稿，2008 年 12 月 11 日，网址：〈http://pib.nic.in/release/release.asp?relid=45446〉。

〔23〕 据报道，2008 年 1—8 月平民死亡总数低于前三年任何一年头 8 个月的累计数。数据来自美国国防部伊拉克重要行动（DIGACTS）3 号数据库，提供给战争研究所，"伊拉克统计参考：2008 年 9 月"，2009 年 1 月 21 日，网址：〈http://www.understandingwar.org/iraq-statistics-reference-september-2008〉，第 10 页。

〔24〕 关于伊拉克冲突，参阅 Stepanova（同注释〔2〕），第 46—56 页。

〔25〕 联合国阿富汗支援团（UNAMA），"人道主义资料单"，2008 年 6 月 29 日，〈http://www.unama-afg.org/docs/_UN-Docs/_fact-sheets/2008/08June29-Humanitarian-fact-sheet-English.pdf〉。

者袭击造成的死亡占 60%，与此相比，外军和政府军占 37%。[26] 国际安全援助部队和联合部队对一些最严重的滥杀性袭击负有责任。[27] 由反政府武装在高度密集的平民区发动的大规模单边暴力行动—恐怖袭击使平民伤亡总数急剧增加，负有主要责任。这些恐怖袭击包括阿富汗历史上最严重的自杀性攻击（2 月 17 日坎达哈爆炸，100 人遇难），2001 年以来在喀布尔最致命的袭击（7 月 7 日在印度使馆附近的一次汽车炸弹爆炸，死 47 人）和 9 月 24 日对联合国车队一次少有的自杀式袭击。[28]

1989 年以来的一段时间里，非洲仍居单边暴力死亡人数之榜首，然而，2002—2006 年期间，在撒哈拉以南非洲的单边暴力行动从 15 次减少至 5 次。[29] 从 2007—2008 年的发展情况看，这种趋势可能已经逆转，但例外是：苏丹政府与由苏丹人民解放运动/军领导的南苏丹政府之间的暴力斗争重现；在苏丹达尔富尔地区高度分散的暴力依然如故；同样分散的暴力（有时被称之为“达尔富尔化”）出现于中非共和国和乍得；刚果民主共和国东部爆发敌对行动；索马里遭受军

〔26〕 与 2007 年比，这是一个转变。据联合国阿富汗援助代表团公布，2007 年在 1500 名平民伤亡中，46%由叛乱分子和其他反政府部队造成，41%由联军和政府军所致，还有 13%“原因不明”，或是地雷和交叉火力的后果。联合国阿富汗援助代表团（同注释〔25〕）。亦可参阅 J. 戴维斯的“阿富汗平民伤亡上升：联合国”，大使馆，2008 年 8 月 6 日；联合国，大会与安理会，“阿富汗形势及其对国际和平与安全的影响”，秘书长报告，A/63/372-s/2008/617，2008 年 9 月 23 日。

〔27〕 例如，2008 年 7 月 6 日，美军在楠格哈尔省轰炸了一个结婚派对，炸死平民 47 人；7 月 4 日，美军在努里斯坦一次进攻中又打死 17 人，打伤 9 人；8 月 22 日，美军在信丹德一次空袭中打死 90 人。S. Miakhial 的“美国率领的空袭打死 64 个阿富汗平民”，法新社，2008 年 7 月 11 日；“阿富汗平民死亡剧增，联合国人权委员会主席敦促进行保护”，联合国新闻署，2008 年 9 月 16 日，网址：〈http://www.un.org/apps/news/story.asp?NewsID=28064〉。

〔28〕 “阿富汗南部多件自杀式攻击中有 140 多人丧命”，阿富汗快讯（Afganistan Update）第 3 期（2008 年 2 月 8—25 日）；“印度驻喀布尔使馆被炸”，《印度斯坦时报》2008 年 7 月 7 日；“自杀式炸弹击中联合国在阿富汗的车队，3 人死亡”，路透社，2008 年 9 月 14 日。2008 年头 3 个月，在 20 次由塔利班、马扎伊斯兰（Hez-e-Islami）和其他集团发起的自杀式进攻中有 120 个平民被杀。这些死亡人数比 2007 年头 20 次自杀式袭击造成的死亡人数多 6 倍。大赦国际，阿富汗：平民在上升的自杀式袭击中首当其冲（大赦国际：伦敦，2008 年 6 月 5 日）。

〔29〕 人类安全报告项目（同注释〔11〕），第 43 页。

阀主义冲突加剧的折磨。[30] 所有这些都为单边暴力创造了有利条件。

本章对头两个案例进行研究评析，是用来反映 2008 年亚、非最激烈的大规模武装冲突地区的单边暴力样式—索马利（第三节）和斯里兰卡（第四节）。受俄罗斯外部干预的南奥塞梯与格鲁吉亚政府之间的短暂冲突虽然没有达到大规模武装冲突的烈度，但仍要对它进行调研，因为它对平民造成严重后果（第五节）。2008 年，这些案例依然凸显负面的或严重恶化的趋向。与此形成鲜明对比的是，哥伦比亚的冲突和单边暴力呈现出混合型的，总体上是正面的趋向。这是最后一个案例研究（第六节）。

第三节　索马里

2007—2008 年，经过多年广泛的低水平暴力冲突后，索马里变成了一个大规模武装冲场所。[31] 受到埃塞俄比亚军队支持的临时联邦政府与伊斯兰叛乱分子之间的战斗愈演愈烈，与之伴随的是对平民实施单边暴力和其他虐待事件的上升。

在 2006 年几个月里，伊斯兰运动的老窝伊斯兰法院联盟成了索马里大部分地区的事实上的政府。伊斯兰法院联盟得到了国内支持，支持主要来自当地各种商人。在其控制地区，伊斯兰法院联盟得以执法（以伊斯兰教法的形式），维持秩序和和平—尽管采用强硬手段。2006 年 12 月，伊斯兰法院联盟在埃塞俄比亚军事干涉下被推翻。军事干涉得到美国的的军事和情报援助，亦得到联合国的政治支持。取而代之的便是一个弱势的但得到国际承认的临时联邦政府。[32] 临时联邦政府成员大部分由前军阀组成，也有令人注目的例外，如从 2007 年 11 月开始上任的努尔·哈桑·候赛因·阿德总理。临时联邦政府主政未能对国家实施任何形式的控制，索马里大部地区又回复到

〔30〕 关于 2007 年的达尔富尔和乍得的发展情况，参阅斯捷潘诺娃的文章（同注释〔2〕），第 57—63 页。

〔31〕 2007 年，索马里是非洲大规模武装冲突的仅有之地。

〔32〕 关于 2006 年索马里发生的冲突和大事，参阅林德伯格和梅尔文（同注释〔7〕），第 72—78 页。

军阀主义、犯罪和事实上的无政府状态。[33] 临时联邦政府一直维持到 2008 年底，主要通过国际援助并完全依赖埃塞俄比亚的军事存在。

自 2007 年起，支持临时联邦政府的埃塞俄比亚驻军联合伊斯兰叛乱武装对付一个共同的敌人，给了它一个更加民族主义的形象并使其更加激进。此时，前伊斯兰法院联盟的青年和军事分支—“青年民兵”（al-Shaban）变成了主要的叛乱力量。2008 年，叛乱分子力量壮大，每天向政府阵地发动进攻。整个一年中，它们从重组中得到加强，实施打了就跑的袭击，稳步扩大了对索马里南部和中部地区的控制。首都摩加迪沙成了反复激战的地方。8 月 22 日，“青年民兵”的战士占领了南部战略港口基斯马尤并在周边地区清走了亲政府民兵的路障。9 月，叛乱分子关闭了摩加迪沙国际机场，威胁要对使用机场的任何飞机进行攻击。非洲联盟索马里特派团抗拒禁令，其飞机遭叛乱分子密集火力的打击。[34] 到 9 月中旬，伊斯兰主义分子挺进首都几乎未受到抵抗。[35]

由于伊斯兰主义派拒绝在“占领下的情况下”进行谈判，联合国和临时联邦政府，特别是努尔推动的和平谈判对冲突仅仅起到微不足道的影响。6 月 9 日，临时联邦政府与以厄立特里亚为基地的名叫索马里重新解放联盟的一派达成一项和平协议，但遭重新解放联盟的另

〔33〕 过去 20 年，少数地区，主要是索马里兰的和平时间明显地长于索马里其他地区。这与传统的社会机制得以生存有关。参阅 G. Prunier 的“索马里兰，一个被遗忘的国家”，《世界报外交专刊》（1997 年 10 月）；P. Englebert 和 D. M. Tull 的“冲突后的非洲重建：关于失败国家的不当想法”，《国际安全》32 卷第 4 期（2008 年春季）。关于传统社会机制，参阅 W. Reno 的“索马里和全球经济阴影下的生存，第 3 部分”，《索马里兰时报》，第 60 期（2003 年 3 月 15 日）。

〔34〕 国际危机集团（ICG），“索马里”，国际危机集团观察，2008 年 10 月 1 日。关于非洲联盟索马里特派团的作用有限和对它合法性的挑战，特别是从叛乱方面的挑战，参阅本卷第 3 章第 3 节。

〔35〕 在“青年民兵”战斗人员到达之前，亲政府民兵放弃了港口城市布拉维和默卡。X. 赖斯的“索马里领导人说政府快要倒台”，《卫报》2008 年 11 月 17 日。其他叛乱分子不放一枪就占领了离摩加迪沙 11 公里的埃拉沙比耶哈（Elasha Biyaha），O. H. Hassan 和 K. Hourld 的“索马里伊斯兰分子占领城市，强制执行伊斯兰法”，美联社，2008 年 11 月 13 日。在几天前占领港口城市埃尔—德希尔（El-Dheer）和戈里奥莱（Qoryoley）时，“青年民兵”战斗人员遇到更多抵抗 O. H. 哈桑的“索马利伊斯兰叛乱分子占领两座战略城市”，美联社，2008 年 11 月 11 日。

一派和驻索马里叛乱部队包括“青年民兵”的拒绝。索马里重新解放联盟的一派的领导人是谢赫·谢里夫·谢赫·艾哈迈德。重新解放联盟的另一派的领导人是谢赫·哈桑·达希尔·阿维斯，他是前伊斯兰法院联盟的领导人，与叛乱武装关系密切。〔36〕在以后的几个月里，和谈重新开始，但屡遭叛乱分子反对。〔37〕10 月，临时联邦政府与驻吉布迪的由谢赫·谢里夫领导的重新解放联盟一派达成协议。协议包括一个埃塞俄比亚军队撤离的时间表，索马里国内的伊斯兰叛乱分子对埃塞俄比亚军队施加的军事压力是推动撤军的主导力量。〔38〕

11 月 14 日，叛乱分子逼近摩加迪沙和临时首都拜多阿，在亚的斯亚贝巴的谈判中，临时总统阿卜杜拉希·尤素夫·艾哈迈德和总理努尔未能同意组建新内阁。第二天，尤素夫在内罗毕的一次讲话中承认“全国大部已落在伊斯兰分子手里”，而且政府军在摩加迪沙和拜多阿一直遭到攻击。他敦促议员回到拜多阿并组建新政府，否则“所有支持他的人”将面对混敌和失败。〔39〕临时联邦政府继续走向跨台，2008 年 12 月 29 日，尤素夫总统辞职。〔40〕2009 年 1 月 26 日，埃塞俄比亚军队全部撤离。〔41〕几小时后，“青年民兵”占领拜多阿。与此同时，更多温和伊斯兰重新解放联盟成员加入前索马里议会成员并在吉布迪开会组建新的民族团结政府，谢赫·谢里夫被选为新总统。〔42〕

伊斯兰分子在索马里的复活使预期要在索马里部署联合国维和部队的前景成了问题。2009 年 1 月，联合国安理会通过了一项美国提

〔36〕 伊斯兰重新解放联盟是于 2007 年 9 月由索马利伊斯兰分了和其他反对派集团在厄立特里亚阿斯马拉成立的一个联盟。安理会报告，“索马里”，《安理会报告月预告》，2008 年 8 月，第 10 页。

〔37〕“据报道，伊斯兰内部暴力在中谢贝利州（Middle Shabelle）重起”，加洛威在线，2008 年 11 月 17 日，网址：〈http：//www. garoweonline. com/〉。

〔38〕 安理会报告，“索马里”，《安理会报告月预告》，2008 年 8 月，第 9 页。

〔39〕“索马里领导人承认失去政权”，路透社，2008 年 11 月 17 日。

〔40〕 M. 艾哈迈德的“索马利总统辞职，伊斯兰冲突”，路透社，2008 年 12 月 29 日。

〔41〕 M. 易卜拉欣的“索马利政府依据伊斯兰法成立”，《国际先驱论坛报》，2009 年 1 月 27 日。

〔42〕“索马利：新总统谢赫·谢里夫宣誓就职”，加洛威在线，2009 年 1 月 31 日，网址：〈http：//www. garoweonline. com/〉。

出的关于延长非洲联盟驻索马里代表团授权的决议并重申要派维和部队重返索马里，以接管非洲联盟驻索马里代表团的使命。然而，任何关于联合国部署的最终决定被推迟到了 2009 年 6 月 1 日。〔43〕

伊斯兰叛乱分子为符合其将索马里变成一个伊斯兰国家的长远目标，在其控制的地区着手重建严格的伊斯兰统治。据“青年民兵”的一位发言人阿布·曼苏尔称，该集团的主要任务是保卫他们的控制区，抵御宗族民兵、政府军、罪犯和外国人的进攻，通过伊斯兰法院执法。〔44〕严格的伊斯兰实践及其强制手段，特别是“青年民兵”采用的严厉手段在索马里大部分人口中并没有得到认同，索马里大部分人口按当地的伊斯兰教行事。〔45〕尽管如此，在 2006 年，为恢复基本的法律和秩序，伊斯兰统治总体上还是受到了欢迎。〔46〕伊斯兰分子亦小心处理宗族问题，在与宗族民兵结成联盟的同时将他们的关切纳入伊斯兰议程。叛乱集团，特别是作为其核心的“青年民兵”保持了其多宗族乃至超宗族的特点。与 2006 年相比，2008 年索马里伊斯兰运动总体上取得了更加激进的形象，而“青年民兵”亦牢固地控制着许多战略城镇。与此同时，伊斯兰集团之间更加多样性。2009 年，“青年民兵”激进派与更为温和的伊斯兰分子之间的分裂可能进一步加剧，后者的一些人参加了新的团结政府。〔47〕甚至“青年民兵”中伊斯兰核心势力也有可能逐步分化，如跟随宗族路线。

2007 年以来，对平民的暴力和虐待事件有所增加。所有的武装人员都使用单边暴力。据报道，总的看，2008 年索马里对平民施暴

---

〔43〕安理会第 1863 号决议，2009 年 1 月 16 日。

〔44〕“伊斯兰分子准备保卫下谢贝利州（Lower Shabelle），抵御‘宗族或政府攻击’”，加洛威在线，2008 年 11 月 17 日，网址：〈http：//www.garoweonline.com/〉。

〔45〕参阅 D. Bamford 的“索马里领导承认好战分子得利”，BBC 新闻，2008 年 11 月 15 日，网址：〈http：//news.bbc.co.uk/2/7731839.stm〉；赖斯（同注释〔35〕）；M. 艾哈迈德的“在议会所在地的爆炸炸死 6 人”，路透社，2008 年 9 月 30 日。

〔46〕“索马里伊斯兰分子占领城市，强制执行伊斯兰法”，美联社，2008 年 11 月 13 日。

〔47〕J. Gettleman 的“伊斯兰好战分子继续挺进索马里”《国际先驱论坛报》2008 年 11 日 13 日；“据报道，伊斯兰内部暴力在中谢贝利州（Middle Shabelle）重起”（同注释〔37〕）。

比任何时候都更加糟糕。[48] 2007 年 1 月至 2008 年 9 月，有 9500 名平民以及不明数量的战斗人员被杀死。[49] 另外，对平民的暴力是导至人口迁移的主要根源。至 2007 年底，索马里国内新离家者估计有 60 万人，差不多都来自摩加迪沙。2008 年 6 月，国内流离失所者估计已达 110 万。[50]

2008 年，对平民施暴的主要形式是在摩加迪沙和其他人口密集区发生的不加区别的袭击。典型的是，亲政府的部队不断向住宅和商业区实施大规模炮击，此举是为了对付叛乱分子从这些地向政府、埃塞俄比亚或非洲联盟驻索马里代表团的驻地开火。[51]

平民也经常成为单边暴力的目标，这种单边暴力既有单独发生的，也有在大规模军事行动的背景下发生的。[52] 冲突各方以及其他武装人员都进行过这种袭击，但当地和国际非政府组织的报告将临时联邦政府军和埃塞俄比亚军队单独列为“对平民更具攻击性”，对一些最为严重的虐待行为负有责任。最为严重的虐待行为包括通常在报复叛乱行动时进行集体枪决，使用诸如割喉和强奸等残忍手段等。[53] 据报道，临时联邦政府军在枪劫和敲诈方面最为放肆，他们的行为与

〔48〕 索马里问题专家 Ken Menkhaus 被 E. 肯尼迪引用在“分析：埃塞俄比亚加深索马里危机”，美联社，2008 年 9 月 24 日。

〔49〕 联合国人道主义事务协调办公室引自驻摩加迪沙的艾曼人权组织的死亡数据，“索马里：和谈恢复，暴力造成大量伤亡”，2008 年 9 月 17 日，网址：〈http：//www. irinnews. org/report. aspx? ReportID=80432〉。平民伤亡数据通常比军队伤亡数据更容易获取且更加正确，因为前者大多由当地非政府组织收集，后者则由国家整理而成。

〔50〕 国内人口迁移监测中心（IDMC），索马里：大规模人口迁移和人道主义需求（IDMC：日内瓦，2008 年 7 月 29 日），第 1、4 页。

〔51〕 参阅“索马里市场炮击中的大屠杀”，BBC 新闻，2008 年 9 月 22 日，网址：〈http：//news. bbc. co. uk/2/7628794. stm〉；A. Sheikh 的“50 个国际非政府组织呼吁，迫击炮又打死 15 人”，路透社，2008 年 10 月 6 日。

〔52〕 例如，在一次反叛乱攻击中，埃塞俄比亚军队于 2008 年 4 月 19 日在摩加迪沙的奥尔希迪亚（Al Hidya）清真寺实施大屠杀。“埃塞俄比亚战士因在索马里清真寺的大屠杀而受到谴责”，加洛威在线，2008 年 4 月 21 日，网址：〈http：//www. garoweonline. com/〉。

〔53〕 大赦国际进行例行性批评：攻击索马里平民（大赦国际：伦敦，2008 年 5 月 6 日），第 8—10 页。埃塞俄比亚军队在在压制国内叛乱者时采用同样严厉方法对付平民。人权观察（HRW），集体惩罚：在埃塞俄比亚的索马里欧加登地区的战争罪与反人类罪（HRW：纽约，2008 年 6 月 11 日）。

索马里军阀和宗族民兵相比毫无二至。[54]

一方面，2008 年下半年在伊斯兰控制地区由武装帮派进行的暴力活动有所减少。[55] 另一方面，叛乱分子，尤其是“青年民兵”，越来越多地诉诸恐怖袭击，包括 2007 年以前罕见的自杀性炸弹袭击。[56] 10 月 2 日，在索马里兰和蓬特兰同时发生了 5 次自杀性爆炸和汽车爆炸，其目标是政府、埃塞俄比亚和联合国的建筑物。这 5 次爆炸都归咎于“青年民兵”，其时机是针对东非国家领导人聚会肯尼亚首都内罗毕讨论索马里问题。[57]

有时，“青年民兵”声称对此种袭击负责，甚至对被美国在 2008 年初称之为“外国恐怖组织”感到高兴。[58] 与此同时，它也指责临时联邦政府或依附临时联邦政府的军阀实施爆炸，以抵毁它的声誉。[59] 美国在索马里实施反控行动，包括空袭和特种作战，目标指向被指控的恐怖分子。[60]

2008 年夏末和秋季，对援助工人进行了一波袭击，包括同时在摩加迪沙打死了联合国开发署项目办公室主任艾哈迈德，并绑架了联合国难民事务高级专员办公室主任哈桑·穆哈默德·阿里。[61] 援助社团由于成为袭击目标，曾威胁要取消对索马里的援助，而索马里正

---

〔54〕 大赦国际（同注释〔53〕）。

〔55〕 参阅“美国支持的索马里政府害怕‘青年民兵’统治”，泛一非洲新闻网，2008 年 12 月 21 日。

〔56〕 2008 年最值得关注的伊斯兰分子攻击有：4 月 13 日，在 Merka 一所挤满人群的电影院有一颗手榴弹爆作，肇事者意在关闭它；杀死了 20 个清道夫，大多是妇女；8 月 3 日，在摩加迪沙有一颗炸弹在路边爆炸，伤 40 人。亦可参阅联合国人道主义事务协调办公室，索马里：形势报告第 31 期，2008 年 8 月 8 日。

〔57〕 A. 哈桑的“索马里死亡人数上升至 30 人”，路透社，2008 年 10 月 30 日。

〔58〕 美国国务院，“将“青年民兵”定为一个国外恐怖组织”，公众布告第 6136 号，“将“青年民兵”列为一个特殊的全球恐怖组织”，公众布告第 6137 号，2008 年 2 月 26 日，联邦登记第 73 卷第 53 期（2008 年 3 月 18 日）；K. Menkhous 和 K. Von Hippel 的“共和国回击”，《国际先驱论坛报》2008 年 9 月 4 日。

〔59〕 艾哈迈德（同注释〔45〕）。

〔60〕 例如，5 月 1 日，“青年民兵”的一个最激进的领导人亚丁·哈希·阿罗在一次攻击中被打死，他被怀疑与基地组织有联系。

〔61〕 至 9 月 20 日，有 20 名当地和国际支援工人被杀一占世界所有人道救援遇难者的三分之一以上。参阅 Menkhaus 和 Von Hippel 的文章（同注释〔58〕）。

经受着一场严重的人道主义危机，一些地区处于饥荒边缘，[62] 临时联邦政府想要指责伊斯兰分子实施这些袭击，而后者却否认对此有任何责任，并声称向人道主义援助车队提供过保护。[63]

伊斯兰分子在与犯罪匪帮和民兵保持距离方面亦毫不含糊，后者为索取赎金而进行绑架。伊斯兰分子亦把自己“与怀有政治目的对手区分开”。[64] 看来，真正对食品车队和逃难民众进行攻击负有责任的是那些流浪街头的匪帮，据称之为 mooryaan（安命之徒）。

2008 年，海盗在索马里沿海威胁商业航运，引起国际关注。此时，索马里东部沿海和亚丁湾被定为世界海盗最危险区。[65] 美国及其他一些国家，欧盟和北约等在 2008 年十分努力地在亚丁湾维持航道安全。然而，此种海盗在索马里海岸没有政府治理的地方简直是暴力的延伸，无法无天，是社会—经济的沦丧。2006 年，有迹象表明，伊斯兰统治可以导致诲盗活动减少。[66] 很明显，索马里和埃塞俄比亚难民及劳工移民的困境没有得到改善，在穿越亚丁湾去也门的途中，他们之中数以百计的人丧了命，海军对人道主

〔62〕 2008 年 9 月，在索马里大约有 325 万人，或 43%的人口急需援助。索马里食品安全分析小组，“食品安全与营养特别介绍：后 gu'08 分析”，2008 年 9 月 12 日，网址：〈http：//fsausomali. org/index. php@id=24. html〉。

〔63〕 J. Gettleman 的“索马里杀害援助工人危害救援工作”，《纽约时报》，2008 年 7 月 20 日；M. 艾哈迈德的“索马里官员说叛乱者打死联合国工人”，路透社，2008 年 10 日 20 日。

〔64〕 A. Sheikh 引自“青年民兵”发言人谢赫·阿布迪拉希姆·阿杜（Shekh Abdirahim Isse Adow），“索马里伊斯兰分子否认绑架西方记者”，路透社，2008 年 8 月 25 日。

〔65〕 2008 年头 9 个月，全世界报道的 199 起海盗事件中有 63 起发生在这个区域。关于国际海洋局海盗报告中心的更多数据，参阅“海盗袭击世无前例地增加”，国际商会商业犯罪处，2008 年 10 月 24 日，网址：〈http：//www. icc-ccs. org/index. php? option=com_content&view=category&layout=blog&id=60〉。关于索马里海盗，参阅 J. Gettleman 的“在无法无天的国家，索马里海盗猖獗”，《国际先驱论坛报》，2008 年 10 月 31 日。

〔66〕 在 2006 年伊斯兰法院联盟统治的几个月里，索马里诲盗袭击快速减少。R. 米德尔顿的“索马里诲盗：威胁全球贸易，供养局部战争”，简报稿，Chatham House，2008 年 10 月，第 3 页。2008 年 11 月，伊斯兰事实上的政府派部队到哈拉尔代雷港口追捕截住一艘沙特天狼星号油船的海盗。“索马里战士追捕海盗船员”，哈拉尔代雷（Aljazeera）网，2008 年 11 月 22 日，网址：〈http：//english. aljazeera. net/news/africa/2008/11/200811211217958182. html〉.

义船只的护航又不够。这些情况在国际上没有像商业运输受威胁那样引起重视。[67]

伊斯兰统治可能会带来一定程度的侵犯人权，特别是以强化伊斯兰秩序的名义。但与此同时，出现管用的伊斯兰政府也有可能会对遏止大规模单边暴力，犯罪性暴力和武装冲突作出重大贡献。另外一种可行的治理选择亦存在于索马里兰，那里的暴力大部已减少，而索马里南部和中部地区仍受暴力折磨。[68] 2008 年，单边暴力只有在建立起法治和秩序的索马里部分地区减退（在伊斯兰控制稳定的地区）或降至最低程度（在索马里兰）。

第四节　斯里兰卡

21 世纪头十年中期，亚洲单边暴力的上升主要发生在以冲突重起为背景的斯里兰卡。2008 年，斯里兰卡的单边暴力升级成为世界上最为致命的武装冲突。[69] 经过 4 年相对平静之后，斯里兰卡政府与泰米尔伊拉姆猛虎解放组织之间的省内冲突于 2006 年重新大张旗鼓地开始。泰米尔伊拉姆猛虎解放组织为争取斯里兰卡北部和东部的泰米尔伊拉姆省独立而战。[70]

斯里兰卡的冲突属传统的相对有组织的类型，涉及少数可以识别的战斗人员。至今为止，该冲突没有上升到如同在苏丹达尔富尔地区

---

〔67〕 2008 年，有 5 万多人乘走私船从索马里越洋赴也门。据报道，其中至少有 949 人丧命或失踪。2007 年，此行 2.95 万人中有 1400 人死亡或失踪，死亡数更高。联合国难民事务高级专员，“去年，5 万多人通过走私者穿越海湾去也门”，联合国难民事务高级专员简报稿，2009 年 1 月 2 日。

〔68〕 索马里兰业已培育了一个准民主政府，这个政府集直接选举、传统宗族长者主持制和法制于一身，是部落习俗、伊斯兰法学和西方宪法传统之间的一种平衡。亦可参阅注释〔33〕。

〔69〕 关于冲突的数据，参阅附录 2A。

〔70〕 泰米尔人占斯里兰卡人口的 18%。自 1949 年脱离英国独立以来，这个国家一直由多数民族僧伽罗人统治。

或索马里所见到的分散的水平。[71] 自 1983 年以来，与打仗有关的死亡人数有 7.7 万名，同时有数以百计的平民在单边暴力中丧命。[72] 泰米尔伊拉姆猛虎解放组织在斯里兰卡北部和东部建立了一个事实上的国家，而温和的泰米尔政治派别被清除掉了。[73]

2002 年 2 月，经挪威调停实现停火，从而有了 20 个月的相对和平，但政治解决被证明仍有问题。2003 年，泰米尔伊拉姆猛虎解放组织建议在泰米尔多数民族地区实行 5 年自治，但受到斯里兰卡政府人士的批评，被视为为分裂铺路。这种情况由于 2005 年选举产生的新民族政府发生分裂和泰米尔伊拉姆猛虎解放组织方面不断上升的怨恨而变得十分复杂。新民族政府发生分裂主要是对如何处理和平进程和看待外部调停者的作用有不同看法。[74] 破坏停火事件不断发生，尤其是从 2006 年开始。军队在北部和东部省份采取军事行动，泰米尔伊拉姆猛虎解放组织则在那里袭击政府军，并在南部尤其是首都科伦坡实施爆炸。2007 年 7 月，政府军在由卡鲁纳上校领导的泰米尔伊拉姆猛虎解放组织分裂派的帮助下把泰米尔伊拉姆猛虎解放组织赶出东部省。[75]

政府指责泰米尔伊拉姆猛虎解放组织利用停火来加强军事实力，并坚持在未来举行和谈之前该组织必须解除武装。[76] 2008 年 1 月 16 日，斯里兰卡总统马欣达・拉贾帕克萨宣布政府退出停火。[77] 以北

〔71〕关于冲突扩散和达尔富尔形势，参阅斯捷潘诺娃的文章（同注释〔2〕），第 57—63 页。

〔72〕UCDP 估计与作战有关的死亡总人数为 7.69 万人。参阅附录 2A。

〔73〕关于背景，参阅 D. Rajasingham-Senanayake 的“斯里兰卡：合法暴力之转型及军民关系”，M. Alagappa 编的“高压与治理”（斯坦福大学出版社：斯坦福，加利福尼亚，2001 年），第 294—316 页。

〔74〕国际危机集团，斯里兰卡：和平进程的失败，《亚洲报道》第 124 期（国际危机集团：布鲁塞尔，2006 年 11 月 28 日），第 8、10 页。

〔75〕2004 年 3 月，由卡鲁纳上校领导的一派从泰米尔伊拉姆猛虎解放组织分裂出来。2007 年底，该派取名为泰米尔人民解放虎，并宣称已转变为一个政党，但其职能仍是亲政府民兵。

〔76〕关于双方在冲突中的武器转让，参阅本卷第 7 章第 3 节。

〔77〕“再多的暴力也解决不了斯里兰卡高烧复发”，《波士顿环球报》2008 年 3 月 17 日。

欧为主导的斯里兰卡监督代表团随即关闭。[78]

2008 年头几个月，政府与泰米尔伊拉姆猛虎解放组织之间经历了火拼，泰米尔伊拉姆猛虎解放组织阵地遭空袭。从 7 月开始，尽管遇到顽强抵抗，政府军得以在北部泰米尔伊拉姆猛虎解放组织控制地区实现战略挺进。为试图履行于 2008 年年底粉碎泰米尔伊拉姆猛虎解放组织的保证，政府军在夏季占领了若干游击队阵地，并逐步逼近其主要战略和象征性目标—泰米尔伊拉姆猛虎解放组织司令部和事实上的首都基利诺奇。[79] 政府军继续攻占泰米尔伊拉姆猛虎解放组织的据点。[80] 11 日 4 日，陆军司令萨拉特·丰塞卡宣布军方已占领 80%的叛乱者领土。[81] 11 月 10 日，政府拒绝泰米尔伊拉姆猛虎解放组织提出的停火建议并重申要求叛乱者在参与进一步谈判之前务必解除武装。[82] 2009 年 1 月 2 日，斯里兰卡军队 10 年内首次攻占基利诺奇，至 1 月 25 日，占领了叛乱者盘据的最后一个重镇东部港口穆莱蒂武。[83]

要得到可信的伤亡评估情况是困难的，因为独立观察员和记者无

---

〔78〕 在 2007 年的大部分时间里，斯里兰卡监督代表团虽靠边站，但仍然是为数不多的团体之一，可以同时进入叛乱者占领的地区和政府控制的冲突地区。美联社，“叛乱袭击在斯里兰卡打死 26 人，《国际先驱论坛报》，2008 年 1 月 16 日。

〔79〕 美联社，“斯里兰卡叛乱分子说已准备好停火”，《国际先驱论坛报》，2008 年 11 月 9 日。

〔80〕 最激烈的战斗是：9 月 17—18 日在纳奇库达赫（Nachikkudah）港口以外的海战；10 月 22 日，一艘泰米尔伊拉姆猛虎解放组织自杀船在穆莱蒂武港口以外袭击斯里兰卡海军货船，但未成功；政府试图控制一条通往贾夫纳半岛的要道，2006 年以来，贾夫纳半岛与全国其他地方的联系被切断。R. Sirilal 的“斯里兰卡一天战斗就打死 71 人”，路透社，2008 年 9 月 18 日；J. 佩奇的“泰米尔猛虎朝货船开战，其自杀船被击沉”，“泰晤士报”，2008 年 10 月 23 日；“军方在斯里兰卡北部地区轰炸叛乱分子”，美联社，2008 年 11 月 8 日。9 月至 10 月，泰米尔伊拉姆猛虎解放组织对在瓦武尼亚的一个军事基地、科伦坡的吉拉尼蒂萨发电站和北部地区的 Thalladi 军营实施空袭，“斯里兰卡叛乱分子实施空袭说明战争尚未结束”，路透社，2008 年 10 月 29 日。

〔81〕 R. Wijayapala 的“对泰米尔伊拉姆猛虎解放组织的作战 80%已经结束—陆军司令如是说”，《每日新闻》（科伦坡），2008 年 11 月 4 日。

〔82〕 “斯里兰卡拒绝与泰米尔伊拉姆猛虎解放组织停火”，泰米尔网，网址：〈http://www.tamilnet.com/art.html? artid=27447&catid=13〉。

〔83〕 印度报业托拉斯，“斯里兰卡军队占领泰米尔伊拉姆猛虎解放组织司令部基利诺奇”，《印度时报》，2009 年 1 月 2 日。S. Patsanobis 的“斯里兰卡军队占领泰米尔伊拉姆猛虎解放组织的最后堡垒”，《印度斯坦时报》，2009 年 1 月 25 日。

法进入冲突地区。有经过整编的军事数据显示，2008 年 1 月至 7 月，有 5823 名叛乱者和 767 名战士在战斗中丧身，但这无法单独核实。[84] 根据可以获得的情况，可从跟踪到的只有平民死亡的总趋向：（1）由于与战斗相关的暴力和单边暴力，2006 至 2008 年，战斗人员的死亡数高于平民死亡总数；（2）2008 年，由作战双方所犯滥用暴力和单边暴力引起的平民伤亡有所增加；（3）由不加区别的袭击造成的平民死亡可能与单边暴力造成的平民死亡大体相当，数以百计。[85]

2008 年，在泰米尔伊拉姆猛虎解放组织控制的北部部分地区，业已糟糕的人道主义形势进一步恶化。造成这种情况主要是由于人们逃离贾夫纳、穆莱蒂武、基利诺奇以及其他战斗地区，那里的战斗涉及双方使用重炮和政府军实施空袭。[86] 至 10 月，国内流离失所者的数量已增至 23 万人。[87] 泰米尔伊拉姆猛虎解放组织命令平民留下抵抗挺进中的政府军，而政府出于安全考虑，实际上亦命令包括联合国在内的大部分援助机构于 9 月底撤离叛乱分子控制区。这样，形势就严重起来。[88] 此后，由世界粮食计划署和政府援助机构打着联合国援助国内流离失所者旗号组成的大型援助车队于 10 月 2 日被派往基利诺奇东部叛乱分子控制区，但在 9 辆车子上发现爆炸物和禁运品

〔84〕“斯里兰卡战斗中死 56 人，叛乱基地被占”，路透社，2008 年 8 月 17 日。丰塞卡（Fonseka）指的是过去两年半中他们（叛乱分子）的干部被打死 1.2 万人。引自 Wijayapala（同注释〔81〕）。2006—2008 年 1 月，此次冲突中的军、民死亡总数为 5000 人，这是被广泛引用的估计数。参阅美联社（同注释〔78〕），美联社，“在爆炸中 12 人死亡，斯里兰卡部长在其中”，《国际先驱论坛报》，2008 年 4 月 6 日。

〔85〕亦可参阅国际危机集团，斯里兰卡回归战争：限制破坏，《亚洲报道》第 146 期（国际危机集团：布鲁塞尔，2008 年 2 月 20 日），第 9 页。

〔86〕“斯里兰卡的被遗忘的冲突”《波士顿环球报》，2008 年 7 月 17 日；C. Bryson Hull 的“斯里兰卡说猛虎的自杀船袭击援助船”，路透社，2008 年 10 日 22 日。

〔87〕联合区域信息网（IRIN），“斯里兰卡：国际红十字会准备向瓦尼（Vanni）国内流离失所者分发印度援助物资”，2008 年 11 月 18 日，网址：〈http: //www. irinnews. org/report. aspx? ReportID=81525〉。

〔88〕R. Sirilal 的“斯里兰卡命令援助工人离开战争区”，路透社，2008 年 9 月 8 日。

后，车队减至50辆卡车。[89] 在从叛乱者手夺回的地区采取根除最后泰米尔伊拉姆猛虎解放组织可疑残余作战行动的同时，[90] 安全部队加紧对泰米尔平民进行清理，尤其是对流离失所者。

政府要对在北部滥炸平民区负主要责任，与此同时，泰米尔伊拉姆猛虎解放组织频繁将平民社区用作人体盾牌，要对大规模单边暴力事件，如恐怖袭击，负主要责任。[91] 泰米尔伊拉姆猛虎解放组织一般只声称对攻击军事目标的行动而不是恐怖袭击负责。此组织业已列入欧盟、印度和美国的恐怖组织名单，一直以高度职业化的和机制化的自杀式爆炸而知名。[92] 2008年，恐怖袭击，尤其在公交场合的恐怖袭击上升。1月和2月，在袭击公共汽车，铁路和单个人中，有180人死亡，270人受伤。之后，全年又发生若干次影响稳定的恐怖

---

〔89〕 联合区域信息网（IRIN），"斯里兰卡：补给车队抵达泰米尔猛虎地区"，2008年10月3日，网址：〈http://www.irinnews.org/Report.aspx? ReportId=80724〉。尔后跟进的是世界粮食计划署的几个车队和国际红十字会在斯里兰卡北部和中部地区向国内流离失所者分发援助物资，国际红十字会是2008年9月后常驻该地区的唯一援助机构。联合区域信息网（同注释〔87〕）。

〔90〕 在瓦武尼亚地区，政府设立了严格监控的"招待中心"，居住在那里的平民的活动受严格限制。S. Chaulia的"平民在斯里兰卡的'清洗战'中被看住"，《亚洲时报》，2008年9月11日。

〔91〕 大赦国际，"斯里兰卡：冲突不止，平民伤亡上升"，公开声明，2008年4丹9日，网址：〈http://www.amnesty.org/en/library/info/ASA37/017/2008/en〉。早些时候，泰米尔伊拉姆猛虎解放组织政治领导人苏派亚·帕拉莫·塔米尔切尔范为袭击政治目标进行辨护，坚持认为"西方词语中将政治与军事分开有意义，但在斯里兰卡不行"。A.瓦尔德曼的"自杀式爆炸的大师：斯里兰卡的泰米尔游击队"，《纽约时报》，2003年1月14日。

〔92〕 欧盟理事会，2009年1日26日理事会共同立场2009/67/共同外交和安全政策，欧洲共同体官方季刊，L23期，2009年1月27日；印度内政部长，"根据1967年非法行动法宣布恐怖组织名单"，2008年5月5日，〈http://www.mha.nic.in/uniquepage.asp? Id_Pk=292〉；美国国务院，"外国恐怖组织"，实况报告，2008年4月8日，网址：〈http://www.state.gov/s/ct/rls/fs/08/103392.htm〉。1983—2003年期间，泰米尔伊拉姆猛虎解放组织进行过240次自杀式袭击，为此受到批评。在被杀死的人中，杀死、炸伤斯里兰卡总统各1人，打死前印度总理，美联社（同注释〔84〕）。

袭击。[93] 很有可能的是，在政府军进一步挺进的同时，泰米尔伊拉姆猛虎解放组织会在首都和斯里兰卡南部地区诉诸恐怖战术，从而导至警察对当地泰米尔人进行报复。当地泰米尔人占科伦坡人口的三分之一。

在斯里兰卡，除恐怖袭击外，最普通的单边暴力形式是司法外杀人和强制性失踪，所有的武装人员都这样干。据联合国关于强制性和非自愿失踪工作小组统计，2006—2007 年，斯里兰卡的失踪数多于其他任何国家。[94] 鉴于政府这方面的不良记录及其他人权方面的罪状，斯里兰卡于 2008 年 5 月失去了在联合国人权委员会的席位。[95]

在东部省的亭可马里、拜蒂克洛和安帕莱等地区，经军队和亲政府的泰米尔人民解放虎清洗后，对平民的低强度暴力和其他暴力有所增加。[96] 据报道，泰米尔人民解放虎在东部省继续无虞地杀人、绑架、虐待和在平民，包括儿童中拉壮丁。泰米尔人民解放虎和斯里兰卡执政党—统一人民自由联盟，在联合参加省级选举中宣布获胜后，

---

〔93〕 美联社，“斯里兰卡坚持进一步和谈之前叛乱分子必须解除武装”，《国际先驱论坛报》，2008 年 1 月 3 日；美联社（同注释〔78〕）；“自杀式袭击在斯里兰卡首都打死 11 人”，美联社，2008 年 2 月 3 日；“斯里兰卡：平民在暴力频发中首当其冲”，路透社警戒网，2008 年 2 月 8 日；国际红十字会，“斯里兰卡平民伤亡达到惊人的水平”，新闻稿，2008 年 2 月 13 日，网址：〈http：//www. icrc. org/Web/Eng/siteeng0. nsf/html/sri-lanka-news-130208〉。在以后的几个月里，最影响稳定的恐怖袭击包括：4 月 6 日，在韦利韦利亚（Weliweriya）的马拉松开幕式中爆炸了一颗自杀式炸弹，炸死部长 1 人，其他 11 人，伤 90 人；6 月 6 日，在肯迪（Kandy）和科伦坡公共汽车上发生两起连环爆诈，死 20 人，伤 100 人；8 月 30 日，在科伦坡的繁忙商场地区发生一起爆炸，伤 45 人；10 月 8 日，在阿努拉德普勒的反对党（联合国民党）的办公室发生一起爆炸，炸死一名知名政治家贾纳克·佩雷拉和其他 27 人，伤 80 人。R. Sirilal 的“在斯里兰卡首都爆炸伤及 45 人”，路透社，2008 年 8 月 20 日；R. Sirilal 的“在斯里兰卡自杀式炸弹炸死 26 人，包括一各政治家”，路透社，2008 年 10 月 6 日。佩雷拉同时受到泰米尔伊拉姆猛虎解放组织和亲政府的泰米尔人民解放虎的威胁。

〔94〕 人权观察，恶梦再现：斯里兰卡失踪和绑架的国家责任，（人权观察：纽约，2008 年 5 日 5 日）。

〔95〕 关于对联合国投票的评判，参阅 M. Seniviratne 的“联合国人权委员会之外还有理性的和有意义生命吗？”拉克比马（Lakbima）新闻，2008 年 5 月 26 日，网址：〈http：// www. lakbimanews. lk/special/spe2. htm〉。

〔96〕 关于泰米尔人民解放虎，参阅注释〔75〕。

上述情况有了新的发展，即对泰米尔妇女的性暴力不断增加。[97]

另一个名叫 Sinhalese Masohon Balakaya（“魔鬼部队”）的激进派反叛乱武装集团威胁要杀死为面临被指控为恐怖主义的泰米尔人辩护的律师。[98]

2008 年，斯里兰卡冲突具相对结构性的特点，冲突的一方是民族主义职能政府，另一方是坚定的叛乱组织。这就使外部协调者的作用受到限制：2002 年斯里兰卡政府退出停火协议后，印度、美国和其他国家作出了终止对斯里兰卡援助的反应。但此举对斯里兰卡政府的政策影响甚微，反而促使其谋求与诸如中国和巴基斯坦等国进行更加密切的合作。

全世界共有泰米尔人 7700 万，大多居住在印度。印度一直坚持主张政治解决斯里兰卡冲突。然而，斯里兰卡政府于 2008 年说任何政治解决需以归还被泰米尔伊拉姆猛虎解放组织盘踞的领土为条件。[99] 印度泰米尔纳德邦的德拉维德·芒内特拉是印度政府一位重要盟友，他于 2008 年 10 月威胁要退出安莫汉（anmohan）。辛格的联合政府，以抗议斯里兰卡暴力升级。这促使印度政府呼吁斯里兰卡停火并“真正将权力下放给”泰米尔伊拉姆猛虎解放组织被铲除地区的泰米尔人。[100] 但是，印度担心在有关处理武装冲突和人权问题上对邻国施加入侵性压力只会促使邻国更加靠拢中国，因而其处理斯里兰卡冲突的作用受到了制约。[101]

---

〔97〕“斯里兰卡总统说选举胜利就是授权进行反叛乱战争”，美联社，2008 年 5 月 11 日。反对党与独立监督人士强烈批评省选举被暴力搞糟，指责泰米尔人民解放虎威胁投票人。

〔98〕Bryson Hull（同注释〔86〕）。

〔99〕Bryson Hull（同注释〔86〕）。

〔100〕10 月 26 日，辞职威胁取消。S. Murari 的“印度政府盟友撤消了斯里兰卡的辞职威胁”，路透社，2008 年 10 日 26 日。

〔101〕S. Sengupta 的“从中国得到援助与得到人权通行证”，《国际先驱论坛报》，2008 年 3 日 9 日。

第五节 南奥塞梯（格鲁吉亚）

2008 年 8 月 8 日至 12 日发生在南奥塞梯及周边的为期 5 天的武装冲突，以及同时在阿布哈兹及周边地区的军事局势发展都涉及同样不可调和的问题——分裂分子宣称对上述领土的主权，这种不可调和的问题在 20 世纪 90 年代初已经有过军事上的较量。[102] 乌普萨拉冲突数据计划（UCDP）定义称，根据强度规模，2008 年 8 月发生的俄格冲突和 1991 年至 1992 年的南奥塞梯冲突都属于小规模层级的冲突。[103] 对于俄格冲突性质的界定，特别是西方媒体，将其定义为俄格两国间的武装冲突，但是 UCDP 却将 2008 年俄支持南奥塞梯对抗格中央政府的干涉行为归类为一次"外国军队介入的国内冲突"。[104]

格鲁吉亚和阿布哈兹之间以及格鲁吉亚与南奥塞梯之间的紧张局势分别于 2008 年年初和 2008 年 6 月开始不断升级，数月之后，俄格武装冲突爆发。[105] 南奥塞梯首府茨欣瓦利周边多民族混合的特性或许能够部分解释当地格鲁吉亚军队和南奥塞梯军队之间这种频繁交火的原因。[106]

---

[102] 1990 年 12 月，格鲁吉亚在南奥塞梯宣布主权 3 个月后，废除了南奥塞梯自治地位。此后双方展开了为期 18 个月的战争，导致双方都有许多伤亡。1992 年 6 月，在俄罗斯的斡旋下双方达成停火协议，并在当地建立一支由俄罗斯、格鲁吉亚、南奥塞梯三方共同组成的维和部队。关于南奥塞梯联合维和部队，请参见本卷第三章第二节和附录 3A。

[103] 相比较而言，阿布哈兹在 2008 年并未发生冲突，但却是 1993 年至 1994 年一次大规模武装冲突的战场。关于乌普萨拉冲突数据项目（UCDP）定义，请参见附录 2A。

[104] 乌普萨拉冲突数据项目（UCDP）对于 1999 年北约支援科索沃阿尔巴尼亚人对抗南斯拉夫的军事干涉行动也使用了相似的归类。

[105] 请参见"高加索的灾难史"，《镜报》，2008 年 8 月 25 日。

[106] 8 月初，南奥塞梯开始从茨欣瓦利和其他地区向北奥塞梯（俄罗斯）撤离和转移平民，多达 2500 人在主要冲突爆发前离开了当地。导致 8 月冲突的那些冲突事件请详情请见格鲁吉亚外交部的文章，"俄罗斯对格鲁吉亚侵略活动时间表"，2008 年 8 月 25 日。网址：〈http://www.mfa.gov.ge/index.php? lang_id=ENG&sec_id=461&info_id=7664〉；《格鲁吉亚—奥塞梯冲突大事记：回顾》，俄新社，2008 年 8 月 8 日，网址：〈http://rian.ru/osertia_spravki/20080808/150186831.html〉。茨欣瓦利市的北部和东部与格鲁吉亚的几个少数民族村庄接壤（这些村庄在 8 月前仍属于格鲁吉亚管辖），这使得该市与南奥塞梯大部分地区隔开，而茨欣瓦利则把这些地区与格鲁吉亚隔开。

2008年8月7日，格鲁吉亚开始炮击茨欣瓦利和位于南奥塞梯的赫塔古罗沃村，声称此举旨在回应南奥塞梯武装向格鲁吉亚阿夫涅维、努利村庄开火。当天晚间，格鲁吉亚军队开进南奥塞梯。8月8日，俄罗斯官方正式宣布介入的决定。8月10日，格鲁吉亚军队在俄军空中和地面部队的重压之下，撤出茨欣瓦利和南奥塞梯其他地区。8月11日至12日，俄军继续向格鲁吉亚本土推进，并占领格南边界附近的戈里镇以及位于格阿边界沿线的数个格鲁吉亚重要地点，此外俄军于8月8日至12日持续对格本土目标实施轰炸。

8月12日，在法国总统尼古拉·萨科齐的斡旋下，俄格双方达成六点停火协议，9月8日双方进一步同意，俄军于10月10日前撤出格鲁吉亚本土。与此同时，200名欧盟观察员将于10月1日前被派驻阿布哈兹和南奥塞梯附近的“缓冲区”。[107] 俄罗斯于8月26日承认南奥塞梯和阿布哈兹独立。

为期5天的冲突和冲突的后果涉及导致平民伤亡的任意攻击行为以及一些直接和有意将平民作为目标的事件。任意的攻击行为主要是格鲁吉亚和俄罗斯政府军干的。根据大赦国际的资料显示，绝大部分任意攻击行为发生在8月7日至8日格鲁吉亚部队对茨欣瓦利的最初炮击行动中，其中包括使用BM—21（格雷德）多管火箭炮。在对南奥塞梯的赫塔古罗沃村的军事行动中，格鲁吉亚部队同样也使用了格雷德多管火箭炮。[108] 同一时期的卫星图像分析证实，对茨欣瓦利的集中破坏和外围地区的较轻破坏发生在8月10日。[109] 对茨欣瓦利攻

[107] 有关协议详见本卷第三章第二节。俄罗斯军队围绕阿布哈兹和南奥塞梯周边、在毫无争议的格鲁吉亚领土上临时建立并保持了一个长6—8公里的“缓冲区”，直到2008年9月底撤销。

[108] 使用的弹药、对人口密集区域的破坏以及目击者报告“强烈暗示格鲁吉亚军队在2008年8月7日晚对茨欣瓦利实施了不加区别的攻击”。大赦国际，“火线上的平民：俄格冲突”，(大赦国际：伦敦，2008年11月)，第24、27页。

[109] 美国科学促进协会（AAAS），科学与人权计划，地理空间技术和人权计划，《高清晰卫星成像和南奥塞梯冲突》，《总结报告》（AAAS：纽约，2008年10月9日）。联合国营运卫星应用计划训练与研究所（UNOSAT）图像也显示茨欣瓦利居民区的建筑受到高度的集中破坏。UNOSAT，《对格鲁吉亚南奥塞梯茨欣瓦利破坏情况的卫星成像评估》，2008年8月22日，网址：〈http：//unosat. web. cern. ch/unosat/asp/prod _ free. asp? id=101〉。

击中，一些射击和炮击也被认为是指向平民通常用于藏身避难的地窖，因此相当于单方面暴力。[110]

8 月 8 日至 12 日，俄罗斯对分散在广大区域的许多目标争取一个一个轰炸的方式。尽管绝大多数攻击目标为格鲁吉亚的军队阵地，但仍有部分炮弹击中城镇和乡村的街道和单个房屋。[111] 这些任意攻击行为包括 8 月 12 日轰炸戈里主要广场和市场，以及轰炸波季港和米特基—格拉卡里（Metekhi-Grakali）大桥，上述目标既是格鲁吉亚本土的战略军事目标，又是民用基础设施的关键部位。[112] 人权组织并谴责俄罗斯和格鲁吉亚双方都使用了集束弹药。[113]

人权组织将绝大多数可能的单方面暴力事件归咎于与南奥塞梯相关的“民兵”和“非正规军”。这些事件是在主要敌对行动发生的两周内发生在南奥塞梯的格鲁吉亚人村庄（主要是那些 2008 年 8 月之前属于格鲁吉亚政府管辖之下的村庄）和南奥塞梯和戈里之间的“缓冲区”。虽然最常见的单方面暴力事件类型是在基本上废弃的住宅进行抢劫和纵火，但记录在案的还有非法杀戮、殴打和威胁等。[114] 相反，在南奥塞梯管辖控制下的格鲁吉亚人聚居住宅区没有报告遭遇大量破坏。[115]

尽管关于平民伤亡的数据并不完全，俄格双方的死亡人数看来在

---

〔110〕《人权观察》，“俄罗斯/格鲁吉亚：平民死亡调查”，新闻稿，2008 年 8 月 12 日，网址：〈http://www.hrw.org/en/news/2008/08/12/russiageogia-investigate-civilian-deaths〉。

〔111〕大赦国际（同注释〔108〕）。

〔112〕“荷兰记者在俄罗斯对戈里的轰炸中身亡”，美联社，2008 年 8 月 12 日；大赦国际（同注释〔108〕），第 29 页。

〔113〕有关指控的更多细节请详见本卷第 11 章。

〔114〕《人权观察》，“俄罗斯/格鲁吉亚：民兵在戈里地区攻击平民”，新闻稿，2008 年 8 月 15 日；大赦国际（同注释〔108〕），第 34—44 页。卫星成像分析显示茨欣瓦利周边村落在 8 月 10—19 日期间受到大范围破坏。见美国科学促进协会（同注释〔109〕），第 28 页。

〔115〕大赦国际（同注释〔108〕），第 39 页。

500人以内。[116] 但政府军任意攻击行为造成的受害者数量远远超过了单方面暴力行为造成的受害者数量。

总体来看，冲突造成19.2万人流离失所：其中格鲁吉亚境内12.7万人，南奥塞梯境内3万人，另有3.5万人从南奥塞梯逃往俄罗斯北奥塞梯共和国。[117] 尽管从绝对数量上来说，冲突造成格鲁吉亚本土更多人流离失所，但这些“新的”无家可归的人数仅占格鲁吉亚总人口的2.7%。[118] 相比较而言，占南奥塞梯总人口90%的人（7万人中有6.5万人），其中大多数为奥塞梯族人流离失所。[119]

根据联合国难民署的报告，南、北奥塞梯和格鲁吉亚的人道主义紧急救援行动分别于9月初和9月18日结束。[120] 然而，从占总人口的比例来说，2008年俄格冲突导致南奥塞梯及邻近地区平民无家可归的状况与1999年科索沃的离乡背井潮相比程度相当，甚至可能更

---

[116] 根据俄罗斯的来源，尽管在南奥塞梯受伤人员的数量超过5000人，但记录在案的平民死亡人数为162人（除俄罗斯47名士兵包括10名维和人员死亡外，还有157俄罗斯名士兵受伤）。俄罗斯总检察长办公室调查委员会主席亚历山大·巴斯崔金，援引自《SKP RF公布了南奥塞梯大屠杀新信息》，俄新社，2008年12月23日，网址：〈http://rian.ru/osetia_news/20081223/157916348.html〉。2008年9月，格鲁吉亚政府记载格方伤亡数据为：188名平民、168名军人和16名警察死亡。格鲁吉亚国防部，“伤亡人数报告”，新闻稿，2008年9月15日，网址：〈http://www.mod.gov.ge/?l=E%m=11&sm=3&st=110%id=1057〉。由于当时尚未收到一些人员死亡的报告，双方平民死亡人数的统计预计会有轻微变化。

[117] 本段落中对于流离失所人员数量的统计来自联合国难民事务高级专员，“格鲁吉亚无家可归人数经修正后已达19万2千人”，2008年9月12日，网址：〈http://www.unhcr.org/georfia.html?page=news〉。

[118] 在一些地区，如戈里，超过80%的居民暂时无家可归。

[119] 1989年苏联人口普查记录显示南奥塞梯拥有人口9.9万人。南奥塞梯的人口降至7万人（如南奥塞梯当局报告的那样），是由于1991—1992年的冲突造成部分人员流离失所，也可能少算了该地区格鲁吉亚族人口数量。南奥塞梯2008年8月前是在格鲁吉亚的控制之下。如果相关统计数据不包括流离失所的格鲁吉亚族，完全可以推断出2008年8月期间南奥塞梯地区流离失所人口的真实数量要大的多，可能高达95%—98%。如此大规模的人口流离失所或许表明，既是可能预判到南奥塞梯的武装冲突将会非常激烈，也可能是格鲁吉亚军队在茨欣瓦利周边地区的军事行动有意造成大量人口由南奥塞梯逃往北奥塞梯。

[120] 联合国难民署（UNHCR），“在格鲁吉亚的紧急行动”，2008年9月19日，网址：〈http://www.unhcr.org/georgia.html〉。

加糙糕。[121]

第六节 哥伦比亚

哥伦比亚的情况让人们了解到一个民主国家和社会是如何应对持续的、小规模的单方面暴力行为，以及由各武装派别以往实施的有计划暴行的长远影响。在长达数十年的武装冲突中，2008 年现阶段哥伦比亚冲突的特点是：政府掌控的国土范围扩大；政府对日益衰弱的反叛活动采取了有效的安全打击行动；仍然存在的但是小规模的针对平民的暴力活动；在哥伦比亚精英层和社会中对于如何实现政治和解缺乏共识。随着与战争相关的人员死亡数量不断下降，单方面针对平民的暴力活动（通常以恐怖主义和法外政治屠杀的形式出现）成为公众和国际社会关注的中心焦点。

在阿尔瓦罗·乌里韦·贝莱斯 2002 年当选哥伦比亚总统后，哥政府根据 2003 年 6 月通过的“爱国者计划”军事战略，政府军明显加大了对“哥伦比亚革命武装力量”（FARC）的军事施压。[122] 2008 年，哥伦比亚革命武装力量连续遭受战术和战略失败，其中包括逃兵、离队人员数量和作战指挥员损失数量不断上升。[123] 这些主要是

[121] 详见 E. 斯捷潘诺娃，“南奥塞梯和阿布哈兹：冲突的来龙去脉”，《SIPRI 政策简报》，2008 年 11 月，网址：〈http：//books. sipri. org/product _ info? c _ product _ id=368〉。

[122] 哥伦比亚革命武装力量是世界上历史最悠久的反叛组织之一，该组织成立于 1964 年。有关早期的冲突情况请详见 S. 韦哈塔和 I. 安东尼的文章，“主要武装冲突”，《SIPRI 年鉴 2003：军备、裁军和国际安全》（牛津大学出版社：牛津，2003 年），第 91—93 页。

[123] 据估计，2008 年大约有 2000 至 3000 名叛军人员逃跑，J. 马基，“哥伦比亚革命武装力量遭受重创，但仍然存活》，路透社，2008 年 9 月 15 日；“哥伦比亚释放前哥伦比亚革命武装力量组织成员”，BBC 新闻，2009 年 3 月 7 日，网址：〈http：//news. bbc. co. uk/2/7929783. stm〉。2008 年上半年，哥伦比亚革命武装力量 7 名高级指挥官中有 3 人死亡：劳尔·雷耶斯和伊凡·里奥斯 3 月初被杀，哥伦比亚革命武装力量创始人、世界上服役最长时间的游击队指挥官曼纽尔·马鲁兰达 3 月 26 日死于心脏病发作，O. T. 帕吉特，“叛军陨落：与美国的关系”，《时代》杂志，2008 年 3 月 2 日；“哥伦比亚革命武装力量组织二号人物‘被杀’”，BBC 新闻，2008 年 3 月 7 日，网址：〈http：//news. bbc. co. uk/2/7284222. stm〉；S. 罗梅罗，“哥伦比亚传奇游击队指挥官被证实身亡”，《国际先驱论坛报》，2008 年 5 月 10 日。

哥政府方面实施有效的打击反叛行动和提高军民合作而取得的主要成果。

政府针对哥伦比亚革命武装力量采取的行动中包括 3 月对叛军驻扎厄瓜多尔一营地实施空袭，此次事件导致哥伦比亚和其邻国厄瓜多尔、委内瑞拉之间关系紧张，引发该地区数年来最严重的一次地区性政治危机。[124] 尽管这场危机之后通过外交途径解决，但委内瑞拉总统查韦斯做出的政策转变也起了作用，他从先前呼吁国际社会以好战分子来承认叛军，转而于 2008 年 6 月宣布“此时此刻，在拉丁美洲，武装游击运动是不合时宜的，游击战已经成为历史”。[125]

2008 年哥伦比亚革命武装力量成员数量已从 2001 年高强度对抗作战时的 16000 人降至约 6000—10000 人。[126] 该组织仍在卡克塔河、瓜伊尼亚、瓜维亚雷河，梅塔河、普图马约、沃佩斯等地的农村中心地带拥有强大势力，并继续对城市中心区构成恐怖威胁。

即使目前哥伦比亚革命武装力量正处于其成立以来的最低潮，但该组织 2008 年并未面临决定性的失败或是瓦解。该组织已经反复证明了其拥有适应环境的特别能力，数年来坚守哥伦比亚的边远乡村，不断重组，主要通过非法毒品交易维持生存。[127] 尽管哥伦比亚革命武装力量短期来说可能会与古柯种植和毒品交易更紧密地联系在一起，但其意识形态不太可能发生蜕变，其与阿尔瓦罗·乌里韦·贝莱斯当局之间推进哥伦比亚和平进程的前景也难以发生改变。哥伦比亚革命武装力量的新领导人和精神领袖阿方索·卡诺对于政府提出的遣散条件仍持反对态度，这些条件与政府向其他准军事组织提出的条件

---

[124] J.L. 波特，“哥伦比亚空袭厄瓜多尔后地区紧张局势上升”，法新社，2008 年 3 月 2 日。

[125] D. 厄斯本，“查韦斯称，武装革命在拉美已经终结”，《独立报》，2008 年 6 月 10 日。

[126] M. 乔伊斯，“哥伦比亚革命武装力量的未来：哥伦比亚反叛军前方之路”，《简氏情报评论》第 20 卷第 3 期（2008 年 3 月），第 30 页。一些消息来源仍认为哥伦比亚革命武装力量 2008 年成员总数高达 1.3 万人。详见“哥伦比亚：地区的孤立”，《牛津分析》，2008 年 3 月 10 日。

[127] 马基（同注释〔123〕），乔伊斯（同注释〔126〕）。

类似。[128] 哥伦比亚第二大叛军组织—民族解放军（ELN）—从 2005 年定期参与和政府的和平谈判。尽管民族解放军已经宣布实行“临时性和试验性”停火，但在 2007—2008 年间，该组织来回在与政府进行谈判和与政府军发生小规模冲突之间摇摆。

在哥伦比亚，针对平民的单方面和不加区别的暴力活动都是由所有主要武装派别实施的。阿尔瓦罗·乌里韦·贝莱斯当局遣散哥伦比亚联合自卫军（AUC）准军事部队，采取有效行动打击哥伦比亚革命武装力量，以及不断扩展政府控制下的领土面积，这些努力对改善哥伦比亚的总体安全环境，特别是对主要城市中心和主干道沿途地区安全环境的改善帮助颇大。[129] 根据哥伦比亚政府的统计，在 2000—2007 年间，哥伦比亚发生的谋杀和绑架事件数量减少至少三分之一。[130]

然而，人权组织还是继续报告称哥伦比亚仍有大量平民被杀，其中包括一些与战斗无关的平民死亡，人权组织甚至宣称在 2006—2008 年此类死亡人数有所上升。[131] 尽管绝大多数杀戮事件是由旧时的准军事部队残余、反叛分子或是新的、更具犯罪性“准军事黑手党”造成的，但是哥伦比亚军方和安全部队中的部分人员至少应该为一些严重的暴力事件负责任。[132] 在哥伦比亚政府军部分军人杀害平民并把他们装成战斗中死亡，从而夸大反叛分子杀死平民的统计数字

〔128〕“哥伦比亚革命武装力量回应来自知识分子、政客和记者的信”，2008 年 10 月 16 日，转载于“哥伦比亚革命武装力量回复一封信”，国际政策中心，哥伦比亚项目，2008 年 10 月 29 日，网址：〈http：//www.cipcol.org/? p=691〉；J. 梅尔加雷乔，“哥伦比亚革命武装力量总参谋部最高领导人阿方索·卡诺：乌里韦·贝莱斯总统向美元迈进”，《变迁十六》周刊第 36 期（2008 年 12 月），第 62—73 页。

〔129〕美国政府责任办公室（GAO），“哥伦比亚计划：减少毒品目标未能完全实现，但是安全状态有所提升”，GAO—09—71（GAO：华盛顿特区，2008 年 10 月），第 14 页。

〔130〕美国政府责任办公室（同注释〔129〕），第 5 页，第 22—24 页。

〔131〕根据哥伦比亚法学家委员会的数据报告称，相较于 2004 年中期至 2005 年中期的 218 人，2006 年中期至 2007 年中期被杀害的哥伦比亚平民人数上升至 287 人。S. 罗梅罗，“哥伦比亚清点游击战中平民伤亡总数”，《纽约时报》，2008 年 10 月 29 日。

〔132〕2008 年，司法部长办公室正对 1015 名平民被杀情况进行调查，上述死亡人员由安全部队在 558 起与战斗无关的事件中造成的。此类新案件的数量由 2006 年的 122 起上升至 2007 年的 245 起。S. 罗梅罗，“哥伦比亚杀戮事件造成对打击反叛组织战争的怀疑”，《国际先驱论坛报》，2008 年 10 月 29 日。

的丑闻曝光后，哥伦比亚政府对军队进行了一次大调整，哥伦比亚陆军司令马里奥·蒙托亚于 11 月 4 日宣布辞职。[133] 2008 年，报道称哥伦比亚总检察长办公室就非法杀戮事件对哥武装部队中 803 人展开调查，其中包括 99 名军官。[134] 联合国人权事务高级专员纳瓦尼特姆·皮莱将 2008 年发生在哥伦比亚的此类杀戮事件称为"普遍的"事件。[135] 这一丑闻并导致美国取消对涉及杀戮平民的哥伦比亚陆军三支部队进行军事援助。[136]

尽管哥伦比亚政府在 2003—2006 年取得了遣散 3 万多人哥伦比亚联合自卫军准军事部队的显著成就，但更具犯罪性的准军事部队残余以及诸如黑鹰自卫军和纳里尼奥农民自卫军等后哥伦比亚联合自卫军派别，仍在继续进行与战斗无关的非法政治屠杀，如杀害工会人士。[137] 准军事部队实施的暴力犯罪也是造成当地人口流离失所的主要因素。[138]

发生于 2006 年年底并持续至 2007 年和 2008 年的"准政治"（源自西班牙语，指准军事和政治）丑闻说明，准军事部队与哥伦比亚军

〔133〕 美联社，"平民死亡事件后哥伦比亚 3 名将军被解职"，《国际先驱论坛报》，2008 年 10 月 29 日；P. 马基，"美国称取消对涉及丑闻的哥伦比亚部队的援助"，路透社，2008 年 11 月 7 日。哥伦比亚军官和正规士兵的福利和晋升与登记的战斗杀伤数量挂钩。

〔134〕 美联社（同注释〔133〕）。

〔135〕 P. 马基，"滥杀事件调查后哥伦比亚陆军司令辞职"，路透社，2008 年 11 月 4 日。

〔136〕 马基（同注释〔175〕）。美国把不从事违反人权的活动作为向哥伦比亚军队提供军事援助的条件，但据估计，2007 年报道的 47%此类事件涉及美国支持的哥伦比亚军队。大赦国际，"把和平留给我们：哥伦比亚国内冲突中将平民作为目标"（大赦国际：伦敦，2008 年 10 月 28 日）。

〔137〕 2007 年，针对工会人士的杀戮事件下降了 46%，但 2008 年前 3 个月间，此类事件却上升了 70%。2002 年至 2008 年初，哥伦比亚共有 400 名工会领袖和成员被杀。S. 罗梅罗，"工会人士被杀危及与哥伦比亚的贸易协定"，《纽约时报》，2008 年 4 月 14 日。有关后哥伦比亚联合自卫军派别请详见国际危机组织（ICG），"哥伦比亚的新武装集团"，《拉美报告》第 20 期（ICG：布鲁塞尔，2007 年 5 月 10 日）。

〔138〕 S. 罗梅罗，"尽管反叛组织失利，但可卡因仍使战争在哥伦比亚乡村继续"，《国际先驱论坛报》，2008 年 7 月 26 日。政府估计显示纳里尼奥地区人口流离失所的情况大幅下降——该地区地处偏远，古柯种植活动猖獗，曾被报道是"哥伦比亚人道主义危机的中心地区"从 2007 年的 3 万人降至 2008 年上半年的 7500 人。然而，根据人权组织的数据，哥伦比亚流离失所人口总数在 2006—2007 年间上升了 38%，达 30 万人。

方和政治当局勾结的程度，这种勾结已经破坏了哥伦比亚政权的合法性。[139] 然而，随着法官下令逮捕数十名国会议员、阿尔瓦罗·乌里韦·贝莱斯总统的前情报部门负责人乔治·诺古埃拉和表兄—前参议员马里奥·乌里韦，他们被指控与准军事部队勾结，此次丑闻事件也证明了在哥伦比亚这一并不稳固但仍可运行的民主体系下的司法制度拥有高度的自治权。[140] 2008 年 5 月 13 日，包括哥伦比亚联合自卫军前最高指挥官萨尔瓦托雷·曼库索·戈麦斯在内的 14 名准军事头目，因被指控涉嫌非法毒品走私被引渡至美国，从而中断了哥伦比亚法院对其严重侵犯人权和反人道罪行的审理。[141]

2008 年，反叛组织继续对警察站、警察和军事人员、车辆、飞机以及类似目标实施攻击。反叛组织，特别是哥伦比亚革命武装力量也使用不加选择的方式危害平民，如埋放地雷，依旧是单方面暴力的主要制造者，大多为恐怖袭击，杀害被怀疑为军方提供消息的平民以及绑架等。尽管与前些年相比，强行绑架事件发生规模在 2008 年全年有所降低，但依然存在。[142] 据估计，2008 年哥伦比亚依然有 2800 名被绑架者处于被囚禁状态，据信其中大约 750 人在哥伦比亚革命武装力量手中，其余则在犯罪组织或“准军事黑手党”的手中。[143]

尽管哥伦比亚革命武装力量多数情况下劫持人质是为了获取赎

---

[139] 根据独立研究机构 Corporación Nuevo Arco Iris 的报告，截至 2008 年 11 月，哥伦比亚参议院 102 名参议员中的 34 人以及众议院 168 名众议员中的 25 人因涉嫌与准军事部队和贩毒组织有关联而于 2008 年下半年接受调查。《哥伦比亚报告》，“报告称，哥伦比亚革命武装力量重组，准军事部队力量提升”，2008 年 11 月 27 日，网址：〈http: //www. colombiareports. com/〉。

[140] 关于司法在这方面的作用请详见《人权观察》（HRW），《挣脱魔掌？司法面对哥伦比亚准军事黑手党的障碍》（HRW：纽约，2008 年 10 月 16 日）。

[141] 过渡司法国际中心，“引渡：哥伦比亚和美国的错误”，新闻公报，2008 年 5 月 14 日，网址：〈http: //www. ictj. org/en/news/press/release/1677. html〉。国际刑事法院检察官莫雷诺·奥坎波对有关准军事部队军阀被宣告有罪的判决相当缺失表示关注。自 2002 年以来，乌里韦·贝莱斯政府已经向美国引渡了超过 700 名哥伦比亚人。

[142] 尽管大多数针对平民的武力绑架没有导致受害人立即死亡，但绑架往往是在武力威胁下实施的，并可能涉及严重伤害和虐待。最终人质被杀的可能性始终不能排除。

[143] 美联社，“哥伦比亚人以要求释放人质来纪念独立日”，《国际先驱论坛报》，2008 年 7 月 20 日；路透社，“哥伦比亚人在“自由日”举行大规模集会”，《国际先驱论坛报》，2008 年 7 月 21 日。

金，但一些政治人质，其中包括一些具有较高身份的政治人物，对于该组织来说仍具有重要的战略价值。[144] 2008 年，哥伦比亚革命武装力量提议用被关押的反叛分子交换 40 名政治人质中的部分人质，但该组织随后因要求以划定非军事区为释放人质的条件，而导致谈判中断。[145] 2008 年 1 月和 2 月，委内瑞拉总统查韦斯说服哥伦比亚革命武装力量先后释放了 6 名人质。[146] 7 月 2 日，哥伦比亚军方实施了一次秘密安全行动，成功解救了 2002 年被绑架的哥伦比亚参议员英格丽德·贝当古和其他 14 名人质。[147] 此次计划周详的行动对哥伦比亚革命武装力量造成重大打击，并提升了阿尔瓦罗·乌里韦·贝莱斯总统的声望。[148] 然而，此次解救行动对于解救剩余人质前景的影响尚不清楚。[149] 此外，2008 年哥伦比亚绑架事件的降低数量与委内瑞拉绑架事件上升数量并行不悖，哥伦比亚革命武装力量和哥伦比亚民族解放军两个组织均有成员在委内瑞拉活动。

2008 年，哥伦比亚革命武装力量为了回应其进一步丧失军事阵地，明显增加使用恐怖袭击手段。以往哥伦比亚革命武装力量和哥伦比亚民族解放军仅对政府机构、基础设施和商业目标优先使用恐怖袭

---

[144] J. 麦克德莫特，“哥伦比亚革命武装力量重回聚光灯下”，BBC 新闻，2008 年 2 月 28 日。网址：〈http：//news. bbc. co. uk/2/7268257. stm〉。

[145] J. 马基，“哥伦比亚革命武装力量遭受重创，但仍然存活”。路透社，2008 年 9 月 15 日；“哥伦比亚反叛组织称对人质对话持开放态度”，路透社，2008 年 10 月 29 日。

[146] 1 月 10 日和 2 月 27 日，经过查韦斯总统斡旋，6 名哥伦比亚政治人质获释。J. 鲁艾达，“哥伦比亚反叛组织释放 4 名人质”，美联社，2008 年 2 月 27 日。

[147] 此次行动是在美国支持下实施的，包括美国于 2008 年初向哥伦比亚部署了数百名军事和安全人员，帮助查找人质被关押地点。被解救的人质包括 3 名美国诺思罗普·格鲁曼军工公司的雇员。D. 戈勒斯特，“美国欢呼哥伦比亚解救人质军事行动成功”，美国之音，2008 年 7 月 3 日。网址：〈http：//www. voanews. com/english/archive/2008－07/2008－07－03－voa64. cfm〉

[148] 例如：7 月 5 日，哥伦比亚革命武装力量重新呼吁利用人质交换囚犯。古巴领导人费德尔·卡斯特罗以及其他领导人敦促哥伦比亚革命武装力量释放人质。民调显示，在解救行动后的数天内，乌里韦·贝莱斯总统支持率从 73%上升至 91%。“解救行动后乌里韦·贝莱斯总统支持率飚升”，路透社，2008 年 7 月 6 日。

[149] 例如：乌里韦·贝莱斯总统承认为了获取反叛分子的信任，特工滥用了红十字会的标志，违反了《日内瓦公约》。H. 布隆斯泰恩，“哥伦比亚对在解救人质中滥用红十字会标志表示‘道歉’”，路透社，2008 年 7 月 16 日。

击，而对平民主要采取绑架方式。[150] 但该组织 2008 年发动的一次最大规模的恐怖袭击行动是 8 月 15 日针对西北部城镇伊图安戈的一次节日庆祝活动，这次袭击造成了 7 人死亡，50 余人受伤。[151] 在 2010 年哥伦比亚总统选举之前，哥伦比亚革命武装力量针对城市，包括公众聚集地点发动恐怖袭击的风险可能升高。

在哥伦比亚，在武装冲突中发生的针对平民的单方面暴力和其他虐待活动造成的后果，以及当地长期存在的通过暴力、腐败或恩惠实行统治的传统，将继续对建立和平与和解构成政治、法律和心理方面的重大挑战。虽然宪法法庭为加强对受害者的保护于 2006 年修订了和平与正义法，但和平进程仍主要围绕前武装分子展开，而不是冲突与单方面暴力活动的受害者。[152] 即便如此，哥伦比亚明显有别于许多其他在冲突中形成的国家，是由于相对而言其日益加强的司法的作用，其他法律杠杆以及来自公民社会对侵犯人权行为和单方面暴力的压力。2008 年 2 月 4 日，估计有 480 万哥伦比亚人参加了在全国 27 个城市里举行的 365 场游行，抗议哥伦比亚革命武装力量屠杀和绑架平民的行为，成为哥伦比亚历史上最大的草根平民运动。[153] 这种群

---

[150] 从全球恐怖主义数据库（GTB—2）可查到关于基础设施攻击的数据，网址：〈http://www.start.umd.edu/data/gtd〉。尽管频率有所降低，但在 2008 年，哥伦比亚革命武装力量和哥伦比亚民族解放军，特别是哥伦比亚民族解放军仍继续对输油管道实施攻击行动——例如，2008 年 6 月 22—23 日的攻击行动使卡尼奥·莱蒙至科韦尼亚斯输油管被迫关闭。E. 沃特金斯，“卡尼奥·莱蒙至科韦尼亚斯输油管被炸关闭”，《石油与天然气周刊》，2008 年 6 月 24 日。8 月 31 日，哥伦比亚卡利遭汽车炸弹袭击，被指责是哥伦比亚革命武装力量所为，此次袭击造成 4 死 25 伤，卡利司法部大楼受损。大赦国际，“哥伦比亚：大赦国际谴责炸弹袭击”，公开声明，2008 年 9 月 1 日，网址：〈http://www.amnesty.org/en/liberary/info/AMR23/030/2008/en〉。

[151] “哥伦比亚：一次令人迷惑的攻击和混乱中的哥伦比亚革命武装力量”，美国战略预测公司（STRATFOR），2008 年 8 月 15 日。此次攻击或许是对哥伦比亚政府消灭非法毒品行动的报复。

[152] 有关法律修订部分请参阅国际危机组织（ICG）第 29 期《拉美报告》中“修正行动方向：哥伦比亚的受害者、正义与和平法”一文（ICG：布鲁塞尔，2008 年 10 月 30 日）。

[153] 这些抗议活动由一个独立的以因特网为基础的网络组织的。脸谱社交网站登载“百万人声讨哥伦比亚革命武装力量（FARC）”一文，还有世界 104 个城市的游行活动。参见 M.C. 佩雷斯“‘脸谱’网站引发对哥伦比亚的抗议”，《国际先驱论坛报》，2008 年 2 月 10 日。2008 年 7 月 20 日又爆发类似抗议活动。

众对针对平民暴力的反对、对国家侵犯人权行为的尖锐批评，和坚决的司法系统的行动都说明了一个民主治理体制及动员公民社会在使一个社会逐渐远离有计划的武装暴力，包括单方面暴力方面可以发挥作用。[154]

第七节　结论

在索马里和斯里兰卡爆发的针对平民的暴力活动的事态发展再次证明，在当前暴力冲突背景下发生的单方面暴力活动的主要模式是：所有武装力量都参与经常性的、近乎天天发生的针对平民的小规模暴力活动。正如南奥塞梯冲突所表明的，针对平民的高强度的武力使用，即使相对持续时间较短，也会给当地人民造成灾难性的后果，尤其会造成大规模的流离失所。但哥伦比亚的例子显示出的迹象表明，在武装冲突背景下深植于当地的单方面暴力活动形式正缓慢扭转。

虽然不易估算可靠的死亡率数据，也不大可能区分出谁是任意暴力还是单方面暴力的平民受害者，在这一章列举的以上 4 个例子中，单方面暴力死亡人数少于与战斗相关的全部死亡人数，在大多数情况下，也少于与战斗相关的平民死亡人数。[155]

本章论述的 4 个例子中的 3 个—哥伦比亚除外—均表明由国家和外国政府军队实施的单方面暴力正在全球范围内减少的趋势是相对的、不平衡的，不能一概而论。政府方面采用单方面暴力行为背后的可能动机包括将认为支持叛乱的平民作为打击目标，促使“敌营”民众大规模的迁移等。

但政府军队实施协调有序的单方面暴力行为需要政府方面一定程

[154] 关于动员公民社会对避免或走出冲突的作用这一问题更广泛的讨论请参见 M. 卡尔多著《全球公民社会：一个对战争的答案》，剑桥出版社，2003 年。

[155] 2008 年斯里兰卡单方面暴力事件的死亡人数可能已接近甚至与战斗相关的平民死亡人数相当。

度的职能和决心，而这一点常被忽视。非政府行为体在单方面暴力中能扮演重要角色，部分原因是由于在一些很弱或“失败”国家，或者有分散暴力行为发生的地区缺乏这种政府职能和决心。在发生分散暴力的背景下，一些对平民的最恶劣的暴力侵犯行为可能由当地的权力掮客、军阀、武装游击分子、犯罪组织和并非被一些显而易见的政治目标驱使的街头流氓团伙所实施。

在单方面暴力的所有主要发展趋势中，最能反映 2008 年武装冲突的一些更宏观走向的一个趋势是，非政府行为体作用的上升，这些政府行为体包括与政府结盟的和反叛组织。这些更宏观的走向包括许多冲突地区非政府行为体的进一步扩散和多元化以及行为的分散化，从常规战斗形式转向不对称暴力行为，从武装分子间大规模直接武装对峙转向相互攻击对手的“平民基地”。

在不对称武装冲突中，将单方面暴力行为与攻击平民相结合的恐怖主义已成为一种与冲突态势联系最紧密的单方面暴力行动方式之一，也更多地为反叛组织所采用。在以上 4 个例子中的 3 个—索马里、斯里兰卡和哥伦比亚—由非政府行为体发动的恐怖袭击 2008 年有所上升，成为冲突发展态势的主要方面。正如这些例子所示，恐怖主义活动会在冲突的不同阶段由不同动因诱发。在索马里，反叛组织将恐怖爆炸事件作为取得重大相应军事进展的辅助战术。与之相比，在哥伦比亚，军事实力较弱的反叛力量则越来越多地用恐怖主义方式表是它的存在。

反叛力量发动的单方面暴力活动还常常成为民族、种族或宗派冲突难以分割的一部分。此外，反叛组织还作为挑动者在单方面或不加区别的暴力行为方面发挥了间接作用。它们从人口密集地区对政府军发动有计划、有目的的攻击，从而来挑起（有时不得不说这是蓄意而为）对平民的报复性打击。最后，单方面暴力行为仅为非政府行为体践踏和侵犯人权的更多行为中的一种，这些行为还包括性暴力、强制征兵（包括娃娃兵）等。

综上所述，虽然在武装冲突中，国家可能不再是单方面暴力行为的主要实施者，也可能投入相当大的力量对抗某种形式的单方面暴力冲突（如恐怖主义），但这并没有导致针对平民的单方面暴力事件总体减少。在一些特定事件中单方面暴力事件数量的相对下降更有可能是大范围人口迁离的短期效应或是当地治理机构的职能上升的结果(这些机构往往有着令人置疑的人权记录)，而不是缘于有关方面更多地遵守国际人道主义法律。

（唐寅初　孟　君　译）

附录 2A

1999—2008 年重大武装冲突的模式

罗塔·哈博姆　彼得·瓦伦斯腾*

一、导言

本附录叙述 1999—2008 年十年间的重大武装冲突趋势。在此期间，总共发生了 34 起重大武装冲突。[1] 重大武装冲突数量自 2005 年以来呈总体下降趋势，但在 2008 年又重新上升至 16 起。以下几起冲突在此十年间一直呈活跃状态：土耳其政府和反叛组织“库尔德工人党”的冲突、克什米尔分裂分子和印度政府的冲突，以及菲律宾政府和菲律宾共产党的冲突。

本附录第二节说明了 1999—2008 年间重大武装冲突的全球模式。第三节说明了同一时期的地区模式。第四节讨论了 2007 年至 2008 年重大武装冲突列表的变化。第六节提供了“乌普萨拉冲突数据项目”(UCDP) 在编辑重大武装冲突数据时所采用的定义、来源和方法的详细信息。表 2A. 3 标示了在 2008 年活跃的重大武装冲突的相关数据。

---

* 乌普萨拉大学和平与冲突研究部“乌普萨拉冲突数据项目”。表 2A. 3 中各人负责的地点如下：Johan Brosché 负责苏丹；Kristine Eck 负责印度；Helena Grusell 负责哥伦比亚和秘鲁；Anna Hesselgren 负责斯里兰卡；Stina Högbladh 负责布隆迪；Emma Johansson 负责土耳其；Joakim Kreutz 负责伊拉克、缅甸和巴基斯坦；Sara Lindberg 负责索马里；Therése Pettersson 负责菲律宾；Ralph Sundberg 负责阿富汗、以色列和美国。

〔1〕“乌普萨拉冲突数据项目”(UCDP) 将“重大武装冲突”定义为在涉及政府和/或领土的对抗中，两个派别（至少其中一派是国家政府）的军事力量在运用武力时，在一个日历年度至少造成 1000 人以上与作战相关死亡。关于该定义的更多信息请参阅第六节。UCDP 关于武装冲突、其他形式的有组织犯罪、和平协议及第三方冲突预防措施的数据和出版物，可通过查阅 UCDP 网址〈http：//www. ucdp. uu. se〉获得。

由武装分子对平民施加单方面暴力是当代武装冲突的一个显著特征。〔2〕在第五节中，UCDP 首次在《SIPRI 年鉴》中提供单方面暴力相关数据。这一数据涵盖了 1997—2006 年的十年期间。

表 2A.1 1999—2008 年重大武装冲突的地区分布、数量及类别

地区	1999		2000		2001		2002		2003		2004		2005		2006		2007		2008	
	G	T	G	T	G	T	G	T	G	T	G	T	G	T	G	T	G	T	G	T
非洲	9	1	7	1	7	0	6	0	5	0	3	0	3	0	3	0	1	0	3	0
美洲	1	0	0	0	2	0	2	0	1	0	2	0	2	0	2	0	3	0	3	0
亚洲	2	4	2	5	2	5	2	4	2	5	2	2	3	4	3	3	2	4	3	4
欧洲	0	2	0	1	0	1	0	1	0	1	0	1	0	1	0	1	0	1	0	0
中东	1	1	1	2	1	2	0	2	1	2	1	2	1	2	1	2	1	2	1	2
合计	**13**	**8**	**10**	**9**	**12**	**8**	**10**	**7**	**9**	**8**	**8**	**5**	**9**	**7**	**9**	**6**	**7**	**7**	**10**	**6**
总计	**21**		**19**		**20**		**17**		**17**		**13**		**16**		**15**		**14**		**16**	

注： G 和 T 分别代表冲突的类型：政权之争和领土之争。

表 2A.2 1999—2008 年至少爆发一场重大武装冲突的地区分布

地区	1999	2000	2001	2002	2003	2004	2005	2006	2007	2008
非洲	10	8	7	6	5	3	3	3	1	3
美洲	1	0	2	2	1	2	2	2	3	3
亚洲	6	6	6	5	6	3	6	6	5	6
欧洲	2	1	1	1	1	1	1	1	1	0
中东	2	3	3	2	3	3	3	3	3	3
合计	**21**	**18**	**19**	**16**	**16**	**12**	**15**	**15**	**13**	**15**

〔2〕UCDP 将单方面暴力定义为一国政府或某一正式组织对平民使用武力，并在一个日历年度至少造成 25 人以上死亡。对羁押人员的法外杀戮不属此情。参阅《和平研究杂志》2007 年第 44 卷第 2 期由 K. Eck and Hultman 撰写的《战争中对平民的单方面暴力：对新伤亡数据的深入分析》，以及《2007 年人类安全报告》第 41—44 页（蒙特利尔 Frasier 大学国际研究院出版）。在 2008 年期间几起活跃的武装冲突中单方面暴力相关情况参见第 2 章。

二、重大武装冲突的全球模式

在 2008 年，全世界 15 个地点有 16 起活跃的重大武装冲突。从 1999 年的 21 起以来，重大武装冲突数量在此期间一直呈总体下降趋势。然而，正如表 2A.1 所示，下降趋势并非是一条直线，比如，在 2007 年和 2008 年之间重大武装冲突的数量上升了 2 起。其中 2004 年冲突数量最低，只有 13 起。

已连续 5 年没有记录到新的国家间冲突。在 1999—2007 年的整个时期，34 起冲突中只有 3 起国家间的交战，即厄立特里亚与埃塞俄比亚（1998—2000 年）、印度与巴基斯坦（1997—2003 年）以及伊拉克与美国及其盟国（2003 年）。前两起冲突涉及领土，另一起为政权而战。其他 31 起冲突均是内战，其中 9 起涉及领土，22 起涉及政权。在此期间，涉及政权的冲突均比涉及领土的冲突要多。

在 2008 年，有 4 起国家间冲突是国际化的，即非冲突主要当事方的国家派出军队援助冲突中的某一方，这些分别是美国政府与“基地”组织的冲突，阿富汗政府与“塔利班”的冲突，伊拉克政府与伊各反抗派别的冲突，以及索马里过渡联邦政府和沙巴布民兵的冲突。[3] 与 2006 年和 2007 年一样，2008 年所有国际化的冲突都在某种形式上与美国领导的“全球反恐战争”有关。[4] 在每一起冲突中，外国部队都支持了政府一方。[5]

---

〔3〕 2008 年格鲁吉亚和南奥塞梯发生短暂的武装冲突，俄罗斯为支持后者介入冲突。由于该冲突未达到在一个日历年度 1000 人以上与作战相关的死亡标准，因此被 UCDP 列为小规模武装冲突。关于该冲突，请参阅第二章第五节。

〔4〕 关于索马里冲突与“全球反恐战争”若即若离的关系，请参阅 L. Harbom 和 P. Wallensteen 合写的“1998—2007 年重大武装冲突的模式”（《SIPRI 年鉴 2008：军备、裁军和国际安全》牛津大学出版社：牛津，2008 年）第 73—74 页。

〔5〕 关于向以上冲突派兵的各国情况，参见表 2A.3。想了解美国与“基地”组织冲突的背景情况以及影响数据库编码的复杂问题，请参阅 M. 索伦伯格和 P. 瓦伦斯腾合写的“1990—2001 年重大武装冲突的模式”（《SIPRI 年鉴 2002：军备、裁军和国际安全》牛津大学出版社：牛津，2002 年）第 67—68 页。

三、重大武器冲突的地区模式

在 2008 年，亚洲连续 4 年是重大武装冲突数量最多的地区，共发生了 7 起重大武装冲突。美洲和中东地区各发生了 3 起冲突。欧洲十年来首次未发生任何重大武装冲突。表 2A. 1 和 2A. 2 列出了 1999—2008 年间重大武装冲突的地区分布及地点。图 2A. 1 显示了这一时间段每一年的地区分布数量和总数。

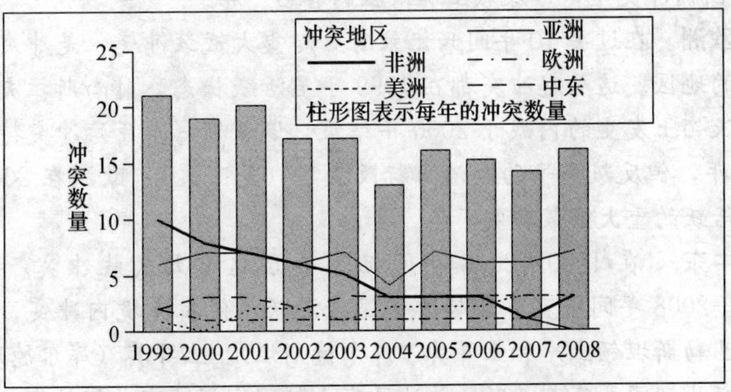

图 2A. 1 1999—2008 年重大武装冲突的地区分布及总数

非洲 在 1999—2008 年的 10 年间，记录有 13 起重大武装冲突，是冲突数量最多的地区。〔6〕然而，从 1999 年以来，非洲的冲突数量开始明显减少，从最多年份 1999 年的 10 起逐渐降至 2007 年的 1 起。在 2008 年冲突数量又升至 3 起。在 13 起冲突中，只有 1 起发生在国家之间：埃塞俄比亚—厄立特里亚。然而，有 7 起国内冲突在某种程度上被国际化，这是非洲冲突的一个突出特点。所有的 12 起国内冲突都属于政权之争。

〔6〕 非洲的 13 次重大武装冲突发生在阿尔及利亚、安哥拉、布隆迪、刚果民主共和国、刚果共和国、埃塞俄比亚—厄立特里亚、几内亚比绍、利比里亚、卢旺达、塞拉利昂、索马里、苏丹及乌干达。请注意，在本附录中如果只提到国家名字，即意味着这是一场争夺政府控制权的冲突；对于争夺领土控制权的冲突，则在国名后面括号中注上所争领土的名称。

美洲 在过去 10 年记录有 3 起重大武装冲突。[7] 在该地区记录为活跃的重大武装冲突年度数量从 0（2000 年）到 3（2007 年和 2008 年）不等。在此期间的 3 起冲突都是国内冲突并均涉及政权。

亚洲 在过去十年间共有 11 起重大武装冲突。[8] 每年冲突数量在 6—7 起之间波动，2004 年例外地只有 3 起。在 2003—2008 年之间，亚洲记录下活跃重大武装冲突年度总数的最高值。[9] 有 2 起冲突在过去 10 年期间始终未停过：印度（克什米尔）和菲律宾。与非洲一样，亚洲只有 1 起冲突是国家间的冲突（印度和巴基斯坦）。在 10 起国内冲突中，涉及领土和政权的各占一半。

欧洲 在过去 10 年间只记录有 2 起重大武装冲突，是冲突数量最少的地区。这 2 起冲突都在 1999 年呈活跃状态。前南斯拉夫针对科索沃领土发生的内战于 2000 年结束。俄罗斯（车臣）冲突持续至 2007 年，但反叛分子的政治目标改变了（见下文）。欧洲在 2008 年没有活跃的重大武装冲突。

中东 在 1999—2008 年间记录了 5 起重大武装冲突。[10] 在 2004—2008 年间一直有 3 起冲突保持活跃：伊拉克境内冲突、以色列（巴勒斯坦领土）和土耳其（库尔德斯坦）。土耳其（库尔德斯坦）冲突在此期间一直都活跃。该地区有 1 起国家间冲突：伊拉克—美国及其盟国。其他的 4 起冲突为内战，其中 2 起为政权之争，2 起为领土之争。

四、重大武装冲突情况表中 2008 年的变化

2008 年情况表中新增加的冲突

有 3 起冲突未在 2007 年记录而出现在 2008 年情况表中：布隆

〔7〕 在美洲有记录的 3 起冲突发生于哥伦比亚、秘鲁和美国（美国政府与“基地”组织之间的冲突）。

〔8〕 在亚洲记录的 11 起冲突发生在阿富汗、柬埔寨、印度（克什米尔）、印度—巴基斯坦、印度尼西亚（东帝汶）、缅甸（克伦）、尼泊尔、巴基斯坦、菲律宾、菲律宾（棉兰老岛）和斯里兰卡（泰米尔伊拉姆）。

〔9〕 2001—2002 年间，非洲和亚洲记录到相同高数量的冲突。

〔10〕 在中东的 5 起重大武装冲突发生在伊朗、伊拉克、以色列（巴勒斯坦领土）、土耳其（库尔德斯坦）和伊拉克—美国及其盟国。

迪、巴基斯坦和苏丹。

在布隆迪，该国政府与最后一个活跃的反叛组织“胡图人民解放党—民族解放力量”于 2004 年开始的和平进程在 2007 年 12 月出现崩溃。战斗在 2008 年 1 月打响，并一直持续到 8 月份。各方于 9 月份达成的停火协议维持到年底，并于 12 月 4 日签署和平协议。〔11〕

在巴基斯坦的 1 起冲突首次被记录于重大武装冲突情况表之中。在 2007 年 12 月，位于“联邦管理部落地区”（FATA）和“西北边境省”（NWFP）亲“塔利班”的部落首领建立了反叛联盟——“巴基斯坦塔利班运动”组织（TTP）。这一新的团体致力于在巴基斯坦全境推行伊斯兰教教法，并鼓动对伊斯兰堡开展“防御性圣战”，以控制某一地区从而建立“巴基斯坦塔利班运动”政权，并抗击政府军。“巴基斯坦塔利班运动”的远期目标是改变国家政权。

苏丹政府和“苏丹人民解放运动/军”（SLM/A）之间的冲突在 2008 年激化。〔12〕在 2003—2006 年间，该冲突也被列入重大武装冲突情况表。在 2008 年冲突双方未举行任何和平谈判。

2008 年情况表中删除的冲突

有 1 起冲突记录在 2007 年情况表但未被 2008 年情况表录入：俄罗斯（车臣）。2007 年 10 月 7 日，车臣反叛领导人多卡·乌马洛夫宣称成立涵盖大部分俄罗斯北高加索地区的“高加索酋长国”。这事实上结束了车臣冲突，因为该冲突是争取领土控制权的（尽管 2007 年大多数战斗发生在邻近的共和国），此举引发了更大程度上的领土对立。据报道称，这一举动造成了反叛团体的分裂，因为艾哈迈德·扎卡耶夫及其他几个领导人仍强调车臣的独立，而不赞同乌马洛夫更为激进的伊斯兰立场。然而，到 2007 年底，似乎车臣武装反抗组织

〔11〕 参阅“联合国地区信息综合网”（IRIN）2008 年 12 月 11 日登载的“布隆迪：硝烟未散”，见网址〈http：//www.irinnews.org/report.aspx? ReportId=81918〉。

〔12〕 2008 年苏丹发生的最受关注的事件是 5 月份反叛组织对喀土穆的攻击。然而，这起攻击是由反叛团体“正义与公正运动”实施的，由于该团体与政府间的战斗未在一个日历年度产生 1000 人以上与作战相关死亡人数，故未列入重大武装冲突情况表。

的大多数领导人和普通人员倾向支持乌马洛夫。[13] 在 2008 年缘于“高加索酋长国”的冲突仅造成与作战相关的死亡人数不足400，故未被列入重大武装冲突情况表。

冲突烈度的变化

与 2007 年相比，2008 年记录的 16 起冲突中有 7 起烈度上升，分别是菲律宾、土耳其（库尔德斯坦）、美国（“基地”组织冲突）、以色列（巴勒斯坦领土）、秘鲁、菲律宾（棉兰老岛）和斯里兰卡（泰米尔伊拉姆）。后 4 起与作战相关死亡人数上升了50%以上。

在以色列，与作战相关死亡人数的大幅上升主要缘于 2008 年最后 5 天的事态。2006 年和 2007 年见证的武装冲突模式一直持续到 2008 年的头 5 个月，即“哈马斯”和“巴勒斯坦伊斯兰圣战”组织向以色列南部发射火箭，以军则报以空袭，并以小股部队入侵加沙地带。6 月 19 日签署的一份停火协议导致其后 5 个月的武装活动急剧减少。双方均多次指责对方违反停火协议。停火在 12 月 19 日到期后未延期，随后“哈马斯”恢复向以目标发射火箭，以色列在 12 月 27 日进行报复，向加沙地区的“哈马斯”及与其有关的目标发动 100 多次空袭。进攻一直持续到 2009 年。[14]

秘鲁政府与毛派反叛组织“光辉道路”间的冲突连续两年激化。尽管冲突在 2007 年和 2008 年均被限于 VRAE 地区的阿亚库乔，但“光辉道路”威胁在 2009 年将其“革命战争”扩展至秘鲁全境。[15]

2008 年菲律宾政府和摩洛伊斯兰解放阵线（MILF）分离主义组

〔13〕 参阅《北高加索周报》2008 年 5 月 1 日发表的“反叛重组激活叛乱”、2008 年 6 月 19 日发表的“扎卡耶夫劝说乌马洛夫未果”，“国际危机小组”于 2008 年 6 月 3 日关于欧洲报告中的“俄罗斯的达吉斯坦：冲突起因”，以及“人权纪念中心”于 2008 年 10 月 15 日发表的“在北高加索关于恐怖主义和人权的战斗：2008 年 4—10 月”（网址 http://www.memo.ru/2008/10/15/1510081.htm），以及美国“国会研究部”提交国会的第 RL34613 号报告“俄罗斯车臣及北高加索其他地区的稳定：近期进展”。

〔14〕 关于以色列加沙地区军事行动的全面情况，请参阅“战略与国际研究中心”2009 年 2 月 2 日发表的由 A. Cordesman 撰写的“加沙战争：战争分析”。

〔15〕 参阅《拉丁美洲先驱论坛》2009 年 1 月 4 日发表的“光辉道路恐怖分子威胁扩大在秘鲁的攻击”。

织之间冲突的烈度之高为 2003 年以来所仅见。尽管在 6 月份发生过一次交战，但直到 8 月份，2003 年达成的停火总体上还是被遵守了。此后政府拒绝与反叛分子签署一份重要的和平协议，这导致了暴力升级并持续到该年底。

斯里兰卡政府在 2008 年 1 月退出了与泰米尔分裂组织“泰米尔伊拉姆猛虎解放组织”的停火安排，因为这一停火自 2006 年以来不断遭破坏。2008 年与作战相关死亡人数是冲突发生以来最多的，达到了 8000 人以上。[16]

5 起重大武装冲突在 2007—2008 年间烈度下降：阿富汗、哥伦比亚、印度（克什米尔）、伊拉克、索马里和缅甸（克伦邦），其中缅甸的烈度下降了 50%以上。缅甸政府和反叛组织“克伦人全国联盟”冲突程度下降主要有两个原因，其一是 2008 年 5 月的飓风袭击使冲突双方都忙于应对，其二是在政府于 2008 年底发动的年度攻击中，军队仅遭到了反叛分子的些许抵抗，因为后者苦于内部不和并在试图重组，因此选择退却并保持了低调。[17]

2008 年以下 5 起活跃的重大武装冲突导致了 1000 人以上的与作战相关的死亡数：阿富汗（接近 4500 人）、伊拉克（接近 4000 人）、巴基斯坦（约 3000 人）、斯里兰卡（接近 8400 人以上）和索马里（约 1250 人）。

五、单方面暴力

尽管在 2008 年以前的十年中，依稀可见重大武装冲突的下降趋势，但单方面暴力的情况却与之相反。根据 UCDP 关于单方面暴力的统计数据，从 1997—2006 年的十年间，实施单方面暴力的行为体数量（在此称为单方面行为者）由 27 升至 29。然而，上升并非是一

〔16〕 关于 2008 年斯里兰卡形势，请参阅本书第 2 章第 4 节。

〔17〕 关于 2008 年克伦冲突形势请参阅 2009 年 1 月 19 日 Htet Aung Kyaw 发表的“乡恋：从泰—缅边境撤离”（网址〈http://english.dvb.no/news.php?id=2107〉），D. Pye 发表的“枪炮不屈：克伦人以经济发展反对缅甸的各族清洗”（载于 2008 年 10 月《新国际主义》），及 2008 年 7 月 A. South 发表于《今日世界》第 64 期的“从飓风中制造灾难”。

成不变的。在此十年间，2002 年和 2004 年均达到 40 个单方面行为者的最高峰值。在此期间，非洲的单方面行为者占到了绝大部分，为 42%。亚洲位于其后（为 29%），然后是中东（17%）、美洲（7%）和欧洲（4%）。在此期间，年度单方面行为者的最高数字发生于非洲（1997—1999 年和 2002—2005 年）和亚洲（2000—2001 年和 2006 年）。

UCDP 关于单方面暴力的长期数据能对部分问题给出一些初步答案。比如，政府和非国家行为体哪个实施了最恶劣的单方面暴力？答案取决于如何看待这一现象。如果从蓄意针对平民的行为者数量来看，非国家组织在此期间的任何一年都多于政府行为体。从各年度看，实施单方面暴力的非国家行为体的数量都约为国家行为体的两倍，在 2004 年甚至达到了 3：1。这两类行为体造成的死亡人数则难以一语作答。从年度死亡数字看，在此期间的头 4 年，政府行为体在单方面暴力中针对并杀害平民的数量要大于非国家行为体。[18] 然而，这一情况在 2001 年发生了改变，在 2001—2006 年间，非国家行为体后来居上。

回答此问题的另一个方法是看谁在此期间实施了最严重的暴力行为。在 1997—2006 年间，在一个年度内针对并杀害最多平民的是 1998 年的阿富汗政府。[19] 第二个和第三个最严重暴力行为体仍为政府（卢旺达和刚果民主共和国）。非政府行为体“基地”组织在 2001 年策划了第 4 起最大的死亡事件。

UCDP 的单方面暴力数据库有助于认识针对平民的单方面暴力与武装冲突的联系。从数据可清楚看到，绝大多数单方面行为者在重大武装冲突活跃的国家和年份都会实施单方面暴力。在其他情况下，单方面行为者往往会在重大武装冲突发生前或之后在某一国家

---

〔18〕 UCDP 按照报道的可信度及死亡数字的矛盾程度将死亡评估分为三类：较低、最好和较高。文中的比较数字是建立在最好的评估基础上的。

〔19〕 在 1998 年，阿富汗“塔利班”政府与反叛组织“解放阿富汗伊斯兰联合阵线”（UIFSA）在北部和西部地区发生了激战。该政府在战后对乌兹别克人和塔吉克人进行了大规模屠杀。如果采用 UCDP 的较高标准（见注释〔18〕），刚果反叛组织“解放刚果—扎伊尔民主部队联盟”将成为最恶劣的暴力实施者，其后是苏丹政府。

保持活跃。[20] 比如，在 1997—2000 年期间，在布隆迪记录了许多单方面行为者，而布隆迪政府和“胡图人民解放党—民族解放力量”间的重大武装冲突直到 2001 年才被记录在案。其他的例子还包括刚果民主共和国许多行为体实施的单方面暴力，这甚至发生在 2003 年和平协议签署之后。

在此期间，大部分经历了单方面暴力却未被列为重大武装冲突发生地的国家，发生了小规模武装冲突。比如，在象牙海岸，政府在 2000 年实施了单方面暴力，其后两年发生了小规模武装冲突。此外，在 2002—2004 年冲突期间，政府和两个反叛组织——“科特迪瓦爱国运动”（MPCI）及“大西部人民运动”（MPIGO）都以平民为目标。

只有在少数情况下，一个政府或是一个非国家行为体在其并未发生武装冲突的国家蓄意杀害平民。在 1997—2006 年期间，发生非冲突的单方面暴力国家有巴西、洪都拉斯、沙特和坦桑尼亚。[21]

至于巴西和坦桑尼亚，都是政府实施了单方面暴力，尽管是在完全不同的形势下。发生于 2005 年的坦桑尼亚单方面暴力，与抗议该国大选的舞弊情况有关。而巴西 2005 年的单方面暴力，与该国集团暴力和有组织犯罪的高发率有关。暴力是由警察实施的，如针对被疑卷入抢劫案件的贫困区儿童的行动，或是试图将人们驱离贫民窿。

在洪都拉斯和沙特，单方面暴力是由非国家行为体实施的。在洪都拉斯，犯罪团伙“马拉·萨尔瓦特鲁恰”将目标指向平民，以报复该国总统对于街头帮派进行打击的“零容忍”倡议。在沙特，“基地”组织在 2003 年和 2004 年均以平民为目标并对其实施杀害。

单方面暴力学有助于进一步了解有组织政治犯罪，并与恐怖主

〔20〕 在其他出版物中，UCDP 将大多数此类案件列为活跃的武装冲突，尽管其并非重大武装冲突。UCDP 有时采用战争和小规模武装冲突类别，而不是重大武装冲突。战争被定义为重大武装冲突，除非该冲突每年导致的死亡人数都超过 1000 人。如果与作战相关死亡人数低于这一门槛但超过 25 人，该冲突将被归为小规模武装冲突。《SIPRI 年鉴》中的重大武装冲突在 UCDP 其他的表格、出版物及数据库中有时被列为小规模武装冲突。

〔21〕 请注意，沙特在 1979 年成为小规模武装冲突的发生地。

义、种族灭绝、暴力犯罪及人权等各项研究紧密相联。

六、冲突数据的定义、来源及统计方法

定义

UCDP 冲突数据项目将重大武装冲突定义为涉及政府或领土而引起争端的相互对立，当事双方的军队使用武力，其中至少有一方系国家政府，造成了在至少一个公历年内不少于 1000 人的死因与作战有关。[22] 各要素说明如下：

1. 涉及政府或领土的相互对立。这是指冲突双方公开对立的总体立场。**涉及政府的相互对立**是指冲突双方对于当事国政体类型或政府组成的立场相左，亦可包括试图取代现政府。**涉及领土的相互对立**是指对于领土地位的立场相左，可包括要求脱离或自治（国内冲突）以及试图改变当事国对某一领土的管控（国家间冲突）。

2. 使用武力。这是指冲突双方的军队使用武力，旨在增强当事方在冲突中的总体地位。武器的定义系指用于作战的任何物质手段，包括特制的武器乃至棍棒、石块、火、水等。

3. 当事方。这是指当事国政府及其盟友、敌对组织或敌对组织联盟。**当事国政府**系指被普遍认为掌握中央控制权的当事方，即使那些谋求夺权的对立组织亦对此不持异议。假如这一标准并不适用，则控制该国首都的一方被视为当事国政府。**敌对组织**系指已公开其组织名称及政治目标，并使用武力来实现其目标的任何非政府团体。提供正规部队来支持某个主要当事方的国家或多国组织也可能被列入表中。在此情况下，上述第二类当事方必须是与交战各方中的一方持相同立场。与此相反，传统的维持和平行动则不被视为冲突一方，而被视为在符合各方意愿的和平进程中的中立方。

4. 国家。国家是指管控某特定领土并得到国际承认的主权政府，或管控某特定领土但未得到国际承认的政府，而此前曾管控该领土且经国际承认的主权国家对此主权不持异议。

---

〔22〕 在其他地方，UCDP 采用战争和小规模武装冲突的概念，而不是重大武装冲突。见注释〔20〕。

5. 与作战有关的死亡。 这是指在引起争端的相互对立中与作战直接有关，且由交战各方造成的死亡。一旦某次冲突在一个公历年内与作战有关的死亡人数达到了 1000 人的阈值，它就会重复出现在历年因相同的当事方之间交战以及相同的相互对立而导致至少 25 人死于作战的年度重大武装冲突表中。[23] 其重点故而不在于政治暴力本身，而是发生武力争端的相互对立。因此，乌普萨拉冲突数据项目只记录下一大类政治暴力，即与作战有关的死亡，用以衡量冲突的大小。针对平民的单方面暴力（如集体屠杀）、无组织或自发的公众暴力、不针对国家的暴力（如反叛组织之间的争斗）等其他类型的政治暴力均不包括在内。[24]

本附录的分析期为 1999—2008 年，而列入年度表 2A.3 事件已满足了自 1946 年以来的任何一个公历年内与作战有关的死亡人数为 1000 人的阈值要求，故在上述分析期内无需再作说明。

资料来源

本附录的数据来自对印刷品和电子读物这两类可公开获取的原始资料进行广泛的信息筛选。上述资料来源包括通讯社、报纸、学术期刊、研究报告以及国际和多国组织与非政府组织的文件等。为收集有关冲突当事方的宗旨和目标等信息，通常需要查阅交战各方（政府、盟友和敌对组织）的文件以及诸如反叛组织等的互联网站。

多年来一直被精心选取的独立新闻来源构成了数据收集的基础。Factiva 新闻数据库（前称“路透社业务简报”）对于一般性新闻报道的收集工作必不可少。它拥有来自 159 个国家、22 种语言的 25，000 个信息来源，因而得以充分利用国际性（如路透社和法新社）、区域性和当地媒体这三个重要层次的新闻媒体提供资料信息。尽管如此，仍有必要指出，欲获取不同地区及国家的新闻来源，其难易程度各不相同。这就是说，对于某些国家，可参考若干

〔23〕 该阈值在 2008 年版的《SIPRI 年鉴》中将门槛增至 25 人，以使用其与 UCDP 的其他数据库保持一致，并确保仅将当年确曾发生战斗的重大武装冲突列入表内。在此前的《SIPRI 年鉴》中，门槛数值为 1 人。

〔24〕 UCDP 冲突数据项目收集了非国家冲突和单方面暴力这两类政治暴力的相关信息。至于其他类型暴力的数据信息可参见 UCDP 冲突数据项目网站。

来源，而对于其他国家，只有极少数高质量的特定地区或国家信息来源可供使用。

UCDP 冲突数据项目定期对资料来源的选取与整合进行审核及更正，旨在保持各地区及国家间相关信息的高可靠性和高可比性。首要工作是在整合过程中平衡处理不同来源的资料信息，以免失之偏颇。资料来源的可靠性可利用 UCDP 冲突数据项目的专业鉴定及遍布全球的专家（学者和决策者）意见做出评估。资料来源的独立性及其原始出处的透明度至关重要。后者的重要性在于，大多数资料来源系二手获得，这意味着为确保某则报道的可靠性，还需对第一手资料来源进行分析，并对各项资料来源与其公布背景之间的关系做出判断。第一手或第二手资料来源对于失实事件报道存在的潜在价值，以及当时的总体氛围和新闻审查范围，均有所考虑。非政府组织和国际组织的报告在此方面尤有助益，因其与媒体报道互为补充，且便于多方查证。资料来源应该独立的这一标准，当然不能应用于那些正是因为有倾向才要查询的来源，例如政府文件或反叛组织的互联网站等。UCDP 冲突数据项目深知高水平审核的必要性，并努力确保所用材料的真实性。

统计方法

重大武装冲突数据按公历年进行汇编。其中包括冲突地点、对立类型、武装冲突起因、交战各方、与作战有关的死亡人员总数、该年度与作战有关的死亡人数及较上一年度与作战有关的死亡人数变化。[25]

与作战有关的死亡人员数据在冲突数据库汇编过程中倍受关注。例如，历次事件均记录下日期、新闻来源、初始来源、地点和死亡人数等信息。在理想状态下，上述个案及数字经过两个或两个以上独立资料来源的佐证。然后，再对全年各次冲突的相关数字加以合计。其总数与官方文件、专门报告和新闻媒体公布的总数进行比对。在收集数据期间，研究人员、外交官和新闻记者等地区问题专家经常受到咨询。这些人的作用主要在于澄清事件发生的背景真相，以便对公开资料来源做出合理的解释。

〔25〕 另见附表 2A.3 的注释。

鉴于可公开获取有关武装冲突死亡人数的精确信息极其匮乏，UCDP 冲突数据项目列举的数字最多可视为估算结果。有时仅提供值域，而很少有确切数字。UCDP 冲突数据项目通常对与作战有关的死亡人数做保守的估计。随着可获取有关武装冲突的详尽信息日益增多，基于事件做出的保守估计总是证明其较新闻媒体中广为引用的其他数字更准确。假如无法获取相关数字，或所获数字不可靠，UCDP 冲突数据项目则不提供任何数字。这些数字因得到新的信息而每年相应地有所更正。

表 2A.3　2008 年重大武装冲突

地点	对立因素[a]	形成/申明/交战/列入年份[b]	交战方[c]	死亡总数[d]（含 2008 年）	2008 年死亡人数[e]	相对 2007 年的变化[f]
非　洲						
布隆迪	政府	1911/1991/1991/2001	布隆迪政府对 Palipehutu-FNL	>3500	>200	n. a.
Palipehutu-FNL：胡图人民解放党—民族解放力量						
索马里	政府	1981/2006/2006/2007	索马里政府	..	<1300	n. a.
			对阿尔—沙伯布（青年党）	..	>200	— —
			重新解放索马里联盟			
			索马里伊斯兰法院联盟			
苏丹	政府		苏丹政府对苏丹解放运动/军(SLM/M)	<4400	>100	n. a.
美　洲						
哥伦比亚	政府	1964/1964/1964/2002	哥伦比亚政府对 FARC	<45400	>250	—
FARC：哥伦比亚革命武装力量						
秘　鲁	政府	1980/1980/	秘鲁政府	<28100	25—100	+ +

地点	对立因素[a]	形成/申明/交战/列入年份[b]	交战方[c]	死亡总数[d]（含 2008 年）	2008 年死亡人数[e]	相对 2007 年的变化[f]
Sendero Luminoso：		1980/1981	对 Sendero（光辉道路）			
美　国*	政府	2001/2001/	美国政府/多国联盟**	<3250	<200	+
		2001/2001	对“基地”组织			
*战斗发生在阿富汗、巴基斯坦和也门。						
**在 2008 年，美国领导的多国联盟中包括阿富汗、巴基斯坦和罗马尼亚的军队。由于关于出兵国的信息很敏感且难于获得，本表仅供参考。						
亚　洲						
阿富汗*	政府	阿富汗政府/ISAF**				
		1978/1978/1980/1980	对伊斯兰党	..	25—100	n. a.
		1978/1995/1995/2005	对“塔利班”	..	<4500	—
*战斗发生在阿富汗和巴基斯坦。						
**在 2008 年，以下国家向北约领导的“国际安全援助部队”（ISAF）派出了部队：阿尔巴尼亚、澳大利亚、奥地利、阿塞拜疆、比利时、保加利亚、加拿大、克罗地亚、捷克、丹麦、爱沙尼亚、芬兰、法国、格鲁吉亚、德国、希腊、匈牙利、冰岛、爱尔兰、意大利、拉脱维亚、立陶宛、卢森堡、荷兰、新西兰、挪威、巴基斯坦、波兰、葡萄牙、罗马尼亚、斯洛伐克、斯洛文尼亚、西班牙、瑞典、土耳其、英国和美国。						
印　度	领土（克什米尔）	1977/1977/1989/1990	印度政府对克什米尔反叛者	>29800	>450	—
缅　甸	领土	1948/1948/	缅甸政府	>15400	25—100	——

地点	对立因素[a]	形成/申明/交战/列入年份[b]	交战方[c]	死亡总数[d]（含 2008 年）	2008 年死亡人数[e]	相对 2007 年的变化[f]
	(克伦邦)	1948/1949	对克伦人全国联盟 (KNU)			
巴基斯坦	政府	2007/2007/2008/2008	巴基斯坦政府 对巴基斯坦塔利班运动	<3000	<3000	n. a.
菲律宾	政府	1946/1968/1969/1982	菲律宾政府 对菲律宾共产党 (CPP)	20000—27000	<200	+
菲律宾	领土	1968/1981/1986/2000	对摩洛伊斯兰解放阵线 (MILF)	<37900	<300	+ +
斯里兰卡	领土 (泰米尔伊拉姆)	1976/1976/1975/1989	斯里兰卡政府 对泰米尔伊拉姆猛虎解放组织 (LTTE)	<76900	<8400	+ +
中 东						
伊拉克	政府	2003/2003/2003/2004	伊拉克政府/多国联盟* 对伊拉克反叛组织**	<28300	<400	—

*在伊拉克，美国领导的多国联盟包括下列国家的作战部队：阿尔巴尼亚、亚美尼亚、澳大利亚、阿塞拜疆、波黑、保加利亚、捷克共和国、萨尔瓦多、爱沙尼亚、格鲁吉亚、哈萨克斯坦、拉脱维亚、立陶宛、马其顿、摩尔多瓦、蒙古、波兰、罗马尼亚、韩国、汤加、乌克兰、英国和美国。

**2008 年这些组织包括“伊拉克伊斯兰国”(ISI) 和“马哈迪军”。

地点	对立因素[a]	形成/申明/交战/列入年份[b]	交战方[c]	死亡总数[d]（含 2008 年）	2008 年死亡人数[e]	相对 2007 年的变化[f]
以色列	领土	1964/1964/	以色列政府	>16000	>700	＋＋
	（巴勒斯坦恐怖分子）	1964/..	对巴勒斯坦组织*			
*2008 年这些组织包括哈马斯（伊斯兰抵抗运动）和巴勒斯坦伊斯兰圣战者组织。						
土耳其*	领土	1974/1974/	土耳其政府	>31600	>500	＋
	(库尔德斯坦)	1984/1992	对库尔德工人党（PKK）			
*战斗发生于土耳其和伊拉克。						

注： 虽然有些国家里也爆发了小型武装冲突，但此表只列出了这些国家中的重大武装冲突。关于定义、方法及资料来源，请参阅本附录第六节。

表 2A. 3 中的冲突是按 5 个地理分区及发生地的字母顺序排列的：非洲—除埃及以外；美洲—包括北美、中美及南美和加勒比海国家；亚洲—包括大洋洲、澳大利亚和新西兰；欧洲—包括高加索国家；中东—埃及、伊朗、伊拉克、以色列、约旦、科威特、黎巴嫩、叙利亚、土耳其和阿拉伯半岛国家。

a. “地点”通过被记录为被对立组织所挑战的一国政府所在地。在本年度，如果战斗发生地与被挑战的政府所在地不同，则在注解中标出。

b. 所申明的总的对立立场——“政府”和“领土”——分别指引发争斗的对立因素是关于政府（政治制度的类型，中央政府的变更或其组成的变化）和领土（对领土的控制，分离或自治）。一个地点可能有一种或多种关于领土控制的对立因素，但关于政府的对立因素只能有一个。

c. “形成年份”系指一场重大武装冲突的交战方—在几起冲突中都为同一对立因素而战的若干参与方—首次申明对立立场的年份，即使其原交战方已不再活动。“申明年份”系指目前仍在活动的至少一家反对派组织（见注解 d）首次申明其对立立场的年份。“交战年份”系指目前仍在活动的一家反对派组织在冲突中开始使用武力的年份。“列入年份”系指政府与交战方的战斗中，与作战相关的死亡人数首次在一个日历年度内达到 1000 人这一界线而被列入重大武装冲突数据库的年份。因此，“形成年份”是指武装冲突本身所开始的年份，而表中所列其他三种年份（“申明年份”、“交战年份”和“列入年份”）是指至少涉及一家目前仍在活动的反对派组织。

d. 首先列的是政府方及其联盟，然后是反对派，后者可能是组织也可能是其他国家。只有当反对派与政府就所申明的对立因素作战，在一年内与战斗有关死亡人数超过 1000 人时才将其列入此表。反对派组织是指任何一个公开其名称和政治目标，并为此目标而使用过武力的非政府团体。本栏只列出了那些在 2008 年有活动的派别和联盟。联盟在交战方名称之间以逗号表示。如果两个政府均有申明的对立立场，如边界纠纷问题，这两个政府将以字母顺序列出。

e. 死亡人数指冲突中与战斗有关的死亡总数，即这种死亡是由作战方引起的，并与冲突开始以来的对立因素直接有关。因此，这个数字与“形成年份”有关。在国内冲突中，应指出的是，这些数字仅包括政府与反叛方（在一年内与战斗有关死亡人数超过 1000 人的组织）而被列入此表。涵盖一整年的资料，最后几个月的数据只是暂时性的。经验还表明，数据的可靠性会随时间的推移而改进，因此每年都会对它们进行修改。

f. 超过 100 的数字用接近它的百位数来表示。因此，101—150 之间的数字用“>100”来表示，151—199 之间的数字则用“<200”来表示。25—100 之间的数字用“25—100”来表示。

g. “相对 2007 年的变化”是将 2008 年与战斗有关的死亡人数同 2007 年的与战斗有关的死亡人数相比后来衡量其增加或减少。这些符号是根据不能被认为完全可靠的数据标出的，但它们所表示的变化如下：

++　与战斗有关的死亡人数增幅大于 50%；

+　与战斗有关的死亡人数增幅在 10%到 50%之间；

0　与战斗有关的死亡人数稳定（增减幅度在 10%左右）；

-　与战斗有关的死亡人数减幅在 10%到 50%之间；

--　与战斗有关的死亡人数减幅大于 50%；

n. a.　该武装冲突并未列入 2007 年表格，无法相比。

（蒋正明　译）

附录 2B　2009 年全球和平指数

克莱德·麦康纳基*

一、导言

和平的概念极难定义。最简单的描述方法是没有冲突或战争的和谐状态。对国家而言，没有同周边国家发生暴力冲突或发生内战就是和平。约翰·加尔通将此定义为“消极和平”——没有暴力。〔1〕“消极和平”的概念是直观和经验型的。以此为出发点，可解释与其对应的另一概念“积极和平”：已具备一些因素，这些因素构成了没有暴力的状态，可否定义什么样的体系或制度能够塑造或保持和平。

全球和平指数是向此方向迈进的一步。它是对和平的一种衡量方法，以判定什么样的文化属性和制度同和平状态相关联。和平指数的首个目标是建立起一个评分模型，用 23 个指标衡量 144 个国家的和平状况，并将这些国家排序。选取的指标是作为可以得到的最好的数据集以反映和平的存在或缺失。他们包括来自于一系列可靠来源的定量数据和定性得分。

除了对“消极和平”进行如上的定量分析，全球和平指数的第二个目标是研究“积极和平”。其主要手段一是确立该指数同其他指数和数据库的相关性，二是研究一系列可能影响和平社会建立或发展的潜在决定因素或“驱动因素”的相对价值。这些因素既包括内部因素也包括外部因素。

全球和平指数由史蒂夫·基勒里创立，由经济及和平学会

* 经济与和平学会会长。

〔1〕 J. 加尔通，“社论”，《和平研究日志》第 1 卷第 1 本（1964）。

(IEP) 出版。史蒂夫·基勒里是澳大利亚籍技术企业家和慈善家。经济及和平学会是一个新兴智库，致力于研究经济发展、商业及和平之间的关系，以及相关教育工作。[2] 全球和平指数由三方共同开发，分别是经济及和平学会、经济学家信息小组和一个国际咨询团队。[3] 其中，经济学家信息小组负责计算数据和排名。

2009 年全球和平指数见表 2B.1。本文第二部分讨论得分结果。第三部分将解释统计方法。第四部分研究潜在决定和平的因素。

表 2B.1　2009 年全球和平指数

排名	国家	得分
1	新西兰	1.202
2	丹麦	1.217
2	挪威	1.217
4	冰岛	1.225
5	奥地利	1.252
6	瑞典	1.269
7	日本	1.272
8	加拿大	1.311
9	芬兰	1.322
9	斯洛文尼亚	1.322
11	捷克共和国	1.328
12	爱尔兰	1.333
13	卢森堡	1.341
14	葡萄牙	1.348

[2] 经济及和平学会更多信息参见〈http://www.economicsandpeace.org/〉。

[3] 指标的选取及分值的分配在同全球和平指数咨询团队进行广泛磋商后取得了一致。2008 年至 2009 年度咨询团队包括以下专家：主席，凯文·克莱门特（国家和平与冲突研究中心，OTAGO 大学）、琳达·贾米森（国际战略研究中心，华盛顿）、苏丹·巴拉卡特（纽约大学）、保罗·范通厄伦（防止武装冲突全球伙伴计划，海牙）、曼努埃拉·梅萨（和平研究与教育中心，马德里）、丹·史密斯、罗恩·霍瓦特（悉尼大学）、伊恩·安东尼（SIPRI）和叶卡捷琳娜·斯捷潘诺娃（SIPRI）。

排名	国家	得分
15	比利时	1.359
16	德国	1.392
16	卡塔尔	1.392
18	瑞士	1.393
19	澳大利亚	1.476
20	智利	1.481
21	阿曼	1.520
22	荷兰	1.531
23	新加坡	1.533
24	斯洛伐克	1.539
25	乌拉圭	1.557
26	马来西亚	1.561
27	匈牙利	1.575
28	西班牙	1.577
29	哥斯达黎加	1.578
30	法国	1.579
31	罗马尼亚	1.591
32	波兰	1.599
33	韩国	1.627
34	博茨瓦纳	1.643
35	联合王国	1.647
36	意大利	1.648
37	台湾（地区）	1.652
38	爱沙尼亚	1.661
39	越南	1.664
40	不丹	1.667
41	阿联酋	1.667
42	科威特	1.680
43	立陶宛	1.687
44	突尼斯	1.698

排名	国家	得分
45	老挝	1.701
46	利比亚	1.710
47	马拉维	1.711
48	塞浦路斯	1.737
49	克罗地亚	1.741
50	波黑	1.755
51	加蓬	1.758
52	加纳	1.761
53	莫桑比克	1.765
54	埃及	1.773
54	拉脱维亚	1.773
56	保加利亚	1.775
57	希腊	1.778
58	赞比亚	1.779
59	巴拿马	1.798
59	坦桑尼亚	1.798
61	赤道几内亚	1.801
61	尼加拉瓜	1.801
63	摩洛哥	1.811
64	约旦	1.832
65	纳米比亚	1.841
66	阿根廷	1.851
67	印度尼西亚	1.853
68	古巴	1.856
69	巴林	1.881
70	多米尼加共和国	1.890
71	布基纳法索	1.905
72	马达加斯加	1.912
73	巴拉圭	1.916
74	中国	1.921

排名	国家	得分
75	阿尔巴尼亚	1.925
75	摩尔多瓦	1.925
77	尼泊尔	1.939
78	塞尔维亚	1.951
79	秘鲁	1.972
80	塞内加尔	1.984
81	玻利维亚	1.990
82	乌克兰	2.010
83	美国	2.015
84	哈萨克斯坦	2.018
85	巴西	2.022
86	卢旺达	2.027
87	特立尼达和多巴哥	2.035
88	前南马其顿共和国	2.039
89	蒙古	2.040
90	孟加拉国	2.045
91	黑山	2.046
92	叙利亚	2.049
93	巴布亚新几内亚	2.059
94	萨尔瓦多	2.068
95	喀麦隆	2.073
96	马里	2.086
97	圭亚那	2.098
98	白俄罗斯	2.103
99	伊朗	2.104
100	安哥拉	2.105
101	土库曼斯坦	2.110
102	牙买加	2.111
103	乌干达	2.140
104	沙特阿拉伯	2.167

排名	国家	得分
105	柬埔寨	2.179
106	刚果共和国	2.202
106	乌兹别克斯坦	2.202
108	墨西哥	2.209
109	厄瓜多尔	2.211
110	阿尔及利亚	2.212
111	危地马拉	2.218
112	洪都拉斯	2.265
113	肯尼亚	2.266
114	阿塞拜疆	2.327
114	菲律宾	2.327
116	海地	2.330
117	科特迪瓦	2.342
118	泰国	2.353
119	也门	2.363
120	委内瑞拉	2.381
121	土耳其	2.389
122	印度	2.422
123	南非	2.437
124	毛里塔尼亚	2.478
125	斯里兰卡	2.485
126	缅甸	2.501
127	布隆迪	2.529
128	埃塞俄比亚	2.551
129	尼日利亚	2.602
130	哥伦比亚	2.645
131	朝鲜	2.717
132	黎巴嫩	2.718
133	中非共和国	2.733
134	格鲁吉亚	2.736

排名	国家	得分
134	津巴布韦	2.736
136	俄罗斯	2.750
137	巴基斯坦	2.859
138	乍得	2.880
139	刚果民主共和国	2.888
140	苏丹	2.922
141	以色列	3.035
142	索马里	3.257
143	阿富汗	3.285
144	伊拉克	3.341

二、亮点和变化

2009 年全球和平指数涵盖 144 个国家。这些国家的人口占世界总人口的 99%，领土面积占世界领土总量的 87%。新西兰位列榜首，其次是丹麦和挪威。领土面积小、政局稳定的民主国家一致排名靠前：前 20 名中的 14 个为西欧或中欧的民主国家。与上一年度 16 个国家进入前 20 名相比，数量有所减少。匈牙利和斯洛伐克排名都落至 20 名之后，被卡塔尔（并列第 16 位）和澳大利亚（第 19 位）取代。5 个北欧国家——丹麦、芬兰、冰岛、挪威和瑞典都在前 10 位。总体而言，岛国排名相对靠前，但马达加斯加由于政局动荡和发生暴力示威，排名在 30 位之后。伊拉克连续第三年位列倒数第一。倒数第二、三分别为阿富汗和索马里。这些国家都处于动乱和冲突之中。

2009 年所有国家全球和平指数的平均分为 1.964（分值在 1 至 5 之间）。排名前 20 位的国家得分差异很小（第一名新西兰为 1.202 分，第二十名智利得分为 1.481），但排名后 20 位的国家分数差距较大（倒数第二十名斯里兰卡得分为 2.485 分，倒数第一名伊拉克得分为 3.341 分）。

与 2009 年度相比，全球和平指数排名变化最大国家见表 2B.2

（已根据 2009 年度统计方法变更做出了修正）。[4]

表 2B.2 2008—2009 年全球和平指数排名变化最大的国家

国家	2009 年排名	2008—2009 年排名变化
排名上升前 5 名		
波黑	50	+23
安哥拉	100	+16
刚果共和国	106	+15
埃及	54	+13
特立尼达和多巴哥	87	+11
排名下降前 5 名		
马达加斯加	72	—30
墨西哥	108	—16
拉脱维亚	54	—16
南非	123	—15
也门	119	—13

三、统计方法和数据来源

指标

全球和平指数咨询团队选取了 23 个指标来衡量和平的存在或缺失。这些指标可分为三类。[5]

1. 衡量正进行的国内和国际冲突的指标。尽管很多指标都基于过去两年的可用数据，但全球和平指数主要是回顾过去一年中各国的和平状态。咨询团队决定不将反映一个国家国内和国际冲突的历史状况考虑在内，这是由于全球和平指数使用的权威性数据主要是反映正进行的国内或国际冲突。这些指标加上由经济学家信息小组分析专家打分的 2 个指标，构成了 23 个指标中的 5 个（见表 2B.3）。

〔4〕 这些国家的排名为何会发生变化，参见 2009 年全球和平指数统计方法、结果和结论（经济及和平学会：悉尼，2009），附录 A。

〔5〕 每个指标的确切定义参见全球和平指数（同注释〔4〕）。

2. 衡量社会安全的指标。 有 10 个指标是用来评估一个国家的安全水平。这些指标涵盖社会犯罪认知感、对人权的尊重程度及谋杀和暴力犯罪率等（见表 2B. 4）。咨询团队意识到，对国际犯罪统计数据进行比较难度较大。10 个指标中的 5 个由经济学家信息小组国别分析专家团队打分。

3. 衡量军事化的指标。 8 个指标同国家的军备建设相关。这反映出一个判断——国家的军事化程度和获取武器的难易程度同该国和平与否的国际评价直接相关（见表 2B. 5）。在 2009 年度全球和平指数中，衡量在联合国维和行动中部队部署的指标被另一个指标所替代——衡量为联合国维和行动所提供的资金指标。非联合国部队部署情况这一指标不再使用。[6]

表 2B. 3　衡量正进行的国内和国际冲突的指标

指标	分值	来源
2002—2007 年对外战争和内战的次数	5	UCDP/PRIO 武装冲突数据表；EARTH-SCAN，《*战争与和平图册*》
有组织冲突中死亡人数估计（对外战争）	5	UCDP
有组织冲突中死亡人数（内战）	5	UCDP/PRIO 武装冲突数据表
有组织冲突程度（内战）	5	经济学家信息小组
与周边国家关系状况	5	经济学家信息小组

UCDP：乌普萨拉冲突数据项目

PRIO：国际和平研究所，奥斯陆

〔6〕 2009 年统计方法变更情况参见全球和平指数（同注释〔4〕）。

表 2B.4 衡量社会安全的指标

指标	分值	来源
社会犯罪认知	4	经济学家信息小组
难民人数占总人口的比例	4	世界银行，世界发展指标
政局动荡	4	经济学家信息小组
对人权的尊重程度（政治恐怖情况）	4	马克·吉布尼和马修·多乐顿，北卡罗来纳大学/“特赦国际”
发生恐怖行为的可能性	1	经济学家信息小组
杀人犯数量/10 万人	4	第 9、第 8、第 7 联合国毒品和犯罪、联合国犯罪趋势和刑事司法系统运作调查办公室
暴力犯罪情况	4	经济学家信息小组
暴力示威的可能性	3	经济学家信息小组
在押人员数量/10 万人	3	国际监狱研究中心，伦敦国王学院，世界入狱人数名单
国内安全人员和警察数量/10 万人	3	第 8、第 7 联合国毒品和犯罪、联合国犯罪趋势和刑事司法系统运作调查办公室

表 2B.5 衡量军事化的指标

指标	分值	来源
军事开支占国内生产总值的比例	2	国际战略研究所《2008 年军事平衡》
军人数量/10 万人	2	国际战略研究所《2008 年军事平衡》
进口主要常规武器数量/10 万人	2	SIPRI 武器转让数据库
出口主要常规武器数量/10 万人	3	SIPRI 武器转让数据库
为联合国维和行动所提供的资金	2	联合国秘书处

指标	分值	来源
拥有重型武器总量/10 万人	3	波恩国际换算中心
获取小武器和轻武器的难易程度	3	经济学家信息小组
军事能力/精密程度	2	经济学家信息小组

所有的指标都被分配了 1—5 之间的一个分值。经济学家信息小组国别分析专家为定性指标打分，定量数据中的不连贯部分由估算弥补。

指数加权

咨询团队分配分值的根据是每个指标的相对价值，分值范围在 1—5 之间。表 2B. 3 至表 2B. 5 列出了每一指标的分值。两个二级加权指数由此计算出来：一个衡量国家内部和平情况，另一个衡量国家外部和平的情况（边界之外的和平情况）。总体分值和指数计算中，国内和平的权重为 60%，国外和平的权重为 40%。咨询团队认可国内和平的权重所占比例较大是基于以下假设：国内和平程度高可能导致对外冲突的可能性较小。

四、潜在决定因素研究

全球和平指数可作为衡量和平状况的基础，但其本身并不能解释为什么会有和平状态，并不能显示出相似缺陷的国家是否都难以保持和平。

除以上列出的 23 个指标外，全球和平指数还列出了 33 个二级指标。这些指标衡量的对象包括：民主状况（包括政府能力和运作效能）、机构的效能和政治进程、国际开放度、人口统计状况、地区融合程度、宗教和文化、教育及社会福利等。[7] 所列的决定和平的潜在因素不是穷尽性的。这些指标都满足如下标准：所用数据来源可靠（144 个国家都必须如此），其衡量标准是一贯一致的，具有可比性。

〔7〕 二级指标的确切定义和来源参见全球和平指数（同注释〔4〕），附录 B。

表 2B.6 列出了所有二级指标和 23 个一级指标，以及全球和平指数得分、排名、内部和外部因素衡量标准的相关系数。相关系数是通过 144 个国家的数据计算出来的。

列出的变量中，指数总体而言仍主要由内部和平因素确定，其相关系数为 0.97。分析表明，决定和平状态的结构性因素包括：同周边国家关系良好、腐败程度低、政府运作良好、人均收入高、初级教育和中级教育的参与率高、婴儿死亡率低、新闻自由、地区融合程度高。

此外，还采取了全球和平指数要素分析。〔8〕分析确定了和平状态的三个关键因素：社会和政治和平状况、国家安全状况、非军事化状况。社会和政治和平状况衡量一国在解决国内社会问题及处理与其他国家关系时借助非暴力手段的程度。国家安全状况反映了一个国家对暴力的承受力，及可投入到其他生产性活动中的人力和物力机会成本。非军事化是指传统上对和平的理解——没有战争。用全球和平指数衡量和平状况是必要的，但也存在不足。

上述三个关键因素横跨国家内部和平及外部和平的界限：他们既适用于任何社会民众间的内部关系，也适用于同其他国家的外部关系。主要因素分析表明，全球和平指数的统计元素自然分属于这些类别。因此可得出结论，全球和平指数的统计完整性和连贯性较高。

表 2B.6 全球和平指数、和平指标及和平决定性因素之间的相关性

数据为相关系数。黑体数据的相关系数大于 0.5 或小于 −0.5。每个指标的显著水平不同，没有计算在内。

	全球和平指数得分	全球和平指数排名	内部和平	外部和平
全球和平指数得分	1.00	0.96	0.97	0.61
全球和平指数排名	0.96	1.00	0.95	0.53

〔8〕 主要因素分析是由悉尼大学的罗纳德·霍瓦特教授和本·戈德史密斯教授完成的。另见全球和平指数（同注释〔4〕）。

	全球和平指数得分	全球和平指数排名	内部和平	外部和平
内部和平	0.97	0.95	1.00	0.40
外部和平	0.61	0.53	0.40	1.00
全球和平指数指标				
2002—2007 年内战和对外战争的数量	0.27	0.25	0.12	0.61
有组织冲突中死亡人数估计（对外战争）	0.14	0.13	0.02	0.47
有组织冲突中死亡人数（内战）	0.71	0.60	0.66	0.54
有组织冲突程度（内战）	0.83	0.81	0.82	0.46
与周边国家关系	0.72	0.68	0.62	0.69
社会犯罪认知	0.76	0.73	0.76	0.37
游离失所人员人数占总人口的比例	0.26	0.14	0.23	0.22
政局动荡	0.77	0.78	0.78	0.35
对人权的尊重程度（政治恐怖情况）	0.85	0.84	0.84	0.46
发生恐怖行为的可能性	0.63	0.58	0.59	0.43
杀人犯数量/10 万人	0.62	0.62	0.71	0.04
暴力犯罪情况	0.65	0.68	0.75	0.01
暴力示威的可能性	0.67	0.69	0.74	0.12
在押人员数量/10 万人	0.11	0.13	0.06	0.20
国内安全人员和警察数量/10 万人	0.05	0.06	0.07	−0.02
军事开支占国内生产总值的比例	0.35	0.28	0.24	0.54
军人数量/10 万人	0.25	0.18	0.12	0.52
进口主要常规武器数量/10 万人	−0.07	−0.12	−0.14	0.19
出口主要常规武器数量/10 万人	−0.06	−0.10	−0.16	0.28
为联合国维和行动所提供的资金	0.33	0.31	0.31	0.24
拥有重型武器总量/10 万人	0.14	0.09	0.02	0.45

	全球和平指数得分	全球和平指数排名	内部和平	外部和平
获取小武器和轻武器的难易程度	0.73	0.72	0.78	0.21
军事能力/精密程度	−0.08	−0.11	−0.22	0.40
潜在的和平决定因素				
政治民主指数	−0.56	−0.57	−0.57	−0.27
选举程序	−0.38	−0.40	−0.38	−0.20
政府运作程度	−0.66	−0.65	−0.66	−0.32
政治参与程度	−0.46	−0.49	−0.48	−0.16
政治文化	−0.64	−0.65	−0.68	−0.21
公民自由	−0.50	−0.50	−0.48	−0.32
腐败认知	−0.72	−0.78	−0.77	−0.19
议会中女性数量（在下院中所占比例）	−0.30	−0.32	−0.31	−0.14
性别歧视	−0.42	−0.44	−0.44	−0.15
新闻自由	0.50	0.51	0.49	0.29
进出口占国内生产总值的比例	−0.11	−0.14	−0.11	−0.07
国外直接投资占国内生产总值的比例	−0.19	−0.20	−0.17	−0.18
外国旅游者占国内人口的比例	−0.42	−0.45	−0.44	−0.16
净移民占总人口的比例	−0.24	−0.32	−0.28	−0.02
15 至 34 岁的男子占总人口的比例	0.39	0.46	0.43	0.05
人口性别比例（女性：男性）	−0.07	−0.08	−0.06	−0.08
地区融合情况	0.64	0.64	0.64	0.34
教育开支占国内生产总值的比例	−0.29	−0.28	−0.30	−0.10
小学净入学率	−0.51	−0.44	−0.53	−0.17
中学净入学率	−0.52	−0.53	−0.59	−0.04
高等教育总入学率	−0.49	−0.54	−0.57	−0.01

	全球和平指数得分	全球和平指数排名	内部和平	外部和平
平均受教育时间	−0.61	−0.62	−0.65	−0.18
成人识字率（15 岁以上）	−0.50	−0.47	−0.52	−0.18
对外国人和私人财产的敌视程度	0.63	0.61	0.66	0.24
国家生活中宗教的重要性	0.47	0.47	0.48	0.20
愿意参战的程度	0.37	0.37	0.29	0.42
面值国内生产总值（10 亿美元，购买力平价）	−0.06	−0.05	−0.12	0.17
面值国内生产总值（10 亿美元，市场汇率）	−0.11	−0.11	−0.17	0.14
人均国内生产总值	−0.58	−0.64	−0.63	−0.15
吉尼系数	0.39	0.43	0.48	−0.07
失业率	0.25	0.21	0.26	0.07
平均寿命	−0.54	−0.55	−0.60	−0.10
婴儿死亡率/1000 人	0.54	0.53	0.57	0.16

（陈戍　译）

第三章 和平行动的正当性

莎伦·韦哈塔

第一节 导言

2008 年是联合国开展第一项维和行动 60 周年。[1] 过去 10 年里，布隆迪和塞拉利昂的和平行动取得了显而易见的重大成功，以开展和平行动为目的的制度建设也取得了显著进展，维和行动越来越被视为帮助冲突后国家摆脱困境的一副万能灵药。这使和平行动的数量、规模和范围迅速增长。然而，在 2008 年，困扰阿富汗、刚果民主共和国（DRC）、格鲁吉亚和苏丹等地和平行动的一系列难题，即难以对付的"捣乱派"、维和人员的不端行为、政治危机以及在部署和平行动与成员国分队时所遭遇的长期拖延，使人们对几项和平行动的正当性以及当今维和行动本身的实践方式产生了怀疑。[2] 在有些人看来，这些问题预示着维和行动即将遭遇系统性危机，这些危机甚至可能源于维和行动的模式。[3]

---

〔1〕 第一项联合国维和行动是 1948 年阿拉伯—以色列战争结束后成立的联合国停战监督组织（UNTSO），其目的是监督在巴勒斯坦领土上实行的停战。详细情况请参见 SIPRI 多边和平行动数据库，URL〈http：//conflict. sipri. org/〉。

〔2〕 所谓"捣乱派"，是指那些对过渡时期或建设和平进程进行拖延或破坏的派别。关于捣乱派的处理，参见 S. J. 斯泰德曼、D. 罗斯柴尔德和 E. M. 卡森斯主编的《结束内战：和平协议的落实》（Lynne Rienner：Boulder，CO，2002）。

〔3〕 例如，R. 戈万："战略背景：维和行动遭遇危机"，《国际维和》，第 15 卷，第 4 期（2008 年 8 月），第 453—469 页。这里所说的"系统"是指"在战地维持联合国特派团所必需的业务机制、管理机制和政治机制"，"模式"是指"已经在过去 10 年中深入到联合国战地实践中的一整套设想与概念"。

有些观察家关注的是系统性问题，尤其是人员、装备以及资金方面的严重不足。在 2007 年和 2008 年，这些问题困扰了好几个特派团，尤其是几项大型的多职能行动。他们以 20 世纪 90 年代初出现的类似问题为例指出，在整个系统努力适应维和行动更高要求的过程中，出现周期性低迷是很自然的，并认为这些困难仅仅是周期性低迷的结果。[4] 另一些观察家则认为，这些问题有着更深的根源，与当今维和行动的模式有关。维和行动已经是一项政治活动，这一模式往往决定了维和行动的方向是根据“自由和平”的议程对东道国进行改造。[5] 他们呼吁对和平行动的基本原则与目标重新进行彻底的评价。

尽管维和行动的诸多系统性问题需要加以解决，但解决这些问题并不能避免危机的发生。这并不是说，维和行动的整个模式需要被抛弃。在过去几年里，维和行动的发展轨道总体上还是积极的，通过解决与和平行动的正当性有关的一些主要问题，以及人员、装备和资金等方面的不足，使当今维和行动重新走上正轨，应该是可能的。

和平行动的正当性可以由三个既相互联系又相互补充的要素来定义，即政治共识、合法性和道义根据。[6]“政治共识”是指国际社会和东道国政府一致认为或者至少默认，开展和平行动是必要的，也是合适的。普遍认为，政治共识和合法性是衡量和平行动的使命是否具有正当性的决定性因素。和平行动的“道义根据”很大程度上取决于维和人员的行为，即维和人员在多大程度上能够遵守国际准则与标准，尤其是和平行动本应传播的那些准则与标准。如果正当性的三个要素中有一个遭到破坏，另外两个要素就可能直接受到影响，和平行动的效果与成就可能受到限制，和平行动的整体正当性可能受到威

〔4〕 N. 麦克法丘厄：“新要求使联合国维和特派团不堪重负”，《国际先驱论坛》，2009 年 2 月 11 日。

〔5〕 “自由和平”议程的重点是建立自由民主和自由市场经济制度。在这一背景下，和平行动的典型任务包括巩固民主制度，强化国家机构，改善“政府治理”，以及经济与社会复兴。关于这一问题的辩论，还可参见 O. P. 李奇满：“和平的改造”（Palgrave Macmillan：Basingstoke，2005）。

〔6〕 对正当性的这种理解源于伊恩·克拉克的“国际正当性三部曲”。伊恩·克拉克：“国际社会的正当性”（牛津大学出版社：牛津，2005 年）。另见 J. 奥康纳：“对社会学廉价商品收容箱的回收利用：世界政治研究中的‘正当性’”，《合作与冲突》，第 43 卷，第 2 期，（2008 年 6 月），第 251—260 页。

胁。然而，重要的是：我们应该牢记，对正当性的定义与评价在很大程度上是主观的，即使是联合国批准的和平行动使命，其理应具有的正当性也可能受到质疑。

第二节要讨论的是几项和平行动使命的正当性所遭遇的挑战以及这几项使命是如何在 2008 年付诸实施的。第三节选择了和平行动的若干具体案例，用以说明人们的感知是如何影响和平行动的。在一些人（尤其是当地百姓）看来，由于维和人员的行为不端，案例所涉及的几项和平行动已经失去了道义上的根据。本节还讨论了联合国为解决维和人员的不端行为所做出的各种努力。第四节是结论。附录 3A 提供了 2008 年进行中的多边和平行动的详尽资料。

第二节 正当性与使命

和平行动通常是在冲突各方缔结和平协议后确立的。和平行动的使命是指和平行动所获得的开展一系列活动的权力，其目的是帮助冲突后国家实现向持久和平的过渡。和平行动的使命阐明了行动的主要目标。关于使命的正当性的各种讨论实质上是是否有权干预、谁来干预、何时干预以及如何干预的问题。[7] 因此，与使命有关的许多因素都可能影响和平行动的正当性，包括使命的法律基础、使命所包含的职能、职能与东道国需求的适应程度、谁来履行这一使命以及履行使命的方式如何。这些因素有时是互补的，有时则是对立的。

不同因素之间可能产生对立的原因之一是，虽然使命的法律基础很强，赋予的任务也很适当，但由于和平行动受到交战规则的约束是如此之大，以至于和平行动难以完成其任务。同样，和平行动的使命以及履行这一使命的行为体，在国际行为体以及东道国政府看来可能是正当的，而在部分当地百姓看来可能是不正当的。和平行动的部署必须事先取得政治共识和冲突各方的同意，这往往意味着在确定和平行动的使命时所做出的各种妥协，使得和平行动的使命并非实现持久

〔7〕 参见 T. B. 塞博特：“人道主义军事干预：成功与失败的条件”，（牛津大学出版社：牛津，2007 年）。

和平的最佳选择。

如果人们觉察到在维和使命的既定目标与实际执行之间存在着差距，使命的正当性也可能因此受到质疑。例如，和平行动在实地部署的地理位置可能给人以不公正的感觉。[8] 此外，特派团合作伙伴的选择也可能破坏和平行动应有的正当性，比如如果特派团出于政治私利或者因为军阀们手握足够的地方权力而决定与之进行合作，那么特派团可能因为道义和现实原因而被认为是不正当的。还应该承认的是，特派团的使命、作战计划、交战规则以及特派团开展行动的环境等，一般来说会随着时间的推移而演变。因此，特派团的正当性会在整个行动周期随时面临新的挑战。

使命的合法性

合法性也许是和平行动使命正当性最基本（也是最接近于目标）的决定因素，从根本上来说合法性也是和平行动本身的决定因素。根据国际法的有关规定，由联合国安理会决议根据《联合国宪章》第 6 章或第 7 章授权部署的联合国行动具有无可辩驳的合法性。[9]《联合国宪章》第 8 章规定区域性组织可以授权和开展和平行动。[10] 但是，区域性组织采取的任何强制行动都必须得到联合国安理会的明确授权。在上述两个框架以外（例如通过“自愿国家联盟)，或者在没有联合国明确批准的情况下开展的行动更有可能引起争议，尤其是当这类行动使用武力时。

南奥塞梯联合维和部队

自 1992 年 12 月成立起，法律上的模糊性就像一团迷雾笼罩在南

[8] B. 波利格尼：《从底层看和平行动：联合国特派团与当地人民》（Hurst：London，2006），第 28—29 页。

[9] 联合国安理会可以根据《联合国宪章》第 6 章的规定，就和平解决国际争端的措施提出建议，包括部署维和人员，这些措施应在有关各方的同意后采取。必要时，安理会有权根据《联合国宪章》第 7 章的规定，为恢复国际和平与安全而强行对有关方采取措施，不管有关方是否同意。《联合国宪章》是 1945 年 6 月 26 日签署并于同年 10 月 24 日开始生效的。《联合国宪章》的文本可到以下网址查找：URL〈http：//www.un.org/aboutun/charter/〉。

[10] 区域性组织包括非洲联盟（AU）、东南亚国家联盟（ASEAN）、独立国家联合体（CIS）、欧洲联盟（EU）以及北大西洋公约组织（NATO）。

奥塞梯联合维和部队（JPKF）头上。联合维和部队是根据 1992 年 6 月签订的关于在格鲁吉亚和南奥塞梯分离主义者之间实行停火的《达戈米斯（Dagomys）协议》授权成立的。[11] 协议成立了由格鲁吉亚、南北奥塞梯和俄罗斯代表组成的联合控制委员会（JCC）。为了监督停火，上述各方还分别向联合维和部队提供了 500 名军事人员并在有争议的边境地区开展联合巡逻。[12] 1994 年，作为一项建立信任措施，欧洲安全与合作组织（OSCE）驻格鲁吉亚特派团被授予联合控制委员会的非正式观察员地位，以便更加广泛地促进冲突的政治解决。[13]

联合维和部队的正当性不时受到人们的质疑，因为部队由冲突方直接提供，调解国俄罗斯也被认为立场有偏袒。[14] 中立是维和行动长期坚持的原则，不得部署来自冲突方的部队是中立原则的要求。1991—1992 年格鲁吉亚与南奥塞梯分离主义者之间爆发的战斗并未提交到联合国安理会讨论，联合维和部队也从未获得联合国授权的“同意之印”。然而，联合维和部队却获得了“被维和者”（也就是冲突各方的决策者）的同意，而且部队的使命还得到了国际条约的批准。只要冲突各方继续同意，联合维和部队就可以被视为是一项正当的行动。[15]

然而，近年来格鲁吉亚越来越多地对《达戈米斯协议》签订后的

---

〔11〕 1992 年 6 月 24 日，格鲁吉亚和南奥塞梯双方代表经过由俄罗斯安排的多次谈判，在俄罗斯的达戈米斯（Dagomys）签订了《关于和平解决南奥塞梯冲突指导原则的协议》。关于 2008 年格鲁吉亚与南奥塞梯冲突的有关事态，参见本卷第 2 章第 5 节。

〔12〕 A. I. 尼基京、M. A. 鲁卡斯：“新独立国家的和平支援：有别于其他国家?”，D. C. F. 丹尼尔、P. 塔夫特、S. 韦哈塔：《和平行动：趋势、进展和前景》，（乔治敦大学出版社：华盛顿特区，2008 年），第 137—151 页。

〔13〕 有关欧洲安全与合作组织驻格鲁吉亚特派团使命的详细情况，可到 SIPRI 多边和平行动数据库（同注释〔1〕）查找。

〔14〕 参见：I. 法肯：“是整合，还是节俭？俄罗斯的维和之道”。R. E. 尤特利：“大国与维和：军事干预的视角、重点与挑战”（Ashgate：Burlington，VT，2006）。V. P. 福特纳：“维持和平管用吗？如何在内战结束后影响交战方的选择”（普林斯顿大学出版社：普林斯顿，新泽西，2008 年），第 5 页。

〔15〕 关于“被维和者”这一概念，参见：C. 克拉普汉：“维和与被维和者：为潜在干预者确定使命”。R. I. 罗特伯格等：“非洲的维持和平与强制和平”（布鲁金斯学会：华盛顿特区，2000 年）。

有关安排表示怀疑，同时想方设法平衡俄罗斯对联合控制委员会的主导地位并在委员会中增加其他较为明显中立的第三方成员。2008 年 3 月，格鲁吉亚宣布，如果它新的“2＋2＋2”建议遭到拒绝，它将退出联合控制委员会。格鲁吉亚的新建议是要建立一个由三个对子组成的新的谈判安排，即格鲁吉亚与 2007 年在格鲁吉亚帮助下成立的南奥塞梯临时管理当局，俄罗斯与南奥塞梯分离主义者，以及欧盟（EU）与欧洲安全与合作组织。〔16〕俄罗斯与南奥塞梯拒绝了这一计划。在随后的几个月中，格鲁吉亚与俄罗斯之间在南奥塞梯问题上的紧张局势逐步升级。格鲁吉亚与俄罗斯支持的南奥塞梯部队发生短暂冲突后，格鲁吉亚于 8 月 27 日退出了《达戈米斯协议》，这样联合维和部队就失去其正当性的法律基础，行动也由此终结。〔17〕

欧盟科索沃法治特派团

经过一系列推迟之后，欧盟科索沃法治特派团（EULEX Kosovo，“欧科团”）于 2008 年 2 月正式成立，并最终于同年 12 月开始活动。〔18〕“欧科团”原计划根据联合国科索沃未来地位特使马尔蒂·阿赫蒂萨里所起草的未来地位计划于 2007 年部署。〔19〕有关方面还起草了一项过渡战略，以确保行政权力从联合国科索沃临时行政当局（UNMIK，“联科团”）向新成立的科索沃政府顺利过渡，其余职权则分别交给“欧科团”、作为军事存在并进行改组的“北大西洋公约

〔16〕 J. C. 普奇：“格鲁吉亚谋求修改南奥塞梯和平谈判模式”。《欧亚观察》，2008 年 3 月 18 日。URL〈http：//www. eurasianet. org/departments/insight/articles/eav031808b. shtml〉。关于临时管理当局，参见：J. C. 普奇：“格鲁吉亚努力促成‘替换’南奥塞梯领导人”。《欧亚观察》，2007 年 6 月 25 日。URL〈http：//www. eurasianet. org/departments/insight/articles/eav062507a. shtml〉。

〔17〕 格鲁吉亚政府：“由于议会宣布俄罗斯军队为‘占领军’，格鲁吉亚终结阿布哈兹和南奥塞梯地区维和部队的使命”，《格鲁吉亚最新消息》，2008 年 8 月 29 日。URL〈http：//www. president. gov. ge/GeorgiaUpdates. php？ I＝E〉。议会 8 月 28 日的一项决议宣布，俄罗斯宣布南奥塞梯和另一个分离主义地区阿布哈兹独立已经‘使俄罗斯部队赖以在格鲁吉亚驻扎的一切合法行为成为非法’。

〔18〕 欧盟科索沃法治特派团是根据 2008 年 2 月 4 日通过的欧盟理事会 2008/124/CFSP 号联合行动决定成立的。《欧盟官方刊物》，L42，2008 年 2 月 16 日。

〔19〕《关于解决科索沃地位问题的全面建议》于 2007 年 3 月 26 日提交联合国安理会。建议呼吁在联合国监督 120 天后给予科索沃完全独立。联合国安理会：《联合国秘书长科索沃未来地位特使报告》，S/2007/168，2007 年 3 月 26 日。

组织科索沃部队”（KFOR）以及国际民事办事处。这项战略的前提是，国际社会将就科索沃的国家地位取得政治共识，联合国安理会在此基础上批准阿赫蒂萨里计划。[20]然而，安理会并未批准这一计划，而且由于塞尔维亚反对科索沃独立以及欧盟成员国、俄罗斯以及美国的意见不一，取得政治共识的目标未能在 2007 年实现。

尽管如此，科索沃议会还是在 2008 年 2 月 17 日宣布科索沃独立，并声明阿赫蒂萨里计划将作为向独立过渡的蓝本。[21]在俄罗斯支持下，塞尔维亚拒绝承认科索沃独立，并坚称没有塞尔维亚的同意，科索沃宣布独立是非法的，因为联合国安理会第 1244 号决议承认塞尔维亚的主权与领土完整。[22]俄罗斯认为“联科团”法律地位的任何改变，以及由此引起的该特派团使命的改变，都需要由联合国安理会通过新的决议来确定。[23]法国、英国、美国和其他国家则认为，科索沃独立是唯一可行的前进之路，即使联合国安理会不通过新的决议，其独立也应该得到承认。这些国家还认为，“正在取得的进展”，包括“欧科团”的部署，完全符合包括 1244 号决议在内的国际法。[24]此外，联合国秘书长潘基文宣布，“联科团”的使命依然有效。[25]

2008 年 6 月 15 日，科索沃新宪法开始生效，在大多数科索沃阿尔巴尼亚人看来，此举标志着过渡阶段的结束。[26]由于 1244 号决议

---

〔20〕国际合作中心：《和平行动年度回顾 2008》，(Lynne Rienner：Boulder，CO，2008)，第 49—56 页。联合国科索沃临时行政当局和科索沃部队都是根据 1999 年 6 月 10 日通过的联合国安理会 1244 号决议于同年成立的。

〔21〕科索沃议长 J. 克拉斯尼奇：《科索沃独立宣言》，D－001，2008 年 2 月 17 日。URL〈http：//www. assembly-kosovo. org/? cid＝2，128，1635〉。

〔22〕联合国安理会：塞尔维亚常驻联合国代表 2008 年 2 月 17 日致联合国秘书长的信，S/2008/111，2008 年 2 月 19 日；以及，联合国安理会：俄罗斯联邦常驻联合国代表 2008 年 2 月 17 日致联合国秘书长的信，S/2008/108，2008 年 2 月 19 日。

〔23〕国际危机小组：“科索沃向独立的脆弱过渡”，《欧洲报告》第 196 期，2008 年 9 月 25 日。

〔24〕“科索沃局势”，英国、法国、克罗地亚、比利时、意大利、德国和美国常驻联合国大使的联合声明，2008 年 2 月 19 日。URL〈http：//www. ukun. fco. gov/en/newroom/? view＝News&id＝3297494〉。

〔25〕联合国安理会：第 5839 次会议纪要，2008 年 2 月 18 日，S/PV. 5839。

〔26〕这是基于原先的如下假设：过渡阶段将只有 120 天。

与新宪法均被认为是有效的，因此在各个特派团的法律地位以及业务移交问题上出现了许多混乱与分歧。伊巴尔河以北的科索沃塞尔维亚人拒绝与"欧科团"合作，因为他们不承认科索沃独立，因而也不承认特派团的合法性。与此同时，"联科团"停止了一切活动，因为在科索沃阿尔巴尼亚人看来，"联科团"已经失去了正当性，但在 2008 年 11 月前，"联科团"没有明显减少其部署的人数。[27] 尽管欧盟与联合国就"联科团"向"欧科团"最终移交警察与司法职权的模式达成了一致，但受政治与法律危机影响的地方机构反对这样做，直到当年 12 月它们才同意"欧科团"部署。使事态更加复杂的是，2008 年 10 月联合国大会采纳了塞尔维亚关于就科索沃独立问题向国际法院（ICJ）征求咨询意见的建议。[28] 国际法院将如何裁决、国际法院的裁决将在 2009 年给"欧科团"、"北约科索沃部队"以及"联科团"造成何种影响，仍有待于观察。

到 2008 年底，自 2007 年起就使"联科团"职权迟迟不能向"欧科团"移交的业务问题才终于获得解决。2008 年科索沃的经验已经证明，就和平行动的合法性、正当性以及有效履行使命的能力取得政治共识是一个中心问题。

使命的恰当性

过去 10 年里开始实施的许多和平行动，尤其是联合国开展的和平行动，都具有包括促进人权和扩大国家权威在内的雄心勃勃而又范围广泛的使命。[29] 和平行动承担的任务越多，人们就越有可能对和平行动使命的恰当性与正当性产生分歧。

为使和平行动有效地实现其目标，使命的确定应该尽可能贴近其想要解决的冲突现实。比如，针对平民的单方面暴力活动如果很猖獗，就意味着和平行动的使命必须"强而有力"，即具有使用武力的权力。和平行动的使命任务就应该包括对平民的保护，其类型与构成

〔27〕 国际危机小组（同注释〔23〕）。

〔28〕 联合国大会决议，A/RES/63/3，2008 年 10 月 8 日。

〔29〕 参见：S. 韦哈塔："维和行动：与时俱进应对冲突变化"，《SIPRI 年鉴 2007：军备·裁军和国际安全》（牛津大学出版社：牛津，2007 年），或（时事出版社：北京，2008 年 5 月，第 133—159 页）。

就应该恰当。〔30〕相应的交战规则也必须使和平行动能够有效地完成其任务。

理想情况下，恰当的使命应该在行动部署前的计划阶段就受到需求的牵引，并且听取当地利益攸关方的实质性意见。〔31〕然而，国内外利益攸关方所关注的重点问题并不相同，有时甚至互相对立。无论是从不同利益攸关方的角度来看，还是从维护和巩固和平的目标来看——后者必须是首要考虑的因素，为了取得共识和合作而做出的妥协可能使和平行动的使命并非最佳选择。

欧盟乍得和中非共和国军事行动

始于 2008 年 1 月的欧盟乍得和中非共和国军事行动（EUFOR Tchad/RCA，“欧盟行动”说明，制定恰当的使命十分困难，更重要的是它还说明了主观意志是如何影响对和平行动正当性的认识的。“欧盟行动”是国际社会多方位应对苏丹达尔富尔冲突引发的人道主义危机、防止暴力活动蔓延的一部分，其“目的是帮助建立有利于难民和流离失所者自愿、安全和可持续地重返家园的安全条件”。〔32〕“欧盟行动”的实施，是乍得政府和国际社会广泛谈判的结果。欧盟 27 个成员国就行动的构想与计划展开了激烈的政治辩论，部队组建经历了漫长的过程，最终才就“欧盟行动”的构想与计划达成了一致。〔33〕

一支 3700 人的欧盟部队最终于 2008 年 1 月 28 日得到欧盟理事会的授权。然而，叛乱武装在乍得首都恩贾梅纳内外发动一轮攻势

---

〔30〕 关于在武装冲突中针对平民的单方面暴力活动，参见本卷第 2 章。关于这一问题与人口大规模迁移的关系，参见本卷第 1 章。

〔31〕 参见 S. 韦哈塔：“和平行动的计划与部署”，《SIPRI 年鉴 2008：军备·裁军和国际安全》（牛津大学出版社：牛津，2008 年），或（时事出版社：北京，2009 年 5 月，第 124—143 页）。

〔32〕 联合国安理会 1778 号决议，2007 年 9 月 25 日。关于达尔富尔冲突，参见 E. 斯捷潘诺娃：“武装冲突的趋势”，《SIPRI 年鉴 2008》（同注释〔31〕），第 57—63 页。

〔33〕 欧盟乍得和中非共和国军事行动是根据联合国安理会 1778 号决议的授权（同注释〔32〕）由 2007 年 10 月 15 日通过的欧盟理事会 2007/677/CFSP 号联合行动决定建立的。关于欧盟行动的部署前计划工作，参见韦哈塔（同注释〔31〕），第 109—111 页。

后，首批部队的部署立即被中止。[34]这一事件说明，国际社会虽然勉强取得了政治共识，行动的合法性也得到联合国安理会决议和欧盟联合行动决定的保证，但这对乍得当地的一些利益攸关者来说并没有什么分量。在有关行动合法性与可行性的讨论期间（该行动只是因为乍得政府拒绝允许联合国部队在该国开展行动才成为必要），联合国人道主义官员曾经警告说，由于法国与乍得政府之间存在的政治与历史关系，欧盟部队将被叛乱组织视为非法。

授权开展“欧盟行动”的目的是为保护身处险境的平民，尤其是难民和流离失所者，[35]通过改善作业地区的安全状况促进人道主义援助的提供以及人道主义工作者的行动自由，帮助保护联合国人员、设施、机构及设备，确保欧盟部队人员、联合国人员和相关人员的安全与行动自由。[36]然而，欧盟部队履行其主要使命的能力受到以下事实的严重阻碍：应乍得政府的要求，欧盟部队不得在难民和流离失所者营地内开展活动。犯罪、偷盗、抓壮丁和对平民的其他威胁，同对国际人道主义工作者的袭击一样，在2008年显著上升。[37]因此，部署一年以后，“欧盟行动”在2008年未能为平民和人道主义工作者提供足够的保护。

欧盟部队在政府军与叛军战斗期间将难民与流离失所者的营地包围起来，有报道称，通过这种方式，欧盟部队的活动使其作业区内的平民感到更加安全了。[38]但是，据欧盟部队指挥官称，面对日益严重的违法局面，作为一支军事力量，欧盟部队的派遣也许并不是最恰

〔34〕欧盟负责共同外交与安全政策的高级代表J. 索拉那：关于乍得局势与欧盟行动的讲话，S046/08，布鲁塞尔，2008年2月4日。

〔35〕到2008年年中，约有25万达尔富尔难民生活在乍得东部的12个难民营；约有18.5万乍得人为躲避社群间的冲突以及来自苏丹民兵武装的跨边界袭击而成为流离失所者(IDP)；另有约70万平民受到乍得政府军与以苏丹为基地的叛乱组织之间正在进行的战斗的影响。《难民国际—乍得》：“为可持续回归创造条件”，《战地报告》，2008年7月24日。URL 〈http://www.refugeesinternational.org/policy/field-report/chad-set-stage-sustainable-return〉。

〔36〕安理会第1778号决议（同注释〔32〕）。

〔37〕牛津饥荒救济委员会（Oxfam）：“未完成的使命：乍得东部平民为什么仍身居险境?”《牛津饥荒委员会简报》第119号（牛津饥荒委员会：牛津，2008年9月10日），第6—8页。

〔38〕牛津饥荒委员会（同注释〔37〕），第13页。

当的选择，即使是在部队获许开展行动的地区也是这样。部队纵然可以开展巡逻以显示其存在并起到威慑作用，但它无法维护公共法律与秩序，因为它不具备维持治安或司法的权力与能力。[39] 另一个局限性是，根据其交战规则，欧盟部队不得以小规模的连队形式进行部署以对付分散的威胁。[40]

根据 2007 年与乍得政府达成的协议，“欧盟行动”保护平民的活动，尤其是在难民和流离失所者营地内的活动，应该得到乍得特别警察部队的协助，该特别警察部队接受联合国驻中非共和国和乍得特派团（MINURCAT）的训练，执行人道主义保护任务。截至 2008 年 8 月，这支计划人数为 850 人的警察部队中，只有不到一半人完成了训练，部署到难民或流离失所者营地的警察一个也没有。[41] 尽管如此，“欧盟行动”试图填补空缺的努力却没有得到地方当局的合作。例如，欧盟部队曾主动提议在阿贝歇市进行夜间巡逻，尤其是在 2008 年 7 月一名红十字会官员在该市遭到枪击之后，但这一提议遭到当地行政长官的拒绝。[42]

乍得局势突出地表明，使命的恰当性与正当性是怎样因为国际或国内有关方面所做出的政治妥协而遭到破坏的，其结果是和平行动实现其目标的有效性也因此而降低了。

使命的落实

通常来说，在对和平行动的正当性以及最终对和平行动的有效性进行评估时，人们对和平行动的落实情况看得较多，而对使命本身看得较少。原则上，和平行动的使命应该为人们提供一个清晰的框架，这样才有助于为计划与行动阶段需要做出的许多决策提供指导。然而在实践中，使命往往是模棱两可的，甚至是自相矛盾的，不同的关键角色（尤其是出兵国、特派团司令部以及基层工作者）可以对使命做出不同的理解。

---

〔39〕 牛津饥荒委员会（同注释〔37〕），第 12 页。

〔40〕 O. 伊斯梅尔和 M. 费克：“为在乍得进行有效维和”，《非洲政策论坛》，2008 年 11 月 17 日。URL〈http：//forums. csis. org/africa/？ p=224〉。

〔41〕 牛津饥荒委员会（同注释〔37〕），第 15 页。

〔42〕 牛津饥荒委员会（同注释〔37〕），第 12—13 页。

有的和平行动虽然获得了国际支持，并且因为有安理会决议的授权，其合法性也无可争议，但其正当性却一直备受质疑，驻阿富汗“国际安全支援部队”（ISAF，“驻阿部队”）就是一个突出的例子。对驻阿部队的批评主要是它越来越多地参与镇压叛乱，因为这样做越过了强制和平与战争的界限，虽然对这一点还存在着争议。〔43〕批评者们认为，当前驻阿部队活动方向的依据，是对该部队协助“维护安全”这一使命所做出的没有道理的宽泛理解。〔44〕

驻阿部队执行镇压叛乱任务的方式也受到批评。为了将潜在叛乱分子从藏匿地驱赶出来，驻阿部队越来越多地依赖空中打击和空袭，从而导致平民伤亡数量显著增加，也大大削弱了当地百姓对这支部队的支持程度，国际社会以及当地百姓对行动正当性的理解也大大下降。〔45〕最近对驻阿部队的各种批评提出了这样一个重要问题：落实使命过程中的个别因素对行动的总体正当性所造成的破坏可能有多大？

对使命的不同理解还在很大程度上取决于关键角色的不同文化背景以及他们所抱有的既定想法。最好的例子是保护平民这一任务，好几项现行和平行动的使命都包涵这一任务。对于这一任务，军事人员和人道主义人员的看法可能截然不同。例如，在联合国刚果（金）特派团（MONUC，“联刚团”），对平民的保护可以理解为：对人道主义活动的支援，联合国维和人员的任务或者维和部队的中心任务。〔46〕显然，如果行动的出兵国不承认保护平民（或者任何其他任务）是使命的正当部分，因而不履行这一使命，那么行动的总体正当性及有效

〔43〕 例如，A. 格罗夫斯：“北约在阿富汗：以战斗确定其未来”，URL〈http://www.e-ir.info/?p=489〉，2008 年 6 月 18 日；又：“瑞士将军事参谋人员撤出阿富汗”，Swissinfo.ch，2007 年 11 月 21 日，URL〈http://www.swissinfo.ch/eng/front/detail/Swiss-pull-military-staff-out-of-Afghanistan.html?siteSect=105&sid=8450120&rss=true&ty=st〉。

〔44〕 联合国安理会第 1510 号决议，2003 年 10 月 13 日。

〔45〕 D. 菲尔金斯：“阿富汗平民死亡人数在 2008 年上升百分之四十”，《纽约时报》，2009 年 2 月 17 日。关于对阿富汗最近事态的分析，参见本卷第 4 章。

〔46〕 V.K. 霍尔特和 T.C. 伯克曼：“完不成的使命？军事准备、保护之责与现代和平行动”，（史汀生中心：华盛顿特区，2006 年）。关于联刚团的更多讨论，参见下文第三节。

性将受到损害。一些出兵国不认为保护平民这一使命对其部队的作战作用有任何影响。[47]

第三节 道义根据与当地百姓对正当性的看法

在 2008 年颁布的关键文件《联合国维和行动：原则与指针》（又称“最高纲领”）中，联合国维和行动部（DPKO）强调了当地百姓对和平行动正当性的看法对行动成功的影响有多大：

> “过去 15 年的经验表明，联合国维和行动要想取得成功，就必须被视为正当和可信的，尤其是在当地百姓看来……
>
> 维和行动在履行使命时的坚定不移与公正公平，维和部队使用武力时的慎重小心，对当地习俗、制度和法律的尊重，对待当地百姓时的得体，都直接影响人们对行动正当性的看法。
>
> 人们对联合国维和行动正当性的看法与军事、警察和民事人员的素质和行为直接相关。”[48]

当地百姓对正当性的看法是本章要讨论的正当性的各种形式中最具有动态性的，在行动的整个生命周期，它可以树立、可以丧失，丧失后也可以重新树立。正如前文所表明的那样，许多因素可以影响当地百姓对正当性的看法。例如，公正与公平不仅必须反映在维和使命以及特派团的计划过程之中，还必须反映在维和人员的行动之中。2008 年，有报道说，驻扎在刚果（金）北基伍地区的一名印度籍维和指挥官与叛军结下深交，甚至给叛军头领洛朗·恩孔达将军颁发了

---

〔47〕 霍尔特和伯克曼（同注释〔46〕），第 194 页。

〔48〕 联合国维和行动部：《联合国维和行动：原则与指针》，（联合国：纽约，2008 年），第 36 页。

一枚制服饰章，使当地百姓对“联刚团”正当性的看法受到严重损害。[49]

保持当地百姓善意的一条途径是采取“不伤害”的原则，和平行动中的开发与人道主义活动都贯彻这一原则。与开发和人道主义活动一样，和平行动的特点是给某个地区带来大批相当富裕的外国人，他们需要食宿、设施和资源。他们可能给这个地方造成重大的社会、经济和环境影响，有时这种影响持续的时间远远超过部署的时间。金钱的涌入可能是受人欢迎的，但如果这些金钱在人们看来至多只是偏爱少数当地商户，尤其是当它引起所在社区商品与服务价格上涨时（这样的事是经常发生的），它也可能引起憎恨。同样，如果维和人员被认为正在以牺牲当地百姓为代价消耗珍贵的资源（如挥霍当地水资源）时，憎恨就可能增加。

和平行动及其人员“要为从维和行动中站起来的国家树立榜样”。[50] 因此，他们应该遵守并体现他们所努力传播的国际准则与标准，比如在尊重当地习俗的同时主张并尊重人权。如果人们认为在和平行动中存在着一种有罪不罚，有责不问的文化，那么当地百姓对和平行动正当性的看法就会受到严重破坏，尤其是当和平行动谋求促进法治时。如果在实现和平行动使命的目标时所采取的手段与所要达到的目的以及相关的国际准则与标准不完全一致，要想以任何可持续的方式实施其目标是不可能的。正是因为认识到了这一点，联合国现在已经将行为规范写进了与出兵国签订的《谅解备忘录》，从而使与行为规范有关的规定具有约束力。[51]

2008 年围绕非盟（AU）/联合国（UN）达尔富尔混合行动

---

〔49〕“就‘支援’叛军一事，联刚团对印度军官展开调查”，路透社，2008 年 7 月 10 日。网址：〈http：//www. alertnet. org/thenews/newsdesk/L10314078. htm〉。

〔50〕人权观察执行干事肯尼思·罗斯，转引自 B·克罗塞特：“当维和人员变成麻烦制造者时”，《纽约时报》，1996 年 1 月 7 日。

〔51〕联合国大会：“联合国与向联合国维和行动提供资源的成员国谅解备忘录范本（修订版）”，秘书长照会，A/61/494，2006 年 10 月 3 日。修订后的备忘录范本提到了 3 个联合国文件所规定的联合国维和人员行为规范，这三个文件是：“蓝盔个人行为规范十条”，“我们是联合国维和人员”，以及“联合国秘书长公告：‘禁止性剥削与性虐待’”，ST/SGB/2003/13，2003 年 10 月 9 日。前两个文件见于联合国维和行动部“维和人员行为准则”，2007 年。URL〈http：//www. un. org/Depts/dpko/dpko/Conduct/〉。

(UNAMID，“联非行动”）的一次争议表明，在遵守上述原则与组建一支至少有一定可能履行其使命的部队之间保持必需的平衡是困难的，尤其是在可供使用的维和人员数量远远不能满足需求的情况下。2007 年任命的“联非行动”卢旺达籍副司令伊曼纽尔·卡拉克·卡伦齐少将，2008 年 2 月被西班牙最高法院指控犯有据称是他在 1994 年卢旺达大屠杀期间犯下的战争罪。在卢旺达政府扬言要撤走其 3000 人的部队（约占“联非行动”总兵力的一半）后，试图解除卡伦齐职务的努力不得不放弃。〔52〕联合国让卡伦齐留职的决定，使人们对联合国主张人权以及与有罪不罚作斗争的承诺产生严重质疑。

相反，如果成员国对行动的道义根据与正当性有担忧，它们就可能不愿向和平行动派兵，或者撤回已经派出的部队，从而给已经不堪重负的维和资源造成严重问题。出兵国显然不愿意提供“联刚团”2008 年年底要求增派的部队，完全有可能是因为已经使行动受到影响的多起丑闻。对此，下文还将更详细地加以讨论。

人们对维和人员道德表现的看法，也可能给被维和者的行为与决策以及行动的有效性带来积极影响。如果维和人员被视为不具备这种道德榜样，他们对冲突方的影响力将是有限的。〔53〕本节将利用以下篇幅讨论维和人员在 2008 年卷入两起非法活动（性剥削与性虐待以及走私武器）的指控，给当地百姓对几起和平行动的看法以及这几起和平行动的有效性所产生的影响有多大。

性剥削与性虐待

性剥削与性虐待是任务区维和人员所犯的严重而又普遍的不端行为。〔54〕性剥削与性虐待本身就是严重的问题，不仅如此，维和人员

〔52〕C. 林奇：“尽管有证据表明其虐待，美国仍支持联合国将军”，《华盛顿邮报》，2008 年 9 月 21 日。

〔53〕V. P. 福特纳：“维持和平管用吗？如何在内战结束后影响交战方的选择”（普林斯顿大学出版社：普林斯顿，新泽西，2008 年），第 89—93 页。

〔54〕性剥削的定义是“为达到性爱目的而对弱者地位、特殊权力或者信任所采取的不正当利用，不管这种利用是事实上的还是未遂的，包括为牟取经济、社会或政治利益（但不以此为限）而对他人进行的性剥削”。性虐待的定义是“以暴力、不平等或胁迫方式对性器官的肉体侵犯，不管是否已造成事实或以此相威胁”。联合国，ST/SGB/2003/13（同注释〔51〕）。

的性剥削行为还会使许多冲突后国家妇女地位低下的状况得以延续，并且破坏和平行动试图促进性别平等的努力。多项研究已经表明，正如外国军事基地建立后一样，一个地方的性剥削和性虐待事件会随着和平行动的部署而增加。〔55〕与国际有组织犯罪有关的贩卖人口和强迫卖淫的可能性也随之增加。〔56〕

维和行动的部署所固有的一些因素会增加性剥削与性虐待的机会，其中包括维和人员与当地人之间的收入差距。〔57〕此外，在一些冲突后地区、流离失所者和难民营以及类似地方，可能存在寡妇、孤儿等大量脆弱群体。根据当地法律与习俗，性承诺年龄可能低于18岁，这样维和人员就更有可能认为与未成年人发生性关系是可以接受的，而对战地维和人员有约束力的联合国工作人员条例是禁止与未满18岁的任何人从事性活动的。

过去10年中，关于性剥削与性虐待的指控明显沾污了联合国以及北约在巴尔干地区的几项和平行动的记录。〔58〕2008年，类似指责再度出现，尤其是与"联刚团"相关的指责。尽管大多数（就算不是全部）国际政府间组织和非政府组织都会发生这样的问题，但在维和人员身上的发生率显然更高。〔59〕联合国对此作出的反应之一（即"零容忍"政策）以及一系列结构性改革，也将在下面讨论。

---

〔55〕 M. 卡纳汉、W. 德奇和S. 吉尔摩："联合国和平行动的经济影响：最终报告"，(Peace Dividend Trust：2006年3月)。

〔56〕 大赦国际："那么，这是否意味着我们有了权利？——保护科索沃被贩卖从事强迫卖淫活动的妇女和女孩的人权"，2004年5月5日。URL〈http：//www. anmesty. org/en/library/info/EUR70/010/2004〉；及：联合国维和行动部："停止虐待，举报虐待"，贩卖人口资料库，2004年12月。

〔57〕 联合国地区信息综合网："刚果民主共和国：联合国对维和人员的性犯罪指控进行调查——与尼可尔·达伦多夫的访谈"，联刚团，2006年1月26日。URL〈http：//www. irinnews. org/Report. aspx? ReportId=57925〉。另见：卡纳汉、德奇和吉尔摩（同注释〔55〕)。

〔58〕 联合国驻柬埔寨过渡时期权力机构（UNTAC)，联合国塞拉利昂特派团（UNAMSIL)，联合国海地稳定特派团（MINUSTAH)，联合国科特迪瓦行动（UNOCI)，联合国利比里亚特派团（UNMIL)，北约科索沃部队（KFOR）以及在波黑的北约稳定部队(SFOR)，都曾受到过性剥削与性虐待的指责。

〔59〕 C. 萨基："无人可求：救援人员和维和人员的儿童性剥削与性虐待问题瞒报情况"，(拯救儿童—英国：伦敦，2008年)，第8页。

“联刚团”与联合国的“零容忍”政策

自从 1999 年成立以来，“联刚团”受到的维和人员性剥削与性虐待指责就一直多于迄今为止任何其他联合国和平行动。“联刚团”的使命就是保护平民，这也许是一种讽刺。〔60〕2004 年，“联刚团”领导层及联合国维和行动部请求联合国内部监察办公室（OIOS）对刚果（金）东部布尼亚地区的情况进行调查，因为有多次报道称，维和人员在附近的一个流离失所者营地有对妇女和儿童的性剥削与性虐待行为。〔61〕调查显示，性剥削事件经常发生，通常是为了换取食品或少量金钱。〔62〕调查进一步显示，“联刚团”的许多人员，包括管理部门，对这一问题视而不见，从而加剧了有罪不罚的文化，并且任凭性剥削问题继续存在。〔63〕

围绕“联刚团”2004 年的丑闻，联合国秘书处加强了对各种监督维和行动的规则、条例、政策和机制的全面审议。作为这项工作的一部分，联合国秘书长科菲·安南于 2004 年 7 月要求约旦王子扎伊德·拉阿德·候赛因（约旦常驻联合国代表）牵头研究联合国维和人员的性剥削和性虐待问题。2005 年 3 月发表的《扎伊德报告》指出了联合国对维和人员实施纪律措施方面存在的不足。〔64〕

《扎伊德报告》指出，联合国对不同类别的人员有着不同的问责机制，例如民事警察和军事观察员被看作是“特派团的专家”，因此必须同意接受维和行动标准作业程序与行政管理程序以及其他许多政策与指示的管理，包括 2002 年颁布的特派团专家条例以及 2003 年—

〔60〕联合国安理会 1291 号决议在联刚团的使命中增加了对平民的保护，2000 年 2 月 24 日。

〔61〕2004 年 5 月至 9 月，针对联刚团维和人员性行为不端的指控有 72 起，其中大多数是针对军事人员的。联合国：“在联合国维和行动中消灭新的性剥削与性虐待全面战略”，此文件包含于联合国秘书长致联大主席的信，A/59/710，2005 年 3 月 24 日。

〔62〕联合国：《内部监察办公室对联合国刚果民主共和国特派团性剥削与性虐待指控的调查》，A/59/661，2005 年 1 月 5 日。

〔63〕J. 拉斯莫森，“联刚团”人员行为督察官：“联刚团的性剥削与性虐待”，述职报告，2005 年 2 月 25 日。URL 〈http: //www. peacekeepingbestpractices. un/b. org/PBPS/Pages/Public/viewdocument. aspx? docid=617〉。

〔64〕联合国：“在联合国维和行动中消灭新的性剥削与性虐待全面战略”，此文件包含于联合国秘书长致联大主席的信，A/59/710，2005 年 3 月 24 日。

项指示中规定的行为标准。[65] 只要东道国的司法系统仍在有效运行，东道国可以对他们提起诉讼。不过，对于他们在履行公职时的行为，他们确实拥有免于起诉的权利，只有秘书长才可以宣布收回这项权利。与此形成对照的是，派遣国分队成员接受各自国家的直接司法管辖。[66] 扎伊德建议，为所有联合国维和人员建立一整套统一而有约束力的条例，并将其纳入联合国与出兵签订的谅解备忘录标准文本中。

《扎伊德报告》还建议出兵国在部队所在地设立军事法庭对违法者进行审判，而不是将他们遣送回国。这就向当地人民表明，维和人员的性剥削和性虐待并不享有豁免权。这样做有助于直接获取目击者和证据。出兵国的立即和直接介入还可以向其自己的部队发出一个明确的信号：这样的行为是不能容忍的。不过，使用这种审判法庭需要出兵国制定配套的法规或立法，而到目前为止这样的法规或立法还没有出现。

《扎伊德报告》指出，对性剥削和性虐待的有效起诉因为缺乏透明而明确的报告机制而受到阻碍：维和人员和当地民众对于适当的投诉渠道均不知晓，当他们真的提出指控时，他们也没有获得必要的保护。报告发表后，联合国所有的和平行动都制定了宣传计划，向当地人民通报联合国对性剥削和性虐待的政策以及纠正这类行动的程序。此外，联合国还制定了一项新的受害者援助战略，根据这一战略，除其他援助外，受害人将可获得医疗、社会保障和司法服务。[67]

《扎伊德报告》发表后，联合国还采取了其他几项改革措施。2006 年，联合国维和行动部成立了一个专职的行为与纪律单位。此外，所有 22 项联合国和平行动（包括特别政治和建设和平办事处）均已部署了行为与纪律监督人员，以处理各种形式的不端行为。2007

〔65〕 联合国（同注释〔64〕），第 35—38 页。这些文件指的是，联合国：《非秘书处官员及特派团专家待遇、基本权利和职责条例》，见联合国秘书长公告，ST/SGB/2002/9，2002 年 6 月 18 日；以及，联合国维和行动部："民事警察和军事观察员纪律问题指示"，DPKO/CPD/DDCPO/2003/001，DPKO/MD/03/00994，2003 年 7 月更新，URL〈http://www.peacewomen.org/un/pkwatch/discipline/CivpolandUNMOsDirectives.pdf〉。

〔66〕 联合国（同注释〔64〕），第 38—40 页。

〔67〕 联合国大会决议，A/RES/62/214，2007 年 12 月 19 日。

年，联合国与出兵国谅解备忘录标准文本得到了修订，以反映《扎伊德报告》所提出的建议，这样，当出兵国不能或不愿对性剥削与性虐待指控进行调查时，联合国有权开始进行调查。〔68〕不过，最为重要的改革也许是，联合国已经从宽容性的“男孩毕竟是男孩”这一立场，规范性地转向了“零容忍”的立场。

2005 年 3 月，“联刚团”成立了处理性剥削与性虐待问题办公室（OASEA），办公室负责对性剥削与性虐待问题的行政调查、政策制定和培训。这是联合国和平行动首次成立这样的部门。随后不久，办公室变更为行为与纪律单位，负有与维和人员不端行为相关的更为广泛的使命。

2008 年初，针对“联刚团”人员性剥削与性虐待问题的新指控再次出现。“联刚团”迅速请求内部监察办公室展开调查。据报道，同年 3 月份开始的调查发现，有证据表明几名驻扎在北基伍省的意大利维和人员曾经对不止一名未成年女孩进行了性剥削。〔69〕“联刚团”也对同年 12 月出现的类似指责迅速做出反应。〔70〕然而，正如下文将要讨论的，针对“联刚团”维和人员的不端行为指控，已经给当地百姓对“联刚团”及其正当性的看法造成了严重影响。

腐败

维和人员的腐败事件也似乎屡见不鲜。〔71〕伊拉克“石油换食品”项目腐败成风被发现后，联合国立即自 2006 年起对采购工作中的腐败问题进行更为广泛的查处。〔72〕在联合国负责管理事务的副秘书长克里斯托弗·伯恩汉的敦促下，联合国成立了一个临时特别工作组对

〔68〕 联合国大会决议，A/RES/61/267B，2007 年 7 月 24 日。

〔69〕 L. 查波涅：“联合国说：维和人员可能在刚果犯下了性虐待”，路透社，2008 年 8 月 12 日，URL〈http：//ww. alertnet. org/thenews/newsdesk/N12498196. htm〉。

〔70〕 “联合国将调查针对联刚团工作人员的性虐待指控”，法新社，2008 年 12 月 24 日，URL〈http：//www. google. com/hostednews/afp/article/ALeqM5j-b-SyMAasnGG-TazBj2QAAm-xyrQ〉。

〔71〕 联合国大会：《内部监察办公室关于 2007 年 7 月 1 日至 2008 年 7 月 31 日期间采购团队活动的报告》，A/63/329，2008 年 8 月 25 日。

〔72〕 参见：《独立调查委员会对联合国石油换食品项目的调查报告》，URL〈http：//www. iic-offp. org/〉。

联合国和平行动中的采购工作进行调查。工作组发现许多项和平行动存在着渎职问题，包括联合国埃塞俄比亚和厄立特里亚特派团（UNMEE），联合国海地特派团（MINUSTAH）和联刚团。[73] 腐败就是以贿赂换取对商品、服务或合同的特别权利，它往往被看成是一件简单的事件。联合国和平行动采购中的舞弊和贿赂行为在很大程度上被当作内部问题处理。然后，这些行为给联合国和平行动的正当性投下阴影，而且在人们心目中，和平行动劝导冲突后国家减少腐败，加强法治的道德权威也因此降低了。

在和平行动中还存在许多其他形式的腐败现象，这些现象可能直接损害被维和者的利益。[74] 2008 年，有两起广受关注的维和人员协助非法走私武器的案子（一起在“联刚团”，另一起在非盟索马里特派团，AMISOM）被媒体广泛报道。

“联刚团”与武器走私

当地百姓和国际社会对“联刚团”正当性的看法受到进一步损害，原因是该团的几名维和人员被指控与反政府的“国民与取消种族隔离阵线”（FNI）这一民兵武装进行武器交易，以换取黄金。这一事件首先因为 2005 年底“人权观察”这一非政府组织的指控而引起“联刚团”领导层的注意，并且导致了内部监察办公室对这一事件的内部调查。根据这项指控，部署在刚果（金）东部伊图里地区的“联刚团”巴基斯坦籍维和人员，向一个由刚果军官和肯尼亚商人组成的走私网提供食宿、安全以及乘坐联合国飞机的便利，以便进行用武器换黄金的交易。[75] 2007 年年中，主管维和事务的联合国副秘书长让—马里·格诺向记者们表示，尽管内部监察办公室的调查找到了维和人员参与走私黄金的可信证据，但没有发现走私武器的证据。格诺表

---

〔73〕 C. 林奇：“联合国在维和行动中发现舞弊和管理不善”，《华盛顿邮报》，2007 年 12 月 18 日。

〔74〕 M. 菲尔普：“建设和平与腐败”，《国际维和》，第 15 卷，第 3 期，（2008 年 6 月）。

〔75〕 人权观察：“联合国：让维和人员为在刚果的走私活动承担责任”，致联合国维和主管的信，2007 年 7 月 22 日，URL〈http://www.hrw.org/en/news/2007/07/22/un-hold-peacekeepers-accountable-congo-smuggling〉。

示此案已经了结。[76]

英国广播公司 2008 年的进一步调查再次提起了走私武器的指控，声称联合国的内部调查发现，有证据表明部署在北基伍省的“联刚团”印度籍维和人员，曾经从一个与 1994 年卢旺达大屠杀有联系的卢旺达民兵武装“解放卢旺达民主力量”（FDLR）手里采购了黄金、象牙和毒品，并且乘坐联合国直升飞机前往佛伦加（Virunga）国家公园与该组织进行弹药换象牙交易。英国广播公司还声称，不止一名未透露姓名的联合国官员曾向其表示，内部监察办公室受到了政治压力，要求其不要使巴基斯坦难堪。[77]

不管走私武器指控的真相如何，其后果是严重的。已经有报道说，为控制伊图里地区的金矿区而进行战斗的几个民兵武装一而再、再而三地犯下了战争罪和反人类罪。[78] 正如人权观察组织所认为的那样，向“国民与取消种族隔离阵线”或者任何其他武装组织购卖黄金，或者向其提供武器弹药，将给“联刚团”本来要防止的暴力活动火上浇油。[79] 同样，针对印度维和人员的走私指控引起人们的严重关注，其重要原因在于联合国指控卢旺达支持近期发生在北基伍省的战斗。处于丑闻中心的维和分队来自联合国最大的两个出兵国，而且联合国被指责以不透明和轻描淡写的方式处理调查，这就使人们觉得联合国更担心的是和平行动的满员部署，而不是维和人员的素质和品行。

根据媒体报道，2008 年 11 月，刚果（金）政府在致联合国秘书长潘基文的一封信中表示，“鉴于“联刚团”某些部队所发生的多起滥用权力事件，如果同一国家的士兵被用来补充“联刚团”的兵力，

〔76〕“维和人员‘走私刚果黄金’”，英国广播公司新闻，2007 年 7 月 13 日，URL 〈http://news.bbc.co.uk/2/6896881.stm〉。另见：让—马里·格诺：致 BBC 调查节目“全景”（Panorama）制片人詹姆斯·奥利佛的信，2008 年 4 月 15 日，URL 〈http://news.bbc.co.uk/2/7365568.stm〉。

〔77〕M. 普劳特：“照向印度和巴基斯坦的刚果聚光灯”，英国广播公司新闻，2008 年 4 月 28 日，URL 〈http://news.bbc.co.uk/2/7367965.stm〉；以及：美联社：“英国广播公司：刚果人驳斥联合国的调查结果，认为联合国维和人员武装了民兵组织”，《国际先驱论坛》，2008 年 4 月 28 日。

〔78〕人权观察（HRW）：《黄金的诅咒》（人权观察：纽约，2005 年 6 月 1 日）。

〔79〕人权观察（同注释〔75〕）。

（刚果）人民将无法理解”，信中还要求将那个国家以后派往“联刚团”的士兵部署到刚果（金）的其他地方。〔80〕在此之前，印度刚刚表示将增派1500名维和人员，这个人数将可以解决2008年11月联合国安理会授权临时增兵数量的一半。〔81〕（刚果政府）的这一声明清楚地表明，这一丑闻已经严重腐蚀了当地百姓对“联刚团”至少某些部分的正当性的看法，从而对该行动履行其使命的能力产生了直接的负面影响。

非盟索马里特派团

2008年，负责监督索马里武器禁运的联合国索马里问题监督小组表示，索马里冲突持续军事化，临时联邦政府（TFG）和反对组织之间的武装活动持续增加。〔82〕对索马里来说，这只是一般性的事态，但该小组还指控说，非盟索马里特派团（AMISON，“非索团”）的乌干达籍维和人员曾在摩加迪沙的黑市上贩卖武器弹药。〔83〕这些武器弹药据信来源于军用库存，或者是在与临时联邦政府发生战斗后从叛乱组织青年党（Al-Shabab）收缴来的贮存武器。这种事的可能发生也表明索马里缺少一个适当的解除武装、复员遣返和重新安置计划。

“非索团”是为支持索马里的对话与和解进程而于2007年3月部署的，其主要任务是，支持过渡联邦机构，促进人道主义援助的提供，并为总体安全形势做出贡献。〔84〕然而，在实践中，非盟部队的活动仅限于为临时联邦政府以及“索马里再解放联盟”（ARS）官员

〔80〕“一官员表示：刚果（金）拒绝印度向联合国部队派兵”，法新社，2008年11月26日，URL〈http://www.google.com/hostednews/afp/article/AleqM5hixqFhaCbMLBN-cA4Onz5BObSg7w〉。

〔81〕这次向已有1.7万人的联刚团增兵是联合国安理会1834号决议授权的，2008年11月21日。

〔82〕联合国安理会：《索马里问题监督小组根据安理会（2007年）1766号决议提交的报告》，2008年4月24日，第9页。关于2008年索马里冲突的事态，参见本卷第2章第3节。

〔83〕联合国（同注释〔82〕），第30—32页。

〔84〕非索团是根据非盟和平与安全理事会的决定建立的，AU PSC/PR/Comm.(LXIX)，2007年1月19日，其使命得到联合国安理会1744号决议的批准，2007年2月21日。

提供护卫，保护亚丁阿德（Aden Adde）国际机场、摩加迪沙海港和总统府，并在作业区内实施建立信任巡逻。尽管布隆迪、加纳、尼日利亚和塞内加尔都承诺要派兵，但在 2007 年，乌干达是作为“非索团”一部分部署部队的唯一国家。这支 1700 人的乌干达部队（授权兵力是 7650 人），在 2008 年初得到了 600 名布隆迪士兵的增援。〔85〕在 2008 年，这支骨架部队连平息摩加迪沙的暴力都没有产生效果，更不用说全国其他地方了。不过，“非索团”无法对索马里人民的安全状况做出任何明显改变的原因，与其说是部队的规模太小，不如说是其使命太受限制。当然，这一点是可以探讨的。〔86〕

“非索团”维和人员走私武器的行为，显然违背了联合国的原则、国际维和人员应有的行为准则与规范以及品行标准，也违背了国际法。这一行为还可能加剧经常以平民为目标的武装暴力活动。毫无疑问，这种行为使“非索团”丧失了道义根据以及当地人民的信任。伊斯兰叛乱分子习惯性地以该团维和人员为目标，证明了这样一个事实：“非索团”的正当性正在遭受质疑。〔87〕

2008 年底索马里局势的日益恶化，使联合国为接替“非索团”而部署维和行动的前景变得渺茫起来，关于这个问题，联合国与非盟已经讨论一年多了。〔88〕如果联合国果真能够在 2009 年接替“非索团”，最好是能够确保联合国的接替不仅仅是给现有的部队“换顶帽子”而已。联合国的接替还应该确保赋予这项行动更加恰当的使命，有效处理针对维和人员的腐败指控，否则其正当性和可信性将在索马里人民眼里丧失殆尽。

---

〔85〕 首批部署的 220 名（布隆迪）士兵于 1 月派出，其余人员在年中逐渐部署到位。“220 名布隆迪部队加入非索团”，Burundi Réalités Agence Presse，2008 年 1 月 21 日，URL 〈http：//www.burundirealite.org/news-view.cfm? ID=2111&LANG=E〉；及“尼日利亚将向索马里派兵”，Press TV，2008 年 8 月 15 日，URL 〈http：//www.presstv.ir/detail.aspx? id=66621〉。另一个营的布隆迪部队于 2008 年底部署。

〔86〕 联合国地区信息综合网：“索马里：一年后非盟部队进驻摩加迪沙”，2008 年 3 月 12 日，网址：〈http：//www.irinnews.org/ReportID=77236〉。

〔87〕 “联合国指责乌干达维和人员为索马里叛乱分子提供武器”，法新社，2008 年 5 月 23 日，网址：〈http：//www.afp.google.com/article/ALegM5j381-J3FfV00Bep1bT-tXjLOQb4Q〉。

〔88〕 参见：联合国安理会 1814 号决议，2008 年 5 月 15 日。

第四节　结论

显然，和平行动的正当性依赖于多个互相联系的因素，同时也受到这些因素的影响。人们对和平行动的使命及其人员行为的看法，可能给行动的有效性及其最终所取得的成功造成严重破坏。“欧科团”的案例突出地表明了这样一个事实：行动的法律依据是正当性的基石，行动的部署、活动和撤离都有赖于此。欧盟部队的案例表明，使命的恰当性以及使命的执行情况共同决定了行动的正当性。“国际安全支援部队”的例子也表明，从本质上说，行动使命的恰当性以及由此而来的正当性，也关系到用什么标准来衡量和平行动的建立以及其所履行的职能。

“联刚团”、“非索团”以及“联非行动”的案例则强调了以下事实：行动的道义根据对于确保行动的正当性至关重要。维和人员个人的不端行为可能危及整个行动，从而使行动给东道国带来积极变化的能力受到严重阻碍。由于目前维和人员供不应求，不端行为的发生使联合国以及开展和平行动的其他组织处于这样一种困难境地：一方面，行为准则与标准必须得到坚持；另一方面，和平行动的兵力必须达到满员。到目前为止，各国政府以及开展和平行动的国际组织似乎将兵力的筹措而不是维和人员的素质与记录放在优先的地位。

实行新的政策，如联合国对维和人员的性剥削与性虐待所采取的“零容忍”这一新政策，以及对战地维和人员执行更严格行为标准的举措，在很大程度上取决于和平行动高级管理部门的态度。有效的领导应该向人们展示坚持这一政策的坚定承诺，这样才能影响组织的文化及其处理问题的能力。[89] 2008年针对“联刚团”和“非索团”维和人员行为不端的指控表明，至少在这两项行动中，这种有效的领导没有得到体现。和平行动的管理者，包括军官，应该负起更大的责任，确保战地维和人员的不端行为事件得到严肃处理，作恶者则应该

〔89〕 S. 马丁：“男孩就该是男孩吗？结束联合国维和特派团中的性剥削与性虐待”（难民国际：华盛顿特区，2005年10月）。

得到惩罚。

正当性有许多方面，任何一个方面都不能单独决定行动的总体正当性或者有效性。如果和平行动的评估过程含有本章所探讨的关于正当性的各种措施，这将助于使那些正当性受损的和平行动无法延长任期，使和平行动更加符合东道国的需要。

（陆建新　译）

附录 3A

2008 年的多边和平行动

基尔斯滕·索德

一、全球发展情况

2008 年共实施了 60 项和平行动。[1] 虽然行动数量与 2007 年的一样，但是部署到位的人员数量上升了 11%，增至 187586 人；其中军事人员 166146 名，文职人员 21440 名。[2] 全球维和人员总数连续第三年打破了纪录（参见表 3A. 1）。已知的和平行动费用也达到了前所未有的高度。本附录介绍 2008 年和平行动的发展情况，并用斯德哥尔摩国际和平研究所（SIPRI）多边和平行动数据库[3]的数据对 1999 年至 2008 年十年期间的和平行动进行趋势分析。表 3A. 2 详细介绍 2008 年所有的多边和平行动。

表 3A. 1　2008 年和平行动及投入人员的数量（按地区分类）

实施组织	非洲	美洲	亚洲	欧洲	中东	世界
联合国*a*	11	1	4	3	4	23

〔1〕 欧洲安全与合作组织黑山特派团已经从多边维和行动的统计表中被删除，因为它不符合斯德哥尔摩国际和平研究所有关和平行动的定义（参见第三节）。2007 年和 2008 年的数字统计考虑到了这种变化。

〔2〕 在一般情况下，此附录中维和人员的数字统计截至 2008 年 12 月 31 日或维和行动的终止日期，并不表示部署人数最多时的数字或在这一年里部署人员的总数。同一组织实施的后继和平行动不统计在总数中。文职人员的人数包括文职观察员、民事警察和文职人员。

〔3〕 斯德哥尔摩国际和平研究所多边维和行动数据库可以从〈http: //conflict. sipri. org〉的网址进入。

实施组织	非洲	美洲	亚洲	欧洲	中东	世界
区域组织或联盟	7	1	3	16	4	31
临时联盟	1	—	3	—	2	6
行动总数	**19**	**2**	**10**	**19**	**10**	**60**
投入人员总数	**78975**	**9621**	**55542**	**26797**	**16651**	**187586**

a 联合国的数据包括由联合国维和行动部领导的维和行动、由联合国政治事务部领导的行动，以及非盟/联合国达尔富尔混合维和行动。

资料来源： SIPRI 研究所多边和平行动数据库，网址：〈http：//conflict. sipri. org/〉。

图 3A. 1 显示了从 1999 年至 2008 年期间每年维和行动的数量和到位人员的总人数。自 1999 年以来，每年实际维和行动数量呈下降趋势，2002 年为这一期间的最低点——48 项。随后又稳步上升，在 2007 年和 2008 年达到 60 项。维和人员的部署遵循大致相同的模式，在 1999 年至 2003 年间逐年减少，最少时降至 110789 人，随后稳步上升。2008 年维和人员的增加主要是在非洲和亚洲，部署在这两个地区的总人数增加了 9500 多人。

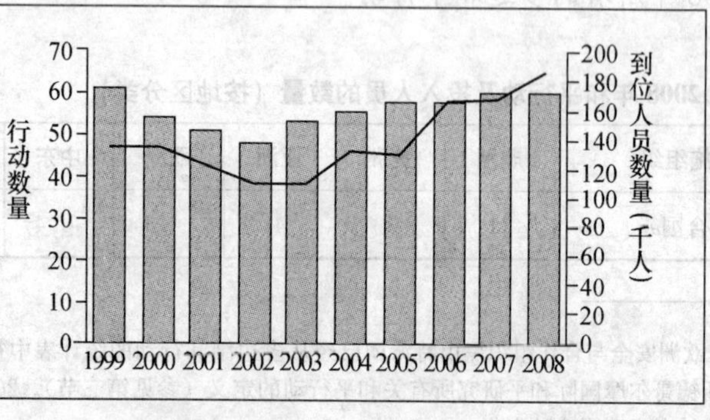

图 3A. 1 1999—2008 年和平行动及到位人员数量

注： 条形表示和平行动数量（左轴），线型表示部署到位人员数量（右轴）。驻伊拉克的多国部队不包括在内。

截至 2008 年 12 月底，共有 137 个国家的穿制服人员（军队、军事观察员和民事警察）参与了维和行动。在这些国家中，有 115 个国家派遣了军事人员。按降序排列，前十位出兵国依次为美国、法国、巴基斯坦、英国、孟加拉国、印度、意大利、德国、尼日利亚和卢旺达。[4] 派遣军事人员最多的亚洲和非洲国家只参与联合国的维和行动，其中包括“非洲联盟/联合国达尔富尔混合行动团”（UNAMID，“达尔富尔混合行动团”）。美国和派遣人员最多的欧洲国家主要参与由北大西洋公约组织实施或领导的维和行动，较少参与联合国、欧洲联盟和临时国家联盟实施的维和行动。派遣军事人员人数最多的是欧洲，其次是亚洲和美洲。

截至 2008 年 12 月底，共有 112 个国家派遣了 13409 名民事警察。联合国和平行动中的民事警察占所有维和警察的 86%。派遣民事警察最多的前十位国家依次是孟加拉国、约旦、尼日利亚、巴基斯坦、尼泊尔、加纳、印度、塞内加尔、法国和土耳其。排在前八位国家所派的警察只参与了联合国的和平行动。法国派遣的警察专门参与欧盟维和行动，土耳其派遣的警察既参加了欧盟又参加了联合国维和行动。由临时联盟而不是由欧盟或联合国实施的和平行动，只有一项（所罗门群岛区域援助团）含有民事警察。

2008 年，参与和平行动的文职人员超过了 21000 名，这是斯德哥尔摩国际和平研究所从 1999 年开始对文职人员的部署进行数据统计以来数字最高的年份。在 2003 年和 2008 年之间，部署的文职人员人数翻了一番，而部署的军事人员只增加了 66%。因此，在整个部署份额中，文职人员的比重在增加。尽管如此，2008 年文职人员仍然只占所有参与维和行动人员的 11.6%。

联合国仍然是 2008 年维和行动的主要实施者，在 60 项维和行动中有 23 项，部署的人员达到了 98614 人，占这一年所有参与维和行动人员的 53%。这两个数字均高于 2007 年，联合国在那一年实施了 22 项行动，部署人员为 90305 人。在 1999 年与 2008 年期间，联合国部署的人员增长了 350%。[5]

---

〔4〕 表 3A.2 中军事和文职观察员的人数是一起统计的。

〔5〕 1993 年，联合国部署了 69961 名穿制服的维和人员。联合国，《各个国家参与和平行动的总结》，1993 年 12 月 31 日。

尽管如此，联合国部署的人数仍少于已获授权总数的约 22800 人。这种差额主要是由于“达尔富尔混合行动团”的部署进展缓慢，还由于“联合国刚果民主共和国特派团”（MONUC，“联刚团”）最近增加了部队和警察的授权数量。“达尔富尔混合行动团”在部署 15 个月之后，27482 人的授权人数中只有 58%的人员到位。随着刚果民主共和国东部的动乱，在 2008 年 11 月联合国安理会对“联刚团”授权增加了 3085 人的兵力，使总的授权兵力达到 23182 人，但这一新的授权目标并没有在这一年的年底实现。[6] 在联合国部署的四类人员——部队、观察员、民事警察和文职人员中，最为短缺的是部队。然而，部队人员的到位数量仅占授权数的 84%，而警察也只有其授权总数的 66%部署到位。

到 2008 年连续第三年，最大的和平行动是北约领导的驻阿富汗“国际安全援助部队”（ISAF），其人数达 51，356 人。在 2007 年至 2008 年期间，该部队的人数增加了约 9600 人。部署人数排在第二和第三位的分别是“联刚团”和“达尔富尔混合行动团”。共有 9 项维和行动的实施人数超过 5000 人，其中 7 项行动由联合国指挥（“达尔富尔混合行动团”由非盟与联合国联合指挥），2 项行动由北约指挥。联合国和北约总共部署了 164592 人，约占全部维和行动部署人员的 88%，大致与 2007 年的水平相当。

2008 年启动的和平行动有 5 项，4 项由欧盟实施，1 项由联合国实施。“联合国塞拉利昂建设和平办事处”（UNIPSIL，“联塞建和办”）的设立，成为“联合国塞拉利昂办事处”（UNIOSIL，“联塞办”）的后续行动。欧盟于 2008 年启动了 4 项新的和平行动，使欧盟维和行动的总数达到 12 项。欧盟新实施的这几项行动是：“欧盟乍得/中非共和国军事行动”（EUFOR Tchad/RCS，“欧盟乍中团”）、“欧盟科索沃法制团”（EULEX Kosovo，“欧科法制团”）、“欧盟几内亚比绍安全部门改革顾问团”（EU SSR Guinea-Bissau，“欧几顾问团”）和“欧盟格鲁吉亚监督团”

〔6〕 2008 年 11 月 20 日，《联合国安全理事会第 1843 号决议》授权增派。联合国文件的网址是〈http：//www. un. org/documents/〉。

(EUMM，“欧格监督团”)。[7] 尽管“欧盟乍中团”和“欧科法制团”的部署经历了很长时间的计划过程，但是“欧格监督团”的第一批观察员是在欧盟理事会作出最初的联合行动决定之后仅 15 天，也就是在格鲁吉亚冲突结束后不到两个月就部署到位了。[8]

2008 年有 6 项和平行动结束了。由于缺乏合作，主要是来自厄立特里亚方面的不合作，“联合国埃塞俄比亚/厄立特里亚特派团”(UNMEE，“埃厄团”)的使命被迫终止了。[9] 维持联合国存在的备选方案也被拒绝了。[10] 随着格鲁吉亚政府军与受俄罗斯军队支持的阿布哈兹和南奥塞梯地区分裂主义分子之间发生冲突，格鲁吉亚撤回其对这两个区域独联体维和部队的支持，从而使此项维和行动不得不中止。[11]“非盟科摩罗选举与安全援助团”(MAES，“非科援助团”)在昂儒昂岛最终得以部署，稳定了那里的安全局势并协助完成了选举进程之后，于 2008 年 10 月完成任务。“联塞办”以及在塔吉克斯坦的“欧安组织杜尚别中心”也都结束了使命。

---

〔7〕 2008 年 12 月 13 日，根据欧洲安全与防务政策，欧盟启动了欧盟海军索马里行动。由于行动不符合斯德哥尔摩国际和平研究所有关维和行动的定义（参见第三节），就没有统计在表 3A. 2 中。

〔8〕 欧盟格鲁吉亚监督团是根据 2008 年 9 月 15 日欧盟理事会第 2008/736/CFSP 号联合行动决定建立的。欧盟格鲁吉亚监督团，《欧洲联盟官方公报》L248，2008 年 9 月 17 日。关于制定欧盟乍得和中非共和国军事行动团以及欧盟科索沃法制团的计划，参见《SIPRI 年鉴 2008：军备、裁军和国际安全》中 S. 韦哈塔撰写的“维和行动的计划和部署”部分，(牛津大学出版社：牛津，2008 年)。有关这两项维和行动部署所面临的困难以及对其合法性的挑战，参见本卷第三章的第二节。有关格鲁吉亚冲突，参见本卷第二章的第五节。

〔9〕 联合国安全理事会，《秘书长关于联合国埃塞俄比亚和厄立特里亚特派团的特别报告第 S/2008/226 号》，2008 年 4 月 7 日。

〔10〕 联合国秘书长所建议的备选方案包括：(1) 一个小型的驻埃塞俄比亚军事观察团；(2) 一个小型的驻埃塞俄比亚政治和军事联络处；(3) 常驻纽约的联合国秘书长特使。联合国安全理事会，联合国秘书长 2008 年 7 月 28 日致安全理事会主席的信，第 S/2008/496 号，2008 年 7 月 29 日。

〔11〕 关于解散南奥塞梯联合维和部队参见第三章的第二节。由于格鲁吉亚撤回其支持，南奥塞梯联合维和部队自动解散。终止独联体格鲁吉亚维和部队在阿布哈兹所实施的维和行动需有独联体外长理事会通过决定。

二、区域发展情况

在 2008 年期间，维和行动数量最大和部署人数最多的区域都是在非洲。在亚洲部署的人员数量占第二位，接着的排名依次是欧洲、中东和美洲（见表 3A.1）。以下的内容简要论述每个地区的事态发展。

非洲

2008 年，在非洲实施了 19 项和平行动，部署人员达 78975 人。在过去十年中，在该地区每年实施的和平行动数量和部署的人员数量都是最高的（见图 3A.2）。连续六年，非洲与其他地区相比，人员的部署都占了最大份额，大型的行动（即部署人员超过 5000 人的行动）也最集中。在 2008 年所有的维和行动人员中，超过 42％的人数部署在非洲。

2008 年，联合国在非洲实施了 11 项和平行动，部署人员达 69570 人。同年，其他组织在非洲部署人员的是非盟（军队 3560 人，不包括“达尔富尔混合行动团”）、欧盟（3532 人）和中非国家洲经济共同体（军队 504 人），另外还有法国（“独角兽行动”，军队 1809 人）。

在 1999 年至 2008 年期间，在非洲部署的人员增加了将近 400％（见图 3A.2）。2008 年，在非洲增加的人员主要部署在中部和东部非洲。虽然没有达到其授权人数，“达尔富尔混合行动团”、“联合国中非共和国/乍得特派团”（MINURCAT，“联非团”）以及“非盟驻索马里特派团”（AMISOM，“非索团”）的人员都在继续增加。以“非索团”为例，尽管其授权人数仍差 4000 多人，但部署到位的部队已增加了一倍。新实施的“欧盟乍中行动团”是至今欧盟在非洲的军事维和行动中规模最大、任务期最长（一年）的一项。[12] 此项行动于

---

〔12〕 在 2008 年之前，欧盟曾两次派兵前往刚果民主共和国：2003 年阿泰米斯（Artemis）行动和 2006 年欧盟刚果民主共和国军事行动。参见《SIPRI 年鉴 2004：军备、裁军和国际安全》中 R. 德旺和 S. 韦哈塔撰写的“多边和平行动”，（牛津大学出版社：牛津，2004 年）；并且参见《SIPRI 年鉴 2007：军备、裁军和国际安全》中 S. 韦哈塔和 K. 索德撰写的“2006 年多边和平行动”（牛津大学出版社：牛津，2007 年），第 130—131 页。

2009 年 3 月 15 日到期后，[13] 将由“联非团”接替，其授权加强的部队数量达 5200 人。中非国家经济共同体驻中非共和国多国部队(FOMUC) 更名为驻中非共和国特派团 (MICOPAX)，其部队的人数从 378 人增加到 504 人。

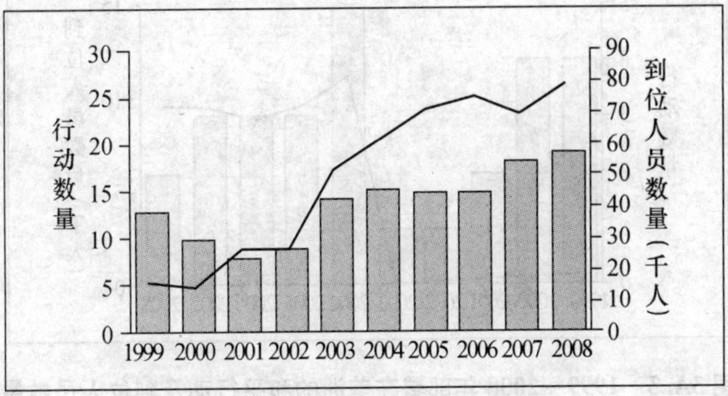

图 3A.2 1999—2008 年部署在非洲的和平行动及到位人员数量

注：条形表示和平行动次数量（左轴），线形表示到位人员数量（右轴）。

在西非，安全局势的改善，使得“联合国利比里亚特派团”(UNMIL，“联利团”) 和“独角兽行动”——法国对“联合国科特迪瓦军事行动团”(UNOCI，“联科团”) 的军事支援——都减少了部署人员。“联利团”的军事和警察人员减少了近 3000 人。尽管定于 2008 年的科特迪瓦选举被推迟了，而“独角兽行动”的军事力量还是进一步减到了 1800 人左右。但是，参与“联科团”的人员数量与 2007 年保持相同。

美洲

2008 年，美洲只实施了 2 项和平行动：“联合国海地稳定特派团”(MINUSTAH，“联海团”) 和由美洲国家组织实施的“驻哥伦比亚支持和平进程特派团”(MAPP/OEA)。前者参与人员 9581 人，后者参与的 40 人均为文职人员。自 2005 年以来，部署在美洲的维和人员数目一直维持在 9000 左右（见图 3A.3）。在 2008 年维和人员稍

〔13〕《联合国安全理事会第 1861 号决议》，2009 年 1 月 14 日。

有增加，这是由于在四月份因高粮价和海地议会任命一名新总理[14]陷入窘境而引起的暴力抗议活动，“联海团”不得不额外部署了 227 名警务人员，以应对海地日益恶化的安全局势。

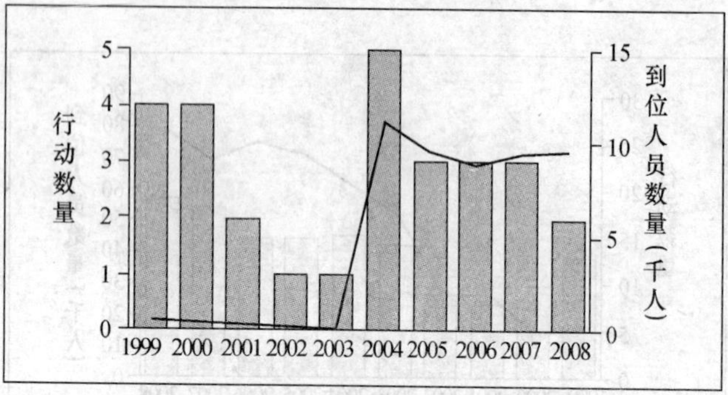

图 3A. 3　1999—2008 年部署在美洲的和平行动及到位人员数量

注：条形表示和平行动数量（左轴），线形表示到位人员数量（右轴）。

亚洲

2008 年，在所有部署维和人员的地区中，亚洲尽管没有启动新的和平行动，但其维和人员的增加幅度占第二位。临时联盟 2008 年实施的 6 项行动中，有 3 项在亚洲。

截至 2008 年的十年中，该地区维和人员的急剧增加，这是由于在阿富汗和东帝汶各项行动的需要。北约领导的“国际安全援助部队”2008 年额外增加了兵力（见图 3A. 4）。在阿富汗部署的总人数达到 51808 人，相当于 2008 年驻扎在亚洲的所有维和人员的 93%。在阿富汗共有三项行动：“欧盟阿富汗警察特派团”（EUPOL Afghanistan，“欧阿团”）、“联合国阿富汗援助特派团”（UNAMA，“联阿团”）以及最主要的行动——“国际安全援助部队”（ISAF）。“欧阿团”人员成倍增加至 179 人。尽管“欧阿团”最初 195 人的授权人数在开始部署之后的 18 个月里一直没有达到，但它的目标人数

〔14〕 联合国，安全理事会，《秘书长关于联合国海地稳定特派团的报告》，第 S/2008/586 号，2008 年 8 月 27 日。

已提高到了 400 人。2008 年，"联阿团"的任务范围扩大了，其重点是通过领导和协调阿富汗自治进程中的国际文职人员以及改善军民合作，[15] 达成促进和平与稳定的目的。

另一项联合国在亚洲的政治与和平建设行动是"联合国尼泊尔特派团"（UNMIN，"联尼团"），其人员减少了一半，为 160 人左右。在 2008 年 4 月尼泊尔的议会选举之后，"联尼团"不再参与选举的监督，而继续监督武器装备和武装人员，维护和平进程。

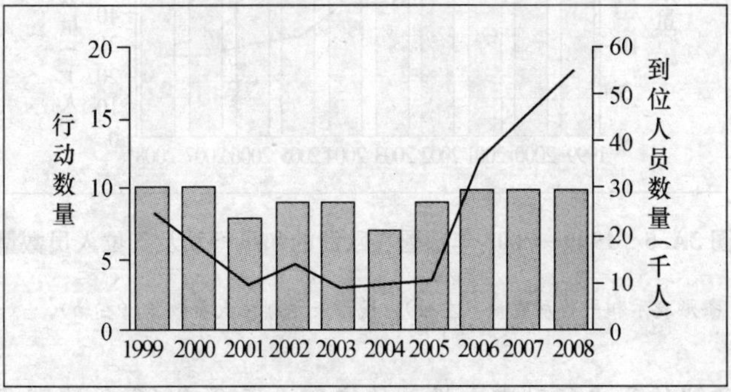

图 3A. 4　1999—2008 年部署在亚洲的和平行动及到位人员数量

注：条形表示和平行动数量（左轴），线形表示到位人员数量（右轴）。

欧洲

2008 年，在欧洲实施的和平行动有 19 项，其中 14 项在前南斯拉夫（9 项）和格鲁吉亚（5 项）领土。2008 年，欧洲有 2 项新的行动开始实施，1 项在科索沃，另 1 项在格鲁吉亚。欧洲在格鲁吉亚的 2 项行动结束了。部署的人员数量与 2007 年保持相等。

自 1999 年以来的十年里，在欧洲的和平行动数量和部署的人员数量都极大地减少了：前者从 28 项降至 19 项，后者由 84546 人减到了 26797 人（参见图 3A. 5）。实际上由北约领导的在波斯尼亚和黑塞哥维那的军事部署（北约稳定部队，SFOR）于 2004

[15]《联合国安全理事会第 1806 号决议》，2008 年 3 月 20 日。关于阿富汗的事态发展参见本卷第四章。

年终止，十年以来在科索沃的军事部署也下降了 80%，减至 14411 人。2008 年，独联体国家实施的 3 项军事行动中有 2 项终止了，这进一步减少了在欧洲的和平行动中的军事人员数量。

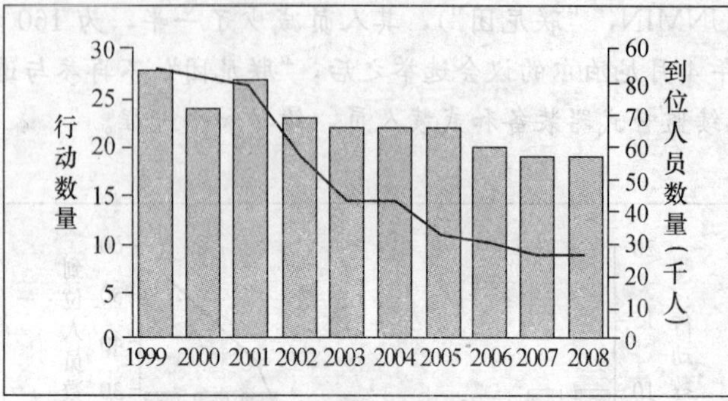

图 3A.5　1999—2008 年部署在欧洲的和平行动及到位人员数量

注：条形表示和平行动数量（左轴），线形表示到位人员数量（右轴）。

在欧洲的和平行动中，投入的文职人员于 2000 年达到 11000 人的最高峰，其中大多数参与联合国和欧安组织的行动。到 2008 年，联合国在欧洲行动中的文职人员下降了 82%，欧安组织行动的文职人员下降了 85%。联合国和欧安组织在欧洲维和人员数量的持续下降主要是由于“联合国科索沃临时行政机构”（UNMIK，“联科机构”）和“欧安组织科索沃观察团”（OMIK，“欧科观察团”）的减员。与此同时，欧盟 2008 年增大了在科索沃的部署，启动了“欧盟科索沃法制团”（EULEX Kosovo，“欧科法制团”）。到 2008 年底，“欧科法制团”1900 人的警察、海关和司法人员的授权人数中已有 1651 人部署到位。随着科索沃于 2008 年 2 月宣布独立和“欧科法制团”的派遣，“联科机构”的职责由行政管理角色转变为监督和支持当地机构的角色。在“联科机构”中，虽然保留了欧安组织“民主和机构建设”的中心任务，但欧盟“重建和经济发展”的中心任务则在

2008 年 6 月 30 日结束。[16]

在 2008 年 8 月格鲁吉亚发生冲突之后，独联体在南奥塞梯和阿布哈兹的维和行动即终止，“欧盟格鲁吉亚监督团”（EUMM，“欧格监督团”）开始部署。俄罗斯在承认阿布哈兹和南奥塞梯的独立以后，否决了“欧安组织格鲁吉亚观察团”使命的延长，并要求对该团在南奥塞梯的办事处赋以分开的任务授权。到 2009 年初，对于该观察团的地位尽管还在争论中，可是其 2008 年 8 月 19 日授权增派的一个非武装军事监督员分队的任务期限却获许延长到 2009 年 6 月。[17]

与亚洲一起，欧洲也成为联合国不是维和主体的地区。绝大部分维和行动是由区域组织，主要是由欧安组织实施的。北约负责指挥在该地区部署的绝大部分人员。在欧洲，没有一项维和行动是由临时联盟实施的。

中东

在 2007 年至 2008 年期间，中东是唯一的维和人员显著减少的地区（参见图 3A. 6），但和平行动的数量与 2006 年和 2007 年保持相当。在中东部署的人员下降了 1000 名左右，主要是由于在该地区最大的和平行动——“联合国黎巴嫩临时部队”（UNIFIL，“联黎部队”）发生了变化。“联黎部队”的人数从 2007 年顶峰时期的 13638 人削减到 12752 人。在中东地区维和人员数量的长期走势也主要由“联黎部队”人数的多少决定的。从 2000 年到 2005 年，“联黎部队”的人员数量从大约 5800 人减到 2000 多一点。2006 年，随着黎巴嫩真主党与以色列之间发生冲突，“联黎部队”的人员则增加了 82%。

“欧盟拉法过境站边界援助团”（EU BAM Rafah，“欧拉援助团”）是目前欧盟在中东实施的三项维和行动之一，在 2008 年进一步

[16] 联合国科索沃临时行政机构，《2008 年 6 月的科索沃》，2008 年 6 月，网址：〈http：//www.unmikonline.org/docs/2008/Fact _ Sheet _ July _ 2008.pdf〉。关于“2008 年欧盟科索沃法制团和联合国科索沃临时行政机构”的情况参见本卷第三章的第二节。

[17] J.-C. Peuch，《格鲁吉亚：欧安组织主席轮值国希腊努力拯救格鲁吉亚的维和行动》，《欧亚洞察》，2009 年 3 月，网址：〈http：//www.eurasianet.org/departments/insightb/articles/eav020309.shtml〉；《欧安组织常设理事会第 883 号决定》，2009 年 2 月 12 日，网址：〈http：//www.osce.org/documents/〉。

减少了民事警察数量，从 2007 年 9 月的 54 人减到 18 人。2008 年，“欧拉援助团”恢复了在 2007 年 6 月被中止的任务职能，而且其任务期限被延长至 2009 年 11 月。“联合国伊拉克援助团”（UNAMI，“联伊团”）的人数也略有减少，而“欧盟巴勒斯坦警察团”（EUPOL COPPS）和“北约伊拉克训练团”（NTM-I）增加了部分人员。

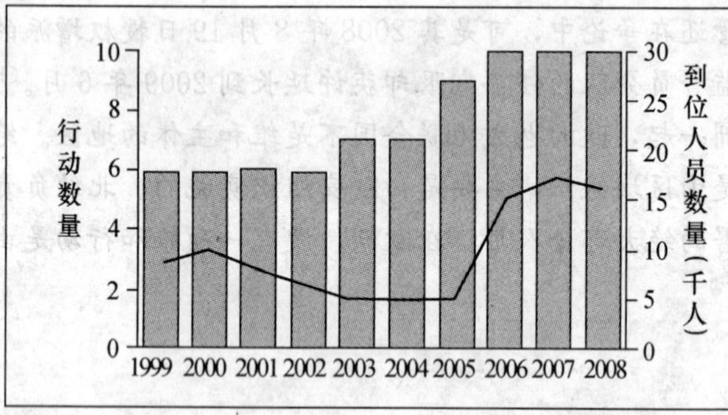

图 3A.6　1999—2008 年部署在中东的和平行动及到位人员数量

注：条形表示维和行动次数（左轴），线形表示到位人员数量（右轴）。在伊拉克的多国部队不包括在内。

三、多边和平行动表

表 3A.2 列出了 2008 年还在进行的 60 项多边和平行动的数据，其中包括年内刚启动或结束的行动。表中所列的这些行动既有联合国授权实施的行动，也有经联合国认可或经联合国安理会决议授权、由区域组织和联盟实施或由非固定（临时）国家联盟实施的行动。行动所明示的意图是：1. 作为推动履行已签署的和平协议的一种手段；2. 支持和平进程；3. 协助预防冲突或建设和平的努力。

斯德哥尔摩国际和平研究所使用联合国维和部对“维持和平”的定义，即它是协助冲突国家为实现可持续和平创造条件的一种机制。它可以包括监督和观察停火协议的履行，作为信任措施，保护人道主义救援物资的运送，协助战斗人员复员遣返和重新安置的进程；加强司法、法制（包括刑事机构）、治安和人权等领域的机制性能力；协助选举；以及促进经济和社会发展。本表因而涵盖了和平行动的广泛范围，以反映和平行动职能的日益复杂性以及在履行这些职能过程中和平行动发生变化的潜在可能性。表中未列入斡旋、事实调查和协助选举等活动，也未列入由不在实地居住的人员或谈判小组组成的和平行动以及未经联合国认可的行动。

这些行动系按实施实体分类，在同一组中则按起始日期次序排列。联合国行动分成三类：第一类包括 16 项由联合国维和部实施的观察团和多职能和平行动；第二类包括 6 项特别政治行动和建设和平行动；其中“非盟/联合国达尔富尔混合行动”自成一类。后面七类为区域组织或联盟实施或领导的行动：非洲联盟 2 项；中非国家经济和货币共同体 1 项；独联体 3 项；欧洲联盟 12 项；北约组织 3 项；美洲国家组织 1 项；以及欧洲安全与合作组织 9 项。最后一类列出了 6 项经联合国认可、由临时国家联盟实施的行动。

2008 年新启动的行动以及现有行动中新参加的国家用黑体字标出。2008 年结束的行动和停止参与的国家用斜体字显示。国家名称有下划线的，则是在有警察或军事人员参加的行动团中被指定为牵头的国家（它们或者是有行动控制权的国家，或者是派出人员最多的国家）。

表的第一栏中注明组建一项行动所依据的法律文书——联合国安理会决议或区域组织的正式决定——以及该项行动的起始日期（即最初部署日期）。

批准人数，是指最近一次所批准的人员数额。聘用的当地支援人员和志愿者的数量未列入本表，但只要有，就在表下方的注释中列出。2008 年联合国行动中文职人员的国籍情况尚未了解到。联合国行动文职人员批准数中的民事警察和其他文职人员的分类情况也无法得到，故将批准的文职人员总数均归到民事警察之列。各国为各项行动提供人员的全面信息可在“SIPRI 多边和平行动数据库”中找到。由于欧盟格鲁吉亚监督团（EUMM）和第二期希伯伦临时国际部队（TIPH2）中包含有民事观察员，故今年将表中的“军事观察员”一列首次改名为“观察员”。[18]

〔18〕 该数据库可以从网址 URL〈http：//conflict. sipri. org/〉找到。数据库还全面列出了各行动团的职责任务、负责人及相关文件的细节等。

各项行动中的死亡人数列出了各项行动从开始以来的总数和2008年一年的数字。2008年报告的死因（死于意外事故或敌对行动或伤病）也录入了表中。由于2008年的死者之死因并非均有报告，故该年的这三个数字相加并不一定与全年死亡总人数相符。联合国提供了行动中当地雇员的死亡数据，但其他组织或联盟则未这么做。

经费开支的金额单位为百万美元（按当年美元价计算）。预算金额是以日历年度而不是财政年度列出的，以便于对各项行动进行相互比较。日历年度的开支数据是按整个财政年度的平均支出率折算出来的。以美元之外的其他货币计算的预算开支，系按国际货币基金组织2008年总合市场汇率折算。〔19〕

所标示的联合国行动和欧安组织行动的开支金额是指该年度的预算金额，其他行动的金额数字则是指实际开支金额。所标示的联合国行动开支金额是指行动的核心运作费用，包括人员部署费、部署人员的津贴费、后方的直接支持费用（例如维和行动的支持活动账目和联合国在意大利布林迪西后勤基地所需的费用）。联合国维和行动的费用由所有联合国会员国分摊，按具体核定比例缴纳摊款，不管其是否参与维和行动。特别政治行动和建设和平行动的经费系从联合国的正常预算拨款。联合国维和预算并不涵盖某些项目性的经费，例如解除武装、复员遣返和重新安置的经费系来自志愿捐助。

由欧盟和北约实施的行动，其预算数字仅指通用性开支，这其中主要包括北约总部的日常费用（如文职人员经费及运作和维持费用）以及用于支援这些行动所需的基础设施方面的投入。人员部署费系由各派兵国自行承担，未列入此表的预算数字中。欧盟的大多数行动是以这两种方式中的一种得到经费的：民事行动由共同体预算拨款，而军事行动或带有军事成分的行动则通过“雅典娜”机制获得经费，该机制的经费仅由参加行动的各成员国提供。〔20〕

独联体国家实施的维和行动，没有特定的通用预算，而由行动的

---

〔19〕 关于和平行动预算的具体情况，可从 SIPRI 多边和平行动数据库中找到。

〔20〕 “雅典娜”机制是管理具有军事或防务含义的欧盟行动中通用性开支的一种机制。2004年2月23日，欧盟理事会“2004/197/CFSP 联合行动”文件批准建立这一机制。见《欧盟议事录》（Official Journal of the European Union）第 L63 号，2004年2月28日。

参加国自行承担部队部署费。其他组织实施或领导的行动，例如由美洲国家组织或由临时联盟实施的行动，其预算金额中可能还包括落实相关项目的费用。

由于所有这些原因，表 3A. 2 所列的各项经费数字应看作是估计数，不同行动团的经费预算不能进行相互比较。

除非另有注明，表中所有数字均为截至 2008 年 12 月 31 日的数字，或者，若是在 2008 年结束的行动，则为结束之日的数字。

各项多边和平行动的数据是从以下几类公开来源得到的：1. 相关组织的秘书处提供的官方信息；2. 维和行动团团部提供的信息，或是其官方出版物，或是它们对 SIPRI 年度调查问卷的答复；3. 来自所要调查的维和团派员国政府的信息。在有些情况下，SIPRI 研究人员还通过电话采访的方式从实施行动的组织或派员国政府了解到某项行动的补充情况。除了这些主要来源之外，还用了大量公开的二手资料来源作补充，包括专业期刊、研究报告、新闻机构，以及国际、地区和当地报刊等。

表 3A. 2　2008 年多边和平行动

缩略语 （法律依据） 开始时间	行动名称 （地点）	2008 年派出部队、观察员、民事警察或文职人员的国家 （**黑体字**为新参加国，*斜体字*为年内结束使命国、下划线表示指定的牵头国）	部队/观察员/民事警察/文职人员		死亡人数：迄今数/2008 年数/（死于敌对行动、事故、伤病）	开支（百万美元）全年开支额/未付额
			批准数	实际数		
由联合国实施的行动（16 项）（共有 122 个国家参加）			**72675** **2951** **10887** **6195**	**65392** **2435** **8727** **5028**	**1062** **94**	**5383.6** **1922.7**
UNTSO （安理会 50 号决议）[1] 1948.6	联合国停战监督组织 埃及、以色列、黎巴嫩、叙利亚	观察员：阿根廷、澳大利亚、奥地利、比利时、加拿大、智利、中国、丹麦、爱沙尼亚、芬兰、法国、爱尔兰、意大利、尼泊尔、荷兰、新西兰、挪威、俄罗斯、斯洛伐克、斯洛文尼亚、瑞典、瑞士、美国	-- 261 -- --	-- 151 -- 95[2]	49 --	33.1 --
UNMOGIP （安理会 91 号决议）[3] 1949.1	联合国印巴军事观察小组 印度、巴基斯坦（克什米尔）	观察员：智利、克罗地亚、丹麦、芬兰、意大利、韩国、瑞典、乌拉圭	-- 74 -- --	-- 44 -- 23[4]	11 -	8.5 --
UNFICYP （安理会 186 号决议）[5] 1964.3	联合国塞浦路斯维和部队 塞浦路斯	部队：阿根廷[6]、奥地利、加拿大、克罗地亚、匈牙利、**秘鲁**、斯洛伐克、英国 民事警察：阿根廷、澳大利亚、波黑、克罗地亚、萨尔瓦多、印度、爱尔兰、意大利、荷兰	860 -- 69 40	859 -- 68 39[7]	179 2 （-，-，-）	52.7 26.6

缩略语（法律依据）开始时间	行动名称（地点）	2008 年派出部队、观察员、民事警察或文职人员的国家（**黑体字**为新参加国，*斜体字*为年内结束使命国、下划线表示指定的牵头国）	部队/观察员/民事警察/文职人员		死亡人数：迄今数/2008 年数/（死于敌对行动、事故、伤病）	开支（百万美元）全年开支额/未付额
			批准数	实际数		
UNDOF （安理会 350 号决议）[8] 1974.6	联合国脱离接触观察部队 叙利亚	部队：<u>奥地利</u>、加拿大、**克罗地亚**、印度、日本、波兰、*斯洛伐克*	1047 -- -- 45	1039 -- -- 37[9]	43 1 (-，-，-)	43.8 14.9
UNIFIL （安理会 425 和 426 号决议）[10] 1978.3	联合国黎巴嫩临时部队 黎巴嫩	部队：比利时、**文莱**、中国、克罗地亚、塞浦路斯、**萨尔瓦多**、芬兰、法国、德国、加纳、希腊、危地马拉、匈牙利、印度、印度尼西亚、爱尔兰、<u>意大利</u>、韩国、*卢森堡*、马其顿、马来西亚、尼泊尔、*荷兰*、**挪威**、波兰、葡萄牙、卡塔尔、**塞拉利昂**、**斯洛文尼亚**、西班牙、坦桑尼亚、土耳其	15000 -- -- 408	12435 -- -- 317[11]	279 9 (-，4，1)	697.3 71.0
MINURSO （安理会 690 号决议）[12] 1991.9	联合国西撒哈拉公民投票特派团 西撒哈拉	部队：*加纳*、马来西亚 观察员：阿根廷、奥地利、孟加拉国、巴西、中国、克罗地亚、吉布提、埃及、萨尔瓦多、法国、加纳、希腊、几内亚、洪都拉斯、匈牙利、爱尔兰、意大利、肯尼亚、马来西亚、蒙古、尼日利亚、巴基斯坦、**巴拉圭**、波兰、<u>俄罗斯</u>、斯里兰卡、乌拉圭、也门 民事警察：埃及、萨尔瓦多	27 203 6 115	20 197 6 97[13]	15 --	47.7 63.1

缩略语 （法律依据） 开始时间	行动名称 （地点）	2008 年派出部队、观察员、民事警察或文职人员的国家 （**黑体字**为新参加国，*斜体字*为年内结束使命国、<u>下划线</u>表示指定的牵头国）	部队/观察员/民事警察/文职人员 批准数	实际数	死亡人数：迄今数/2008 年数/（死于敌对行动、事故、伤病）	开支（百万美元）全年开支额/未付额
UNOMIG （安理会 849 和 858 号决议）[14] 1993.8	联合国格鲁吉亚观察团 格鲁吉亚	观察员：阿尔巴尼亚、奥地利、孟加拉国、克罗地亚、捷克、丹麦、埃及、法国、<u>德国</u>、加纳、希腊、匈牙利、印度尼西亚、约旦、韩国、立陶宛、摩尔多瓦、蒙古、尼泊尔、尼日利亚、巴基斯坦、波兰、罗马尼亚、俄罗斯、瑞典、瑞士、土耳其、英国、乌克兰、乌拉圭、美国、也门 民事警察：捷克、<u>德国</u>、加纳、**以色列**、菲律宾、波兰、俄罗斯、瑞典、瑞士、乌克兰	-- 136 20 115	-- 136 20 103[15]	11 --	35.5 11.5
UNMIK （安理会 1244 号决议）[16] 1999.6	联合国科索沃临时行政机构 科索沃	观察员：阿根廷、孟加拉国、玻利维亚、保加利亚、智利、*捷克*、丹麦、*芬兰*、*匈牙利*、<u>爱尔兰</u>、*约旦*、*肯尼亚*、*马拉维*、*马来西亚*、*尼泊尔*、*新西兰*、挪威、巴基斯坦、*波兰*、葡萄牙、罗马尼亚、俄罗斯、西班牙、*英国*、乌克兰、*赞比亚*、 民事警察：阿根廷、奥地利、<u>孟加拉国</u>、巴西、保加利亚、中国、克罗地亚、捷克、丹麦、芬兰、法国、德国、加纳、希腊、匈牙利、印度、意大利、约旦、*肯尼亚*、吉尔吉斯斯坦、立陶宛、马拉维、**尼泊尔**、尼日利亚、挪威、巴基斯坦、菲律宾、波兰、*葡萄牙*、罗马尼亚、俄罗斯、斯洛文尼亚、西班牙、瑞典、瑞士、土耳其、乌干达、英国、乌克兰、*美国*、赞比亚、津巴布韦	-- 38 2065 605	-- 22 841 373[17]	54 5 （1，1，1）	208.9 ..[18]

缩略语 （法律依据） 开始时间	行动名称 （地点）	2008 年派出部队、观察员、民事警察或文职人员的国家 （**黑体字**为新参加国，*斜体字*为年内结束使命国、下划线表示指定的牵头国）	部队/观察员/民事警察/文职人员		死亡人数：迄今数/2008 年数/（死于敌对行动、事故、伤病）	开支（百万美元）全年开支额/未付额
			批准数	实际数		
MONUC （安理会 1279 号决议）[19] 1999.10	联合国刚果民主共和国行动团 刚果民主共和国	部队：孟加拉国、贝宁、玻利维亚、中国、加纳、危地马拉、<u>印度</u>、印度尼西亚、约旦、马拉维、摩洛哥、尼泊尔、巴基斯坦、塞内加尔、塞尔维亚、南非、突尼斯、乌拉圭 观察员：阿尔及利亚、孟加拉国、比利时、贝宁、玻利维亚、波黑、布基纳法索、*喀麦隆*、加拿大、中国、捷克、丹麦、埃及、法国、加纳、危地马拉、印度、印度尼西亚、爱尔兰、约旦、肯尼亚、马拉维、马来西亚、马里、*蒙古*、摩洛哥、**莫桑比克**、尼泊尔、尼日尔、尼日利亚、<u>巴基斯坦</u>、巴拉圭、秘鲁、波兰、罗马尼亚、俄罗斯、塞内加尔、南非、西班牙、斯里兰卡、瑞典、瑞士、突尼斯、英国、乌克兰、乌拉圭、也门、赞比亚 民事警察：**阿根廷**、孟加拉国、贝宁、布基纳法索、喀麦隆、中非共和国、乍得、科特迪瓦、*埃及*、法国、几内亚、印度、约旦、*肯尼亚*、马达加斯加、马里、尼日尔、罗马尼亚、俄罗斯、<u>塞内加尔</u>、瑞典、**多哥**、土耳其、乌克兰、也门	19815[20] 760 1441 1166	16603 740 1079 951[21]	139 21 （2，3，10）	1179.2 606.8

缩略语（法律依据）开始时间	行动名称（地点）	2008 年派出部队、观察员、民事警察或文职人员的国家（**黑体字**为新参加国，*斜体字*为年内结束使命国、<u>下划线</u>表示指定的牵头国）	部队/观察员/民事警察/文职人员		死亡人数：迄今数/2008 年数/（死于敌对行动、事故、伤病）	开支（百万美元）全年开支额/未付额
			批准数	实际数		
UNMEE *（安理会 1312 号决议）* *2000.7*	*联合国埃塞俄比亚和厄立特里亚特派团* *埃塞俄比亚/厄立特里亚*	*部队：孟加拉国、加纳、<u>印度</u>、约旦、肯尼亚、马来西亚、纳米比亚、尼日利亚、坦桑尼亚、突尼斯、***英国***、乌拉圭、赞比亚* *观察员：阿尔及利亚、奥地利、孟加拉国、玻利维亚、波黑、巴西、保加利亚、中国、克罗地亚、捷克、丹麦、<u>芬兰</u>、法国、冈比亚、德国、加纳、希腊、危地马拉、印度、伊朗、约旦、肯尼亚、吉尔吉斯斯坦、马来西亚、蒙古、纳米比亚、尼泊尔、尼日利亚、挪威、巴基斯坦、巴拉圭、秘鲁、波兰、罗马尼亚、俄罗斯、南非、西班牙、斯里兰卡、瑞典、坦桑尼亚、突尼斯、乌克兰、乌拉圭、美国、赞比亚*	1470 230 -- 176	237 71 -- 152[24]	20 --	65.5 31.2

缩略语（法律依据）开始时间	行动名称（地点）	2008 年派出部队、观察员、民事警察或文职人员的国家（**黑体字**为新参加国，*斜体字*为年内结束使命国、下划线表示指定的牵头国）	部队/观察员/民事警察/文职人员		死亡人数：迄今数/2008 年数/（死于敌对行动、事故、伤病）	开支（百万美元）全年开支额/未付额
			批准数	实际数		
UNMIL（安理会 1509 号决议）[25] 2003.10	联合国利比里亚特派团 利比里亚	部队：孟加拉国、贝宁、**玻利维亚**、巴西、中国、克罗地亚、厄瓜多尔、埃塞俄比亚、芬兰、法国、加纳、*爱尔兰*、约旦、肯尼亚、韩国、*马里*、蒙古、纳米比亚、尼泊尔、尼日利亚、巴基斯坦、巴拉圭、秘鲁、菲律宾、塞内加尔、多哥、英国、乌克兰、美国、**也门** 观察员：孟加拉国、贝宁、玻利维亚、保加利亚、中国、*捷克*、丹麦、厄瓜多尔、埃及、萨尔瓦多、埃塞俄比亚、冈比亚、加纳、印度尼西亚、约旦、肯尼亚、韩国、吉尔吉斯斯坦、马来西亚、马里、摩尔多瓦、黑山、纳米比亚、尼泊尔、尼日尔、尼日利亚、巴基斯坦、巴拉圭、秘鲁、菲律宾、波兰、罗马尼亚、俄罗斯、塞内加尔、塞尔维亚、多哥、乌克兰、美国、赞比亚、津巴布韦 民事警察：阿根廷、孟加拉国、波黑、中国、捷克、埃及、萨尔瓦多、斐济、冈比亚、德国、加纳、**冰岛**、印度、牙买加、约旦、肯尼亚、吉尔吉斯斯坦、*马其顿*、马拉维、纳米比亚、尼泊尔、尼日利亚、挪威、巴基斯坦、菲律宾、波兰、俄罗斯、卢旺达、*萨摩亚*、塞尔维亚、斯里兰卡、瑞典、土耳其、乌干达、乌克兰、乌拉圭、美国、也门、赞比亚、津巴布韦	10231 215 1375 547	10607 180 1066 478[26]	123 21 (-，5，12)	660.0 67.5

缩略语（法律依据）开始时间	行动名称（地点）	2008 年派出部队、观察员、民事警察或文职人员的国家（**黑体字**为新参加国，*斜体字*为年内结束使命国、下划线表示指定的牵头国）	部队/观察员/民事警察/文职人员 批准数	实际数	死亡人数：迄今数/2008 年数/（死于敌对行动、事故、伤病）	开支（百万美元）全年开支额/未付额
UNOCI（安理会 1528 号决议）[27] 2004.4	联合国科特迪瓦行动团 科特迪瓦	部队：孟加拉国、贝宁、巴西、法国、加纳、约旦、*肯尼亚*、摩洛哥、**尼泊尔**、尼日尔、巴基斯坦、巴拉圭、菲律宾、塞内加尔、坦桑尼亚、多哥、突尼斯、乌干达、**也门** 观察员：孟加拉国、贝宁、玻利维亚、巴西、乍得、中国、克罗地亚、*多米尼加共和国*、厄瓜多尔、萨尔瓦多、埃塞俄比亚、法国、冈比亚、加纳、危地马拉、几内亚、印度、爱尔兰、约旦、*肯尼亚*、摩尔多瓦、纳米比亚、尼泊尔、尼日尔、尼日利亚、巴基斯坦、巴拉圭、秘鲁、菲律宾、波兰、罗马尼亚、俄罗斯、塞内加尔、塞尔维亚、坦桑尼亚、多哥、突尼斯、乌干达、乌拉圭、也门、赞比亚、津巴布韦 民事警察：阿根廷、孟加拉国、贝宁、布隆迪、喀麦隆、加拿大、中非共和国、乍得、刚果民主共和国、吉布提、法国、加纳、约旦、利比亚、马达加斯加、尼日尔、*尼日利亚*、巴基斯坦、卢旺达、塞内加尔、瑞士、多哥、土耳其、乌拉圭、也门	7915 200 1200 498	7830 197 1163 430[28]	54 18 （-，11，6）	484.2 231.0

缩略语 （法律依据） 开始时间	行动名称 （地点）	2008 年派出部队、观察员、 民事警察或文职人员的国家 （**黑体字**为新参加国，*斜体字*为年内结束使命国、下划线表示指定的牵头国）	部队/ 观察员/ 民事警察/ 文职人员		死亡人数： 迄今数/ 2008 年数/ （死于敌对行动、事故、伤病）	开支 （百万美元） 全年开支额 /未付额
			批准数	实际数		
MINUSTAH （安理会 1542 号决议）[29] 2004.6	联合国海地稳定特派团 海　地	部队：阿根廷、玻利维亚、巴西、加拿大、智利、克罗地亚、厄瓜多尔、法国、危地马拉、约旦、尼泊尔、*巴基斯坦*、巴拉圭、秘鲁、菲律宾、斯里兰卡、乌拉圭、美国 民事警察：阿根廷、贝宁、巴西、布基纳法索、喀麦隆、加拿大、中非共和国、乍得、智利、中国、哥伦比亚、刚果民主共和国、科特迪瓦、*克罗地亚*、埃及、萨尔瓦多、法国、格林纳达、几内亚、**印度**、**意大利**、**牙买加**、约旦、马达加斯加、马里、尼泊尔、尼日尔、尼日利亚、巴基斯坦、菲律宾、罗马尼亚、俄罗斯、卢旺达、塞内加尔、**塞尔维亚**、西班牙、斯里兰卡、多哥、土耳其、乌拉圭、美国、**也门**	7060 -- 2091 532	7036 -- 2053 492[30]	39 5 （1，2，2）	568.5 96.7

缩略语 （法律依据） 开始时间	行动名称 （地点）	2008 年派出部队、观察员、民事警察或文职人员的国家 （**黑体字**为新参加国，*斜体字*为年内结束使命国、下划线表示指定的牵头国）	部队/观察员/民事警察/文职人员		死亡人数： 迄今数/ 2008 年数/ （死于敌对行动、事故、伤病）	开支 （百万美元） 全年开支额 /未付额
			批准数	实际数		
UNMIS （安理会 1590 号决议）[31] 2005.3	联合国苏丹特派团 苏　丹	部队：澳大利亚、孟加拉国、*玻利维亚*、柬埔寨、加拿大、中国、克罗地亚、丹麦、埃及、芬兰、*法国*、*冈比亚*、德国、*希腊*、危地马拉、印度、*意大利*、**日本**、约旦、肯尼亚、韩国、*马拉维*、马来西亚、尼泊尔、荷兰、新西兰、*尼日尔*、*尼日利亚*、挪威、巴基斯坦、俄罗斯、卢旺达、*塞内加尔*、**塞拉利昂**、*南非*、瑞典、*坦桑尼亚*、*泰国*、土耳其、英国、也门、赞比亚、*津巴布韦* 观察员：澳大利亚、孟加拉国、比利时、贝宁、玻利维亚、博茨瓦纳、巴西、布基纳法索、柬埔寨、加拿大、中国、丹麦、厄瓜多尔、埃及、萨尔瓦多、斐济、加蓬、德国、希腊、危地马拉、几内亚、印度、印度尼西亚、约旦、肯尼亚、韩国、吉尔吉斯斯坦、马拉维、马来西亚、马里、*摩尔多瓦*、蒙古、莫桑比克、纳米比亚、尼泊尔、荷兰、新西兰、尼日利亚、挪威、巴基斯坦、巴拉圭、秘鲁、菲律宾、波兰、罗马尼亚、俄罗斯、卢旺达、**塞拉利昂**、斯里兰卡、瑞典、坦桑尼亚、泰国、乌干达、乌克兰、**乌拉圭**、也门、赞比亚、津巴布韦	9250 750 715 996	8726 620 679 774[32]	42 10 （-，2，6）	852.5 636.6

缩略语 (法律依据) 开始时间	行动名称 (地点)	2008 年派出部队、观察员、民事警察或文职人员的国家 (**黑体字**为新参加国，*斜体字*为年内结束使命国、下划线表示指定的牵头国)	部队/观察员/民事警察/文职人员		死亡人数：迄今数/2008 年数/(死于敌对行动、事故、伤病)	开支(百万美元)全年开支额/未付额
			批准数	实际数		
UNMIS (安理会 1590 号决议)[31] 2005.3	联合国苏丹特派团 苏　丹	民事警察：阿根廷、澳大利亚、孟加拉国、波黑、*博茨瓦纳*、巴西、加拿大、中国、丹麦、埃及、萨尔瓦多、**埃塞俄比亚**、斐济、*芬兰*、冈比亚、德国、加纳、印度、印度尼西亚、*牙买加*、约旦、肯尼亚、吉尔吉斯斯坦、马来西亚、马里、纳米比亚、尼泊尔、荷兰、*新西兰*、尼日利亚、挪威、巴基斯坦、菲律宾、俄罗斯、卢旺达、萨摩亚、斯里兰卡、瑞典、土耳其、乌干达、*英国*、乌克兰、乌拉圭、美国、也门、赞比亚、津巴布韦				
UNMIT (安理会 1704 号决议)[33] 2006.8	联合国东帝汶综合特派团 东帝汶	观察员：澳大利亚、孟加拉国、巴西、中国、斐济、**印度**、马来西亚、**尼泊尔**、新西兰、巴基斯坦、菲律宾、葡萄牙、塞拉利昂、新加坡 民事警察：澳大利亚、孟加拉国、巴西、加拿大、中国、克罗地亚、埃及、萨尔瓦多、冈比亚、印度、牙买加、日本、韩国、吉尔吉斯斯坦、马来西亚、纳米比亚、尼泊尔、新西兰、尼日利亚、巴基斯坦、*帕劳*、菲律宾、葡萄牙、罗马尼亚、俄罗斯、萨摩亚、塞内加尔、新加坡、西班牙、斯里兰卡、瑞典、泰国、土耳其、乌干达、乌克兰、乌拉圭、**瓦努阿图**、也门、赞比亚、津巴布韦	-- 34 1605 441	-- 33 1517 351[34]	4 2 (-, 1, 1)	167.0 20.8

缩略语 （法律依据） 开始时间	行动名称 （地点）	2008 年派出部队、观察员、民事警察或文职人员的国家 （**黑体字**为新参加国，*斜体字*为年内结束使命国、下划线表示指定的牵头国）	部队/观察员/民事警察/文职人员 批准数	部队/观察员/民事警察/文职人员 实际数	死亡人数：迄今数/2008 年数/（死于敌对行动、事故、伤病）	开支（百万美元）全年开支额/未付额
MINURCAT （安理会 1778 号决议）[35] 2007.9	联合国中非和乍得特派团 中非共和国/乍得[36]	观察员：孟加拉国、玻利维亚、巴西、厄瓜多尔、埃及、*法国*、加蓬、冈比亚、加纳、约旦、吉尔吉斯斯坦、马里、尼泊尔、尼日利亚、巴基斯坦、波兰、葡萄牙、卢旺达、塞内加尔、西班牙、*瑞典*、突尼斯、乌干达、也门、赞比亚 民事警察：贝宁、布基纳法索、布隆迪、喀麦隆、科特迪瓦、埃及、法国、几内亚、约旦、马达加斯加、马里、尼日尔、葡萄牙、卢旺达、塞内加尔、多哥、也门	-- 50 300 511	-- 44 235 316[37]	-- --	279.2 45.0
联合国特别政治行动及和平建设行动（6 项行动）（共有 59 个国家参加）			**298** **107** **29** **1053**	**222** **96** **19** **827**	**32** **11**	**328.7** --
UNAMA （安理会 1401 号决议）[38] 2002.3	联合国阿富汗支援团 阿富汗	观察员：澳大利亚、孟加拉国、玻利维亚、**加拿大**、**捷克**、丹麦、德国、韩国、*立陶宛*、新西兰、挪威、巴拉圭、**葡萄牙**、罗马尼亚、*瑞典*、*英国*、乌拉圭 民事警察：**孟加拉国**、**约旦**、尼泊尔、*尼日利亚*、菲律宾 文职人员：国别不明	-- 20 8 310	-- 16 5 250[39]	11 1 (-，1，-)	86.4 --

缩略语 (法律依据) 开始时间	行动名称 (地点)	2008 年派出部队、观察员、民事警察或文职人员的国家 (**黑体字**为新参加国，*斜体字*为年内结束使命国、下划线表示指定的牵头国)	部队/观察员/民事警察/文职人员 批准数	 实际数	死亡人数：迄今数/2008 年数/ (死于敌对行动、事故、伤病)	开支 (百万美元) 全年开支额 /未付额
UNAMI (安理会 1500 号决议)[40] 2003.8	联合国伊拉克援助团 伊拉克	部队：斐济 观察员：澳大利亚、*加拿大*、丹麦、新西兰、英国 文职人员：国别不明	298 8 -- 446	222 6 -- 296[41]	10 3 (-，1，2)	126.8 --
UNIOSIL *(安理会 1620 号决议)* *2006.1*	*联合国塞拉利昂综合办事处* *塞拉利昂*	观察员：*孟加拉国*、*中国*、*克罗地亚*、*埃及*、*加纳*、*肯尼亚*、*尼泊尔*、*尼日利亚*、*巴基斯坦*、**俄罗斯**、*瑞典*、*英国*、*赞比亚* 民事警察：*冈比亚*、*加纳*、*印度*、*肯尼亚*、*尼泊尔*、*尼日利亚*、*葡萄牙*、*西班牙*、*瑞典*、*土耳其*、*英国*、**美国** 文职人员：*国别不明*	-- -- -- --	-- 5 2 47[43]	5 1 (-，-，-)	24.7 -
BINUB (安理会 1719 号决议)[44] 2007.1	联合国布隆迪综合办事处 布隆迪	观察员：孟加拉国、克罗地亚、**埃及**、荷兰、尼日尔、巴基斯坦、*南非*、瑞士、突尼斯 民事警察：贝宁、布基纳法索、喀麦隆、科特迪瓦、马达加斯加、**尼日利亚**、*土耳其*、**也门** 文职人员：国别不明	-- 7 14 143	-- 8 12 117[45]	-- --	32.3 --

缩略语 （法律依据） 开始时间	行动名称 （地点）	2008 年派出部队、观察员、民事警察或文职人员的国家 （**黑体字**为新参加国，*斜体字*为年内结束使命国、下划线表示指定的牵头国）	部队/观察员/民事警察/文职人员 批准数	实际数	死亡人数：迄今数/2008 年数/（死于敌对行动、事故、伤病）	开支（百万美元）全年开支额/未付额
UNMIN （安理会 1740 号决议）[46] 2007.1	联合国尼泊尔特派团 尼泊尔	观察员：*奥地利*、*玻利维亚*、巴西、*克罗地亚*、*丹麦*、*厄瓜多尔*、埃及、*芬兰*、*冈比亚*、*加纳*、危地马拉、印度尼西亚、日本、约旦、哈萨克斯坦、*韩国*、马来西亚、尼日利亚、*挪威*、巴拉圭、罗马尼亚、*俄罗斯*、塞拉利昂、*新加坡*、南非、瑞典、瑞士、*泰国*、英国、乌拉圭、*也门*、赞比亚、津巴布韦 文职人员：国别不明	-- 72 7 112	-- 61 -- 104[47]	6 6 (-，6，-)	55.1 --
UNIPSIL **（安理会 1829 号决议）[48]** **2008. 10**	**联合国塞拉利昂和平建设综合办事处** 塞拉利昂	文职人员：国别不明	-- -- -- 42	-- -- -- 13[49]	-- --	3.5 --
非洲联盟—联合国联合实施的行动（1 项）（共有 58 个国家参加）			**19315** **240** **6432** **1495**	**12194** **175** **2767** **786**	**25** **25**	**1635.1** **344.6**

缩略语 (法律依据) 开始时间	行动名称 (地点)	2008 年派出部队、观察员、民事警察或文职人员的国家 (黑体字为新参加国，*斜体字*为年内结束使命国、下划线表示指定的牵头国)	部队/观察员/民事警察/文职人员		死亡人数：迄今数/2008 年数/(死于敌对行动、事故、伤病)	开支 (百万美元) 全年开支额 /未付额
			批准数	实际数		
UNAMID (安理会 1769 号决议)[50] 2007.10[51]	非盟/联合国达尔富尔混合行动 苏丹	部队：澳大利亚、孟加拉国、玻利维亚、布基纳法索、布隆迪、加拿大、中国、埃及、埃塞俄比亚、法国、冈比亚、德国、加纳、危地马拉、印度尼西亚、意大利、约旦、肯尼亚、马拉维、马来西亚、马里、纳米比亚、尼泊尔、荷兰、尼日利亚、巴基斯坦、卢旺达、塞内加尔、塞拉利昂、南非、瑞典、坦桑尼亚、泰国、多哥、土耳其、英国、也门、赞比亚、津巴布韦 观察员：孟加拉国、布基纳法索、布隆迪、埃及、埃塞俄比亚、加蓬、冈比亚、*加纳*、印度尼西亚、约旦、马拉维、马里、莫桑比克、纳米比亚、尼泊尔、尼日利亚、巴基斯坦、卢旺达、塞内加尔、南非、坦桑尼亚、多哥、乌干达、也门、赞比亚 民事警察：孟加拉国、博茨瓦纳、布基纳法索、喀麦隆、*加拿大*、科特迪瓦、埃及、萨尔瓦多、斐济、芬兰、法国、冈比亚、德国、加纳、印度尼西亚、牙买加、约旦、马达加斯加、马拉维、马来西亚、马里、毛里塔尼亚、*毛里求斯*、尼泊尔、尼日尔、尼日利亚、挪威、巴基斯坦、帕劳、菲律宾、卢旺达、萨摩亚、塞内加尔、塞拉利昂、南非、瑞典、塔吉克斯坦、坦桑尼亚、土耳其、乌干达、英国、*乌拉圭*、也门、赞比亚	19315 240 6432 1495	12194 175 2767 786[52]	25 25 (10，4，7)	1635.1 344.6

缩略语 （法律依据） 开始时间	行动名称 （地点）	2008 年派出部队、观察员、民事警察或文职人员的国家 （**黑体字**为新参加国，*斜体字*为年内结束使命国、下划线表示指定的牵头国）	部队/观察员/民事警察/文职人员		死亡人数： 迄今数/ 2008 年数/ （死于敌对行动、事故、伤病）	开支 （百万美元） 全年开支额 /未付额
			批准数	实际数		
非洲联盟行动（2 项）（共有 4 个国家参加）			**7650** -- -- --	**3560** -- -- --	**11** **6**	--
AMISOM （非盟决议，2007.1.19）[53] 2007.3	非盟索马里特派团 索马里	部队：布隆迪、乌干达[54]	7650 -- -- --	3400 -- -- --	9 4 （4，-，-）	..[55]
MAES *（非盟决议，2007.5.9）* *2007.5*	*非盟科摩罗选举与安全支援团* *科摩罗*	部队：*苏丹、坦桑尼亚*	-- -- -- --	160[57] -- -- --	2 2 （-，1，1）	..
中非国家经济与货币共同体行动（1 项）（共有 4 个国家参加）			-- -- -- --	**504** -- -- --	**8**	--

缩略语 （法律依据） 开始时间	行动名称 （地点）	2008 年派出部队、观察员、民事警察或文职人员的国家 （**黑体字**为新参加国，*斜体字*为年内结束使命国、<u>下划线</u>表示指定的牵头国）	部队/观察员/民事警察/文职人员		死亡人数：迄今数/2008 年数/（死于敌对行动、事故、伤病）	开支（百万美元）全年开支额/未付额
			批准数	实际数		
MICOPAX （利伯维尔首脑会议决定，2002.10.2）[58] 2003.1	驻中非共和国巩固和平特派团[59] 中非共和国	部队：**喀麦隆**、乍得、刚果共和国、<u>加蓬</u>	-- -- -- --	504 -- -- --[60]	8 --	..
独立国家联合体行动（3 项）（共有 4 个国家参加）			**6000**	**5339** **10** --	-- --	..
JPKF *（双边，* *1992.6.24）*[61] *1992.7*	*独联体联合维和部队* *格鲁吉亚* *（南奥塞梯）*	部队：*格鲁吉亚*、<u>*俄罗斯*</u>、*（南奥塞梯）*	1500 -- -- --	1519 -- -- --	.. ..	..
JCC （双边， 1992.7.21）[62] 1992.7	联合控制委员会维和部队 摩尔多瓦（德涅斯特河沿岸）	部队：摩尔多瓦、俄罗斯、（德涅斯特河沿岸） 观察员：<u>乌克兰</u>	1500 -- -- --	1278 10 -- --	.. ..	

缩略语 (法律依据) 开始时间	行动名称 (地点)	2008 年派出部队、观察员、民事警察或文职人员的国家 (**黑体字**为新参加国，*斜体字*为年内结束使命国、<u>下划线</u>表示指定的牵头国)	部队/观察员/民事警察/文职人员 批准数	 实际数	死亡人数：迄今数/2008 年数/ (死于敌对行动、事故、伤病)	开支 (百万美元) 全年开支额 /未付额
CIS PKF *(独联体，* *1994.10.15)*[63] *1994.6*	*独联体格鲁吉亚维和部队* *格鲁吉亚* *(阿布哈兹)*	部队：*俄罗斯*[64]	3000 -- -- --	2542 -- -- --	.. ..	..
欧洲联盟行动（12 项）（共有 41 个国家参加）			**6200** **200** **2414** **51**	**5396** **312** **1592** **632**	**27** **17**	**508.2**
EUPM (欧盟常设理事会 2002/210/CFSP 联合行动决定)[65] 2003.1	欧盟波黑警察特派团 波黑	民事警察：奥地利、比利时、保加利亚、加拿大、**塞浦路斯**、捷克、丹麦、爱沙尼亚、芬兰、<u>法国</u>、德国、希腊、匈牙利、冰岛、爱尔兰、意大利、拉脱维亚、*立陶宛*、*卢森堡*、马耳他、荷兰、挪威、**波兰**、葡萄牙、罗马尼亚、斯洛伐克、斯洛文尼亚、西班牙、瑞典、瑞士、土耳其、英国、*乌克兰* 文职人员：比利时、保加利亚、**加拿大**、**芬兰**、法国、德国、爱尔兰、意大利、挪威、葡萄牙、西班牙、*瑞典*、土耳其、英国、乌克兰	-- -- -- --	-- -- 160 32[66]	3 --	21.8 --

缩略语 （法律依据） 开始时间	行动名称 （地点）	2008 年派出部队、观察员、民事警察或文职人员的国家 （**黑体字**为新参加国，*斜体字*为年内结束使命国、下划线表示指定的牵头国）	部队/观察员/民事警察/文职人员		死亡人数：迄今数/2008 年数/（死于敌对行动、事故、伤病）	开支 （百万美元） 全年开支额 /未付额
			批准数	实际数		
EUFOR ALTHEA（欧盟常设理事会 2004/570/CFSP 联合行动决定）[67] 2004.12	欧盟波黑军事行动团 波 黑	部队：阿尔巴尼亚、奥地利、*比利时*、保加利亚、智利、*捷克*、爱沙尼亚、芬兰、法国、德国、希腊、匈牙利、爱尔兰、<u>意大利</u>、**拉脱维亚**、立陶宛、卢森堡、马其顿、荷兰、*挪威*、波兰、葡萄牙、罗马尼亚、斯洛伐克、斯洛文尼亚、西班牙、*瑞典*、瑞士、土耳其、英国	2500 -- -- --	1976[68] -- -- --	21 15 (-, 15, -)	39.7
EUSEC RD Congo（欧盟常设理事会 2005/355/CFSP 联合行动决定）[69] 2005.6	欧盟民主刚果安全改革咨询与协助团 刚果民主共和国	文职人员：奥地利、比利时、**刚果民主共和国**、*塞浦路斯*、法国、德国、匈牙利、*意大利*、卢森堡、荷兰、葡萄牙、瑞典、英国	-- -- -- --	-- -- -- 40[70]	2 1 (-, -, 1)	13.4

缩略语 (法律依据) 开始时间	行动名称 (地点)	2008 年派出部队、观察员、民事警察或文职人员的国家 (**黑体字**为新参加国，*斜体字*为年内结束使命国、下划线表示指定的牵头国)	部队/观察员/民事警察/文职人员		死亡人数：迄今数/2008 年数/ (死于敌对行动、事故、伤病)	开支 (百万美元) 全年开支额 /未付额
			批准数	实际数		
EUJUSTLEX (欧盟常设理事会 2005/190/CFSP 联合行动决定)[71] 2005.7	欧盟伊拉克法制整合团 伊拉克 /欧洲[72]	文职人员：**奥地利**、比利时、*保加利亚*、丹麦、*芬兰*、法国、德国、匈牙利、*爱尔兰*、意大利、*立陶宛*、*卢森堡*、荷兰、*波兰*、罗马尼亚、西班牙、瑞典、英国[73]	-- -- -- 30	-- -- -- 30	-- --	10.3
EU BAM Rafah (欧盟常设理事会 2005/889/CFSP 联合行动决定)[74] 2005.10	欧盟拉法过境站边界援助团 埃及/巴勒斯坦 (拉法过境站)	民事警察：比利时、*丹麦*、芬兰、法国、*德国*、*希腊*、**匈牙利**、意大利、*荷兰*、罗马尼亚、西班牙 文职人员：**比利时**、意大利、西班牙、英国	-- -- 75 --	-- -- 13 5[75]	-- --	6.6 --

缩略语 （法律依据） 开始时间	行动名称 （地点）	2008 年派出部队、观察员、民事警察或文职人员的国家 （黑体字为新参加国，*斜体字*为年内结束使命国、下划线表示指定的牵头国）	部队/观察员/民事警察/文职人员		死亡人数：迄今数/2008 年数/（死于敌对行动、事故、伤病）	开支（百万美元）全年开支额/未付额
			批准数	实际数		
EUPOL COPPS（欧盟常设理事会 2005/797/CFSP 联合行动决定）[76] 2006.1	欧盟巴勒斯坦警察特派团 巴勒斯坦	民事警察：*奥地利*、比利时、**加拿大**、捷克、丹麦、芬兰、法国、德国、希腊、意大利、**挪威**、*葡萄牙*、瑞典、英国 文职人员：奥地利、爱沙尼亚、**芬兰**、**德国**、**匈牙利**、意大利、**荷兰**、西班牙、瑞典、英国	-- -- -- --	-- -- 23 19[77]	-- --	8.8
EUPOLAfghanistan（欧盟理事会 2007/369/CFSP 联合行动决定）[78] 2007.6	欧盟阿富汗警察特派团 阿富汗	民事警察：*比利时*、加拿大、克罗地亚、捷克、丹麦、*爱沙尼亚*、芬兰、法国、德国、**匈牙利**、*爱尔兰*、意大利、*拉脱维亚*、立陶宛、荷兰、**挪威**、**波兰**、罗马尼亚、西班牙、瑞典、英国 文职人员：比利时、捷克、丹麦、爱沙尼亚、芬兰、法国、德国、希腊、匈牙利、爱尔兰、意大利、荷兰、波兰、西班牙、瑞典、英国	-- -- 400 --	-- -- 121 58[79]	-- --	48.2

缩略语（法律依据）开始时间	行动名称（地点）	2008 年派出部队、观察员、民事警察或文职人员的国家（黑体字为新参加国，*斜体字*为年内结束使命国、下划线表示指定的牵头国）	部队/观察员/民事警察/文职人员		死亡人数：迄今数/2008 年数/（死于敌对行动、事故、伤病）	开支（百万美元）全年开支额/未付额
			批准数	实际数		
EUFOL RD-Congo（欧盟常设理事会 2007/405/CFSP 联合行动决定）[80] 2007.7	欧盟民主刚果警察特派团 刚果民主共和国	民事警察：安哥拉、比利时、芬兰、法国、意大利、葡萄牙、罗马尼亚、西班牙 文职人员：*比利时*、*芬兰*、法国、德国、葡萄牙、瑞典、瑞士	-- -- 39 --	-- -- 30[81] 9	-- --	9.1
EUFOR Tchad/RCA（欧盟常设理事会 2007/677/CFSP 联合行动决定）[82] **2008.1**[83]	欧盟乍得/中非共和国军事行动团 中非共和国/乍得	部队：阿尔巴尼亚、奥地利、比利时、保加利亚、塞浦路斯、捷克、芬兰、法国、德国、希腊、匈牙利、爱尔兰、意大利、立陶宛、卢森堡、荷兰、波兰、葡萄牙、罗马尼亚、俄罗斯、斯洛伐克、斯洛文尼亚、西班牙、瑞典、英国	3700[84] -- -- --	3420[85] -- -- 15	1 1 (1，-，-)	143.4

缩略语 (法律依据) 开始时间	行动名称 (地点)	2008 年派出部队、观察员、民事警察或文职人员的国家 (**黑体字**为新参加国，*斜体字*为年内结束使命国、下划线表示指定的牵头国)	部队/观察员/民事警察/文职人员		死亡人数：迄今数/2008 年数/(死于敌对行动、事故、伤病)	开支 (百万美元) 全年开支额 /未付额
			批准数	实际数		
EULEX Kosovo (欧盟常设理事会 2008/124/CFSP 联合行动决定)[86] **2008.2**[87]	欧盟科索沃法制团 科索沃	民事警察：奥地利、比利时、保加利亚、克罗地亚、捷克、丹麦、爱沙尼亚、芬兰、法国、德国、希腊、匈牙利、爱尔兰、意大利、拉脱维亚、立陶宛、卢森堡、荷兰、挪威、波兰、葡萄牙、罗马尼亚、斯洛伐克、斯洛文尼亚、西班牙、瑞典、瑞士、土耳其、英国、美国 文职人员：奥地利、比利时、保加利亚、克罗地亚、捷克、丹麦、爱沙尼亚、芬兰、法国、德国、希腊、匈牙利、爱尔兰、意大利、拉脱维亚、立陶宛、卢森堡、马耳他、荷兰、挪威、波兰、葡萄牙、罗马尼亚、斯洛伐克、斯洛文尼亚、西班牙、瑞典、瑞士、土耳其、英国、美国	-- -- 1900[88] --	-- -- 1245 406[89]	-- --	188.6
EU SSR Guinea-Bissau (欧盟常设理事会 2008/112/CFSP 联合行动决定)[90] **2008.6**	欧盟几内亚比绍安全部门咨询团 几内亚比绍	文职人员：**法国**、**德国**、**意大利**、**葡萄牙**、**西班牙**	-- -- -- 21	-- -- -- 18[91]	-- --	4.9

缩略语 （法律依据） 开始时间	行动名称 （地点）	2008 年派出部队、观察员、民事警察或文职人员的国家 （黑体字为新参加国，*斜体字*为年内结束使命国、下划线表示指定的牵头国）	部队/观察员/民事警察/文职人员		死亡人数：迄今数/2008 年数/（死于敌对行动、事故、伤病）	开支（百万美元）全年开支额/未付额
			批准数	实际数		
EUMM （欧盟常设理事会 2008/736/CFSP 联合行动决定）[92] **2008.10**	欧盟格鲁吉亚监督团 *格鲁吉亚*	观察员：**奥地利、比利时、保加利亚、捷克、丹麦、爱沙尼亚、芬兰、法国、德国、希腊、匈牙利、爱尔兰、意大利、拉脱维亚、立陶宛、卢森堡、马耳他、荷兰、波兰、葡萄牙、罗马尼亚、斯洛伐克、西班牙、瑞典、英国**	-- 200 -- --	-- 312[93] -- --	-- --	13.3
北约实施和北约主导的行动（3 项）（共有 43 个国家参加）			**17300** -- -- --	**65978** -- -- --	**661** **199**	**463.2**
KFOR （安理会 1244 号决议）[94] 1999.6	北约科索沃部队 *科索沃*[95]	部队：亚美尼亚、奥地利、*阿塞拜疆*、比利时、保加利亚、**加拿大**、捷克、丹麦、爱沙尼亚、芬兰、法国、*格鲁吉亚*、德国、希腊、匈牙利、爱尔兰、意大利、拉脱维亚、立陶宛、卢森堡、摩洛哥、荷兰、挪威、波兰、葡萄牙、罗马尼亚、斯洛伐克、斯洛文尼亚、西班牙、瑞典、瑞士、土耳其、英国、乌克兰、美国	17000 -- -- --	14411 -- -- --	127 --	43.6

缩略语 (法律依据) 开始时间	行动名称 (地点)	2008 年派出部队、观察员、民事警察或文职人员的国家 (**黑体字**为新参加国，*斜体字*为年内结束使命国、下划线表示指定的牵头国)	部队/观察员/民事警察/文职人员		死亡人数：迄今数/2008 年数/(死于敌对行动、事故、伤病)	开支(百万美元)全年开支额/未付额
			批准数	实际数		
ISAF (安理会 1386 号决议)[96] 2001.12	国际安全支援部队 阿富汗[97]	部队：阿尔巴尼亚、澳大利亚、奥地利、阿塞拜疆、比利时、保加利亚、加拿大、克罗地亚、捷克、丹麦、爱沙尼亚、芬兰、法国、**格鲁吉亚**、德国、希腊、匈牙利、冰岛、爱尔兰、意大利、*约旦*、拉脱维亚、立陶宛、卢森堡、马其顿、荷兰、新西兰、挪威、波兰、葡萄牙、罗马尼亚、**新加坡**、斯洛伐克、斯洛文尼亚、西班牙、瑞典、*瑞士*、土耳其、英国、**乌克兰**、美国	-- -- -- --	51356 -- -- --	534 199 (189，-，-)[98]	393.0
NTM-I (安理会 1546 号决议)[99] 2004.8	北约伊拉克训练团 伊拉克[100]	部队：*保加利亚*、捷克、丹麦、爱沙尼亚、匈牙利、意大利、立陶宛、荷兰、波兰、葡萄牙、罗马尼亚、斯洛文尼亚、土耳其、英国、乌克兰、美国	300 -- -- --	211 -- -- --	-- --	26.7
美洲国家组织行动 (1 项)(共有 18 个国家参加)			-- -- -- --	-- -- -- **40**	--	**7.6**

缩略语（法律依据）开始时间	行动名称（地点）	2008年派出部队、观察员、民事警察或文职人员的国家（**黑体字**为新参加国，*斜体字*为年内结束使命国、下划线表示指定的牵头国）	部队/观察员/民事警察/文职人员		死亡人数：迄今数/2008年数/（死于敌对行动、事故、伤病）	开支（百万美元）全年开支额/未付额
			批准数	实际数		
MAPP/OEA（常设理事会CP/RES. 859号决定）[101] 2004. 2	驻哥伦比亚支持和平进程特派团 哥伦比亚	文职人员：阿根廷、**比利时**、玻利维亚、巴西、智利、哥斯达黎加、厄瓜多尔、**德国**、危地马拉、意大利、*立陶宛*、墨西哥、**荷兰**、尼加拉瓜、**巴拿马**、秘鲁、西班牙、瑞典、乌拉圭	-- -- -- --	-- -- -- 40[102]	-- --	7.6
欧洲安全与合作组织行动（9项）（共有47个国家参加）			-- -- -- **23**	-- -- -- **461**	**12** --	**119.1**
—（高级理事会 1992. 9. 18决定）[103] 1992. 9	欧安组织斯科普里防蔓延观察团 前南斯拉夫马其顿共和国	文职人员：奥地利、阿塞拜疆、白俄罗斯、波黑、*加拿大*、克罗地亚、**捷克**、**爱沙尼亚**、**芬兰**、法国、格鲁吉亚、德国、匈牙利、爱尔兰、意大利、日本、挪威、*葡萄牙*、*罗马尼亚*、俄罗斯、斯洛文尼亚、西班牙、瑞典、土耳其、英国、乌克兰、美国	-- -- -- --	-- -- -- 54[104]	1 --	13.4

缩略语 （法律依据） 开始时间	行动名称 （地点）	2008 年派出部队、观察员、民事警察或文职人员的国家 （**黑体字**为新参加国，*斜体字*为年内结束使命国、下划线表示指定的牵头国）	部队/观察员/民事警察/文职人员		死亡人数：迄今数/2008 年数/（死于敌对行动、事故、伤病）	开支（百万美元）全年开支额/未付额
			批准数	实际数		
—（高级理事会 1992.11.6 决定）[105] 1992.12	欧安组织格鲁吉亚观察团 格鲁吉亚	文职人员：奥地利、白俄罗斯、波黑、保加利亚、*加拿大*、捷克、**丹麦**、爱沙尼亚、芬兰、法国、德国、**希腊**、匈牙利、**意大利**、**哈萨克斯坦**、**拉脱维亚**、**摩尔多瓦**、**挪威**、波兰、罗马尼亚、*俄罗斯*、**塞尔维亚**、*斯洛伐克*、西班牙、**瑞典**、**瑞士**、**土耳其**、英国、乌克兰、美国	-- -- -- --	-- -- -- 60[106]	-- --[107]	14.4
—（高级理事会 1993.2.4 决定）[108] 1993.4	欧安组织摩尔多瓦观察团 摩尔多瓦	文职人员：保加利亚、*捷克*、爱沙尼亚、**芬兰**、法国、德国、**拉脱维亚**、挪威、波兰、英国、美国	-- -- -- --	-- -- -- 12[109]	-- --	2.9
—（部长理事会 1993.12.1 决定） *1994.2*	*欧安组织杜尚别中心* *塔吉克斯坦*	文职人员：*保加利亚*、*丹麦*、**芬兰**、*德国*、*意大利*、**哈萨克斯坦**、*立陶宛*、*挪威*、*罗马尼亚*、*俄罗斯*、*英国*、*乌克兰*、*美国*	-- -- -- 17	-- -- -- 16	2 --	3.5
—（欧安组织 1995.8.10 决定）[111] 1995.8	明斯克会议冲突处理执行主席私人代表 阿塞拜疆（纳卡）	文职人员：**保加利亚**、捷克、匈牙利、*哈萨克斯坦*、波兰、英国	-- -- -- 6	-- -- -- 5[112]	-- --	1.5

缩略语 (法律依据) 开始时间	行动名称 (地点)	2008 年派出部队、观察员、民事警察或文职人员的国家 (**黑体字**为新参加国，*斜体字*为年内结束使命国、下划线表示指定的牵头国)	部队/观察员/民事警察/文职人员		死亡人数：迄今数/2008 年数/ (死于敌对行动、事故、伤病)	开支 (百万美元) 全年开支额 /未付额
			批准数	实际数		
—(部长理事会 1995.12.8 决定)[113] 1995.12	欧安组织波黑观察团 波　黑	文职人员：亚美尼亚、奥地利、阿塞拜疆、保加利亚、加拿大、克罗地亚、捷克、芬兰、法国、德国、希腊、匈牙利、爱尔兰、意大利、吉尔吉斯斯坦、荷兰、*挪威*、罗马尼亚、俄罗斯、斯洛伐克、斯洛文尼亚、西班牙、瑞典、*瑞士*、塔吉克斯坦、*土耳其*、英国、美国	-- -- -- --	-- -- -- 75[114]	-- --[115]	22.0
—(常设理事会 160 号决定，1997.3.27)[116] 1997.4	欧安组织阿尔巴尼亚观察团 阿尔巴尼亚	文职人员：奥地利、保加利亚、捷克、芬兰、*法国*、德国、意大利、拉脱维亚、立陶宛、荷兰、*波兰*、**葡萄牙**、罗马尼亚、*西班牙*、*土耳其*、英国、美国	-- -- -- --	-- -- -- 26[117]	-- --	5.2
OMIK (常设理事会 305 号决定，1999.7.1)[118] 1999.7	欧安组织科索沃观察团 科索沃	文职人员：亚美尼亚、奥地利、阿塞拜疆、**白俄罗斯**、*比利时*、波黑、保加利亚、加拿大、克罗地亚、*捷克*、*丹麦*、*爱沙尼亚*、芬兰、法国、**格鲁吉亚**、德国、希腊、匈牙利、爱尔兰、意大利、立陶宛、马其顿、**马耳他**、摩尔多瓦、黑山、荷兰、*挪威*、波兰、葡萄牙、罗马尼亚、俄罗斯、斯洛伐克、西班牙、瑞典、瑞士、塔吉克斯坦、土耳其、英国、乌克兰、美国、乌兹别克斯坦	-- -- -- --	-- -- -- 172[119]	9 --	44.2

缩略语 (法律依据) 开始时间	行动名称 (地点)	2008 年派出部队、观察员、民事警察或文职人员的国家 (**黑体字**为新参加国，*斜体字*为年内结束使命国、下划线表示指定的牵头国)	部队/观察员/民事警察/文职人员		死亡人数：迄今数/2008 年数/(死于敌对行动、事故、伤病)	开支(百万美元)全年开支额/未付额
			批准数	实际数		
— (常设理事会 401 号决定，2001.1.11)[120] 2001.3	欧安组织塞尔维亚观察团 塞尔维亚	文职人员：奥地利、**波黑**、*加拿大*、克罗地亚、*捷克*、爱沙尼亚、**法国**、格鲁吉亚、德国、**匈牙利**、爱尔兰、意大利、摩尔多瓦、荷兰、挪威、*葡萄牙*、**斯洛伐克**、斯洛文尼亚、瑞典、土耳其、英国、**乌克兰**、美国	-- -- -- --	-- -- -- 41[121]	-- --	12.1
	临时联盟行动（6 项）（共有 29 个国家参加）		**1800** **2180** -- **15**	**2919** **1747** **306** **176**	**93** **4**	**543.7**
NNSC (停战协定)[122] 1953.7	中立国监督委员会 朝鲜、韩国	观察员：瑞典、瑞士	-- -- -- --	-- 10 -- --	-- --	2.6
MFO (和平条约议定书)[123] 1982.4	驻西奈多国部队及观察团 埃及 (西奈)	观察员：澳大利亚、加拿大、哥伦比亚、斐济、法国、匈牙利、意大利、新西兰、挪威、乌拉圭、<u>美国</u> 文职人员：美国	-- 2000 -- 15	-- 1673 -- 15[124]	62 3 (-, -, 3)	66.7

缩略语 （法律依据） 开始时间	行动名称 （地点）	2008 年派出部队、观察员、民事警察或文职人员的国家 （**黑体字**为新参加国，*斜体字*为年内结束使命国、<u>下划线</u>表示指定的牵头国）	部队/观察员/民事警察/文职人员 批准数	 实际数	死亡人数： 迄今数/ 2008 年数/ （死于敌对行动、事故、伤病）	开支 （百万美元） 全年开支额 /未付额
TIPH 2 （希伯伦议定书）[125] 1997.2	第二期希伯伦临时国际部队 希伯伦	观察员：丹麦、意大利、<u>挪威</u>、瑞典、瑞士、土耳其	-- 180 -- --	-- 64[126] -- --[127]	2 --	3.3
—（安理会 1464 号决议）[128] 2003.2	Licorne 行动 科特迪瓦[129]	部队：法国	1800 -- -- --	1809 -- -- --	24 --	161.9
RAMSI （比克塔瓦宣言）[130] 2003.7	所罗门群岛地区援助团 所罗门群岛	部队：<u>澳大利亚</u>、新西兰、巴布亚新几内亚、汤加 民事警察：<u>澳大利亚</u>、库克群岛、斐济、基里巴斯、马绍尔群岛、密克罗尼西亚、瑙鲁、新西兰、纽埃、帕劳、巴布亚新几内亚、萨摩亚、汤加、图瓦卢、瓦努阿图 文职人员：澳大利亚、**加拿大**、斐济、新西兰、**尼日利亚**、巴布亚新几内亚、*萨摩亚*、汤加、**英国**	-- -- -- --	220 -- 306 161[131]	4 1 （-，-，1）	168.2[132]
ISF （2006.5.25 决定和安理会 1690 号决议）[133] 2006.5	国际安全部队 东帝汶	部队：<u>澳大利亚</u>、新西兰	-- -- -- --	890[134] -- -- --	1 --	141.0[135]

注释：

CJA 指欧盟理事会联合行动决定；CP/RES 指美洲国家组织常设理事会决议；CSO 指欧安组织高官委员会（现为高级理事会）；DDR 指解除武装、复员遣返和重新安置；FYROM 指前南斯拉夫马其顿共和国；MC 指欧安组织部长理事会；MOU 指谅解备忘录；PC. DEC 指欧安组织常设理事会决定；PSC 指（非盟）和平与安全理事会；SCR 指联合国安理会决议；SSR 指安全部门改革；UNV 指联合国志愿者。

[1]“联合国停战监督组织”（UNTSO）系根据 1948 年 5 月 29 日安理会第 50 号决议建立，其职责是协助“调解员”和“停战委员会”监督 1948 年阿以战争后在巴勒斯坦的停火执行情况，后来还协助监督 1949 年的《停战总协议》和 1967 年“阿以六天战争”后的停火执行情况。该组织的活动同“联合国脱离接触观察部队”（UNDOF）和“联合国黎巴嫩临时部队”（UNIFIL）密切配合。该组织使命的终止需由安理会作出明确决定。

[2] 该组织另有 133 名当地雇员协助。

[3]“联合国印巴军事观察小组”（UNMOGIP）系根据 1951 年 3 月 30 日安理会第 91 号决议建立，以取代“联合国印巴委员会”。该小组的任务是监督 1949 年 7 月《卡拉奇协议》规定的克什米尔停火。该小组使命的终止需由安理会作出明确决定。

[4] 该小组另有 49 名当地雇员协助。

[5]“联合国塞浦路斯维和部队”（UNFICYP）系根据 1964 年 3 月 4 日安理会第 186 号决议建立，其职责是防止塞浦路斯的希腊族和土耳其族两方居民发生战事，并协助维护和恢复法律与秩序。自 1974 年敌对行动结束以来，该部队的职责还包括监督（1974 年 8 月开始）事实上的停火和维护两方之间的缓冲区。2008 年 12 月 12 日安理会第 1847 号决议将此授权延长至 2009 年 6 月 15 日。

[6] 阿根廷分队中有 1 名巴西士兵、14 名智利士兵和 14 名巴拉圭士兵。

[7] 该部队另有 106 名当地雇员协助。

[8]“联合国脱离接触观察部队”（UNDOF）系在 1973 年中东战争结束后联合国安理会根据《脱离接触协议》于 1974 年 5 月 31 日通过的第 350 号决议建立，其职责是观察以色列和叙利亚部队之间的停火和脱离接触，维持一个限制和隔离区。2008 年 12 月 12 日安理会第 1848 号决议将此授权延长至 2009 年 6 月 30 日。

[9] 该部队另有 100 名当地雇员协助。

[10]“联合国黎巴嫩临时部队”（UNIFIL）系根据 1978 年 3 月 19 日联合国安理会第 425 号决议和第 426 号决议建立，其职责是确认以色列军队从黎巴嫩南部撤离，并协助黎巴嫩政府确保对该区域重新行使有效的行政权力。在 2006 年以色列与真主党的冲突后，联合国安理会于 2006 年 8 月 11 日通的第 1701 号决议使该行动的职责改变为协助建立和监督一种永久性停火。2008 年 8 月 27 日安理会第 1832 号决议将该部队

使命延长至2009年8月31日。

[11] 该部队另有640名当地雇员协助。

[12]“联合国西撒哈拉公民投票特派团”(MINURSO) 系根据1991年4月29日安理会第690号决议建立，负责监督西撒人民阵线同摩洛哥政府之间的停火，观察摩洛哥在西撒哈拉的驻军裁减情况，以及为举行一次关于西撒哈拉是否并入摩洛哥的公民投票做准备工作。2008年4月30日安理会第1813号决议将此授权延长至2009年4月30日。

[13] 该特派团另有153名当地雇员和18名联合国志愿者协助。

[14]“联合国格鲁吉亚观察团”(UNOMIG) 系根据1993年7月9日安理会第849号决议和1993年8月24日安理会第858号决议建立。其核查格鲁吉亚政府同阿布哈兹当局停火的原先职责由于1993年9月双方在阿布哈兹战事重起而失效，于是被临时授权同冲突双方及俄罗斯军事特遣分队保持接触，并负责监视和报告那里的形势发展。1994年《停火和部队隔离协议》签署后，该观察团的职责根据1994年7月27日安理会第937号决议扩大为监督和核查该协议的执行情况。2008年10月9日安理会第1839号决议将此授权延长至2009年2月15日。

[15] 该观察团另有195名当地雇员和1名联合国志愿者协助。

[16]“联合国科索沃过渡行政管理机构”(UNMIK) 系根据1999年6月10日的安理会第1244号决议建立，其原先的职责包括：促进科索沃建立实质性的自治和自己的政府，行使民事管理职能，维护法律和秩序，促进人权，保证所有难民和离散人员的安全返回。该机构同分别负责“重建与经济发展”和“民主化与机制建设”的欧盟和欧安组织进行合作。在科索沃宣布独立以及在“欧盟科索沃法制团”(EULEX Kosovo) 部署到位之后，该过渡行政管理机构的职责改变为监督和协助当地机构。欧盟在科索沃的“重建与经济发展”活动已于2008年6月30日结束。终止该管理机构的任务需由安理会作出明确决定。

[17] 该机构另有1666名当地雇员和88名联合国志愿者协助。

[18] 关于未付金额情况的最新信息，所能查到的只是2005年12月31日的情况，那时的欠款为1.26亿美元。

[19]“联合国刚果民主共和国特派团”(MONUC) 系根据1999年11月30日安理会第1279号决议建立。2000年2月24日，安理会第1291号决议授权该团监视民主刚果、安哥拉、纳米比亚、卢旺达、乌干达及津巴布韦六国间停火协议的执行情况，监督和核查各方部队脱离接触，监视违反人权的情况，以及为人道主义援助提供便利。2003年7月28日安理会第1493号决议授予该团《联合国宪章》第七章所赋予的权力。目前，该特派团的职责是：保护平民、人道主义援助人员、联合国人员及设施的安全；协助对外国及刚果的武装集团解除武装和复员遣返；协助安全部门改革；培训和指导刚果武装部队；协助维护民主刚果的领土安全；以及帮助加强民主机构和法制建设。2008年12月22日安理会第1856号决议将该团的使命延长至2009年12月31日。

[20] 2008 年 11 月，联合国安理会第 1843 号决议（2008 年 11 月 20 日）授权临时增派 2785 名军队和一支 300 人的警察建制队伍。安理会第 1856 号决议对此增派给予长久授权。

[21] 该特派团另有 2206 名当地雇员和 595 名联合国志愿者协助。

[22] “联合国埃塞俄比亚和厄立特里亚特派团”（UNMEE）系根据 2000 年 7 月 31 日安理会第 1312 号决议建立。2000 年 9 月 15 日安理会第 1320 号决议决定扩大该特派团的规模，并授权负责监督停火，遣返埃塞俄比亚军队，监视埃塞俄比亚和厄立特里亚两方军队在 25 公里临时安全区以外的部署位置，主持联合国和非洲联盟联合组成的“军事协调委员会”，以及协助扫雷。2008 年 7 月 30 日安理会第 1827 号决议终止该特派团职责，该团行动则于 2008 年 7 月 31 日结束。

[23] 由于得不到厄立特里亚政府的支持，特派团被迫于 2008 年 2 月从该国撤走其军事观察员。

[24] 该特派团另有 196 名当地雇员和 67 名联合国志愿者协助。

[25] “联合国利比里亚特派团”（UNMIL）系根据 2003 年 9 月 19 日安理会第 1509 号决议建立，拥有《联合国宪章》第七章规定的权力。其职责是支持 2003 年《全面和平协议》的执行，为人道主义和人权事务提供支援，协助东道国的安全部门改革以及保护平民。该团在开展活动时同“联合国科特迪瓦特派团”（UNOCI）和“联合国塞拉利昂特派团”（UNAMSIL）进行合作。2008 年 9 月 29 日安理会第 1836 号决议将该团的使命延长至 2009 年 9 月 30 日。

[26] 该特派团另有 993 名当地雇员和 238 名联合国志愿者协助。

[27] “联合国科特迪瓦行动团”（UNOCI）系根据 2004 年 2 月 27 日安理会第 1528 号决议建立，拥有《联合国宪章》第七章规定的权力。其职责是监督敌对行动的停止和武装集团调动，监督武器禁运；实施解除武装、复员遣返、重新安置、恢复及和解计划；支持安全部门改革；在法律和秩序、人权和公共信息领域提供协助；为提供人道主义援助和重新建立国家行政机构创造条件；以及协助举行自由选举。2007 年，该团的职责扩大为支持 2007 年 3 月 4 日《瓦加杜古政治协议》和 2007 年 11 月 28 日《补充协议》的全面执行。该团在开展活动时同联合国利比里亚特派团（UNMIL）和（法国的）Licorne 行动进行合作。2009 年 1 月 27 日安理会第 1865 号决议将该团的使命延长至 2009 年 7 月 31 日。

[28] 该行动团另有 656 名当地雇员和 296 名联合国志愿者协助。

[29] “联合国海地稳定特派团”（MINUSTAH）系根据 2004 年 4 月 30 日安理会第 1542 号决议建立，拥有《联合国宪章》第七章的权力。该团的职责是，为推进和平进程保持可靠和稳定环境；协助海地政府进行安全部门改革的努力，包括实施一项解除武装，复员遣返和重新安置的全面计划，增强国家警察的能力并重新建立法制；协助政府为举行自由选举作准备；支持人道主义援助和人权活动；以及保护平民的安全。2008 年 10 月 14 日安理会第 1840 号决议将该团的使命延长至 2009 年 10 月 15 日。

[30] 该特派团另有1211名当地雇员和210名联合国志愿者协助。

[31]“联合国苏丹特派团”（UNMIS）是在2005年的《全面和平协议》达成之后根据联合国安理会2005年3月24日通过的第1590号决议建立的，被赋予《联合国宪章》第七章的权力。其任务是监督和平协议的执行、保护和促进人权、推动解除武装、复员遣返和重新安置的进程，以及保护平民和联合国人员。2008年4月30日安理会第1812号决议将该团的使命延长至2009年4月30日。

[32] 该特派团另有2475名当地雇员和271名联合国志愿者协助。

[33]“联合国东帝汶综合特派团”（UNMIT）是在2006年5月当地发生暴力事件之后根据联合国安理会于2006年8月25日通过的第1704号决议建立的，其职责是支持东帝汶政府在“冲突后和平建设”和能力建设方面的努力，支持并培训东帝汶的国家警察。2008年2月25日安理会第1802号决议将该团的使命延长至2009年2月26日。该特派团行动得到“国际安全部队”（ISF）所属890人的军队支持。

[34] 该特派团另有881名当地雇员和133名联合国志愿者协助。

[35]“联合国中非/乍得特派团”（MINURCAT）系根据2007年9月25日安理会第1778号决议建立，作为在该地的一项多职能维和行动的一部分，以配合欧盟（欧盟驻乍得/中非共和国军事行动团—EUFOR Tchad/RCA）的行动。该特派团的职责是通过向乍得警方提供咨询和同有关各方联络来为平民提供安全和保护，以及监督和促进人权和法制。2008年9月24日安理会第1834号决议将该团使命延长至2009年3月15日。

[36] 该特派团驻扎于乍得东部和中非共和国东北部。

[37] 该特派团另有183名当地雇员和98名联合国志愿者协助。

[38]“联合国阿富汗支援团”（UNAMA）系根据2002年3月28日安理会第1401号决议建立。2008年3月20日安理会第1806号决议将该团的职责扩大为带动由阿富汗掌控和领导的国际努力，其任务是协调国际援助；加强与“国际安全支援部队”（ISAF）的合作；安排所有在阿的联合国人道主义援助、救济、恢复和重建等活动；支持改善管理与法制和打击腐败的努力；促进人权；以及为选举进程提供技术支持。安理会第1806号决议将该团使命延长至2009年3月23日。

[39] 该支援团另有1163名当地雇员和41名联合国志愿者协助。

[40]“联合国伊拉克援助团”（UNAMI）系根据2003年8月14日安理会第1500号决议建立，其职责是在与伊拉克政府协调的情况下，支持该国的对话和民族和解，协助选举和公民投票进程，协助宪法条款的实施，为人道主义援助和难民及离散人员的安全返回提供便利，支持履行同伊拉克的国际契约，协调重建和援助项目，协助经济改革、能力建设和可持续发展，以及促进人权保护、司法改革和加强法制。该团在履行其职责时同“驻伊拉克多国部队”（MNF-I）、“北约驻伊拉克训练团”（NTM-I）和“欧盟驻伊拉克法制整合团”（EUJUST LEX）进行合作。

2008年8月7日，安理会第1830号决议将该团当前使命延长至2009年8月6日。

[41] 该援助团另有398名当地雇员协助。

[42] “联合国塞拉利昂综合办事处”（UNIOSIL）系根据2005年8月31日安理会第1620号决议建立，其任务是协助塞拉利昂政府在国家机构的能力建设、民主化、良政、法制、促进人权、加强安全部门以及筹备2008年的自由公正选举等方面的工作；监督该国安全形势；处理跨界问题；以及与塞拉利昂特别法庭进行协调。该团使命于2008年9月30日结束，由“联合国塞拉利昂和平建设综合办事处”（UNIPSIL）接替。

[43] 该办事处另有153名当地雇员和9名联合国志愿者协助。

[44] “联合国布隆迪综合办事处”（BINUB）系根据2006年10月25日安理会第1719号决议建立，其职责是协助布隆迪政府巩固和平与民主治理，支持该国实施解除武装、复员遣返和重新安置计划，促进和保护人权，以及负责同各捐助方及联合国各个机构进行协调。该办事处在开展工作时同“联合国刚果民主共和国特派团”（MONUC）进行合作。2008年12月22日安理会第1858号决议将该办事处的使命延长至2009年12月31日。

[45] 该办事处另有213名当地雇员和50名联合国志愿者协助。

[46] “联合国尼泊尔特派团”（UNMIN）系根据2007年1月23日安理会第1740号决议建立，其任务是协助监督停火安排，监督关于武器和武装人员处置协议的实施，以及支持选举进程。2009年1月23日安理会第1864号决议将该团的使命延长至2009年7月23日。

[47] 该团另有158名当地雇员和33名联合国志愿者协助。

[48] “联合国塞拉利昂和平建设综合办事处”（UNIPSIL）系根据2008年8月4日安理会第1829号决议建立，是“联合国塞拉利昂综合办事处”（UNIOSIL）的后续机构。其任务包括监视和促进人权、民主机制和法制建设，支持各种识别和解决潜在冲突威胁的努力。该办事处当前使命的期限到2009年9月30日为止。

[49] 该办事处另有1名当地雇员和9名联合国志愿者协助。

[50] “非盟—联合国达尔富尔混合行动团”（UNAMID）系根据2007年6月22日非盟和平与安全理事会关于达尔富尔形势的公报和2007年7月31日联合国安理会第1769号决议而建立。该行动团被赋予《联合国宪章》第七章的权力，其职责是帮助恢复安全环境，保护平民百姓，为人道主义援助提供便利，监督相关停火协议的执行，以及促进法制和人权等。2008年7月31日安理会第1828号决议将该团使命延长至2009年7月31日。

[51] 联合国于2007年10月31日接替指挥权，“非盟—联合国达尔富尔混合行动团”（UNAMID）于2007年12月31日行使全部指挥权。

[52] 该行动团另有1405名当地雇员和266名联合国志愿者协助。

[53]“非盟索马里特派团”(AMISOM)系根据非盟和平与安全理事会2007年1月19日的决定建立，并得到根据《联合国宪章》第七章于2007年2月21日通过的安理会第1744号决议认可。该特派团的职责是通过协助索马里过渡联邦机构来支持该国的对话与和解进程，为人道主义援助提供便利，帮助改善总体安全形势。2008年6月29日，该特派团的职责扩大为协助执行《吉布提协议》(2008年6月9日达成，2008年8月18日签署)。非盟2008年12月22日关于索马里形势的公报将该团使命延长至2009年3月16日。2009年1月16日安理会第1863号决议继续认可该团使命再延长6个月。

[54] 阿尔及利亚、肯尼亚、北约、联合国和美国为该团提供后勤和人员支持。

[55]“非盟索马里特派团”(AMISOM)的全面部署将共需要8.17亿美元。

[56]“非盟驻科摩罗选举与安全支援团”(MAES)系根据2007年5月9日非盟和平与安全理事会的一项决定建立，其职责是帮助科摩罗创造一种稳定可靠环境，解除昂儒昂宪兵的武装，支持建立内卫部队，以及保证昂儒昂岛的自由公正选举。2008年4月30日，非盟和平与安全理事会第124次会议的公报将该团使命延长至2008年10月31日，届时该团使命将结束。

[57] 2008年3月25日，在1350名有苏丹和坦桑尼亚提供的非盟军队的支持下，科摩罗军队对昂儒昂岛发动了一次名为“科摩罗民主”的武装干预，控制了该岛，恢复了科摩罗政府对该岛的管辖权。利比亚和法国对此次行动提供了后勤支持。

[58]“中非国家经济与货币共同体多国部队”(FOMUC)于2008年7月12日更名为“驻中非共和国巩固和平特派团”(MICOPAX)。FOMUC系根据中非国家经济与货币共同体(CEMAC)2002年10月2日利伯维尔首脑会议的决定建立，其任务是保障乍得与中非共和国之间的边境安全和保证中非共和国前总统帕塔西的安全。2003年3月21日，在利伯维尔首脑会议上决定扩大该部队的职责，要其帮助维护该国的总体安全环境，协助整编中非共和国的武装部队，以及支持过渡进程。2008年7月12日的一项决定进一步扩大该团的职责，要其帮助建立一种稳定可靠的环境，促进政治对话和人权。该团使命为期6个月，但可以视情继续延长，直至2013年。该团得到一支与其同地部署、约有200名士兵的法国特遣分队(Boali 行动)的支持。

[59] 根据2008年2月25日利伯维尔首脑会议的决定，“驻中非共和国巩固和平特派团”(MICOPAX)的政治和行动指挥权于2008年7月12日由中非国家经济与货币共同体(CEMAC)交给了中非国家经济共同体(CEEAC)。

[60] 该特派团另有86名当地雇员协助。2009年初，该特派团将有一批文职人员加入。

[61]“驻南奥塞梯联合维和部队”(JPKF)系根据1992年6月24日的《关于和平解决南奥塞梯冲突的指导原则协议》建立。一个由格鲁吉亚、北奥塞梯、南奥塞梯和俄罗斯代表组成的联合控制委员会负责监督该协议的执行。2008年8月27日，格鲁吉亚停止参加该部队并撤回

其对此项维和行动的“同意”承诺。

[62]“联合控制委员会（JCC）维和部队”系根据 1992 年 7 月 21 日摩尔多瓦和俄罗斯两国总统在莫斯科签署的《关于和平解决德涅斯特河沿岸地区武装冲突的指导原则协议》建立。联合控制委员会——一个由摩尔多瓦、俄罗斯和“德涅斯特河沿岸”代表参加的监督委员会——负责协调联合维和部队的活动。

[63]“独联体驻格鲁吉亚维和部队”（CIS PKF）系根据 1994 年 5 月 14 日的《格鲁吉亚—阿布哈兹停火和部队隔离协议》建立。1994 年 10 月 21 日独联体集体安全理事会各成员国首脑批准了该部队的行动职责，并在此前得到 1994 年 7 月 21 日联合国安理会第 937 号决议的认可。2008 年 9 月 1 日，格鲁吉亚通知独联体，它希望终止在阿布哈兹的这项维和行动；2008 年 10 月 9 日，独联体中止了维和部队的活动。

[64] 2008 年 4 月和 5 月，俄罗斯增派了一个 525 人的空降营、20 名武装的和 300 名非武装的军事人员，他们的任务是重建铁路。7 月底，这些非武装的新增军人撤离了阿布哈兹。

[65]“欧盟波黑警察特派团”（EUPM）系根据 2002 年 3 月 11 日欧盟理事会第 CJA 2002/210/CFSP 号决定建立，其任务是通过监督、指导和视察，建立属于波斯尼亚控制的当地一支持久、专业和多民族警察队伍。根据波斯尼亚当局的要求，该特派团的职责还包括打击有组织犯罪。欧盟理事会 2007 年 11 月 19 日第 CJA 2007/749/CFSP 号决定将该特派团的使命延长至 2009 年 12 月 31 日。

[66] 该特派团另有 219 名当地雇员协助。

[67]“欧盟波黑军事行动团”（EUFOR ALTHEA）系根据 2004 年 7 月 12 日欧盟理事会第 CJA 2004/570/CFSP 号决定建立，2004 年 11 月 22 日联合国安理会第 1575 号决议予以认可并赋予《联合国宪章》第七章的权力。该行动团的职责是维护为执行 1995 年《代顿协议》所需要的安全环境，协助增强当地的能力，以及支持波黑逐步加入欧盟的进程。2008 年 11 月 20 日安理会第 1845 号决议将该行动团的使命再延长 12 个月。

[68] 一个多国机动营（由匈牙利、波兰、西班牙和土耳其部队组成）驻扎于萨拉热窝。该行动团还配备了一个综合型警察单位、几个联络观察员小组。它还可得到“北约科索沃部队”（KFOR）和欧盟作战与战略预备队的增援。

[69]“欧盟民主刚果安全改革咨询与协助团”（EUSEC RD Congo）系根据 2005 年 5 月 2 日欧盟理事会第 CJA 2005/355/CFSP 号决定建立，其职责是：对民主刚果政府部门，特别是国防部，在安全问题上提供咨询和协助，确保其政策与国际人道主义法、民主治理标准和法制原则相符。该团在开展工作时还同“联合国刚果民主共和国行动团”（MONUC）和“欧盟民主刚果警察特派团”（EUPOL RD Congo）密切合作。欧盟理事会 2008 年 6 月 26 日第 CJA2008/491/CFSP 号决定将该团使命延长至 2009 年 6 月 30 日。

[70] 已部署的人员中多数为军事顾问。该团另有 36 名当地雇员协助。

[71]“欧盟伊拉克法制整合团”(EUJUST LEX)系根据2005年3月7日欧盟理事会第CJA 2005/190/CFSP号决定建立，并依据2004年6月8日联合国安理会第1546号决议开展工作。作为一个综合型民事法制团，它将通过训练伊拉克地方官员、高级警官和高级狱警来增强该国的刑事司法体制。该整合团是对其他国际法制支援的补充，并配合“北约伊拉克训练团”(NTM-I)和“联合国伊拉克援助团”(UNAMI)的工作。2007年11月22日，欧盟理事会第CJA 2007/760/CFSP号决定将该整合团的使命延长至2009年6月30日。

[72] 对伊拉克人员的培训工作在欧洲进行。在巴格达设有一个联络处。

[73] 所列的国家是2007年提供训练场所的国家。该整合团工作人员包括国家警察、司法专家和政治顾问。共有25个欧盟成员国为该团提供训练、教官、工作人员和经费。该特派团在伊拉克另有1名当地雇员、在比利时有4名雇员协助。

[74]“欧盟拉法过境站边界援助团”(EU BAM Rafah)系根据欧盟理事会2005年12月12日第CJA 2005/889/CFSP号决定和以色列与巴勒斯坦权力机构(PA)2005年11月15日达成的《人员出入境协议》建立。该援助团的职责是监视、核查和评估在拉法过境站的巴权力机构边境控制、安全及海关官员执行2005年《拉法过境站原则协议》的情况，支持巴权力机构在边境控制方面的能力建设。尽管拉法过境站在2007年6月9日加沙地带发生骚乱后予以关闭，但仍保留着全面运作的能力。它当前的工作重点是能力建设和保持联络。2008年11月10日欧盟理事会第CJA 2008/862/CFSP号决定将该援助团的使命延长至2009年11月24日。

[75] 该援助团另有6名当地雇员协助。

[76]“欧盟巴勒斯坦警察特派团”(EUPOL COPPS)系根据2005年11月14日欧盟理事会第CJA 2005/797/CFSP号决定建立，其职责是为巴勒斯坦刑事和警察部门官员提供一个框架并予以指导，协调欧盟对巴权力机构的援助。2008年12月16日欧盟理事会第CJA 2008/958/CFSP号决定将该特派团的使命延长至2010年12月31日。

[77] 该特派团另有15名当地雇员协助。

[78]“欧盟阿富汗警察特派团”(EUPOL Afghanistan)系应阿富汗政府邀请根据欧盟理事会第CJA 2007/369/CFSP号决定而建立。该团的任务是帮助建立属于阿富汗的民事治安安排和执法机制，以加强法制。该团的职责将持续到2010年5月30日。

[79] 该团另有111名当地雇员协助。

[80]“欧盟民主刚果警察特派团”(EUPOL RD Congo)系根据2007年6月12日欧盟理事会第CJA 2007/405/CFSP号决定建立，以接替“欧盟驻金沙萨警察特派团”(EUPOL Kinshasa)。该团的任务是支持民主刚果安全部门的全面改革，协助其改革国民警察，并改善其刑法体制的运行。该团在开展工作时同“欧盟民主刚果警察特派团”(EUPOL RD Congo)进行密切配合。2008年6月23日欧盟理事会第CJA 2008/485/CFSP号决定将该特派团的使命延长至2009年6月30日。

[81] 该团另有 10 名当地雇员协助。

[82] “欧盟乍得/中非共和国军事行动团”（EUFOR Tchad/RCA）系根据 2007 年 10 月 15 日欧盟理事会第 CJA 2007/677/CFSP 号决定建立，2007 年 9 月 25 日联合国安理会第 1778 号决议予以认可并赋予《联合国宪章》第七章的权力。该团的职责是支持“欧盟乍得/中非共和国特派团”（MINURCAT），帮助保护平民和联合国人员，以及为人道主义援助工作提供便利。该团使命持续到 2009 年 3 月 15 日。

[83] 第一批部队于 2008 年 1 月下旬抵达。该团于 2008 年 3 月 15 日达到初始行动能力，9 月中旬达到全面行动能力并正式开始活动。

[84] 该行动团将由一个战略预备营予以增援，使该军事行动团的部队员额达到 4300 人左右。

[85] 人员数额中包括该军事行动团在法国蒙瓦伦的司令部人员。该团另有 280 名当地雇员协助。

[86] “欧盟科索沃法制团”（EULEX Kosovo）系根据 2008 年 2 月 4 日欧盟理事会第 CJA 2008/124/CFSP 号决定建立。除赋予某些行政责任外，该团的任务是在科索沃广泛的法制方面进行监督、指导和提供咨询。其使命将持续到 2010 年 6 月。该团在执行任务时，与“联合国科索沃临时行政机构”（UNMIK）和“欧安组织科索沃观察团”（OMIK）密切配合。

[87] 2008 年间，“欧盟科索沃法制团”的第一批人员是以“欧盟计划小组”（EUPT Kosovo）名义进驻的。至 2008 年 12 月 9 日，该团已达到全面运作的能力。

[88] 获得授权批准的文职人员数量中包括民事警察、司法人员和海关官员。

[89] 该特派团另有 739 名当地雇员协助。

[90] “欧盟几内亚比绍安全部门咨询团”（EU SSR Guinea-Bissau）系根据 2008 年 2 月 12 日欧盟理事会第 CJA 2008/112/CFSP 号决定建立，其职责是在计划重组国家安全与武装部队方面向当地政府提供协助，并在训练和装备采购方面提供咨询。该团于 2008 年 6 月 16 日开始工作，其使命将持续 12 个月。

[91] 该特派团另有 14 名当地雇员协助。

[92] “欧盟格鲁吉亚监督团”（EUMM）是在 2008 年 8 月南奥塞梯冲突之后按照 2008 年 9 月 8 日的协议，根据 2008 年 9 月 15 日欧盟理事会第 CJA 2008/736/CFSP 号决定建立。该团的任务是监督和分析稳定进程中的进展情况，重点是 2008 年 8 月 12 日“六点和平计划”的遵守情况，以及监督和分析文官治理正常化的进展情况；监督基础设施的安全以及国内离散人员和难民返回家园过程中的安全；支持建立信任措施。该团使命将持续到 2009 年 10 月。

[93] 该特派团人员包括军事、警察、司法和人权方面的专家，另外还有 42 名当地雇员协助。

[94] “北约科索沃部队”（KFOR）系根据 1999 年 6 月 10 日安理会第 1244 号决议建立，其使命包括阻止敌对行动再次发生，建立安全稳

定的环境，支持“联合国驻科索沃临时管理机构”（UNMIK）的工作，以及监视边境地区。该团使命的终止需有联合国安理会的明确决定。

[95] 该部队除了在普里什蒂纳的总部外，分成6个特遣分队：由芬兰领导的中区多国分队（驻 Lipljian）、由法国领导的北区多国分队（驻 Mitrovica）、由奥地利领导的南区多国分队（驻 Prizen）、由意大利领导的西区多国分队（驻 Pec）、由美国领导的东区多国分队（驻 Urosevac），以及由意大利领导的多国专业分队（驻普里什蒂纳）。还有一个战术预备机动营驻扎于普里什蒂纳。

[96]“国际安全支援部队”（ISAF）系根据 2001 年 12 月 20 日安理会第 1386 号决议建立，拥有《联合国宪章》第七章所赋予的权力。作为一支多国部队，其使命是根据 2001 年《波恩协定》附录一的设想，协助阿富汗政府维护安全。2003 年 8 月，北约接手对该多国部队的指挥和控制。该部队还对在阿的所有 26 个“省建队”（PRT）拥有控制权。2008 年 9 月 22 日安理会第 1833 号决议将该部队使命延长至 2009 年 10 月 13 日。

[97] 该部队把阿富汗分成 5 个责任区：目前由法国领导的中部地区司令部（喀布尔）、由德国领导的北部地区司令部（Nazar-i-Sharif）、由意大利领导的西部地区司令部（Heart）、由荷兰领导的南部地区司令部（坎大哈），以及由美国领导的东部地区司令部（Bagram）。

[98] 该部队发生了 10 起非战斗死亡，但尚无死因分类的信息。

[99]“北约伊拉克训练团”（NTM-I）系遵照 2004 年 6 月 8 日安理会第 1546 号决议，并于 2004 年 11 月 17 日获得北大西洋理事会批准而建立。其职责是通过对伊拉克安全部队人员（特别是中高层人员）培训和提供装备，协助组建伊安全机构。2007 年，其职责修改为集中于对伊拉克主导的机制性训练计划进行指导和咨询。

[100] 该训练团在巴格达的安全区（绿区）内以及在伊拉克以外的几个未公开地点开展活动。

[101]“驻哥伦比亚支持和平进程特派团”（MAPP/OEA）系根据 2004 年 2 月 6 日美洲国家组织常设理事会第 CP/RES. 859（1397/04）号决定建立，目的是支持哥伦比亚政府同民族解放军进行政治对话。该团的任务是推动解除武装、复员遣返和重新安置进程。

[102] 该特派团另有 67 名当地雇员协助。

[103]“欧安组织斯科普里防蔓延观察团”系根据 1993 年 9 月 18 日欧安组织高官委员会第 16 次会议的决定建立，并通过同前南斯拉夫马其顿共和国政府 1992 年 11 月 7 日换文达成的谅解条款得到后者的授权。该团的任务包括监视马其顿局势，训练警察，支持发展以及其他与 1992 年《奥赫里德框架协议》相关的活动。2008 年 11 月 27 日欧安组织常设理事会第 PC. DEC/869 号决定将该团使命延长至 2009 年 12 月 31 日。

[104] 该观察团另有 155 名当地雇员协助。

[105]“欧安组织格鲁吉亚观察团”系根据 1992 年 11 月 6 日欧安组织高官委员会第 17 次会议的决定而建立，并在 1993 年 1 月 23 日同格

鲁吉亚政府达成的谅解备忘录和 1993 年 3 月 1 日同南奥塞梯领导人换文后得到双方的授权。其最初的目标是促使冲突双方谈判。1994 年 3 月 29 日，欧安组织常设理事会第 14 次会议将该团的职能扩大为包括监督南奥塞梯地区的联合维和部队，确保同驻于阿布哈兹的“联合国格鲁吉亚观察团”（UNOMIG）的联络，以及促进在格鲁吉亚全境的人权和机制发展。1999 年 12 月 13 日的常设理事会第 PC. DEC/450 号决定和 2002 年 12 月 19 日的常设理事会第 PC. DEC/522 号决定将它进一步扩大为观察和报告格鲁吉亚同俄罗斯的印古什共和国和达吉斯坦共和国之间的跨境活动情况。2008 年，俄罗斯否决了该观察团使命的延长，要求对于驻南奥塞梯的办事处赋以单独的职责。2009 年 2 月 12 日欧安组织常设理事会第 PC. DEC/883 号决定将 2008 年 8 月 19 日授权增派的非武装军事观察员的使命继续延长。

[106] 该观察团另有 164 名当地雇员协助。

[107] 2 名当地雇员死于意外事故。

[108]“欧安组织摩尔多瓦观察团”系根据 1993 年 2 月 4 日欧安组织高官委员会第 19 次会议的决定建立，并通过 1993 年 5 月 7 日的谅解备忘录获得摩尔多瓦政府的授权。其使命包括协助冲突双方就冲突的永久性政治解决进行谈判，以及收集和提供该国的形势情况。2008 年 11 月 27 日欧安组织常设理事会第 PC. DEC/875 号决定将该团使命延长至 2009 年 12 月 31 日。

[109] 该观察团另有 39 名当地雇员协助。

[110]“欧安组织杜尚别中心”系根据 1993 年 12 月 1 日欧安组织部长理事会第 4 次会议第 CSCE/4—C/Dec. 1 号决定建立，但未曾与当事国政府签署双边谅解备忘录。该团的使命包括为对话创造条件，促进人权以及向欧安组织报告局势发展的情况。2002 年，该团还增加了包括经济和环境方面的职责。该团使命已于 2008 年 6 月 30 日结束，由“欧安组织塔吉克斯坦办事处”接替。

[111] 1995 年 8 月 10 日，欧安组织轮值主席（CIO）任命一名负责处理欧安组织明斯克会议讨论过的冲突问题的私人代表。这次会议寻求纳戈尔诺—卡拉巴赫冲突的和平解决。该私人代表的职责是协助轮值主席对可能采取的维和行动制定计划，协助有关各方建立信任措施和处理人道主义事务，以及监督冲突各方的停火。该私人代表使命的终止需有欧安组织的明确决定。

[112] 该私人代表另有 11 名当地雇员协助。

[113]“欧安组织波黑观察团”系根据 1995 年《代顿协议》附录六的规定由 1995 年 12 月 8 日欧安组织部长理事会第 5 次会议作出的第 MC/(5). /DEC/1 号决定建立。其使命是协助有关各方实施地区稳定措施和进行民主建设。2008 年 11 月 27 日欧安组织常设理事会第 PC. DEC/866 号决定将该团使命延长至 2009 年 12 月 31 日。

[114] 该观察团另有 438 名当地雇员协助。

[115] 一名当地雇员因病死亡。

[116] “欧安组织阿尔巴尼亚观察团”系根据 1997 年 3 月 27 日欧安组织常设理事会第 PC. DEC/160 号决定建立。其职责在 2003 年修改为包括协助立法、司法和选举制度的改革，以及协助能力建设，打击走私和反腐败活动，警务援助和实施良政等。2008 年 11 月 27 日欧安组织常设理事会第 PC. DEC/865 号决定将该团使命延长至 2009 年 12 月 31 日。

[117] 该观察团另有 78 名当地雇员协助。

[118] “欧安组织科索沃观察团”系根据 1999 年 7 月 1 日欧安组织常设理事会第 PC. DEC/305 号决定建立，其使命包括训练警察、司法人员和民事行政管理人员，以及监督和促进人权。该观察团是“联合国科索沃临时行政机构”（UNMIK）的一个组成部分。2007 年 12 月 21 日欧安组织常设理事会第 PC. DEC/835 号决定将该团使命延长至 2008 年 1 月 31 日，此后其使命每月延长一次，除非该团的参加国中有一国反对。

[119] 该观察团另有 601 名当地雇员协助。

[120] “欧安组织塞尔维亚观察团”是 2006 年 6 月将“欧安组织塞黑观察团”改成的新称谓。该观察团原系根据 2001 年 1 月 11 日欧安组织常设理事会第 PC. DEC/401 号决定建立的“欧安组织南斯拉夫联盟共和国观察团”，其使命是在塞尔维亚指导实施法律，监督民主机制和民主进程的正常运转和完善，帮助训练和重建执法机构和司法部门。2008 年 11 月 27 日欧安组织常设理事会第 PC. DEC/868 号决定将该团使命延长至 2009 年 12 月 31 日。

[121] 该观察团另有 139 名当地雇员协助。

[122] “中立国监督委员会”（NNSC）系根据 1953 年 7 月 27 日在板门店签署的《关于在朝鲜实行军事停战的协定》而建立。其职责是监督、观察、视察和调查《停战协定》的执行情况。

[123] “驻西奈多国部队及观察团”（MFO）系根据 1979 年 3 月 26 日埃及与以色列签署的《和平条约》议定书的规定于 1981 年 8 月 3 日建立。该部队是在 1982 年 3 月 20 日以色列军队撤离西奈后开始部署的，但直到 1982 年 4 月 25 日以色列将西奈归还埃及的当天才真正开始运作。该团的职责是观察《和平条约》的实施，并帮助维护治安。

[124] 该团另有 36 名流亡人员和 38 名埃及人协助。

[125] “第二期驻希伯伦临时国际部队”（TIPH 2）系根据 1997 年 1 月 17 日《关于在希伯伦重新部署的议定书》和 1997 年 1 月 21 日《关于在希伯伦临时派驻国际部队的协议》两个文件建立。该部队的职责是通过其驻扎来构建安全和稳定的环境，监督并报告违反国际人道主义法的事件。该部队的职责需经巴勒斯坦和以色列双方同意每六个月延长一次。

[126] 2008 年该团的观察员中，28 人具有警察背景，36 人具有民事背景。

[127] 该部队另有 9 名当地雇员协助。

[128]“Licorne 行动”系由根据 2003 年 2 月 4 日安理会第 1464 号决议授权部署，并赋以《联合国宪章》第七章的权力。其目的是支持“西非国家经济共同体驻科特迪瓦特派团”，帮助建立稳定环境，尤其是为 2003 年《利纳—马尔库西协定》的实施创造条件。2004 年 2 月 27 日安理会第 1528 号决议为该项行动提供了目前的任务授权并将其职责修正为配合“联合国科特迪瓦行动团”（UNOCI）行动。2008 年 1 月 15 日安理会第 1795 号决议扩大了该部队的职责，要其支持 2007 年 3 月 4 日《瓦加杜古政治协议》和 2007 年 11 月 28 日《补充协议》的实施，尤其要为准备举行自由公正选举提供协助，2009 年 1 月 17 日安理会第 1865 号决议将其使命延长至 2009 年 7 月 31 日。

[129] 该团得到驻于几内亚湾的一支海军特遣队（Corymbe 行动，100 人）的支持。

[130]“所罗门群岛地区援助团”（RAMSI）系根据 2000 年《比克塔瓦宣言》的框架建立。在该宣言中，太平洋岛国论坛各成员国同意通常应东道国政府的请求集体应对危机。该援助团的职责是协助所罗门群岛政府恢复法律和秩序以及加强警察队伍的能力。

[131] 该援助团另有 26 名当地雇员协助。

[132] 这一开支数额仅反映了澳大利亚为该团提供的经费。

[133]“国际安全部队”（ISF）系应东帝汶政府请求而部署，目的是帮助稳定该国安全环境。此项行动获得联合国安理会 2006 年 6 月 20 日第 1690 号决议的认可。该部队同“联合国东帝汶综合特派团”（UNMIT）密切配合。

[134] 在 2008 年 2 月 11 日约瑟·拉莫斯—豪塔总统遭到袭击后，澳大利亚临时增派了 350 名军事人员，帮助维护东帝汶的稳定。

[135] 这一开支数额仅反映了澳大利亚为该团提供的经费。根据最近得到的信息，新西兰在 2007/2008 财年为该团提供了 1810 万美元。

（刘宏俊　庄茂成　译）

第四章 阿富汗的安全与政治形势：进展、问题和前景

蒂姆·福克斯莱

第一节 导言

2008 年 8 月，即将离任的欧盟阿富汗问题特别代表弗朗西斯·文德雷尔说，国际社会在阿富汗没有一个连贯的计划。〔1〕信心十足的叛乱分子不断发动袭击，政治和经济方面进展缓慢，国际社会和阿富汗人民对这个国家前途的看法日趋消极。在这些背景下发生了一场关于这个国家未来的辩论。国际社会和驻阿主要国际机构——国际安全支援部队（ISAF）、北大西洋公约组织（NATO）、联合国、欧盟和美国对它们在这个国家面临的问题讲过许多遍，有案可查。自 2006 年以来，这些问题变得更加严重。塔利班领导的叛乱分子的力量和信心大大增加。〔2〕现在，即使是最乐观的估计也认为，阿富汗的形势在好转之前只会每况愈下。〔3〕

自从 2001 年年底以来，关于阿富汗前景的正面和负面的估计此消彼长，每年都说来年是“关键的一年”。与对长远（可能意味着几

---

〔1〕阿富汗常驻联合国代表团，“前大使批评阿富汗问题战略”，2008 年 9 月 10 日，网址：〈http：//www. afghanistan－un. org〉。

〔2〕例如，J. de Hoop Scheffer，“阿富汗：我们可以做得更好”，《华盛顿邮报》2009 年 1 月 18 日，联合国大会，“阿富汗形势及其对国际和平和安全的影响”，联合国秘书长报告 A/63/372－ S/2008/617，第 2 页，2008 年 9 月 23 日；S. Salahuddin，“索拉纳说：安全和治理是阿富汗最大的问题”，路透社 2008 年 4 月 21 日。

〔3〕例如，C. Gall，“彼得雷乌斯说阿富汗的叛乱分子正在得势”，《纽约时报》2008 年 10 月 1 日。

十年）形势的看法相比，对短期（即6个月到一年）形势的预测倾向于更负面一些。

在各国首都、国际媒体和阿富汗本国人民中间，都普遍认为形势没有好转。加之，塔利班明显地东山再起，导致国际上关于是否需要改变战略的日益激烈的公开辩论。美国总统奥巴马明确表示要调整美国对解决阿富汗问题的对策，更多强调通过“地区的”，包括政治、发展和外交等多种途径，而较少强调军事解决。〔4〕但是，这种调整与美国要在今后两年里向阿富汗部署更多作战部队的意图是矛盾的。〔5〕美国打算加强军事力量，其他北约成员国却越来越不原意提供更多作战部队。

本章将探讨阿富汗的形势与前景。第二节简要地概述2001年以来阿富汗形势的发展。第三节评估2009年初影响阿富汗局势的主要的政治和安全问题。第四节回顾在阿富汗的一些主要国际机构的作用，特别是它们面临的困难。第五节以今后数年阿富汗可能的前景展望结束本章。

第二节　背景

入侵及入侵之后

2001年9月11日对美国的恐怖袭击发生后，美国政府认定本·拉登和“基地”组织网络对此负责。当时，拉登就盘踞在阿富汗，历时11年的阿富汗内战造成的持续不断的不稳定，以及塔利班对他提供的庇护为其提供了策划、训练和发动恐怖活动的安全的环境。〔6〕在塔利班政权一再拒绝交出拉登之后，美国领导的联军得到联合国安

〔4〕K. Hechtkopf，“奥巴马关于阿富汗和巴基斯坦的计划（讲话全文）”，网址：〈http：//www. cbs news. com/blogs/2009/03/27〉。

〔5〕“奥巴马同意向阿富汗增兵17000人”，MSNBC 2009年2月17日，网址：〈http：//www. msnbc. msn. com〉。

〔6〕A. Rashid著，《滑向混乱：美国在巴基斯坦、阿富汗和中亚的国家建设中的失败》，Viking：London，2008年出版。

理会的批准，于 2001 年 10 月 7 日向塔利班政权发起攻击。[7] 在强大的美国空中力量和特种部队以及阿富汗本土的反塔利班武装的打击下，塔利班常规军事力量迅速土崩瓦解。[8]

面对塔利班出人意料地迅速垮台，国际社会立即采取了一系列政治和军事行动。2001 年 11 月下旬，联合国发起的阿富汗问题会议在德国波恩召开，与会者中包括了阿富汗大多数主要的民族和部族的领导人，会议通过了一项关于阿富汗未来的规划，被称为“波恩协议”。[9] 该协议提出了关于实现以民主为基础的（阿富汗）政治体制的政治框架，其中包含了关于新宪法、总统选举和议会选举的一些条款。[10]

国际军事方面的反应也同样迅速：2001 年 12 月 20 日，联合国安理会批准成立一支多国部队“国际安全支援部队”，两天后该部队在英国军官指挥下开进喀布尔。[11] 由 3000 名士兵组成的国际安全支援部队最初的任务是，当新的阿富汗政府成立时，维护喀布尔的安全与稳定。[12] 国际安全支援部队配合美国“持久自由行动”（OEF），

---

〔7〕 联合国安理会决议第 1368 号，2001 年 9 月 12 日。

〔8〕 T. B. Seybolt “重大武装冲突”，《SIPRI 年鉴 2002：军控、裁军、和国际安全》（牛津大学出版社 2002）第 40—42 页。

〔9〕 主要的团体包括北方联盟、罗马集团（代表普什图民族）、伊朗支持的塞浦路斯集团和巴基斯坦支持的白沙瓦集团。现在许多人认为，当时塔利班被排除在波恩会议之外是错误的。见联合国西欧地区信息中心，“阿富汗：联合国就阿富汗问题进行会谈，波恩，2001 年 11 月 27 日至 12 月 5 日”，网址：〈http: www. unric. org/Html/german/talks－template. Htm〉。另参见 T. Johnson，“阿富汗向后塔利班过渡”，中亚概览，2006 年 3－6 月，第 2 页。

〔10〕 联合国安理会关于在阿富汗重建常设政府机构之前的临时安排的协议，S/2001/1154，2001 年 12 月 5 日，W. Maley，《拯救阿富汗》，C. Hurrst and Co ，London 2006 年版第 31－32 页。

〔11〕 国际安全支援部队是根据联合国宪章第七章，由联合国安理会通过的决议授权组成，组建这支部队是：1386 号（2001 年 12 月 20 日），1413 号（2002 年 5 月 23 日），1444 号（2002 年 11 月 27 日），1510 号（2003 年 10 月 13 日），1563 号（2004 年 9 月 17 日），1623 号（2005 年 9 月 13 日），1659 号（2006 年 2 月 15 日）和 1707 号（2006 年 9 月 12 日）。它的存在是符合 2001 年 12 月 6 日的波恩协议的。国际安全支援部队由 41 个国家派遣的 5 万余兵员组成，它的作战地区包括阿富汗全境。参见本卷附录 3A. 表 3A. 2。

〔12〕 见注释〔8〕，Seybolt 文，《SIPRI 年鉴 2002》第 44 页。

美军部署在阿富汗南部和东部地区。[13]

国际社会加强了对阿富汗的人道主义努力、提供援助，指导、财政支持、培训、重建和安全，首先把重点放在喀布尔，然后再顾及其他地方。解除地方军阀和民兵组织的武装是“联合国阿富汗支援团”（UNAMA）的首要任务。[14] 这些努力因国际安全支援部队控制的“省级重建工作队”（PRTs）的参与而得到加强。省级重建工作中既有文职人员也有军事人员，既有政治官员也有建设专家。组建这些工作队是为了表明：在阿富汗政府的支持下，在选定的一些省份内可以看得见的国际社会的积极参与，但这一努力只取得一定成功。[15]

在波恩协议的授权下成立了阿富汗临时过渡政府。虽然有一些复杂的情况，但在 2004 年 1 月召开的大支尔格会议还是通过了重新起草的阿富汗宪法，2004 年 10 月，哈米德·卡尔扎伊选为总统。[16] 2005 年 9 月举行了议会选举，2006 年 1 月（关于阿富汗问题的）伦敦会议宣布了一项为期 5 年的阿富汗国家发展战略。[17]

但是过了不久，一些因素难以使阿富汗形势取得进一步进展。2003 年 3 月美国入侵伊拉克之后，国际社会的政治、军事和捐助的重点很快转到了那个国家，至少在 5 年之内，阿富汗一直处在那一场更大、更血腥的冲突的阴影之下。

阿富汗政府从一开始受到一系列的问题困扰：死灰复燃的毒品产业是产生腐败的主要原因；桀骜不驯的地方军阀拒绝放下武器；干涉阿内政的邻国（复数，指印度、巴基斯坦、伊朗等——译注）你争我夺。新生的阿富汗政府无法在这个国家的大部分地区有效地发挥影响，美军的重点仅限于反恐作战行动，国际安全支援部队缓慢地扩大

〔13〕 关于自 2001 年以来美国在阿富汗作战的耗费，见本卷第五章第三节。

〔14〕 见联合国阿富汗支援团网站：〈http：//www. unama－afg. org 〉。

〔15〕 省级重建工作队是自 2006 年 10 月作为国际安全支援部队的一部分建立起来的。关于在阿富汗的省级 重建工作队的组成、指挥结构和授权，见美国国际发展署（US-AID）：“省级重建工作队”《情况通报》。网址：〈http：//afghanistan. usaid. gov/en/page. PRT. Aspx〉。

〔16〕 16 关于大支尔格会议（又称大国民会议译注），这是阿富汗特有的一种政治论坛，参见“什么是大支尔格会议?”《BBC 新闻》，2002 年 7 月 1 日，网址：〈http：//news. bbc. co. uk〉。

〔17〕 参见阿富汗国家发展战略网站：〈http：//www. ands. gov. af〉。

范围。阿富汗安全部门的改革（即：解除民兵武装，处理毒品以及建设有能力的军队、警察和有效的司法制度）迟疑不前，效果良莠不齐。[18]

在若干年的时间里，大多由于巴基斯坦没有能力或者不愿意正视塔利班的存在，塔利班从巴基斯坦西北部地区东山再起，并在阿政府和国际社会鞭长莫及的阿富汗南部和东部地区重新建立了自己的地盘。2006 年夏季，英国军队在阿富汗南部赫尔曼德省遭到有组织的顽强抵抗表明，塔利班已经卷土重来。[19]

国际社会面临的问题

除了安全挑战外，国际社会是在地理、人口、历史和政治方面都很复杂的环境中行动，因此向阿富汗提供援助会遇到一系列内部和外部的障碍。过去数十年里阿富汗政府机构、经济、交通运输基础设施都遭到了破坏，国际社会不得不在由此造成的困难条件下工作，还要应对那些与国际社会没有共同目标和互相争夺影响力的邻国。7 年之后，国际社会在阿富汗的努力继续受到媒体、政府、学术界以及阿富汗各界的广泛批评，说这些努力是支离破碎、领导不力、浪费资源以及不了解文化方面的敏感性。[20]

国际社会在阿富汗的卷入的多样性和范围广的特点，对他们在协调和控制方面造成了挑战。阿富汗政府要同大约 60 个提供某种形式援助的国家、41 个派出军队的国家和数百个非政府组织打交道。那些援助国的自身政治和军事的议程往往决定他们援助阿富汗的工作。捐赠者提供的资金经常用于他们本国政府批准的项目，而不一定是阿富汗政府确定最需要的。从战略层面上讲，阿富汗本国的或者国际的

---

〔18〕 美国政府责任办公室（GAO）：“阿富汗的安全、稳定和重建：由国会监督的关键问题”，GAO—07—80 ISP（GAO：Washington，DC，2007 年 5 月）。

〔19〕 N. Tweedie，“部队耗尽了弹药，与塔利班的战争夺去了第 14 条生命”，《每日电讯报》2006 年 8 月 28 日。

〔20〕 K. Deyoung，“联合国阿富汗特使看到对进展的威胁”.《华盛顿邮报》2008 年 4 月 29 日；国际危机小组（ICG），“阿富汗：需要国际社会下决心”，《亚洲报告》第 145 号（ICG，布鲁塞尔，2008 年 2 月 6 日）；D. Korski，“阿富汗：欧洲遗忘的战争”（欧洲对外关系理事会，伦敦，2008 年 1 月 21 日）；“卡尔扎伊批评美国在阿富汗的战争”，合众国际社，2008 年 4 月 26 日，网址：〈http//www. upi. Com〉。

重大军事、政治或发展举措至少需要得到美国政府的默许，否则将难以实施。[21] 所有组织机构中的人员快速更换也严重影响协调与控制的努力：宝贵的经验失去了，又要不断重新吸取。总之，这种情况造成了专业技术、经验、能力、资源、议程和期望都各不相同不连贯的环境。更有甚者，所有这些各自的活动，不是难以评估近期效果，就是难以取得长期的投资回报以及对阿富汗的裨益。而且，也难以评估贪污腐败和效率低下究竟造成了多少损失。[22]

第三节　2009 年初的阿富汗形势

美国更新其接触政策

人员伤亡、战争耗费、缺乏进展带来的沮丧以及逐渐认识到结束冲突仍遥遥无期——这些因素加在一起使得许多向阿富汗派兵的国家产生了严重的厌战情绪。[23] 在各国学术界、政界、政府和军方的论坛上，寻求一条“搞定”阿富汗局势的最佳途径成为辩论的焦点，对每况愈下的阿富汗形势的与日俱增。显而易见，奥巴马政府重新审视美国对阿富汗和该地区——特别是巴基斯坦和伊朗的政策，使其认识到必须在政治、军事和发展方面再作努力。欧洲的勉强情绪越来越强烈，其他国家或国际组织明显地缺乏强有力的领导，美国大规模地投入军力和财力，这些都有力地表明，在今后数年中，美国领导的行动将主宰和推动国际社会对阿富汗的援助工作。国际社会，特别是美国内部，关于撤出战略的讨论越来越把重点放在建设大规模的阿富汗国家安全部队上。

---

〔21〕 Rashid 文，(同注释〔6〕)，第 liii 页。

〔22〕 A. Cordesman， “分析阿富汗—巴基斯坦战争”，战略与国际问题研究中心 (CSIS) 论文草稿 (CSIS 华盛顿 2008 年 7 月 28 日) 网址：〈http： //www. csis. org/media/csis/pubs/080728－afghan－analysis. Pdf〉

〔23〕 “英国呼吁撤军”，BBC 新闻，2008 年 11 月 13 日，网址：〈http： //news. bbc. co. uk/2/7725228. stm〉；“阿富汗的使命在加拿大越来越不得人心”，南亚新闻社 2009 年 3 月 27 日，网址：〈http： //www. sana news. com. pk/english/2009/03/27〉；另见人的安全报告项目之监视阿富汗冲突网站进行的民调，网址：〈http： //www. afghan conflict monitor. org/polls〉。

美国在阿富汗的目标很广泛，从狭义目标——杀死本·拉登，摧毁塔利班到广义目标——创建一个民主的、自给自足的、完全独立的阿富汗国家。最近，白宫、五角大楼和美军中央司令部都对美国在阿富汗的政策进行了正式审议。[24] 在奥巴马政府内部似乎出现了某些共识：需要支持一个有代表性的阿富汗政府，改善法律和秩序，逐步鼓励阿富汗人自己解决自己的问题，增加阿军队和警察的员额和能力，以及扩大和突出强调本地区的发展和外交主动行动。[25] 但是，这些讨论都是务实的，因为美国国防部长盖茨等人私下谈论有限度的目标，把重点放在今后三到五年内究竟能干什么。[26] 这些新的目标似乎反映出美国更加密切关注防止塔利班统治这个国家和防止"基地"组织利用阿富汗作为其行动地盘，而较少强调要建立稳定的民主政府机构。批评者们认为，"胜利"的条件正被重新修订，以适应降低了的期望值，即在阿富汗究竟能做什么。[27]

今后两年可能会增兵，大概新增 17000—30000 人——几乎全部是美国兵。[28] 这些部队很可能将驻扎在阿富汗的南部和东部地区。但是，目前尚不清楚这些部队是用来积极对抗塔利班，还是坚守阵地以使民政发展工作深入展开，还是保护 2009 年秋季的选举，还是训练阿富汗军队和警察，或是这些方面都要兼顾。

但是，国际安全支援部队的地面军事行动也因为美国与北约其他成员国的关系经常发生紧张而爱到影响。美国指挥官们曾批评其他盟友国愿意或者不能够有效地实施反叛乱作战。[29] 美国高级官员对北约其他成员国在分担战争负担上的推诿不前日益感到不快。美国已经

〔24〕 S. Baxter 和 M. Smith 合写："奥巴马对阿富汗大幅增兵踩刹车"，《星期日泰晤士报》2009 年 2 月 8 日。

〔25〕 Hechtkopf，(同注释〔4〕)。

〔26〕 T. Bowman，"奥巴马为阿富汗确定更温和的目标"，National Public Radio，2009 年 2 月 6 日，网址：〈http: //www. npr. org/templates/story/story. php ? storyⅠd=100279589〉。

〔27〕 A. Gearan，"阿富汗的'胜利'可能要重新定义"，《华盛顿时报》2009 年 1 月 29 日。

〔28〕 H. Pidd，"奥巴马承诺向阿富汗增兵 17000 多人"，《卫报》2009 年 2 月 18 日。

〔29〕 P. Speigel，"盖茨责备在阿富汗南部的北约部队"，《洛杉矶时报》2008 年 1 月 16 日。

再三要求盟国提供更多的部队。[30] 然而，看来美关于 2009 年部署更多军队的承诺看来并没有得到国际社会的支持。[31] 加拿大政府确实已经宣布它将在 2011 年之前撤出其全部作战部队，丹麦和荷兰也可能紧随其后在类似时间段撤出。[32]

塔利班东山再起

叛乱活动是对国际社会和阿富汗政府的工作以及对美国的任何新的战略举措的核心挑战。塔利班活动的激增始于 2006 年，继续贯串于 2008 年全年。[33] 2008 年的暴力事件比 2007 年增加了 31%，2009 年 1 月又比 2008 年同期增加 75%。这表明 2009 年的前景很糟。[34] 阿富汗南部和东部的大片地区即使不在塔利班的直接控制之下，也肯定是在阿政府和国际安全支援部队的影响力之外。

2008 年，年塔利班叛乱组织最爱用的手段仍然是非对称战术—小规模的“打了就跑”的袭击，旨在消耗国际安全支援部队的军事优势力量。自杀式炸弹袭击的数量继续增加，土制爆炸物（IEDS）依然是国际军事力量的最大杀手。[35] 塔利班还提高了他们的常规力量攻击能力：7 月，他们在科纳尔省离巴基斯坦边境不远的一个军事基地杀死了 9 名美军士兵；8 月，在喀布尔以东大约 50 公里处发生的

---

〔30〕“美国说，北约盟国必须在阿富汗承担更多的责任”，《卫报》2009 年 2 月 19 日。

〔31〕M. Evans 和 D. Charter，“贝拉克·奥巴马未能为阿富汗战争得到他所需要的北约部队”，《泰晤士报》2009 年 4 月 4 日。

〔32〕“Harper 说，2011 年是阿富汗使命的结束期限”，《CBC 新闻》，2008 年 9 月 10 日，网址：〈http：//www. Cbc〉。ca/world/story/2008/09/10/harper－afghanistan. html；G·O'Dwyer，“丹麦加强在阿富汗的存在”，《防务新闻》，2008 年 7 月 9 日，“部长说，荷兰军队从 2010 年 7 月开始撤出阿富汗”，法新社 2007 年 12 月 18 日，网址：〈http：//afp. google. com/article/Aleg M5jNLVb－RNGHs8u Ysogkio dan Fkxkg〉。

〔33〕联合国，（同注释〔2〕），第 2 页。

〔34〕联合国大会，“阿富汗形势及其对国际和平与安全的影响”，秘书长报告 A/63/751－S/2009/135，2009 年 3 月 10 日，第 5 页。

〔35〕有记录称，2008 年国际部队 294 名军人死亡，其中 152 人遭到土制炸弹袭击丧生（不包括自杀式炸弹袭击）。伊拉克联军伤亡统计，“持久自由行动：联军年度伤亡情况”，网址：〈http：//icasualties. org/oef/〉。

一起袭击事件中有 10 名法国士兵被杀。[36] 2008 年塔利班在媒体和宣传方面继续取得进展，表现出他们越来越懂得国际社会的关切——例如平民伤亡，冲突连绵不断，增派军队——他们知道如何最大限度地利用这些问题。[37]

在处理叛乱的对策上各方一直存在着并将继续存在分歧。尽管国际社会和阿富汗政府都发表过措辞强烈的声明，认为阿富汗问题不可能用军事手段解决，而需要通过谈判寻求政治解决，但是更多的美国军队，可能还有其他北约成员国的军队不断派往阿富汗去对抗塔利班。[38] 空中力量具有延伸军事行动的重要能力，但空中力量的使用却越来越受到限制，因为平民伤亡的人数字日益上升。关于短期解决的建议，例如重新武装民兵并授予他们权力，可能带来长远的负面影响，减少警察可得到的资源。还有另外的风险，即阿富汗警察可能变成不过是军队的延伸，而不是一支非常需要的、重点是维持当地法律和秩序的社区警察力量。

安全部门的改革

国际社会重建阿富汗努力的关键方面是改革安是全部门。这一改革通过一些"带头国家"来实施的，每个国家在一个特定领域提供重点援助（咨询和资金）：解除前战斗人员的武装由日本负责，军队改革由美国负责，警务改革由德国负责，司法改革和禁毒工作分别得到意大利和英国的支持。在一个国家结构和机构向未虚弱的国家，安全部门的改革始终是一个严峻挑战，进展缓慢而且不平衡。在尽力程度、资源和协调等方面，这些"带头国家"的态度并不连贯一致，阿富汗安全改革的五大支柱——解除（民兵）武装，军队改革，警务改

〔36〕 C. Rondeaux，"9 名美国士兵在炮击中丧生"，《华盛顿邮报》，2008 年 7 月 14 日；"法国军人在阿富汗的伏击中丧生"，《BBC 新闻》2008 年 8 月 19 日，网址：〈http：//news. bbc. co. uk/2/7569942. stm〉。

〔37〕 国际危机小组，《塔利班宣传：赢得口水战?》，《亚洲报告》第 158 号，（ICG、布鲁塞尔，2008 年 7 月 24 日）；"塔利班警告诉加拿大：离开阿富汗，否则……"，法新社 2008 年 8 月 17 日，网址：〈http：//afp. google. com/article/Aleg M5iaZ69EIxm WHSMp5 hGb9zujKF4－Z. A〉。

〔38〕 C. Lamb，"军队首脑说，对塔利班的战争打不赢"，《星期日泰晤士报》，2008 年 10 月 5 日。

革，司法改革打击毒品——的每一项改革都受到了批评。有一位专家说，“如果阿富汗的政治进程失败，那么国际社会从一开头就未能成功地优先进行安全部门的改革将被视为一个重要的因素。〔39〕

起初，对前战斗人员和非法组织解除武装的工作取得了一些令人鼓舞的成绩，但随后就变得步履艰难，因为那些只图私利的军阀们势力强大，核实销毁武器的工作有困难，缺乏强制执行的权力和意愿，以及随时可以从邻国得到廉价武器。〔40〕虽然解散非法武装组织（DIAG）的进程依然停留在理论上积极行动，由于上述原因，2008 年这一进程进展有限，2009 年大概也是如此。

安全部门改革的成功绝大多数与阿富汗国防部和阿富汗国民军建设有关，国民军的员额继续扩大，信心和能力渐增。起初阿富汗国民军打算建立一支大约 8 万人的部队，但到 2009 年 3 月，其兵力已经达到大约 9 万人。2008 年制定的新的最高员额为 13.4 万人。有人认为，美国可能要求这一数字继续增加至 25 万人，这样军队和警察的总人数可达到 40 万人。〔41〕尽管如此，在军队的能力和资源方面仍然存在问题：虽然阿富汗国民军的规模正在扩大，但据美国政府估计，到 2008 年中阿富汗国民军的 100 多支作战部队中仅有 2 支具有满员作战能力。〔42〕

阿富汗国家警察的建设大大地落后于阿富汗国民军，它效率低下，训练糟糕，腐败盛行，士气低落。〔43〕重建警察部队的计划（以及相应的司法改革工作）进展十分缓慢。由于当前欧盟、德国和美国的参与，就产生了这样的问题，即最终结果将如何得到很好的协调。

---

〔39〕 B. Stapleton，“解除民兵武装：DDR 和 DIAG 及其对构建和平的影响”，在瑞典阿富汗委员会讨论会（2008 年 11 月 6—7 日）提交的论文，网址：〈http：//www. sak. se/arkiv/artiklar/artiklar/2009/peace〉。

〔40〕 Stapleton（同注释〔39〕）。

〔41〕 T. Shanker 和 E. Schmitt，“美国的计划广泛地扩大了阿富汗安全部队”，《纽约时报》，2009 年 3 月 18 日。

〔42〕 美国政府责任办公室，“阿富汗的安全：可能需要采取进一步的国会行动，以保证完成一项旨在发展和维持有能力的阿富汗国家安全部队的详细计划”，GAO—08—661（GAO，华盛顿特区 2008 年 6 月），第 3—4 页。

〔43〕 国际危机小组，“阿富汗的警察事务：仍在寻求一项战略”，《亚洲通报》第 85 号（ICG 布鲁塞尔，2008 年 12 月 18 日）。

美国的重点目标是各地区的发展——培训、重新装备、重新部署所有地区的人员——强调训练警察以打击塔利班，而不是提高社区警务技能。[44] 美国的态度主宰着利用仅有的资源就地训练警察的所有其他努力。

意大利政府对阿富汗司法体制改革的援助，普遍认为力度很小，成效不大。[45] 2008 年 9 月联合国的一份报告清楚地列举了这些困难：

> “最高法院，总检察长办公室和司法部面临长期的资源匮乏、基础设施不足、缺少称职、有经验、受过教育和培训的法官和检察官……官员的腐败和仗势欺人司空见惯。纪律、符合道德规范的。能保障应有法律程序的监督机制凸显不足”。[46]

2009 年，阿富汗的司法体系仍然薄弱，专业能力有限，招收和培训人员困难，腐败现象泛滥。警察和司法部门之间的联系仍可能很差，因为两者的素质量都很差。

毒品产业继续危害着阿富汗的安全和治理，尽管据，鸦片罂粟种植面积（但不是产量）在经过数年扩大、2007 年达到新高之后，在 2008 年减少了 19%。在这个国家的 34 个省中，宣布为无鸦片种植的省份从 13 个增加到 18 个。但是，鸦片产量的降低在过去一直起误导作用，往往反映市场力量和价格，而不是反映一种在产量之外可以确定的趋势。[47] 塔利班努力表现出自己是种植鸦片的农民的“保护者”，有报告显示，毒品产业所得的数以百万计的美元继续源源不断

---

〔44〕 G. Packer，“克尔库伦谈阿富汗战争问题：仍然是可以打赢的，仅此而已”，《纽约客》2008 年 11 月 14 日。

〔45〕 V. M. Dreyer，“改变阿富汗的国家构建战略”（美国陆军战争学院，Carlisle，PA，2006 年 2 月 28 日）。

〔46〕 联合国，（同注释〔2〕）。

〔47〕 联合国反毒品和犯罪办公室（UNODC）“阿富汗鸦片泛滥的势头开始减退”，《UNODC 2008 年度鸦片罂粟调查》，2008 年 8 月，网址：〈http ://www. unodc. org/unodc/en/crop-monitoring/index. Html〉，第 3 页。

流入塔利班的腰包。[48]

阿富汗政府和2009年选举

过去7年里，阿富汗政府竭力增强自己的能力，扩大治理范围。在进展缓慢、局势脆弱的情况下，政府继续被对其腐败和无能的指责所困扰。[49] 国际安全援助部队的空中打击造成的平民伤亡，激怒了阿富汗政府和人民，产生了挫败情绪和紧张关系。[50] 国际社会的努力因为阻碍了阿富汗机构的发展而受到批评。[51]

卡尔扎伊总统本人的表现正在受到越来越多的审视，国际上对他的支持呈现减少之势。这也是阿富汗局势没有进展的辩论的一个问题，[52] 批评卡尔扎伊的的人认为，他未能处理政府的腐败问题；支持者们则指出，阿富汗的问题的范围有所缩小，没有任何一位潜在候选人所得到阿富汗人的支持率能与卡尔扎伊一样或类似。[53]

由于2004年和2005年的第一轮选举以来阿富汗安全形势已经相当恶化，2009年的选举势必是一个重大的挑战。美国已与卡尔扎伊拉开距离，有可能支持另一位候选人。这可能引发对美国干涉阿富汗民主进程的指责。无论选举结果如何，在选举的后勤保障、政策、候选人及选举结果等问题上都存在着不确定性。任何一位新的阿富汗总统都需要时间来建立一个团队，处理好这个国家面临的许多问题。如果选举后出现政治断裂，就会妨碍阿富汗政府的运转和国际社会的努力。

---

〔48〕 联合国反毒品和犯罪办公室，“联合国禁毒负责人说，毒品资助塔利班战争机器”，《新闻公报》2008年11月27日，网址：〈http：//www. unodc. org/unodc/en/press/release/2008－11－27 html〉。

〔49〕 J. Borger 和 E. MacAskill，“美国将绕过卡尔扎伊任命阿富汗‘总理’”，《卫报》2009年3月22日。

〔50〕 “阿富汗内阁要求检讨国际存在”，法新社2008年8月25日，网址：〈http：//afp. google. com/article/aleg M5jFiv4Quetjncwaculn－con8fFPrQ〉；J. Boone，“卡尔扎伊指责美军杀害平民”，《金融时报》2009年1月26日。

〔51〕 F. Abrashi，“卡尔扎伊说美国、北约制造了‘平行’政府”，《卫报》2008年11月26日。

〔52〕 J. Boone，“卡尔扎伊：太美好，太虚弱——西方自己扶植的人是如何失宠的”，《卫报》2009年3月23日。

〔53〕 S. Jones，“如何拯救卡尔扎伊”，《外交政策》2008年7月号。

邻近地区

阿富汗进程会继续受到其他国家之间在阿富汗发挥作用问题上的分歧所难消的负面影响。巴基斯坦担心印度在其西部边境的影响力，伊朗感到美国在其西部和东部边境的大量军事存在是对自己的威胁。美国现在清楚地认识到，阿富汗问题不能孤立地处理，尽管伊朗和巴基斯坦有它各自的关切，美国必须与它们更加密切、更有创意地进行接触，以帮助阿富汗的发展。[54] 这一工作的一部分将由已被任命为美国的阿富汗和巴基斯坦事务特别代表理查德·霍尔布鲁克来协助。与巴基斯坦的接触可能包括加强美国、巴基斯坦和阿富汗三边对话，增加对巴基斯坦基层民事部门和政府工作进程的财政援助。[55]

巴基斯坦仍是对阿富汗发展的最直接挑战，巴国内经济停滞不前，政府软弱无力原教旨主义甚嚣尘上。[56] 有许多可信的迹象表明，在 90 年代帮助塔利班取得政权的巴基斯坦军方和情报部门内部仍然有人支持塔利班。[57] 塔利班叛乱组织继续得益于巴基斯坦西北边境省和联邦直属部落地区的庇护，向乎能够任意地越过巴阿边界，而这条边界很难封锁，阿富汗方面也没有承认。2008 年 8 月，巴基斯坦总统穆沙拉夫的下台曾经引起国际上的乐观情绪，但是新的民选政府应对大量安全问题的能力却显得薄弱。[58]

2009 年 2 月，巴基斯坦政府和在西北边境省斯瓦特河谷的叛乱分子之间达成停火协议，包括释放塔利班囚犯，减少巴基斯坦在河谷地区的驻军，以及恢复实行塔利班认定的伊斯兰法。[59] 这些趋势说明，在今后很长时间里，巴基斯坦将继续为塔利班或支持塔利班的组织提供安全庇护。

---

〔54〕 Hechtkopf（同注释〔4〕），和 K. Inder 和 J. Dobbins，“最终退出战略”，《纽约时报》，2009 年 3 月 26 日。

〔55〕 Hechtkopf（同注释〔4〕）。

〔56〕 C. lozada，“采访大卫·克尔库伦的”，《华盛顿邮报》，2009 年 3 月 22 日。

〔57〕 S. Naylor，“美国军官说巴基斯坦部队援助塔利班”，《防务新闻》2008 年 9 月 19 日。

〔58〕 A. ashid，“巴基斯坦危险的空缺”，《耶鲁环球在线》2009 年 3 月 4 日，网址：〈http：//yaleglobal. yale. edu/display. article ? id=12048〉。

〔59〕 T. Masood，“斯瓦特的苏尔坦”，《外交政策》，2009 年 3 月 20 日。

伊朗与阿富汗政府保持着广泛的建设性关系。这两个国家在许多共同问题可以合作而且进行着合作——难民、经济发展、能源以及打击毒品。[60] 但是，伊朗与美国以及国际社会在一些问题上的对抗——伊朗的核计划，外国在伊拉克和阿富汗的军事存在，担心阿富汗政府是国际利益集团的傀儡——这些都破坏了伊朗与国际社会在阿富汗进行充分合作的潜力。美国和英国政府都认为，伊朗可能正在向塔利班提供军事援助，并表示已经有运往塔利班的武器和爆炸装置在通过伊朗边界进入阿富汗时被截获。[61]

第四节　在阿富汗活动的国际机构

国际机构对阿富汗的稳定、重建、发展和治理继续作出关键性的贡献。它们在运作过程中遇到的类似许多问题—是否试图承受军事力量、政治技巧或财政支持的负担。但是，一般性的原则声明（例如，需要更好地协调，要有地区性对策，要有综合的统一的对策，政治解决优先于军事解决，需要加强当地民众的作用）习惯于孤立地看问题时把形势看得很好，而遇到经常是非常复杂的现实状况时又惊慌失措。目前在阿富汗有三个不同的国际机构，即联合国，北约与国际安全支援部队以及欧盟在活动，它们对操作性的困难提供了具体的深入观察。

联合国

联合国长期、持续不断地介入了阿富汗事务，从 1979 年苏联入侵到阿富汗内战和塔利班的兴起。在 2001 年 12 月召开的波恩会议上，联合国在促成阿富汗各主要派权力掮客之间组成一个新的政治框

〔60〕 G. Bruno 和 L. Beehner，“伊朗和阿富汗的未来”，（美）对外关系委员会背景资料，2009 年 3 月 30 日。网址：〈http：//www. cfr. org/publication/13578/iran _ and _ the _ future _ of _ afghanistan. Html〉。

〔61〕 K. Clark，“塔利班称其武装由伊朗供应”，《每日电讯报》，2008 年 9 月 14 日；D. Denyer，“美国指挥官说，伊朗必须停止支持塔利班”，路透社 2009 年 3 月 6 日，网址：〈http：//www. national post. com/story. html ? id=1361527〉。

架中发挥了关键作用。2002 年 3 月建立了专门的联合国使团——联合国阿富汗支援团。它的职责是协调政治和人道主义问题，帮助建立临时的、过渡的阿富汗政府机构，以及协助举行选举。联合国驻阿援助团承担改善国际社会内部以及联合国阿富汗支援团与国际安全支援部队之间的协调任务。为此，它和阿富汗政府共同主持“联合协调与监督机构”（JCMB）的工作。

联合国逐步对阿富汗这个国家及其政局有了很好的了解。它享有名副其实的信誉，既得到公认，也受到尊重。但是也有弱点。如同许多国际组织一样，有人指责的后勤体系，它庞大开销很高，以它能够提供的薪水招募了大量有才能的阿富汗人作为司机、翻译和行政人员。〔62〕由于安全形势不佳，联合国越来越不能够在这个国家的大片地区开展工作。〔63〕有时候，就由其他国际机构，如国际安全支援部队，在传统的民事政治、发展和协调活动中起领导作用，这就影响了联合国本来可以做出的重要贡献。〔64〕联合国阿富汗支援团作为国际社会努力的协调者因其效率低下而一直受到批评，特别是 xfam 在 2008 年年初提出的批评。〔65〕这些指责中有一些是负责维和行动的联合国副秘书长 Jean-Marie Guehenno 承认的。〔66〕还有人指责联合国阿富汗支援团缺乏坚强果断领导。〔67〕但是，联合国在阿富汗的作用经常是在其他国家（美国）和其他机构（北约/国际安全支援部队）的阴影笼罩下，这就使联合国阿富汗支援团更难发挥协调者的作用。

---

〔62〕 C. Lamb，“由于混乱形势加剧，阿富汗人恳求得到 250 亿英镑的援助”，《泰晤士报》，2008 年 6 月 8 日。

〔63〕 联合国，[同注 2]。

〔64〕 作为与省级重建工作队成员的谈话，2008 年 7 月。

〔65〕 Oxfam International，“对阿富汗的援助有效性不足”，新闻公报，2008 年 3 月 20 日，网址：〈http：//www. oxfam. org/en/news/2008/pr 080325-donors-failing-afghanistan〉; and ‘U. N. ’s Ban defends his Afghanistan envoy Eide’，路透社，23 Mar. 2009，网址：〈http：//www. reuters. Com/article/featuredCrisis/idUSN 23295482〉。

〔66〕 联合国新闻中心，“联合国维和事务负责人呼吁加强驻阿部队的授权” 2008 年 3 月 12 日，网址：〈http：//www. un. org/apps/news/story. asp? news I D=25946〉。

〔67〕 R. Norton－Taylor，“英国呼吁联合国在阿富汗更多地介入”，《卫报》 2007 年 5 月 26 日。

北约和国际安全支援部队

由带头国家轮流担任国际安全支援部队指挥的做法于2003年结束，指挥权交给了北约。[68] 国际安全支援部队是北约迄今为止最大军事行动，也是在欧洲以外的首次行动。国际安全支援部队的强项是其军事力量及其与北约长期盟友间合作的经验，特别是资源利用和共同的军事理念和工作实践。北约领导下的工作承担了大量人道主义任务，特别是通过省级重建工作队进行的工作。这些通常是非政府组织应当完成而又无法完成的任务（如粮食分配和医疗援助）由于动荡的安全形势。

但是，为了充分发挥这显眼的优势，北约在指挥结构上面临重重困难。国际安全支援部队由41个国家组成，其部署在阿富汗的期限全由各自的政府决定。关于他们在阿富汗究竟要干什么，这些分歧是明显的应当怎么干，各国之间经常存在根本分歧。在关于其特定国家准备做什么，特别是涉及作战行动的问题上，每个国家都有具体的附加条件。这些条件已经在北约内外受到许多批评。2008年10月，北约欧洲盟军最高司令约翰·克雷铎克指出：

> 我们的联盟对完成在阿富汗的使命的意志呈现出一些真正的缺陷。鉴于成员国在参加军事行动上有70多条限制条件，我们把它们称之为“申请中止执行”的条件，我们一直不能兑现我们已经同意了的有关战场行动的必要条件的声明，这样我们表现出有些时候政治意志在动摇。
>
> 正是这种政治意志的动摇，阻碍了（阿富汗的）行动的进展，而且甚至怀疑联盟是否有必要在21世纪里继续存在。[69]

〔68〕 Integrated Regional Information Network (IRIN)，“阿富汗：北约接管国际安全支援部队的指挥权”，2003年4月17日，网址：〈http ://wwww. Reliefweb. int/w/rwb/nsf/O/7 adda 03 ab7d 928b085256d0b0075ef29〉。

〔69〕 欧洲盟军最高司令官J. Craddock将军在皇家三军防务与安全研究所的讲话，“北约军事行动面临内外挑战”，2008年10月20日，网址：〈http: //www. nato. Int/shape/opinions/2008/s 081020a. htm〉。

德国常常被指名不肯提供更多的作战部队，其实许多国家同样不情愿增派部队，尽管国际安全支援部队和北约的许多高级指挥官一再发出警告和呼吁。〔70〕

省级重建工作队

北约通过国际安全支援部队，在省级重建工作队的工作中表现很活跃。这些大都由多国的军事和文职人员组成的小型的团队——最初是美国军队本土化倡议，旨在“援助阿富汗伊斯兰共和国扩大其权威，以便在确定的作战区域营造一个稳定的安全环境并能够落实安全部门的改革和重建努力”。〔71〕

在北约领导的国际安全支援部队指挥下，省级重建工作队构成了国际社会对阿富汗军事和财政援助的重要部分。最初建立于2002—2003年冬季的省级重建工作队，到2008年年底已达到26个，分别由15个国家管理。虽然，省级重建工作队的指导委员会——包括了阿富汗政府、国际安全支援部队、联合国、欧盟及工作队牵头国家的代表，试图对该工作队的工作提出指导，但做起来很困难。〔72〕虽然有省级重建工作队承担的许多本意很好但经常是危险的工作正在进行，但缺乏战略和协调意味着这些工作队——如同在阿富汗的许多其他国际机构一样，几乎可以肯定地说表现欠佳。省级重建工作队经常把重点放在短期的、但是很显眼难以持续的发展项目上。阿富汗人对快速重建和改善安全环境的抱着期望很高。〔73〕总的来说，省级重建工作队没有做到这一点。省级重建工作队仍然主要是军事单位，许多非政府组织仍不清楚为何与他们一道工作。〔74〕一位阿富汗政治顾问

---

〔70〕 D. Brunstorm，“美国将要求北约派更多部队去阿富汗”，路透社2008年10月9日，网址：〈http；//www. alert net. org/the news/ncwsdesk/L 8600259. htm〉。

〔71〕 阿富汗国际安全支援部队，《省级重建工作队手册》，2006年10月。

〔72〕 B. J. Stapleton，“此手段是为何目的？为什么说，省级重建工作队对阿富汗更大的政治挑战来说是肤浅的”，《军事和战略研究杂志》第10卷第1期（2007年秋季）。

〔73〕 S. Ibrahimi，“北方省长抨击北约”，战争与和平研究所报告，关于阿富汗恢复的报告第261号，2007年7月23日，网址：〈http：//www. iwpr. Net/？p=arr&s=f&o=337318〉。

〔74〕 Stapleton（同注释〔72〕）。

说，省级重建工作队的数量和经费的增加，对解决阿富汗政治与安全互相关联的危机并没有产生重大影响……在许多方面，允许省级重建工作队报喜不报忧可能证明，对国际社会需要的意义超过稳定阿富汗局势。〔75〕早就应对省级重建工作队的设想进行反思，提出要改变这一做法的一些建议包括：增加阿富汗人的代表，扩大文职专家的作用，招募省级重建工作队文职领导人，甚至在阿富汗政府多少能起作用的地区取消一些工作队。但是，许多国家把省级重建工作队视为"他们"对阿富汗承诺的体现，可能不情愿作改变，尽管受到了批评。近期内，这些工作队可能会原封不动地存在，这种做法本意是好的但活动分散，效果不佳，佐证了在阿富汗的多国活动的复杂性。

欧盟

自 20 世纪 90 年代起，欧盟一直在阿富汗活动，提供人道主义援助。塔利班垮台后，欧盟成了阿富汗发展努力的主要的资助方之一，从 2002 年到 2006 年已支出了 10 亿英镑（15 亿美元），并追加 6 亿英镑（9.5 亿美元），用至 2010 年。〔76〕欧盟计划承诺向阿富汗提供援助和财政资助，至少到 2013 年为止，此计划打算与阿富汗国家发展战略密切结合在一起。〔77〕

但是，在有效使用资金方面出现了一些问题，例如：在捐助国之间，以及捐助国与阿富汗政府之间未能进行协调；援助者答应要给的钱多，实际支付的钱少。〔78〕虽然欧盟成员国的军事力量是国际安全支援部队的一部分，但欧盟作为一个整体，却没有正式在军事上卷入阿富汗，也无此授权。然而，2007 年 6 月成立了欧盟阿富汗警察特派团。该团头两年的预算为 6400 万英镑（9600 万美元），其目的在

〔75〕 Stapleton（同注释〔72〕）。

〔76〕 欧盟委员会主席巴罗佐讲话，"欧盟委员会在阿富汗：重建问题上目前的承诺和将来的重点"，2008 年 4 月 3 日，网址：〈http：//www. europa －eu. org/articles/en/articl－ 7806－ en. htm〉。

〔77〕 欧洲委员会，"阿富汗伊斯兰共和国 2007—2013 年"，《国别战略报告书》，网址：〈http：//ec. europa. eu/external－Relations/Afghanistan/index－en. Htm〉。

〔78〕 Oxfam International（同注释〔65〕）。

于帮助建立真正属于阿富汗自己的可持续的、有效的民事警务制度。[79] 最初招募的指标为 200 人，2008 年增加到 400 人，尽管原定指标尚未完成。[80]

欧盟阿富汗警察特派团已经受到严厉批评，有一位欧盟代表对整个特派团的描述是“人员太少，行动太迟”。[81] 主要的指责是：该团谋划不周、人手短缺、口惠而实不至。有人指出，“欧盟在阿富汗的努力看来更多是出于政治机会（主义）而不为其他”，还指出，欧盟驻阿警察特派团，具体地说，“被有些人视为德国用派遣民事团来替代它向阿富汗派遣军事团的承诺”。[82]

第五节 结论

到 2008 年年中，媒体和分析家们对阿富汗冲突的看法发生了空前的转变，认为这是一场打不赢的战争，这个国家长远的前景仍将暗淡而且不确定。虽然出现了国际社会特别是美国正在重新评估介入阿富汗事务的动机和目标的可喜的现象，但是国际上对战争的厌倦氛围，以及日益增长的关于降低对阿富汗的期望的要求凸显强烈。尽管在奥巴马当选美国总统之后出现了乐观情绪，但上述判断只是暂时搁置而已。他的新战略看起来与旧战略十分相似，许多问题取决于奥巴马政府在今后一两年里如何在一些国家开始从阿富汗撤军之前如何有效地适应形势，做好工作。

今后两三年时里可能将重新定义何谓“成功”（解决阿富汗问题），以便使国际部队得以撤出，但关键因素是阿富汗民众会怎么看。

---

〔79〕 欧盟理事会，“欧盟阿富汗警察特派团”，网址：〈http：//consilium. Europa. eu/cms3－ fo/show page. Asp ? id ＝1268&lang＝en〉。

〔80〕 欧盟理事会，（同注释〔79〕）。关于欧盟阿富汗警察特派团，参见本卷附录 3A。

〔81〕 “欧盟阿富汗警察特派团人员太少，行动太迟”《德国之声》电台，2008 年 10 月 1 日，网址：〈http：//www 2. dw－ world. de/southasia/germany/1. 234509. 1. html〉；作者与欧盟代表的谈话，2008 年。

〔82〕 G. Gya，“欧盟阿富汗警察特派团：是谁的机会?”，《欧洲安全评论》第 33 号（2007 年 5 月），第 4、5 页。

匆匆忙忙宣布阿富汗政府有能力治理国家，然后操之过急撤出国际部队，这就会留下风险后患，将为今后的国际干预力量遗留一个危险的政治和安全形势都的的混乱局面。

令人遗憾的是，看来在今后数年里阿富汗的命运仍然极其微妙难测。进展将仍然是缓慢的、有缺陷的、脆弱的。无论出于多少原因，如政治谋杀，对国际安全支援部队或阿富汗平民造成重大伤亡的事件，或军阀归顺后又反水，某一个事件或者几件事合在一起都可能使形势逆转。虽然奥巴马政府关于阿富汗问题的许多想法很大程度上取决于巴基斯坦，但那里的形势今后几年里肯定会进一步恶化。

由于有关国家打算减少或撤出它们的部队和资产，阿富汗政府，阿富汗民众以及也许最令人关切的叛乱分子，不会不注意到国际社会的承诺已发生动摇。〔83〕根据 7 年来国际社会的经验，对奥巴马的阿富汗战略来说，也许唯一可以确定的事实是，未来阿富汗国内及周边国家的政治、军事和发展的状况将更加复杂，将花费比本来预期更长的时间，而取得的成果更脆弱。

（郑瑞祥　译）

---

〔83〕 据报道，塔利班说“美国和盟国之间存在着互不信任，事实上许多盟国都不希望再继续陷在阿富汗了。他们正试图撤出那个国家，因此，美国几乎不可能成功地面对反抗运动”。阿富汗伊斯兰酋长国，“北约成员国显然不愿唯美国马首是瞻”。2009 年 1 月 17 日，网址：〈http：//www. the unjustmedia. com/afghanistan/statements/jan 09/Nato member countries apparently not toeing us line. htm〉。很难完全相信那些来自塔利班的声明都是真的，但是来自塔利班媒体发言人的声明通常都上传在叫做 The Un Just Media. com 的网站上，这是一个全球“伊斯兰圣战者组织”的网站，即使在塔利班的网站本身被撤销的时候也是如此。

第二部分

2008 年的军费和军备

第五章　军费

第六章　军火生产

第七章　国际武器转让

第八章　世界核力量

第五章 军费

萨姆·珀洛·弗里曼 卡塔利娜·佩尔多莫
伊丽莎白·申斯 彼得·斯塔伦海姆

第一节 导言

2008年世界军费估计已经高达14640亿美元。与2007年相比，实际增幅4%，在1999－2008年这10年间，世界军费实际增长了45%。[1] 2008年的军费相当于全球国内生产总值（GDP）的2.4%，人均217美元。[2]

本章第二节对主要地区和次地区的军费走势以及15个军费大国的总体情况进行概述。第三节分析了乔治·W. 布什政府执政期间美国的军费情况，特别是用于“全球反恐战争”的开支。第四至八节探

〔1〕 2008年世界军费数据以当前美元价格计算。当前美元数据比2007年大幅增加(12%）的部分原因是由于2008年美元对其他主要货币贬值造成的。军费的实际增长是按照2005年的不变美元价格和汇率计算得出的。以不变美元价格计算的数据通常用于对开支走势做出评估，而以当前美元价格计算得出的数据通常用于分析开支所占的比例，诸如国家开支占地区总开支的比例以及国家或地区开支占世界总开支的比例。全部美元数据都是利用年度平均市场汇率估算得出的。汇率的选择请参见第二节附录5A，SIPRI提供的以当前美元价格计算的数据仅是最近一年的。参见附录5A中的表5A.1和表5A.3。

〔2〕 这个比例是根据2008年全球国内生产总值按市场汇率估算为620540亿美元这一数据得出的。国际货币资金组织（IMF)，《世界经济展望：金融压力、经济衰退与复苏》(国际货币基金组织：华盛顿特区，2008年10月)，第259页。人均军费是用全球军费除以世界总人口计算得出的，没有一个国家一个国家的计算。2008年全球人口估计为67.5亿。联合国人口基金（UNFPA)，《2008年世界人口状况：达成共识——文化、性别与人权》(联合国人口基金：纽约，2008年)，第90页。

讨了欧洲、亚洲与大洋洲、非洲、南美洲以及中东地区的军费走势，重点分析那些军费增长显著的国家，其中第八节中首次提供了经过系统计算的用于伊拉克安全部队的开支情况。第九节加以小结。

附录 5A 提供了 SIPRI 关于 168 个国家在 1999－2008 年间的军费数据，以及这些数据的资料来源和计算方法。与世界和地区军费总额一样，国别军费数据分别以四种形式提供：以 1999－2008 年的当地货币的当前价格计算；以 1999－2008 年的不变美元价格（2005 年）计算；以 2008 年的当前美元价格计算；以及在 1999－2007 年间占国内生产总值的比例计算。附录 5B 提供了北大西洋公约组织（NATO）成员国用于装备采购及人事上的军费情况。附录 5C 则汇集了各国政府向 SIPRI 及联合国提供其军费数据的情况。

表 5.1　1999—2008 年世界和地区军费估算

数据单位为 10 亿美元，按 2005 年不变美元价格与汇率统计。斜体数据为百分比。由于四舍五入，各项数据相加不一定与总数相符。

地区[a]	1999	2000	2001	2002	2003	2004	2005	2006	2007	2008	变化% 1999—2008
非洲	**14.6**	**13.6**	**14.2**	**15.1**	**15.1**	**16.8**	**17.3**	**17.8**	**(18.6)**	**(20.4)**	***+40***
北非	4.0	4.0	5.2	5.2	5.4	5.9	6.1	6.1	6.6	7.8	*+94*
撒哈拉以南	10.6	9.5	9.1	9.9	9.7	10.9	11.2	11.7	(11.9)	(12.6)	*+19*
美洲	**368**	**383**	**388**	**430**	**482**	**523**	**549**	**559**	**576**	**603**	***+64***
北美	341	354	357	399	453	493	516	525	540	564	*+66*
中美	3.7	3.9	3.9	3.8	3.8	3.6	3.6	3.4	4.5	4.5	*+21*
南美	22.7	24.8	27.4	27.2	25.3	26.6	29.0	30.2	32.1	34.1	*+50*
加勒比海	..	..	..	..	..	..	..	..	..	..	..
亚洲和大洋洲	**136**	**139**	**147**	**154**	**160**	**169**	**177**	**186**	**196**	**206**	***+52***
中亚	0.5	..	..	..	..	..	..	..	..	..	..
东亚	101	104	110	116	122	127	133	140	149	157	*+56*

地区[a]	1999	2000	2001	2002	2003	2004	2005	2006	2007	2008	变化％ 1999—2008
大洋洲	12.3	12.2	12.7	13.2	13.5	14.0	14.5	15.4	16.2	16.6	*+36*
南亚	21.9	22.8	23.5	23.6	24.2	27.5	28.9	29.2	29.9	30.9	*+41*
欧洲	**281**	**287**	**289**	**298**	**302**	**303**	**303**	**309**	**314**	**320**	***+14***
东欧	15.9	21.4	23.3	25.8	27.6	28.9	32.0	35.7	39.3	43.6	*+174*
西欧和中欧	265	266	265	272	274	274	271	273	275	277	*+5*
中东	**48.6**	**53.8**	**56.9**	**54.8**	**56.4**	**59.3**	**66.0**	**70.4**	**76.5**	**75.6**	***+56***
世界总计	**847**	**877**	**895**	**952**	**1015**	**1071**	**1113**	**1142**	**1182**	**1226**	***+45***
年变化(％)		*3.5*	*2.1*	*6.3*	*6.7*	*5.5*	*3.9*	*2.6*	*3.5*	*3.7*	

注:()＝总数是根据不到地区总数 90％的国家的数据得出的;…＝现有数据低于地区总数的 60％。

a 各地区所涉及的国家情况见附录 5A,表 5A.1。由于缺少数据或缺少连贯性的时序数据,有些国家并未包括在内。非洲未包括赤道几内亚和索马里;美洲未包括古巴、圭亚那、海地及特立尼达和多巴哥;亚洲未包括朝鲜和缅甸;中东未包括卡塔尔。世界总计也不包括以上这些国家。

资料来源:参见附录 5A 表 5A.1 及 5A.3。

第二节 地区军费走势及主要军费大国

表 5.1 反映了 SIPRI 对全球、地区和次地区的军费情况进行估算的数据。这些数据基于公开来源的可利用数据，主要是各国政府提供的官方军费数据。这些数据比实际的开支情况偏低；由于存在众多的原因，军费的实际水平明显要高些[3]。尽管如此，SIPRI 的估算数

〔3〕 例如：(a) 拥有强大军事力量的某些国家——如朝鲜和卡塔尔——由于没有可用的现成数据而未被统计到总数之内；(b) 许多国家在其所提供的军费中未包括一些特定项目，如军队养老金和准军事力量的开支，并且不提供能将其纳入计算的单独的数据；(c) 一些国家的军费中有预算外来源，诸如从自然资源获得的收入或是从军队经商中获得的资金，对于这些很少能做出估算。参见第二节附录 5A。

据无疑也获得了全球军费的大部分数据，并且勾画出了一幅军费总体走势的准确景象。

1999—2008 年间，几乎所有的地区和次地区在全球军费总体增长中都占有一定比例。最明显的例外就是西欧和中欧，在那里，经济增长率较低以及缺乏需要以常规军事力量应对的威胁的证据——正如大多数国家感觉的那样——致使实际军费水平基本持平。在这一总体趋势下，有些中欧国家对成为北约成员国以及对相互协作的渴望导致其军费增长。

与此相对照，1999—2008 年这 10 年间，军费增幅最为迅猛的次地区是东欧，实际增幅达 174%。〔4〕在这一增幅中，大头（87%）是俄罗斯联邦，其军事开支受到了经济高速增长以及渴望重建其大国地位的推动。自 1999 年以来，军费增长迅猛的其他次地区为：北非（94%）、北美（66%）、东亚（56%）和中东（56%）。北非所有国家的军费都有显著增长，但是大部分的军费增长来自阿尔及利亚，其军费增长受到了经济增长强劲、地区政治角色加重以及叛乱局势恶化的推动。北美地区的军费增长几乎完全受美国军费走势的影响，其推动力是两场战争以及正在进行中的军队现代化项目。在东亚，中国的军费无论从绝对值还是从相对值角度看都增长最多。中国的军费增长与其经济增长几乎平行不悖，并与其渴望成为大国相关联。但是，在东亚地区除日本之外的所有主要开支国家的军费都有实质性的增长。中东持续的冲突和继而引发的紧张局势和不安全感——加上油价飚升——促使大多数国家的军费大幅增长。南美地区的军费在过去的 10 年里也增长了 50%，主要是因为巴西长久以来竭力谋求地区大国地位以及哥伦比亚因其国内冲突而不断增加军费所致。

虽然这些长期走势大都在 2008 年继续呈现，中东地区的军费自伊拉克战争以来却首次出现了滑落，但这很可能只是暂时性的。东欧、北美、南美和东亚地区的军费增长仍大体与近几年的水平相似，而由阿尔及利亚主导的北非地区的军费再一次迅猛增长，阿尔及利亚现已成为非洲最大的军费开支国（参见第六节）。

---

〔4〕 东欧包括亚美尼亚、阿塞拜疆、白俄罗斯、格鲁吉亚、摩尔多瓦、俄罗斯和乌克兰。

表5.2中列举了2008年间世界上前15位军费开支最高的国家。〔5〕前15位军费开支大国的军费占世界军费总额的81%，而前5位国家的军费占世界军费总额的60%，这些比例与2007年时的比例相似。美国军费占世界军费总额的42%，无疑是比例最高的，中国、法国和英国远随其后。

表5.2　2008年军费排名前15位国家

开支数据以当前美元价格和汇率统计。

排序	国家	开支（10亿美元）	世界比例（%）	人均开支（美元）	军事负担2007（%）[a]	变化1999—2008年（%）
1	美国	607	*41.5*	1967	*4.0*	*66.5*
2	中国	[84.9]	[*5.8*]	[63]	*2.0*	*194*
3	法国	65.7	*4.5*	1061	*2.3*	*3.5*
4	英国	65.3	*4.5*	1070	*2.4*	*20.7*
5	俄罗斯	[58.6]	[*4.0*]	[413]	[*3.5*]	*173*
前5名之和		**882**	***60***			
6	德国	46.8	*3.2*	568	*1.3*	*−11.0*
7	日本	46.3	*3.2*	361	*0.9*	*−1.7*
8	意大利	40.6	*2.8*	689	*1.8*	*0.4*
9	沙特阿拉伯[b]	38.2	*2.6*	1511	*9.3*	*81.5*
10	印度	30.0	*2.1*	25	*2.5*	44.1
前10名之和		**1084**	***74***			

---

〔5〕表5.2中的军费数据是利用2008年的市场汇率换算成当前的美元价格。在《SIPRI年鉴2008》（亦同往年的年鉴）中，军费排名前15位国家的表格是根据利用2005年不变价格和汇率将军费换算为美元而绘制的。由于2005－2007年间汇率的调整，在《SIPRI年鉴2008》中列出的2007年的排名和比例情况与这里的讨论多多少少有些不同。不管利用哪种换算方式，2007年军费排名前15位国家的位置并没有发生变化。

排序	国家	开支（10亿美元）	世界比例（%）	人均开支（美元）	军事负担 2007（%）[a]	变化 1999—2008年（%）
11	韩国	24.2	*1.7*	501	*2.7*	*51.5*
12	巴西	23.3	*1.6*	120	*1.5*	*29.9*
13	加拿大	19.3	*1.3*	581	*1.2*	*37.4*
14	西班牙	19.2	*1.3*	430	*1.2*	*37.7*
15	澳大利亚	18.4	*1.3*	876	*1.9*	*38.6*
前15名之和		**1188**	***81***			
世界综合		**1464**	***100***	**217**	***2.4***	***44.7***

[ ] =为估算数。

a 国家的军事负担是其军费占国内生产总值的比例。数据为2007年的，所使用的GDP数据为最近一年的数据。

b 沙特阿拉伯的数据中包括了公共秩序和安全方面的开支，估算可能略为偏高。

资料来源：军费：附录5A；人口：联合国人口基金，《2008年世界人口状况：达成共识——文化、性别与人权》（联合国人口基金：纽约，2008年）。

2008年军费开支前15位的国家与2007年时相同，虽然一些国家的排位发生了变化。特别是中国在2008年第一次成为世界军费开支排名第二的国家，而法国勉强超过了英国。前15位的军费大国自1999年以来的人均军费和军费占国内生产总值（GDP）的比例以及增长率的差异相当明显。沙特阿拉伯的军事负担——即军费占国内生产总值的比例——在2007年时为9.3%（此为所能获得的最近一年的数据），这一比例仅仅被阿曼超越，而韩国（或称南朝鲜）、俄罗斯和美国也超过了2.4%这一全世界的平均比例。另一方面，澳大利亚、加拿大、巴西、德国、意大利、日本和西班牙的军费负担均低于2%。法国、德国、意大利和日本自1999年以来军费增长缓慢甚至实际开支出现负增长。前15位国家的军费增长显著。中国和俄罗斯的军费增长最为迅猛，自1999年以来两国各自的军费都翻了3倍。韩国、沙特阿拉伯和美国的军费增长也超过了50%。

SIPRI用市场汇率将国家军费数据折合成美元，这提供了一种十分简易的衡量标准，可以把各国的军费在国际上进行比较。另一种可供选择的方法是用购买力平价（PPP）比率进行数据的折算，这可以更好地体现出各国利用所给的一笔钱在国内可以购买的商品和服务的数量。如果使用以国内生产总值为基础的购买力平价进行数据折算，那么前15位军费开支大国的情况将会多少有些不同。[6] 利用这种方式，发展中国家和转型经济国家的军费开支一般都会处于相对较高的水平上。在排序上，俄罗斯将上升到第三位，印度上升到第四位，沙特阿拉伯紧随英国之后升至第六位。伊朗和土耳其将进入前15名，取代澳大利亚和西班牙。尽管美国仍将高居榜首，但其相对优势将会削弱：利用市场汇率计算，美国相对中国的军费开支比率为7.2：1，然而用购买力平价计算的话，这一比率将减半至3.6：1。

虽然以国内生产总值为基础的购买力平价比率可以衡量各个国家所购买的商品和服务的数量，但是这种方法并不表示能比市场汇率更好地衡量获得商品和服务的数量。特别是，购买力平价比率不大可能会反映出每个国家购买先进武器技术和系统的相对开销。[7]

第三节　美国

乔治·W. 布什总统执政的8年里，美国军费实际达到二战以来的最高水平。这是在“全球反恐战争”的名义下，为阿富汗和伊拉克战争猛增军事预算导致的结果。与以往美国进行的长期战争有所不同的是，这两场战争的资金来源主要是在最初几年后的很长时间里，在通常规定的预算程序之外，以紧急追加拨款和通过借贷的形式来提供

〔6〕 这一段中的信息是基于用2005年不变购买力平价汇率（2008年的汇率目前还拿不到）折算为美元计算的，而购买力平价汇率是根据在典型的GDP情况下的商品与服务的比价计算的。考虑到每个国家的总体价格水平中的购买力平价各不相同，所以相对来讲，用当前美元或者不变美元价格同利用市场汇率进行计算的差异并不大。

〔7〕 选择用市场汇率而不是用购买力平价进行比较，还可参见第二节附录5A。

保障的。[8] 尽管巴拉克·奥巴马总统的新政府承诺尽早从伊拉克撤出美军，但是这两场战争在今后的一段时间里仍将需要继续投入大量的预算资金。布什政府的另一个遗产就是使预算结果从盈余变成巨额赤字，从而导致国债增长。尽管增加军费带来的确切影响备受争议，但增加军费无疑是导致巨额赤字的一大因素。

美国官方军费（国防开支）从布什政府任期前一年即 2000 财年时的 2944 亿美元增长到 2008 财年大约 6073 亿美元（参见表 5.3）。[9] 2009 财年预算是布什政府提交的最后一份预算，预计国防开支为 6750 亿美元，这意味着 2000—2009 财年期间，美国军费实际增幅为 71%。尽管经济增长强劲有力，国防开支占国内生产总值的比例仍然处于上升趋势，从 2000 财年的 3.0%上升至 2009 财年的 4.5%。此外，鉴于 2009 财年阿富汗和伊拉克军事行动的预计花费尚未完全得到资金支持，预计仍会需要追加预算，这将使全部国防开支进一步增长。[10] 军费增长最多的领域依次是军事建筑、武器采购以及军事活动与维持。

表 5.3　美国 2000—2009 财年的国防部开支和国防总开支

数据以 10 亿美元计，为财政年度（从前一年 10 月 1 日开始的 12 个月）。

	2000	2001	2003	2005	2007	2008[a]	2009[a]
当前美元价格计算的开支[b]							
国防部，军事	281.1	290.2	387.2	474.1	529.8	583.1	651.2

〔8〕 在美国的预算术语中，资金是通过每年的拨款法案或是以正式的法律形式向美国政府各部门提供具体项目的拨款。追加拨款可以提供额外的资金。参见美国国会预算办公室术语汇编，《预算与经济展望：2008－2018 财年》，（美国国会：华盛顿特区，2008 年 1 月），第 165－181 页。

〔9〕 开支是支付出的款项。一项开支可以是前几个财年中形成的一项义务性的付款——美国政府作出的一种法定性的承诺（例如一份订单或合同）。预算授权是对美国政府承担义务的授权。一项预算授权可能导致当前或将来的支出。美国国会预算办公室（同注释〔8〕）。

〔10〕 2009 财年的第二笔追加拨款预计为 800 亿美元，包括 500 亿美元的采购费用。“美国国防部准备提出 800 亿美元的追加拨款需求”，预测国际，2008 年 11 月 25 日。

	2000	2001	2003	2005	2007	2008[a]	2009[a]
军事人员	76.0	74.0	106.7	127.5	128.8	137.41	129.1
活动与维持	105.8	112.0	151.4	188.1	216.6	225.1	241.5
采购	51.7	55.0	67.9	82.3	99.7	130.5	142.8
研发	37.6	40.5	53.1	65.7	73.1	74.7	78.6
军事建筑	5.1	5.0	5.9	5.3	7.9	10.2	15.1
住房	3.4	3.5	3.8	3.7	3.5	4.3	3.4
其他[c]	1.5	0.3	−1.6	1.5	0.2	0.8	40.8
能源部，军事	12.1	12.9	16.0	18.0	17.1	17.8	18.2
其他，军事	1.2	1.6	1.6	3.2	5.7	6.4	5.7
国防总开支	**294.4**	**304.8**	**404.8**	**495.3**	**552.6**	**607.3**	**675.1**
不变美元价格（2000 财年）计算的开支							
国防总开支	294.4	297.2	364.4	407.3	426.4	463.9	504.7
开支占 GDP 的比例（%）							
国防总开支	*3.0*	*3.0*	*3.7*	*4.0*	*4.0*	*4.2*	*4.5*

DOD＝国防部；**DOE**＝能源部；**FY**＝财政年度；**O&M**＝活动与维持；**RDT&E**＝研究、发展、试验与鉴定。

a 2008 年和 2009 年的数据为估计数。

b 为当年花掉的钱（即支出），是根据预算授权所用的开支。

c 该项出现负数是因为按职能类别确定预算开支情况比按部门或机构确定预算开支情况要难。2009 年的高额数字在资料来源中并未做出解释，很可能是难以对 2009 财年给国防部 660 亿美元的追加拨款按职能类别加以区分。

资料来源：美国行政管理与预算办公室，《美国政府预算，2009 财年：历史数据》（美国政府出版署：华盛顿特区，2008 年），第 60—61、125—126 页。

为“全球反恐战争”提供资金

为“全球反恐战争”制定的政策导致 2001－2008 财年间用于此项的开支估计达到 7970 亿美元（参见表 5.4）。这笔开支的大部分，即 7490 亿美元拨给了国防部。伊拉克的军事行动无疑是开销最为昂贵的行动，占 6030 亿美元，而在阿富汗和其他国家的行动开支为 1600 亿美元。截至 2008 年 7 月，国防部平均每个月付出的合同金与薪金，用于伊拉克的为 99 亿美元，用于阿富汗的为 24 亿美元。[11] 到 2008 年底，用于伊拉克战争的开支远远超出了布什政府与国会最初的预期。2002 年，国会预算办公室预测一场可能与伊拉克的战争的预算开支为 440 亿美元，而布什总统的首席经济学家劳伦斯·林德塞关于战争将耗资 1000 亿—2000 亿美元的说法遭到了美国白宫管理与预算局（OMB）局长的批驳，称这一估计“实在是太高了”。[12] 造成开支严重低估的主要原因是预计军事行动会为时不久：国会预算办公室是根据作战行动 30 天加上战后 75 天驻守这一情况进行估算的。

表 5.4　2001—2008 财年美国“全球反恐战争”的拨款估算

数据为国会研究部的预算授权估计数，按当前价格并以 10 亿美元统计，年度为财年（从前一年的 10 月 1 日开始的 12 个月）。

	2001—2002	2003	2004	2005	2006	2007	2008	总计
按部门拨款								
国防部	33.0	77.4	72.4	102.6	116.8	165.0	181.2	748.6
国务院/国际开发署	0.8	3.7	21.7	4.8	4.3	5.0	5.1	45.4
退伍军人事务部医疗金	0.0	0.0	0.0	0.2	0.4	1.0	1.3	2.9
总额	**33.8**	**81.1**	**94.1**	**107.6**	**121.5**	**171.0**	**187.7**	**796.8**
按行动拨款								
伊拉克自由[a]	0.0	53.0	75.9	85.5	101.7	133.6	153.5	603.2

〔11〕 A. 贝拉斯科，《“9·11”以来用于伊拉克、阿富汗和其它全球反恐行动的开支》，美国国会研究部（CRS）提交国会的第 RL33110 号报告（美国国会，美国国会研究部：华盛顿特区，2008 年 10 月 15 日）。

〔12〕 美国国会预算办公室，“可能与伊拉克的战争开支估算”，2002 年 9 月，网址：〈http://www.cbo.gov/doc.cfm?index=3822〉。回顾林德塞的激烈争论，参见 L.B. 林德塞，“伊拉克战争将会使美国付出多少代价”，《财富》，2008 年 1 月 11 日。

	2001—2002	2003	2004	2005	2006	2007	2008	总计
持久自由[b]	20.8	14.7	14.5	20.0	19.0	36.9	34.0	159.8
高贵之鹰[c]	13.0	8.0	3.7	2.1	0.8	0.5	0.2	28.3
未分配的	0.0	5.5	0.0	0.0	0.0	0.0	0.0	5.5
总额	**33.8**	**81.1**	**94.1**	**107.6**	**121.5**	**171.0**	**187.7**	**796.8**
年变化（%）	…	*140*	*16*	*14*	*14*	*41*	*10*	

DOD＝国防部；USAID＝美国国际开发署；VA Medical＝退伍军人事务部医疗资金。

a"伊拉克自由行动"始于2002年秋，为了2003年对伊拉克入侵和持续的反颠覆和维稳行动而加强军队建设。

b"持久自由行动"包括阿富汗的战争行动和2001年9月11日美国遭受恐怖主义袭击后立即进行的从菲律宾到吉布提的其他"全球反恐战争"行动。

c"高贵之鹰行动"旨在加强美国军事基地的安全及其他国土安全的行动。

资料来源：A. 贝拉斯科，《"9·11"以来用于伊拉克、阿富汗和其他全球反恐战争行动的开支》，美国国会研究部（CRS）提交国会的第RL33110号报告（美国国会，美国国会研究部：华盛顿特区，2008年10月15日），表1和表2。

在美国的历史中，从来没有过一场长达6—8年的战争是通过紧急追加拨款获得资金的。〔13〕2001—2009财年间，国防部的大部分资金（90%）是通过紧急追加或额外拨款提供的。只有10%的国防部资金是通过常规国防法案或是从常规拨款中转账来提供的，而大部分的对外援助和外交活动的资金是通过常规方式而不是通过紧急拨款的方式提供的。以紧急追加方式为军事行动拨款是成问题的，因为常规开销（可自由支配）是有最高限额的，而战争拨款不受最高限额限制，而且削弱了国会的监管。〔14〕美国政府责任办公室在其部分报告中已经指出了这些问题和其他问题，并为国防部提高其开支报告的透

〔13〕S. M. 科西亚克，"伊拉克和阿富汗战争以及其它军事行动2008年及尔后的开支"（战略与预算评估中心：华盛顿特区，2008年），第59—68页。

〔14〕贝拉斯科（同注释〔11〕），第9页，可自由支配的开支是由授权法案所提供并管控的预算授权及根据预算授权进行的开支。相较而言，强制（或直接）支出是由法律而非拨款法案所提供的预算授权，诸如用于养老金和卫生保健方面的规定的长期开支即从预算授权中支付。美国国会预算办公室（同注释〔8〕）。

明度与可靠性提出了许多建议。[15]

此外，阿富汗和伊拉克战争的开销比近来其他美国军事行动的开销都昂贵得多。过去几年里与战争相关的开支数额不断增加，最主要的原因就是布什政府将“全球反恐战争”的定义不断扩展。根据对战争开支进行的一项详尽分析，根本无法精确估算出究竟有多少资金合情合理地用在阿富汗和伊拉克战争中的武器采购上以及有多少资金适当地用在长期的现代化需求方面。[16] 有争论称，这是因为自从 2007 财年为“全球反恐战争”提出追加拨款要求以来，国防部就开始对通过追加拨款方式遮掩各类开支有了更为全面的认识。新的国防部指南允许追加拨款可以包括国防部任何用于与“全球反恐战争”相关行动的资金，从而模糊了哪些应该被纳入与战争相关的特殊拨款和哪些应当被纳入基础国防预算两者之间的原则性差别。[17] 自此，追加拨款包括给与阿富汗和伊拉克军事行动毫不相关的项目与活动的大量拨款，使得评估这些活动的长期开支与预算成效变得极为困难，并且损害和削弱了国防部的长远规划和预算进程。[18]

军费对美国预算的影响

美国军费的强劲增长给预算带来的影响部分取决于军费是如何筹措到的。正如前面所指出的那样，布什政府在向阿富汗和伊拉克战争提供资金方面采取了与往届政府完全不同的做法。[19] 除有一些例外，美国历届政府的战争开支都是通过增加税收、削减非国防开支和借贷来共同筹措的，而布什政府为战争筹措资金既没有增加税收，也没有大量削减非军事开支，而主要是通过借贷来完成（参见表 5.5）。但是，非国防开支虽然没有被削减，其占全部开支的比例却在下降，因

〔15〕 参见例如 S. L. 皮卡普，“全球反恐战争：据称国防部拥有的责任”，GAO－08－1128R，美国政府责任办公室（GAO），2008 年 9 月 15 日。网址：〈http: //www. gao. gov/products/GAO－08－1128R〉。

〔16〕 科西亚克（同注释〔13〕）。

〔17〕 美国国防部副部长戈登·英格兰，“2007 财年春季追加拨款的基本规则与程序”，2006 年 10 月 25 日，引自科西亚克（同注释〔13〕），第 53 页。

〔18〕 科西亚克（同注释〔13〕），第 52－58 页。

〔19〕 科西亚克（同注释〔13〕），第 59－68 页。

为国防开支占全部支出的比例由2000财年的17%提高到2009财年估算的22%。国防占可自由支配开支的比例甚至提高的更多，从48%提高到55%。[20] 因此，相对而言，国防和非国防开支之间确实存在着某种换位。在非国防开支的主要领域里，收入保障开支的位置下滑最大，而卫生和教育领域的开支就没有那么明显。

利用借贷方式为阿富汗和伊拉克的冲突提供资金同时出现的情况是，年度预算由2000财年盈余2360亿美元变成了2009财年预计赤字为4070亿美元。预算内的赤字甚至更多，社会保障体系的持续盈余缓解了总体赤字的增长，这在预算外赤字数据中有所体现（参见表5.5）。预算赤字激增带来的后果是，美国的国债几乎从2000财年的5.6万亿美元翻了一番，估计在2009财年达到10.4万亿美元，相当于占国内生产总值的69%。尽管增加军费并不是美国预算赤字和国债增加的唯一原因，但显然是个重要因素。[21]

表5.5 2000—2009财年美国预算开支、收入、盈余或赤字及国债

数据单位为10亿美元，按当前价格和财年（从前一年的10月1日开始的12个月）统计。斜体数据为百分比，数据为截至2008年3月份的数据。

	2000	2001	2003	2005	2007	2008[a]	2009[a]
全部开支[b]	**1789.2**	**1863.2**	**2160.1**	**2472.2**	**2730.2**	**2931.2**	**3107.4**
国防	294.4	304.8	404.8	495.3	552.6	607.3	6 675.1
债务利息支付（毛利）	361.9	359.5	318.1	352.3	430.0	459.2	487.3
债务利息支付（净利）	222.9	206.2	153.1	184.0	237.1	243.9	260.2
总收入	**2025.4**	**1991.4**	**1782.5**	**2153.9**	**2568.2**	**2521.2**	**2699.9**
个人所得税	1004.5	994.3	793.7	927.2	1163.5	1219.7	1259.0
盈余或赤字	**236.2**	**128.2**	**−377.6**	**−318.3**	**−162.0**	**−410.0**	**−407.4**
预算内[c]	86.4	−32.4	−538.4	−493.6	−343.4	−602.2	−611.1

〔20〕可自由支配这一术语请参见注释〔14〕。

〔21〕然而，由于利率降低，净利息支付的额度占美国政府开支的比例却没有增加。

	2000	2001	2003	2005	2007	2008[a]	2009[a]
预算外[c]	149.8	160.7	160.8	175.3	181.5	192.2	203.7
年底国债	5628.7	5769.9	6760.0	7905.3	8950.7	9654.4	10413.4
占国内生产总值的比例（%）	*58.0*	*57.4*	*62.5*	*64.6*	*65.6*	*67.5*	*69.3*
国防占政府支出的比例（%）	*16.5*	*16.4*	*18.7*	*20.0*	*20.2*	*20.7*	*21.7*
可自由支配的开支比例（%）							
国防	*48.0*	*47.1*	*49.1*	*51.0*	*52.7*	*53.1*	*55.4*
教育	*5.5*	*5.8*	*6.2*	*6.1*	*5.7*	*5.5*	*5.1*
卫生	*4.9*	*4.7*	*5.4*	*5.2*	*5.0*	*4.8*	*4.6*
收入保障[d]	*6.7*	*6.8*	*6.2*	*5.6*	*5.4*	*5.2*	*4.8*

a 2008 年和 2009 年为估算数。

b 开支是根据预算授权在一特定年内实际花掉的钱（即支出）。

c 预算内盈余或赤字是由美国政府一般性预算的收入与支出产生的。预算外的盈余或赤字是由预算外的支出和收入产生的，这不包括在法律规定的预算总额之内。预算外的收入和支出诸如社会保障信托基金（用于养老金）、医疗保险信托基金（用于卫生保健）以及邮政服务交易。

d 收入保障包括普通雇员和政府雇员的退休和伤残保险（不包括社会保障）、失业补偿金、住房补助及食品补助。

资料来源：美国行政管理与预算办公室，《2009 财年美国政府预算：历史表格》（美国政府出版署：华盛顿特区，2008 年），第 22、60—61、31、128 页和第 154—155 页。

2008 年下半年金融危机的加剧以及为减轻金融危机的影响而制定的政策都将导致预算赤字的进一步增加。根据国会预算办公室 2009 年 1 月的预测，预算赤字将从 2008 财年的 4550 亿美元，即占国内生产总值的 3.2%（这一数据比表 5.5 中给出的 2008 年 3 月预测的数据稍高）增长到 2009 财年令人吃惊的 1.2 万亿美元，占国内生产总值的 8.3%。[22] 这一预测包括政府 2008 年接管两家受政府资助的抵押企业的估算价值，但是不包括未来的任何立法带来的结果，诸如一揽子经济刺激计划（如奥巴马总统所提出的）或是与战争相关的额外资金援助。后者可能会使赤字进一步增加，因为国会预算办公室的预测是根据 2009 年 1 月的预算决定进行的，这笔资金比 2008 财年与战争相关的全部拨款以及年内晚些时候期望的补充追加拨款几乎少了 1200 亿美元。[23] 无论如何，2009 财年的预算赤字都很可能远远超过二战以来的纪录，即 1983 年的预算赤字占国内生产总值的 6%。[24]

虽然奥巴马政府宣称在国家安全政策方面的些许改变可能降低高水平的美国军费，但这需要一段时间。根据预算办公室就 2010－2019 年期间美国将进一步在阿富汗、伊拉克和其他地方部署军队所提交的两项预算开支预测，每年的开支要等到 2012 年或 2016 年的时候才会开始降低，这取决于美军撤出的速度。[25]

美国国防部长罗伯特·盖茨于 2009 年 1 月在参议院军事委员会上表示，"'9·11'打开的国防拨款阀门正在关闭"，而由经济危机导致的预算压力将使武装力量面临"艰难的选择"。[26] 不过，鉴于已经分析过的原因，大幅度削减军费在短期内将难以实现。

---

〔22〕 美国国会预算办公室，《预算与经济展望：2009－2019 财年》（美国国会：华盛顿特区，2008 年 1 月），第 16 页。在大多数年份里，尽管许多其他因素影响着债务数额的大小，但美国财政部公布的债务总额与年度预算赤字大致相等。然而，在 2008 和 2009 财年中，除了为预算赤字提供资金所必须的借贷外，财政部为稳定金融市场采取的措施导致了相当可观的额外借贷需求（2008 财年为 3000 亿美元，2009 财年为 2000 亿美元）。

〔23〕 美国国会预算办公室（同注释〔22〕），第 13 页。

〔24〕 美国国会预算办公室（同注释〔22〕），第 11 页。

〔25〕 美国国会预算办公室（同注释〔22〕），第 21－24 页。

〔26〕 美国国防部长 R. M. 盖茨于 2009 年 1 月 27 日提交给美国参议院军事委员会的报告，网址：〈http：//armed－services. senate. gov/e _ witnesslist. cfm? id＝3614〉。

第四节 欧洲

2008 年欧洲军费总额为 4130 亿美元，比 2007 年实际增加了 1.4%。[27] 东欧的军费增长了 11%，继续保持着长期增长的趋势，而西欧和中欧的军费增加 0.6%。1999—2008 年间，该地区军费总额实际增长 14%，东欧军费增长 174%，西欧和中欧军费增长 4.5%。

西欧和中欧

西欧和中欧的军费在 2008 年仍保持着相对平缓的走势，造成这种趋势的原因是缺乏严重的军事威胁、经济增长有限以及减少预算赤字的渴望。军费的大幅度增长很大程度上是由近期成为和预计成为北约的成员国所造成的：罗马尼亚和斯洛文尼亚的军费增长超过了 10%，这两个国家于 2004 年加入了北约；阿尔巴尼亚和克罗地亚预计 2009 年加入北约。[28] 该地区大多数国家的一个共同的行为模式就是军事预算的资源重点转向了装备、研究和开发领域，因为这些国家试图使其军队更适合遂行干涉和远征作战任务并且能利用新的信息以及通信技术。

2008 年的军费早在 2008 年 9 月爆发大规模的金融危机之前就已经敲定了。但是包括意大利、拉脱维亚、立陶宛、塞尔维亚、西班牙和瑞典等许多国家往往因为经济状况的考量而计划削减 2009 年的预算。以瑞典为例，金融危机使 2008 年的预算被砍掉了 6.6%，从而导致国防大臣迈克尔·乌登贝里辞职。[29]

尽管英国 2008 年的军费实际增长了 3%并且自 1999 年以来增长了 21%，但是其 2008 年的军事预算仍严重不足。这一方面是由于英国参与了阿富汗和伊拉克战争，至 2009 年两场战争预计共耗资 120

〔27〕 参见附录 5A 表 5A.1。

〔28〕 “北约将接纳克罗地亚和阿尔巴尼亚”，BBC 新闻，2008 年 7 月 9 日，网址：〈http://news.bbc.co.uk/2/7497350.stm〉。

〔29〕 “乌登贝里为了抗议削减预算而辞职”，《当日新闻》，2008 年 9 月 5 日。

亿英镑（180亿美元）。[30]另一方面是由于英国承担了大量的武器开发项目但是却缺乏明确的资金投入计划。英国政府官员认为2009—2011年间的军费缺口为15亿—20亿英镑。[31]为了填补缺口，政府在2008年决定削减或推迟一些项目，但不是取消。[32]

法国于2008年6月发布了新的国防《白皮书》，其2008年的军费略有削减。此举旨在减少预算赤字，不过2008年预计会超出欧盟成员国达成的军费占国内生产总值3%的限额。部长们明确表示，希望国防部像其他部门一样，在2008年获得储备资金并且裁掉6000个工作岗位。此外，《白皮书》中也预料一些装备项目会推迟。[33]

《白皮书》阐述了未来15年新的综合国家安全战略，认为世界"不一定更加危险，但确实更难以预测，更加不稳定并且更加充满矛盾"，"国内"和"国外"安全之间的传统界限已经过时。[34]《白皮书》列出了五大军事战略任务：认知与预测、预防、威慑、保护和干涉。[35]这意味着法国军队的首要任务已经从领土防御转向与美国和其他北约及欧盟伙伴一道，更多地参与远征任务。为此，最为引人注目的提议就是使法国重返北约的军事指挥机构。[36]

法国将重组其军事力量架构，同时减少在海外的永久性部署，到

〔30〕英国下议院，英国议会议事录，2008年7月8日，第1457W—1458W栏；法新社，"战争使英国到2009年花费120亿英镑"，《防务新闻》，2008年7月8日。

〔31〕T. 里普利，"英国工业大臣采取行动减缓预算削减"，《简氏防务周刊》，2008年1月30日；诺顿·泰勒，"国防大臣计划从20亿英镑的预算缺口中削减装备开支"，《卫报》，2008年9月16日；A. 丘特尔，"英国工业期待延迟，而不是取消"，《防务新闻》，2008年11月18日。

〔32〕D. 达林，"由于宣布计划延迟，英国走入黑暗日子"，预测国际，2008年12月12日，网址：〈http://emarketalerts.forecast1.com/mic/eabstract.cfm? recno=154919〉。

〔33〕A. 丘特尔和P. 特兰，"艰难的预算抉择冻结了英国和法国的装备采购"，《防务新闻》，2008年4月14日；来自国际货币基金组织（IMF）的预算赤字数据，世界经济展望数据库，2008年10月。

〔34〕法国政府，《国防及国家安全：白皮书》（奥戴尔·雅各布：巴黎，2008年6月）。英文译文：法国政府，《法国国防与国家安全白皮书》（奥戴尔·雅各布：纽约，2008年），第14和第55页。

〔35〕法国政府（同注释〔34〕），第60—61页。

〔36〕法国政府（同注释〔34〕），第101—104页。

2014 年裁减部队员额 46500 人（目前为 271000 人）和 7500 名文职人员。目标是能够在 6 个月内部署一支 30000 人的部队，并且能坚持一年的时间。[37] 新装备的开支将集中在指挥、控制、通信、计算机、情报、监视与侦察（C⁴ISR）技术——特别是将获得双倍资金的空间技术、部队防护、战略机动、水下作战以及纵深打击等能力建设上。但仍将采购为数不多的几种新型主要武器平台。[38]

根据《白皮书》，法国军事预算在 2012 年之前将实际保持不变，此后直到 2020 年将每年实增 1%。这对于政府的全部开支在 2012 年底前面值上维持不变的计划来说是一个例外。[39] 在军事预算中，装备采购费将从 2003—2008 年间以 2008 年不变价格计算的年均 155 亿欧元（227 亿美元）增加到 2009－2020 年间的年均 180 亿欧元（264 亿美元）。[40] 尽管确定 2009－2014 年军费计划的军队规划法草案是在 2008 年 9 月爆发全球金融危机后的 10 月份出台的，但该法案仍固守了《白皮书》中建议的 2009 年军费开支水平。[41]

《白皮书》表明法国与以往军事思想的重要决裂。它被批评是模仿“美国化”的世界观点：把各种不同的威胁汇聚在一起，不加以分析或无视政治背景，以单边主义的、“安全化的”的方式加以应对——不论对海外战争还是对移民与恐怖主义嫌犯的苛刻的国内政策方面来

〔37〕 法国政府（同注释〔34〕），第 279、305 页。

〔38〕 法国政府（同注释〔34〕）；J. P. 赫伯特，“《白皮书》难以确定的经济逻辑”，巴黎和平和战略研究中心（CIRPES），2008 年 6 月 16 日，网址：〈http://cirpes.net/article232.html〉。

〔39〕 法国政府（同注释〔34〕），第 276－278 页。《白皮书》是在全球金融危机爆发前发表的，为应对金融危机提出了一揽子经济刺激计划。该计划宣布的拨款总额为 260 亿欧元（380 亿美元），用于支援工业、公共基础设施投资、交通、住房、教育、研究和包括军事在内其他领域、促进就业以及社会保障等。法国总理府，“一揽子刺激计划：全法国的 1000 个项目”，2009 年 2 月 10 日，网址：〈http://www.premier－ministre.gouv.fr/en/information/latest_news_97/stimulus_package_1_000_62594.html〉。

〔40〕 据说，这一增长似乎是靠其他领域的节约。赫伯特（同注释〔38〕）。

〔41〕 法国国防部，2009－2014 年军事规划法草案与多样化的防御措施，DEFX0824148L/Bleue－1，网址：〈http://www.defense.gouv.fr/defense/enjeux_defense/politique_de_defense/programmations/〉；以及 L. 齐切尼（Zecchini，L）“2009－2014 年军队规划法忽视了经济危机”，《世界报》，2008 年 10 月 30 日。

说都是如此。[42]

东欧

虽然东欧的军费在2008年实际增长了11%，但在7个国家中只有3个国家——亚美尼亚、阿塞拜疆和俄罗斯——增加了军费。其他4个国家——白俄罗斯、格鲁吉亚、摩尔多瓦和乌克兰——减少了它们的军费。

在军费保持了几年的快速攀升之后，格鲁吉亚削减了2008年的军事预算，以缓解其吃紧的预算的军事负担。[43] 尽管2008年8月与俄国爆发了战争以及10月为重建军事设施追加了拨款，格鲁吉亚2008年还是削减了军费。[44]

俄罗斯2008年的实际军事预算比2007年的实际开支高出13%。在格俄冲突、金融危机爆发以及石油价格下跌后的一年里，俄罗斯四度修改军事预算。[45] 尽管出现了金融危机，俄罗斯议会下院（杜马）仍于2008年11月通过了高达1.3万亿卢布（500亿美元）的2009年官方国防预算，增长20%以上。[46] 有报道称，俄罗斯政府开支在金融危机爆发之后将会削减15%；但是2008年12月公布的2009—2011年俄罗斯国防订单——包括为军事及准军事力量提供所有的物

〔42〕 参见A. 若克斯的“[白皮书] 在国家安全上的一致性”，巴黎和平和战略研究中心（CIRPES），2008年6月29日，网址：〈http：//cirpes. net/article229. html〉。反对派社会党也提出了类似的批评。L. 齐切尼“国防白皮书削减军队规模”，《世界报》，2008年6月16日。

〔43〕 D. 布鲁恩斯特朗（D. Brunnstrom），“格鲁吉亚总理发誓削减国防开支”，《防务新闻》，2007年12月5日。

〔44〕 “萨卡什维利：额外的国防开支不是为了武装之用”，“文明的格鲁吉亚”，2008年9月19日，网址：〈http：//www. civil. ge/eng/article. php？ id=19558〉。关于格俄冲突参见本卷第二章第五节。

〔45〕 参见V. 扎采平，“2008年联邦预算中的国防”，《俄罗斯经济：趋势与前景》，2008年11月，《每月新闻简报》（经济转型学会：莫斯科，2008年11月），第57页。

〔46〕 参见库珀（同注释〔45〕）；俄罗斯财政部，联邦预算，网址：〈http：//www1. minfin. ru/ru/budget/federal_budget/〉（俄文）；“2009年俄罗斯军费直击500亿美元”，《俄新社》，2008年10月16日，网址：〈http：//en. rian. ru/russia/20081016/117784473. html〉。俄罗斯国防预算不包括众多项目的军事开支，这其中包括军人养老金、军队住房、医疗、教育、准军事力量以及一些军事研究与开发。《SIPRI》对俄罗斯军事开支总额的估算是基于伯明翰大学朱里安·库珀教授的分析。参见库珀（同注释〔45〕）。

品（即全部供给品），3 年的总额为 4 万亿卢布（1420 亿美元）——其中包括 2009 年增加开支 28%。[47] 在军事预算内，俄罗斯总理弗拉吉米尔·普京打算将“开发”支出所占的比例由 2006 年的 30%提高到 70%。[48] 俄罗斯政府还为军工企业提供了 54 亿美元的一揽子紧急援助，包括装备采购预付款、贷款保证以及资产注入。[49]

总理普京与总统梅德韦杰夫对军队的优先考量，反映出了俄要变革俄罗斯武装部队和军工企业并使之现代化的长期目标。[50] 与格鲁吉亚冲突中的经验教训使实现这一目标的愿望更为强烈。格俄冲突暴露出俄罗斯军队战备状态存在的弱点以及现代化信息、通信和精确武器技术的欠缺。[51] 未来几年的采购计划涵盖了全部种类的主要武器。2008 年提出的军队现代化计划还包括裁减高级军官的同时提高军官的薪资，重组军队架构，以提高部队的机动性和快速反应能力。[52] 但是，由于机器老旧，几位评论员置疑俄罗斯军工企业是否有能力完成资金提供和采购计划中制定的目标。[53]

这些计划还有赖于政府预算能维持在当前的水平上。据称，俄罗

---

〔47〕 P. 内特热巴，（工业动员），《俄罗斯日报》，2008 年 12 月 23 日，英文译文，俄罗斯政府，媒体评论，2008 年 12 月 23 日，网址：〈http://premier.gov.ru/eng/premier/press/ru/1679.html〉。

〔48〕 其余部分的预算作为经常性支出。S. 波格丹诺夫，“俄罗斯经济的复苏”，《莫斯科红星报》，2008 年 7 月 18 日，翻译自俄文，《世界新闻连线》。

〔49〕 G. 安德森，“54 亿美元的一揽子计划能否让俄罗斯的变革继续进行下去?”，《简氏国防工业》，2008 年 12 月 9 日。

〔50〕 有关冷战后俄罗斯军工企业下滑的情况，参见 J. 库珀，“俄罗斯军工企业的发展”，《SIPRI 年鉴 2006：军备、裁军和国际安全》（牛津大学出版社：牛津，2006 年）。

〔51〕 S. 萨拉杰杨，“改革俄罗斯军队”，国际关系和安全网（ISN），《安全观察》，2008 年 10 月 28 日，网址：〈http://www.isn.ethz.ch/isn/Current－Affairs/Security－Watch/Detail/? id=93199〉；P. 费尔根豪尔，“更多的金钱将有助于买到更现代化的武器吗?”，《欧亚每日观察》，2008 年 9 月 18 日。

〔52〕 M. 里奇，“俄罗斯的采购预算在不确定的战略态势中剧增”，《预测国际》，2008 年 12 月 23 日，网址：〈http://emarketalerts.forecast1.com/mic/eabstract.cfm? recno=155247〉；“俄罗斯军费猛增——但是其企业能否如此?”，《国防工业日报》，2008 年 9 月 25 日，萨拉杰扬（同注释〔51〕）；“军人薪资在 3 年计划中剧增”，《莫斯科时报》，2008 年 10 月 20 日。

〔53〕 费尔根豪尔（同注释〔51〕）；“俄罗斯军费猛增——但是其企业能否如此?”（同注释〔52〕），以及“俄罗斯证实衰退来临”，BBC 新闻，2008 年 12 月 12 日，网址：〈http://news.bbc.co.uk/2/7779132.stm〉。

斯的经济在2008年底时已处于衰退之中，俄经济严重依赖于商品出口，而出口商品的价格已急剧下跌。2009年的预算是基于2009年平均每桶石油预计为95美元这一价格（2009年1月每桶石油的价格水平为35—50美元）制定的。[54]不过，俄罗斯领导人表示，尽管存在这些经济问题，他们优先考虑的仍然是维持军队的这些计划。[55]

第五节　亚洲和大洋洲

2008年，亚洲和大洋洲总的军事开支达到2480亿美元，实际增长了5%。这一事实继续了该地区长期以来的趋势，1999年以来的军事开支已经增长了52%。在所有次地区都显示了增长的势头。[56]中国、印度、韩国以及中国台湾地区占了增长的主要部分，而日本、印度尼西亚和巴基斯坦则有明显的减少。

东亚

2008年东亚的军事开支总额为1890亿美元，比2007年实际增长了5.7%，而自1999年以来增长了56%。至少从1988年以来东亚的军事开支一直在持续增长。[57] 2008年对东亚军事开支快速增长贡献最大的3个主要国家和地区是中国、韩国和中国台湾地区，分别增长了56亿美元、17亿美元和17亿美元。相对来说，中国大陆、台

〔54〕 S. 塞斯坦诺维奇，“俄罗斯与全球经济危机”，专家简报，外交关系委员会，2008年11月25日，网址：〈http：//www. cfr. org/publication/17844/〉；《金融时报》，市场数据，2009年2月12日。网址：〈http：//markets. ft. com/tearsheets/performance. asp? s=us@cl. 1〉。

〔55〕 “普京论述支持国防领域的措施”，莫斯科国际文传电讯社，2009年1月15日，翻译自俄文，《世界新闻连线》；《法新社》，“尽管经济危机俄罗斯仍将全力为军队提供资金援助”，《防务新闻》，2009年1月27日。

〔56〕 虽然中亚的数字太小而不能对该地区的增长作出任何有意义的估计，但是在过去10年中军费开支已经有了相当可观的增长。比如，参见“苏联解体后的中亚国家2007年军备开支上升了50%”，俄罗斯，费尔干纳，2007年1月23日，网址：〈http：//enews. ferghana. ru/article. php? id=1808〉。

〔57〕 SIPRI的军事开支数据库只有自1988年以来的连续军事开支数据。这种增长的趋势可能在1988年以前就开始了。

湾地区和泰国增长最快，分别为 10%、22%和 17%。

SIPRI 估计，2008 年，中国的军事开支达 5900 亿人民币（合 849 亿美元），比 2007 年实际增长了 10%。[58] 中国既在东亚的军事开支总额中占有极大的份额，也是该次地区军费增长的主要国家，在过去 10 年中几乎年均增长达到 13%。2009 年 1 月，中国公布了它的 2008 年国防白皮书，这是自 1995 年首次公布国防白皮书以来最为详细的一次。[59] 就像前几个版本一样，这个白皮书宣称，为中国人民解放军增加资金的主要部分是用于人员费用和弥补物价上涨。[60] 这份白皮书没有讨论军备采购，尽管中国继续采购国内和国外的武器，因为它追求装备它的武装力量以适应现代“信息化”战争条件的需要。[61] 除了进一步发展作战飞机和防空系统外，主要的计划包括短程和中程导弹（主要瞄准中国台湾地区），潜艇以及太空和卫星技术。[62]

在中国台湾地区，2008 年 5 月的政府更迭以及随之而来的外交和安全政策的重新定位，对武装力量、武器采购和军事开支产生了重

---

〔58〕 中国官方公布的 2008 年军事预算为 4180 亿人民币，但是这一数字没有涵盖包括武器进口在内的许多重要的项目。中国军事费用的实际水平是一件引起相当争论的事情，西方的研究人员认为比军事预算要高出 40%—70%，而西方某些情报分析人员则提出了一个比预算高出 2—3 倍的数字。比如，美国国防部估计中国 2007 年的军事开支为 970 亿—1390 亿美元，而不是官方公布的 460 亿美元的预算。美国国防部：《2008 年中华人民共和国的军事力量》，对国会的年度报告（国防部：华盛顿特区，2008 年）。估算的分歧既表现在他们对于什么项目应当排除在外的意见上，也表现在他们计算中国军事开支时使用美元价值的方法上。对于与中国军事开支有关的问题、包括 SIPRI 的估算依据的讨论，参见 S. 王：“中国的军事开支 1989—1998”，《SIPRI 年鉴 1999：军备、裁军与国际安全》（牛津大学出版社：牛津，1999 年）。

〔59〕 中国国务院：《2008 年中国的国防》（中华人民共和国国务院新闻办公室：北京，2009 年 1 月）。

〔60〕 中国国务院（同注释〔59〕），第 12 章；中国国务院：《2006 年中国的国防》（中华人民共和国国务院新闻办公室：北京，2006 年 12 月），第 9 章。

〔61〕 “信息化”战争涉及到高技术信息化技术、精确武器和通讯技术的广泛应用。武器进口的费用未包含在中国官方公布的军事预算之中，尽管对这项费用的估计包含在 SIPRI 的估算数中。

〔62〕 R. 斯宾塞：“中国的军事雄心燃起了亚洲的军备竞赛”，《每日电讯报》2008 年 9 月 13 日；C. 科普：“中国人民解放军空防能力的提高给亚洲战略平衡带来挑战”，《中国简介》第八卷第 20 号（2008 年 10 月 23 日）。关于中国核能力导弹部队，参见本卷第 8 章第 5 节。

大影响。[63] 虽然马英九先生已经改善了与中国大陆的关系，他还是提出了一个把军事开支提高到国内生产总值 3％的雄心勃勃的计划。[64] 然而，全球金融危机的影响使得增加军事开支的目标已经变得不太现实了（虽然急剧下降的国内生产总值可能意味着，在未增加实际军费的情况下，军事开支占国内生产总值的份额却在升高）。这一点使一些台湾分析家们担忧军队将难以保卫这个岛屿。[65] 2008 年美国政府宣布已经批准向台湾出售价值 64 亿美元的武器。这项交易的部分内容是原先由美国在 2001 年时提出的，但由于既受到台湾“立法院”（部分地是基于资金原因）、又受到中国大陆的反对，因而搁置了 7 年之久。[66]

泰国在 2006 年 9 月的军事政变之后，2007 年的军事费用增加了 25％，2008 年增加了 17％。在 2008 年与柬埔寨发生边境敌对之后，泰国和柬埔寨都宣布 2009 年大幅度增加军事预算。[67]

2008 年，印度尼西亚的实际军事开支减少了 7％。所给出的主要理由是资源缺乏和高油价。与此同时，财政部宣布从一家法国投资银行获得一大笔贷款以支付从俄罗斯购买 6 架苏霍伊飞机的 85％的费用，这是一宗原先由于资金短缺而推迟了的买卖。[68] 鉴于全球金融危机的因素，计划 2009 年进一步削减。[69]

2008 年，日本也减少了 7.09 亿美元的实际军事开支，或减少

---

〔63〕“聚焦：台湾国防部报告”，《世界新闻连接》，2008 年 4 月 14 日。

〔64〕G. 菲普斯：“台湾领导人重开与大陆的和谈”，《简氏防务周刊》，2009 年 4 月 2 日。

〔65〕G. 安德逊等人：“超视距：2008 年年度防务报告”，《简氏防务周刊》，2008 年 12 月 10 日，第 38 页。

〔66〕G. 菲普斯：“美国售台武器交易解冻”，《简氏防务周刊》，2008 年 10 月 15 日。

〔67〕E. 马德拉：“柬埔寨在与泰国发生冲突后军事预算翻了一番”，路透社，2008 年 10 月 29 日，网址：〈http：//uk. reuters. com/article/worldNews/idUKTRE49S23V20081029〉；“1150 亿泰的预算用于国防，而运输削减 6.22 亿泰”《民族报》（曼谷），2006 年 12 月 12 日。

〔68〕J. 格里瓦特：“印度尼西亚同意贷款购买俄国的作战飞机”，《简氏防务周刊》，2008 年 10 月 1 日；以及 D. 马哈迪尔，A. 佩普和 C. 卡弗里：“面向未来”，《简氏防务周刊》，2008 年 4 月 9 日，第 35 页。

〔69〕“印度尼西亚军方被告知随着国防预算的削减而确定优先规模”，雅加达 Detik-com 网站，2008 年 12 月 1 日，译自印度尼西亚文，《世界新闻连接》。

1.6%，从而继续了自 2003 年以来缓慢下降的趋势，并且多多少少与其国内生产总值的变化相适应。然而，日本军方要求 2009 年的预算中军事开支的水平要首次超过国内生产总值的 1%。日本一直严格地遵守军事开支（不包括养老金）占国内生产总值 1%的限额，任何的变化都将是对传统的重大突破。不过考虑到金融形势，这一情况可能意味着绝对意义上的减少。〔70〕

南亚

2008 年南亚的实际军事开支增长了 3.3%，总共达到 373 亿美元。印度 2008 年的实际军费达 300 亿美元，增加了 5%，因此既在总额上、又在趋势上占据了该次地区的主导地位。在 1999—2009 年的 10 年中，南亚的军事开支增长了 41%。

斯里兰卡是南亚国家中增加军费最多的国家，实际增长了 7.7%。这一增长是与斯里兰卡政府在北方对泰米尔伊拉姆猛虎组织的分裂主义运动开展军事攻势相联系的。〔71〕

在 2008 年 3 月权力移交给文职政府后，巴基斯坦 2008/2009 年度的国防预算减少了。自 1965 年以来，预算中首次包括了建议费用的细则，而不只是一个笼统的总数。〔72〕它包括每个军种费用的情况，并且还划分为经济分类。〔73〕尽管如此，巴基斯坦总的预算过程、尤其是军事部分的透明度仍然是有限的。〔74〕

巴基斯坦正处于军事转型的过程之中，其目的是在提高传统的军

---

〔70〕 法新社：“日本军方寻求增加预算”，《防务新闻》，2008 年 8 月 29 日。

〔71〕 S. 拉马昌德兰：“斯里兰卡脱去手套”，《亚洲时报》，2008 年 1 月 5 日；I. 阿萨斯：“斯里兰卡发誓镇压泰米尔猛虎组织”，《简氏防务周刊》，2008 年 1 月 9 日；安德逊等人（同注释〔65〕），第 37 页。关于冲突，参见本卷第 2 章第 4 节。关于对斯里兰卡的武器转运，参见本卷第 7 章第 3 节。

〔72〕 S. S. 哈桑：“历史性的‘防务动向’”，BBC 新闻，2008 年 6 月 17 日，网址：〈http：//news. bbc. co. uk/2/7459867. stm〉。

〔73〕 后者的细则既适合 2007 年，也适合 2008 年，以及 2007 年实际军事开支的初步估算。巴基斯坦财政部：“预算简介”，2008 年 6 月 11 日，网址：〈http：//www. finance. gov. pk/finance _ federal _ budget. aspx〉。

〔74〕 例如，1999 年军人养老金被从军事开支的定义中剔除，而自那以来就没有提供过该项目的任何信息来源。

事能力之外，发展打击反叛武装能力，以应对来自与阿富汗接壤的边境日益增长的塔利班势力的威胁。[75] 这一转型进展很慢，主要是由于缺乏资金。获取更多的高精武器和巴基斯坦空军的现代化是这一转型的中心任务。[76] 2006 年，巴基斯坦要求美国提供新的和翻新的 F－16 飞机。但由于 2005 年克什米尔地区地震之后财政拮据，巴基斯坦将计划定购的 36 架新飞机减为 18 架，从而使这笔买卖的价值从 51 亿美元减少到 31 亿美元。[77]

第六节　非洲

2008 年，非洲的实际军事开支增长了 10.2%，达到 258 亿美元。这是 2004 年以来的最高增长，军事开支在 2003 年稍有下降之后，2004 年增加了 11%。在过去 10 年中，非洲的军事开支主要由于北非地区的增长而增加了 40%。两个最大的军事开支国是阿尔及利亚和南非，分别占非洲军事开支的 20%和 15%。

尽管非洲的军事开支达到了新的高度，但在过去 10 年中平均军事负担（即军事开支占一个国家国内生产总值的比重）却已经下降。平均来说，非洲国家 2007 年的军事开支由 1999 年占国内生产总值的 3.7%，下降到 1.8%。一些国家的比例超过 2007 年的平均水平很多，比如布隆迪（4.9%）、吉布提（4.1%）和安哥拉（3.9%）。一些国家的军事负担，包括安哥拉、布隆迪、埃塞俄比亚、卢旺达和塞拉利昂，自 1999 年以来大幅降低（例如，安哥拉的军事负担下降到 17.3%）。[78] 但是，一些早些年军事负担最高的国家，包括 1999 年时军事负担占 34.4%的厄里特里亚，却没有 2007 年的数据。多数非

〔75〕 关于在阿富汗的冲突，参见本卷第 4 章。

〔76〕 A. 基尔："重新装备巴基斯坦军队"，《亚洲论坛报》2008 年 2 月 17 日，网址：〈http：//www.asiantribune.com/? q=node/9655〉。

〔77〕 D. 坎普，美国国务院："打败基地组织的空军：巴基斯坦在反恐中的 F－16 计划"，在美国众议院外交事务委员会南亚小组委员会的声明，2008 年 9 月 16 日，网址：〈http：//2001—2009.state.gov./p/sca/ci/af/2008/109757.htm〉。

〔78〕 参见附录 5A，表 5A.4。

洲国家的数据应当小心看待，因为许多国家有预算外支出。[79] 武装冲突对军事开支的影响也并非总是能在现有的数据中得到充分的反映。

在一些国家中，来自国际机构要求改善预算平衡的压力也使军事负担得以下降。[80] 军事开支在经济中的负担不断降低，也反映了整个地区中不仅在石油和资源输出国、而且在非资源丰富的国家，国内生产总值的增长率在不断上升。[81] 2007 年，非洲的经济是几十年来增长率最快的一年，达 6.5%，这部分是因为上升了的石油生产和价格，全球对商品的高需求，以及对许多国家债务减免的一揽子计划。更大规模的资本流动、尤其是从新兴的投资国比如中国来的资本流动，也对增长作出了贡献。[82]

阿尔及利亚

阿尔及利亚是一个这类国家的例子，它的军事开支在过去 10 年中急剧增长，而由于经济的高速增长在国内生产总值中所占的份额却下降了。[83] 阿尔及利亚拥有大量的石油和天然气资源储量，是北非地区的大国，由于在“全球反恐战争中”成为美国的主要盟友而一直在发展其政治影响。

2008 年，阿尔及利亚的军事开支估计为 52 亿美元，是非洲军费最高的国家。与 2007 年相比，实际增长了 18%，是过去 10 年中增长最多的一年。与过去的预算一样，为国家防务所分配的份额比任何其他部门的都要多；为卫生部门分配的资源尚不及为军方提供的资源的一半。阿尔及利亚在 2002—2004 年间签署的主要武器采购协议，

---

〔79〕 关于非洲的军事预算编制的做法，参见 W. 奥米图根和 E. 哈奇富尔编辑的 SIPRI《编制非洲军事部门的预算：控制的过程和机制》，（牛津大学出版社：牛津，2006 年）。

〔80〕 C. 麦克唐纳和 P. 德拉蒙德：“非洲快速发展，但面临风险”，《国际货币基金组织调查》，第 37 卷第 3 期（2008 年 3 月号）。

〔81〕 国际货币基金组织：“地区经济前景：撒哈拉沙漠以南的非洲”，《世界经济和金融调查》（国际货币基金组织：华盛顿特区，2008 年 10 月），第 25 页。

〔82〕 麦克唐纳和德拉蒙德（同注释〔80〕）。

〔83〕 “国家聚焦：阿尔及利亚”，《财政和发展》，第 45 卷第 2 期（2008 年 6 月）。

包括从俄罗斯采购大批军事硬件的协议，就反映了军方的这种优先权。[84] 但是，在1999—2007年期间，阿尔及利亚的军事开支负担却从3.8%下降至3.0%。这主要是由于石油和天然气的高产而使经济高速增长的结果。阿尔及利亚生产欧洲天然气供应的13%和每天146万桶石油，而近年来它们的价格却达到了创纪录的高度。[85]

阿尔及利亚给予军队以优先权，有两个具体原因。[86] 首先，来自伊斯兰马革里布的基地组织发起的进攻造成了越来越大的恐怖，对阿尔及利亚的安全部队形成了压力。[87] 在2006—2008年之间，在阿尔及利亚，有数百人在恐怖主义袭击中丧生，包括对联合国机构、总理府和警察局的炸弹袭击，以及绑架西方的公民。[88] 政府应对这种低强度暴动的方法主要是采用军事手段，提高作战行动的军事预算。伊斯兰马格里布的基地组织已经公开宣布，它的目的就是要攻击西方目标并向伊拉克运送战斗人员。[89] 像伊斯兰马格里布的基地组织这种团体的出现已经使在阿尔及利亚的冲突成了国际层面的冲突，并为

---

〔84〕 M. 里奇："修订后的预测表明阿尔及利亚的军事开支大幅增长"，《国际预测》，2008年3月26日，网址：〈http://emarketalerts.forecast.com/mic/eabstract.cfm?recno=145893〉。关于与俄罗斯的武器采购协议，参见本卷第6章第2节和第7章第2节。

〔85〕 A. 英格兰："阿尔及利亚担心基地组织加强控制"，《金融时报》，2008年8月22日；"天然气价格：比1981年时的石油危机还要糟"，《CNN货币》，2007年5月27日，网址：〈http://money.cnn.com/2007/05/21/news/economy/record_gas_monday/〉；"石油达到100美元1桶"，《BBC新闻》，2008年1月2日，网址：〈http://news.bbc.co.uk/2/7083015.stm〉。

〔86〕 里奇（同注释〔84〕）。

〔87〕 伊斯兰马格里布的基地组织，原称萨拉菲斯特宣教与战斗团体，参与了阿尔及利亚反对世俗的阿尔及利亚政府的内战。2006年，它宣布效忠于基地组织，并且把阿尔及利亚变成了伊斯兰恐怖主义在北非的中心。"情报简讯：基地组织在北非的新战略"，《权力与利益新闻报道》，2007年4月16日，网址：〈http://www.pinr.com/report.php?ac=view_report&report_id=641〉。

〔88〕 英格兰（同注释〔85〕）；G. D. 波特："阿尔及利亚的伊斯兰恐怖主义和能源部门的安全"，《恐怖主义监控》，第5卷第12期（2007年6月21日）。

〔89〕 E. 亨特："西北非的伊斯兰恐怖主义：美国的'眼中钉'?"，《政策聚焦》，第65号（华盛顿近东政策研究所：华盛顿特区，2007年2月），第7页；A. 哈森和L. 弗里恩斯（Vriens. L.）："伊斯兰马格里布的基地组织（原称萨拉菲斯特宣教与战斗团体）"，背景资料，美国外交关系委员会，2008年7月31日，网址：〈http://www.cfr.org/publication/12717〉。

军方提供了使其重要地位合法化的更多理由。[90]

其次，阿尔及利亚军方对该国的政治有很强的影响。阿尔及利亚军队是阿尔及利亚独立战争期间民族解放阵线的武装力量民族解放军的直接继承者。自从独立以来，由民族解放阵线和民族解放军组成的革命精英一直控制着政治，因而总统的地位是虚弱的。[91] 阿布德拉齐兹·布特弗利卡总统的主要议程一直是试图使阿尔及利亚政府非军事化，从而加强总统的地位，因此，他想方设法以高额国防预算和大批军事装备订单来取得军方的支持。[92] 而当他在谋求修改宪法以便竞选第三个任期时，他需要军方的支持。

第七节 南美洲

据报道，2008 年南美洲的军事开支上升到 481 亿美元，实际增长了 6%，与 2007 年的

增长率相同。1999—2008 年这 10 年的增长率为 50%，几乎比 1990—1999 年这 10 年翻了一番。巴西的增长率占整个南美洲增长率的 48%，显然是该地区最大的军事开支国，因此对整个地区的趋势有极大的影响。哥伦比亚是第二个最大的军事开支国，也对该地区的增长起了很大的作用，因为在过去 10 年中，它的实际军事开支增长了 142%。

南美洲军事开支不断增长的一个主要原因一直是商品、尤其是铜、大豆和石油价格的上涨。这种价格上涨使巴西、智利、厄瓜多尔和委内瑞拉这些国家得到了好处，在过去 5 年中更是如此。[93] 2008

〔90〕 A. 波贝克："在冲突后阿尔及利亚的萨拉菲主义和极端政治"，卡内基中东中心卡内基研究论文第 11 号（卡内基国际和平基金会：华盛顿特区，2008 年 9 月），第 19 页。

〔91〕 H. 罗伯茨："使阿尔及利亚非军事化"，卡内基中东计划卡内基研究论文第 86 号（卡内基国际和平基金会：华盛顿特区，2007 年 5 月），第 7—8 页。

〔92〕 罗伯茨（同注释〔91〕），第 2 页、第 13—14 页；S. 詹麦："阿尔及利亚联盟反对布特弗利卡总统谋求第三任期"，《Magharebia》，2008 年 2 月 11 日。

〔93〕 "查韦斯的威胁，商品生产的繁荣汇集，点燃了军备竞赛"，布隆伯格，2008 年 4 月 6 日，网址：〈http：//www. atlantisrisen. com/? p=52〉。

年，商品出口约占该地区国内生产总值的 10%，占出口收入的 40% 以上。[94] 这一点在该地区的经济稳定增长中得到了反映：自 2003 年以来每年平均增长 5%。这是 20 世纪 70 年代以来增长最大的时期。[95] 由于全球金融危机，这种高速增长率在 2008 年放慢了，预计 2009 年将急剧下降，大约只有 3%。[96]

南美洲不断增长的军事开支不大可能引起国家之间的战争，但它确实使得一些国家以一种更加强势的方式行事。2008 年 3 月，当哥伦比亚袭击了位于厄瓜多尔境内的一座游击队营地时，该地区发生了 20 世纪 90 年代以来最接近军事对抗的局面，引起了一场短暂的地区危机。厄瓜多尔、委内瑞拉和尼加拉瓜断绝了与哥伦比亚的外交关系，虽然这些关系后来又得以恢复了。委内瑞拉总统乌戈·查韦斯命令向与哥伦比亚边境增派部队，而尼加拉瓜则重提与哥伦比亚的海上边境争端。[97] 大规模武器采购计划和军事开支的增加，其本身也已经影响了一些南美国家之间的关系。[98]

巴西

2008 年巴西的军事开支估计已经达到 233 亿美元，实际增长了 5%。2003 年，路易斯·伊拉西奥·卢拉·达·席尔瓦总统转变政策，给社会开支以优先权，因而大幅度削减军事开支。而从 2003 年

〔94〕 国际货币基金组织西半球部主任 A. 辛格："金融市场的危机及其对拉丁美洲的风险"，在《欧元：全球影响以及与拉丁美洲的关系》研讨会上的发言，圣保罗，2008 年 3 月 17 日，网址：〈http：//www.imf.org/external/np/speeches/2008/031708a.htm〉。

〔95〕 "拉丁美洲 30 年内持续时间最长的增长"，《国际货币基金组织调查》，第 36 卷第 7 期（2007 年 4 月 23 日）。

〔96〕 国际货币基金组织："地区经济前景：西半球，应对全球金融危机"，《世界经济和金融调查》（国际货币基金组织：华盛顿特区，2008 年 10 月），第 7—29 页。

〔97〕"在走向战争"，《经济学家》，2008 年 3 月 8 日。关于在哥伦比亚发生的国家之间的冲突，参见本卷第 2 章第 6 节。

〔98〕 例如，2008 年，秘鲁外长何塞加西亚·贝朗德向智利政府建议减少武器采购计划，并且放弃铜法（因为铜法保障了军方从铜出售中获取利润）。"智利拒绝了秘鲁部长关于铜法的声明"，《商报》（利马），2008 年 12 月 8 日。

开始军事开支逐步增加。[99] 2007 年，增长的速度急剧加快，从而使军事开支恢复到它在 2002 年时的高点。

巴西给军方以优先权的政策转变，体现在巴西于 2008 年出版的第一部《国防战略》中。[100] 这部战略旨在重新审视巴西的防务政策，并激活国内的军事工业，以便提高武装力量的能力。[101] 该文件指明了防御计划和实施中需要引起关注的薄弱环节，比如：未能始终贯彻为大的计划提供资金的承诺；武装力量大部分装备的技术已经过时；以及由于国内军事工业发展有限因而需要依赖外国的武器。该文件还提出了武装力量需要解决的一些关键问题，比如：加强它在南大西洋和巴西亚马逊的存在，并使之更加灵活机动以便快速部署。这一战略还提出重新启动购买 FX 作战飞机的项目，并计划建造一艘核动力潜艇。[102]

在《国防战略》出版之前，巴西政府于 2007 年制定了一个大规模军队重新装备计划，作为 2008 年预算建议的一部分。这个计划允诺为所有三军增加预算，而空军将是主要受益者。到 2012 年，这个现代化计划将花费 160 亿雷亚尔（合 87 亿美元）。这个计划也体现了为原先已经推迟的 FX 飞机采购项目增加预算，由 7 亿美元增加到大约 11 亿美元。[103]

由于各式各样的军官以及前总统（现任参议员）若泽·萨尔内已经注意到委内瑞拉的重新武装，也由于与委内瑞拉的政治紧张关系已

---

〔99〕 关于巴西在 2003 年给社会开支以优先权，并减少军事开支，参见 E. 斯康斯等人，“军事开支”，SIPRI 年鉴 2004：“军备、裁军和国际安全”（牛津大学出版社：牛津，2004 年），第 335—337 页。

〔100〕 巴西国防部：“国防战略：巴西的和平与安全”（国防部：巴西利亚，2008 年 12 月 17 日）。

〔101〕 “卢拉为超级大国地位作准备”，《拉美安全与战略评论》，2007 年 9 月。

〔102〕 E. 斯特凡尼巴斯托斯：“巴西的防务—2008 年：国防政策与国防战略”，联邦茹伊斯迪福拉大学（Universidade Federal de Juiz de Fora），2008 年，网址：〈http://www.ecsbdefesa.com.br/defesa/index.php?option=com_content&task=view&id=1550〉，第 3 页；“巴西和法国签署武器协议”，BBC 新闻，2008 年 12 月 23 日，网址：〈http://news.bbc.co.uk/2/7798286.stm〉。

〔103〕 D. 里特内：“巴西政府计划为军方重新装备项目投资 78 亿美元”，《国际预测》，2007 年 4 月 5 日，网址：〈http://emarketalerts.forecast.com/mic/eabstract.cfm?recno=134206〉。

经成为要求在巴西增加军事开支的部分理由，卢拉·达·席尔瓦总统一直对把新的防务战略和大规模采购计划与委内瑞拉联系起来持谨慎态度。有四方面的理由被用来支持在巴西增加军事开支的观点，其中有一些是在《国防战略》中提到了的。

首先是巴西的军事管理的空中交通管制系统的危机。在 2006 年末到 2007 年中之间，大约有 400 人由于空中交通管制的失败而丧生。这种情况促使军方表明他们对削减预算和取消现代化计划的不满态度，而空中交通管制的工人们也要求增加薪金。这种引发的公共抗议帮助创造了一种有利于获得更高军事开支的政治环境。[104]

其次，2008 年，公布了大量沿海石油储量被发现的消息。[105] 油田非常接近巴西的专属经济区界线，为了保护这些油田，巴西打算购买新的舰只，资金部分由石油收益支付。[106] 国防部长纳尔逊·乔宾甚至于要求为此目的使用计划中的核动力潜艇。[107]

第三，有一种看法认为，亚马逊是一个在三个方面受到威胁的地区：（1）来自哥伦比亚的冲突蔓延；（2）来自土著团体因土地所有权纷争而产生的潜在冲突；（3）来自外国对巴西的开发和保护政策的潜在反对。[108] 亚马逊地区的军事存在增加了，更多的部队驻扎在土著保护区。此外，罗赖马州边境地区的印第安人被解除了武装，对外国人的存在实行了更为严厉的控制。[109]

第四，作为把巴西提升为大国的地位这一计划的一部分，政府进一步支持军事工业，并与采购更为先进的武器相结合[110]，以便追求在防务政策方面有更大的自主权。在军事装备上的新投资将取决于获

---

〔104〕 C.K. 马腾斯："巴西的航空危机：机械故障还是政府失职？或者是比喻卢拉统治下的巴西？"，半球事务委员会，2007 年 8 月 21 日，网址：〈http://www.coha.org/2007/08/〉。

〔105〕 "一种可笑的奖赏"，《经济学家》，2008 年 8 月 28 日。

〔106〕 法新社："巴西准备用核潜艇来保护油田"，《防务新闻》，2008 年 6 月 5 日；"海军司令讨论舰队现代化；提及核潜艇"，《世界新闻连接》，2007 年 4 月 12 日。

〔107〕 法新社（同注释〔106〕）。

〔108〕 巴西国防部（同注释〔100〕），第 7 页。

〔109〕 "巴西对亚马逊地区感到的冲突危险采取行动"，《拉美安全和战略评论》，2008 年 5 月。

〔110〕 "卢拉为超级大国地位作准备"（同注释〔101〕），第 3 页。

取技术的转让，比如 2008 年 12 月与法国签署的采购直升机以及核动力潜艇的协议就是这种情况。[111]

第八节　中东

在前 9 年军事开支增长了 57%之后，2008 年中东地区的实际军费开支下降了 1.1%。然而，没有迹象表明，2008 年中东军事开支的减少标志着一种趋势的开始。相反，包括以色列、沙特阿拉伯和阿联酋在内的几个中东国家，已经下了相当规模的军事订单，大概将来再付钱。[112]

2008 年军事开支下降的情况适用于该地区除伊拉克和约旦之外所有提供了连续数据的国家。黎巴嫩和科威特削减的预算最多，两者各实际削减了 7.5%，然后是伊朗、埃及和阿曼，它们削减了 5.5%—6.1%的预算。但是，对包括以色列、阿曼和沙特阿拉伯在内的许多国家来说，军事负担仍然很重，2007 年它们的军事开支超过了国内生产总值的 8%。

大多数中东国家军事开支的数据是不确定的。尤其是伊朗，它不把伊斯兰革命卫队的费用包括在官方公布的国防预算之中，虽然地面、空中和海军部队以及一支导弹部队构成了伊朗军事能力的主要部分。[113] 2008 年，在伊朗议会中曾有增加军事开支的口头要求，认为该地区的其他国家在国防上正在花费高得多的预算比例。[114]

---

[111] “巴西与法国的武器协议”（同注释〔102〕）。

[112] 参见本卷第 7 章第 2 节；SIPRI 武器转让数据库，网址：〈http://armstrade.sipri.org/〉。

[113] 关于革命卫队，也参见 P. 斯塔伦海姆、C. 帕尔多姆和 E. 斯康斯：“军事开支”，《SPRI 年鉴 2008：军备、裁军和国际安全》（牛津大学出版社：牛津，2008 年），第 203 页。

[114] 伊朗通讯社：“议员敦促政府增加国防预算”，《德黑兰时报》2008 年 9 月 2 日；“国防部长说，武装力量的预算将增加”，《德黑兰青年报》，2008 年 9 月 15 日，译自波斯语，《世界新闻连接》。

伊拉克

中东地区的自然资源财富使得该地区许多军事开支的长期增长成为可能，而增长的很大部分又是与武装冲突和该地区的军事平衡相联系的。不仅正在进行的伊拉克军队的重建就是这种趋势的一个结果，而且它本身还会对其他国家未来的决策产生影响。但是，要完全脱离国内的安全形势来讨论伊拉克的军事开支是困难的。这个国家的外部和内部安全是紧密地相互关联的，而且，许多邻国也以各种方式介入它的内部冲突。

表 5.6　2008 年伊拉克政府国防部和内务部预算

部[a]	原来的预算（10 亿第纳尔）	修改的预算（10 亿第纳尔）	补充预算（10 亿第纳尔）	最终预算（10 亿第纳尔）	最终预算（百万美元）[b]
国防部	6088	6093	258	6351	5332
事业费[c]	5798	5803	100	5903	4956
投资费	290	290	158	448	376
内务部	4713	4826	2018	6845	5747
事业费[c]	4568	4681	1510	6192	5199
投资费	145	145	508	653	548
总计	**10801**	**10919**	**2276**	**13196**	**11080**
事业费[c]	10366	10484	1610	12095	10155
投资费	435	435	666	1101	924
政府总开支	**59862**	**…**	**26822**	**86684**	**72783**

a　国防部负责伊拉克军事力量。内务部负责内务警察和安全部队。

b　美元数是依据 1191 第纳尔：1 美元的汇率计算的。

c　事业费包括薪金、货物、服务和维持费。

资料来源：伊拉克共和国的官方，第 4067 号，2008 年 3 月 13 日，第 15 页；伊拉克共和国的官方公报，第 4086 号，2008 年 9 月 15 日，第 9 页，网址：〈http：//www.iraqog.org〉（阿拉伯文）。

伊拉克的安全部队由国防部领导的武装力量和由内务部领导的内务部队组成。伊拉克政府正在承担越来越多的伊拉克安全部队费用的份额。自 2006 年以来，伊拉克安全部队的国内资金已经超过外来资金，增长的石油收入使这种情况成为可能。在 2005—2007 年期间，原油出口买卖占到伊拉克政府估约 960 亿美元总收入的 94%。[115]

自从 2003 年 3 月美国入侵以来，伊拉克已经收到美国对伊拉克安全部队大量的资金援助，而近年来这种援助已被削减。在 2003 年至 2008 年 9 月之间，美国政府为伊拉克的全面重建总共提供了 507.7 亿美元，但是在 2008 财年美国提供资金的比率却大为下降。[116] 美国的这些金钱大部分用于支持伊拉克的基础设施和经济，但相当一部分用于安全，包括：49.6 亿美元的伊拉克救济和重建资金用于安全和执法，其中一半稍多用于国家安全；179.4 亿美元作为伊拉克安全部队基金，其中一多半（98.8 亿美元）给伊拉克国防部，以帮助伊拉克政府来发展、组织、训练、装备和维持伊拉克安全部队。[117] 虽然美国支持的许多工程仍在继续，当局为伊拉克安全部队基金筹集新款的期限则于 2008 年 9 月到期。此外，美国国会于 2008 年决定减少追加资金的数量，并对允许使用美国资金实行限制。它还成立了一个在伊拉克和阿富汗的跨党派战时承包委员会来审查重建、安全和后勤支援合同，并就浪费、诈骗、舞弊和管理不善作出报告。[118]

伊拉克从国内收入拨出的军事开支，从 2005 年的 11.26 亿美元

---

〔115〕 美国政府问责办公室："稳定和重建伊拉克：伊拉克的收入、开支以及结余"，给国会委员会的报告，美国政府问责办公室—08—1031（美国政府问责办公室：华盛顿特区，2008 年 8 月），第 7—8 页。

〔116〕 美国伊拉克重建特别监察长，"给美国国会的季度报告"（伊拉克重建特别监察长：阿灵顿，弗吉尼亚，2008 年 10 月 30 日），第 16、22 页；新的资金提供从 2007 财年的大约 91 亿美元拨款下降到 2008 财年的 68 亿美元，包括 2009 财年修建桥梁的资金。

〔117〕 美国伊拉克重建特别监察长，（同注释〔116〕），第 22—27 页。

〔118〕 这些决定包含在《2009 财年国防授权法》中，美国公法 110—417，2008 年 10 月 14 日签署生效。参见美国伊拉克重建特别监察长，（同注释〔116〕），第 13、22 页。

增加到 2007 年的 19.34 亿美元，其主要部分是用于薪金和其他事业费：在 2005—2007 年期间，投资费仅占国防部总开支的 7.5%。国内拨出的内务部内卫安全部队的费用从 2005 年的 9.83 亿美元增加到 2007 年的 26.83 亿美元。[119] 这些实际开支的数字比预算量要低得多：2007 年国防部和内务部的实际安全费用总共为 46 亿美元，而预算开支是 73 亿美元。[120] 对于资本预算来说，这种执行率是非常低的。2007 年，国防部使用了仅仅 11.8%的资本预算，而内务部使用了 11.1%。[121] 使用预算数额中存在困难，其原因包括：训练有素的工作人员缺乏，薄弱的采购和预算系统，暴力和教派冲突以及腐败。[122]

2008 年伊拉克国防预算比 2007 年的实际开支高出了 133%。2008 年 2 月通过的 2008 年原来的国防预算达 60880 亿第纳尔，内务部的预算为 47130 亿第纳尔（参见表 5.6）。但是，在修订之后，国防部的预算增加到 63510 亿第纳尔（合 53 亿美元），而政府的整个预算是 866840 亿第纳尔（合 728 亿美元）。增加的部分原因是石油收入的急剧增长，因为 2008 年 8 月时预计 2008 年的石油收入比 2005—2007 年间的年均水平增加了一倍多。[123] 但是，2008 年下半年世界石油价格的急剧下降，可能对预算的执行有影响。它还导致伊拉克政府将 2009 年的计划开支从 800 亿美元降

[119] 美国政府问责办公室，(同注释〔115〕)，第 10、第 34－35 页。这些数字与 SIPRI 在附录 5A 和 SIPRI 军事开支数据库报道的的数字稍有区别，SIPRI 的数字是基于国际货币基金组织的数据。

[120] 美国国防部："衡量伊拉克的稳定和安全"，"给国会的报告"（国防部：华盛顿特区，2008 年 9 月），第 10 页。

[121] A. H. 科德斯曼和 A. 毛瑟："2008 年伊拉克部队的发展"（战略和国际问题研究中心：华盛顿特区，2008 年），第 22 页。

[122] 美国政府问责办公室，（同注释〔115〕），第 4 页；科德斯曼和毛瑟（同注释〔121〕），第 22 页。伊拉克政府提出了对投资项目的执行及问题和障碍原因的详细分析。比如，伊拉克计划和发展合作部，政府投资办公室，监督工程执行局［2007 年投资预算中监督工程执行情况的综合年度报告］（计划和发展合作部：巴格达，2008 年 7 月），网址：〈http://www.parliment.iq/〉（阿拉伯文）。

[123] 美国政府问责办公室，（同注释〔115〕），第 3 页。

低到 670 亿美元。[124]

随着伊拉克武装力量的持续重建和美国的撤军，伊拉克的军事开支有望大幅增长。2008 年 11 月时将撤军的最后期限定在 2011 年 12 月，这在一份部队地位协议以及一份相关的战略友好协议中正式化，但是新的奥巴马政府却将撤走作战部队的目标定在 2010 年 5 月。[125]

表 5.7　2008 年美国关于向伊拉克“对外军事销售”送交国会的通知

日期	主要项目	估计价值（百万美元）
3 月 12 日	车辆、小型武器和弹药	1389
5 月 7 日	建筑技术援助	450
7 月 25 日	C—130J—30 飞机	1500
7 月 24 日	装甲安全车辆	206
7 月 30 日	轻型装甲车辆	3000
7 月 30 日	建筑技术援助	1600
7 月 30 日	直升机及其相关弹药	2400
7 月 31 日	M1A1 和升级到 M1A1M 的艾布拉姆坦克	2160

[124] 美联社：“伊拉克的石油收入下降了 25%”，《国际先驱论坛报》，2008 年 12 月 23 日。

[125] 根据部队地位协议，美国武装力量将在 2009 年 6 月底以前从伊拉克的城镇撤走，而到 2011 年底时将全部从伊拉克撤走，虽然这还可以通过可能的进一步协商而推迟撤军。美利坚合众国和伊拉克共和国之间关于美国部队从伊拉克撤军以及他们在伊拉克临时停留期间活动的组织和美利坚合众国与伊拉克共和国之间友好合作关系的战略性框架协议，于 2008 年 11 月 17 日签署，2009 年 1 月 1 日生效，网址：〈http://www.mnf－iraq.com/〉，也可参见 J. 伊萨克斯和 T. 夏普：“美国和伊拉克之间的部队地位协议有多舒畅?”武器控制和不扩散中心，2008 年 11 月 24 日，网址：〈http://www.armscontrolcenter.org/policy/iraq/articles/〉；D. 摩根：“美国在伊拉克的计划中包含奥巴马的撤军选择”，《国际先驱论坛报》，2009 年 1 月 15 日。

日期	主要项目	估计价值（百万美元）
12月9日	德克桑－Ⅱ飞机，零部件及其他支援设施	520
12月9日	轻型装甲车辆	1110
12月9日	T型6A德克桑－Ⅱ飞机	210
12月9日	沿海巡逻艇，近海巡逻舰	1010
12月9日	M1A1和升级到M1A1M的艾布拉姆坦克	2160
12月9日	直升机及其相关弹药	366
12月9日	M16A4步枪，M4卡宾枪和M203榴弹发射器	148
12月9日	移动式快速组装帐蓬，通讯设备	485
总计		**18784**

注：送交国会的对外可能军事销售的通知并不意味着买卖已经做成。估计值即为所有选择均已完成后的总值。

资料来源：美国国防部，国防安全合作局，“36（b）武器销售通知”，〈http://www.dsca.osd.mil/PressReleases/36－b/36b_index.htm/〉。

至于武器采购，伊拉克依靠进口，主要是从美国进口。[126] 在经历了2005年伊拉克武器采购过程中广泛报道的腐败之后，大部分美国向伊拉克出口的武器都经过美国的对外军事销售计划来进行。[127] 到2008年3月，伊拉克政府已经通过对外军事销售计划定购或者收

〔126〕 至于伊拉克武器进口的详细情况以及相关的问题，参见B. 哈格林，M. 布罗姆利和S. T. 魏泽曼：“国际武器转让”，《SIPRI年鉴2006》（同注释〔50〕），第465—468页。还见于SIPRI武器转让数据库，网址：〈http://armstrade.sipri.org/〉。

〔127〕 根据伊拉克最高审计委员会2005年的一份报告，伊拉克国防部利用包括美国代表在内的外国中间商来签署价值成千上万美元的虚构买卖，而防务合同则是由供应商自己早已起草好的，没有任何政府的监督。P. 科克伯恩：“伊拉克丢失的10亿美元怎么着了?”，《独立报》，2005年9月19日。

到大约价值 30 亿美元的装备。[128] 在 2008 年期间，美国国防部就拟议中的向伊拉克出售大批武器装备知会美国国会，总价值高达 190 亿美元（参见表 5.7）。这些包括仅仅在 7 月份价值 100 多亿美元的交易以及 12 月份的总值高达 60 亿美元的另一轮通知。尽管通知只表示潜在可能的交易，而不是实实在在的订单，而且其中有一些可能重复计算，但是它们表明在未来几年中伊拉克军事开支有大幅增长的计划。

第九节　结论

全球军事开支在冷战结束后的下降，持续到 20 世纪 90 年代末；接下来的 1999—2008 年这一时期，是全球军事开支大量地和持续地上升的时期。在整个这一时期，实际军事开支上升了 45%，而且任何一年的增长率都不下于 2%。2002—2004 年是年增长率最快的，达 5.5%—6.7%，因为在那几年，阿富汗和伊拉克的冲突开始花费越来越多的金融资源。虽然增长的步伐有所放慢，但上升的趋势还在继续。2008 年的实际军事开支增长了 3.7%，比 2007 年稍多一点，与 1999—2008 年间的年平均率几乎毫无区别。除了中东的军事开支可能有暂时的下降之外，1999—2007 年间军事开支的主要大趋势持续到 2008 年，除西欧和中欧以及中美洲之外的所有其他地区和次地区的军事开支都有可观的增长。

美国是全球军事开支增长最大的国家，它的增长占在这一时期之内全球增长的 58%，但它远非是如此坚定地追寻军事化道路的唯一国家。中国和俄罗斯两国的军事开支也都几乎增加了两倍，而其他地区大国，比如阿尔及利亚、巴西、印度、伊朗、以色列、韩国、沙特阿拉伯和英国等，也对总的增长作出了实质性的贡献甚至是相对大的增长。在联合国安理会五个常任理事国中，只有法国保持了其军事开支相对稳定，在这一时期内只增长了 3.5%。法国的增长是与西欧大

[128] 科德斯曼和毛瑟（同注释〔121〕），第 21 页。也可参见美国国防部，“衡量伊拉克的稳定和安全”，给国会的报告（国防部：华盛顿特区，2008 年 3 月），第 37 页。

致平稳的增长相一致的，西欧是冷战结束之后享有持续“和平红利”的唯一地区。

追求全球或者地区大国地位是许多国家增加军事开支的原因。此外，实际的或者潜在的武装冲突，自然也仍然是处在世界某些地区的大国或者小国军事开支迅速增长的一个主要动因，正如它们的经济也在快速增长。也有特殊的地区因素，比如中欧某些国家要求北约成员国地位以及互相可操作性。从更广泛的意义上来说，尽管国家之间的武装冲突比较少，军事现代化的努力却得到全球政治气候的支持，而在这种政治气候下，恐怖主义的威胁已越来越成为通过高度军事化的镜头来观察的问题。〔129〕

在本卷所考虑到的 10 年中的 8 年内，美国由乔治·布什总统的政府领导，这个政府迅速地增加了美国的军事开支。许多增长——但并非是所有的增长——是由于被称为“全球反恐战争”这一政策、尤其是在阿富汗和伊拉克的战争的费用而造成的。自从 2001 年以来，已经直接花费了 8640 亿美元，其中军事开支为 8140 亿美元。用于“全球反恐战争”的 90%的资金不是通过正常的预算途径来提供的，而是通过紧急补充拨款来筹集的。这种做法已经引起了关切，认为这类“紧急”要求已经扩大到包括与战争需要关系不大的项目，并且它应当可以证明是基本预算的组成部分。这种拨款的方法可能被认为对预算透明度产生不利的后果。

在中东，伊拉克是该地区军事开支减少的一个例外，伊拉克政府正在从美国手中接管承担军方和其他安全部队的开支。伊拉克武装力量的重建要求增加财力资源，而随着美国部队开始从这个国家撤离，对这种财力资源的要求还会进一步增加。对伊拉克的大量拟议中的武器转让也预示着未来高水平的军事开支。

全球金融危机的影响、尤其是不断加大的预算赤字和旨在应对危机的经济刺激一揽子方案，在未来年月中，在某些地区包括一些欧洲和亚洲国家，可能为军事开支设定限度。但是，要判断这些影响将会有多广、多大，现在还为时过早。这场危机也可能制止美国军事开支的增长，尽管奥巴马政府继承的承诺将在不久的将来难以作出实质性

〔129〕 关于在 1999—2008 年这 10 年中大的武装冲突的次数，参见本卷附录 2A。

的削减。

2008 年 11 月，联合国安理会主席、哥斯达黎加总统奥斯卡·阿里亚斯代表安理会发表了一份没有约束力的声明，表明对军事开支不断增长的关切，强调“合理水平的军费的重要性，以便在最低的、合适的军备水平上，为所有人赢得没有减少的安全”，并且呼吁把更多的钱用于发展。[130] 然而，目前的趋势表明，大多数国家可能把这一声明看作是一种很大程度上象征性的姿态。

（高俊敏　邢笑雷　周爱群　译）

---

[130] 联合国安理会，安理会主席的声明，s/pRst/2008/43，2008 年 11 月 19 日。还可参见联合国安理会，“安理会强调关注不断增长的全球军事开支，敦促各国将‘尽可能多的资源’用于发展”，第 6017 次会议，SC/9501，2008 年 11 月 19 日。

附录 5A

1999—2008 年的军费数据

彼得·斯塔伦海姆诺埃尔·凯利卡塔利娜·佩尔多莫
萨姆·珀洛—弗里曼伊丽莎白·申斯*

一、导言

本附录介绍 SIPRI 军费数据（表 5A. 1 — 5A. 4）并说明这些数据的来源和方法（第二部分）。表 5A. 1 列出了 1999 年至 2008 年依据地区、某些国际组织和收入分类的军费情况，为 2005 年美元不变价格和汇率数据。此外，表格还列出了 2008 年美元当前价格数据。表 5A. 2 列出了 1999 年至 2008 年各国（地区）当地货币、当前价格军费数据。表 5A. 3 列出了 1999 年至 2008 年各国（地区）按 2005 年美元不变价格和汇率计算的军费数据，以及 2008 年美元当前价格数据。表 5A. 4 列出了 1999 年至 2007 年各国（地区）军费占国内生产总值（GDP）的比例。表 5A. 4 后附有注释和各种常用的符号说明。所有国家的数据均采用市场汇率（MER）换算成美元不变价格的数据。这些数据均以日历年度编制。

由于系列数据不断修订和更新，各卷 SIPRI 年鉴中的军费数据

* 感谢以下人员提供军费数据、估算及相关建议：朱利安·库珀（俄罗斯及东欧研究中心，伯明翰大学）、大卫·达契亚施维利（军民关系及安全研究中心，第比利斯）、迪米塔·迪米托夫（国家与世界经济大学，索非亚）、保罗·邓恩（西英格兰大学，布里斯托尔）、伊尼戈·格瓦拉·莫亚诺（民主安全分析协会，克雷塔罗）、伊图维娜·埃尔南德斯（民主安全研究促进会，危地马拉城）、奈齐尔·卡莫尔（联合国，纽约）、帕文·奈尔（Jagruti Seva Sanstha，浦那）、艾利娜·诺尔（马来西亚战略与国际研究所，吉隆坡）、佩尔·奥特加（J. M. D. 和平教育中心，巴塞罗那）、塔玛拉·帕塔拉亚（高加索和平、民主和发展学会，第比利斯）、托马斯·希兹（林肯大学学院，布宜诺斯艾利斯）、罗恩·史密斯（伯克贝克学院，伦敦）和奥兹伦·祖内契（萨格勒布大学）。

不应混合使用，最近几年的情况尤其如此，因为预算拨款数据为实际数据所取代。在某些情况下，由于可以获得更好的新数据，因此能对整个系列的数据予以修订。用来计算的国际货币基金组织（IMF）经济统计数据的重大修正，也会导致 SIPRI 修改其美元不变价格系列数据。基准年度和货币换算方法的更改也妨碍了在各卷 SIPRI 年鉴之间进行比较。SIPRI 军费数据库包含大多数国家自 1988 年以来前后一致的系列数据，可按以下网址找到：〈http：//milexdata. sipri. org/〉。鉴于 SIPRI 对许多国家自 1988 年起这一阶段的数据进行了重大修订，前几卷 SIPRI 年鉴中发布的 1950—1987 年度的数据未必在任何情况下都可以与 1987 年之后的数据结合起来使用。

二、数据的来源和统计方法

数据的用途

军费数据的主要用途是对军方所占用的各种资源规模提供一种一目了然的衡量方法。军费是对投入的一种衡量，它同诸如军事能力或军事安全这样的军事活动“产出”没有直接关系。军费的长期趋势及其突变可能是军事产出变动的征兆，但是在做出这类诠释的时候必须慎重。

具体表格的用途如下。以当地货币按当前价格计算的国家军费数据（表 5A. 2）是所有其他表格的原始数据。提供这些数据是为了有助于提高透明度，并能够对政府资料来源和其他来源所报告的数据进行比较。提供以美元不变价格计算的数据是为了可以对各国（表 5A. 3）和各地区、组织、收入群体及世界军费总额（表 5A. 1）不同时期的情况加以比较。提供最近一年（本卷年鉴中为 2008 年）以美元当前价格计算的数据是为了进行跨国（表 5A. 3）和跨地区（表 5A. 1）的国际间比较。美元当前价格数据也有利于同通常以美元当前价格计算表示的其他经济指标进行比较。表 5A. 4 提供了军费占国内生产总值比重的数据，作为一个国家的资源用于军事活动的份额的指数，即作为军费的经济负担的指标，也称为国防负担或军事负担。

数据的覆盖范围

表 5A.1—5A.4 中的军费数据涵盖 168 个国家，时间跨度为 10 年（1999 年至 2008 年）。军费总额的数字是根据地理区域、国际组织和国家收入（按人均国民收入归类）划分的三种类型国家进行计算的，表 5A.1 的注释中提供了每一种类型包括哪些国家的情况。

军费的定义

SIPRI 所采用的指导性军费定义包括涉及下列主体和活动的各项支出：(1) 武装部队，包括维和部队；(2) 国防部门和从事国防项目的其他政府机构；(3) 准军事部队（当判断其为军事行动而接受训练和装备时）；(4) 军事空间活动。这些支出包含涉及以下各项的所有经常项目支出和资本项目支出：(1) 用于军事人员和文职人员的开支，包括军事人员的退休金和职员的社会福利费用；(2) 活动和维持费；(3) 采购费；(4) 军事研发费；(5) 军事援助支出（包含在援助国的军费内）。民防开支以及因先前军事活动而发生的当前支出，如退伍军人福利、复员、军转民和销毁武器的费用，不计算在内。虽然这个定义可以作为准则，然而在实践中由于数据的局限性往往难以坚持。

数据的局限性

军费数据主要有以下三种局限性：可靠性、有效性和可比性。

可靠性的主要问题是由于官方军费数据的覆盖范围不够全面，缺乏有关军费的详细资料以及缺乏实际军费而非预算军费数据。在很多国家中，官方数据仅包含整个军费的一部分。某些重要的经费项目可能被掩藏在非军事预算项下，或者甚至可能完全在政府预算外提供资金。许多预算外机制都在实际操作中使用。[1]

开支数据的有效性取决于其使用目的。由于开支数据是对财政投入的一种衡量，其最有效的用途是作为用于军事目的而消耗的各种经济资源的指标。由于同样的原因，它们作为军事实力或军事能力指标的效用是有限的。尽管军费确实对军事能力具有影响，诸多其他因

---

〔1〕 关于此类机制的综述，请参阅 D. 亨德里克森与 N. 鲍尔合作撰写的《预算外军费及收入：捐助国的问题和政策视角》，冲突、安全和发展研究组（CSDG）不定期论文第 1 号（伦敦大学国王学院，2002 年 1 月）。

素，如人员与装备之间的平衡、军事装备的技术水平、保养和维修状况以及将要使用武装部队的整体安全环境等对军事能力也都有影响。

数据的可比性受到两种不同因素的限制：数据的不同覆盖范围（或定义）和货币换算方法。国与国之间以及同一国家不同时期有关军费的官方数据涵盖的范围有着很大的不同。就换算到同一货币而言，正如下面所讨论的那样，采用汇率对国家间的比较有很大的影响。这是在进行经济数据的国际间比较时出现的一个普遍问题，并不是军费所特有的。然而，由于军费的国际间比较往往是一个敏感的问题，重要的是应当牢记对国家间军费比较的诠释在很大程度上受到选择汇率的影响。[2]

统计方法

SIPRI 数据基于公开来源，反映了各国政府提供的官方数据。然而，官方数据并不总是符合 SIPRI 的军费定义。由于需要有关官方国防预算和预算外及非预算军费项目所包含内容的详细情况，也不是总能根据定义重新计算数据。在很多情况下，SIPRI 只限于使用由各国政府提供的数据，而不考虑定义。经常出现的情况是有多个系列数据可用，在这种情况下，SIPRI 选择最符合 SIPRI 军费定义的系列数据。尽管如此，首要的是为各个国家选定统一的时间序列，以实现一个时期数据的连贯性，而不是依据通用定义调整个别年度的数字。此外，在特定情况下必须做出估算。

估算

军费估算绝大多数是在下列情况下进行：当官方数据所包含的范围严重偏离 SIPRI 的定义，或是没有完整一致的时间序列的时候。在第一种情况下，估算以分析主要官方政府预算和开支账目为基础。这种类型的最全面的估算——对中国和俄罗斯进行的那些估算，在以

〔2〕 要对各组军费数据中涉及的概念性问题和不确定性原因作全面了解，请参阅 M. 布若斯卡撰写的“世界军费”；K. 哈特利和 T. 桑德勒：《国防经济手册》，第 1 卷（埃尔塞维尔出版社，阿姆斯特丹，1995 年）；N. 鲍尔：“衡量第三世界的安全开支：研究纪要”，《世界发展》，第 12 卷，第 2 号（1984 年 2 月）。关于非洲国家，请参见 W. 奥米图根：《非洲军费数据：喀麦隆、埃塞俄比亚、加纳、肯尼亚、尼日利亚及乌干达调查》，SIPRI 研究报告第 17 号（牛津大学出版社：牛津，2003 年）。

往的年鉴中有详细介绍。[3] 在第二种情况下，当只有不完整的时间序列时，从最符合 SIPRI 定义的系列数据得出的数字将用于该系列所涉及的年度。然后把替代系列中年度间的百分比变化应用于首个系列中的数据，从而估算出那些缺失数据的年度的数值，以实现一个时期数据的连贯性。

所有估算均以官方政府数据或者从公开来源获得验证为基础。因此，对于不发布任何官方数据的国家没有进行估算，也没有列出这些国家的任何数据。

SIPRI 的估算数据在表格中加方括号表示。当数据由于 SIPRI 无法控制的原因而不能确定的时候则使用圆括号，例如当数据所依据的资料来源可靠性不确定的时候或者由于缺乏可靠的经济数据使得以美元不变价格表示的数据或占 GDP 比重不明确的情况下使用圆括号。

最近几年的数据包括两种适用于所有国家的估算。首先，最近几年的数字代表的是正式预算、预算概算或概算修正，其中大多数将在以后年度加以订正。其次，表 5A.3 中用于序列中最后一个年度的缩减指数是根据一年中部分时间的情况加以估算或者由国际货币基金组织（IMF）提供的数值。除非这些估算中包含特殊的不确定性，它们一般不加括号。

由于并非所有年度都能取得所有国家的数据，表 5A.1 中的全球总额和按照地区、组织及收入划分的各个分组的合计额为估算数据。这些估算大部分时候是根据这样一种假设做出的，即该国的变化率与其所属地区的平均值相同。如果可以获得 10 年系列数据中某个较早年度的数据，从最近可以获得的数值开始计算缺失值的估算数据。如果只能获得后几年的数据，则从缺失值后第一个可以获得的数值开始计算估算数据。在不能做出任何估算的情况下，那些国家不计入总额中。

---

〔3〕 J. 库珀撰写的“1987－1997 年苏联及俄罗斯联邦的军费”，《SIPRI 年鉴 1998：军备、裁军和国际安全》（牛津大学出版社：牛津，1998 年）；S. 王撰写的“1989－1998 年中国军费”，《SIPRI 年鉴 1999：军备、裁军和国际安全》（牛津大学出版社：牛津，1999 年）。

计算

表 5A.2 中的原始国家数据按照以当地货币的当前价格提供。唯一在这些数据的基础上进行的计算就是把财政年度不同于日历年度的那些国家的数据换算成日历年度数据。从财政年度到日历年度的换算是以假设整个财政年度每天的平均开支数计算出来的。除美国外，所有国家都这样做。对于作为例外的美国，SIPRI 遵循资料来源的报告方式，按照财政年度编制。[4]

以当地货币计算的数据按照不变价格和汇率换算成美元（表 5A.3)，使用各国的全国消费物价指数和全年平均市场汇率。采用消费物价指数作为缩减指数意味着美元不变价格的各国 SIPRI 军费趋势反映出其具有国家代表性的一篮子民用消费品购买力的实际变化。[5]

市场汇率是由国际交易中所使用的货币的供求关系决定。然而，国内市场上许多货物及服务的价格部分或完全孤立于世界其他地区而决定。因此，市场汇率并不总是准确反映出国家间价格水平的差异。一种替代办法是采用购买力平价（PPP）换算系数（或称为 PPP 兑换率)。一国货币的 PPP 美元比率被世界银行定义为“在国内市场上购买相当于 1 美元在美国可能购得的货物及服务数量所需的该国货币单位数量”。[6] 唯一可用于所有国家的 PPP 比率是以 GDP 为基础的 PPP 比率，是基于对一篮子商品和服务价格数据的统计调查得出的估算值，这些商品和服务是国内生产总值的主要组成部分。[7] 这些以 GDP 为基础的 PPP 比率是为了控制价格水平差异，从而提供对各国 GDP 实际购买力的一种衡量方法。

---

〔4〕 美国军费数据的这种例外情况是遵循 SIPRI 的主要美国军费资料来源北约数据的惯例，目的是为了受益于北约数据的标准化。此外，美国是在世界军费总额中占首位的军费开支国，所以重要的是避免估算。

〔5〕 如果目的在于衡量军费所能取得的军事人员、货物及服务数量的购买力，军事专用的缩减指数将是更为恰当的选择。然而，大多数国家都没有军事专用的缩减指数。

〔6〕 世界银行编写的《世界发展指标 2007》（世界银行：华盛顿特区，2007 年），第 245 页。

〔7〕 由世界银行负责协调的国际比较项目（ICP）估算所有国家以 GDP 为基础的 PPP 比率。2008 年 2 月，ICP 公布了以 2005 年为基准年度的基于国际价格比较的 PPP 数据。参见 ICP 网站：〈http: //go. worldbank. org/X3R0INNH80〉。

采用以 GDP 为基础的 PPP 比率而不是 MER 进行货币换算的结果是许多发展中国家的产出和开支数字会高得多，因为它们的非贸易商品和服务价格相对较低。因此，一个单位的本国货币在发展中国家（采用 PPP 比率能够更好地反映这一点）比在国际上（使用市场汇率所反映出的情况）具有更大的购买力。[8] 然而，这些 PPP 比率的可靠性低于市场汇率，因为 PPP 比率是根据收集到的一篮子商品和服务的基准年度价格数据计算得出的统计估计值。各个基准年度之间使用 GDP 缩减指数或消费物价指数两者之中任一价格指数比率推算出 PPP 比率。像所有统计估算一样，它们容易具有某种程度误差。

此外，对于把军费数据换算成美元，以 GDP 为基础的 PPP 比率的用处是有限的。[9] 这些 PPP 比率是为了反映代表各国消费模式的商品和服务的购买力，更确切地说，主要是民用商品和服务。军费是用于购买一些不属于国家消费模式典型特征的货物及服务。例如，可以设想征兵的代价低于典型的一篮子商品和服务的价格，而先进武器系统及其维护和修理服务的价格则要高得多。这些数据在多大程度上反映了军事预算可以购买的军用货物及服务量尚不得而知。由于这些不确定因素，尽管市场汇率存在局限性，SIPRI 还是采用市场汇率将军费数据换算成美元。

资料来源

军费数据的资料来源，按照优先顺序排列为：(1) 第一手来源，即由各国政府在其官方出版物或者问卷答复中所提供的官方数据资料；(2) 引用原始资料的第二手来源；(3) 其他第二手来源。

第一种来源包括国家预算文件、国防白皮书和财政统计材料，以及对 SIPRI 调查问卷的答复，这些调查问卷每年发往包含在 SIPRI 军费数据库中的那些国家的财政部、国防部、中央银行和国家统计部门（参见附录 5C）。它还包括各国政府对联合国发出的有关军费的调

[8] 有关国际间比较和货币换算以及采用 PPP 比率所涉及的问题，请参阅 M. 沃德撰写的“军费国际比较：采用购买力平价的问题和挑战”，《SIPRI 年鉴 2006：军备、裁军和国际安全》（牛津大学出版社：牛津，2006 年），第 369—386 页。

[9] ICP 指出，不应把 PPP 比率用于一切国际比较，而应采用市场汇率衡量诸如国际贸易、资本流动和外债价值等事项。国际比较项目（ICP）编写的《2005 年国际比较项目：最终结果表》（世界银行：华盛顿特区，2008 年 2 月），第 10 页。

查问卷所作的答复，以及一些国家向欧洲安全与合作组织的调查问卷自行提供的答复。

第二种来源包括国际统计资料，如北大西洋公约组织和 IMF 的统计资料。16 个 1999 年前加入的北约成员国的数据按照惯例一直取自多个北约资料来源所公布的军费统计资料。北约 2005 年采用新的定义使得某些北约国家最近几年的数据必须依靠其他资料来源。许多发展中国家的数据取自 IMF 的《政府金融统计年鉴》，其中含有大部分 IMF 成员国的国防统计资料，以及取自 IMF 职员编写的国家报告。这类资料来源还包括准确提供所用原始资料出处的其他组织的出版物，如经济学家情报组织的《国家报告》。

第三种来源包括一些专业期刊和报纸。

经济数据的主要来源是 IMF 的多个出版物：《国际金融统计》、《世界经济展望》以及由 IMF 职员编写的国家报告。

表 5A.1　1999—2008 年军费开支情况（按地理分区、国际组织和收入组分类）

数据单位为 10 亿美元（按 1999—2008 汇率，并换算为 2005 年美元固定价格），最右边标有＊的一列数据为 2008 年现值美元价格（单位 10 亿美元）。由于四舍五入，各项相加不一定与总数相符。

	1999	2000	2001	2002	2003	2004	2005	2006	2007	2008	2008*
世界总计	**847**	**877**	**895**	**952**	**1015**	**1071**	**1113**	**1142**	**1182**	**1226**	**1464**
地理分区											
非　洲	14.6	13.6	14.2	15.1	15.1	16.8	17.3	17.8	(18.6)	(20.4)	(25.8)
北非	4.0	4.0	5.2	5.2	5.4	5.9	6.1	6.1	6.6	7.8	9.7
撒哈拉以南非洲	10.6	9.5	9.1	9.9	9.7	10.9	11.2	11.7	(11.9)	(12.6)	(16.0)
美洲	368	383	388	430	482	523	549	559	576	603	680
加勒比地区	..	..	..	..	..	..	..	..	..	..	..
中美	3.7	3.9	3.9	3.8	3.8	3.6	3.6	3.4	4.5	4.5	4.8
北美	341	354	357	399	453	493	516	525	540	564	627
南美	22.7	24.8	27.4	27.2	25.3	26.6	29.0	30.2	32.1	34.1	48.1
亚洲和大洋洲	136	139	147	154	160	169	177	186	196	206	248
中亚	0.5	..	..	..	..	..	..	..	..	..	..
东亚	101	104	110	116	122	127	133	140	149	157	189

	1999	2000	2001	2002	2003	2004	2005	2006	2007	2008	2008*
大洋洲	12.3	12.2	12.7	13.2	13.5	14.0	14.5	15.4	16.2	16.6	19.9
南亚	21.9	22.8	23.5	23.6	24.2	27.5	28.9	29.2	29.9	30.9	37.3
欧洲	281	287	289	298	302	303	303	309	314	320	413
东欧	15.9	21.4	23.3	25.8	27.6	28.9	32.0	35.7	39.3	43.6	66.9
西欧和中欧	265	266	265	272	274	274	271	273	275	277	346
中东	48.6	53.8	56.9	54.8	56.4	59.3	66.0	70.4	76.5	75.6	97.6
国际组织											
东盟	11.6	11.7	12.4	13.1	14.7	14.8	15.3	15.8	17.3	17.4	22.8
独联体	16.4	21.9	23.9	26.5	28.4	29.7	33.0	36.8	40.8	44.9	68.9
欧盟	225	227	227	232	235	248	246	247	253	255	317
北约	583	596	599	649	704	749	770	780	796	823	950
北约欧洲国家	242	243	242	249	251	256	253	256	257	259	323
经合组织	673	689	693	743	800	841	863	874	893	921	1057
石油输出国组织	33.8	38.6	41.0	37.5	38.9	43.6	49.7	54.6	60.1	60.9	79.7
欧安组织	621	642	646	698	755	797	821	835	855	886	1042

	1999	2000	2001	2002	2003	2004	2005	2006	2007	2008	2008*
收入组											
低收入国家	8.9	8.7	9.0	9.8	9.6	10.0	10.1	10.1	10.5	10.7	13.7
中低收入国家	70.7	76.3	83.4	87.7	94.9	105	113	123	132	141	190
中高收入国家	68.3	74.7	78.5	82.3	80.5	82	86.6	91.3	96.4	103	146
高收入国家	699	717	724	772	830	875	903	917	943	971	1114

( )中的数据是在现有数据不足地区数据总和 90%的情况下得出的；..表明现有数据不足地区总和的 60%。东盟为东南亚国家联盟的简称；独联体为独立国家联合体的简称；北约为北大西洋公约组织的简称；经合组织为经济合作与发展组织的简称；欧佩克为石油输出国组织的简称；欧安组织为欧洲安全与合作组织的简称。

注释：表 5A.1 中的世界总数、国际组织和收入组的总数是基于表 5A.3 中的数据估算出来的。当某个国家某些年度的军费开支数据缺失时，我们对其予以估算。对于那些无法对其做出估算的国家，我们不将其计入总数。未被表 5A.1 计入军费开支总数的国家包括：贝宁、古巴、赤道几内亚、圭亚那、海地、朝鲜、缅甸、卡塔尔、索马里、特立尼达和多巴哥、越南。

各地理分区的军费开支相加得出世界军费开支总额。各次地区军费开支相加得出地理分区军费开支总额。地理分区和收入组军费开支总额所涵盖的国家每年相同，国际组织年度军费总额仅涵盖其当年成员。

国家收入组划分依据是世界银行计算的 2007 年度人均国民收入，载于《2007 年世界发展报告：发展和下一代》（世界银行，华盛顿特区，2006 年）。

非洲包括 50 个国家，分属以下次地区：**北非**：阿尔及利亚、利比亚、摩洛哥、突尼斯。**撒哈拉以南非洲**：安哥拉、贝宁、博茨瓦纳、布基纳法索、布隆迪、喀麦隆、佛得角、中非共和国、乍得、刚果共和国、刚果民主共和国、科特迪瓦、吉布提、赤道几内亚、厄立特里亚、埃塞俄比亚、加蓬、冈比亚、加纳、几内亚、几内亚比绍、肯尼亚、莱索托、利比里亚、马达加斯加、马拉维、马里、毛里塔尼亚、毛里求斯、莫桑比克、纳米比亚、尼日尔、尼日利亚、卢旺达、塞内加尔、塞舌尔、塞拉利昂、索马里、南非、苏丹、斯威士兰、坦桑尼亚、多哥、乌干达、赞比亚、津巴布韦。

美洲包括 28 个国家，分属以下次地区：**加勒比地区**：巴哈马群岛、巴巴多斯、古巴、多米尼加共和国、海地、牙买加、特立尼达和多巴哥。**中美**：伯利兹、哥斯达黎加、萨尔瓦多、危地马拉、洪都拉斯、墨西哥、尼加拉瓜、巴拿马。**北美**：加拿大、美国。**南美**：阿根廷、玻利维亚、巴西、智利、哥伦比亚、厄瓜多尔、圭亚那、巴拉圭、秘鲁、乌拉圭、委内瑞拉。

亚洲和大洋洲包括 32 个国家，分属以下次地区：**中亚**：哈萨克斯坦、吉尔吉斯斯坦、塔吉克斯坦、土库曼斯坦、乌兹别克斯坦。**东亚**：文莱、柬埔寨、中国、印度尼西亚、日本、朝鲜、韩国、老挝、马来西亚、蒙古、缅甸、菲律宾、新加坡、中国台湾（地区）、泰国、越南。**南亚**：阿富汗、孟加拉、印度、尼泊尔、巴基斯坦、斯里兰卡。**大洋洲**：澳大利亚、斐济、新西兰、巴布亚新几内亚、汤加。

欧洲包括 44 个国家，分属以下次地区：**西欧和中欧**：阿尔巴尼亚、奥地利、比利时、波黑、保加利亚、克罗地亚、塞浦路斯、捷克共和国、丹麦、爱沙尼亚、芬兰、法国、德国、希腊、匈牙利、冰岛、爱尔兰、意大利、拉脱维亚、立陶宛、卢森堡、前南马其顿共和国、马耳他、黑山、荷兰、挪威、波兰、葡萄牙、罗马尼亚、塞尔维亚、斯洛伐克、斯洛文尼亚、西班牙、瑞典、瑞士、土耳其、英国。**东欧**：亚美尼亚、阿塞拜疆、白俄罗斯、格鲁吉亚、摩尔多瓦、俄罗斯、乌克兰。

中东：巴林、埃及、伊朗、伊拉克、以色列、约旦、科威特、黎巴嫩、阿曼、卡塔尔、沙特阿拉伯、叙利亚、阿联酋、也门。

东盟：文莱、柬埔寨（1999—）、印度尼西亚、老挝、马来西亚、缅甸、菲律宾、新加坡、泰国、越南。

独联体：亚美尼亚、阿塞拜疆、白俄罗斯、格鲁吉亚、哈萨克斯坦、吉尔吉斯斯坦、摩尔瓦多、俄罗斯、塔吉克斯坦、土库曼斯坦、乌克兰、乌兹别克斯坦。

欧盟：奥地利、比利时、保加利亚（2007—）、塞浦路斯（2004—）、捷克共和国（2004—）、丹麦、爱沙尼亚（2004—）、芬兰、法国、德国、希腊、匈牙利（2004—）、冰岛、意大利、拉脱维亚（2004—）、立陶宛（2004—）、卢森堡、马耳他（2004—）、荷兰、波兰（2004—）、葡萄牙、罗马尼亚（2007—）、斯洛伐克（2004—）、斯洛文尼亚（2004）、西班牙、瑞典、英国。

北约：比利时、保加利亚（2004—）、加拿大、捷克共和国（1999—）、丹麦、爱沙尼亚（2004—）、法国、德国、希腊、匈牙利（1999—）、冰岛、意大利、拉脱维亚（2004—）、立陶宛（2004—）、卢森堡、荷兰、挪威、波兰（1999—）、葡萄牙、罗马尼亚（2004—）、斯洛伐克（2004—）、斯洛文尼亚（2004—）、西班牙、土耳其、英国、美国。**北约欧洲国家**：除美国、加拿大以外的北约国家。

经合组织：澳大利亚、奥地利、比利时、加拿大、捷克共和国、丹麦、芬兰、法国、德国、希腊、匈牙利、冰岛、爱尔兰、意大利、日本、韩国、卢森堡、墨西哥、荷兰、新西兰、挪威、波兰、葡萄牙、斯洛伐克（2000—）、西班牙、瑞典、瑞士、土耳其、英国、美国。

石油输出国组织：阿尔及利亚、安哥拉（2007—）、印度尼西亚、伊朗、伊拉克、科威特、利比亚、尼日利亚、卡塔尔、沙特、阿联酋、委内瑞拉。

欧安组织：阿尔巴尼亚、亚美尼亚、奥地利、阿塞拜疆、白俄罗斯、比利时、波黑、保加利亚、加拿大、克罗地亚、塞浦路斯、捷克共和国、丹麦、爱沙尼亚、芬兰、法国、格鲁吉亚、德国、希腊、匈牙利、冰岛、爱尔兰、意大利、哈萨克斯坦、吉尔吉斯斯坦、拉脱维亚、立陶宛、卢森堡、前南马其顿共和国、马耳他、摩尔多瓦、黑山（2006—）、荷兰、挪威、波兰、葡萄牙、罗马尼亚、俄罗斯、塞尔维亚（2000—）、斯洛伐克、斯洛文尼亚、西班牙、瑞典、瑞士、塔吉克斯坦、土耳其、土库曼斯坦、英国、乌克兰、美国、乌兹别克斯坦。

低收入国家（2007年人均国民收入为935美元及以下水平）：阿富汗、孟加拉国、贝宁、布基纳法索、布隆迪、柬埔寨、中非共和国、乍得、刚果民主共和国、科特迪瓦、厄立特里亚、埃塞俄比亚、冈比亚、加纳、几内亚、几内亚比绍、海地、肯尼亚、朝鲜、吉尔吉斯斯坦、老挝、利比里亚、马达加斯加、马拉维、马里、毛里塔尼亚、莫桑比克、缅甸、尼泊尔、尼日尔、尼日利亚、巴基斯坦、巴布亚新几内亚、卢旺达、塞内加尔、塞拉利昂、索马里、塔吉克斯坦、坦桑尼亚、多哥、乌干达、乌兹别克斯坦、越南、也门、赞比亚、津巴布韦。

中低收入国家（2005*年人均国民收入介于936美元至3705美元之间）：阿尔巴尼亚、阿尔及利亚、安哥拉、亚美尼亚、阿塞拜疆、玻利维亚、波黑、喀麦隆、佛得角、中国、哥伦比亚、刚果共和国、吉布提、多米尼加共和国、厄瓜多尔、埃及、萨尔瓦多、格鲁吉亚、危地马拉、圭亚那、洪都拉斯、印度、印度尼西亚、伊朗、伊拉克、约旦、莱索托、前南马其顿共和国、摩尔多瓦、蒙古、摩洛哥、纳米比亚、尼加拉瓜、巴拉圭、秘鲁、菲律宾、斯里兰卡、苏丹、斯威士兰、叙利亚、泰国、汤加、土库曼斯坦、突尼斯、乌克兰。

中高收入国家（2005年*人均国民收入介于3706美元至11455美元之间）：阿根廷、白俄罗斯、伯利兹、博茨瓦纳、巴西、保加利亚、智利、哥斯达黎加、克罗地亚、古巴、斐济、加蓬、牙买加、哈萨克斯坦、拉脱维亚、黎巴嫩、立陶宛、利比亚、马来西亚、毛里求斯、墨西哥、黑山、巴拿马、波兰、罗马尼亚、俄罗斯、塞尔维亚、塞舌尔、南非、土耳其、乌拉圭、委内瑞拉。

高收入国家（2005年*人均国民收入达到11456美元及以上水平）：澳大利亚、奥地利、巴哈马群岛、巴林、巴巴多斯、比利时、文莱、加拿大、塞浦路斯、捷克共和国、丹麦、赤道几内亚、爱沙尼亚、芬兰、法国、德国、希腊、匈牙利、冰岛、爱尔兰、以色列、意大利、日本、韩国、科威特、卢森堡、马耳他、荷兰、新西兰、挪威、阿曼、葡萄牙、卡塔尔、沙特、新加坡、斯洛伐克、斯洛文尼亚、西班牙、瑞典、瑞士、中国台湾（地区）、特立尼达和多巴哥、阿联酋、英国、美国。

---

* 原文如此，似乎应为2007年，译者注

表 5A.2　1999—2008 年国家和地区军费开支（当地货币）

数据以当地货币现行价格计算，除特别注明外，年份为公历年。国家按地区及次地区分组。

国家	货币	1999	2000	2001	2002	2003	2004	2005	2006	2007	2008
非洲											
北非											
阿尔及利亚[1]	（百万）第纳尔	121597	141576	161505	167380	170764	201930	214320	224767	273415	334045
利比亚	（百万）第纳尔	535	556	496	575	700	894	904	807	807	1347
摩洛哥	（百万）迪拉姆	11569	9129	16619	16254	17418	17182	18006	18775	19730	22824
突尼斯	（百万）第纳尔	424	456	483	491	525	554	608	662	601	[652]
撒哈拉以南非洲											
安哥拉§‖[2]	（十亿）宽扎	3.0	5.9	8.9	19.1	50.0	68.3	119	158	172	182
贝宁	（百万）非洲法郎	10986	10321	9612	18122	20077	22072	[24677]	[25601]	..	[30330]
博茨瓦纳	（百万）普拉	784	942	1229	1415	1490	1474	1533	1654	[1945]	[3086]
布基纳法索†	（百万）非洲法郎	[21200]	[21500]	22259	24666	25571	30289	33649	37081	45448	63642
布隆迪	（十亿）法郎	28.5	30.5	44.2	41.8	47.0	49.4	53.6	46.0	50.1	52.0
喀麦隆	（百万）非洲法郎	89095	87598	91118	101500	109556	116808	117670	134345	142198	155203

国家	货币	1999	2000	2001	2002	2003	2004	2005	2006	2007	2008
佛得角	（百万）埃斯库多	518	814	572	530	565	573	614	614	635	663
中非共和国‡[3]	（百万）非洲法郎	..	..	..	7445	8729	7979	8121	..	9160	14111
乍得[4]	（十亿）非洲法郎	16.0	18.8	22.5	23.9	23.8	26.7	(29.3)	(30.9)	(33.3)	(36.1)
刚果共和国 §	（百万）非洲法郎	..	..	28374	35035	38728	40050	41954	44070	50849	63020
刚果民主共和国[5]	（百万/十亿）法郎	600	2901	..	..	‖ 31.9	55.0	78.3	96.0	106	89.5
科特迪瓦 §	（十亿）非洲法郎	..	..	..	..	124	133	132	140	151	154
吉布提	（百万）法郎	4759	4625	4629	5909	7422	6639	7970	[8800]	6135	6447
赤道几内亚	（百万）非洲法郎	..	..	..	..	..	..	..	..	..	..
厄立特里亚	（百万）纳克法	2225	2220	1884	2104	2520	..	..	..	..	..
埃塞俄比亚[6]	（百万）比尔	5589	5075	2959	2476	2397	2686	2965	3007	3253	3750
加蓬[7]	（十亿）非洲法郎	..	65.0	66.0	66.0	63.0	65.0	60.0	58.0	(59.0)	..
冈比亚‡	（百万）达拉西	40.1	42.5	38.5	45.0	57.0	58.0	85.3	78.2	113	..
加纳 ‖[8]	（百万）塞地	15.8	27.7	23.2	29.3	46.2	50.7	58.2	69.4	118	120
几内亚[9]	（十亿）法郎	76.6	80.3	171	194	167	182	..	..	..	..
几内亚比绍 ‖[10]	（百万）非洲法郎	..	6786	4533	4435	4362	..	6391	..	..	..

国家	货币	1999	2000	2001	2002	2003	2004	2005	2006	2007	2008
肯尼亚	（百万）先令	10684	12614	15349	16844	18676	20570	23936	27096	33301	41132
莱索托	（百万）马洛蒂	208	212	201	206	207	203	214	239	281	346
利比里亚	（百万）元	..	..	..	..	..	109	316	343	221	..
马达加斯加‖[11]	（十亿）阿里亚里	56.6	63.9	85.7	78.9	89.8	102	108	116	154	176
马拉维	（百万）克瓦查	635	698	916	1136	1278	2391	4027	[5257]	[5823]	..
马里[12]	（十亿）非洲法郎	36.0	41.4	43.8	45.8	51.6	54.5	63.2	68.9	75.6	77.3
毛里塔尼亚[13]	（十亿）乌吉亚	6.7	9.1	13.3	9.9	16.4	18.6	17.7	22.0	..	29.4
毛里求斯	（百万）卢比	228	246	262	285	304	301	321	343	370	..
莫桑比克‖	（十亿）梅蒂卡尔	722	843	1048	1267	1422	1753	1436	1459	1773	2034
纳米比亚[14]	（百万）元	646	641	833	928	979	1079	1221	1346	1606	2200
尼日尔	（十亿）非洲法郎	14.5	14.3	18.2	14.4	14.3	16.7	17.3	..	..	..
尼日利亚	（百万）奈拉	45.4	37.5	63.5	108	75.9	85.0	88.5	99.9	122	192
卢旺达[15]	（十亿）法郎	27.0	23.9	25.2	24.3	24.3	23.8	25.1	30.1	30.4	37.0
塞内加尔	（百万）非洲法郎	48200	44400	50500	51829	56293	56819	65619	77678	92407	97116
塞舌尔	（百万）卢比	59.3	59.0	64.8	64.1	66.1	87.6	81.0	79.3	102	77.0

国家	货币	1999	2000	2001	2002	2003	2004	2005	2006	2007	2008
塞拉利昂[16]	（百万）利昂	..	48769	59408	56955	66841	62026	68056	[83686]	[87998]	[133080]
索马里	先令	..	..	..	..	..	..	..	..	..	..
南非	（百万）兰特	11353	14322	17021	19985	22129	22633	25306	26468	[28699]	[31058]
苏丹‡‖[17]	（百万）磅	1085	1510	1004	1276	1039	3200	2838	3338	..	..
斯威士兰‡	（百万）埃马兰吉尼	158	170	169	193	242	276	378	396	436	..
坦桑尼亚	（十亿）先令	95.7	108	132	136	130	139	157	185	202	227
多哥	（百万）非洲法郎	..	..	..	..	16757	16757	17532	..	..	25529
乌干达	（十亿）先令	232	232	239	256	299	355	386	400	478	..
赞比亚	（十亿）克瓦查	134	..	..	..	..	490	626	747	596	982
津巴布韦‖[18]	（百万）元	10.1	15.4	15.8	37.3	136	1300	2942	(26604)	(22700)	..
美洲											
加勒比地区											
巴哈马群岛	（百万）元	34.1	28.6	28.1	30.2	32.9	34.9	35.7	44.5	58.3	48.9
巴巴多斯	（百万）元	39.8	42.8	46.1	47.2	47.0	46.9	51.7	[52.8]	..	..
古巴	（百万）比索	..	..	..	..	..	..	..	..	..	..

国家	货币	1999	2000	2001	2002	2003	2004	2005	2006	2007	2008
多米尼加共和国	（百万）比索	2005	2872	3742	4440	3578	4093	6687	6339	7609	[9216]
海地	古德	..	..	..	..	..	..	..	..	..	..
牙买加	（百万）元	1762	1873	2133	2755	3167	3337	3695	4776	5778	5845
特立尼达和多巴哥	元	..	..	..	..	..	..	..	..	..	..
中美											
伯利兹	（千）元	..	14232	14909	15660	17104	18972	21422	24252	..	..
哥斯达黎加[19]	（百万）科郎	..	..	..	..	..	..	..	..	..	..
萨尔瓦多[20]	（百万）美元	99.8	112	109	109	106	106	109	116	122	118
危地马拉	（百万）格查尔	914	1225	1546	1239	1420	913	798	1031	1083	1418
洪都拉斯†[21]	（百万）伦皮拉	..	516	646	898	919	928	1004	1041	1598	1807
墨西哥†[22]	（百万）比索	25363	28664	30171	30631	31941	32241	34039	33081	46150	48223
尼加拉瓜[23]	（百万）科多巴	318	390	389	460	537	527	568	614	717	809
巴拿马	（百万）巴波亚	112	..	..	..	..	..	..	..	..	..
北美											
加拿大	（百万）元	12199	12326	12972	13332	13952	14749	15739	16800	18708	20583
美国[24]	（百万）美元	280969	301697	312743	356720	415223	464676	503353	527660	556961	607263

国家	货币	1999	2000	2001	2002	2003	2004	2005	2006	2007	2008
南美											
阿根廷 §	（百万）比索	3852	3739	3638	3784	4433	4803	5553	5719	6092	[7860]
玻利维亚[25]	（百万）玻利维亚诺	970	999	1213	1243	1373	1388	1412	1490	1798	1806
巴西	（百万）雷亚尔	17898	20753	25557	27935	25829	28223	32570	32256	38730	42730
智利 §[26]	（十亿）比索	1367	1502	1615	1765	1843	2159	2388	2892	2939	3110
哥伦比亚[27]	（十亿）比索	4222	5818	6932	7833	9778	10209	11099	13125	14238	17858
厄瓜多尔 ‖[28]	（百万）美元	296	266	384	505	739	710	954	950	1310	1548
圭亚那	（百万）元	..	..	..	..	..	..	..	..	..	..
巴拉圭†[29]	（十亿）瓜拉尼	262	277	270	288	294	364	347	431	476	577
秘鲁[30]	（百万）新索尔	(2773)	(3228)	3187	2982	3092	3397	3820	4011	3918	4675
乌拉圭	（百万）比索	[4174]	[3663]	4384	4333	4967	5261	5696	6168	6812	8228
委内瑞拉 ‖	（百万）玻利瓦尔	853	1216	1383	1244	1588	2740	4292	6436	6377	7121
亚洲											
中亚											
哈萨克斯坦	（十亿）坚戈	17.2	20.4	32.5	37.7	47.5	58.0	78.7	100.0	167	[159]

国家	货币	1999	2000	2001	2002	2003	2004	2005	2006	2007	2008
吉尔吉斯斯坦[31]	（百万）索姆	1267	1864	1734	2055	2408	2688	3100	3606	4336	[4484]
塔吉克斯坦	（千）索莫尼	18723	21496	29577	70700	106500	134000	..	..	..	..
土库曼斯坦[32]	（十亿）马纳特	582	..	..	..	..	..	..	..	..	..
乌兹别克斯坦[33]	（十亿）苏姆	34.9	..	41.1	..	53.0	..	..	..	..	..
东亚											
文莱	（百万）元	438	421	390	405	424	(337)	(414)	[433]	[447]	[447]
柬埔寨	（十亿）瑞尔	336	309	280	265	270	272	289	328	[388]	..
中国[34]	（十亿）元	[165]	[182]	[220]	[256]	[282]	[327]	[368]	[434]	[504]	[590]
印度尼西亚	（十亿）卢比	10254	13945	16416	19291	27446	32100	[34658]	[41736]	[48257]	[48599]
日本†§[35]	（十亿）日元	4934	4935	4950	4956	4954	4916	4868	4824	4804	4785
朝鲜	（十亿）元	..	..	..	..	..	..	..	..	..	..
韩国	（十亿）元	13337	14477	15497	16364	17515	18941	21049	22214	23740	26649
老挝	（十亿）基普	(110)	(107)	(112)	(115)	(115)	(121)	(125)	(135)	(140)	..
马来西亚	（百万）林吉特	6321	5826	7351	8504	10950	10728	11817	11981	13649	14552
蒙古	（百万）图格里克	18416	26126	25384	28071	27899	32891	35914	46232	66200	..

国家	货币	1999	2000	2001	2002	2003	2004	2005	2006	2007	2008
缅甸[36]	（十亿）缅币	43.7	58.8	63.9	73.1	..	..	..	..	..	..
菲律宾	（百万）比索	32959	36208	35977	38907	44440	43847	47634	51527	62188	60145
新加坡	（百万）元	7616	7466	7721	8108	8230	8525	9094	9534	9966	10622
中国台湾（地区）	（十亿）元	258	243	248	225	228	249	249	237	257	326
泰国	（百万）铢	74809	71268	75413	76724	77027	[75498]	[79519]	[86706]	[110540]	[137135]
越南	（十亿）盾	..	..	..	..	12374	13266	14988	18944	23630	29800
南亚											
阿富汗[37]	（百万）阿富汗尼	..	..	..	..	..	5440	5521	6223	10648	12032
孟加拉	（百万）塔卡	31277	33377	34020	34105	36150	39630	43005	49420	56745	61780
印度[38]	（十亿）卢比	598	642	689	717	761	916	1010	1074	1166	1306
尼泊尔¶	（百万）卢比	3239	3648	4837	6621	7951	9756	11153	11221	[11578]	[12031]
巴基斯坦‡	（十亿）卢比	147	154	170	188	207	232	263	287	309	336
斯里兰卡†‡[39]	（十亿）卢比	40.1	56.9	54.2	49.2	47.0	56.3	61.5	81.4	102	133
大洋洲											
澳大利亚	（百万）元	[11937]	[12435]	13503	14568	15373	16353	17405	19134	20668	21935

国家	货币	1999	2000	2001	2002	2003	2004	2005	2006	2007	2008
斐济†[40]	（百万）元	46.9	68.2	74.7	67.6	70.7	81.1	72.9	71.6	75.9	[76.7]
新西兰	（百万）元	1380	1422	1428	1411	1468	1523	1587	1726	1841	1960
巴布亚新几内亚‡[41]	（百万）基那	80.0	85.0	85.5	66.3	68.8	78.7	94.2	93.7	103	95.0
汤加	（千）潘加	3535	3837	4211	4319	4559	4366	5119	6878	7566	..
欧洲											
阿尔巴尼亚§¶[42]	（百万）列克	5891	6519	7638	8220	9279	10373	11000	13831	17619	21650
亚美尼亚†[43]	（十亿）德拉姆	36.5	36.7	36.8	36.8	44.3	52.3	64.4	78.3	95.8	[116]
奥地利	（百万）欧元	[1994]	[2090]	[1999]	1999	2111	2158	2160	2105	2566	2424
阿塞拜疆‖	（百万）马纳特	[99.1]	[107]	[123]	[136]	[173]	[224]	288	641	812	1020
白俄罗斯	（十亿）卢布	[41.4]	[123]	247	366	475	679	975	1355	1603	1775
比利时	（百万）欧元	3378	3463	3393	3344	3434	3433	3400	3434	3773	3775
波黑†¶[44]	（百万）马克	..	..	..	501	351	315	273	278	281	345
保加利亚†[45]	（百万）列弗	[656]	[746]	[887]	[947]	[986]	1025	1101	1171	1475	1460
克罗地亚	（百万）库纳	[7367]	[5461]	[5251]	[5775]	[4757]	4250	4323	4872	5133	6224
塞浦路斯†‖	（百万）欧元	[269]	[299]	[360]	[253]	[255]	271	302	304	295	365

国家	货币	1999	2000	2001	2002	2003	2004	2005	2006	2007	2008
捷克共和国[46]	（百万）克朗	41688	44670	44978	48924	53194	52481	58445	55358	51378	54472
丹麦	（百万）克朗	19428	19339	21017	21269	21075	21441	20800	23173	22731	22741
爱沙尼亚	（百万）克朗	1083	1329	1640	2028	2376	2581	3344	3924	5259	5625
芬兰	（百万）欧元	1552	1691	1653	1712	2006	2131	2206	2281	2203	2419
法国[47]	（百万）欧元	36510	36702	37187	38681	40684	42690	42545	43457	44273	44835
格鲁吉亚[48]	（百万）拉里	[52.4]	[37.2]	[49.4]	74.6	91.5	135	388	720	1556	1547
德国	（百万）欧元	30603	30554	30648	31168	31060	30610	30600	30365	31090	31921
希腊	（百万）欧元	5439	5921	5986	6085	[5355]	[6028]	[6818]	[7321]	[7496]	[8620]
匈牙利	（百万）福林	191485	226041	272426	279569	314380	310731	318552	296665	326205	321486
冰岛	克朗	0	0	0	0	0	0	0	0	0	0
爱尔兰	（百万）欧元	[696]	[754]	858	862	855	887	921	949	1003	1079
意大利[49]	（百万）欧元	22240	24325	24592	25887	26795	27476	26959	26631	27572	[27708]
拉脱维亚	（百万）拉特	33.1	42.4	54.6	91.0	108	124	154	206	251	305
立陶宛	（百万）立特	461	796	860	908	1077	1139	[1150]	[1292]	[1516]	[1741]
卢森堡	（百万）欧元	132	139	179	192	205	[213]	[238]	[263]	[268]	..

国家	货币	1999	2000	2001	2002	2003	2004	2005	2006	2007	2008
前南马其顿共和国[50]	（百万）代纳尔	3769	4602	15397	6841	6292	6683	6259	6149	7272	8160
马耳他†‖	（千）里拉	26005	25877	28430	28690	29987	32537	34294	35284	35766	33963
摩尔多瓦†¶[51]	（百万）列伊	63.0	63.3	76.7	94.7	115	116	151	216	276	279
黑山[52]	（百万）欧元	..	..	..	..	..	..	..	42.3	39.9	48.6
荷兰	（百万）欧元	6595	6482	6929	7149	7404	7552	7693	8145	8387	8348
挪威	（百万）克朗	25809	25722	26669	32461	31985	32945	31471	32142	34439	33102
波兰	（百万）兹罗提	12800	13763	14864	15401	16249	17793	19023	19959	22768	25873
葡萄牙	（百万）欧元	2259	2393	2598	2765	2755	2996	3248	3242	3190	3285
罗马尼亚‖	（百万）新列伊	1465	2031	2864	3491	4151	4994	5757	6324	6358	7543
俄罗斯[53]	（十亿）卢布	[165]	[271]	[365]	[470]	[568]	[656]	[806]	[967]	[1144]	[1458]
塞尔维亚[54]	（百万）第纳尔	8600	21292	33060	43695	42070	43154	41996	47342	56792	63648
斯洛伐克†	（百万）克朗	13532	15760	19051	19947	22965	22944	25537	27064	28131	31464
斯洛文尼亚‖	（百万）欧元	208	207	275	328	360	396	413	485	498	608
西班牙	（百万）欧元	7092	7599	7972	8414	8587	9132	9508	11506	12219	13105
瑞典[55]	（百万）克朗	42541	44542	42639	42401	42903	40527	41240	41150	43163	41636

国家	货币	1999	2000	2001	2002	2003	2004	2005	2006	2007	2008
瑞士†¶[56]	（百万）法郎	4416	4503	4476	4461	4437	4381	4344	3972	4120	4389
土耳其‖	（百万）新里拉	4168	6248	8844	13641	15426	15568	16197	[19326]	[18013]	[20585]
英国[57]	（百万）镑	22530	23301	24544	26462	28751	29478	30333	31241	32992	35320
乌克兰§	（百万）格里夫尼亚	3890	6184	5848	6266	7615	8963	12328	15082	20685	25341
中东											
巴林[58]	（百万）第纳尔	123	121	126	150	175	180	183	203	222	[220]
埃及	（百万）镑	9881	10847	11859	12741	13948	14684	15368	16927	18636	20534
伊朗¶	（十亿）里亚尔	12992	21984	26996	23211	31633	45960	64655	78378	76283	86502
伊拉克[59]	（十亿）第纳尔	..	..	..	..	..	(892)	(1649)	(2117)	(2437)	(4250)
以色列[60]	（百万）新谢克尔	38016	39587	41788	48957	46350	43988	46240	50757	[57639]	[58106]
约旦	（百万）第纳尔	363	375	375	370	434	416	428	497	732	886
科威特	（百万）第纳尔	696	827	824	858	933	1017	1025	1049	1243	1254
黎巴嫩	（十亿）镑	1251	1402	1445	1368	1392	1439	[1463]	[1561]	[1912]	[1961]
阿曼‡[61]	（百万）里亚尔	687	809	933	958	1010	1144	1404	1550	1663	1735
卡塔尔	（百万）里亚尔	..	..	..	..	..	..	..	..	..	..

国家	货币	1999	2000	2001	2002	2003	2004	2005	2006	2007	2008
沙特§[62]	（百万）里亚尔	68700	74866	78850	69382	70303	78414	95146	110779	132922	143336
叙利亚[63]	（十亿）镑	47.6	49.3	53.4	55.3	67.1	70.2	75.7	74.9	82.7	86.8
阿联酋[64]	（百万）迪拉姆	8790	8688	8796	9139	9244	8943	9399	..	..	..
也门	（十亿）里亚尔	61.5	76.6	[91.1]	130	148	136	156	162	209	239

表 5A.3 1999—2008 年国家军费（固定美元）和 2008 年国家军费（现值美元）

数值单位为百万美元（按 2005 年美元固定价格及汇率）。最右列（标有＊）为 2008 年现值美元价格（单位百万美元），年份为公历年，国家按区域和次区域分组。

国家	1999	2000	2001	2002	2003	2004	2005	2006	2007	2008	2008*
非洲											
北非											
阿尔及利亚[1]	1901	2205	2414	2467	2453	2801	2925	2992	3515	4156	5172
利比亚	319	341	334	429	534	697	691	597	562	837	1098
摩洛哥	1425	1104	1997	1900	2013	1956	2030	2049	2111	2358	2944
突尼斯	382	399	415	411	428	435	468	488	430	[446]	[529]
撒哈拉以南非洲											
安哥拉§‖[2]	2718	1259	710	778	1027	978	1365	1627	1578	1508	2424
贝宁	24.9	22.5	20.2	37.0	40.5	44.1	[46.8]	[46.8]	..	[51.3]	[67.7]
博茨瓦纳	243	269	329	351	339	313	300	290	[319]	[456]	[452]
布基纳法索†	[46.5]	[47.3]	46.6	50.6	51.4	61.1	63.8	68.7	84.4	108	142
布隆迪	47.9	41.2	54.7	52.4	54.6	51.9	49.6	41.4	41.6	35.7	43.9

国家	1999	2000	2001	2002	2003	2004	2005	2006	2007	2008	2008*
喀麦隆	189	183	183	198	212	226	223	242	254	265	347
佛得角·	6.0	9.6	6.5	6.0	6.3	6.5	6.9	6.6	6.5	6.5	8.8
中非共和国‡[3]	..	..	..	14.8	16.7	15.6	15.4	..	16.1	23.3	31.5
乍得[4]	37.4	42.3	45.0	45.5	46.1	54.6	(55.5)	(54.2)	(64.2)	(64.1)	(80.6)
刚果共和国§	..	..	60.7	72.3	78.1	79.9	79.5	80.8	90.8	111	141
刚果民主共和国[5]	67.0	49.8	..	..	84.9	141	165	179	169	132	165
科特迪瓦§	..	..	..	..	247	261	250	259	275	266	344
吉布提	30.2	28.9	28.4	36.1	44.4	38.5	44.8	[47.9]	31.8	30.9	36.2
赤道几内亚	..	..	..	..	..	..	..	..	..	..	..
厄立特里亚	401	334	247	236	231	..	..	..	..	..	..
埃塞俄比亚[6]	821	741	471	388	319	346	342	309	285	262	389
加蓬[7]	..	131	130	130	121	125	114	112	(108)	..	..
冈比亚‡	2.2	2.4	2.1	2.2	2.4	2.1	3.0	2.7	3.7	..	..
加纳‖[8]	54.7	76.6	48.2	53.0	66.0	64.3	64.1	69.0	106	92.4	120
几内亚[9]	41.7	40.9	82.8	91.1	70.7	65.5	..	..	..	..	..

国家	1999	2000	2001	2002	2003	2004	2005	2006	2007	2008	2008*
几内亚比绍‖[10]	..	13.8	8.9	8.5	8.6	..	12.1	..	..	..	..
肯尼亚	227	243	280	301	304	300	317	313	351	348	595
莱索托	48.7	46.7	49.1	37.6	35.4	33.0	33.6	35.4	38.5	43.8	41.9
利比里亚	..	..	..	..	..	2.0	5.5	5.6	3.2	..	..
马达加斯加‖[11]	52.3	52.7	66.1	52.5	60.5	60.2	54.0	52.1	62.7	67.1	103
马拉维	13.8	11.7	12.5	13.5	13.9	23.3	34.0	[38.9]	[40.0]	..	..
马里[12]	76.1	88.2	88.7	88.3	101	110	120	129	139	132	173
毛里塔尼亚[13]	36.9	48.3	67.5	48.3	76.6	78.7	66.7	78.0	..	90.8	122
毛里求斯	10.3	10.7	10.8	11.0	11.3	10.7	10.9	10.7	10.5	..	..
莫桑比克‖	61.6	63.8	72.7	75.2	74.4	81.5	62.2	55.9	62.8	65.5	84.0
纳米比亚[14]	154	140	166	166	164	173	192	202	225	283	266
尼日尔	32.1	30.8	37.7	29.0	29.3	34.1	32.8	..	..	..	..
尼日利亚	780	592	844	1273	784	764	674	703	816	1164	1608
卢旺达[15]	69.7	59.2	60.6	57.1	53.3	46.5	45.0	49.6	45.9	50.0	67.7
塞内加尔	99.1	90.6	100	100	109	110	124	144	162	162	217

国家	1999	2000	2001	2002	2003	2004	2005	2006	2007	2008	2008*
塞舌尔	13.2	12.3	12.8	12.6	12.6	16.1	14.7	14.5	17.6	10.5	8.1
塞拉利昂[16]	..	22.9	27.4	27.1	29.6	24.1	23.6	[26.4]	[24.9]	[33.4]	[44.6]
索马里	..	..	..	..	..	..	..	..	..	..	..
南非	2408	2884	3242	3488	3648	3680	3979	3977	[4027]	[3953]	[3760]
苏丹‡‖[17]	693	902	566	655	501	1425	1165	1278	..	..	..
斯威士兰‡	38.5	36.9	34.7	35.3	41.2	45.4	59.5	59.2	60.2	..	..
坦桑尼亚	107	114	133	136	125	134	139	154	157	162	190
多哥	..	..	..	..	34.1	33.9	33.2	..	..	43.4	57.0
乌干达	164	160	161	173	188	216	217	211	237	..	..
赞比亚	95.1	..	..	..	..	130	140	153	111	165	262
津巴布韦‖[18]	211	207	120	118	92.4	..	..	..	..	..	..
美洲											
加勒比地区											
巴哈马群岛	38.2	31.5	30.4	31.9	33.7	35.4	35.7	43.5	55.6	44.8	48.9
巴巴多斯	22.9	24.0	25.2	25.8	25.3	24.9	25.9	[24.6]	..	..	..

国家	1999	2000	2001	2002	2003	2004	2005	2006	2007	2008	2008*
古巴	..	..	..	..	..	..	..	..	..	..	..
多米尼加共和国	164	218	261	294	186	140	220	194	219	[240]	[266]
海地	..	..	..	..	..	..	..	..	..	..	..
牙买加	50.7	49.8	53.0	63.9	66.6	61.8	59.3	70.6	78.2	65.6	80.1
特立尼达和多巴哥	..	..	..	..	..	..	..	..	..	..	..
中美											
伯利兹	..	8.1	8.3	8.6	9.1	9.8	10.7	11.6	..	..	..
哥斯达黎加[19]	..	..	..	..	..	..	..	..	..	..	..
萨尔瓦多[20]	121	132	124	122	116	111	109	112	112	101	118
危地马拉	181	229	269	199	217	130	104	127	125	149	188
洪都拉斯†[21]	..	41.0	46.8	60.4	57.4	53.6	53.3	52.4	75.2	77.1	95.7
墨西哥†[22]	3240	3344	3310	3199	3191	3076	3123	2929	3931	3938	4333
尼加拉瓜[23]	29.5	32.5	30.2	34.3	38.1	34.5	33.9	33.4	35.2	33.0	41.8
巴拿马	119	..	..	..	..	..	..	..	..	..	..
北美											
加拿大	11598	11412	11709	11771	11986	12440	12986	13590	14817	15940	19290

国家	1999	2000	2001	2002	2003	2004	2005	2006	2007	2008	2008*
美国[24]	329416	342167	344927	387297	440806	480444	503353	511171	524591	548531	607263
南美											
阿根廷§	2125	2082	2048	1692	1748	1813	1912	1776	1738	[2077]	[2500]
玻利维亚[25]	147	144	173	175	187	181	175	177	197	175	250
巴西	11919	12910	14879	14998	12089	12392	13381	12720	14737	15477	23302
智利§[26]	2881	3050	3166	3377	3428	3975	4266	4996	4864	4778	5952
哥伦比亚[27]	2719	3431	3786	4023	4687	4621	4782	5422	5579	6568	9076
厄瓜多尔‖[28]	350	314	436	573	777	727	954	922	1243	1364	1548
圭亚那	..	..	..	..	..	..	..	..	..	..	..
巴拉圭†[29]	69.7	67.7	61.5	59.3	53.0	62.9	56.2	63.7	65.0	71.8	132
秘鲁[30]	(961)	(1078)	1044	975	988	1047	1159	1193	1145	1301	1599
乌拉圭	[290]	[243]	278	242	232	225	233	237	242	273	393
委内瑞拉‖	1209	1484	1500	1102	1072	1520	2054	2709	2262	1987	3317
亚洲											
中亚											
哈萨克斯坦	206	215	317	347	411	470	592	693	1043	[855]	[1323]

国家	1999	2000	2001	2002	2003	2004	2005	2006	2007	2008	2008*
吉尔吉斯斯坦[31]	44.8	55.5	48.3	56.0	63.8	68.4	75.6	83.3	90.9	[79.3]	[123]
塔吉克斯坦	16.6	14.4	14.3	30.4	39.3	46.1	..	..	..	..	..
土库曼斯坦[32]	182	..	..	..	..	..	..	..	..	..	..
乌兹别克斯坦[33]	78.3	..	58.0	..	52.7	..	..	..	..	..	..
东亚											
文莱	269	254	234	249	260	(205)	(249)	[260]	[268]	[266]	[316]
柬埔寨	92.8	86.0	78.4	71.9	72.3	70.1	70.6	76.5	[85.5]	..	..
中国[34]	[21600]	[23800]	[28500]	[33400]	[36400]	[40600]	[44900]	[52200]	[57900]	[63600]	[84900]
印度尼西亚	1710	2242	2367	2486	3319	3653	[3571]	[3802]	[4131]	[3824]	[4994]
日本†§[35]	43484	43803	44276	44725	44818	44476	44165	43666	43460	42751	46296
朝鲜	..	..	..	..	..	..	..	..	..	..	..
韩国	15689	16652	17133	17605	18204	19004	20554	21224	22119	23773	24172
老挝	(21.1)	(16.4)	(15.9)	(14.8)	(12.8)	(12.1)	(11.7)	(11.9)	(11.8)	..	..
马来西亚	1847	1677	2086	2370	3022	2917	3120	3054	3409	3479	4362
蒙古	23.5	29.8	27.3	29.9	28.2	30.8	29.8	36.5	47.9	..	..

国家	1999	2000	2001	2002	2003	2004	2005	2006	2007	2008	2008*
缅甸[36]	..	..	..	..	..	..	..	..	..	..	..
菲律宾	807	853	794	833	920	857	865	880	1034	920	1352
新加坡	4788	4631	4741	4999	5048	5143	5464	5670	5806	5831	7507
中国台湾（地区）	8412	7807	7965	7256	7357	7923	7725	7323	7791	9498	10331
泰国	2113	1982	2063	2087	2058	[1962]	[1977]	[2060]	[2569]	[3003]	[4114]
越南	..	..	..	..	910	906	945	1112	1274	1327	1828
南亚											
阿富汗[37]	..	..	..	..	..	123	112	121	178	172	240
孟加拉	647	675	675	655	657	659	669	720	757	767	901
印度[38]	17150	17697	18313	18256	18664	21660	22891	23029	23535	24716	30030
尼泊尔¶	57.1	62.8	81.1	108	122	146	156	146	[142]	[138]	[172]
巴基斯坦‡	3311	3320	3553	3818	4077	4248	4412	4463	4468	4217	4769
斯里兰卡†‡[39]	676	904	755	625	562	626	612	736	795	856	1230
大洋洲											
澳大利亚	[11057]	[11025]	11469	12013	12335	12821	13292	14112	14896	15321	18399

国家	1999	2000	2001	2002	2003	2004	2005	2006	2007	2008	2008*
斐济†[40]	32.3	46.5	48.8	43.8	44.0	49.1	43.1	41.3	41.8	[39.3]	[48.1]
新西兰	1127	1132	1107	1066	1090	1105	1117	1176	1225	1251	1378
巴布亚新几内亚‡[41]	43.5	39.9	36.8	25.5	23.1	25.8	30.4	29.5	32.1	28.2	35.2
汤加	3.1	3.2	3.2	3.0	2.8	2.4	2.6	3.3	3.5	..	..
欧洲											
阿尔巴尼亚 §¶[42]	69.0	76.3	86.7	86.6	97.3	106	110	135	167	199	258
亚美尼亚†[43]	93.0	94.3	91.5	90.5	104	115	141	166	195	[217]	[381]
奥地利	[2807]	[2875]	[2678]	2631	2740	2745	2686	2580	3079	2811	3551
阿塞拜疆 ‖	[133]	[141]	[160]	[172]	[215]	[260]	305	625	680	697	1241
白俄罗斯	[198]	[220]	274	284	287	348	453	588	642	616	831
比利时	4783	4783	4573	4434	4482	4389	4229	4196	4528	4336	5530
波黑†¶[44]	..	..	..	333	231	208	173	167	166	188	259
保加利亚†[45]	[596]	[614]	[680]	[687]	[700]	684	699	694	806	713	1092
克罗地亚	[1475]	[1039]	[963]	[1042]	[843]	738	727	793	813	929	1261
塞浦路斯† ‖	[399]	[426]	[503]	[344]	[333]	346	376	369	350	415	535

国家	1999	2000	2001	2002	2003	2004	2005	2006	2007	2008	2008*
捷克共和国[46]	2019	2083	2003	2140	2325	2231	2439	2253	2032	2024	3191
丹麦	3675	3555	3776	3730	3619	3640	3468	3792	3657	3541	4461
爱沙尼亚	107	126	147	175	203	214	266	299	375	365	526
芬兰	2120	2234	2129	2171	2521	2673	2744	2793	2632	2782	3543
法国[47]	50787	50205	50036	51063	52615	54059	52917	53198	53403	52565	65675
格鲁吉亚[48]	[39.8]	[27.2]	[34.5]	49.3	57.7	80.6	214	363	720	651	1038
德国	41822	41147	40474	40604	40044	38816	38060	37133	37233	37233	46759
希腊	8246	8701	8508	8350	[7097]	[7765]	[8480]	[8824]	[8780]	[9706]	[12627]
匈牙利	1401	1507	1662	1621	1742	1612	1596	1431	1458	1355	1868
冰岛	..	..	..	..	..	..	..	..	..	..	..
爱尔兰	[1086]	[1115]	1210	1162	1113	1131	1145	1135	1144	1182	1580
意大利[49]	31969	34102	33543	34459	34739	34853	33531	32445	32988	[32103]	[40587]
拉脱维亚	73.3	91.6	115	188	217	234	272	342	378	400	634
立陶宛	175	299	319	336	403	421	[415]	[449]	[498]	[518]	[739]
卢森堡	190	194	243	256	267	[271]	[296]	[319]	[317]	..	..

国家	1999	2000	2001	2002	2003	2004	2005	2006	2007	2008	2008*
前南马其顿共和国[50]	89.7	103	327	142	129	136	127	121	138	144	185
马耳他†‖	37.4	36.3	38.8	38.3	39.5	41.7	42.6	42.7	42.7	39.1	49.7
摩尔多瓦†¶[51]	10.7	8.2	9.0	10.6	11.5	10.3	12.0	15.2	17.3	15.5	26.9
黑山[52]	..	..	..	..	..	..	..	51.6	45.5	53.3	71.2
荷兰	9513	9119	9355	9347	9482	9552	9568	10017	10152	9866	12228
挪威	4504	4356	4383	5267	5064	5192	4885	4875	5186	4821	5869
波兰	4989	4874	4990	5074	5311	5615	5880	6101	6797	7418	10741
葡萄牙	3377	3478	3617	3719	3588	3811	4039	3924	3756	3766	4812
罗马尼亚‖	1714	1632	1712	1702	1756	1888	1976	2059	1974	2184	2995
俄罗斯[53]	[14000]	[19100]	[21200]	[23600]	[25100]	[26100]	[28500]	[31200]	[34800]	[38200]	[58600]
塞尔维亚[54]	728	1053	839	928	813	751	630	635	716	715	1142
斯洛伐克†	650	676	761	771	818	760	823	835	845	907	1473
斯洛文尼亚‖	369	336	412	457	476	505	514	589	583	674	891
西班牙	10690	11073	11214	11483	11374	11740	11824	13823	14281	14721	19196
瑞典[55]	6175	6408	5990	5831	5788	5448	5518	5432	5575	5205	6317

国家	1999	2000	2001	2002	2003	2004	2005	2006	2007	2008	2008*
瑞士†¶[56]	3757	3772	3713	3677	3634	3560	3489	3156	3250	3381	4052
土耳其‖	16413	15885	14562	15494	13984	12762	12055	[13016]	[11155]	[11663]	[15810]
英国[57]	47542	47778	49417	52423	55347	55112	55152	55043	55746	57392	65265
乌克兰§	1430	1772	1497	1592	1839	1985	2405	2697	3278	3206	4811
中东											
巴林[58]	340	337	355	424	487	491	486	528	611	[582]	[586]
埃及	2250	2405	2571	2689	2816	2665	2659	2721	2740	2585	3774
伊朗¶	3200	4731	5220	3926	4594	5816	7213	7811	6486	6089	9174
伊拉克[59]	..	..	..	..	..	..	(1120)	(972)	(828)	(1926)	(5283)
以色列[60]	9299	9574	9996	11087	10421	9931	10303	11075	[12513]	[12135]	[16194]
约旦	581	596	586	567	655	607	604	660	922	973	1250
科威特	2658	3082	3029	3126	3369	3626	3509	3486	3914	3622	4663
黎巴嫩	857	964	998	928	932	948	[970]	[981]	[1155]	[1067]	[1301]
阿曼‡[61]	1797	2139	2488	2562	2695	3030	3652	3905	3956	3739	4512
卡塔尔	..	..	..	..	..	..	..	..	..	..	..

国家	1999	2000	2001	2002	2003	2004	2005	2006	2007	2008	2008*
沙特 §[62]	18260	20125	21434	18817	18956	21074	25393	28926	33320	33136	38223
叙利亚[63]	4969	5353	5627	5841	6696	6708	6746	6067	6484	6300	7735
阿联酋[64]	2950	2876	2836	2862	2807	2585	2559	..	..	..	..
也门	589	701	[744]	943	973	793	816	700	821	801	1196

表 5A.4 1999—2007 年国家军费占国内生产总值（GDP）的比例

国家按区域和次区域分组。

国家	1999	2000	2001	2002	2003	2004	2005	2006	2007
非洲									
北非									
阿尔及利亚[1]	3.8	3.4	3.8	3.7	3.2	3.3	2.9	2.7	3.0
利比亚	3.8	3.1	2.7	2.2	2.2	2.2	1.6	1.2	1.0
摩洛哥	3.0	2.3	3.9	3.6	3.7	3.4	3.4	3.3	3.2
突尼斯	1.7	1.7	1.7	1.6	1.6	1.6	1.6	1.6	1.3
撒哈拉以南非洲									
安哥拉 § ‖[2]	17.3	6.4	4.5	4.5	4.8	4.0	4.7	4.6	3.9
贝宁	0.7	0.6	0.5	0.9	1.0	1.0	[1.1]	[1.0]	..
博茨瓦纳	3.6	3.6	3.9	4.0	4.0	3.6	3.3	3.1	[3.0]
布基纳法索†	[1.1]	[1.2]	1.1	1.1	1.0	1.1	1.1	1.2	1.3
布隆迪	6.3	6.0	8.0	7.2	7.3	6.6	6.2	4.7	4.9
喀麦隆	1.4	1.3	1.3	1.3	1.4	1.4	1.3	1.4	1.4

国家	1999	2000	2001	2002	2003	2004	2005	2006	2007
佛得角	0.8	1.3	0.8	0.7	0.7	0.7	0.7	0.6	0.5
中非共和国‡[3]	..	..	..	1.1	1.3	1.2	1.1	..	1.1
乍得[4]	1.7	1.9	1.8	1.7	1.5	1.1	(0.9)	(0.9)	(0.9)
刚果共和国 §	..	..	1.4	1.7	1.9	1.7	1.4	1.1	1.5
刚果民主共和国[5]	1.2	1.0	..	..	1.4	2.1	2.3	2.3	2.0
科特迪瓦 §	..	..	..	..	1.5	1.5	1.4	1.5	1.5
吉布提	5.0	4.7	4.5	5.6	6.7	5.6	6.3	[6.4]	4.1
赤道几内亚	..	..	..	..	..	..	..	..	..
厄立特里亚	34.4	32.7	22.1	20.7	20.9	..	..	..	..
埃塞俄比亚[6]	10.7	9.6	4.7	3.6	2.9	2.8	2.5	2.1	1.7
加蓬[7]	..	1.8	1.9	2.0	1.8	1.7	1.3	1.1	(1.0)
冈比亚‡	0.8	0.7	0.6	0.5	0.5	0.5	0.6	0.5	0.7
加纳 ‖[8]	0.8	1.0	0.6	0.6	0.7	0.6	0.6	0.6	0.8
几内亚[9]	1.6	1.5	2.9	3.1	2.4	2.2	..	..	..
几内亚比绍 ‖[10]	..	4.4	3.1	3.2	2.9	..	3.8	..	..

国家	1999	2000	2001	2002	2003	2004	2005	2006	2007
肯尼亚	1.2	1.3	1.5	1.6	1.6	1.6	1.7	1.6	1.8
莱索托	3.8	3.6	3.1	2.8	2.6	2.4	2.4	2.4	2.5
利比里亚	..	..	..	..	..	0.4	1.0	1.0	0.5
马达加斯加‖[11]	1.2	1.2	1.4	1.3	1.3	1.2	1.1	1.0	1.1
马拉维	0.8	0.7	0.7	0.8	0.7	1.2	1.6	[1.7]	[1.6]
马里[12]	2.0	2.2	2.0	1.9	2.0	1.9	2.0	2.1	2.1
毛里塔尼亚[13]	2.7	3.5	4.6	3.2	4.9	4.7	3.6	3.0	..
毛里求斯	0.2	0.2	0.2	0.2	0.2	0.2	0.2	0.2	0.2
莫桑比克‖	1.2	1.3	1.2	1.3	1.3	1.4	0.9	0.8	0.9
纳米比亚[14]	3.1	2.7	2.2	2.8	2.9	2.9	3.0	2.8	3.0
尼日尔	1.2	1.2	1.4	0.9	0.9	1.0	0.9	..	..
尼日利亚	1.4	0.8	1.3	1.9	1.1	1.0	0.6	0.5	0.6
卢旺达[15]	4.2	3.4	3.4	3.1	2.5	2.1	1.9	1.9	1.7
塞内加尔	1.5	1.3	1.4	1.4	1.3	1.2	1.4	1.5	1.6
塞舌尔	1.8	1.7	1.8	1.7	1.7	2.3	2.1	1.9	2.2

国家	1999	2000	2001	2002	2003	2004	2005	2006	2007
塞拉利昂[16]	..	3.7	3.7	2.9	2.9	2.1	2.0	[2.1]	[1.9]
索马里	..	..	..	..	..	..	..	..	..
南非	1.4	1.6	1.7	1.7	1.8	1.6	1.6	1.5	[1.4]
苏丹‡‖[17]	4.1	4.8	2.9	3.2	2.3	5.8	4.4	4.4	..
斯威士兰‡	1.6	1.6	1.4	1.5	1.7	1.7	2.1	2.0	1.9
坦桑尼亚	1.5	1.5	1.6	1.4	1.2	1.1	1.1	1.2	1.1
多哥	..	..	..	..	1.6	1.5	1.5	..	..
乌干达	2.7	2.5	2.4	2.4	2.3	2.5	2.4	2.2	2.2
赞比亚	1.8	..	..	..	..	1.9	1.9	1.9	1.3
津巴布韦‖[18]	4.4	4.7	2.2	2.2	2.5	..	..	..	..
美洲									
加勒比地区									
巴哈马群岛	0.7	0.6	0.5	0.6	0.6	0.6	0.6	0.7	0.9
巴巴多斯	0.8	0.8	0.9	1.0	0.9	0.8	0.9	[0.8]	..
古巴	..	..	..	..	..	..	..	..	..

国家	1999	2000	2001	2002	2003	2004	2005	2006	2007
多米尼加共和国	0.6	0.7	0.9	1.0	0.6	0.5	0.7	0.5	0.6
海地	..	..	..	..	..	..	..	..	..
牙买加	0.5	0.5	0.5	0.6	0.6	0.5	0.5	0.6	0.7
特立尼达和多巴哥	..	..	..	..	..	..	..	..	..
中美									
伯利兹	..	0.9	0.9	0.8	0.9	0.9	1.0	1.0	..
哥斯达黎加[19]	0.0	0.0	0.0	0.0	0.0	0.0	0.0	0.0	0.0
萨尔瓦多[20]	0.8	0.9	0.8	0.8	0.7	0.7	0.6	0.6	0.6
危地马拉	0.7	0.8	0.9	0.8	0.8	0.5	0.4	0.4	0.4
洪都拉斯†[21]	..	0.5	0.5	0.7	0.6	0.6	0.5	0.5	0.7
墨西哥†[22]	0.6	0.5	0.5	0.5	0.4	0.4	0.4	0.3	0.4
尼加拉瓜[23]	0.7	0.8	0.7	0.8	0.9	0.7	0.7	0.7	0.7
巴拿马	1.0	..	..	..	..	..	..	..	..
北美									
加拿大	1.2	1.1	1.2	1.2	1.1	1.1	1.1	1.2	1.2

国家	1999	2000	2001	2002	2003	2004	2005	2006	2007
美国[24]	3.0	3.1	3.1	3.4	3.8	4.0	4.1	4.0	4.0
南美									
阿根廷 §	1.4	1.3	1.4	1.2	1.2	1.1	1.0	0.9	0.8
玻利维亚[25]	2.0	1.9	2.3	2.2	2.2	2.0	1.8	1.6	1.7
巴西	1.7	1.8	2.0	1.9	1.5	1.5	1.5	1.4	1.5
智利 §[26]	3.7	3.7	3.7	3.8	3.6	3.7	3.6	3.7	3.4
哥伦比亚[27]	2.8	3.3	3.7	3.9	4.3	4.0	3.9	4.1	4.0
厄瓜多尔 ‖[28]	1.8	1.7	1.8	2.0	2.6	2.2	2.6	2.3	2.9
圭亚那	..	..	..	..	..	..	..	..	..
巴拉圭†[29]	1.2	1.1	1.0	1.0	0.8	0.9	0.8	0.8	0.8
秘鲁[30]	(1.6)	(1.7)	1.7	1.5	1.5	1.4	1.5	1.3	1.2
乌拉圭	[1.8]	[1.5]	1.8	1.7	1.6	1.4	1.4	1.3	1.3
委内瑞拉 ‖	1.4	1.5	1.6	1.2	1.2	1.3	1.4	1.6	1.3
亚洲									
中亚									
哈萨克斯坦	0.8	0.8	1.0	1.1	1.1	1.0	1.0	1.0	1.3

国家	1999	2000	2001	2002	2003	2004	2005	2006	2007
吉尔吉斯斯坦[31]	2.6	2.9	2.3	2.7	2.9	2.8	3.1	3.2	3.1
塔吉克斯坦	1.4	1.2	1.2	2.1	2.2	2.2	..	..	..
土库曼斯坦[32]	2.9	..	..	..	..	..	..	..	..
乌兹别克斯坦[33]	1.6	..	0.8	..	0.5	..	..	..	..
东亚									
文莱	6.1	5.7	5.2	5.3	5.1	(3.6)	(3.9)	[3.5]	[3.6]
柬埔寨	2.5	2.2	1.8	1.6	1.5	1.3	1.1	1.1	[1.1]
中国[34]	[1.8]	[1.8]	[2.0]	[2.1]	[2.1]	[2.0]	[2.0]	[2.0]	[2.0]
印度尼西亚	0.9	1.0	1.0	1.1	1.4	1.4	[1.2]	[1.2]	[1.2]
日本†§[35]	1.0	1.0	1.0	1.0	1.0	1.0	1.0	0.9	0.9
朝鲜	..	..	..	..	..	..	..	..	..
韩国	2.5	2.5	2.5	2.4	2.4	2.4	2.6	2.6	2.6
老挝	(1.1)	(0.8)	(0.7)	(0.6)	(0.6)	(0.5)	(0.4)	(0.4)	(0.4)
马来西亚	2.1	1.6	2.1	2.2	2.6	2.3	2.3	2.1	2.1
蒙古	1.8	2.4	2.0	2.1	1.8	1.7	1.6	1.5	1.7

国家	1999	2000	2001	2002	2003	2004	2005	2006	2007
缅甸[36]	2.0	2.3	1.8	1.3	..	..	..	..	..
菲律宾	1.1	1.1	1.0	1.0	1.0	0.9	0.9	0.9	0.9
新加坡	5.4	4.7	5.0	5.1	5.1	4.6	4.6	4.4	4.1
中国台湾（地区）	2.7	2.4	2.5	2.2	2.2	2.2	2.2	2.0	2.0
泰国	1.6	1.4	1.5	1.4	1.3	[1.2]	[1.1]	[1.1]	[1.3]
越南	..	..	..	..	2.0	1.9	1.8	1.9	2.1
南亚									
阿富汗[37]	..	..	..	..	..	2.1	1.7	1.6	2.2
孟加拉	1.3	1.3	1.2	1.1	1.1	1.1	1.0	1.1	1.1
印度[38]	3.1	3.1	3.0	2.9	2.8	2.9	2.8	2.6	2.5
尼泊尔¶	0.9	0.8	1.1	1.4	1.7	2.0	2.2	2.1	[2.0]
巴基斯坦‡	3.8	3.7	3.8	3.9	3.7	3.6	3.5	3.3	3.1
斯里兰卡†‡[39]	3.6	4.5	3.9	3.0	2.6	2.7	2.5	2.8	2.8
大洋洲									
澳大利亚	[1.9]	[1.9]	1.9	1.9	1.9	1.9	1.9	1.9	1.9

国家	1999	2000	2001	2002	2003	2004	2005	2006	2007
斐济†[40]	1.2	1.9	2.0	1.7	1.6	1.7	1.4	1.3	1.4
新西兰	1.3	1.3	1.2	1.1	1.1	1.1	1.0	1.1	1.1
巴布亚新几内亚‡[41]	0.9	0.9	0.8	0.6	0.5	0.6	0.6	0.5	0.5
汤加	1.4	1.4	1.4	1.2	1.2	1.0	1.1	1.4	1.4
欧洲									
阿尔巴尼亚§¶[42]	1.2	1.2	1.3	1.3	1.3	1.4	1.4	1.6	1.8
亚美尼亚†[43]	3.7	3.6	3.1	2.7	2.7	2.7	2.9	2.9	3.0
奥地利	[1.0]	[1.0]	[0.9]	0.9	0.9	0.9	0.9	0.8	0.9
阿塞拜疆‖	[2.6]	[2.3]	[2.3]	[2.2]	[2.4]	[2.6]	2.3	3.4	..
白俄罗斯	[1.4]	[1.3]	1.4	1.4	1.3	1.4	1.5	1.7	1.7
比利时	1.4	1.4	1.3	1.2	1.3	1.2	1.1	1.1	1.1
波黑†¶[44]	..	..	..	3.9	2.4	2.0	1.6	1.5	1.3
保加利亚†[45]	[2.8]	[2.8]	[3.0]	[2.9]	[2.8]	2.6	2.6	2.4	2.6
克罗地亚	[5.2]	[3.6]	[3.2]	[3.2]	[2.4]	2.0	1.9	1.9	1.9
塞浦路斯†‖	[3.0]	[3.0]	[3.4]	[2.3]	[2.2]	2.1	2.2	2.1	1.9

国家	1999	2000	2001	2002	2003	2004	2005	2006	2007
捷克共和国[46]	2.0	2.0	1.9	2.0	2.1	1.9	2.0	1.7	1.4
丹麦	1.6	1.5	1.6	1.5	1.5	1.5	1.3	1.4	1.3
爱沙尼亚	1.3	1.4	1.5	1.7	1.7	1.7	1.9	1.9	2.2
芬兰	1.3	1.3	1.2	1.2	1.4	1.4	1.4	1.4	1.2
法国[47]	2.7	2.5	2.5	2.5	2.6	2.6	2.5	2.4	2.3
格鲁吉亚[48]	[0.9]	[0.6]	[0.7]	1.0	1.1	1.4	3.3	5.2	9.2
德国	1.5	1.5	1.5	1.5	1.4	1.4	1.4	1.3	1.3
希腊	4.3	4.3	4.1	3.9	[3.1]	[3.2]	[3.4]	[3.4]	[3.3]
匈牙利	1.7	1.7	1.8	1.6	1.7	1.5	1.4	1.2	1.3
冰岛	0.0	0.0	0.0	0.0	0.0	0.0	0.0	0.0	0.0
爱尔兰	[0.8]	[0.7]	0.7	0.7	0.6	0.6	0.6	0.5	0.5
意大利[49]	2.0	2.0	2.0	2.0	2.0	2.0	1.9	1.8	[1.8]
拉脱维亚	0.8	0.9	1.0	1.6	1.7	1.7	1.7	1.8	1.8
立陶宛	1.1	1.7	1.8	1.7	1.9	1.8	[1.6]	[1.6]	[1.6]
卢森堡	0.7	0.6	0.8	0.8	0.8	[0.8]	[0.8]	[0.8]	[0.7]

国家	1999	2000	2001	2002	2003	2004	2005	2006	2007
前南马其顿共和国[50]	1.8	1.9	6.6	2.8	2.5	2.5	2.2	2.0	2.1
马耳他†‖	0.7	0.7	0.7	0.7	0.7	0.7	0.7	0.7	0.7
摩尔多瓦†¶[51]	0.5	0.4	0.4	0.4	0.4	0.4	0.4	0.5	0.5
黑山[52]	..	..	..	..	..	..	..	2.1	1.8
荷兰	1.7	1.6	1.5	1.5	1.6	1.5	1.5	1.5	1.5
挪威	2.1	1.7	1.7	2.1	2.0	1.9	1.6	1.5	1.4
波兰	1.9	1.8	1.9	1.9	1.9	1.9	1.9	1.9	2.0
葡萄牙	2.0	2.0	2.0	2.0	2.0	2.1	2.2	2.1	2.0
罗马尼亚‖	2.7	2.5	2.5	2.3	2.1	2.0	2.0	1.8	1.6
俄罗斯[53]	[3.4]	[3.7]	[4.1]	[4.3]	[4.3]	[3.8]	[3.7]	[3.6]	[3.5]
塞尔维亚[54]	4.5	6.0	4.7	4.8	3.8	3.3	2.6	2.5	2.6
斯洛伐克†	1.6	1.7	1.9	1.8	1.9	1.7	1.7	1.6	1.5
斯洛文尼亚‖	1.3	1.2	1.4	1.5	1.5	1.5	1.5	1.6	1.5
西班牙	1.2	1.2	1.2	1.2	1.1	1.1	1.0	1.2	1.2
瑞典[55]	2.0	2.0	1.8	1.8	1.7	1.5	1.5	1.4	1.4

国家	1999	2000	2001	2002	2003	2004	2005	2006	2007
瑞士†¶[56]	1.1	1.1	1.0	1.0	1.0	1.0	0.9	0.8	0.8
土耳其‖	4.0	3.7	3.7	3.9	3.4	2.8	2.5	[2.5]	[2.1]
英国[57]	2.4	2.4	2.4	2.5	2.5	2.5	2.4	2.4	2.4
乌克兰§	3.0	3.6	2.9	2.8	2.8	2.6	2.8	2.8	2.9
中东									
巴林[58]	4.9	4.0	4.2	4.7	4.8	4.3	3.6	3.4	3.4
埃及	3.2	3.2	3.3	3.4	3.3	3.0	2.9	2.7	2.5
伊朗¶	3.0	3.8	4.0	2.5	2.9	3.3	3.8	3.8	2.9
伊拉克[59]	..	..	..	..	..	(1.9)	(2.6)	(2.7)	(2.5)
以色列[60]	8.3	7.9	8.2	9.2	8.6	7.8	7.7	7.9	[8.6]
约旦	6.3	6.3	5.9	5.4	6.0	5.1	4.8	4.7	6.2
科威特	7.6	7.2	7.7	7.4	6.5	5.8	4.3	3.6	3.9
黎巴嫩	4.9	5.5	5.6	4.8	4.7	4.4	[4.5]	[4.5]	[5.1]
阿曼‡[61]	11.4	10.6	12.2	12.3	12.1	12.0	11.8	11.3	10.7
卡塔尔	..	..	..	..	..	..	..	..	..

国家	1999	2000	2001	2002	2003	2004	2005	2006	2007
沙特§[62]	11.4	10.6	11.5	9.8	8.7	8.4	8.0	8.3	9.3
叙利亚[63]	5.8	5.5	5.5	5.4	6.3	5.6	5.1	4.4	4.4
阿联酋[64]	4.3	3.4	3.4	3.3	2.8	2.3	1.9	..	..
也门	5.2	4.9	[5.4]	6.8	6.8	5.3	5.1	4.6	5.1

() 为不确定的数字；[] 为 SIPRI 估计数；| 为货币倍数变更；† 表示该国军费中未包括退休、养老金；‡表示该国所有数据仅包括流通性开支（即未含资本支出）；§表示该国的数字仅为预算经额而非实际支出。¶表示该国数据不包含准军事力量的开支；‖ 表示该国在这段时间内更换货币或改变币值；表中所有数据已转换为最新汇率。

1. 阿尔及利亚最近几个年份的数据为军费预算数据。2006 年 7 月，阿尔及利亚政府宣布在已有预算总数的基础上再增加 35%。但这些增加的预算中是否有一部分拨给了军用并不清楚。

2. 安哥拉军费预算实际落实比例起伏较大。由于安哥拉经济受战争很大影响，其经济统计数据非常不确定。

3. 中非共和国 2005 年投资支出达到 77.5 万非洲法郎。

4. 乍得的数据不包括该国，在正常预算外从石油收入中增拨的防务支出。

5. 刚果民主共和国 2006 年和 2007 年的数据是国际货币基金组织预估出来的，由于极高的通货膨胀率，数据可能被低估。

6. 埃塞俄比亚 1999 年的数据包括该国在原有国防预算基础上追加的 10 亿比尔拨款。

7. 加蓬的数据未包括预算外支出，这些预算外支出来自国外石油公司在加蓬活动运作所交的税收。

8. 加纳 2001 年的数据为获准通过的预算，非当年实际支出。

9. 几内亚的数据可能属于低估，国际货币基金组织有报告指出，该国预算外军费支出数额巨大。

10. 几内亚比绍 1998 年爆发了武装冲突，这使得该国防务支出显著增加，尤其是 2000/2001 年。根据国际货币基金组织的说法，该国通过银行系统信贷及本票途径增加防务支出。由于发生冲突，未能获得该国 1999 年的数据，因此难以确定该年度前后数据的一致性。

11. 马达加斯加的数据包括用于宪兵和国家警察的支出。

12. 马里的数据包括防务及安全支出。

13. 毛里塔尼亚的数据只是该国军事部门的运转费用。

14. 纳米比亚 1999 年的数据仅是其国防部预算。此外，该国财政部 1999 年预算中还包括一项数额为 1.04 亿纳米比亚元的紧急拨款，用于该国派驻刚果民主共和国的部队。2002 年的数据包括一项数额为 7850 万纳米比亚元的追加拨款。

15. 卢旺达 2005 年及 2006 年的数据包括用于非盟维和行动的款项。

16. 塞拉利昂 1999 年的数据不可得，这是因为该国当时发生了政变，随后陷入内战。

17. 苏丹的数据包括防务及安全支出。

18. 津巴布韦的数据请谨慎引用，因为该国通货膨胀极为严重。

19. 哥斯达黎加没有武装部队。该国用于准军事力量、边境、海上及空中警卫队的支出低于国民生产总值的 0.05%。

20. 萨尔瓦多的数据不包括地方政府支付给武装部队的养老金费用或给武装部队药剂中心的经费。如果将上述两项包入，该国 2007 年的总军事支出应为 2.057 亿美元。

21. 洪都拉斯的数据不包括进口武器费用。该国 2005、2006 和 2007 年用于军队养老金的预算分别增加了 5890 万、7360 万和 1.074 亿伦皮拉。

22. 墨西哥用于军队养老金的费用在 2004—2008 年每年另加了约 30 亿比索。

23. 尼加拉瓜的数据包括美国及中国台湾地区向其提供的军事援助，2002—2008 年该国接受的上述军援数额分别为：1250 万、1690 万、1360 万、1110 万，730 万、2880 万和 1220 万科多巴。

24. 美国的数据按财年给出（从当年 10 月 1 日至次年 9 月 30 日）。

25. 玻利维亚的数据包括一些民防支出

26. 智利的数据包括其国有铜业公司（CODELCO）直接划拨的用于军事采购的款项。由于铜价上涨，各种款项的划拨额从 2005 年来一直呈上升趋势。

27. 哥伦比亚 2002—2004 年的数据包括 26 亿比索的特别拨款，这项拨款的依据是 2002 年 8 月 12 日发布的战争税法。

28. 厄瓜多尔在 2000 年 3 月将本国货币改为美元。表中所列数据是每年军费支出依照当年市场汇率换算后的数值。

29. 巴拉圭 2003 年的数据是修订后的预算数据，非实际支出。2007 年和 2008 年用于养老金的费用分别另加了 2080 亿和 2393 亿瓜拉尼。

30. 秘鲁 2001 年前的数据基于秘鲁国防部数据得出，并有可能是来自预算过程的不同阶段。2005 年的数据不包括秘鲁国有的 CAMISEA 公司向武装部队和国家警察所提供的 20%天然气生产收入。

31. 吉尔吉斯斯坦的数据包括用于国内安全的支出，这部分占军费总额很大比例。

32. 土库曼斯坦数据每年所涵盖的类别不同，因为该国公共账目分类时有改变。

33. 依据固定美元汇率所得的乌兹别克斯坦数据，实际分析时还需要考虑其官方和非官方汇率的差异。

34. 中国的数据为估算的总军费支出。关于 1989 年至 1998 年军费开支（当地货币）及占国内生产总值百分比的估算，参见 S. 王《1989 年至 1998 年中国军费开支》,《SIPRI 年鉴 1999：军备、裁军和国际安全》（牛津大学出版社，牛津，1999 年），第 334 页至 349 页。1999 年至 2002 年的估算则根据官方军费开支的变化幅度，并假设解放军通过经商获取的经费不断减少。

35. 日本的数据包括冲绳特别行动委员会（SACO）的费用。

36. 缅甸的数据没有用美元表示，因为缅币和美元存在极端变化的设定汇率。

37. 阿富汗的数据是用于国家军队的核心预算。如果加上由直接军援所得的预算外支出，其军费开支要比所列数据高出 6 倍以上。

38. 印度的数据包括边境安全部队、中央后备警察部队、阿萨姆步枪队和印度—西藏边境警察部队等准军事部队的开支；2007 年起，还包括边境守卫部队 SSB 的经费。但数据中不包括印度核活动的开支。

39. 斯里兰卡 2000 年与战争相关的 280 亿卢比的特别拨款没有充分反映在官方的数据当中。

40. 1999—2002 年，斐济年度军事支出约 3.5%用于养老金。

41. 2006—2008 年，该国用于发展的支出分别为 200 万、300 万和 600 万基那。

42. 阿尔巴尼亚 2006 年之前的数据没有完全包括养老金。

43. 如加上军队养老金，亚美尼亚的数据将会高出 15%—20%。

44. 波黑 2005 年之后的数据是指用于波黑武装部队的数据，该部队成立于 2005 年，系由波黑联邦克罗地亚—波斯尼亚军队和斯普卡共和国的波斯尼亚塞尔维亚人军队组成。波黑 2005 年之前的数据包括波黑联邦军队和斯普卡共和国军队的支出。表中数据不包括进口武器的费用。

45. 根据北约的数据，保加利亚包括养老金在内的所有军事支出，在 2006 年、2007 年、2008 年分别为 13.93 亿、17.12 亿和 17.49 亿列弗。

46. 捷克共和国的数据不包括该国向阿富汗或伊拉克所提供的援助。该国 2004 年、2007 年分别向阿富汗援助了 1870 万、6.126 亿克朗，2005 年向伊拉克提供了 110 万克朗援助。

47. 由于法国预算体系和金融法律的变化，2006 年起，该国的数据采用新的计算方法得出。

48. 格鲁吉亚的数据从 2002 年开始为预算开支。据信，该国 2003 年的预算数据低于实际支出，因为当年发生了政治动乱。

49. 意大利的数据包括民防支出，这部分通常约占总军费的 4.5%。

50. 前南马其顿军事支出的定义，在 2006 年后有改变。边防部队从隶属国防部改为隶属内务部，原来并不在统计范围内的部分养老金，如今已被纳入统计。

51. 将所有军事项目费用加进摩尔多瓦的预算，包括用于军队养老金和准军事部队的费用，其 2005 年、2006 年、2007 年的军事支出分别为 3.43 亿、4.57 亿和 5.30 亿列耶。

52. 黑山于 2006 年 6 月 3 日从塞黑国家联盟中独立出来。

53. 有关俄罗斯军费数据来源、估算方法，可参见 J. 库珀：《1987 年至 1997 年苏联和俄罗斯联邦军费开支》，《SIPRI 年鉴 1998：军备、裁军和国际安全》（牛津大学出版社，牛津，1998）。

54. 黑山于 2006 年 6 月 3 日从塞黑独立出来。塞尔维亚 2005 年之前的数据是指塞黑国家联盟（2003 年 2 月前称作南斯拉夫联盟共和国）的数据，2006 年之后的数据为塞尔维亚单独的数据。

55. 瑞典 2001 年改变了结算制度，因此 2000 年和 2001 年的数据有所断档。这造成瑞典 2000 年至 2001 年军费支出下降幅度被多估算了 1.4%。

56. 由于瑞士结算制度的变更，该国 2005 年至 2006 年军费支出下降幅度可能被高估。

57. 2001 年起，英国结算制度从现金制改为应记制。2001 年起，英国的数据系基于该国年度防务统计所给出的与原来现金定义最接近的“现金净额需求”。“现金净额需求”的定义与 2000 年前的“现金”定义有所区别。结算制度变更对英国军费支出的影响目前尚难明了。

58. 巴林的数据不包括用于国防采购的预算外支出。

59. 伊拉克的数据应从该国安全形势不稳、高通胀率的角度去看。

60. 以色列的数据包括其从美国获得的军事援助，2008 年这一军援数额为 23.8 亿美元。

61. 阿曼的数据包括用于国防和国家安全的支出。该国 2008 年的数据是基于该国 9 个月的实际支出推算所得。

62. 沙特的数据包括国防和安全支出。

63. 叙利亚数据是按照 1 美元等于 11.225 叙利亚镑这一官方汇率换算出来的。但在该国同时也存在着非官方的市场汇率，2008 年非官方市场汇率平均为约 50 叙利亚镑换 1 美元。

64. 阿联酋的数据不包括 7 个酋长国的地方军事支出。如果考虑这部分开支，阿联酋的军事支出总额将会高很多。

（朱肖晶　吴成迈　译）

附录 5B 北约军费表（按类别计算）

萨姆·珀洛-弗里曼

表 5B.1 1999—2008 年北约用于人员及装备的军费

数据单位为百万美元（2005 年美元固定价格及汇率）。斜体数据为较上一年的变化百分比。冰岛没有军费，故略去该国。

国家	类别	1999	2000	2001	2002	2003	2004	2005	2006	2007	2008
北美											
加拿大	人员开支	4945	5000	5104	5329	5458	5787	6099	6434	7016	7002
	人员开支变化	*1.0*	*1.1*	*2.1*	*4.4*	*2.4*	*6.0*	*5.4*	*5.5*	*9.0*	*−0.2*
	装备开支	960	1413	1320	1642	1651	1727	1558	1629	2257	2752
	装备开支变化	*−23.0*	*47.2*	*−6.5*	*24.3*	*0.6*	*4.6*	*−9.8*	*4.6*	*38.5*	*21.9*

国家	类别	1999	2000	2001	2002	2003	2004	2005	2006	2007	2008
美国	人员开支	125401	129085	124894	139629	159029	165273	175167	171754	166821	155282
	人员开支变化	*−2.1*	*2.9*	*−3.2*	*11.8*	*13.9*	*3.9*	*6.0*	*−1.9*	*−2.9*	*−6.9*
	装备开支	82072	74988	88547	106232	108017	118189	123321	128304	135870	141779
	装备开支变化	*−2.3*	*−8.6*	*18.1*	*20.0*	*1.7*	*9.4*	*4.3*	*4.0*	*5.9*	*4.3*
欧洲											
比利时	人员开支	3274	3148	3143	3168	3261	3230	3175	3159	3572	3143
	人员开支变化	*1.3*	*−3.9*	*−0.1*	*0.8*	*2.9*	*−1.0*	*−1.7*	*−0.5*	*13.1*	*−12.0*
	装备开支	313	277	327	314	239	241	271	248	217	403
	装备开支变化	*12.6*	*−11.4*	*17.9*	*−3.8*	*−24.0*	*1.1*	*12.1*	*−8.5*	*−12.2*	*85.5*
保加利亚	人员开支	..	..	..	..	..	348	335	507	509	503
	人员开支变化	..	..	..	..	..	..	*−3.8*	*51.1*	*0.4*	*−1.2*
	装备开支	..	..	..	..	..	115	111	93.2	185	183
	装备开支变化	..	..	..	..	..	..	*−3.5*	*−15.9*	*98.7*	*−1.3*

国家	类别	1999	2000	2001	2002	2003	2004	2005	2006	2007	2008
捷克共和国	人员开支	..	885	928	965	961	1108	1043	1050	998	1010
	人员开支变化	..	..	*4.9*	*4.0*	*−0.5*	*15.3*	*−5.8*	*0.6*	*−4.9*	*1.2*
	装备开支	..	464	410	370	447	334	206	323	205	322
	装备开支变化	..	..	*−11.6*	*−9.7*	*20.7*	*−25.3*	*−38.4*	*57.3*	*−36.6*	*57.1*
丹麦	人员开支	2206	1940	1975	1940	1865	1944	1904	1839	1851	1735
	人员开支变化	*−0.6*	*−12.0*	*1.8*	*−1.8*	*−3.9*	*4.2*	*−2.0*	*−3.4*	*0.6*	*−6.2*
	装备开支	419	525	633	503	583	699	388	584	574	705
	装备开支变化	*−18.1*	*25.3*	*20.6*	*−20.6*	*15.9*	*19.9*	*−44.4*	*50.3*	*−1.7*	*22.7*
爱沙尼亚	人员开支	..	..	..	..	..	62.4	59.6	58.3	88.1	102
	人员开支变化	..	..	..	..	..	..	*−4.5*	*−2.2*	*51.3*	*16.2*
	装备开支	..	..	..	..	..	24.0	24.3	32.5	71.7	33.1
	装备开支变化	..	..	..	..	..	..	*1.4*	*33.8*	*121*	*−53.8*

国家	类别	1999	2000	2001	2002	2003	2004	2005	2006	2007	2008
法国	人员开支	30639	30315	30287	30998	31001	31025	30687	31179	31087	30473
	人员开支变化	0.4	−1.1	−0.1	2.3	0.0	0.1	−1.1	1.6	−0.3	−2.0
	装备开支	9851	9466	9700	9761	10795	11297	11270	12385	11651	11621
	装备开支变化	1.1	−3.9	2.5	0.6	10.6	4.6	−0.2	9.9	−5.9	−0.3
德国	人员开支	25003	24959	24408	24127	24065	23014	22185	21200	20438	19956
	人员开支变化	−0.2	−0.2	−2.2	−1.2	−0.3	−4.4	−3.6	−4.4	−3.6	−2.4
	装备开支	5519	5559	5677	5706	5505	5744	5404	5569	5435	6739
	装备开支变化	6.1	0.7	2.1	0.5	−3.5	4.3	−5.9	3.1	−2.4	24.0
希腊	人员开支	5062	5502	5506	4493	4211	4779	5003	5184	5583	5753
	人员开支变化	6.4	8.7	0.1	−18.4	−6.3	13.5	4.7	3.6	7.7	3.0
	装备开支	1597	1569	1308	870	603	451	1033	1047	737	1273
	装备开支变化	−1.7	−1.7	−16.6	−33.5	−30.6	−25.2	129	1.3	−29.5	72.7

国家	类别	1999	2000	2001	2002	2003	2004	2005	2006	2007	2008
匈牙利	人员开支	641	736	796	798	849	796	768	733	676	650
	人员开支变化	..	*14.8*	*8.2*	*0.2*	*6.4*	*−6.2*	*−3.6*	*−4.6*	*−7.7*	*−3.9*
	装备开支	288	187	175	180	179	192	134	129	176	203
	装备开支变化	..	*−35.2*	*−6.6*	*3.1*	*−0.4*	*6.9*	*−30.1*	*−3.9*	*37.0*	*15.2*
意大利	人员开支	23662	24334	24263	25500	25250	26240	25849	26568	18229	17910
	人员开支变化	*4.9*	*2.8*	*−0.3*	*5.1*	*−1.0*	*3.9*	*−1.5*	*2.8*	*−31.4*	*−1.7*
	装备开支	3737	4890	3459	4268	4489	4077	3051	2336	3506	3314
	装备开支变化	*−2.3*	*30.8*	*−29.3*	*23.4*	*5.2*	*−9.2*	*−25.2*	*−23.4*	*50.1*	*−5.5*
拉脱维亚	人员开支	..	..	..	..	..	78.6	101	115	134	158
	人员开支变化	..	..	..	..	..	..	*28.9*	*13.1*	*16.8*	*18.2*
	装备开支	..	..	..	..	..	13.3	17.7	36.0	33.0	50.9
	装备开支变化	..	..	..	..	..	..	*33.3*	*103*	*−8.1*	*54.1*

国家	类别	1999	2000	2001	2002	2003	2004	2005	2006	2007	2008
立陶宛	人员开支	..	..	..	..	..	163	177	185	205	211
	人员开支变化	..	..	..	..	..	..	8.8	4.2	10.9	2.8
	装备开支	..	..	..	..	..	39.3	46.7	57.4	70.1	71.2
	装备开支变化	..	..	..	..	..	..	18.8	22.9	22.2	1.5
卢森堡	人员开支	145	147	166	173	180	187	184	183	191	89.3
	人员开支变化	0.2	1.9	12.9	3.9	4.3	3.8	−1.9	−0.5	4.8	−53.3
	装备开支	9.6	9.0	29.4	14.7	16.8	19.8	27.8	20.8	16.8	58.2
	装备开支变化	−21.4	−5.7	227	−50.1	14.7	17.4	40.7	−25.3	−19.0	246
荷兰	人员开支	4737	4636	4492	4789	4991	4823	4831	4787	4791	5021
	人员开支变化	−0.1	−2.1	−3.1	6.6	4.2	−3.4	0.2	−0.9	0.1	4.8
	装备开支	1606	1554	1560	1484	1416	1595	1531	1683	1939	1815
	装备开支变化	15.4	−3.3	0.4	−4.9	−4.5	12.6	−4.0	9.9	15.2	−6.4

国家	类别	1999	2000	2001	2002	2003	2004	2005	2006	2007	2008
挪威	人员开支	1755	1776	1712	1996	2038	2144	2091	2213	2240	2034
	人员开支变化	*3.9*	*1.2*	*−3.6*	*16.6*	*2.1*	*5.2*	*−2.5*	*5.9*	*1.2*	*−9.2*
	装备开支	1017	846	928	1248	1105	1189	1031	946	1110	1118
	装备开支变化	*−9.1*	*−16.8*	*9.7*	*34.5*	*−11.5*	*7.6*	*−13.3*	*−8.2*	*17.3*	*0.8*
波兰	人员开支	3064	2959	3121	3119	3258	3232	3172	3128	3521	3796
	人员开支变化	..	*−3.4*	*5.5*	*−0.1*	*4.5*	*−0.8*	*−1.9*	*−1.4*	*12.6*	*7.8*
	装备开支	546	416	428	534	624	779	808	1058	1204	1237
	装备开支变化	..	*−23.7*	*3.0*	*24.7*	*16.9*	*24.7*	*3.8*	*30.9*	*13.8*	*2.8*
葡萄牙	人员开支	2809	2846	2924	2356	2144	2164	2379	2319	2240	2085
	人员开支变化	*5.7*	*1.3*	*2.7*	*−19.4*	*−9.0*	*1.0*	*9.9*	*−2.5*	*−3.4*	*−7.0*
	装备开支	141	223	192	115	202	222	280	271	239	393
	装备开支变化	*15.2*	*57.9*	*−13.8*	*−40.0*	*74.9*	*9.9*	*26.2*	*−3.2*	*−11.7*	*64.1*

国家	类别	1999	2000	2001	2002	2003	2004	2005	2006	2007	2008
罗马尼亚	人员开支	..	..	..	..	..	956	1126	1231	1427	1520
	人员开支变化	..	..	..	..	..	..	*17.9*	*9.3*	*15.9*	*6.5*
	装备开支	..	..	..	..	..	483	395	494	263	365
	装备开支变化	..	..	..	..	..	..	*−18.3*	*25.0*	*−46.9*	*38.9*
斯洛伐克	人员开支	..	..	..	..	..	384	384	410	435	471
	人员开支变化	..	..	..	..	..	..	*0.0*	*6.6*	*6.1*	*8.2*
	装备开支	..	..	..	..	..	79.0	122	106	137	137
	装备开支变化	..	..	..	..	..	..	*54.2*	*−13.0*	*29.0*	*0.0*
斯洛文尼亚	人员开支	..	..	..	..	..	311	329	354	354	389
	人员开支变化	..	..	..	..	..	..	*5.9*	*7.7*	*0.0*	*9.9*
	装备开支	..	..	..	..	..	93.3	48.8	71.9	64.0	46.5
	装备开支变化	..	..	..	..	..	..	*−47.7*	*47.2*	*−11.0*	*−27.4*

国家	类别	1999	2000	2001	2002	2003	2004	2005	2006	2007	2008
西班牙	人员开支	7050	7079	7112	7168	7062	7065	7127	7395	7569	7901
	人员开支变化	0.3	0.4	0.5	0.8	−1.5	0.1	0.9	3.8	2.3	4.4
	装备开支	1232	1433	1419	3035	2815	2989	2885	3000	2970	3311
	装备开支变化	−1.3	16.3	−1.0	113.9	−7.3	6.2	−3.5	4.0	−1.0	11.5
土耳其	人员开支	7718	7161	6504	6305	5605	5453	5377	5383	5080	5043
	人员开支变化	7.2	−7.2	−9.2	−3.1	−11.1	−2.7	−1.4	0.1	−5.6	−0.7
	装备开支	4187	4495	4798	4333	4700	3610	3070	3826	2335	2731
	装备开支变化	36.4	7.4	6.8	−9.7	8.5	−23.2	−15.0	24.6	−39.0	16.9
英国	人员开支	18048	18436	19408	19866	20127	19938	23249	22853	22575	21711
	人员开支变化	−1.4	2.1	5.3	2.4	1.3	−0.9	16.6	−1.7	−1.2	−3.8
	装备开支	12776	12416	11871	11797	11505	11422	12910	11992	13149	12269
	装备开支变化	0.3	−2.8	−4.4	−0.6	−2.5	−0.7	13.0	−7.1	9.7	−6.7

国家	类别	1999	2000	2001	2002	2003	2004	2005	2006	2007	2008
北约欧洲（23 个国家）	人员开支	135811	136858	136747	137762	136868	139447	141538	142032	133795	131666
	人员开支变化	4.4	0.8	−0.1	0.7	−0.6	1.9	1.5	0.3	−5.8	−1.6
	装备开支	43239	44329	42915	44535	45226	45706	45063	46306	46288	48399
	装备开支变化	5.7	2.5	−3.2	3.8	1.6	1.1	−1.4	2.8	0.0	4.6
北约欧洲（2004 年前成员国；16 个国家）	人员开支	135811	136858	136747	137762	136868	137143	139025	139173	130642	128311
	人员开支变化	4.4	0.8	−0.1	0.7	−0.6	0.2	1.4	0.1	−6.1	−1.8
	装备开支	43239	44329	42915	44535	45226	44859	44297	45415	45465	47513
	装备开支变化	5.7	2.5	−3.2	3.8	1.6	−0.8	−1.3	2.5	0.1	4.5
北约欧洲（1999 年前成员国；13 个国家）	人员开支	132106	132278	131901	132880	131799	132007	134042	134262	125447	122855
	人员开支变化	1.5	0.1	−0.3	0.7	−0.8	0.2	1.5	0.2	−6.6	−2.1
	装备开支	42405	43261	41901	43450	43975	43555	43150	43905	43880	45750
	装备开支变化	3.7	2.0	−3.1	3.7	1.2	−1.0	−0.9	1.8	−0.1	4.3

国家	类别	1999	2000	2001	2002	2003	2004	2005	2006	2007	2008
北约总计（25 个国家）	人员开支	266158	270943	266744	282720	301355	310507	322804	320220	307631	293949
	人员开支变化	1.2	1.8	−1.5	6.0	6.6	3.0	4.0	−0.8	−3.9	−4.4
	装备开支	126271	120729	132782	152409	154894	165623	169942	176240	184415	192929
	装备开支变化	0.1	−4.4	10.0	14.8	1.6	6.9	2.6	3.7	4.6	4.6
北约总计（2004 年前成员国；18 个国家）	人员开支	266158	270943	266744	282720	301355	308203	320291	317360	304478	290595
	人员开支变化	1.2	1.8	−1.5	6.0	6.6	2.3	3.9	−0.9	−4.1	−4.6
	装备开支	126271	120729	132782	152409	154894	164776	169177	175349	183592	192043
	装备开支变化	0.1	−4.4	10.0	14.8	1.6	6.4	2.7	3.6	4.7	4.6
北约总计（1999 年前成员国；15 个国家）	人员开支	262452	266363	261899	277838	296286	303067	315308	312450	299283	285138
	人员开支变化	−0.2	1.5	−1.7	6.1	6.6	2.3	4.0	−0.9	−4.2	−4.7
	装备开支	125437	119662	131768	151324	153643	163471	168029	173838	182007	190281
	装备开支变化	−0.6	−4.6	10.1	14.8	1.5	6.4	2.8	3.5	4.7	4.5

注释：

本表格数据根据北约总军费按类别分类统计数据得出。总军费乘以人员及装备开支所占比例得出相应数据后，再应用《国际金融统计数据库》（国际货币基金组织出版）中提供的消费价格指数及市场汇率，换算得出 2005 年固定美元价格数据，网址：http：//www. imfstatistics. org/imf/。一国加入北约的当年，其数据便纳入北约欧洲国家及北约的开支总额（1999 年的此类数据包括捷克共和国、匈牙利和波兰；2004 年的此类数据包括保加利亚、爱沙尼亚、拉脱维亚、立陶宛、罗马尼亚、斯洛伐克和斯洛文尼亚）。此外，增加了 1999 年前北约成员国（含 15 个成员国，其中 13 个为欧洲国家，15 国分别为：比利时、加拿大、丹麦、法国、德国、希腊、意大利、卢森堡、荷兰、挪威、葡萄牙、西班牙、土耳其、英国、美国），以及 1999—2007 年北约成员国（含 18 个成员国，其中 16 个为欧洲国家）系列数据，以显示这些国家的军费支出趋势。2004 年，北约成员国同意变更军费开支定义。除法国、意大利、卢森堡和荷兰的数据外，所有国家 2002 年之后的数据都是根据新定义得出的（即不包括"非实际部署的其他部队"的开支）。法国、意大利、卢森堡和荷兰报告的军费开支数据不完全符合新定义。变更军费开支定义对希腊、匈牙利、葡萄牙和土耳其的数据影响较大。2002 年以前（含 2002 年）的数据以及 2003 年前（含 2003 年）人员开支的数据都依据旧的军费开支定义得出。除仍旧使用旧的军费开支定义的国家之外，所有国家的系列数据都不够连贯，两次断档分别在 2001 年和 2002 年间以及 2002 年和 2003 年间。

资料来源：北约：《北约防务相关财政和经济数据纲要：北约国家防务支出（1980—2002)》，新闻稿 M—DPC—2（2002）139，2003 年 12 月 20 日；北约：《北约防务相关财政和经济数据纲要：北约国家防务支出（1980—2003)》，新闻稿（2003）146，2003 年 12 月 1 日；北约：《北约—俄罗斯防务相关财政和经济数据纲要》，新闻稿 2005 年 6 月 9 日；北约：《北约—俄罗斯防务相关和经济数据纲要：全国咨询中心的国家防务支出（1985—2005)》，新闻稿（2005）161，2005 年 12 月 9 日；北约：《北约—俄罗斯防务相关和经济数据纲要：全国咨询中心的国家防务支出（1985—2006)》，新闻稿（2006）159，2006 年 12 月 18 日；北约：《北约—俄罗斯防务相关和经济数据纲要》，新闻稿，2007 年 12 月 18 日；北约：《北约防务相关财政和经济数据纲要》，新闻稿（2009）009，2009 年 2 月 19 日，所有这些数据均可从网址：〈http: //www. nato. int/issues/defence _ expenditures/〉获得。

（吴成迈　译）

附录 5C 军费数据的报告

卡塔利娜·佩尔多莫　诺埃尔·凯利

一、导言

官方军费数据的一个重要来源是在《联合国军费标准报告书》框架内进行的年度政府报告。此外，各国政府还响应 SIPRI 每年发出的请求向 SIPRI 报告此类数据。本附录提供了向联合国和 SIPRI 报告军费数据的有关信息。第二部分介绍报告军费的各项制度；第三部分说明 2001 年至 2007 年间的报告趋势；第四部分则说明 2008 年报告军费的程度。

二、报告制度

联合国的报告制度

联合国秘书长每年均通过普通照会恳请全体会员国（目前有 192 个国家）报告其最近一个财政年度的军费。这一要求所依据的是 1980 年通过的联合国大会决议。[1] 每两年一次相继通过的大会决议一直号召会员国继续报告军费。[2]

这些年来，提出这一要求的理由有所改变。最初的目的是把报告制度作为迈向逐步削减军事预算的一个步骤。[3] 最新决议中所述理

〔1〕 1980 年 12 月 12 日联合国大会决议 A/RES/35/142 B。联合国大会决议文本可查阅以下网址：〈http://www.un.org/documents/resga.htm〉。

〔2〕 最近通过的此类决议是 2007 年 12 月 5 日联合国大会决议 A/RES/62/13。

〔3〕 请参阅 W. 奥米图根与 E. 申斯合作撰写的“军费数据：40 年概述”，《SIPRI 年鉴 2006：军备、裁军和国际安全》（牛津大学出版社：牛津，2006 年），第 276—277、286、291 页。

由为“增进军事客观情况的流动有助于缓和国际紧张局势，因而能对预防冲突作出重大贡献，而且军事问题的透明化是在各国之间建立信任的关键要素”。〔4〕

表 5C.1 2001—2008 年向联合国和 SIPRI 报告军费情况的国家数量

	2001	2002	2003	2004	2005	2006	2007	2008
联合国报告制度[a]								
联合国会员国数量	189	191	191	191	191	192	192	192
联合国会员国（不包括非常小的国家）	165	166	166	166	166	167	167	167
向联合国递交的报告数量 b	56	70	64	68	62	69	66	68
标准报告书	56	70	54	54	55	54	48	53
简化报告表 c	..	..	10	14	7	15	18	15
零报告 d	5	11	11	10	12	11	12	8
SIPRI 报告制度								
SIPRI 询问国家数量	158	158	158	159	167	165	165	165
向 SIPRI 递交的报告数量	63	61	64	62	67	60	55	53
向联合国或 SIPRI 递交的报告总数 e	..	..	..	..	..	85	78	78

a 2001—2003 年和 2005—2006 年间的数字包括了某些滞后向联合国提交数据的国家，因此略高于前几卷 SIPRI 年鉴中出现的那些数字。2008 年的数据包括了直至 2008 年 11 月 20 日滞后提交数据的国家，然而有些国家可能在该日期之后提交了报告。

b 这些数字不包括零报告。

c 联合国简化报告表包括 1 个未包含在 SIPRI 军费数据库中的国家：苏里南（2006 年和 2008 年）。

d 零报告是指没有输入任何数据而归还给联合国的调查问卷，由并不保持正规武装部队的国家提交。

e 这些数字是向联合国或 SIPRI 提交含有军费数据报告（不包括零报告）的国家总数。由于改变了对联合国和 SIPRI 回复的计数方法，无法提供 2006 年之前的总数。

资料来源：2001—2008 年不同日期的联合国秘书长报告“军事的客观情况，包括军费的透明度”，网址：〈http://www.un.org/disarmament/convarms/Milex/html/Milex_SGReports.shtml〉；填好提交的 SIPRI 调查问卷。

〔4〕 联合国大会决议 A/RES/62/13（同注释〔2〕）。

各国需按照要求报告军费情况，在可行的范围内尽量使用为此制定的报告书《联合国军费标准报告书》，或者采用其他国际组织或区域组织为报告军费而制定的任何其他形式。上述报告书为矩阵表格形式，具有用于报告合计总数以及分类数据的各个栏目，这些数据按照人员、活动与维持、采购、建筑和研发等职能划分，最后汇总，并且按照空军、陆军、海军等军种分类。由于认为某些国家觉得这种矩阵表格过于复杂，同时为了鼓励更多的国家进行报告，联合国于 2002 年推出一种作为替代的简化报告表格。[5]

联合国裁军事务办公室负责管理这一制度。报告的数据纳入联合国秘书长向联合国大会提交的年度报告，并通过适当的联合国媒体公布。[6] 此外，裁军事务办公室定期发布文件分析向联合国报告的趋势。[7]

SIPRI 的报告制度

SIPRI 自 1993 年以来每年向各国政府发函，请它们提供有关军费的数据。上述请求发送给 SIPRI 军费数据库中包含的所有国家(目前有 168 个国家)。[8] 报告的数据是用于编制 SIPRI 军费表格和 SIPRI 军费数据库的资料来源之一。[9]

SIPRI 的数据请求发送给各国政府机关及其驻外使馆。SIPRI 调查问卷是简化版的联合国报告书，其中各个栏目用于填写有关军事及文职人员、活动与维持、采购、军事建筑、军事研发和准军事部队开支以及提供和收到军事援助的数据。为了确保不同时期数据的一致性，需要提供最近 5 年的数据。

〔5〕 联合国裁军事务部，《军备透明：联合国军费报告书、全球及地区性参与 1981—2002》(联合国：纽约，2003 年)，第 3 页。另请参见第 12—14 页上的联合国标准报告书和简化报告表。

〔6〕 联合国裁军事务部，《军备透明：联合国军费标准报告书——指导方针》(联合国：纽约，[n. d.])，第 1 页；联合国大会决议 A/RES/62/13 (同注释〔2〕)。

〔7〕 最近的例子是联合国裁军事务办公室：《联合国军费标准报告书：1996—2007 年按国别划分的全球和地区参与模式》(联合国：纽约，[n. d.])。

〔8〕 2008 年有 3 个国家例外：SIPRI 没有向哥斯达黎加、索马里和汤加发出请求。

〔9〕 SIPRI 军费数据库，参见网址：〈http：//milexdata. sipri. org/〉。

三、2001—2008年军费报告趋势

表5C.1显示的是2001年至2008年间向联合国和SIPRI报告其军费开支的国家数量。这些数字不包括未包含在SIPRI军费数据库中的国家。联合国收到不保持正规武装部队的国家提交的没有任何数据的报告（零报告）。这些国家往往是非常小的国家，例外情况是冰岛、巴拿马和突尼斯。既使用了标准报告书也使用了简化报告表向联合国报告的国家在总数中计入标准报告书。

虽然一直无法计算2006年之前向联合国或SIPRI提交的军费报告总数，近年来报告数量减少是显而易见的。向联合国或SIPRI报告的国家数量从2006年的85个减少到2008年的78个。这种报告总数的减少主要反映了对SIPRI回复率的下降。

2001年至2008年期间，对联合国的平均回复率为39%。从2004年开始，对联合国的回复率一直稳定在40%左右，2005年例外，当年的回复率为37%。报告数量最高的年度是2002年，有70个国家提交了报告，而数量最低的年度为2001年，仅有56个国家回复。

同期对SIPRI的平均回复率略低，为37%。尽管SIPRI增加了发往各国的数据请求数量，回复数量一直不断下降，特别是自2006年以来。2003年回复率最高，当年有33%的国家对SIPRI的数据请求作出回复，而2008年回复率最低，仅为32%。从绝对数字来看，2005年SIPRI收到的报告数量最多，达67份。2008年向SIPRI报告的国家数量最少，只有53个。

四、2008年军费数据的报告情况

表5C.2列出了2008年向联合国和SIPRI报告的国家。2008年合计有78个国家响应了联合国和SIPRI的军费报告请求。在167个联合国会员国中（不包括25个未包含在SIPRI军费数据库中的国家，其中大部分是非常小的国家），有41%向联合国提交了标准报告书或简化报告表。SIPRI向165个国家发出数据请求，有32%的国家回复报告。

迄今为止报告率最高的地区是欧洲，2008 年有 95%的国家向联合国或 SIPRI 提交了报告。提交报告的国家最多的次地区是中欧和西欧，除冰岛向联合国提交零报告之外，所有国家都向联合国或 SIPRI 报告了数据。东欧地区只有阿塞拜疆一个国家既没有向联合国也没有向 SIPRI 报告。

美洲和亚洲的报告率相对较高，分别为 43%和 44%。北美洲的加拿大和美国均向联合国或 SIPRI 报告了数据。中美洲的 8 个国家中有 4 个报告了数据。南美洲的回复率有所下降，11 个国家中有 5 个提交了报告。7 个加勒比地区国家中只有 1 个（多米尼加共和国）提交了报告。同样，中亚地区也只有吉尔吉斯斯坦 1 个国家提交了报告。南亚地区有两个国家（孟加拉国和尼泊尔）报告了数据。东亚地区的 16 个国家中有一半提交了报告。

最后，非洲和中东地区的军费报告率是 2008 年最低的。非洲的回复率为 14%，有 7 个国家向联合国或 SIPRI 报告了数据。中东地区的回复率略高，14 个国家中有 3 个报告了数据。

表 5C.2　2008 年向 SIPRI 和联合国报告军费数据的情况

数字代表国家的数目。不包括递交联合国的零报告和未包含在 SIPRI 军费数据库中的国家的报告。[a]

地区/次地区[b]	回复联合国的国家			回复 SIPRI 的国家			回复 SIPRI 和联合国的国家总数[d]
	询问的国家[c]	报告数据的国家	合计	询问的国家	报告数据的国家	合计	
非洲	50	布基纳法索、毛里求斯[h]、摩洛哥[f]、纳米比亚[f]	4	49[e]	纳米比亚[g]、塞舌尔、南非、突尼斯[g]	4	7
美洲							
北美洲	2	加拿大、美国	2	2	美国	1	2
中美洲	8	萨尔瓦多[f]、危地马拉[h]、墨西哥[h]、尼加拉瓜[f]	4	7[e]	危地马拉、墨西哥	2	4
南美洲	11	阿根廷、巴西、哥伦比亚[h]、智利	4	11	玻利维亚、哥伦比亚	2	5
加勒比地区	7	多米尼加共和国	1	7	—	0	1
亚洲及大洋洲							
中亚	5	吉尔吉斯斯坦 f	1	5	—	0	1
东亚	15	柬埔寨[f]、中国[f]、日本[h]、蒙古[f]、韩国[f]、泰国[f]	6	16	印度尼西亚、日本、韩国、中国台湾地区	4	8
南亚	6	孟加拉国[f]、尼泊尔[h]	2	6	—	0	2

地区/次地区[b]	回复联合国的国家			回复 SIPRI 的国家			回复 SIPRI 和联合国的国家总数[d]
	询问的国家[c]	报告数据的国家	合计	询问的国家	报告数据的国家	合计	
大洋洲	5	澳大利亚、斐济、新西兰	3	4[e]	澳大利亚、新西兰	2	3
欧洲							
西欧和中欧	37	阿尔巴尼亚、奥地利、比利时、波斯尼亚和黑塞哥维那[h]、保加利亚、克罗地亚[h]、塞浦路斯[f]、捷克共和国、爱沙尼亚、芬兰、德国、希腊、匈牙利、爱尔兰、意大利、拉脱维亚、立陶宛、卢森堡、马耳他、前南斯拉夫马其顿共和国、黑山共和国[h]、荷兰、挪威、波兰、葡萄牙、罗马尼亚、塞尔维亚[h]、斯洛伐克、西班牙[h]、瑞典、瑞士、土耳其、英国	33	37	阿尔巴尼亚、奥地利、比利时、保加利亚、克罗地亚、塞浦路斯、捷克共和国、丹麦、爱沙尼亚、芬兰、法国[g]、德国、希腊、匈牙利、爱尔兰、意大利、拉脱维亚、立陶宛、前南斯拉夫马其顿共和国、马耳他、黑山共和国、荷兰、挪威、波兰[g]、葡萄牙、塞尔维亚、斯洛伐克、斯洛文尼亚、西班牙、瑞典、瑞士、土耳其	32	36
东欧	7	亚美尼亚[f]、白俄罗斯、格鲁吉亚[h]、摩尔多瓦、俄罗斯、乌克兰	6	7	白俄罗斯、格鲁吉亚、摩尔多瓦、俄罗斯	4	6

地区/次地区[b]	回复联合国的国家			回复 SIPRI 的国家			回复 SIPRI 和联合国的国家总数[d]
	询问的国家[c]	报告数据的国家	合计	询问的国家	报告数据的国家	合计	
中东	14	以色列[f]、黎巴嫩[f]	2	14	约旦[g]、黎巴嫩[g]	2	3
总计	**167**		**68**	**165**	·	**53**	**78**

FYROM＝前南斯拉夫马其顿共和国

a　有 8 个联合国会员国向联合国提交了零报告：安道尔、冰岛、列支敦士登、摩纳哥、瑙鲁、巴拿马、萨摩亚和突尼斯。1 个未包含在 SIPRI 军费数据库中的国家（苏里南）向联合国提交了简化报告表。

b　为了使 SIPRI 和联合国的报告制度具有可比性，按照 SIPRI 军费数据库中的地理区域给国家分组。参见附录 5A。

c　此外，联合国向未包含在 SIPRI 军费数据库中的 25 个国家发送了数据请求。

d　这一栏显示向 SIPRI 或者联合国提交含有军费数据的报告（不包括零报告）的国家总数。

e　在 2008 年 SIPRI 军费数据库所包含的国家中，SIPRI 未向哥斯达黎加（中美洲）、索马里（非洲）或汤加（大洋洲）发出调查问卷

f　这 15 个国家使用简化的联合国表格报告其数据。

g　这 6 个国家在回复 SIPRI 的时候没有采用 SIPRI 调查问卷。

h　这 12 个国家在回复联合国的时候既使用了简化报告表，也使用了标准报告书。在本表中计入标准报告书回复。

i　SIPRI 向非联合国会员国中国台湾地区发出了调查问卷。

资料来源： 填好提交的 SIPRI 调查问卷；联合国，大会，2008 年 7 月 3 日联合国秘书长报告“军事的客观情况，包括军费的透明度”，联合国文件 A/63/97；2008 年 9 月 16 日联合国文件 A/63/97/Add. 1；2008 年 11 月 20 日联合国文件 A/63/97/Add. 2。

（朱肖晶　译）

第六章 军火生产

萨姆·珀洛—弗里曼

第一节 导言

2007 年全球军火生产量呈持续增长之势，军费开支相应增加。[1] 2007 年除了中国以外的 100 家最大的军火生产公司（SIPRI 100 强）的军火销售总额达 3470 亿美元，与 2006 年的 100 强相比，在面值上增长了 11%，实际增长 5%。美国公司明显占有 100 强武器销售市场的最大份额，而其余大部分则由西欧国家的军火生产公司占有。

2008 年欧洲—大西洋区域军火工业的合并与收购活动稍有减缓，超过 10 亿美元的并购交易仅有 4 例，2007 年有 7 例。[2] 在合并与收购方面，英国公司仍然非常活跃，特别是跨大西洋合并与收购，并在欧洲大陆军火生产公司中成为首次成功收购美国公司的军火生产公司。

本章的第二节描述、分析了 2007 年“SIPRI 100 强”的主体发展趋势，包括迅速增长的装甲车制造公司、军事服务公司、英国公司以及部分俄罗斯公司。第三节探讨了全球经济危机对美国、西欧和俄

〔1〕 P. Stålenheim，C. Perdomo 和 E. Sköns，“军费开支”，《SIPRI 年鉴 2008：军备、裁军和国际安全》（牛津大学出版社：牛津，2008 年）。这里谈及的很多公司都推迟公布其财务数据，这说明所能得到的武器销售数据最早的一年是 2007 年。公司并购的讨论指的是其在 2008 年的发展。

〔2〕 S. Perlo-Freeman，“军火生产公司主要收购案，2007”，《SIPRI 年鉴 2008》（同注释〔1〕）。

罗斯的军火生产公司的影响。第四节详述了2008年期间经济合作发展组织（OECD）成员国中军火生产公司的并购活动。第五节为结语部分。附录6A中列出了2007年"SIPRI 100强"军火生产公司名单，附录6B中列出2008年OECD成员国中军火生产公司的主要并购活动。

第二节 2007年"SIPRI 100强"军火生产公司

延续近几年的发展趋势，2007年世界最大的军火生产公司的销售量持续增长，相比2006年100强军火生产公司的销售总值3120亿美元，2007年全球100强（除中国外）的销售总值为3470亿美元，在面值上增长11%，实际增长5%，与2006年100强公司的销售增长率近似。[3] 自2002年起，100强军火生产公司的销售总额逐年递增，实际销售总额共增长了37%（见表6.1）。表6.2列出了2007年"SIPRI 100强"军火生产公司2006年和2007年的销售情况。这些公司在2007年的销售总额，面值增长12%，实际增长6%。[4]

"SIPRI 100强"军火生产公司中美国公司占据主导地位：44家美国公司占2007年"SIPRI 100强"公司武器销售总值的61%。由于受汇率变化的影响，西欧公司的占有比重稍有提高，占31%。在

〔3〕 S. Perlo-Freeman和E. Sköns，"军火生产"《SIPRI年鉴2008》（同注释〔1〕），第258页。SIPRI有关军火生产公司的数据不断修正，因此没有必要对SIPRI年鉴的各版本进行苛刻的比较。一旦获得个别公司的更新数据，年鉴中的数据也会进行相应地修正。另外，由于数据获取的问题和公司评估的问题——无法每年都给予全部公司恰当的评估，因此修正的范围有所不同。在此使用的2006年"SIPRI 100强"的数据与2008年出版的SIPRI年鉴中的数据有所不同，但无论如何，年鉴各版本中的数据都尽可能的保持一致。

〔4〕 2007年"SIPIRI 100强"公司销售额6%的实际增长率是与2006年相同公司销售额对比计算出来的。而5%的增长率是2007年"SIPIRI 100强"与2006年"SIPIRI 100强"对比计算出来的。由于新进入100强的公司其销售增长率一定高于被替换的公司，因此第一个数据总会相对较高。若前100强公司名单没有变动的话，这两个数据必然一致。

其他有关国家中俄罗斯、日本、以色列和印度的军火生产公司销售额最高。2007 年，8 家公司进入 100 强名单，其中 7 家是第一次进入。[5]

全球军火生产公司从军事物资及服务——特别是高科技系统及服务——销售中所获得的利润，绝大部分被“SIPRI 100 强”公司瓜分。[6] 由于缺少可比经济数据，“SIPRI 100 强”公司名单中并未包括所有武器制造国。大多数情况下，未公布数据的国家其军火生产量较小。但中国却是例外：倘若数据公开，那么中国的军火生产公司必然会出现在“SIPRI 100 强”中。[7] 不过，排除中国，研究“SIPRI 100 强”军火生产公司，足以掌握近代全球军火工业的主要动向。

---

〔5〕 在出版的《SIPRI 年鉴 2008》中新进入 2007 年“SIPIRI 100 强”的公司有 8 家，分别是 Alion 科技公司、军力保护公司、现代重工集团、LIG Nexl 公司、耐维斯塔国际公司、俄罗斯直升飞机管理公司、沃特飞机工业公司和威仕公司，但他们都未入选 2006 年“SIPIRI 100 强”。其中 Alion 科技公司刚被确定为军火生产公司，见附录 6A 和注释〔19〕。

〔6〕 粗略估计，“SIPIRI 100 强”在 1995 年的武器销售额占全球军火生产量的 3/4，这一比例如今有可能上升，因为自 1995 年起，军火生产公司不断进行合并。E. Sköns 和 J. P. Dunne，《武器制造经济学》，L. Kurtz 编纂的《暴力、和平、冲突百科全书》第二版（爱思唯尔出版社：牛津，2008 年）。

〔7〕 极有可能进入“SIPIRI 100 强”的中国公司是制造 J—10 战斗机的中国航空工业第一集团（现隶属于中国航空工业集团公司）和制造陆地系统、导弹和小型武器的中国北方工业公司。尽管无法估算它们的武器销售额，但它们很可能在“SIPIRI 100 强”中排名前 50 位，但不是前 10 位。有关中国的军火工业的论述在 SIPRI 年鉴中的以往版本可以找到。同时，参见 E. Surry，“中国武器制造的价值评估”，第 11 届经济与安全年会论文，西英格兰大学，2007 年 7 月 5—7 日，网址：〈http: //www. sipri. org/contents/milap/milex/publications/unpublished. html〉；中国国务院《2004 中国国防》（中华人民共和国新闻办：北京，2004 年 12 月）；E. Medeiros，《解析中国国防工业和中国军事现代化的意义》，美中经济与安全审议委员会发言，2004 年 2 月 6 日，兰德公司，圣塔摩尼加，加州，网址：〈http: //rand. org/pubs/testimonies/CT217/〉。

表 6.1　2002—2007 年"SIPRI 100 强"军火生产公司（除中国外）的武器销售趋势

	2002	2003	2004	2005	2006	2007	2002—2007
当前价格和汇率下的武器销售额							
总额（十亿美元）	196	235	274	289	312	347	
增长（百比分）	20	17	5	8	11	77	
2007 年固定价格和汇率下的武器销售额							
总额（十亿美元）	252	283	309	317	331	347	
增长（百比分）	12	9	2	5	5	37	

注：该表中的数据来源于 SIPRI 每年公布的全球 100 强军火生产公司，虽然每年的公司名单有所不同，但每年的数据仍以连续方式排列，例如：以上 2006 年 100 强公司的销售数据与表 6.2 中 2006 年数据不同。

资料来源：附录 6A；以及 SIPRI 军火工业数据库。

2007 年武器销售增长最多的公司

2007 年，11 家公司的武器销售额增长超过 10 亿，21 家武器销售额增长了 30％（包括三家销售额超过 10 亿的公司，见表 6.3）。这种增长是由各种因素引起的。有的是，特别是英国公司，其并购利润是收入增长的主要来源。欧洲国家的收入增长（以美元计）是由于 2007 年美元贬值造成的，这也是导致法国泰雷兹公司和意大利芬梅卡尼卡集团公司销售额增长（以美元计）的主要原因。不过，表 6.3 中给出的增长率反映的是多数情况下的实际销售额增长。

按以往的趋势来看，销售额增长高的公司均是装甲车制造公司和军事服务公司，〔8〕而专业制造高科技电子通信设备的公司销售额增长也很快，但这一趋势在 2007 年却开始减弱，一些俄罗斯航天公司的武器销售额也增长巨大。

〔8〕见 S. Perlo-Freeman 和 E. Sköns（同注释〔3〕），第 258—260 页。

表 6.2 “SIPRI 100 强”军火生产公司（除中国外）[a] 所占地区和国家的武器销售份额（2007 年与 2006 年对比）

军火销售额单位为 10 亿美元，以当前价格和汇率计，由于四舍五入，各项数字相加不一定与总数相符。

公司数量	地区/国家[b]	武器销售额（10 亿美元）		2006—2007 年销售额的变化（%）		占 2007 年 100 强销售总额的比例（%）
		2007	2006[c]	面额[d]	实际[e]	
45	**北美**	**213.0**	**196.8**	**8**	**5**	**61.4**
44	美国	212.4	196.3	8	5	61.2
1	加拿大	0.6	0.5	14	6	0.2
32	**西欧**	**107.6**	**89.7**	**20**	**7**	**31.0**
10	英国	45.3	35.9	26	11	13.1
6	法国	23.4	19.5	20	8	6.7
1	跨欧洲[f]	13.1	12.6	4	—6	3.8
4	意大利	11.6	10.2	15	3	3.4
5	德国	7.4	6.0	24	11	2.1
1	瑞典	2.8	2.3	23	10	0.8
2	西班牙	2.3	1.9	21	8	0.7
2	瑞士	0.6	0.5	7	2	0.2
2	芬兰	0.6	0.5	33	19	0.2
2	挪威	0.5	0.5	20	9	0.2
7	**东欧**	**8.2**	**5.6**	**48**	**48**	**2.4**

公司数量	地区/国家[b]	武器销售额（10亿美元）		2006—2007年销售额的变化（%）		占2007年100强销售总额的比例（%）
		2007	2006[c]	面额[d]	实际[e]	
7	俄罗斯	8.2	5.6	48	48	2.4
9	**其他 OECD**	**8.2**	**8.1**	**2**	**0**	**2.4**
4	日本[g]	4.8	5.2	−8	−7	1.4
4	韩国	2.9	2.3	24	18	0.8
1	澳大利亚	0.5	0.5	6	−7	0.2
7	**其他非 OECD**	**9.9**	**8.3**	**19**	**6**	**2.8**
3	以色列	5.0	4.1	22	12	1.4
3	印度[h]	3.7	3.3	12	−4	1.1
1	新加坡	1.1	0.9	25	16	0.3
100	**总计**	**346.9**	**308.4**	**12**	**6**	**100.0**

OECD＝经济合作发展组织

a 尽管知道，中国的几家大型军火生产公司有足够的实力占据“SIPRI 100强”位置，但由于缺乏足够精确的可比数据，很难把它们统计进来。如果能够获得数据，其他国家如哈萨克、乌克兰也有一些大到足以列入“SIPRI 100强”的公司，但这不是很肯定。

b 国家或地区的公司数据是指100强公司总部所在的国家或地区的销售额，包括那些拥有海外子公司的公司，这些销售数据不能反映出在该国或地区实际生产的武器数量。

c 2006年武器销售数据来源于SIPRI公布的2007年“SIPRI 100强”军火生产公司，而非2006年“SIPRI 100强”。

d 这一组数据是以当前美元价格计算2006—2007年武器销售额的变化。

e 这一组数据是以2007年固定美元价格计算2006—2007年武器销售额的变化。

f 被称为跨欧公司的是EADS公司，见附录6A。

g 日本的数据来源于日本防务部签订的合约。

h 印度的数据中包括对印度兵工厂的粗略估值。

资料来源：附录6A。

装甲车

连续三年，装甲车制造公司——产品销往驻阿富汗和伊拉克的美国和他国武装部队——收入增长很高。收入增长特别高的公司主要销售防地雷反伏击车辆（MRAP），其用途是可对抗可能造成重大伤亡的简易爆炸装置（IEDs）。[9] 自 2007 年 MRAP 大规模引进后，极大地减少了由 IED 造成的美军死亡人数。[10] 购买 MRAP 已经成为美国国防部近几年的主要开支：2007 年国防部要求在 2008 财年预算中增加 53.4 亿美元用于购买 MRAP。[11] 到 2007 年底，已订购 11900 辆 MRAP，计划共采购 15000 多辆 MRAP。[12]

有三家公司成为美国国防部 MRAP 的主要供应商：英国的 BAE 系统公司、美国的军力保护公司和耐维斯塔国际公司。BAE 系统公司 2007 年成功收购装甲控股公司令其成为美国国防部 MRAP 采购的主要供应商。到 2007 年底，BAE 系统公司已收到 3485 辆 MRAP 的订单，总值 22 亿美元。[13] 为了满足市场对 MRAP 的新的需求，军力保护公司和耐维斯塔国际公司均涉足军工行业，并首次进入“SIPRI 100 强”名单。到 2008 年 7 月，军力保护公司已收到 2884

〔9〕 根据美国国防部消息，到 2009 年 2 月止，在因恐怖行动造成的驻伊美军伤亡中由爆炸性武器导致的伤亡率为 68%和 63%。美国国防部、统计信息分析部，“理性看待全球反恐怖主义战争 2001 年 10 月 7 日至 2009 年 2 月 28 日”，网址：〈http://siadapp.dmdc.osd.mil/personnel/CASUALTY/castop.htm〉。

〔10〕 Brook，T. V.，“伊拉克路边炸弹减少”，《今日美国》，2008 年 6 月 22 日。同时，见美国国防部，统计信息分析部，“全球反恐怖主义战争行动伊拉克人民的自由指日可待 2003 年 3 月 19 日至 2009 年 2 月 28 日” 网址：〈http://siadapp.dmdc.osd.mil/personnel/CASUALTY/castop.htm〉；美国国防部“国防部 Conway 上将新闻简讯”，新闻稿，May 2007 年 5 月 17 日，网址：〈http://www.defenselink.mil/transcripts/transcript.aspx?transcriptid=3965〉。

〔11〕 美国国防部，“2008 财政年度全球反恐战争预算修订提请增加预算，防地雷反伏击车辆”，2007 年 7 月 21 日，网址：〈http://www.defenselink.mil/comptroller/defbudget/fy2008/fy08GWOT.html〉。同时，参见 Stålenheim、Perdomo 和 Sköns（同注释〔1〕），第 179—185 页。

〔12〕 D. Miles 和美国军方新闻服务部，“MRAP 采购可以达到年末目标”，国防部，2007 年 12 月 19 日网址：〈http://www.defenselink.mil/news/newsarticle.aspx?id=48471〉。

〔13〕 BAE 系统公司，“2007 年报：全球增长的讲话”（BAE 系统公司：伦敦，无出版时间），第 15、30 页。

辆 MRAP 美洲狮系列的订单，总值 18 亿美元。截至 2007 年末，耐维斯塔国际公司共收到 4500 辆 MRAPMxxPro 系列的订单，价值 25 亿美元；加上追加订单，共计 35 亿美元。[14]

美国通用动力公司通过与 BAE 系统公司和军力保护公司合作开发 MRAP 项目获利非浅，[15] 例如：军力保护公司的 MRAP 美洲狮系列便是与通用动力公司共同研制的。[16]

其余销售军事车辆业绩好的公司包括制造高机动多用途轮式车（HMMWV 或 Humvee）的美国 AM 通用公司；为德军制造 Dingo 全保护车辆（与 MRAP 相似）的德国克劳斯·玛菲·韦格曼公司；以及德国的莱茵金属工业公司和芬兰的帕提亚防务集团公司。这反映出在阿富汗和伊拉克战争中军方对地面战争体系普遍的强烈需求和对反 IED 武装车辆的特殊需求。

目前对装甲车辆，特别是对 MRAP 的强烈需求，是由于在阿富汗和伊拉克战争中西方武装部队不断卷入镇压叛乱的重大军事行动中。因此，一旦冲突结束或减弱的话，凭借这些产品获取高额利润的公司有可能受到影响。值得注意的是，尽管美国的 MRAP 项目给军力保护公司和耐维斯塔国际公司一年的武器销售带来了巨大的增长，但相对于其他如空战、海战项目所带来的销售增长，MRAP 项目的销售增长还是较小。

---

〔14〕 耐维斯塔国际公司，截止 2007 年 10 月 31 日按《1934 年证券交易法》第 13 节或 15 节（d）编制的 10－K 年度财政报告，（美国证券交易所：华盛顿，2008 年 5 月 29 日），第 4 页；“更多的 MRAP：耐维斯塔国际公司的 MaxxPro 系列保持第一”，《防务工业日报》，2008 年 12 月 14 日。

〔15〕 “通用动力公司获 MRAP 订单”，《防务工业日报》，2008 年 12 月 4 日。

〔16〕 军力保护公司，截止 2007 年 12 月 31 日按《1934 年证券交易法》第 13 节或 15 节（d）编制的 10－K 年度财政报告，（美国证券交易所：华盛顿，2008 年 9 月 15 日），第 4—6、11 页。

表 6.3　2007 年"SIPRI 100 强"中武器销售额增长最多的公司

销售数据以当前价格和汇率下单位值百万美元计算。

2007年排名	公司	国家	产品	武器销售额（百万美元）		2006—2007年销售额的变化	
				2007年	2006年	百万美元	%
武器销售额绝对增长的公司（超过10亿美元）							
2	BAE 系统公司	英国	A Ac El MV Mi SA/A Sh	29850	24060	5790	24
5	通用动力公司	美国	A El MV Sh	21520	18770	2750	15
6	雷神公司	美国	El Mi	19540	17610	1930	11
14	赛峰公司	法国	El Eng	5230	3780	1450	38
3	洛克希德马丁公司	美国	Ac El Mi Sp	29400	28120	1280	5
8	L—3 通信公司	美国	El Ser	11240	9980	1260	13
35	巴布科克工程服务国际集团公司[a]	英国	Ser	1920	760	1160	153
9	芬梅卡尼卡集团公司	意大利	A Ac El MV Mi SA/A	9850	8640	1210	14
41	苏霍伊公司	俄罗斯	Ac	1710	600	1110	185
11	联合技术公司	美国	Ac Eng	8760	7650	1110	15
10	泰雷兹公司	法国	El Mi SA/A	9350	8240	1110	13
武器销售额相对增长的公司（超过30%）							
77	耐维斯塔国际公司	美国	MV	620	30	590	1967
61	军力保护公司	美国	MV	890	200	690	385
41	苏霍伊公司	俄罗斯	Ac	1710	600	1110	185

2007年排名	公司	国家	产品	武器销售额（百万美元）		2006—2007年销售额的变化	
				2007年	2006年	百万美元	%
35	巴布科克工程服务国际集团公司[a]	英国	Sh Oth	1920	760	1160	153
55	战术导弹集团	俄罗斯	Mi	1050	650	400	62
54	伊多公司[b]	美国	El	1060	660	400	61
96	威仕公司	美国	Ser	540	340	200	59
25	AM通用公司	美国	MV	2670	1700	970	57
68	LIG NEX1防务公司	韩国	El	690	450	240	53
30	达索航空公司	法国	Ac	2380	1570	810	52
31	优斯公司	美国	Ser	2290	1530	760	50
72	Alion科技公司	美国	Ser	660	450	210	47
23	阿尔马兹—安泰公司	俄罗斯	Mi	2780	1950	830	43
42	克劳斯·玛菲·韦格曼公司	德国	MV	1690	1190	500	42
70	美捷特集团公司	英国	Oth	670	480	190	40
14	赛峰公司	法国	El Eng	5230	3780	1450	38
36	埃尔比特系统公司	以色列	El	1910	1400	510	36
33	奎奈蒂克公司	英国	Ser	2160	1610	550	34
37	VT集团公司	英国	Sh Ser	1870	1400	470	34
74	帕提亚防务集团公司	芬兰	Ac MV SA/A	640	480	160	33
29	莱茵金属工业公司	德国	A El MV SA/A	2400	1810	590	33

A＝大炮；Ac＝飞机；El＝电子装置；Eng＝引擎；Mi＝导弹；MV＝军用车辆；SA/A＝小型武器/弹药；Sh＝船；Sp＝航天飞机；Ser＝服务；Oth＝其他

a 尽管德文波特管理有限公司于2007年8月1日被巴布科克工程服务国际集团公司收

购，但其 2007 年全年的武器销售额仍计算进巴布科克工程服务国际集团公司的销售收入中。

b 伊多公司于 2007 年 12 月 20 日被国际电话电报公司收购，由于收购时间接近年末，因此 2007 年该公司仍按独立实体看待，其财务状况不计算进国际电话电报公司中。

其他增长领域

长期以来，军事机构把自己以往的许多任务外包给军事服务公司，导致军事服务公司快速成长起来，[17] 这一趋势一直延续到 2007 年。表 6.3 中列出了一批专业从事军事服务的公司名单。外包的军事服务项目包括研究与发展、分析与咨询、保养与检修（MRO）、专业军事设备操作、信息技术服务、设施管理、后勤、培训、情报服务和武装护卫。[18] 2007 年 100 强公司中包括 21 家主营军事服务的公司，比 2006 年增加了 2 家。[19] 主要的军事服务公司包括：为世界各地美军，特别是驻伊美军，提供后勤保障的美国 KBR 公司；为美国国防部提供一系列调研、情报分析和系统支持服务的美国科学应用国际有限公司和 CACI 国际公司；为美国和其他军事国提供 IT 服务的美国依多公司；以及进行军事科研与咨询服务的英国奎奈蒂克公司。

一些提供高科技电子通信系统服务的公司，特别是针对网络中心战提供服务的公司，在 2007 年销售额增长很快，其中包括美国的 L—3通讯公司、伊多公司和雷神公司，法国赛峰公司，以色列埃尔比特系统公司和韩国 LIG Nexl 防务公司。除上述增长领域外，法国达索航空集团公司在海外武器销售方面的收入增长也很快。[20]

英国公司

2007 年英国军火生产公司的收入增长反映出他们频繁地进行公

---

〔17〕 有关这一趋势的讨论见 S. Perlo-Freeman 和 E. Sköns 的“隐蔽的军事服务业”，《SIPRI 和平与安全见解》，2008（1），2008 年 9 月，网址：〈http：//books. sipri. org/product _ info? c _ product _ id ＝361〉。

〔18〕 “服务”首次在军火工业中以独立的产品身分出现在“SIPIRI 100 强”公司产品中。见附录 6A 和表 6.3。

〔19〕 2006 年 19 家公司中包括一家 Alion 科技公司，该公司未入选《SIPRI 年鉴 2008》，之后才载入 SIPRI 军火工业数据库。

〔20〕 达索航空公司，《2007 年报》（达索航空公司：巴黎，2008 年 4 月），第 7 页。

司并购（大部分为跨大西洋公司并购）。〔21〕在表 6.3 中英国的 BAE 系统公司、奎奈蒂克公司、巴布科克工程服务国际集团公司和美捷特集团公司，不但在武器销售方面有实质性的增长，而且在公司并购方面也都表现十分活跃。BAE 系统公司、奎奈蒂克公司和美捷特集团公司都对美国公司进行了重大的并购，而巴布科克工程服务国际集团公司的武器销售收入的增长来源于该公司从一家美国公司手中收购了经营着英国最大海军基地的德文波特管理有限责任公司。〔22〕因此，在某种程度上，这种销售增长代表的是在英美两国由英方控股的军火生产公司的股份增长，而非英国境内的军火工业的增长。

俄罗斯公司

2007 年几家从事航天产品开发的俄罗斯公司——如飞机、导弹、引擎和子系统——收入大大增加。制造军事飞行器的苏霍伊公司 2007 年产品销往委内瑞拉、印度和马来西亚，并收到了大笔印度的新订单，其武器销售量增加了两倍多。〔23〕生产 S－300 和 S－400 系列防空导弹系统的阿尔马兹－安泰公司继续了 2006 年快速增长之势，2007 年依然是俄罗斯最大的武器制造商。这不仅是由于供给俄军的武器销售量增加，而且也是因其防御系统长期深受国外客户喜欢。〔24〕战术导弹集团公司武器销售的巨额增加也是这一国内外销售的成功案例，俄罗斯启动一项 5 万亿卢布（1890 亿美元）项目，计划到 2015 年大部分俄军装备能得以更新。〔25〕

阿尔马兹－安泰公司，特别是战术导弹集团公司，连续几年都保持武器销售额的增长。阿尔马兹－安泰公司自 2004 年起销售额增长了 132%，从 2004 年的 11.94 亿上升到 2007 年的 27.79 亿；战术导

〔21〕见 Perlo-Freeman 和 Sköns（同注释〔3〕），第 268—270 页；以及文章第四节。

〔22〕尽管德文波特管理有限公司于 2007 年 8 月 1 日被巴布科克工程服务国际集团公司收购，但其 2007 年全年的武器销售额仍计算到巴布科克工程服务国际集团公司的销售收入中。

〔23〕SIPRI 武器转让数据库，网址：〈http://armstrade.sipri.org/〉。

〔24〕“阿尔马兹—安泰公司全力生产”，《俄罗斯日报》，2007 年 8 月 25 日。

〔25〕Yu. Gavrilov，“部队已下命令：谢尔盖·伊万诺夫挑选好了未来三年的主要武器”，《俄罗斯日报》2007 年 9 月 12 日；和 S. Saradzhyan，“俄罗斯准备未来战”，国际关系与安全网络安全观察网站，2007 年 2 月 12 日，网址：〈http://www.isn.ethz.ch/news/sw/details.cfm?ID=17240〉。TRV 公司英文名为战术导弹公司。

弹集团公司更是增长了五倍，从 2004 年的 2.17 亿到 2007 年的 10.55 亿。[26] 俄罗斯军火工业的其他产品的销售额未见增长，目前仅有航空产品令俄罗斯公司在“SIPRI 100 强”中榜上有名。

2007 年武器销售跌幅最大的公司

2006 年“SIPRI 100 强”中有 12 家公司的武器销售额下降，其中 9 家跌幅超过 10%（见表 6.4）。各公司销售额下降的原因并不完全清楚，但是有些情况可以解释。俄罗斯的米格公司自 2007 年以来一直面临着严重的财政问题，其主要原因是由于与阿尔及利亚的一桩重要交易中止，阿方退回了 15 部米格战斗机，并声称这批战斗机是次等品。[27] 英国史密斯集团公司于 2007 年出售了它主要的军事部门——史密斯航天部给美国通用电气公司。KBR 公司的武器主要出售给驻伊美军，其收入在 2007 年也明显下降。[28]

表 6.4　2006 年“SIPRI 100 强”中 2007 年武器销售跌幅最大的公司

排名		公司	国家	武器销售额（百万美元）		2006—2007 年销售额下降（%）
2007	2006			2007	2006	
—	76	米格公司[a]	俄罗斯	.. [b]	570	>95
—	91	北方造船厂[a]	俄罗斯	.. [b]	510	>94
—	40	史密斯集团公司[a]	英国	350	1480	77
85	51	川崎重工	日本	580	1120	48
16	12[c]	凯洛格·布朗·路特公司	美国	5000	6630	25
64	53	三菱电机	日本	820	1010	19

〔26〕 仅仅只有小部分的增长是由于卢比对美元的升值。

〔27〕 A. Komarov，“翼侧包围”，《航空和空间技术周刊》，2008 年 12 月 1 日；和“由于质量低劣阿尔及尼亚退回俄罗斯 15 架米格战斗机”，俄罗斯新闻社，2008 年 2 月 18 日，网址：〈http：//en. rian. ru/russia/20080218/99490063. html〉。

〔28〕 凯洛格·布朗·路特公司，《增长的位置：2007 年报》（凯洛格·布朗·路特公司：休斯顿，德克萨斯州，2008 年 2 月），第 43 页。

排名		公司	国家	武器销售额（百万美元）		2006—2007 年销售额下降（%）
2007	2006			2007	2006	
79	65	日本电气公司	日本	610	710	14
—	97	斗山集团[a]	韩国	410	480	14
65	55	奈克斯特公司	法国	800	900	11

a 这些公司没有进入 2007 年“SIPRI 100 强”名单中。

b 这些公司没有列入由战略技术研究中心确定的 2007 年俄罗斯 20 家最大的军火生产公司名单中，SIPRI 的大部分俄罗斯公司数据都是由该研究中心提供。2007 年名单中第 20 位俄罗斯公司的武器销售额为 3000 万美元。

c 凯洛格·布朗·路特公司的排名是依据其前总公司哈利伯顿公司的销售额计算的，凯洛格·布朗·路特公司的武器销售额全部包含在哈利伯顿公司的销售额中。

资料来源： SIPRI 军火工业数据库。

军火工业的连贯性与变化

自 2002 年起，有 5 家军火生产公司一直位列“SIPRI 100 强”中，排位稍有不同。在前 10 强名单中唯一的变化是 L－3 通信公司取代了联合技术公司，这一现象表明近几年欧洲－大西洋区域的军火工业结构的高度一致性。

受 2002 年美国诺斯洛普·格鲁门公司收购汤普森·拉莫·伍尔德里奇公司的影响，全球军火生产公司早期的大规模合并基本结束。〔29〕至此，集中过程基本结束。实际上，通过考察前 5 强的武器销售份额，可发现该进程已朝着相反的方向进行（见表 6.5）。表 6.5 中部分份额降低是由于美元贬值和欧元升值造成的（前 5 强中有 4 家美国公司、1 家英国公司），即使以 2007 年固定美元价值计算，份额还是从 42.7％下降到 39.2％。自 2002 年起，除 2005 年外，前 5 强份额逐年递减。（由表 6.5 所示，前 10 强的份额也有所下降，但前 20 强的份额大体不变。）

集中过程中的这种减速，或者说是稳定，是由这些公司的军工

〔29〕 见 J. P. Dunne 和 E. Surry，“武器制造”，《SIPRI 年鉴 2006：军备、裁军与国际安全》（牛津大学出版社：牛津，2006 年），第 399—405 页。

产品——军事服务和高科技电子通信——近几年的快速发展所致。在 100 强名单中排名靠前的几家公司，特别是诺斯洛普·格鲁门公司，都涉足军事服务行业，而这一行业的逐步崛起又引发了大批非常规军备制造公司的武器销售快速增长。针对网络中心战研发的高科技电子通讯技术也变得日益重要，为有实力跟上这种高速增长态势的公司提供机会。俄罗斯军火生产公司的某些产品的重新启动也令这些公司在 100 强中的份额稍有增加。尽管一些大规模的公司并购在军火工业的底层公司和服务部门仍在继续进行——2007 年是公司并购活动较为频繁的一年——但这还是比不上某些小公司的快速发展。〔30〕

这一时期常规军火工业顶峰的相对连贯性与美国军费开支的迅速增加以及其他国家军费开支的增加（或者不变）都相当吻合，这一点不足为奇。〔31〕日益增长的需求量使产业中的所有公司都获得了稳定增长的收入，不需要像美国和西欧的军火生产公司在冷战后遭受预算大减不得不依靠激烈的市场竞争或公司合并来维持生计。

表 6.5　2002—2007 年“SIPRI 100 强”的集中情况

数据为 SIPRI 前 5、10 和 20 强公司武器销售额占总份额的百分比。

年份	2002	2003	2004	2005	2006	2007
前 5 强公司份额	44.1	42.5	40.9	41.1	40.1	39.2
前 10 强公司份额	60.3	59.9	58.5	59.1	58.4	57.3
前 20 强公司份额	72.9	73.1	73.0	74.0	73.6	73.2

资料来源：SIPRI 军火工业数据库。

〔30〕 Perlo－Freeman（同注释〔2〕）。

〔31〕 有关美国军费开支讨论见本卷第五章第三节。

第三节 军火工业和全球金融危机

2008年全球金融危机造成了世界范围内的经济滑坡，导致许多工业领域普遍亏损，也波及到了军火工业。[32] 不过，军火工业受影响的方式与其他工业不同，在不同国家表现形式也不一样。

由于军火工业的收入基本上依赖于政府的财政支出而不是消费者或私人企业，所以对经济形势变化的反应和其他工业领域不同。此外，主要武器的长期研制时间增加了军火工业的稳定性和可预见性。当然，许多军火公司拥有重要的民用业务，特别是民用航空领域，它们较容易受到市场波动的影响。

附录6A提供的数字是基于2007年的收入数据，无法反映金融危机的影响。大多数主要军火公司的收入和利润在2008年并未下降，并且由于美国的高额军费和欧洲军事预算保持稳定增长而继续增加（见表6.6）。[33] 此外，大多数军火公司握有大额订单，在未来一至两年内依然会保持高收入。

虽然军火公司和许多分析家都预计美国军事支出增长速度会降低，但很少有人认为会大幅削减。[34] 美国军事支出的持续增长让一些分析家们认为在当前的金融海啸中军火工业成为了投资者的"安全

〔32〕"全球金融危机"指由于银行和其他金融机构的信贷总供应量的骤减而导致2008年以来绝大多数发达国家和许多发展中国家经济严重衰退。虽然危机的根源可以追溯到更早时候，但在2008年9月随着一批著名金融机构的破产而体现的尤为显著。随之而来的是全球股票市场的重挫和更多银行破产。危机根源何在和如何应对不在本章的讨论范围。对经济危机重要事件的描述见"时间表：全球信贷危机"，《BBC新闻》，2009年1月16日，网址：〈http://news.bbc.co.uk/2/7521250.stm〉。

〔33〕见本卷第5章。

〔34〕比如，波音公司2008年第三季度财务报告认为："波音预计美国国防总支出的增长率会降低"。波音，"由于商业运输减少波音职位削减三分之一"，《新闻发布》，2008年10月22日，网址：〈http://www.boeing.com/news/releases/2008/q4/081022a—nr.html〉，第6页。洛克希德·马丁公司的2007年年度报告称："虽然未来防务预算的最后规模还不确定，当目前形势表明整体防务支出在未来几年内会继续保持增长，尽管以较低的增长率。"洛克希德·马丁，《2007年度报告》（洛克希德·马丁：贝塞斯达，MD，n.d.），第18页。

避风港”。[35] 但是，表 6.6 显示，主要军火公司的股价也随多数国家的股票市场一起下跌。[36] 即使没有迹象显示收入缩水和政府客户的订单减少，军火公司还是会从其他很多方面受到危机的影响。

第一，经济衰退造成的税收上的损失使政府预算更加紧张。许多政府发起大规模财政刺激计划，从而进一步增加了财政赤字。军事支出，特别是主要武器采购，无法很快提供就业机会，因而并非这些刺激计划的重点。比如，奥巴马总统提出的 8000 亿美元刺激计划不包括增加军购的方案。[37] 因此，随着预算赤字的增加，军事支出将会面临压力。不过，由于主要武器项目所需的研制时间长，军事支出下降的影响要经过一段时间才能反馈到军火工业的收入上。

第二，经济危机使企业越来越难以获得信贷。虽然多数大军火公司（特别是英国和美国的）现金储备相对充足、债务水平较低，但是在供应链低端就可能不是这样，在欧洲大陆则表现得更为突出。[38] 比如 EADS 和泰利斯对它们的供应商在这个问题上的困境表示担忧。[39]

---

〔35〕 A. Boessenkool，“专家称：华尔街风暴不会波及军火公司”，《防务新闻》，2008 年 9 月 19 日。

〔36〕 美国标准普尔 500 指数在 2008 年下跌 38.5%，欧洲标准普尔 350 指数下跌 44.5%。标准普尔，“标准普尔股票指数”，〈http：//www2. standardandpoors. com/portal/site/sp/en/us/page. family/indices-ei/2，3，2，0，0，0，0，0，0，0，0，0，0，0，0，0. html〉。

〔37〕 美国总统选举办公室，“当选总统奥巴马的言论”，《电台演说原文》，2008 年 12 月 6 日，网址：〈http：//change. gov/newsroom/entry/the－key－parts－of－the－jobs－plan/〉；J. M. 多奈力，“军火公司试图与刺激计划引起的削减绝缘”，《CQ 政治》，2009 年 1 月 8 日，网址：〈http：//www. cqpolitics. com/wmspage. cfm? docID ＝ news－000003005341〉。英国国防工业委员会秘书伊安·戈登在 2008 年 11 月 24 日发表声明，对军火工业未在英国的刺激计划中占据重要位置表示失望。G. 安德森和 K. 瓦格斯塔夫—史密斯，“国防工业能再点燃经济吗?”，《简式防务周刊》，2008 年 12 月 3 日。例外的是法国的刺激计划，该计划包括增加部署一些主要武器平台，特别是武装车辆。A. 卢埃罗，“军备：再起飞计划的赢家”，《回声》，2008 年 12 月 17 日；P. Tran，“通货再膨胀计划将帮助奈克斯特与潘哈德”，《防务新闻》，2008 年 12 月 17 日。

〔38〕 Boessenkool（同注释〔35〕）；和 A. Boessenkool，“经济困难时期对防务公司并非很糟糕”，《防务新闻》，2008 年 12 月 15 日。

〔39〕 D. 巴里、M. A. Taverna 和 R. 华尔，“信用证”，《航空周刊和空间技术》，2008 年 10 月 28 日。

表 6.6　2008 年 10 大军火生产公司的中期表现

数字是百分率变动。

公司	股价变化 2008 年 12 月 31 日	收入变化 2008 年 9 月[a]	利润变化 2008 年 9 月[a]	订单变化 2007 年 12 月—2008 年 9 月
波音	−51	−1	−10	+7
BAE 系统[b]	−24	+12	+16	+30
洛克希德·马丁	−20	+2	+7	..
诺斯罗普·格鲁曼	−43	+7	−5	+10
雷声	−16	+12	−37	+1
通用动力	−35	+9	+24	+9
EADS	−44	+7	c	..
L—3 通信	−30	+7	+24	+18
芬麦卡尼卡集团	−50	+6	+35	+4
泰利斯[d]	−27	+1	−48	+23

a 收入和利润的数字一般是 2008 年前 9 个月和 2007 年前 9 个月的对比，例外情况下面有注释。

b BAE 系统的收入和利润数字是 2008 年前 6 个月和 2007 年前 6 个月的比较，订单数字是 2008 年 6 月和 2007 年 6 月的之比。

c EADS 在 2007 年前 9 个月里损失了 7 亿英镑（9.58 亿美元），在 2008 年前 9 个月里盈利 11 亿英镑（16.72 亿美元）。

d 泰利斯的收入和利润数字是 2008 年前 6 个月和 2007 年前 6 个月之比。泰利斯订单数字无从获取。提供的数字是 2008 年前 9 个月的新订单和 2007 年前 9 个月之比。

资料来源：公司季度报告和盈利的公开信息。

第三，获得贷款的困难使没有充足现金储备的公司更难以进行大规模并购。其他筹资手段如资产转让和资产出售在低迷的市场环境下也更加难以实现。比如，金融危机迫使芬麦卡尼卡集团调整筹资 52 亿美元收购 DRS 技术公司的策略。它放弃了发行债券和筹资建立一家分公司的计划，因为这样增加的债务超过了最初的预期。此外，它还取消了近期的收购方案。[40] 并购行为的减少有可能反过来对股价

〔40〕 A. Native，“清偿债务”，《航空周刊和空间技术》，2008 年 10 月 27 日。

产生负面影响，因为收购的前景往往会提高股价。

受到金融危机的影响，俄罗斯的军火工业正面临着特殊的问题。据俄罗斯副总理谢尔盖·伊瓦诺夫称，俄罗斯的企业正面临着“可怕的现金短缺”，这使得一些企业无法履行合同和支付工资。他呼吁国家控制的银行制定倾斜性信贷政策帮助军火公司应对这一问题。[41] 此外，危机打乱了俄罗斯工业重建计划，该计划的目标是通过对新型主要装备和技术的大规模投资扭转近年来的下滑趋势，该计划是《2015 年前国家武器装备发展计划》的一部分。按计划，企业本身将出资 2010 亿卢布（77 亿美元），占总成本的 40%。[42] 但是，计划的两项潜在主要资金来源——贷款和国有军火制造商上市募集资金——在当前的经济气候下是困难的或不可行的。[43]

为应对这些问题，政府向军火工业提供了价值 1500 亿卢布（53 亿美元）的财政援助；其中 1000 亿卢布以贷款担保的形式，另外 500 亿是直接投资，包括固定资产投资和利率补贴，主要用于那些濒临破产的公司。[44] 尽管面临金融危机和石油价格下跌，俄罗斯总统德米特里·梅德韦杰夫宣称计划中的军事发展计划将继续执行，尽管他承认某些项目将“稍微缓慢一些”。[45]

总之，虽然对军火工业产品的需求比起其他工业而言会下降得少一些，但是军火生产工业还是受到了金融危机造成的信贷紧缩和投资者普遍谨慎的影响。军火公司的股价也因为投资者对未来军事预算趋势的担忧而受到影响。结果，尽管目前的收入和订单保持着高水平，

---

〔41〕 C. 罗威，“副总理：全球危机冲击俄罗斯军火制造商”，路透社，2008 年 11 月 11 日，〈http://www.reuters.com/article/rbssBanks/idUsLB11929320081111〉；G. 安德森和 J. 海耶斯，“金融危机中为俄罗斯国防工业寻找资金的改革”，《简氏国防工业》，第 25 卷，第 11 期（2008 年 11 月）。另见本卷第 7 章第 2 节。

〔42〕 “俄罗斯军火公司将提供 40% 的工业改革资金”，塔斯社，2007 年 3 月 14 日，〈http://en.rian.ru/russia/20070314/61990237.html〉。

〔43〕 安德森和海耶斯（同注释〔41〕）。

〔44〕 “俄罗斯政府起草 50 亿美元的国防工业救援计划”，塔斯社，2008 年 12 月 8 日，〈http://en.rian.ru/business/20081208/118743916.html〉；R. 麦克德莫特：“俄罗斯武器装备计划感觉吃紧”，《亚洲时报》，2009 年 1 月 16 日。

〔45〕 法新社，“在危机下俄罗斯仍为陆军提供充足资金”，《防务新闻》，2009 年 1 月 27 日。

军工部门的股票价格还是和其他部门一起大幅下跌。

第四节　2008 年军火工业的并购

2008 年军火工业的大型并购交易少于 2007 年，共有 4 起价值超过 10 亿美元（“大宗交易”；见表 6.7 和附录 6B），而 2007 年至少有 7 起。在价值超过 1 亿美元的 16 起交易中，8 起是欧洲公司收购美国公司（英国 6 起，意大利 2 起），美国国内只有 3 起，西欧内部 4 起，英国公司收购澳大利亚公司 1 起。2007 年“SIPRI 100 强”中的 3 家公司在 2008 年被收购并将从以后的“SIPRI 100 强”中消失，它们是：DRS 技术、特尼克斯防务公司和 EDS。[46]

这一节和附录 6B 主要关注经合组织范围内的并购。但是，重要的重组也在俄罗斯和以色列进行，比如以色列的军事电子公司埃尔比特系统以 3.5 亿美元收购了塔迪兰通讯。[47]

迄今为止经合组织内最大的收购是 2008 年 8 月惠普（HP）价值 139 亿美元的收购。[48] 不过，这主要是一次包含军事业务的 IT 产业的合并，而不是一次军火工业的合并。EDS 是一家为众多政府和商业客户提供服务的重要 IT 外包公司。国防部门在公司业务中占了重要却较小的一部分（11%）。HP 是一家大得多的公司，但预计接管 EDS 可以使其 IT 业务的收入增加一倍多。[49] 在接管 EDS 之前，虽

〔46〕技术上讲，总公司特尼克斯集团排在 100 强中，但是它的子公司特尼克斯防务公司负责其所有军火生产业务。

〔47〕G. 科万，“埃尔比特完成对塔迪兰通讯的收购”，《简氏国防工业》，第 25 卷，第 7 册（2008 年 7 月）。关于俄罗斯军火工业的重组参见佩尔洛·弗里曼和斯科恩（同注释〔3〕），第 275—277 页。

〔48〕EDS，“HP 以 139 亿美元完成对 EDS 的收购”，《信息发布》，2008 年 8 月 26 日，〈http://www.eds.com/news/releases/4774/〉。

〔49〕惠普 2007 年总收入为 1043 亿美元，其中 167 亿来自于服务部门。EDS2007 年总收入为 221 亿美元，基本来自于服务收入。EDS，《根据 1934 号有价证券交易法案 13 节或 15 节（d）制定的截至 2007 年 12 月 31 日的 10－K 财政年度报告》（美国有价证券和交易委员会：华盛顿特区，2008 年 2 月 27 日），第 1－4 页和第 12 页；惠普，《根据 1934 号有价证券交易法案 13 节或 15 节（d）制定的截至 2007 年 10 月 31 日的 10－K 财政年度报告》（美国有价证券和交易委员会：华盛顿特区，2007 年 12 月 18 日），第 146 页。

然 HP 也与美国国防部签订了许多合同向其提供一般性的计算机设备和服务，但在交易额上很有限。[50]

表 6.7　2008 年经合组织国家军火工业中最大的收购事件

数字单位是百万美元，以当前价格计。

买主公司（国家）	被并购的公司（国家）	卖主公司（国家）	交易价格（百万美元）
惠普（美国）[a]	EDS（美国）	公开上市	13000
芬麦卡尼卡（意大利）	DRS 技术（美国）	公开上市	5200
达索特航空（法国）	泰利斯 20.8%的股份（法国）	阿尔卡特—朗讯（法国）	2200
Candover（英国）	Stork（荷兰）	公开上市	2160
BAE 系统（英国）	特尼克斯防务（澳大利亚）	特尼克斯集团（澳大利亚）	679
BAE 系统（英国）	MTC 技术（美国）	公开上市	450
科巴姆（英国）	M/A—COM（美国）	泰科电子（美国）	425
思科（英国）	SI 国际（美国）	公开上市	423
科巴姆（英国）	斯巴达（美国）	雇员所有	407

a 在收购 EDS 之前，惠普不被 SIPRI 认为是军火工业的一部分。EDS 自身与军方客户的业务只占总业务额的 11%。因此，这一合并可以被视为主要是 IT 产业内而不是军火工业内的合并。

资料来源： 附录 6B。

欧洲在美国的收购

除了美国国内 HP—EDS 的合并外，欧洲对美国公司的收购占据了 2008 年军火工业并购的主体。这种持续的趋势在过去几年里就已

〔50〕 根据 SIPRI 对军火交易的定义，向防务部门销售台式笔记本不被列为军火交易。SIPRI 的定义要求交易的产品或服务必须是军事专用的（在某种程度上是专为军事用途设计的或经过重要改装的）。EDS 为美国国防部和英国国防部的 IT 基础设施的管理与军事行动直接相关，因此被划为军火交易。关于 SIPRI 的定义见附录 6A，第 2 部分。关于定义在军事服务方面的应用见佩尔洛·弗里曼和斯科恩（同注释〔17〕）。

经引人注目了，而推动因素主要来自两方面。第一，美国拥有庞大的军火市场，这源自于美国高昂和快速增长的军事支出：2008 年，美国政府的军事支出占全世界的 41%，而欧洲的军事预算一直相对稳定。[51] 第二，美国不愿意进口军火。尽管武器装备采办的水平很高，美国在 2008 年最大的主要常规武器进口国中只位列第 7。[52] 此外，只有三家外国公司——BAE 系统（英国）、劳斯莱斯（英国）和泰利斯（法国）跻身于与美国国防部签订 2006 年主合同的前 100 位承包商之列。[53] 这些订单主要来自于这些公司在美国的业务。所以，只有通过并购美国公司，或者在美国建立分公司（并不常见），外国公司才能进入利润丰厚的美国市场。

然而，欧洲公司踊跃进入美国市场并未带来军火工业内部的整合。当欧洲公司获得富有潜力的美国业务和市场时，大多数的情况下，这些业务依然是独立的美国军事工业基地，而不是被整合入其所属的总公司的国家。这种情况的主要原因在于美国规定被外国公司收购的美国军火公司必须在多数或全部由美国公民组成的独立董事会的管理下。[54] 第二

---

〔51〕 关于这点，魁奈蒂克的首席执行官谈到美国充满了机会，而认为公司在英国的业务很难增长。K. 瓦格斯塔夫—史密斯，“魁奈蒂克的首席执行官看到美国的机遇以及英国的困难前景”，《简氏防务周刊》，2008 年 12 月 3 日。关于 2008 年的军事支出见本卷第 5 章。

〔52〕 见本书附录 7A。这一排名反映的是交易量而非交易额。

〔53〕 美国国防部，“得到最大金额主合同的 100 家公司：2006 财年”，网址：〈http：//siadapp. dmdc. osd. mil/procurement/historical-reports/statistics/p01/fy2006/top100. htm〉，名单上的其他实体包括外国石油公司和加拿大政府。

〔54〕 当收购受到代理或表决信托协定的限制时，非美国买主必须将公司的所有表决权授予与买方公司没有关系的并经过官方认可的美国公民。比如，VT 集团的美国分公司 VT 服务有限公司受到了代理协定的限制。VT 集团“代理董事会”，网址：〈http：//www. vtplc. com/Ouroperations/VTServicesInc/ProxyBoard/〉。当收购受到较宽松的特别安全协定的限制时，美国公司必须维持多数是美国公民的独立董事会，董事会里的非美国成员不可获得机密信息。比如，BAE 系统的美国子公司 BAE 系统有限公司受到特别安全协定的限制，美国公民沃尔特·P. 海文施泰恩是美国子公司的主席和首席执行官兼英国总公司的首席营销官。BAE 系统，“关于美国的 BAE 系统”，网址：〈http：//www. baesystems. com/WorldwideLocations/UnitedStates/〉。各种类型的协议的样本见美国防务安全服务网，“国外所有权，控制或影响：FOCI 缓解工具的种类”，网址：〈http：//www. dss. mil/GW/ShowBinary/DSS/isp/foci/foci－mitigation. html〉。另见 A. 阿什伯尔尼，“开放美国的防务市场，欧洲改革中心工作报告，（欧洲改革中心：伦敦，2000 年 10 月）。

个原因是很难从美国转让技术。[55]

芬麦卡尼卡（意大利）对 DRS 技术（美国）价值 52 亿美元的并购是 2008 年内最大的跨大西洋交易，也是美国的军火生产公司首次被非英国欧洲公司收购。[56] 在管理层和股东批准之后，收购在 2008 年 10 月完成。[57] DRS 将在美国的特别安全安排下运营。[58] 尽管有美国对公司合并强加的限制，这一交易使芬麦卡尼卡成为了大西洋两岸军事电子市场的主要竞标者：2007 年芬麦卡尼卡的防务电子部门收入为 38 亿英镑（52 亿美元），而 DRS 的总收入——基本来自于军事电子——是 33 亿美元。[59] 芬麦卡尼卡相信 DRS 的产品能够纳入芬麦卡尼卡的平台并借助芬麦卡尼卡的销售网络在全球进行销售。[60]

虽然欧洲大陆军火公司进行的跨大西洋收购至今很少，一些公司还是通过别的办法在美国市场找到了立足之处，比如对美国新生产设备进行“绿地”投资或联合美国公司对国防部的合同进行竞标。EADS 在北美雇佣了约 2300 名员工，实施了上述两种策略：它于 2003 年在密西西比投资建立了一家新的直升机工厂，近年来还与诺斯罗普·格鲁曼联合竞标美国空军价值 350 亿美元的“KC－X”空中加油机项目。[61]

另一家意大利公司分康提耶里船舶公司也通过收购的方法进入美

〔55〕 关于美国对军事技术转让的控制见本卷第 12 章第 4 节。

〔56〕 此前 SIPRI 记录的此类交易中规模最大的是 2004 年 EADS 以 1.3 亿美元收购拉卡尔仪器。E. 苏里，“2004 年并购表”，《SIPRI 年鉴 2006》（同注释〔29〕），第 415 页。

〔57〕 DRS 技术，“芬麦卡尼卡以 52 亿美元完成对 DRS 技术的收购”，《新闻发布》，2008 年 10 月 22 日，网址：〈http://www.drs.com/MediaCenter/1022press.aspx〉。

〔58〕 见注释〔54〕；另见 T. 金顿，“芬麦卡尼卡，DRS 首席执政官：‘合并是完美的组合’”，《防务新闻》，2008 年 5 月 13 日。

〔59〕 见附录 6A。

〔60〕 金顿（同注释〔58〕）。

〔61〕 EADS，《面对挑战，公布成果：2007 年度审议》（欧洲防空防务和航天公司：Schiphol Rijk，n.d），第 XVI 页；EADS 北美公司，“EADS 北美公司庆祝新的美国欧洲直升机工厂破土动工”，《新闻发布》，2003 年 8 月 7 日，网址：〈http://www.eadsnorthamerica.com/800/en/breaking－news/2003PressReleases/20030803－mi－aec.html〉。2008 年 EADS 和诺斯洛普—格鲁曼的联合投标击败了波音，不过随后这一决定由于波音的抗议被取消。在本卷撰写时该合同的竞标依然悬而未决。参见“KC－X：美国政府审计署支持波音抗议”，《国防工业日报》，2008 年 6 月 25 日；以及“美国取消空中加油机竞标”，《BBC 新闻》，2008 年 9 月 10 日，网址：〈http://news.bbc.co.uk/2/7608930.stm〉。

国市场，它在2008年花费1.2亿美元收购了马尼托沃克工程制造公司的潜艇业务（尚待董事会批准）。[62] 收购包括马尼托沃克在威斯康星州Marinette的造船厂，该造船厂建造了美国滨海战斗舰的首艘舰只。分康提耶里已经是由洛克希德·马丁牵头的负责价值数10亿美元的滨海战斗舰计划的企业集团的成员。滨海战斗舰一直被严重的预算超支、资金拖欠和撤销所困扰。洛克希德·马丁作为次要合作者参与了分康提耶里对马尼托沃克潜艇的收购。[63]

英国公司在美国日益壮大

尽管有意大利公司的两起大型收购，英国公司继续在2008年主导着跨大西洋并购的趋势。英国的军火生产公司在美国的扩张达到了等同于甚至超过了在英国的业务水平。两个根本因素，即寻求进入美国庞大的军火市场以及美国不愿意进口军火，适用于所有非美国公司在美的做法。这两点在前文已有过论述。第三个因素只适用于英国公司：美国的立法者赋予英国公司收购特权，这很大程度上是因为两国之间紧密的军事和政治联系。[64] 芬麦卡尼卡对DRS技术的收购标志着对这一格局的首次重大突破。

表6.8　在美国最大的英国军火生产公司

公司	美国收购价值 2003—2008（百万美元）	在美国的销售份额，2007（%）	在美国的资产份额，2007（%）	在美国的雇员份额，2007年底（%）
BAE系统	9683	41[a]	67[a]	45
劳斯莱斯	0	30	13	14

〔62〕 G. 安德森，“分康提耶里驶入美国市场：收购马尼托沃克潜艇厂和船坞”，《简氏国防工业》，第25卷，第8期（2008年8月）。

〔63〕 安德森（同注释〔62〕）；美国政府审计署（GAO），《国防采办：对选取的武器项目的评估》，GAO－08－467SP（GAO：华盛顿特区，2008年3月），第117—118页；以及R. 梅尔哈，“高昂成本迫使海军取消洛克希德滨海舰艇”，《华盛顿邮报》，2007年4月13日。

〔64〕 参见本卷第12章第4节对2007年英美关于防务贸易的协定的讨论。

公司	美国收购价值 2003—2008 (百万美元)	在美国的销售份额，2007 (%)	在美国的资产份额，2007 (%)	在美国的雇员份额，2007 年底 (%)
魁奈蒂克	1114	41[a]	43[a]	41[a]
巴布考克[b]	0	<1	<1	<1
VT 集团	138.5	24	19	33
思科	638	11[a]	14	14[a]
柯巴姆	1703	47	39	41
GKN	366	65[c]	..	..
美捷特	2258	49[a]	68[a]	53[a]
超级电子	245	37	48[a]	..

a 这些数字系指美国和加拿大。

b 巴布考克的雇员和资产数字不能确定。它唯一的美国业务是巴布考克·伊格尔顿公司（一家民用企业）；该公司的数据来自胡佛，“巴布考克·伊格尔顿有限公司”，《公司档案》，网址：〈http：//www. hoovers. com/eagletonengineering/--ID _ 59168--/free-co-factsheet. xhtml〉。

c 这一数字只对 GKN 航天公司（该公司包括 GKN 所有军火贸易）。

资料来源：《收购：SIPRI 并购数据库》；公司年度报告和新闻发布。其他数据：公司年度报告和网站。

在多数情况下，没有充足的公开信息来确定美国业务在非美国公司收入中所占的比例。尽管有这一局限，表 6.8 还是反映出了英国公司在美国的巨大实力。〔65〕除了一个例外，“SIPRI 100 强”中所有的英国公司在美国都有重要的业务份额（根据资产和雇员计算），在销售上非常依赖美国市场。过去几年里英国公司在美国并购市场的卷入程度不断加深，而其中一些公司早在几年前就进入美国，比如：劳斯

〔65〕 2007 年魁奈蒂克销售额的 40%来自于在北美和加拿大的业务，即魁奈蒂克北美公司，VT 集团销售额的 20%来自于在美国的业务，VT 服务有限公司。BAE 系统收入的 46%来自总部设在美国的机构（陆地装备、电子、情报和保障），但是这些机构在澳大利亚、南非、瑞典和英国也有业务，这些机构的 85%的雇员在美国工作。

莱斯在 1995 年收购艾利森发动机公司后开始了对美国业务的大规模扩张。〔66〕

业务涵盖电子设备、航空系统与部件、军事通讯系统和航天服务的柯巴姆公司是 2008 年最大的英国买主，在美国进行了 5 起价值 11.37 亿美元的收购（见附录 6B）。其中最大的 2 起是以 4.25 亿美元收购军事电子公司 M/A－COM，和以 4.07 亿美元收购技术和情报公司斯巴达。〔67〕被收购公司的年度总收入近 10 亿美元，接近 2007 年柯巴姆总收入的一半（见附录 6A）。

BAE 系统近年来对美国的大型收购意味着 BAE 系统 2007 年的 67%的资产和 41%的销售都在北美（见表 6.8）。〔68〕2008 年它以 4.5 亿美元收购了 MTC 技术。MTC 技术是一家提供专业工程服务、作战支援、C^4ISR 系统管理、军用飞机的维护和升级、后勤保障等服务的军事服务公司。〔69〕

英国的思科公司向许多政府部门提供公共服务管理、咨询和外包服务，其中包括军事设施管理、训练和作战支援等业务。它以 4.23 亿美元收购了 SI 国际。SI 国际是一家向政府军民部门提供 IT 服务的公司，在 2007 年总收入为 5.1 亿美元，其中 2.35 亿美元来自美国国防部和情报界。〔70〕2007 年思科在美国的收入为 6.18 亿美元，因此该项收购几乎使它在美国的业务增加了一倍。〔71〕

其他许多英国公司，包括魁奈蒂克、Chemring、超级电子和

〔66〕 参见 E. 斯科恩和 B. 吉尔，“军火生产”，《SIPRI 年鉴 1996》（牛津大学出版社：牛津，1996），第 416 页。

〔67〕 G. 安德森，“柯巴姆完成收购 M/A－COM”，《简氏国防工业》，第 25 卷，第 9 期（2008 年 9 月）；以及 G. 柯万，“柯巴姆完成收购斯巴达”，《简氏国防工业》，第 25 卷，第 6 期（2008 年 6 月）。

〔68〕 BAE 系统（同注释〔13〕），第 100 页。

〔69〕 BAE 系统，“BAE 系统完成对 MTC 技术有限公司的收购”，《新闻发布》，2008 年 6 月 9 日，网址：〈http：//www.baesystems.com/Newsroom/Newsreleases/autoGen_10859182925.html〉。

〔70〕 SI 国际有限公司，《根据 1934 号有价证券交易法案 13 节或 15 节（d）制定的截止于 2007 年 12 月 31 日的 10－K 财政年度报告》（美国有价证券和交易委员会：华盛顿特区，2008 年 3 月 12 日）。

〔71〕 思科：《改进服务，增加价值：2007 年度评估审计报告》（思科集团：虎克，2008），第 6 页。

VT 集团，都在 2008 年对美国军火公司进行了大型的收购（见附录 6B）。

英国在澳大利亚的收购

英国公司还扩展了对澳大利亚军火工业的控制，使后者日益被外国公司所控制。BAE 系统遵循扩展“本土市场”〔72〕战略，于 2008 年 6 月以 7.75 亿澳元（6.79 亿美元）从澳大利亚的特尼克斯集团收购了特尼克斯防务公司。〔73〕特尼克斯防务公司的业务领域包括造船、军事电子、空中和陆地系统部件和全寿命保障，军火销售收入在 2007 年达到 6.5 亿澳元（5.44 亿美元）。〔74〕特尼克斯防务公司在 2007 年是澳大利亚第二大军火生产公司（根据军火销售排名），而此项收购使得 BAE 系统成为行业老大。〔75〕同时，魁奈蒂克通过在 2008 年收购了三家小型军事咨询公司（总价值 2800 万美元）而进入了澳大利亚。〔76〕

BAE 对特尼克斯的收购使得澳大利亚的五大军火生产商全部拥有国外所有人：BAE 系统澳大利亚分公司、泰利斯澳大利亚分公司、雷声澳大利亚分公司、澳大利亚航天公司（由 EADS 的欧洲直升机公司所有）和波音澳大利亚分公司。特尼克斯是唯一一家跻身于 2007 年“SIPRI 100 强”的澳大利亚所有的公司（参见附录 6A），而此次收购可能会使 2008 年 100 强中不再有澳大利亚公司。这并不意味着澳大利亚军火工业本身的衰落，实际上在过去的十年里澳大利亚

---

〔72〕 BAE 认为本土市场是澳大利亚、沙特阿拉伯、南非、瑞典、英国和美国。参见 BAE 系统（同注释〔13〕），第 27 页。

〔73〕 BAE 系统，“BAE 系统完成收购特尼克斯防务公司”，《新闻发布》，2008 年 6 月 27 日，网址：〈http://www.baesystems.com/Newsroom/NewsReleascs/autoGen_10852781933.html〉。

〔74〕 J. 欣茨和 K. Ziesing，“澳大利亚军火公司 40 强：泰利斯在澳大利亚不断增长的防务商业部门中占据首位”，《澳大利亚防务杂志》，2007 年 12 月/2008 年 1 月，第 34—55 页。

〔75〕 根据 Hinz 和 Ziesing 的数据（同注释〔74〕）。

〔76〕 魁奈蒂克，“魁奈蒂克同意购买第三家防务咨询公司”，《新闻发布》，2008 年 1 月 18 日，网址：〈http://www.qinetiq.com/home/newsroom/new_releases_homepage/newsarchive.html〉。

军工在不断壮大。澳大利亚 40 大军火公司的总销售额从 1997 年的 26 亿澳元（按 1997 年市价为 19 亿美元）增长到 2007 年的 66 亿澳元（55 亿美元）。[77]

澳大利亚政府在 2007 年 3 月公布的最新的国防工业战略强调要维持国家军事工业基础，在条件可行的情况下提高采购的自给自足程度，确保来自海外的军火收购必须在供应链中包括一定比例的澳大利亚供应商——特别是中小企业。[78] 最后一点通过 2008 年 2 月出台的《澳大利亚工业能力计划》得到了加强。该计划要求所有军火合同的外国竞标者提交计划时说明它们在履行合同时如何保证澳大利亚的能力发展。[79] 相反，国外收购者的记录表明，澳政府并不重视对本国军火工业的所有权。然而，一些军工人士担忧外国所有权的增加会导致革新、研发能力和技术工人从澳大利亚企业向外国总公司的流失。[80]

美国内部的收购

对美国内部军火工业的并购而言，2008 年是相对平静的一年。[81] 2007 年大多数收购发生在军事电子和服务领域，大公司正忙于从新的分公司（多数为小公司）吸纳技术能力。

其他一些最重要的交易是 L－3 通讯以 1.75 亿美元收购了诺斯洛普·格鲁曼的电子光学业务；波音收购无人机生产商 Insitu（数额未公开），预计在 2008 年会有 1.5 亿美元的年收入；[82] 洛克希德·马丁收购鹰国际集团（数额未公开），该集团下辖 1350 名员工，为美军提供健康护理（包括作战医疗服务）、IT、后勤和训练等服务（参

---

〔77〕 欣茨和 Ziesing（同注释〔74〕）。

〔78〕 澳大利亚国防部，“2007 年国防和工业政策声明”，2007 年 3 月，网址：〈http：//www.defence.gov.au/header/business.html〉。另参见 G. 弗古森，“澳大利亚的新工业政策更加可行”，《防务新闻》，2007 年 3 月 5 日。

〔79〕 J. Grevatt，“澳大利亚对补偿说‘不’”，《简氏防务周刊》，2008 年 4 月 23 日。另见 AIC 网址：〈http：//aic.defenceandindustry.gov.au/〉。

〔80〕 J. Grevatt，“并购澳大利亚公司引发对工业实体的担忧”，《简氏国防工业》，第 25 卷，第 6 期（2008 年 6 月）。

〔81〕 HP 对 EDS 的收购是例外，但这主要是一起 IT 产业内的收购。

〔82〕 D. 坎普，“波音同意购买 Insitu”，《简氏防务周刊》，2008 年 6 月 30 日。

见附录 6B)。

西欧内部的收购

2008 年西欧最大的交易是英国私人股份公司 Candover 于 2008 年 2 月以 14.6 亿欧元（22 亿美元）收购荷兰 Stork 公司。[83] Stork 公司是一家跨多工业部门的公司，从事航空、工业技术服务和食品包装等业务。在 2008 年 1 月初，作为 Candover 的收购的组成部分之一，Stork 出售了它的食品部门。[84] Stork 在 2007 年的收入为 21.63 亿欧元，其中 5.53 亿欧元来自航天部门，包括 1.88 亿欧元的军事航天收入。[85]

法国的军火工业受到国家的高度控制，其主要军火公司之间的联系密度在 2008 年得以增加。[86] 达索特航空公司宣布要以 15.7 亿欧元（22 亿美元）收购阿尔卡特—朗讯公司拥有的泰利斯 20.76%的股份。[87] 达索特的总公司达索特集团也拥有泰利斯 5.17%的股份，这部分股份有可能转让给达索特航空，这样它占有的股份就达到了 25.93%。与达索特相比，欧洲跨国公司 EADS 与泰利斯在很多方面有更多天然的合作优势，长期以来对阿尔卡特—朗讯的股份很感兴趣。然而，拥有泰利斯 27.05%股份的法国政府被认为是这一意图的阻挠者，因为它希望能够继续保持对泰利斯的所有权和控制权。[88] 此次收购意味着法国政府和达索特（最终所有人是参议员、萨科奇总统的人民运动联盟的成员泽盖·达索特）将持有泰利斯的多数股份。不过据报道，达索特航空公司和政府签

---

〔83〕 G. 安德森，“Stork 股东接受 Candover 的竞标”，《简氏国防工业》，第 25 卷，第 3 期（2008 年 3 月）。

〔84〕 “兼并与收购”，《简氏国防工业》，第 25 卷，第 2 期（2008 年 2 月）。

〔85〕 Stork，《2007 年度报告》（Stork N. V.：纳尔登，2008），第 50 页；以及 Stork 航天公司，“Stork 航天：选择的合作者”，《声明》，2008 年 3 月 21 日，网址：〈http://www.stork.nl/downloads/Aerospace/SAG/Stork Aerospace _ low.pdf〉。

〔86〕 在 2007 年的一次大笔交易中，泰利斯以海上业务为交换获取了国有造船厂 DCNS25%的股份。佩尔洛—弗里曼和斯科恩（注释〔3〕），第 271 页。

〔87〕 D. 加卢瓦，“国防：达索特航空准备收购泰利斯的股份”，《世界报》，2008 年 11 月 18 日。

〔88〕 加卢瓦（同注释〔87〕）。

订的协议将限制前者的影响，即泰利斯的新首席执行官不能来自达索特。〔89〕

第五节　结论

“SIPRI 100 强”公司的军火贸易的上升势头在 2007 年得到了保持。这主要归功于美国军事支出的持续增长，而受益者几乎全是美国公司和英国公司。以 BAE 系统为首的英国公司通过并购已经在美国建立了强大的势力。由于美国和在阿富汗和伊拉克的其他盟国的需求，装甲车辆制造商的业务增长最快。耐维斯塔和武装防护这两家新公司完全依赖美国陆军和海军陆战队对车辆防地雷抗伏击的需求而首次跻身“SIPRI 100 强”。此外，军事服务公司的业务也在继续增长，专门从事高科技 IT 和通讯的公司在某种程度上也是如此。俄罗斯航空公司继续扩展业务，除了出口之外国内的订单也开始扮演重要角色。而俄罗斯的其他军工部门已经衰落了。

2008 年军火工业的并购活动集中于欧洲公司对美国公司的收购。在过去几年里，英国公司占了收购的大多数，头一次有一家欧洲大陆的公司，即意大利的芬麦卡尼卡对美国军火工业进行了一次大型收购。总体而言，2008 年军火工业的大型并购交易少于 2007 年。

2008 年除了俄罗斯军火工业相对未受到全球金融危机的影响之外，其他所有主要工业国家的军火公司的股价都随股票市场一起下跌。高额的、不断增长的美国军事支出，稳定的欧洲军事支出和主要武器系统订单的长期研发时间使军火公司的订单满满的并维持着贸易的增长。获得信贷难度的增加可能会给一些公司带来问题，特别是那些供应链低端的公司，也可能会使大型并购减少。如果危机造成军事支出下降，军火公司的收入有可能在接下来的几年里减

〔89〕 A. 卢埃罗，“达索特被剥夺对泰利斯高管的提名权”，《世界报》，2008 年 11 月 28 日。

少，不过出现这种情况要经过一些时间。就现在而言，世界上大多数的武器制造商对达到甚至超过冷战水平的军火贸易感到十分满意。

（张茜　赵铭　译）

附录 6A

2007 年“SIPRI 100 强”军火生产公司

萨姆·珀洛—弗里曼
彼得·斯塔伦海姆和 SIPRI 军工网*

一、数据选择的标准和来源

表 6A.1 以 2007 年军火销售额大小为序，列举了全世界 100 家最大的军火生产公司的资料（不包括中国公司）。表中的信息包括 2006 年和 2007 年这些公司的军火销售额，2007 年公司总销售额、利润和雇员数量。列举出的公司既包括国有公司也包括私有公司，但是不包括武装部队负责制造和维护的部门。只有在军用商品和服务领域从事制造活动的公司被计入，控股和投资公司则被排除在外。中国公司由于缺乏数据而没有包括在内。其他国家的公司如果有足够数据也会被列举在较靠后的末端。

有关世界军火工业的军火销售和其他财务、雇员公开可得的数据资料很有限。表 6A.1 列出的数据取自以下资料：公司年度报告和国际互联网站、SIPRI 问卷调查、在报纸商业版、军事杂志和国际互联网军事专栏发布的公司新闻。此外，还参考了公司发布的信息、市场报告、政府公布的主承包合同和国家概览。当从以上这些资料来源仍无法获得数据时，SIPRI 就进行估算。资料的范围和涵盖区域很大程

* 2007 年的网上参与者包括：Ken Epps（犁头计划，安大略滑铁卢），Giovanni Gasparini［国际事务研究所（Istituto Affair Internazionali），罗马］，Gülay Günlük－Senesen（伊斯坦布尔大学），Jean－Paul Hébert（Center Interdisciplinaire de Recherches sur la Paix et d'Etudes Stratégiques，巴黎），Shinichi Kohno（三菱研究所，东京），Christos Kollias（塞萨利大学，沃洛斯）以及 Pere Ortega（Centre d'Estudis per la Pau J. M. Delàs，巴塞罗纳）。

度上是由能否获得资料决定的。所有的数据都在不断地被修订、更新，而且在 SIPRI 年鉴的不同版本中可能有所不同。

二、定义

SIPRI 把军火销售定义为军工产品的销售和对军事雇主提供的服务，包括国内采办和出口。军工产品和服务专指用于军事目的和与此相关的技术。军工产品指专门用于军事的设备，不包括一般用途产品，例如石油、电力、办公计算机、制服和靴子。军事服务也指专门用于军事的服务，包括：技术服务，例如信息技术、维护、保养和检修、作战支援；与武装力量军事行动相关的服务，例如情报、训练、后勤和设备管理；冲突地区的武装护卫。军事服务不包括和平时期纯粹为民用提供的服务，例如卫生保健、清洁和给养、交通，但包括为作战部署的军队所提供的服务。〔1〕产生“SIPRI 100 强”军火生产公司的 SIPRI 军工数据库中的数据已经作了更新，更加全面地涵盖了军事工业中的军事服务部分。根据上述定义，军事服务在 100 强中已作为独立的分类。

军火销售的定义只能作为指导原则，很难应用于实践。由于没有普遍公认的军火销售的标准定义，因此也没有其他更好的选择。表 6A. 1 中的军火销售数据通常只反映每个公司军火销售占其总销售额的比例，因此公司之间军火销售额的可比性是有限的。

销售总额、利润和雇员数量是整个公司的数据，不单是军工生产部门的。所有数据都是把国内外子公司合并后的数据。利润是公司的税后所得。雇员数量为年终时的人数，除非某些公司公布年均人数。所有数据均为公司年度报告公布的财政年度数据。

三、计算

SIPRI 有时估算军火销售额。某些情况下，SIPRI 使用军工部门

---

〔1〕关于“军事服务”活动的更详细的分类，参见佩罗—弗雷曼 S. 和 E. Sköns，“私营军事服务业”，《2008 年 SIPRI 和平与安全观察》，2008 年 9 月 1 日，网址：〈http: //books. sipri. org/product _ info? c _ product _ id=361〉。

的销售总额，虽然该部门可能会有一些未说明的民品销售收入。当某公司未公布军工部门或类似实体的销售数据时，SIPRI 在某些情况下会按照合同中的数据、公司当前的军火生产计划和公司负责人对媒体或在某些报告中给出的数据进行估算。

军火销售额通常被近似地作为军火生产年产值。对大多数公司来说这是可行的，但造船公司例外，因为船舶的生产周期长、生产量少，公司的年度产值和年度销售额有很大差别。如果某些造船公司提供年产值的估算值，SIPRI 就使用这些数据。

收集到的所有数据都是按当地货币和当前价格表现的。对于当地货币与美元之间的兑换，SIPRI 使用国际货币基金组织（IMF）的市场汇率（《国际金融统计》中所载）年度平均值来完成。表 6A.1 中的数据按美元的当前价格给出。对于不同年度这些数据的差异难以作出解释，因为按美元价值表现的差异由几个因素决定：军火销售额的差异、通货膨胀率、按当地货币进行的销售、汇率的波动等。国际军火市场的销售通常以美元来进行计算。汇率波动对按美元价值计算没有影响，但会影响当地货币的价值。如果美元贬值，以当地货币表现的公司税收就会减少，而且大多数情况下公司原材料供应以当地货币支付，对公司利润产生消极影响。因为同样的原因，按美元不变价格计算也难以解释。在不知道国内采购和对外出口所占军火销售额相对比例的情况下，想说明军火销售数据的实际含义是不可能的。在使用这类数据时须持谨慎态度。这对分析汇率波动幅度大的国家来说尤其重要。

四、俄罗斯公司

过去两年俄罗斯军火工业出现新的结构，形成了几家高度集中的大型国有集团。目前还没有得到足够的资料和信息将这些公司纳入“SIPRI 100 强”中，因此 SIPRI 继续将它们的附属公司按照军火销售额列入 100 强中并排名。这对于通常只列母公司的做法来说是一个例外。以下是我们获得的这些新型联合企业的一些资料。

联合飞机公司（UAC）。UAC 整合了俄罗斯的大部分飞机企业，包括战斗机生产商苏霍伊、伊尔库特公司、NAPO 和 KnAAPO，军用运输机企业伊柳辛以及主要的民用飞机制造商图波列夫。UAC 公司 2007 年开始运转，公司比照西方公司提供了估算的 2005 年和 2006 年财务数据，但在本卷写作时还没有提供 2007 年的数据。UAC 公司 2006 年的军火销售额达到 380 亿卢布（14.1 亿美元），比伊尔库特和苏霍伊 2006 年的军火销售额之和略高，两公司总销售额达到 510 亿卢布（18.6 亿美元）。UAC 公司下属的伊尔库特和苏霍伊都列入 2007 年的 100 强中。

OPKOboronprom。直升机制造商 OPK Oboronprom 成立于 2005 年，2007 年总收入达到 388.6 亿卢布（16 亿美元），比 2006 年增长 17%，[2] 但是无法确知这一数据中有多大比例是军火销售。Oboronprom 的一个下属企业 Rosvertol 被列入 2007 年的 100 强中。

联合造船公司（USC）。USC 公司 2007 年成立，目前还没有关于该公司的数据。

Rostekhnologii。被称为“俄罗斯国防工业领域的超级航母”的 Rostekhnologii，是 2007 年底依据俄罗斯总统弗拉基米尔·普京的命令成立的，它融合了 Oboronprom、俄罗斯军火出口公司 Rosoboronexport 以及大量的其他民用和军用制造商。[3] 目前还没有得到 Rostekhnologii 公司的财务数据。

---

〔2〕“国家防务公司报告 2007 年销售增长 17%，达到 16 亿美元”，RIA Novosti，2008 年 5 月 14 日，网址：〈http：//en. rian. ru/russia/20080514/107334567. html〉。

〔3〕Petrov，N.，“Rostekhnologii：国防工业领域的超级航母”，RIA Novosti，2007 年 12 月 4 日，网址：〈http：//en. rian. ru/analysis/20071204/90845337. html〉。

表 6A. 1 2007 年“SIPRI 100 强”军火生产公司(不包括中国)[a]

表中销售额和利润数据按当前的价格和汇率计算,以百万美元为单位。

排名[b]		公司(母公司)[c]	国家	军火销售部门[d]	军火销售额		2007 年总销售额	2007 年军火销售额占总销售额的百分比	2007 年利润	2007 年雇员
2007	2006				2007	2006				
1	1	波音公司	美国	Ac El Mi Sp	30480	30690	66387	46	4074	159300
2	3	BAE 系统	英国	A Ac El MV Mi SA/A Sh	29850	24060	31426	95	1800	97500
3	2	洛克希德·马丁	美国	Ac El Mi Sp	29400	28120	41862	70	3033	140000
4	4	诺斯罗普·格鲁曼	美国	Ac El Mi Sp Ser	24600	23650	32018	77	1803	122000
5	5	通用动力	美国	A El MV Sh	21520	18770	27240	79	2080	83500
6	6	雷声	美国	El Mi	19540	17610	21301	92	1474	72100
S	S	BAE 系统公司(BAE 系统,英国)	美国	A El MV SA/A	14910	11280	14908	100	1482	51300
7	7	EADS[e]	西欧	Ac El Mi Sp	13100	12600	53534	24	−610	116490
8	8	L 3 通信	美国	Ser El	11240	9980	13961	81	756	64600
9	9	芬麦卡尼卡	意大利	A Ac El MV Mi SA/A	9850	8640	18376	54	713	60750
10	10	泰利斯	法国	El Mi SA/A	9350	8240	16825	56	1214	61200
11	11	联合技术	美国	Ac El Eng	8760	7650	54759	16	4224	225600
12	13	SAIC	美国	Ser	6250	5800	8935	70	415	44000
13	14	计算机科学公司	美国	Ser	5420	5280	16500	33	545	89000

排名[b]		公司(母公司)[c]	国家	军火销售部门[d]	军火销售额		2007 年总销售额	2007 年军火销售额占总销售额的百分比	2007 年利润	2007 年雇员
2007	2006				2007	2006				
14	17	SAFRAN	法国	El	5230	3780	16424	32	556	63260
15	15	霍尼韦尔	美国	El	5020	4400	34589	15	2444	122000
16	S	KBR[f]	美国	Ser	5000	6630	8745	57	302	52000
17	16	劳斯莱斯[g]	英国	Eng	4580	3960	14873	31	1200	39500
S	S	MBDA(BAE 系统，英国/EADS,西欧/芬麦卡尼卡,意大利)	西欧	Mi	4110	4140	4105	100	0	10000
18	18	DCNS	法国	Sh	3860	3400	3860	100	200	12720
19	19	ITT 公司[h]	美国	El	3850	3290	9003	43	742	39700
S	S	普拉特 & 惠特尼(联合技术)	美国	Eng	3580	3650	12129	30	0	38580
20	20	通用电气	美国	Eng El	3460	3260	172738	2	22208	327000
21	21	DRS 技术[i]	美国	El	3230	2740	3295	98	166	10200
S	S	欧洲直升机公司(EADS,西欧)	法国	Ac	2800	2580	5709	49	0	..
22	22	三菱重工[j]	日本	Ac MV Mi Sh	2780	2390	27201	10	521	64100

排名[b]		公司(母公司)[c]	国家	军火销售部门[d]	军火销售额		2007 年总销售额	2007 年军火销售额占总销售额的百分比	2007 年利润	2007 年雇员
2007	2006				2007	2006				
23	28	阿尔马兹—安泰	俄罗斯	Mi	2780	1950	3122	89	95	81860
24	24	萨博	瑞典	Ac El Mi	2770	2250	3406	81	287	13760
S	S	Sikorsky(联合技术)	美国	Ac	2770	1820	4783	58	0	14000
25	32	AM 通用	美国	MV	2670	1700	..	..	0	..
26	26	EDS[m]	美国	Ser	2540	2170	22134	11	729	139500
27	25	泰克斯顿	美国	Ac El Eng MV	2510	2180	13225	19	915	44000
28	23	阿联特技术系统公司	美国	SA/A	2460	2350	4172	59	222	17000
29	30	莱茵金属	德国	A El MV SA/A	2400	1810	5480	44	205	19190
30	36	达索航空集团	法国	Ac	2380	1570	5590	43	523	12160
31	38	URS 公司[n]	美国	El	2290	1530	9023	25	132	56000
32	27	洛克韦尔—柯林斯	美国	El	2230	2040	4415	51	585	19500
33	34	奎奈蒂克	英国	Ser	2160	1610	2733	79	95	14070
S	S	MBDA 法国(MBDA,西欧)	法国	Mi	2050	2260	2050	100	174	4310
34	31	以色列航空工业公司	以色列	Ac El Mi	1960	1750	3316	59	126	16000
35	61	巴布考克国际集团[o]	英国	Ser	1920	760	3332	58	155	15000
36	42	艾尔比特系统[p]	以色列	El	1910	1400	2068	92	97	..

排名[b]		公司(母公司)[c]	国家	军火销售部门[d]	军火销售额		2007 年总销售额	2007 年军火销售额占总销售额的百分比	2007 年利润	2007 年雇员
2007	2006				2007	2006				
37	43	VT 集团[q]	英国	Sh Ser	1870	1400	2402	78	116	14110
S	S	阿林尼亚航空(芬麦卡尼卡)	意大利	Ac	1780	1450	2287	78	35	8840
38	35	CEA	法国	Oth	1760	1590	4652	38	0	15610
39	39	蒂森克虏伯	德国	Sh	1740	1520	70776	2	2997	191350
40	33	哈里斯	美国	El	1720	1660	4243	41	480	16000
41	71	苏霍伊(UAC)[kr]	俄罗斯	Ac	1710	600	1855	92	146	30000
S	S	EADS 阿斯蒂姆(EADS,西欧)	法国	Sp	1700	1290	4858	35	0	. .
42	46	克劳斯—马菲魏格曼	德国	MV	1690	1190	1779	95	0	2800
43	37	印度航空[t]	印度	Ac Mi	1670	1550	2086	80	395	. .
44	41	古德里奇	美国	Comp(Ac)	1600	1470	6392	25	483	23400
45	44	奥斯卡什公司	美国	MV	1570	1320	6307	25	268	14200
46	47	斯科	英国	Ser	1440	1170	5623	26	165	41450
47	49	纳瓦迪亚	西班牙	Sh	1390	1130	1734	80	6	5630
48	45	CACI 国际	美国	Ser	1390	1280	1938	72	79	10400
49	52	美泰科技国际公司	美国	Ser	1350	1080	1448	93	67	7300

排名[b]		公司(母公司)[c]	国家	军火销售部门[d]	军火销售额		2007 年总销售额	2007 年军火销售额占总销售额的百分比	2007 年利润	2007 年雇员
2007	2006				2007	2006				
50	50	印度军火工业[u]	印度	A SA/A	1230	1120	..	..	0	..
51	48	科巴姆	英国	Comp(Ac El)	1220	1140	2123	58	264	8990
S	S	EADS CASA(EADS,西欧)	西班牙	Ac	1150	1280	1436	80	—30	5270
52	54	拉法尔	以色列	Ac Mi SA/A Oth	1140	950	1200	95	34	5000
53	57	新科工程(淡马锡控股)	新加坡	Ac El MV SA/A Sh	1100	880	3352	33	334	18000
54	67	EDO 公司(ITT 公司)[h]	美国	El	1060	660	1150	92	0	..
55	68	TRV 公司[k]	俄罗斯	Mi	1050	650	1110	95	116	21250
56	59	三星	韩国	A El MV Sh	1030	810	106007	1	8526	263000
57	64	GKN	英国	Comp(Ac)	950	740	7740	12	396	42100
S	S	达文波特管理有限公司(巴布考克)	英国	Comp(Sh)	930	780	994	94	0	..
58	58	迪尔	德国	Mi SA/A	900	850	3106	29	0	11520
59	62	伊尔库特公司(UAC)[kv]	俄罗斯	Ac	900	740	1023	88	152	11590
60	56	达因国际公司[w]	美国	Ser	900	900	2140	42	48	16800
61	..	部队防护	美国	MV	890	200	891	100	9	1300
S	S	SELEX 通信(芬麦卡尼卡)	意大利	Comp(El Oth)	890	650	1077	83	0	4720

排名[b]		公司(母公司)[c]	国家	军火销售部门[d]	军火销售额		2007 年总销售额	2007 年军火销售额占总销售额的百分比	2007 年利润	2007 年雇员
2007	2006				2007	2006				
62	63	因陀罗	西班牙	El	870	740	2966	29	212	23480
63	66	巴拉特电子	印度	El	840	660	995	84	200	12370
64	53	三菱电气[j]	日本	El Mi	820	1010	34392	2	1342	105650
65	55	耐科斯特	法国	A MV SA/A	800	900	803	100	207	2500
S	S	三星技术(三星)	韩国	A El Eng MV	770	570	3490	22	221	5080
66	69	航空公司	美国	Ser	700	640	790	89	0	3500
67	72	Vertolety Rossii (OPK Oboronprom)[kx]	俄罗斯	Ac	690	600	695	100	0	..
68	..	LIG Nex1	韩国	El	690	450	697	99	26	2080
69	70	MTU 航空工程	德国	Eng	680	610	3525	19	211	7130
70	99	麦格基特	英国	Comp(Ac)	670	480	1757	38	179	8300
S	S	伽利略航空(芬麦卡尼卡)	意大利	El	670	580	753	88	70	2830
71	73	芬卡提厄里	意大利	Sh	660	580	3658	18	62	9360
72	..	阿里安科学与技术	美国	Ser	660	450	738	89	−43	3400
73	77	韩国航空工业	韩国	Ac	650	560	861	75	5	2760
74	97	帕特利亚	芬兰	Ac MV SA/A	640	480	741	86	46	2660

排名[b]		公司(母公司)[c]	国家	军火销售部门[d]	军火销售额		2007 年总销售额	2007 年军火销售额占总销售额的百分比	2007 年利润	2007 年雇员
2007	2006				2007	2006				
75	78	库比克公司	美国	Ser	640	560	890	72	42	6100
S	S	泰利斯澳大利亚(泰利斯,法国)	澳大利亚	A El MV Mi SA/A Sh	630	530	737	86	0	3490
76	89	超声电子	英国	El	620	530	826	75	82	3050
77	..	纳维斯达[z]	美国	MV	620	30	12295	5	—120	17100
78	87	泰利达因技术	美国	El	620	540	1622	38	99	8130
S	S	三塔巴布拉系统(通用动力,美国)	西班牙	A MV SA/A	620	630	617	100	7	1980
79	65	NEC[j]	日本	El	610	710	39210	2	193	152920
80	74	柯蒂斯—赖特公司	美国	Comp(Ac Sh)	610	580	1592	38	104	7470
81	75	SRA 国际	美国	El	610	580	1269	48	63	5200
82	88	尤菲姆斯科 MPO[k]	俄罗斯	Eng	590	530	619	95	17	19130
83	85	MITRE	美国	Ser	590	540	1113	53	0	6820
84	81	穆格	美国	Comp(El Mi)	590	550	1558	38	101	8360
85	51	川崎重工[j]	日本	Ac Eng Mi Sh	580	1120	12748	5	298	30560
86	83	RUAG	瑞士	A Ac Eng SA/A	580	540	1174	49	63	6100

排名[b]		公司(母公司)[c]	国家	军火销售部门[d]	军火销售额		2007年总销售额	2007年军火销售额占总销售额的百分比	2007年利润	2007年雇员
2007	2006				2007	2006				
87	100	GenCorp	美国	El Eng	580	480	745	78	69	3250
88	94	CAE	加拿大	El	570	500	1325	43	142	6000
89	95	Avio(Cinven,英国)	意大利	Eng	570	500	2126	27	48	4720
S	S	MBDA 意大利(MBDA,西欧)	意大利	Mi	570	440	568	100	−2	1260
90	93	塞拉戴尼	美国	Comp(Oth)	560	510	757	74	144	2510
91	80	阿拉斯加楚加奇公司[aa]	美国	Ser	560	550	..	..	0	..
92	..	菲亚特[bb]	意大利	Eng MV	550	430	80089	1	2811	185230
93	84	ARINC(卡莱尔集团)[cc]	美国	Ser	550	540	1180	46	0	3100
S	S	依维柯(菲亚特)	意大利	MV	550	430	15320	4	660	26460
94	90	特尼克斯集团[dd]	澳大利亚	El SA/A Sh	540	510	..	..	0	4000
95	..	康斯堡·格鲁彭	挪威	El Mi SA/A	540	450	1417	38	84	4210
96	..	VSE 公司	美国	Ser	540	340	653	82	0	1220

排名[b]		公司(母公司)[c]	国家	军火销售部门[d]	军火销售额		2007 年总销售额	2007 年军火销售额占总销售额的百分比	2007 年利润	2007 年雇员
2007	2006				2007	2006				
97	79	沃特飞机制造工业(卡莱尔集团)	美国	Ac	530	560	1626	33	46	6500
98	96	Aerokosmicheskoe Oborudovaniek	俄罗斯	El	520	500	820	63	132	39870
99	..	雅各布工程集团[ee]	美国	Ser	520	460	8474	6	287	36400
S	S	三星—泰利斯(泰利斯,法国/三星,韩国)	韩国	El	520	470	517	100	26	1370
100	92	现代重工(现代)	韩国	Sh	510	510	16716	3	1884	25500

注:

a 尽管一些中国军火生产企业很大，足以排在"SIPRI 100 强"军火公司之内，但是由于缺乏具有可比性且非常准确的数据，因此还不能将这些公司列入其中。另外，其他国家，如哈萨克斯坦和乌克兰，也有大型的公司，如果能获得相关数据也可能出现在"SIPRI 100 强"军火生产公司榜上，但这并不那么确定。

b 根据 2007 年的军火销售额对公司进行排名。用 S 标记的公司为子公司。破折号（—）表示该公司 2006 年没有销售军火，因此没被列入 2006 年"SIPRI 100 强"军火公司内，或者表示没有找到该公司 2006 年的数据。公司名称和组织结构以 2007 年 12 月 31 日时为准。后续变化的有关信息标注在这些注脚内。由于不断更新数据，2006 年的排名可能与《SIPRI 年鉴 2008》中公布的排名有所不同，大多数情况下这是因为公司自己提供的数据有变化，有时是因为改进了估算值。主要修订将在下面的注脚中说明。

c 对于控股公司或投资公司的下属公司，在其后的圆括号中标注了其母公司及所属国家名称。

d 缩略语索引：A＝火炮，Ac＝飞机，El＝电子设备，Eng＝发动机，Mi＝导弹，MV＝军用车辆，SA/A＝轻武器/弹药，Sh＝舰船，Sp＝航空，Oth＝其他，Comp（…）＝部件、服务或任何小于括号内标明的最终系统的产品，只适用于不生产任何最终系统的公司。

e 截至 2008 年 12 月 31 日，EADS（欧洲航空防务和航天公司）22.52%的股份归戴姆勒—克莱斯勒公司（德国）所有，25%的股份归SOGEADE公司（由拉加代尔公司和法国政府控股）所有，5.49%的股份归西班牙国家控股公司SEPI所有。EADS在荷兰注册。2007 年 2 月 9 日，戴姆勒—克莱斯勒公司与一个兼具私人和公共投资的集团达成协议，通过该协议克莱斯勒公司所持有的 EADS 的股份下降了 7.5 个百分点。

f 在 2007 年 4 月成为一家独立的公司之前，KBR 是哈利伯顿（美国）公司的一个下属公司。对 KBR 公司军火销售数据的估计是基于美国国防部（DOD）大宗合同金额和英国国防部（MOD）对 KBR 其他分公司所支付的金额所作的估算，不包括与美国陆军签订的重建伊拉克油田民用合同的估算金额。

g 劳斯莱斯公司的军火销售额数据是一个估算值，因为该公司没有公布其海洋部门的民用和军用装备销售明细，也没有对公布有该信息的要求作出回应。

h 2007 年 12 月底 ITT 收购了 EDO 公司，在其财务报告中并没有包含 EDO 公司的任何贸易额。正因此，以及由于并购发生在 2007 年底，所以此处 2007 年数据中将 ITT 和 EDO 作为的两个独立公司处理。

i 2008 年 10 月 DRS 被芬麦卡尼卡（意大利）公司并购。

j 日本公司军火销售额一栏的数据表示军方授予的新合同，而不是军火销售额。

k 这是第六年把俄罗斯公司列入"SIPRI 100 强"军火生产公司的名单中。也许还有其他的俄罗斯公司应该被列入，但是我们没有获得足够的数据。俄罗斯军火工业的状况仍然是非常不固定的，而且公司的名称可能会随着重组而变化。从 2005 年开始许多俄罗斯军火生产公司合并到几家大型国有集团中，具体"SIPRI 100 强"公司列表中如何处理这一问题参见上面第 6 章。伊尔库特公司在各自的网站上提供了详细的财务信息。伊尔库特公司的所有数据来源于其自身统一的财务报告。对于表中的其他俄罗斯公司，2007 年的总销售额和利润数据都来自于俄罗斯评估机构 Expert RA，而军火销售额估算值和雇佣人员数据来源于莫斯科战略与技术分析中心。

l 可公开获得的 AM 通用公司的财务数据很有限。SIPRI 对军火销售额数据的估算是基于两年内美国国防部授予的大宗合同额的平均值，再加上该公司出口额的估算值。

m 2008 年 8 月 EDS 公司被休利特—帕卡德（美国）并购。EDS 的军火销售额数据是基于美国国防部大宗合同金额，以及对英国国防部 5

亿英镑销售额的保守估计。《英国国防统计 2008》（文书局：伦敦，2008）列出 2007 年英国国防部向 EDS 支付了 5 亿英镑或者更多的金额。

n 2007 年 11 月 URS 收购了一家工程和军事服务公司华盛顿国际集团（WGI），2007 年 WGI 的贸易应当只有六周的数据归入 URS，但是公司向美国证券交易委员会提交的 10—K 年度报告的估算财务数据是假设 2007 年 1 月 1 日开始 WGI 就作为 URS 的一部分运作。上述收入数据都是从 10—K 报告中得到的估算数据。军火销售数据是基于 10—K 报告中 URS 对军事客户的交易额再加上对未包含在 URS 数据中的 WGI 防务分公司 2007 年收入的保守估计，这一估计是基于 10—K 报告中的估算数据以及 WGI 公司的 10—Q 季报中关于 2007 年前三季度的数据。然而，WGI 防务分公司的贸易包括对美国国防部的许多非军事服务，由于可得到的公开信息有限，无法将这一部分量化。

o 2007 年 6 月巴布考克公司从 KBR（美国）公司手中收购了达文波特管理有限公司（DML），巴布考克公司的数据是假设 DML 公司从 2007 年初就被收购而估算出来的数据。军火销售数据是对假设巴布考克从 2007 年初就收购 DML 后军火销售额的估算，这一估算基于巴布考克海军和防务分公司收入再加上对 DML 公司 2007 年军火销售额的估算（含有部分民用业务）。

p 2007 年 4 月艾尔比特收购了 Tadiran 通信公司（以色列），总的收入是按照假设 Tadiran 通信公司从 2007 年初就被收购而估算出来的。公司 2007 年的军火销售数据是基于艾尔比特公司年度报告给出的数据，再加上对不包含在这些数据中的 Tadiran 通信公司军火销售额的估算，假设这些贸易中军火销售的份额与报告中数据相同。

q VT 集团的军火销售数据是一个大致估算，因为这家公司从不公布其收入中军用和民用份额的信息，也从不对 SIPRI 就这些信息的质询答复。

r 苏霍伊从 2007 年开始就作为联合飞机公司（UAC）的一个下属公司，但是由于目前还无法得到关于 UAC2007 年的财务数据，因此苏霍伊仍作为母公司列在前 100 强中。

s 克劳斯—马菲魏格曼公司的军火销售数据是基于公司非军事销售额而进行的估算。

t 关于印度航空公司军火销售在总销售中的份额来自于《防务新闻》评出的"100 强"公司的数据。

u 印度军火工业的数据是估算的。

v 伊尔库特公司从 2007 年开始就作为联合飞机公司（UAC）的一个下属公司，但是由于目前还无法得到关于 UAC2007 年的财务数据，因此苏霍伊仍作为母公司列在前 100 强中。

w 达因公司的军火销售数据是指来自美国国防部的收入，这个数据可能有所低估，因为一些与美国国务院签署的安全合同可能被列入了军事商业活动中，而现在根据 SIPRI 的定义这些收入将被列入"军火销售额"中。

x Vertoletu Rossii 从 2005 年开始作为 OPK Oboronprom 公司的一个下属子公司，但是由于目前还无法得到关于 Oboronprom 2007 年的

财务数据，因此 Vertoletu Rossii 仍作为母公司列在前 100 强中。

y 韩国航空工业 2007 年的军火销售数据是基于 2006 年军火销售份额的估算。

z 纳维斯达公司的军火销售数据源自于美国国防部的大宗合同额。

aa 阿拉斯加楚加奇公司的军火销售数据源自于美国国防部的大宗合同额。

bb 菲亚特的军火销售额是指其依维柯卡车和商业车辆部的军火销售额，该部门销售一些军用车辆。

cc ARINC 公司的军火销售数额来自于《防务新闻》评出的“100 强”公司的数据。

dd 特尼克斯防务公司作为特尼克斯集团的一家拥有军火业务的下属子公司，2008 年 1 月被 BAE 系统公司并购，没有特尼克斯集团作为一个整体的 2007 年财务数据，特尼克斯集团的军火销售数据来源于《澳大利亚国防杂志》评选的“2007 年国防承包商前 40 强”。

ee 雅格布工程集团的军火销售数据源自于美国国防部的大宗合同额。

（王连成　译）

附录 6B　2008 年军火工业的主要并购情况

萨姆·珀洛—弗里曼

表 6B.1 列出了 2008 年 1 月 1 日至 2008 年 12 月 31 日间经济合作与发展组织（经合组织）成员国军火工业宣布或完成的主要并购情况。虽然表中没有列出所有的并购情况，但是给出了具有重要战略意义和经济上值得注意的并购情况的总体概览。

表 6B.1　2008 年经合组织军火工业的主要并购情况

表中数字按当前价格计算，单位为百万美元。除特别指明外，北美公司全为美国公司。

买方公司（国家）	被并购的公司（国家）	卖方（国家）[a]	交易价格（百万美元）[b]	收入（百万美元）/雇员人数[c]
北美地区				
休利特—帕卡德	EDS	公开上市	13900	$ 22134
L—3 通信	光电贸易部门	诺斯罗普·格鲁曼	175	$ 190

买方公司（国家）	被并购的公司（国家）	卖方（国家）[a]	交易价格（百万美元）[b]	收入（百万美元）/雇员人数[c]
瑟拉达因	赛母装备	私有	125	..
通用动力	AxleTech	卡莱尔集团	..	$300（2005）
波音	因斯图	私有	.	$150
洛克希德—马丁	老鹰国际集团	私有	..	1350 雇员
库比克公司	欧米茄培训集团	私有	..	790 雇员
柯蒂斯—赖特公司	VMETRO	公开上市	80	..
L—3 通信	国际资源集团	私有	..	$100
L—3 通信	切萨佩克科学集团	私有	..	$70
古德里奇	TEAC 航空控股	私有	..	$50
SAIC	SM 咨询	私有	..	460 雇员
达因通信技术	暴风雪产品	私有	..	$45.7
波音	泰普斯瑞解决方案	私有	..	$43.3（2006）
SRA 国际	Era 公司	私有	..	300 雇员
古德里奇	雷肯/光学	私有	..	$27
CAE（加拿大）	贝尔阿里安特 DSA（加拿大）	贝尔阿里安特（加拿大）	25	..
穆格	CSA 工程	私有	14.8	$14
美泰科技国际公司	EWA 服务	电子战合伙公司	..	$20

买方公司（国家）	被并购的公司（国家）	卖方（国家）[a]	交易价格（百万美元）[b]	收入（百万美元）/雇员人数[c]
波音	FSG	私有	..	150 雇员
美泰科技国际公司	艾墨荆技术集团	私有	..	$ 20
跨大西洋：西欧并购北美地区的公司				
芬麦卡尼卡（意大利）	DRS 技术	公开上市	5200	$ 3295
BAE 系统（英国）	MTC 技术	公开上市	450	$ 426
科巴姆（英国）	M/A—COM	泰克电子	425	$ 477.7
斯科（英国）	SI 国际	公开上市	423	$ 510
科巴姆（英国）	斯巴达	雇员所有	407	$ 297.3
科巴姆（英国）[d]	美国侦查与攻击业务	BAE 系统（英国）	240	$ 91
芬卡提厄里（意大利）	马尼托沃克海事	马尼托沃克	120	$ 320
奎奈蒂克（英国）	DTRI	公开上市	104.5	$ 46.5
康斯堡加蓬（挪威）	水螅虫 LLC	私有	80	$ 20
VT 集团（英国）	AEPCO	私有	70	..
凯姆瑞（英国）	马丁电气	公开上市	70	$ 25
超声电子（英国）	普罗罗基克	公开上市	63	..
凯姆瑞（英国）	斯科特公司	SMS 工业	40	$ 23.8
凯姆瑞（英国）	NIITEK	私有	40	..
科巴姆（英国）	S—TEC	麦格基特（英国）[d]	38	..

买方公司（国家）	被并购的公司（国家）	卖方（国家）[a]	交易价格（百万美元）[b]	收入（百万美元）/雇员人数[c]
超声电子（英国）	威德设备	私有	31.6	$19
科巴姆（英国）	GMS	联合防务集团	26	..
超声电子（英国）	MISL（加拿大）	私有	22	..
康斯堡加蓬（挪威）	格鲁博西蒙	私有	18.9	..
跨大西洋：北美并购西欧地区的公司				
卡曼	布鲁克豪斯控股（英国）	私有	85	$54.9
达因电子技术	TSS 国际（英国）	私有	57.7	$24
AMETEK[e]	穆瑞海德航空（英国）	埃斯特莱恩技术（美国）	..	$54
威科特航空（加拿大）	轴承和部件维护部门	DARA（英国）	33.5	..
达因通信技术	防务电子贸易	菲尔托尼克（英国）	24.3	$29
FLIR 系统	Ifara 技术（西班牙）	私有	11	..
西欧地区				
堪都沃（英国）	斯托克（荷兰）	公开上市	2160	$2959
达索特航空（法国）[f]	泰利斯（法国）20.8%的股份	阿尔卡特—朗讯	2200	$16825
GKN（英国）	空中客车惠灵顿厂（英国）	空中客车（EADS，西欧）	243	$734
巴布考克国际集团（英国）	威尔—斯特罗恩 & 亨歇尔（英国）	威尔集团（英国）	130	$103.6

买方公司（国家）	被并购的公司（国家）	卖方（国家）[a]	交易价格（百万美元）[b]	收入（百万美元）/雇员人数[c]
RUAG（瑞士）	萨博空间（瑞典）	萨博（瑞典）	56	$104
EADS 阿斯特瑞姆（EADS，西欧）	萨里卫星技术服务（英国）80%的股份	私有	..	230 雇员
科巴姆（英国）	MMI 研究（英国）	私有	33.1	..
超声电子（英国）	蓝天集团（英国）	私有	19	..
麦格基特（英国）	费罗珀姆（丹麦）	私有	17.4	..
奎奈蒂克（英国）	CDL（英国）	私有	16.6	..
其他				
BAE 系统（英国）	特尼克斯防务（澳大利亚）	特尼克斯集团（澳大利亚）	679	$554
奎奈蒂克（英国）	鲍尔解决方案（澳大利亚）	鲍尔航空（澳大利亚）	10.9	$24

a “公开上市”指的是公司的股份在本国的股票交易所公开交易，没有单个主要股东。“私有”指的是公司由一个或几个私人股东所有，而且股份没有在任何股票交易所进行交易。

b 如果交易价格不是以美元计算，那么采用并购交易当月国际货币基金的平均交易汇率进行货币转换。公司有时不公布交易额。

c 如果不知道交易价格，那么就列出被并购公司的年收入（2007 年的实际收入、2008 或 2009 年的预期收入）。如果收入不以美元计算，那么采用那一年国际货币基金的平均交易汇率进行货币转换。如果既不知道交易价格，也不知道被并购公司的收入，那就列出被并购公司的雇员人数。在各地区分类中，并购首先按照交易规模的顺序排列，其次按照被并购公司收入的顺序排列。如果只知道雇员人数，那么就根据对被并购公司可能的收入范围的保守估计列出并购情况。

d 尽管在本并购中买方公司和卖方公司都来自英国，但本次交易被列为跨大西洋交易，因为并购行动在美国发生，是一家欧洲企业并购

美国企业。

e 尽管在本并购中买方公司和卖方公司都来自美国，但本次交易被列为跨大西洋交易，因为并购行动在欧洲（英国）发生，是一家北美企业并购欧洲企业。

f 2008 年 12 月 19 日达索特航空从阿尔卡特—朗讯手中收购泰利斯 20.76％的股份的协议达成，另外达索特航空的母公司达索特集团还持有泰利斯 5.16％的股份，可以认为达索特航空将获得这部分股份，持股总数将达到 25.93％。泰利斯另外 27.05％的股份由法国政府或法国政府控制的公司持有，其他股份为公开上市股份。关于泰利斯公司的股份结构的更多信息请参见网址〈http：//www. thalesgroup. com/Investors/Holding—Thales—shares. html〉。

（王连成　译）

第七章　国际武器转让

西蒙·T. 魏泽曼　马克·布罗姆利
皮埃特·D. 魏泽曼

第一节　导言

2005 年以来，常规武器的转让量一直呈上升趋势。2004－2008 年间的年平均转让量比 2000－2004 年间的年平均转让量高 21 个百分点，而 2000－2004 年间的转让量是自 20 世纪 60 年代以来最低的。美国和俄罗斯迄今仍是最大的出口国，随后依次是德国、法国和英国。这五个国家自冷战结束以来一直保持前五大供应国的地位，至少占每年全球出口总量的 3/4。

本章第二节介绍了 2004－2008 年间全球武器转让的主要趋势，论述了主要供应国（美国、俄罗斯和七个欧盟成员国）和主要的接受国（中国和印度）的情况，并对 2007 年全球武器贸易的金额作了估计，分析了金融危机和低油价对武器转让的潜在影响。第三节论述了对斯里兰卡的武器转让，这里有 2008 年最血腥的武装冲突之一。第四节是结论。附录 7A 提供了供应方和接受方 2004－2008 年间主要常规武器转让的数据以及数据的搜集方法。附录 7B 是官方提供的 1998－2007 年间主要常规武器转让数据。附录 7C 描述了现行武器转让国际透明机制的现状。这里引用的主要常规武器的订货和交货信息取自 SIPRI 武器转让数据库。[1]

第二节 国际武器转让的主要趋势

SIPRI 以两种方法衡量主要常规武器的转让趋势：一是利用独有的 SIPRI 趋势指示值（TIV）[2] 弄清转让量；二是将近 10 年来 SIPRI 一直利用武器贸易金额方面的有限信息来描述国际武器贸易的概况（见附录 7B）。这两类数据是两种衡量武器转让的不同方法，但均显示了上升的趋势。

2004—2008 年国际武器转让趋势

自 2005 年以来，武器转让每年都在上升，2008 年也是如此（见图 7.1）。[3] 2004—2008 年间的年平均水平比 2000－2004 年间的年平均水平高 21 个百分点，而 2000－2004 年间的年平均水平是自 20 世纪 60 年代以来最低的。然而，与自 20 世纪 60 年代到 2001 年间的任何一个五年期的年平均水平相比，2004－2008 年间的年平均水平仍是较低的。至于 2008 年一年的转让金额不高，可能是因为对于这

---

〔1〕“SIPRI 武器转让数据库”涵盖从 20 世纪 50 年代到 2008 年的各种武器转让的数据，可从〈http：//armstrade. sipri. org/〉网址上得到。本章有关 2008 年和 2004－2008 年间的数据大部分基于（联合国）“2008 年常规武器转让登记册”和“2004－2008 年常规武器转让登记册”，也可通过上述网址获得。本章采用的数据截至 2009 年 2 月 10 日。由于“SIPRI 武器转让数据库”处于不断更新之中，所以本章所用数字可能与以前各版 SIPRI 年鉴所用的数字有所出入。

〔2〕SIPRI 的武器转让数据指的是主要常规武器的实际交付。为便于不同武器交付的数据之间进行比较并确定总的趋势，SIPRI 使用的是“趋势指示值”。“趋势指示值”只揭示国际武器转让的量，而不是实际的转让金额。所以，这些数据与经济统计中的国内生产总值或进出口额等数据没有可比性。计算趋势指示值的方法在附录 7A 中做了描述，进一步的详细说明见 SIPRI 武器转让项目的网页：〈http：//www. sipri. org/contents/armstrad/atmethods. html〉。

〔3〕由于年度转让计划可能存在较大的变动，特别是近年来的数据不完整，1 年的数据不足以得出可靠的结论。5 年期移动平均值可对趋势的衡量更为可靠。联合国常规武器登记册（UNROCA）关于 2006 年和 2007 年武器交付和交付状况的新信息大大改变了《SIPRI 年鉴 2008：军备、裁军和国际安全》（牛津大学出版社，2008 年）中的估计。

年武器转让尚缺乏可靠数据的缘故。

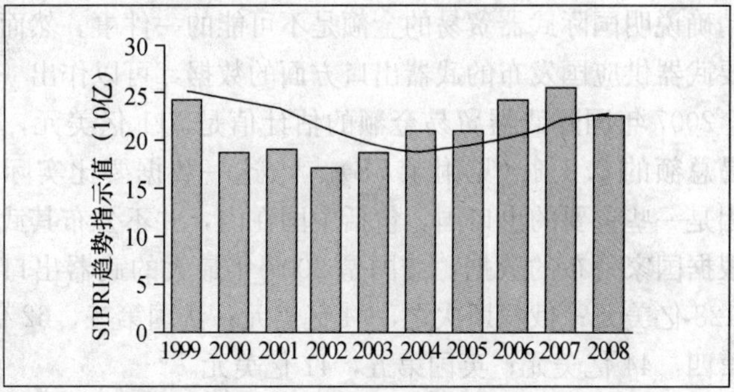

图 7.1　1999—2008 年主要常规武器转让的趋势

注： 见附录 7 关于"SIPRI 趋势指示值"的解释。竖柱表示每年的总额，曲线表示 5 年期的移动平均值。见附录 7A 对 SIPRI 趋势指示值的解释。

资料来源： SIPRI 武器转让数据库（截至 2009 年 2 月 10 日），网址：〈http: //armstrade. sipri. org/〉。

2004—2008 年这 5 年间，美国、俄罗斯、德国、法国和英国占全部出口的 78%（见表 7A. 2）。SIPRI 确定在 2004－2008 年间有 63 个国家为出口国；其中有 14 个国家各自的出口额至少占全球总额的 1%。中国依然是 2004－2008 年间最大的进口国，其次是印度、阿拉伯联合酋长国（UAE）、韩国（ROK，或南朝鲜）和希腊（见表 7A. 1）。进口国之间每年的波动要比出口国之间的波动更大，但即便如此，最大的接受国最近几年也基本没有变化。以五年的平均数为指标，中国自 2002 年来在进口国中一直位居榜首，而印度自 2003 年以来一直位居第二。过去 15 年间，五个最大的进口国一直在前 10 名以内。进口不甚集中：2004－2008 年间前五位进口国只占总进口的 35%（见表 7A. 1）。非国家武装集团（反叛武装）和国际组织也被列入 2004－2008 年间武器进口方的 147 个国家中，有 26 个国家或组织的各自进口额至少占全球进口份额的 1%。欧洲和高度紧张的区域如东亚和中东，各占全部进口份额的 20%－21%，另一个国际紧张区域南亚占 10%。

2007 年国际武器贸易金额

要精确说明国际武器贸易的金额是不可能的一件事。然而，通过汇总主要武器供应国发布的武器出口方面的数据，可以作出一个指示性估计。2007 年国际武器贸易金额的估计值是 511 亿美元，相当于全球贸易总额的 0.3%（见附录 7B）。[4] 这一数据要比实际的数据低，原因是一些重要的出口国，包括中国在内，并不公布其武器出口金额。根据国家公布的数据，美国是 2007 年最大的武器出口国，出口值为 128 亿美元；俄罗斯次之，74 亿美元；法国第三，62 亿美元；以色列第四，44 亿美元；英国第五，41 亿美元。[5]

SIPRI 基于政府正式公布的数据对国际武器贸易金额进行估计，即根据武器出口的国家报告或政府官员的公开声明。[6] 2008 年，法国、英国和美国均发布了武器出口值数据，其中不仅有本国的，还有其他国家的。[7] 数据在不同出口国的排序和出口规模方面有很大差异。时间段选择的不同可能会造成一些误差。然而，在汇编数据时使用了不同的方法和不同的定义，这也说明了在如何衡量国际武器贸易金额方面尚缺乏公认的机制。

---

〔4〕 2007 年的货物贸易和服务贸易共 171300 亿美元。国际货币基金组织，国际金融统计在线，网址：〈http：//www.imfstatistics.org/imf/〉。

〔5〕 以色列的武器出口数据指已经签约的数据。与往年不同，以色列在 2007 年没有公布实际出口值，而只是签约金额。其他的数据均为实际出口值。

〔6〕 关于参加国际武器转让的国际、区域和国内公布机制的国家见附录 7C 和表 7C.1。利用官方数据来评估国际武器贸易金额存在着很大的局限性。首先，对于"武器"，没有国际公认的定义，各国政府在搜集和报告武器出口金额的数据时用的是不同的清单。第二，对于如何搜集这些数据没有标准化的方法。一些国家的数据基于已发出或使用的出口许可，另一些国家则利用从海关搜集到的数据。第三，一些国家根据不同的货物清单和不同的方法公布多组数据。

〔7〕 英国贸易和投资（UKTI）、国防和安全组织："2007 年市场评估：英国的国防出口在全球名列前茅"，2008 年 6 月 17 日，网址：〈http：//www.deso.mod.uk/archive.htm〉；法国国防部："提交国会的报告：法国 2007 年武器出口"，2008 年 10 月，网址：〈http：//www.defense.gouv.fr/defense/enjeux_defense/defense_au_parlement/rapports_d_activite/rapport_au_parlement_sur_les_exportations_d_armement_2007〉；R. F. Grimmett："对发展中国家的常规武器转让，2000－2007"，国会研究部（CRS）（根据国会公法 RL34723）向国会提交的报告（美国国会 CRS，华盛顿，2008 年 10 月 23 日）。

2008 年主要供应方情况

美国

2004—2008 年间，美国占全球主要常规武器转让的 31%，接受国有 69 个。美国的武器出口中，约 37%去向是中东（包括土耳其），37%是亚太地区，20%是欧洲（几乎全部是北约成员国）。〔8〕

未来，中东仍将是美国武器出口的主要目的地。埃及和以色列加在一起占 2004－2008 年间美国武器出口的 22%。两国如此倚重美国，不单是因为大部分采购是用美国援助支付的。〔9〕新的大笔交易正在与中东其他客户洽谈之中，其中出口阿联酋先进的爱国者—3（PAC—3）和末段高空区域防御（THAAD）反弹道导弹系统（ABM）——地对空导弹（SAM）系统价值为 103 亿美元，用美国武器对沙特海军进行现代化改造的项目价值在 150 亿—200 亿美元。〔10〕伊拉克正在成为美国的另一个主要的武器接受国。2004—2008 年，伊拉克是全球第 28 大武器接受国，占全球进口总量的 0.9%，其中 40%来自美国。迄今为止的转让主要是用于国内用途的轻型装甲车。然而，2008 年伊拉克向美国提出了接近 190 亿美元的采购要求，更多的订单在洽谈之中，包括 36 架 F—16 战斗机。〔11〕2008 年，双方还签署了一笔 140 辆 M—1A1 坦克的交易，价值 21.6 亿美元。〔12〕

---

〔8〕 见附录 7A 中的表 7A.4。

〔9〕 “美国官员：奥巴马不会削减对以色列的军事援助”，Haaretz，2009 年 3 月 1 日。另见 P. Holtom、M. Bromley 和 P. D. Wezeman：“国际武器转让”，《SIPRI 年鉴 2008》（同注释〔3〕），第 297 页。

〔10〕 “五角大楼觊觎沙特大笔订单”，路透社，2008 年 12 月 15 日，网址：〈http://www.reuters.com/article/idUSTRE4BE62520081215〉；Raytheon：“雷声公司从阿联酋获得的爱国者订单不超过 33 亿美元”，《简报》2008 年 12 月 18 日，网址：〈http://raytheon.mediaroom.com/index.p?s=43&item=1160&pagetemplate=release〉。

〔11〕 采购需求不会自动成为订单。参见本卷第五章第 8 节，2008 年美国的采购请求清单。

〔12〕 防务安全合作局：“伊拉克—M1A1 与升级到 M1A1M Abrams 坦克”，《简报》，2008 年 7 月 31 日，网址：〈http://www.dsca.mil/〉；“伊拉克自由行动”：“伊拉克军队开始进行 M1A1 坦克培训”，伊拉克—多国部队网站，2008 年 12 月 25 日，网址：〈http://www.mnf-iraq.com/index.php?option=com_content&task=view&id=24571&Itemid=225〉。

在亚洲，美国依然答应向巴基斯坦提供打击塔利班和基地组织的武器。2004—2008 年，巴基斯坦占美国整个武器出口的 3%；2008 年交付了 10 架 F－16A 战斗机，另又签署了 18 架更先进的 F－16C 型战斗机订单。巴基斯坦答应把战机用于打击塔利班，然而美国一些国会议员对此有质疑，而且怀疑提供先进的战斗机来对付小规模的战斗是否适当。〔13〕

2008 年末，小布什政府同意向中国台湾地区提供大批武器，包括 2001 年已经答应提供的 120 亿美元一揽子武器交易的一部分。〔14〕针对中国台湾地区的情况，这批武器主要是防御性的，包括反潜作战（ASW）飞机、战斗直升机和 ABM/SAM 系统。最初一揽子武器中的大部分进攻性部件、8 艘潜艇以及台湾当局所要求的 66 架新式 F－16 战斗机都不在其中。奥巴马政府似乎也不可能大幅改变对台湾地区的武器出口政策。上任一周内，奥巴马政府就批准了 1.54 亿美元的订单来升级中国台湾地区的爱国者地对空导弹系统，使之能够随时使用具有反导能力的 PAC－3。〔15〕

美国有可能继续保持其最大武器出口国的地位。从美国 2006 财政年度迄今，对外军售（FMS）计划下的订单金额有了大幅度增加，大部分只能在数年之后交付。〔16〕在 FMS 计划之下，允许购买美国装备的国家正式提出的采购请求金额增加更多。〔17〕不过，难以肯定这些请求能否转化为实际转让的增加，因为请求并不一定成为订单。

俄罗斯

2004—2008 年，俄罗斯占全球主要常规武器转让的 25%，出口

〔13〕 美国众议院："击败基地组织的空军：在与恐怖分子作战中的巴基斯坦 F－16 计划"，国会外交事务小组委员会上关于中东和南亚的听证，2008 年 9 月 16 日，网址：〈http://hirc.house.gov/hearing_notice.asp?id=1030〉。

〔14〕 见本卷第五章。

〔15〕 W. Lowther："雷声公司对 PAC－3 交易表示欢迎"，《台北时报》，2009 年 1 月 29 日。

〔16〕 FMS 计划是美国军售的主要组成部分；另一个是直接的商业出售。F. Berrigan 和 W. D. Hartung："2008 年战争中的美国武器：超越布什的遗产"，新美洲基金会，华盛顿，2008 年 12 月。网址：〈http://www.newamerica.net/publications/policy/u_s_weapons_war_2008_0〉。

〔17〕 Berrigan 和 Hartung（同注释〔16〕）。

到46个国家，其中71%的交付量在亚洲。中国和印度依然是俄罗斯最重要的武器进口国，分别占俄罗斯武器出口的42%和20%。然而，正如下文所要谈到的，俄罗斯对中国的武器出口在2008年达到了自1999年以来的最低点，而且不大可能再次回升。俄罗斯因此亟需从其他出口市场获取足够的资金以支持其本国武器工业的研究开发和融资。武器出口被认为不单单是商业交易。2008年7月，俄罗斯武器出口公司负责人安纳托利·伊塞金称，武器出口是“俄罗斯恢复在世界不同地区影响，实现外交、政治和经济政策的工具”。[18]

俄罗斯向拉丁美洲出售武器的努力除了在委内瑞拉外，只获得了有限的成功。2004—2008年，委内瑞拉占俄罗斯武器出口的7%，几乎是俄罗斯对拉美武器出口的全部。2006年和2007年订购的武器还剩余一部分（包括最后24架Su—30MK战斗机）于2008年交付委内瑞拉。有猜测认为，还将有另一轮来自委内瑞拉的订单，包括价值14亿美元的3艘潜艇，以及装甲车、武装直升机、坦克、运输机和各种空防系统等，部分有俄罗斯提供信用。[19]虽然能望能在2008年签约，但实际上并未签成。俄罗斯和巴西签署了一项价值3亿美元的12架武装直升机的合同，但是法国却赢得了19亿欧元（合27亿美元）的50架运输直升机合同，并与巴西军工部门建立起长期的合作关系。[20]

北非和中东也是俄罗斯的目标。2006年阿尔及利亚给俄罗斯一份大额订单。俄罗斯开始交付Su—30MK战机以及正在交付的T—90坦克和BMP—2装甲车意味着，2008年在俄罗斯的主要武器进口国中，阿尔及利亚从2003—2007年的第24位上升到2004—2008年

---

〔18〕 I. Chernyak：[Merchants of fire]，《俄罗斯日报》(Rossiiskaya Gazeta)，2008年7月9日。

〔19〕 “俄罗斯和委内瑞拉可能会在4月签署价值14亿美元的潜艇交易合同”，RIA—Novosti，2008年2月5日，网址：〈http：//en. rian. ru/russia/20080205/98423524. html〉；J. Higuera：“委内瑞拉的狂购”，《简氏防务周刊》，2008年5月21日；“俄罗斯借给委内瑞拉10亿美元作为军事合作”，《生意人报》，2008年9月25日；“查维斯的正在转变”，《生意人报》，2008年7月22日；“俄罗斯委内瑞拉会谈达成能源和军事协定”，RIA—Novosti，200811月27日，网址：〈http：//en. rian. ru/russia/20081127/118564345. html〉。

〔20〕 “巴西签定米格—35攻击直升机合同”，《国际飞行》，2008年12月2日；“巴西签订10亿美元购买美洲豹直升机合同及生产备忘录”，《军工日报》，2008年12月23日。

的第 13 位。然而，2008 年阿尔及利亚还采取了不寻常的步骤，中止同俄罗斯 13 亿美元的 34 架 MiG－29SMT 战机合同，并退还了 15 架已经交付的战机。阿方声称这些战机没有达到合同所规定的指标。〔21〕

有猜测说阿尔及利亚将采购 Su－30MK 或更先进的 Su－35 战机来替代 MiG－29，但并无有关订单的报道。〔22〕阿尔及利亚的采购促使其邻国摩洛哥从法国、荷兰、美国乃至俄罗斯订购新的战机、着陆系统和舰艇。〔23〕

联合国对利比亚的禁运在 2003 年取消以后，俄罗斯与其他几个国家，包括法国、意大利和英国等纷纷向利比亚示好。1992 年联合国禁运之前，利比亚是一个重要的武器市场，所以有关国家期待利比亚会有大宗订单。与 2006 年对阿尔及利亚的军售一样，2008 年 4 月，俄罗斯提出与利比亚签署价值 30 亿美元的武器合同，同事取消利比亚欠俄罗斯的 45 亿美元的债务，但有报道说利比亚对此不感兴趣。〔24〕签署的唯一一笔合同是一份价值约 3 亿美元的零部件合同，用于维护和升级利比亚在苏联时代购买的装备。2008 年 11 月，利比亚领导人卡扎菲访问了莫斯科，但并未签署购买武器合同，相反他披

---

〔21〕“官方称，米格 29 交易的失败对俄阿武器交易不会构成威胁，RIA－Novosti，2008 年 3 月 24 日，网址：〈http：//en. rian. ru/world/20080324/102050610. html〉。阿尔及利亚订购的 34 架 MiG－29 战斗机将转由俄罗斯军方购买。“阿尔及利亚的米格战斗机将呆在俄罗斯”，《生意人报》，2008 年 10 月 2 日；K. Makienko：“危机：阿尔及利亚拒绝接受米格－29SMT 战斗机”，《莫斯科防务简讯》第 1 期（2008）。最近几年，印度也对俄罗斯武器有同样的抱怨（见下面），但质量问题并不局限于俄罗斯的军售。例如，2005 年文莱以性能指标低于说明为由拒绝接受英国交付的 3 艘护卫舰，2008 年新西兰以同样的理由将数艘巡逻舰退还澳大利亚的制造商。《2008 印度防务年鉴》（Natraj Publishers：Dehra Dun，2008）第 169、172 页；R. Scott：“BAE 系统公司称，与文莱德之间就近海巡逻舰问题的（OPV）争端接近解决”，《简氏海军》2006 年 9 月 8 日；P. Gower：“海军军舰项目难以起航”，《新西兰先驱报》2008 年 12 月 11 日。

〔22〕“阿尔及利亚拟将米格战机更换为苏系列战机”，俄罗斯《生意人报》，2008 年 5 月 15 日；“俄罗斯希望向马来西亚购买最新型战机”，《星报》（新德里），2008 年 7 月 21 日。

〔23〕“内幕—北非的军备竞赛”，AlJazeera English，2008 年 4 月 15 日；“俄罗斯向阿尔及利亚和摩洛哥兜售武器”，《中东新闻在线》2009 年 4 月 30 日，网址：〈http：//www. menewsline. com/article－3169－Russia－Peddles－Weapons－To－Algeria. aspx〉。

〔24〕债务与苏联向利比亚转让武器有关，[总统最后的义务]，俄罗斯《商业日报》，2008 年 4 月；A. Gabuyev 等：“普京找到对阿尔及利亚的替代办法”，俄罗斯《生意人报》，2008 年 4 月 16 日；“利比亚从俄罗斯如愿以偿”，俄罗斯《生意人报》，2008 年 4 月 18 日。

露了俄罗斯在装甲车、防空系统和飞机领域面临着来自白俄罗斯和乌克兰的竞争。[25]

2008 年 7 月，有报道说沙特有意购买 22 亿美元的俄罗斯武器，条件是俄罗斯应减少其跟伊朗之间的合作。俄罗斯官方确认就此进行过讨论，但拒绝将沙特的订单与俄罗斯跟伊朗之间的合作挂钩。[26] 2008 年末，俄罗斯宣布它将向伊朗提供“防御性”武器（一般认为这应是防空系统），但不包含 S－300（SA－10）远程 SAM 系统。[27] 然而，2009 年初，俄罗斯显然要执行它在 2007 年签订的合同，向伊朗交付 S－300 系统。[28]

尽管缺少来自重要客户如中国和委内瑞拉等的新订单，2008 年 10 月，俄罗斯仍有 300 亿美元的订单没有交货。[29] 积压的订单，加上俄罗斯本国采购增加，给设备老旧的俄罗斯军工部门造成巨大压力，几乎难以支撑。俄罗斯总统梅德韦杰夫称，“我们要明白，增长的订单……是对俄罗斯国防工业及其生产能力的严峻考验”，这与俄罗斯技术公司（俄罗斯国家控股的武器工业公司）负责人谢尔盖·切梅佐夫的说法一致。[30] 俄罗斯政府 2008 年许诺给武器工业以财政援

---

〔25〕“利比亚领导人访问乌克兰”，法新社，2008 年 11 月 4 日，网址：〈http://afp.google.com/article/ALeqM5iWttifzl0aFhUZDdH－qe_heJRGUg〉。报道称，2006－2007 年，乌克兰向利比亚转让了超过 10 万支的步枪。见 P. Holtom：“乌克兰的轻小武器出口，2004－2007”，SIPRI 背景文章，2008 年 10 月，网址：〈http://books.sipri.org/product_info?c_product_id＝369〉。

〔26〕G. Faulconbridge：“沙特提出购买俄罗斯武器以遏制俄与伊朗之间的关系”，路透社，2008 年 7 月 15 日，网址：〈http://www.reuters.com/article/worldNews/idUSL1541793320080715?sp＝true〉。

〔27〕B. Ravid：“俄伊武器交易显示制裁的艰难”，《国土报》，2008 年 12 月 24 日。

〔28〕“俄罗斯签订向伊朗转让 S－300 防空系统协定”，伊塔尔塔斯社。18 Mar. 2009，网址：〈http://www.itar－tass.com/eng/level2.html?NewsID＝13689028&PageNum＝2〉。

〔29〕梅德韦杰夫在对外军事和技术合作委员会会议开幕式上的致词，莫斯科，2008 年 10 月 28 日。网址：〈http://www.kremlin.ru/eng/text/speeches/2008/10/28/1838_type82913_208467.shtml〉。

〔30〕梅德韦杰夫（同注释〔29〕）。2008 年和 2009 年，切梅佐夫在多个场合表示，由于缺少资金，俄罗斯武器工业存在不能“对国外订单交货”问题。（切梅佐夫：2 月 19 日俄罗斯机器制造商与工程师联盟第二届大会，Izhevsk），《独立报》，2008 年 2 月 20 日；伊萨钦科夫：“俄罗斯将重点进行核武库升级”，联合通讯社，2009 年 2 月 25 日，网址：〈http://www.ohio.com/news/world/40288307.html〉。

助以改进其生产设施。[31]

欧盟

2004—2008 年，欧盟成员国的武器转让占全球总量的 34%，比美、俄都高。[32] 欧盟成员国对非欧盟成员国的出口占其整个出口的 67%，占全球转让的 23%。10 个最大的主要常规武器出口国中有 7 个是欧盟成员国——法国、德国、意大利、荷兰、西班牙、瑞典和英国。2004—2008 年间，27 个欧盟成员国中有 21 个是主要常规武器出口国。除了欧盟，亚洲和中东（包括土耳其）是欧盟成员国重要的武器出口地：22%在亚洲，19%在中东。

欧盟武器供应国与中东国家特别是沙特签订了主要订单甚至更大规模的“原则协议”。但是印度和美国也被认为是潜在的市场。2004—2008 年间，美国是欧盟第七大武器进口国，其中美国接近一半的武器进口来自欧盟。美国还是英国最大的主要武器进口国：英国 2004—2008 年间 21%的武器出口是对美国的。在七大主要竞争领域中，欧盟产品比美国竞争者更获青睐。这些产品包括 EC—145 直升机——由法德欧洲直升机公司的德国一方制造，2006 年赢得了 30 亿美元的合同，以及意大利的 C—27J 运输机，在 2007 年赢得了 20 亿美元的合同。[33] 空中客车公司制造的欧洲飞机似乎击败了美国的生产商波音公司，赢得了大笔订单（价值高达 400 亿美元，未来 20 年的后续订单将高达 800 亿美元），涉及 190 架大型运输机。然而，购买过程遭遇阻力，在欧、美政治人物分别为各自公司游说的政治高压下，2009 年将有一番竞争。[34] 不过需要注意的是，这些非美国设计的装备大部分是经美国指定和同意，以同美国公司合作的方式在美国生产的。

欧盟成员国之间的激烈竞争，在 2008 年的潜艇出口的上得到了

---

〔31〕“俄罗斯：武器出口将达到 80 亿美元”，《纽约时报》，2008 年 12 月 16 日。

〔32〕这是基于欧盟 27 个成员国过去 2004—2008 年 5 年间总的转让。

〔33〕意大利—英国 EH—101 直升机在 2005 年被选为美国政府重要人物乘坐的新直升飞机后，甚至连美国总统不久也将乘坐欧洲直升机。然而，该计划目前正在审议之中，有可能被取消。C. Harrington：“华盛顿在取消 VH—71 总统直升机计划问题上意见不一”，《简氏军工》，2009 年 5 月 1 日。

〔34〕S. Hamilton：“继续给出的礼物”，《武装力量报》，2008 年 9 月。

反映。2008 年 12 月，法国与巴西签署了一份价值 86 亿欧元（合 113 亿美元）的协定，包括四艘常规和一艘核动力潜艇，核潜艇安装巴西的反应堆。[35] 自 20 世纪 80 年代开始，巴西购买了德国的潜艇，根据有关消息来源，这是早期基于德国技术建造核动力潜艇的计划。[36] 德国则在 2008 年底与法国的传统客户巴基斯坦接近签署三艘潜艇的合同。[37] 2005 年，德国失去了印度的潜艇订单，因为后者订购了法国潜艇。[38]

2008 年主要接受方情况

中国

中国是 2004—2008 年间最大的武器进口国。其主要的武器供应国是俄罗斯，占中国进口武器的 92%。然而 2007 年和 2008 年向中国转让武器的总量是 1999 年来最低的，大约相当于 2005 年和 2006 年的 1/3。由于大部分合同都得以履行，俄罗斯的转让可能就维持在这个低水平上。中俄武器谈判的重要双边平台——“中俄军技合作联委会” 2008 年 12 月开会，这是 2005 年来的第一次。尽管会议讨论了新的合同，但并未达成协议。[39] 俄罗斯官员重新谈判了 38 架伊尔－76 运输机的价格，价值约 10 亿美元，这是目前所知中俄之间在谈的最大一笔交易，计划 2010 年交货。然而，到底这些飞机是在俄罗斯还是在乌兹别克斯坦（这里有唯一的生产线）生产，俄乌两国还

---

〔35〕 M. A. Taverna 和 R. Wall：“巴西赌局”，《航空航天技术周刊》，2009 年 1 月 5 日；法新社：“萨尔科齐在里约热内卢签署 120 亿武器交易”，2008 年 12 月 23 日。网址：〈http：//www. france24. com/en/20081223－sarkozy－lula－eu－brazil－summit－seal－arms－deal－financialcrisis－climate－change〉。

〔36〕 “Submarinos nucleares de ataque（SNA）”，Global Security. org，2004 年 4 月 27 日，网址：〈http：//www. globalsecurity. org/military/world/brazil/sna. htm〉。

〔37〕 “德国人帮助巴基斯坦在卡拉奇建造 214 艘潜艇”，Rupee News，2008 年 11 月 26 日，网址：〈http：//rupeenews. com/2008/11/26/pakistans－214－submarines－made－in－karachi－with－german－help/〉。

〔38〕 “潜艇扩散：印度的重要行动”，NTI，2008 年 12 月，网址：〈http：//www. nti. org/db/submarines/india/import. html〉。

〔39〕 《俄罗斯商业报》（Vedomosti），2008 年 12 月 12 日。

存在分歧，这使得交货计划存在不确定性。[40]

不可否认，自冷战结束以来，中国只能从苏联或俄罗斯获得武器和军事技术，这也是中国增加军力的重要理由。这种情况也迫使中国依靠自己发展武器和技术。1990 年以前，中国的武器大多过时，且一般是基于 20 世纪 50 年代苏联的设计。得益于进口，中国过去 15 年间部分地缩短了技术差距，但仍然依赖武器进口，特别是武器零部件和技术的进口。某些是以军事技术形式进口的，主要来自俄罗斯，另一部分部件和技术通过民用进口获得。最近几年，中国展示了一大批自称是自主开发的新式武器。很多这类武器均依赖俄罗斯的零部件，如雷达和发动机，这些俄罗斯愿意提供。不过，很多所谓“中国”武器，竭力模仿俄罗斯的系统，也不知道有多少技术是合法进口的，多少是未经许可仿制的。[41] 其中一种武器是 J—11B，是对苏—27 战机的仿制。[42] 中国拷贝俄罗斯技术或整个系统明显激怒了俄罗斯，这不仅仅是因为中国武器挤占了俄罗斯的全球武器出口市场，有报道说俄罗斯威胁要采取法律行动。[43]

虽然中俄签署了国际知识产权保护协定，并在 2001 年的《睦邻友好合作条约》中强调了保护知识产权的重要性，但这似乎并未遏止中国非法拷贝军事技术的势头。[44] 2008 年 12 月，中俄签署了武器

〔40〕“俄罗斯和中国恢复关于军用运输机的谈判”，RIA—Novosti，2008 年 9 月 5 日，网址：〈http：//en. rian. ru/russia/20080905/116575606. html〉；R. F. Johnson：“俄罗斯—乌兹别克僵局危及飞机订单”，《简氏防务周刊》，2009 年 2 月 4 日。

〔41〕P. La Franchi：“俄罗斯是解放军现代化的关键”，《亚太防务报告》，第 34 卷第 3 期（2008 年 4 月）。中国总是被指从其他国家如南非等非法剽窃武器技术。“南非军事装备遭中国复制”，《印度防务》，2009 年 1 月 8 日。

〔42〕W. Minnick：“俄罗斯承认中国非法仿制其战机”，《防务新闻》，2009 年 2 月 13 日。

〔43〕“俄罗斯对中国出口其仿制的苏—27 战机感到愤怒”，Pravda. ru，2008 年 4 月 22 日，网址：〈http：//english. pravda. ru/russia/economics/22—04—2008/104975—russia_china—0〉；J. C. Busser：“中国为自用和牟利而剽窃俄罗斯舰船技术”，《信号》，2008 年 6 月。

〔44〕《中华人民共和国和俄罗斯联邦睦邻友好和合作条约》于 2001 年 7 月 16 日签署并生效，网址：〈http：//www. fmprc. gov. cn/eng/wjdt/2649/t15771. htm〉。

贸易知识产权协定。[45] 虽然这为俄罗斯对付中国出口含有俄罗斯技术的武器提供了新的手段，但似乎难以阻止中国拷贝俄罗斯的军事技术。因此，俄罗斯仍然不情愿将其最新的技术卖给中国，尽管俄罗斯需要通过出口收入维持其国防工业并资助其新武器的开发。[46] 对于如何回应中国对更先进武器的要求，俄罗斯似乎难以决断，要么让自己的技术外流，要么在对中国的立场上退缩。

中国从海外采购武器的选择不多。以色列、瑞士和乌克兰向中国提供了一些俄武器和技术，而中国新型的 Type－022 导弹快速攻击艇就是基于澳大利亚的船体设计，中国最初是作为民用快艇从澳大利亚进口的。[47] 尽管欧盟对华实施武器禁运，欧盟成员国仍然是中国军事和两用技术的重要提供者。[48] 根据 SIPRI 的数据，从 1989 年到 2008 年，中国 6.7％的主要常规武器进口来自欧盟成员国；2004 年至 2008 年，这一比例是 4.6％。根据欧盟的官方数据，2007 年欧盟成员国发放了 2.09 亿欧元（4 亿美元）的对华军品出口许可，至少有 1 亿欧元（1.35 亿美元）已交货。2006 年，上述数据分别是 2.93 亿欧元（3.65 亿美元）和 11.34 亿欧元（1.70 亿美元）。大部分是转让飞机和电子设备。[49] SIPRI 确认来源欧洲的装备是根据许可在中国交付或在中国生产的，包括法国的地空导弹系统和鱼雷以及英、法、德三国的发动机。[50] 中国的直升机项目几乎完全依赖欧洲设计以及打着民用旗号进口的技术。中国和欧盟在民用航天技术领域也有密切的合作。这使中国能够接触火箭发动机技术，通过参与欧洲伽利

〔45〕 N. Abdullaev：“俄罗斯和中国签署知识产权协定”，《防务新闻》，2008 年 12 月 15 日。

〔46〕 M. Sieff：“俄罗斯海军装备出口猛增，特别是在亚洲”，UPI. com，2009 年 1 月 15 日，网址：〈http：//www. upi. com/Security _ Industry/2009/01/15/Russias _ naval _ exports _ boom _ especially _ in _ Asia/UPI－25231232030933/〉。

〔47〕 据澳大利亚防务出口控制办公室称，初始的民用设计无须出口许可。S. Roggeveen：“澳大利亚在中国海军扩张中的作用”，2008 年 1 月 31 日。

〔48〕 关于 2008 年所有生效的多边武器禁运，见本卷附录 12A。

〔49〕 欧盟理事会：根据执行条款 8 提交的关于欧盟武器出口行为准则的第九份年度报告，欧盟官方公报，C2530，2007 年 10 月 26 日；欧盟理事会：根据执行条款 8 提交的关于欧盟武器出口行为准则的第十份年度报告，欧盟官方公报，C300，2008 年 11 月 22 日。

〔50〕 SIPRI 武器转让数据库（同注释〔1〕）。

略系统获得卫星导航技术，这些技术也具有军事用途，如反卫星武器、核弹头再入飞行器及精确制导武器等。[51]

印度

印度是 2004－2008 年间第二大武器进口国，占全球进口总量的 7.2%，并有可能在未来几年成为最大的武器出口市场。印度计划在 2009－2013 年间大幅增加其武器采购开支，总数为 3 万亿卢比（700 亿美元）。[52] 虽然印度的采购过程常常推迟或更改内容，但是 2008 年 11 月孟买恐怖袭击发生后，其与巴基斯坦关系重新紧张，导致印度内部压力增大，并最终作出采购的决定。[53] 这还导致另外一笔 100 亿美元的采购计划，用于 2009－2011 年间装备“本土安全”的部队和准军事部队。[54] 印度的武器采购和进口，包括远程攻击机，以及广泛的海军现代化计划明显指向中国以及老对头巴基斯坦。[55] 2008 年 11 月，印度外长普拉纳布·慕克吉称中国为印度的安全挑战。[56]

印度是前苏联武器的老客户，过去 25 年间印度从苏联（俄罗斯）进口的武器占其主要常规武器进口的 75%。2008 年，印度与俄罗斯

〔51〕 C. Griffin 和 J. E. Lin：“中国的空间雄心”，《武装力量报》，2008 年 4 月。

〔52〕 A. Shukla：“印度公报新的武器采购政策”，Rediff News，2008 年 8 月 2 日，网址：〈http://www.rediff.com/news/2008/aug/02arms.htm〉。印度国防部计划每年斥资 1.2 万亿卢比（200 亿美元），将过去 10 年来每年的经费翻了一番。《最新防务动态》(Defense update)：“2008 防务展：两年一度武器交易会上讨论的印度武器采购计划”，2008 年 3 月，网址：〈http://www.defense－update.com/events/2008/summary/defexpo08.htm〉。

〔53〕 印度国防部长 A. K. Anthony 声称，印度军事能力不足其需求的 30%。S. Herman：“印度发誓加快防务建设”，《美国之音》，2009 年 1 月 21 日，网址：〈http://www.voanews.com/english/2009－01－21－voa15.cfm〉；“孟买袭击事件推动国防部采取行动”，《印度时报》，2008 年 12 月 18 日；M. Pubby：“海军致力于解决老化问题，孟买袭击事件揭示监视能力之不足”，《印度快报》(Indian Express)，2008 年 12 月 20 日。

〔54〕 V. Raghuvanshi：“印度计划为本土安全购买价值 100 亿美元装备”，《防务新闻》(Defense News)，2008 年 12 月 31 日。

〔55〕 N. Mathews：“当代”，DTI，2009 年 1 月；“空军司令 F. H. Marshal 访谈”，《亚洲防务报》，2008 年 12 月。

〔56〕 P. Stobdan：“中国对印度的可怕挑战”，防务研究和战略评论分析研究所，2008 年 11 月 18 日，网址：〈http://www.idsa.in/publications/stratcomments/PStobdan181108.htm〉。

达成了一笔80架米－17直升飞机的交易，总金额约10亿－12亿美元。[57] 俄罗斯积极地向印度提供技术转让，或进行合作开发，以此取代直接的武器出售。[58] 2007年，印度和俄罗斯就联合开发新型战机PAKFA达成原则协议，PAKFA属于印度的机型，计划2015或2016年服役。印度仅在开发阶段就需要出资50亿美元。但对于整个项目还有相当大的疑问。[59] 另一个合资项目是6亿美元的运输机开发，2002年达成协议，2008年因为俄罗斯合作方伊尔库特公司撤出遇到严重问题。[60] 俄罗斯还向印度提供先进技术，如核潜艇等。

多年来一直有报道说印度可能租赁或购买更多的核潜艇，而且还在俄罗斯总统梅德韦杰夫2008年12月访问印度期间进行了讨论。[61] 然而，印俄之间的关系受到一系列问题的影响，如Krasnopol制导炮弹的质量问题，T－90坦克技术转让迟延，还有就是Su－30MKI战机和Gorshkov航空母舰迟延以及另需支付额外费用等。[62] Gorshkov航母的价格仍未解决，俄罗斯2009年2月的"最终报价"是29

〔57〕"印度与俄罗斯签署价值12亿美元的有关80架米－17直升机"，《印度时报》，2008年12月6日。

〔58〕"俄印会谈后的声明和对问题的回应"，俄罗斯总统官方网站，莫斯科，2008年12月5日，网址：〈http://www.kremlin.ru/eng/speeches/2008/12/05/1641_type82914type82915_210235.shtml〉。

〔59〕"印俄第五代战机将于2015年升空"，Domain－b.com，2008年8月，网址：〈http://www.domain－b.com/aero/mil_avi/mil_aircraft/20080808_sukhoi.html〉。

〔60〕《伊尔库特撤出之后印俄多用途运输机（MTA）合资公司负陷入麻烦》，Domain－b.com，2008年3月17日，网址：〈http://www.domain－b.com/aero/mil_avi/mil_aircraft/20080317_aircraft.html〉；"俄罗斯伊尔库特公司停止向MTA提供资金"，Indiainfo.com，2008年3月15日，网址：〈http://finance.indiainfo.com/2008/03/15/0803151047_russias_irkut_corp_stops_financing_mta_joint_production.html〉。

〔61〕"俄印会谈后的新闻声明和答问"（同注释〔58〕）。印度自己一再拖延的ATV核潜艇可能基于俄罗斯的技术。"小计"（The sub total），《今日印度》，2008年8月21日。

〔62〕关于Krasnopol见《印度防务年鉴2008》（同注释〔21〕），第172页；关于Su－30MKI价格的增加，见《印度防务年鉴2008》（同注释〔21〕），第169－172页；关于T－90见"印度与俄罗斯签署80架MI－17直升机的合同"，《印度防务》，网址：〈http://www.india－defence.com/reports－4101〉；"印度与俄罗斯签署价值12亿美元的80架Mi－17直升机"（同注释〔57〕）。

亿美元，该价格相当于一艘新舰。[63] 印度或许会接受新的价格，但这些问题延迟了其他的交易（如核潜艇），并损害了印俄关系。[64] 与中国不同，印度有多种渠道获得武器。

1998 年印度核试验以来，印美关系已大幅升温。印度在包括反恐等问题上被视为美国重要的盟国和“战略伙伴”，奥巴马政府已确认了印度的重要性。[65] 2002 年以来，印度和美国建立了多种机制，讨论双边的武器贸易和其他问题。[66] 2008 年末，美国公司拿到第一份大额订单：6 亿美元的 6 架 C—130J 运输机，配备高科技系统，可装备特种部队；还有价值 21 亿美元的 8 架高技术 P—8 反潜机。[67] 美国还在印度积极开拓其他武器的市场，包括非常先进的武器如爱国者 PAC—3 地对空系统和宙斯盾海军作战系统。[68]

但是，仍有两大障碍妨碍着从美国扩大武器进口。一是美国要求必须保证未经美国同意所售武器不得转让其他国家或用于协议规定以外的目的。虽然所有武器出口国都会不同程度地提出类似要求，但美国坚持监视最终用途，包括在购买者领土上进行入侵性很强的检查。

---

〔63〕 P. D. Samanta：“俄罗斯希望 Gorshkov 再签 7 亿美元合同”，《印度快报》（India Express），2009 年 2 月 20 日。2007 年订购了更大的英国航空母舰，价值 30 亿－40 亿美元。“争取 40 亿英镑的航空母舰交易”，《泰晤士报》，2007 年 7 月 26 日。

〔64〕 “印度与俄罗斯签署价值 12 亿美元的 80 架 Mi—17 直升飞机交易”（同注释〔57〕）。

〔65〕 “印度极其重要的战略伙伴：美国”，《印度日报》（The Hindu），2009 年 2 月 13 日。

〔66〕 “美印防务合作信任加深”，路透社，2008 年 2 月 16 日，网址：〈http://www.reuters.com/article/pressRelease/idUS87925＋16－Feb－2008＋PRN20080216〉；“印美防务合作”，印度驻美大使馆，华盛顿，网址：〈http://www.indianembassy.org/newsite/indodefense.asp〉；L. Saalman：“美印战略和伙伴的意涵”，《权力与利益新闻报道》，2005 年 8 月 5 日，网址：〈http://www.pinr.com/report.php?ac＝view_report&report_id＝341〉。

〔67〕 R. Pandit：“美国想成为印度的头号合作伙伴”，《印度时报》，2008 年 9 月 11 日；A. Boessenkool 和 V. Raghuvanshi：“印度反对 C—130 和 P—8 的限制”，《防务新闻》，2009 年 2 月 8 日。

〔68〕 Boessenkool 和 Raghuvanshi（同注释〔67〕）。

印度迄今一直拒绝这样的检查，包括 2008 年签订的两项合同。〔69〕二是印度坚持采取补偿贸易的方式，包括转让技术和在印度建立生产线。这与美国政府的政策或美国公司的想法不符，美国甚至无法以此与其最亲密的盟国就 F－35 战机技术转让问题达成协议。两家美国公司 2008 年退出了直升飞机的竞争，至少有部分原因是印度坚持补偿贸易，从而使交易无利可图。〔70〕

原油价格下降和全球金融危机的影响

从 2007 年初到 2008 年秋，原油价格上涨了 300%，然后从 2008 年末开始迅速跌落。随后便是 2008 年末以后开始的更为强烈的全球金融危机。〔71〕上述动荡由于是新近发生的事，目前尚无法看到其对 2008 年的武器转让的影响，但是对现有和将来的订单的影响已经显现。若干国家重新调整或中止了武器采购计划，或者开始讨论这种选择。这对实际转让的影响只会在数年之后显现。1997 年亚洲金融危机只是在 1999 年以后的转让中有所显现（见图 7.1）。然而，由于大部分采购计划在订购武器的生产过程中已经支付了，取消和延迟交货对于购买者有直接的经济利益。

迄今尚无官员就经济危机对武器转让的影响发表评论。俄罗斯副总理谢尔盖·伊万诺夫 2008 年 12 月称，金融危机尚未导致武器销售的萎缩，俄罗斯的客户没有改变或取消合同的迹象。然而，伊万诺夫指出，多家俄罗斯武器生产商已经受到“流动资金问题”的冲击：寻求资金弥补生产商的缺口，直到购买方收货付款，这种办法已经出现问题。〔72〕其他国家也有类似的问题。此外，为武器采购寻求长期信用额度肯定也是问题。例如，俄罗斯联邦政府就曾敦促俄罗斯银行以优惠条件向俄罗斯武器出口企业

〔69〕虽然也签署了合同，要交付还需美国政府允许，条件是签订最终用户监督协定。Boessenkool 和 Raghuvanshi（同注释〔67〕）。

〔70〕C. Nelson：“直升飞机转让对印度具有标志性意义”，《印美商务报》，2008 年 12 月 15 日。

〔71〕另见本卷第六章第二节。

〔72〕“全球危机冲击俄罗斯武器制造商”，路透社，2008 年 2 月 11 日，网址：〈http://www.reuters.com/article/rbssBanks/idUSLB11929320081111〉。

提供贷款信用。[73]

为减轻金融危机的影响，许多国家投入大量资金支持其经济，限制了国防部门的金融资源。马来西亚中止了价值 17 亿林吉特（合 4.75 亿美元）的从法国订购直升飞机的合同以节省经费，尽管马来西亚亟需这批直升飞机以更换其已经被认为不符合安全要求的直升飞机。[74] 意大利决定推迟从美国购买 F—35 战斗机的计划，据报道英国也将采取此办法。[75] 1997 年金融危机的时候，绝大部分情况不是直接取消采购，而是暂时中止。不过，英国可能不只是推迟，而是部分削减 F—35 计划，幅度可能是 40%，将节省 45 亿—58 亿美元的采购经费。[76]

金融危机还带来了其他影响。对于以美元作为贸易结算的美国和其他供应国来说，美元相对于其他货币的大幅升值（通常在 25%以上）使得武器更加昂贵了。对于大部分收入为美元的进口方来说汇率原因对它们问题不大。很多产油国，特别是中东国家，美元升值对它们并无不利影响；出口原油换取的美元使它们有能力从非美元国购买更多的武器。

油价上涨对主要的石油出口国有利，因为出口收入可用于购买武器。阿尔及利亚、沙特和阿联酋属于那些突然有充足资金进行昂贵武器采购的国家。虽然收入减少最终会导致石油出口国减少开支，通过石油出口积累的资金使得海湾国家仍有充分的资金在 2009 年签订大

〔73〕“全球危机打击俄罗斯武器制造商”（同注释〔72〕）；“俄罗斯银行流动资金充裕—Shvalov—2，RIA－Novosti，2008 年 11 月 2 日，网址：〈http：//en. rian. ru/russia/20081102/118101522. html〉。

〔74〕G. S. Khoon：“欧洲直升机交易中止”，《太阳报》（吉隆坡），2008 年 10 月 28 日。

〔75〕T. Ripley：“资金问题可能迟延英国首架联合战斗机的购买”，《简氏防务周刊》，2008 年 11 月 4 日。

〔76〕C. Caffrey：“分析：削减 F—35 的采购为英国节省 58 亿美元”，《简氏国防工业》，2008 年 10 月 31 日。其他主要的英国计划推迟，将资金用于支持其在阿富汗的装备和行动。英国国防部：“防务装备”，2008 年 10 月 31 日，网址：〈http：//nds. coi. gov. uk/imagelibrary/downloadMedia. asp？ MediaDetailsID=260218〉。

宗订单。[77]

全球金融危机会导致出口意愿增加。为保持贸易平衡或保护军工产业，它们会向危机之前不出口的国家或会以原来不接受的条件进行出口。比如，油价下降和金融危机严重冲击了俄罗斯的经济，通过放松对中国或伊朗的出口限制，可以从武器出口中获得更多收入，这可能有利于俄罗斯。[78] 对其他国家也是如此。

第三节　武器转让与战争：斯里兰卡与泰米尔猛虎组织

2008 年 1 月，斯里兰卡政府中止与泰米尔伊拉姆猛虎组织的和平谈判和停火，寻求军事上的解决。[79] 斯里兰卡政府和猛虎组织采购武器的作法显示，即使小量的武器转让也会产生严重的后果。斯里兰卡政府仅占 2004—2008 年间的主要常规武器进口的 0.2%，武器进口的金额也很低。然而近 8400 人员的死亡（这与阿富汗和伊拉克加起来的总和相当）使斯里兰卡的武装冲突成为 2008 年因战争行动而死亡的最高数字。[80]

猛虎组织要求斯里兰卡北部和东部的泰米尔邦独立，从 1983 年开始与斯政府作战。2002 年 2 月实现正式停火并开始谈判，然而已有约 6 万人因冲突而丧生，经济也遭到破坏。2005 年下半年暴力活

〔77〕 N. Kawach：“经济下滑但国防开支增加”，《阿联酋商务》24/7，2009 年 2 月 27 日，网址：〈http：//business24－7. ae/articles/2009/2/pages/02272009 _ a012bd3838e84f85ab39c8c9ab5fdb85. aspx〉；“阿联酋防务开支冲高至 46 亿美元”，法新社，2009 年 2 月 25 日，网址：〈http：//www. blnz. com/news/2009/02/25/defence _ spending _ spree _ hits _ billion _ 3294. html〉；F. Berrigan：“可能出现金融危机，但军火商的生意兴隆”，AlterNet，2008 年 9 月 30 日，网址：〈http：//www. alternet. org/workplace/100801/there _ might _ be _ a _ financial _ crisis，_ but _ the _ world's _ arms _ dealers _ are _ doing _ just _ fine/？page＝entire〉。

〔78〕 S. Sestanovich：“俄罗斯与全球经济危机”，《外交关系专家协会简报》，2008 年 11 月 25 日，网址：〈http：//www. cfr. org/publication/17844/〉；R. McDermott：“俄罗斯感到了武器计划的隐忧”，《亚洲时报》，2009 年 1 月 16 日。

〔79〕 关于斯里兰卡的武装冲突，见本卷第二章第四节。

〔80〕 见本卷附录 2A。

动重起，2008 年 1 月 2 日斯政府正式宣布中止停火。虽然和平谈判的大门仍然敞开，但政府公开选择军事途径以期在 2008 年底取得对猛虎组织的彻底胜利。[81] 2009 年 2 月，猛虎组织遭受惨重损失，其控制下的最后一块地盘也行将丢失。然而，猛虎组织仍然坚持泰米尔邦独立，并可能继续进行游击战。[82]

对斯里兰卡政府的武器供应

军事上解决猛虎组织的决定至少有部分原因是斯里兰卡政府和军方确信其力量已足够强大，可以击败猛虎组织。在过去政府军的几次攻势中表明，猛虎组织是一个强大的对手，有相当的能力进行武器走私。然而，从 2000 年到 2007 年，斯里兰卡从印度、以色列和美国获得了数艘大型战舰，以此来对付猛虎组织的武器走私。到 2007 年 10 月，斯政府军已成功铲除猛虎组织的海上货船。[83] 此外，斯政府还获得了大量先进的巡逻艇，若干先进监视系统，包括从以色列获得的无人机、从美国获得的地面监视飞机和从印度和美国获得的雷达。有了这些装备，斯里兰卡就能在近岸建立起对猛虎组织控制区的封锁，阻断猛虎组织用船只进行武器走私。斯里兰卡还采购了一些新的武器来扩编军队，包括从中国、以色列和乌克兰获得的战机。更重要的是，大量进口弹药以及随时可以获得更多供应（许多来自中国和巴基斯坦）为斯里兰卡政府作新的战争准备。[84] 从 2002 年中期到 2007 年中期，斯里兰卡至少从中国进口了 1.4 亿美元的军事装备。大部分

---

〔81〕 斯里兰卡外交部：外交部长 Hon. Rohitha Bogollagama 的声明，科伦坡，2008 年 1 月 4 日，网址：〈http://www.peaceinsrilanka.org/peace2005/Insidepage/PressRelease/WebRel/January/WebRel040108.asp〉；"斯里兰卡：远未结束的战争"，ISN，2008 年 9 月 9 日，网址：〈http://www.isn.ethz.ch/isn/Current－Affairs/Security－Watch/Detail/?lng=en&id=91166〉；"答问：斯里兰卡危机"，BBC 新闻，2008 年 11 月 26 日，网址：〈http://news.bbc.co.uk/2/2405347.stm〉；"军对占领了更多猛虎组织地盘"，BBC 新闻，2009 年 1 月 8 日，网址：〈http://news.bbc.co.uk/2/7817110.stm〉。

〔82〕 T. Moss："斯里兰卡军队占领猛虎组织最后盘踞地"，《简氏防务周刊》2009 年 2 月 4 日，第 4 页；A. Lawson："斯里兰卡叛军的末日到了吗?"，BBC 新闻，2009 年 1 月 9 日，网址：〈http://news.bbc.co.uk/2/7820188.stm〉。

〔83〕 "Varaha 看到了行动"，《国家》（科伦坡），2007 年 10 月 14 日。

〔84〕 斯里兰卡军事预算近几年迅速增加，以便支付增加的人员和装备以及军事行动的开支，见本卷第五章。

可能是弹药，也可能包含扩编斯里兰卡部队的小武器。〔85〕 2000—2007 年斯里兰卡从巴基斯坦的武器进口价值至少有 5000 万美元，但实际数量可能高达每年 5000 万美元。这些采购得到巴政府的信贷支持，2007 年下半年信贷还有所增加。〔86〕 2008 年初，斯里兰卡又与巴基斯坦达成了一笔新的交易，内容是 15 万枚 60 毫米迫击炮弹和 15 万枚手榴弹，这些弹药在协议达成后迅速从巴基斯坦武库中移交斯里兰卡。双方还达成了 2500 万美元的火炮和迫击炮弹的交易，一个月内交付。〔87〕 采购的武器和巴基斯坦同意随时交付更多的弹药肯定是斯里兰卡军方的进攻能够在 2008 年持续的主要原因。

斯里兰卡数度向印度寻求武器，但是尽管印度在 1993 年宣布猛虎组织为“恐怖”集团，而它仍坚持军事解决不是正确的办法，表示不会向斯里兰卡提供致命的和进攻性的武器。〔88〕 然而，巴基斯坦武器供应的增加导致了印度国内有关印度在南亚主导地位的讨论，在 2007 年末，印度答应向斯里兰卡出售武器，以应对中国特别是巴基斯坦的军售。〔89〕 印度向斯里兰卡提供 1 亿美元贷款来购买印度的装备，包括车辆和空防系统，尽管仍然保留着关于非致命性和非进攻性

---

〔85〕 自 1993 年以来，中国的北方工业公司在斯里兰卡设立了仓库，以便随时向斯里兰卡提供武器。据报道，斯里兰卡在 2002 年中期拖欠北方工业公司 6000 万美元。到 2007 年中期，斯里兰卡转而与北方工业公司的竞争者保利公司达成协议，债务增至 2 亿美元。I. Athas：“斯里兰卡可能丢掉与中国的武器协定”，《简氏防务周刊》，2003 年 1 月 15 日；“斯里兰卡与中国仓库”，Strategy Page，2007 年 6 月 2 日，网址：〈http：//www. strategypage. com/htmw/htproc/articles/20070602. aspx〉。

〔86〕 对 2008 年以前巴基斯坦的军售一直存在迷茫。巴基斯坦的一家报纸报道，截至 2007 年 12 月总价值是 5000 万美元。“斯里兰卡紧急订购巴基斯坦军事装备”，《每日时报》(Daily Times)，2008 年 4 月 4 日。另一篇报道称，每年的总金额升至 8000 玩美元。“军事援助：美国出局，俄罗斯进入”，美联社，2007 年 12 月 23 日，网址：〈http：//www. lankanewspapers. com/news/2007/12/22918. html〉。

〔87〕 “斯里兰卡紧急订购巴基斯坦军事装备”（同注释〔86〕）。

〔88〕 印度政府还不得不考虑在印度南部大量泰米尔人强烈支持猛虎组织。“斯里兰卡紧急订购巴基斯坦军事装备”（同注释〔86〕）。

〔89〕 “印度对斯里兰克购买武器感到忧虑”，《泰国新闻》，2008 年 3 月 26 日，网址：〈http：//www. thaindian. com/newsportal/south－asia/india－worried－by－sri－lanka－arms－buying _ 10031569. html〉。印度、中国和巴基斯坦之间的敌对关系也是最近几年印度向缅甸和尼泊尔提供武器的一个原因。

武器的条款。[90]

1997 年，美国宣布猛虎组织为恐怖组织，2006 年欧盟作了同样宣布，但是对向斯里兰卡提供武器均举棋不定。虽然斯里兰卡试图从美国和若干欧盟国家购买武器，大部分这样的出口都遭到拒绝，主要原因是美国和欧盟都坚持认为军事行动不是解决冲突的办法，担心斯里兰卡军队侵犯人权。[91] 然而，如上所述，美国提供的一些非致命武器对战争的进程产生了重要影响。

对泰米尔猛虎组织的武器供应

猛虎组织从一个装备低劣、仅有小武器和粗糙地雷的游击队发展成为一支拥有地盘和重武器的正规部队。同其他叛乱组织一样，猛虎组织的许多武器通过缴获和从政府军及警察那里偷窃而来。然而，有大量文件表明猛虎组织从国外获得武器以及这些武器被如何偷运至其控制区。可以理解的是，这些武器的数量难以确定，斯里兰卡军方的报告称，截至 2009 年 5 月，它从猛虎组织那里缴获了大约 10 万件小武器。[92]

关于猛虎组织武器采购的情况，大部分是从搜集到的尚未到达猛虎组织控制区的转让交货的信息中了解的。然而，对于已截获的走私到斯里兰卡的或猛虎组织试图获取的武器的型号、数量和来源与猛虎组织整个武器采购有何种关联度仍不清楚。

猛虎组织一直没能成功地从其他国家获得军事援助或政治支持。

---

〔90〕“斯里兰卡紧急订购巴基斯坦军事装备”（同注释〔86〕）。P. D. Samantha：“巴基斯坦对斯里兰卡军售增长使印度不安”，《印度快报》，2008 年 5 月 10 日；“军事援助：美国出局，俄罗斯进入”（同注释〔86〕）。非致命或非进攻性条款也许有些灵活。印度交付斯里兰卡的舰只配备武器且曾在射击事件中使用。印巴为获得斯里兰卡的支持而竞争，此种情况也发生在 1971 年，当时两国都向斯里兰卡的另一反叛组织提供援助。

〔91〕 然而欧盟没有共同的对斯里兰卡武器出口政策。例如，英国在 2007 年否决了几宗武器出口，但斯洛伐克则在 2008 年初出口了 1 万发火箭弹。英国外交和英联邦事务办公室及英国国防部：“英国战略出口控制 2007 年年度报告”，Cm 7451（公共信息办公室：Kew），2008 年 7 月，第 20 页；“对向斯里兰卡出售武器的打击”，BBC 新闻，2008 年 4 月 10 日，网址：〈http://news.bbc.co.uk/1/7339423.stm〉。

〔92〕 这包括许多中国的 56 式步枪，斯里兰卡部队也在使用，因此可能是猛虎组织缴获的。S. Bell：“2000 万美元的猛虎组织武器被缴获”，《全国邮报》，2009 年 5 月 5 日。

虽然猛虎组织建立了一定的武器生产能力，包括生产轻型迫击炮和炮弹的能力，但其大部分武器是从黑市上非法获得的。这也许是反叛组织中独一无二的一点。猛虎组织建立了一个由自己直接控制的、广泛的资金、武器采购和走私的体系。[93] 猛虎组织拥有的海上船只，大部分用于商业目的，但时常用于武器走私。

猛虎组织武器供应的主要来源一般是东南亚。不仅是因为该地区靠近斯里兰卡，充斥着不守规矩的商人和腐败的官员，武器易于从他们手中获得，还因为这里也是许多猛虎组织成员生活和工作的地方，有猛虎组织建立武器购买和走私网络的土壤。特别是泰国，一直被认为是武器的来源地和转运站。有数艘被截获的运输轻小武器的船舶就是从泰国港口出发的，但是至少也有一些武器来自其他地方，也许是东南亚国家。这些武器包括报道中的2000年或此前来自柬埔寨政府军武库或红色高棉叛军的130毫米机枪。[94] 也有报道显示猛虎组织与印度尼西亚和缅甸的军火商有联系。[95]

非洲、东欧也被视为猛虎组织的武器来源地。[96] 2006年，美国联邦调查局两次探知猛虎组织试图在美国或通过设在美国的军火经纪人购买武器，包括100具Igla便携式防空系统（MANPADS)。由于Igla不是产自美国或在美国有业务，因此一定来自他国。[97] 斯里兰

---

〔93〕 P. K. Balachandran："南亚最军事化的斯里兰卡：研究"，《印度斯坦时报》，2006年9月21日。

〔94〕 据报道，这些枪支在2000年初首次投入使用。M. Brooke："一个火炮为王的地方"，《武装力量报》，2000年7月，第19—19页。

〔95〕 A. Davis："猛虎组织的武器被截"，《简氏情报评论》，2004年2月；LRRP："猛虎组织重又走私武器"，2008年3月1日，网址：〈http：//lrrp. wordpress. com/2008/03/01/has－ltteresumed－arms－smuggling〉。

〔96〕 猛虎组织前高级官员称乌克兰"武器巨头"交付包括火炮在内的武器给猛虎组织。"延迟交货和失意健忘引发的问题：实事还是想象？" Lankanewspapers. com，2009年1月24日，网址：〈http：//www. lankanewspapers. com/news/2009/1/38226 _ space. html〉。

〔97〕 L. Terhune："联邦调查局调查斯里兰卡武器走私的可疑网络"，America. Gov，2006年8月22日，网址：〈http：//www. america. gov/st/washfile－english/2006/August/20060822170008mlenu hret0. 4714319. html〉；N. Madigan："印度尼西亚将军因涉嫌斯里兰卡武器走私而获刑"，《巴尔的摩太阳报》，2008年7月11日。

卡官员点名厄立特里亚是大批武器的重要来源。这些武器先是由中国卖给厄立特里亚武装力量，然后又被厄立特里亚官员转卖给猛虎组织。[98] 美国参议院的报告称，厄立特里亚政府“据报道”向猛虎组织提供了军事援助。[99]

关于猛虎组织 2008 年进行武器采购的证据很少。虽然有迹象显示一些武器到了猛虎组织手中，但走私船舶的损失和强化的海上封锁似乎阻断了绝大部分武器贩运。[100]

第四节　结论

五年期平均武器转让每年都呈上升趋势，从 2005 年一直持续到 2008 年。主要的武器出口国是美国和俄罗斯，它们与德国、法国和英国一起占据 2004－2008 年间全部武器出口的 79%。中国依然是 2004－2008 年间最大的武器进口国，其后依次是印度、阿联酋、韩国和希腊。欧洲、东亚和中东占整个进口的 20%－21%，南亚则占 10%。

要看清 2008 年下半年爆发的全球金融危机以及油价下跌产生的影响为时尚早，但危机无疑会限制用于武器采购的资源。一些国家已经中止或推迟了采购项目。然而，俄罗斯和美国以及主要的欧洲供应国仍有大量积存的订单。报道称，美国积存的订单最多，可以满足很多年的生产。

中国的进口主要来自俄罗斯，过去两年大幅下降，也没有相应的新的大订单。中国正在将从俄罗斯引进的技术用于自身设计的武器中，这使俄罗斯感到气愤。俄罗斯仍然是印度主要的武器供应者，但面临来自欧洲国家、以色列和美国的竞争。另外，印度被看作是正在成长的市场。

---

〔98〕 LRRP（同注释〔95〕）。

〔99〕 美国参议院：“大使馆成为反恐的指挥所”，外交关系委员会，2006 年 12 月 15 日，网址：〈http://frwebgate.access.gpo.gov/cgi－bin/getdoc.cgi? dbname＝109_cong_senate_committee_prints&docid＝f:31324.wais〉。

〔100〕 LRRP（同注释〔95〕）。

斯里兰卡的战争显示，多小的武器弹药转让也会产生重大影响。虽然从全球甚至是地区范围看，斯里兰卡的武器进口可以忽略不计，但它足以使斯政府有信心抛弃有关和平谈判的国际调停，转而诉诸武力解决。

（翟玉成　译）

附录 7A 主要常规武器的供应方和接受方

SIPRI 武器转让项目

一、导言

SIPRI 武器转让项目持有 SIPRI 武器转让数据库，该数据库包含着 1950 年以来向国家、国际组织和非国家武装集团转让主要常规武器的资料（参见 URL〈http：//armstrade. sipri. org/〉）。SIPRI 将数据库中每种武器或子系统用趋势指示值（TIV）表现出来，然后根据指定年份中的趋势指示值和转让的武器系统或子系统的数量计算出从上述各种实体转入、转出，及其相互之间的转运量。趋势指示值并不代表武器转让的金额，而是转让量的一个指示值。因此，趋势指示值不应被直接应用。趋势指示值最适合作为原始数据，计算一段时期内国际武器转让的趋势、供应方和接受方在全球武器转让中所占的百分比以及向某些特定国家提供的武器量或这些特定国家向外转让的武器量。

该数据涵盖了 1950 年以来的数据，数据收集和分析是一个连续的过程。随着新数据的获得，数据库中各年的数据均作了更新。[1]

第二节概述了武器转让数据的资料来源及统计方法。表 7A. 1 和 7A. 2 分别介绍了 2004—2008 年主要常规武器所有接受方和供应方的 SIPRI 趋势指示值。表 7A. 3 介绍了 2004—2008 年间 10 大主要常规武器接受方及其供应方。表 7A. 4 介绍了 2004—2008 年间 10 大主要

〔1〕 因此，各版 SIPRI 年鉴或其他 SIPRI 出版物的数据不能合用或相互比较。需要本卷所涵盖的年份之前的完整趋势指示值数据的读者可通过网址〈http：//www. sipri. org/contents/armstrade/〉联系 SIPRI 军火转让项目。

常规武器供应方的武器出口地区分布。

二、武器转让数据的资料来源及统计方法

资料来源

武器转让项目收集的数据来源广泛：报纸、期刊杂志、图书、专题著作与年度参考书以及国家和国际官方文献。所有这些来源所采用的共同标准是公开材料，即公开发表、公众可以获得的材料。

然而，这类公开资料无法反映世界武器转让的全面情况。公开出版的报告往往只能提供部分信息，而且这些报告之间经常存在实质性的差异。因此公开渠道获得的信息不足以跟踪所有武器和各种军事装备的去向，SIPRI 只涵盖了所定义的所谓“主要常规武器”。在武器的订购和交付日期、确切数量（甚至类型），或者是供应方和接受方的确定方面，都不总是明白清晰的。因此，在编撰 SIPRI 武器转让数据库过程中，进行判断和明确估计是非常重要的。所有数据的来源和估算方法都载于 SIPRI 武器转让数据库。估算往往是保守的，而且可能大大低估了。

选择标准

SIPRI 采用“武器转让”一词，而不是“武器贸易”或“武器销售”。SIPRI 不仅涵盖包括许可证生产的武器销售，而且还涵盖其他形式的武器供给，包括援助和捐赠。

转让的武器必须是指定给另一国的武装力量、准军事力量或情报机构。向武装冲突中的非国家行为体提供武器，或非国家行为体向外转让武器，被表示为向某个具体的武装非国家行为体交付或由个别武装非国家行为体供应武器，并分别被列入“接受方”或“供应方”栏目。向国际组织提供武器，或国际组织向外转让武器也按相同方式列入和分类。如果交货得到确认，但不能完全确定交货的供应方或接受方，则该转让就登记为供应方“不详”或接受方“不详”。只有当两个或两个以上国家合作生产的武器达成转让协议，而且不清楚由哪一个国家交付时，供应方标定为“多国供应商”。

包含在 SIPRI 数据库中的武器转让数据必须是供应方自愿转让的。这包括武器的非法转让——没有得到供应方或接受方政府的有效

授权——但不包括缴获的武器或通过叛逃者得到的武器。最后，武器必须用于军事目的。那些主要用于政府其他部门，但由武装部队登记和操作的系统，如飞机，则不列入。只为技术性或武器采办评估目的供应的武器也不予列入。

涵盖的范围：主要常规武器

SIPRI 仅涵盖它所认定的“主要常规武器”，界定如下：

1. **飞机**：所有固定翼飞机和直升机，包括无人驾驶的侦察/监视飞机，不包括微型飞机、有动力、无动力滑翔机和靶机。

2. **装甲车**：所有具有整体装甲保护的车辆，包括所有类型的坦克、反坦克装甲车、装甲车、装甲运兵车、装甲支援车和步兵战车。只有携带非常轻型装甲保护的车辆（例如具有完整但轻型装甲保护驾驶室的卡车）不包括在内。

3. **火炮**：口径等于或大于 100 毫米的舰炮、固定机关炮、自行火炮、牵引火炮、多管火箭筒和迫击炮。

4. **传感器**：(1) 预警范围至少在 25 公里以上的所有陆基、空基和舰载的主动（雷达）和被动（如光电）监视系统，不包括导航、气象雷达；(2) 所有火控雷达，不包括测距雷达；(3) 用于舰艇和直升机的反潜作战和反舰声纳系统。如果传感器安装于作战平台（车辆、飞机或舰船），登记表只标示与作战平台来自不同供货方的传感器。

5. **防空系统**：(1) 所有陆基地对空导弹系统（SAM）；(2) 所有口径大于 40 毫米的防空炮，这包括装甲底盘和无装甲底盘的自行系统。

6. **导弹**：(1) 所有有动力的装载常规弹头的制导导弹和鱼雷；(2) 所有有制导但无动力的炮弹和炸弹，不包括无制导的火箭、自由落体航空炸弹、反潜火箭和靶机。

7. **舰船**：(1) 所有标准吨位等于或大于 100 吨的舰船；(2) 所有装备了口径等于或大于 100 毫米火炮、鱼雷或导弹的舰船，不包括大部分观测船、拖船和某些运输船。

8. **发动机**：(1) 军用飞机引擎，例如具有作战能力的飞机、大型军用运输机和支援飞机，包括直升机；(2) 军舰发动机，如快速攻击艇、轻型巡洋舰、护卫舰、驱逐舰、巡洋舰、航空母舰和潜艇；(3) 大多数装甲车发动机——输出功率一般在 200 马力以上的发动机。如果发动机安装于作战平台（车辆、飞机或舰船），登记表上则只标示与作战平台来自不同供货方的发动机。

9. **其他**：(1) 所有装甲车辆用的安装口径大于 20 毫米的炮或安装制导性反坦克导弹的炮塔；(2) 所有舰艇用的安装口径大于 57 毫米炮的炮塔；(3) 所有舰艇用的安装组合口径大于 57 毫米多管炮的炮塔。如果武器安装于作战平台（车辆或舰船），登记表上则只标示与作战平台来自不同供货方的武器系统。

所列出的统计数据仅指这 9 类武器的转让，不包括其他军事装备的转让，例如小武器和轻武器、核武器、生化武器、卡车、口径小于 100 毫米的火炮、弹药、支援设备和部件，以及服务或技术转让。

SIPRI 趋势指示值

SIPRI 的武器转让评估系统被设计为一个趋势衡量机制，它可以衡量主要武器总的流量及其地域分布的变化情况。SIPRI 趋势指示值图表所显示的趋势只是基于相关图表和数据所涵盖年份或时段的实际交货量，而不是基于某年份签订的订货量。

在趋势指示值系统中，类似的武器具有类似的指示值，因此趋势指示值既能反映被转让武器的数量，也能反映它们的质量——换句话说，它描绘的是军事资源的转让。SIPRI 趋势指示值并不反映转让武器的贸易额（或支付的金额）。这里有三方面的原因：一是在很多情况下无法获得武器转让金额的可靠数据；二是即便知道武器转让金额，也几乎都是交易的总额，这一总额不仅包括武器本身，也包括与这些武器相关的项目（如备件、装备或弹药）和支援系统（如特种车辆），以及与武装部队装备一体化相关的项目（如依照现有的武器系统改变训练方式或软件）；三是即使知道武器转让的金额，也仍然存在问题，那就是往往不知道此项转让的财务安排的重要细节（例如信用或租借条件和折扣情况）。[2]

衡量转让武器的军事含义则集中于作为军事资源的武器的价值。同样，假定这些价值大致反映武器的军事能力，也可以通过考察武器

〔2〕 根据目前可以从大多数武器出口国获得的财务统计数据，有可能提供一个有关经济要素的非常粗略的看法，但是大多数统计数据缺乏足够的细节。这些数据可在 SIPRI 武器转让项目网站上获得：〈http://www.sipri.org/content/armstrade/〉。

转让的实际货币金额来实现。然而，上述问题仍然存在，例如一件非常昂贵的武器可能是作为援助无偿转让，因此不能在财务统计中得到反映，但这却是一项重要的军事资源转让。SIPRI 的解决办法是建立一套体系，在这一体系中，对军事资源的衡量包括了对这种转让武器技术参数的评估。对武器承担的任务和武器性能进行评估，并赋予一个价值指数，这些价值指数反映了这种武器相对于其他武器的军事资源价值。这一点可以通过给予某些武器一个固定的指数来建立一些基准或参考点来实现，形成指数的核心，所有其他武器都与这些核心武器进行比较。

简言之，计算单个武器的 SIPRI 趋势指示指数的过程如下：对有些武器类型，可以在公开资料中找到其实际平均采购单价，这里假定这种实际价格大致反映了这一系统的军事资源价值。例如，一架价格为 1000 万美元的战斗机，其军事资源价值可以被认为是以 500 万美元购买的战斗机的军事资源价值的两倍；1 亿美元购买的潜艇，其军事资源价值可以被认为是 1000 万美元购买的战斗机的 10 倍。那些具有真实价值的武器被用作进行评估的核心武器。价格不详的武器都要与核心武器进行比较，这种比较通过以下步骤进行：

1. 把某种武器的种类与核心武器的种类相比较。对于价格不详的武器种类，如果找不到与这种武器类型相当的核心武器，则选择最为相近的核心武器种类进行比较。

2. 衡量武器大小和性能的标准指标（重量、速度、射程和载荷），则与武器种类相同的核心武器相比较。例如，15000 千克的作战飞机可以与重量相当的作战飞机相比较。

3. 其他的特性，如电子器件的类型、加载或卸载装置、发动机、履带或车轮、军事装备和材料，都要进行比较。

4. 各种武器均与同一时期的核心武器进行比较。

对于按“二手货”交付的武器，则以新武器价格的 40％来确定其标准价格。如果武器在交付前，供货方对其进行了重要翻修或重大改造（其军事资源价值因此而增大），其标准价格则按照新武器价格的 66％确定。实际上，不同的二手武器的军事资源价值差别可能很大，这取决于武器使用后的状况以及在使用期间对武器进行改造的情况。

SIPRI 的趋势指示值不考虑武器使用的条件（例如一架 F—16 战斗机由一支各方面协调的、训练有素和高度一体化的武装部队使用，其军事价值要比这架飞机被某个发展中国家使用高得多；资源相同但效果却很不同）。SIPRI 的趋势指示值还假定核心武器的价格是实价，而且不包括那些即使是官方计划的一部分而实际上与武器本身没有必然关联的费用。例如，表面上属于某项武器计划的资金实际上可能与备选的附加装置和装备有关，或者与也将包括在其他计划中的基础技术开发（不计入成本）有关。实际上，政府可能用这笔钱以高于武器实际价值的价格进行支付，以此对军工企业进行补贴，保持企业的正常运营。

如果生产和交付子系统（如传感器和发动机）的供货方与装载这些子系统的作战平台的供货方不同，那么在计算作战平台的趋势指示值时将减去这些部件的价值。这些部件的趋势指示值将标示为与作战平台来自不同供货方。

表 7A. 1　2004—2008 年主要常规武器接受方

本表包括所有在 2004—2C08 年 5 年间进口主要常规武器的国家和非国家行为体，以 2004—2008 年间累计进口额为序排列。进口量一栏内的数字为 SIPRI 趋势指示值（TIV）。因四舍五入的关系，表中数字和百分比可能存在无法契合的情况。右边一栏显示的是 2004—2008 年间各接受国在全球武器进口量中所占的份额。

排名		接受方	进口量（TIV）						—
2004—2008	2003—2007[a]		2004	2005	2006	2007	2008	2004—2008	2004—2008 年所占百分比
1	1	中国	3022	3468	3778	1470	1241	12980	11
2	2	印度	2305	1175	1414	1445	1847	8186	7
3	3	阿联酋	1262	2176	2014	982	671	7105	6
4	5	韩国	961	661	1568	1834	1898	6921	6
5	4	希腊	1535	377	639	1745	518	4813	4
6	6	以色列	844	1115	1107	967	524	4557	4
7	9	美国	541	515	578	694	904	3232	3
8	10	土耳其	184	998	276	858	723	3040	3
9	7	埃及	601	657	797	770	119	2944	3
10	8	澳大利亚	552	538	734	641	344	2810	2
11	11	智利	52	400	1041	742	543	2779	2
12	12	巴基斯坦	385	332	262	605	1094	2678	2
13	24	阿尔及利亚	272	156	188	471	1590	2677	2

排名		接受方	进口量（TIV）						2004—2008 年所占百分比
2004—2008	2003—2007[a]		2004	2005	2006	2007	2008	2004—2008	
14	18	新加坡	384	543	47	669	1014	2656	2
15	13	波兰	242	97	453	994	611	2397	2
16	15	日本	386	301	459	469	578	2193	2
17	19	南非	2	181	689	855	312	2039	2
18	22	委内瑞拉	13	27	442	824	733	2039	2
19	14	英国	243	27	333	722	590	1915	2
20	16	意大利	441	145	423	451	270	1730	2
21	17	中国台湾（地区）	329	764	625	2	—	1720	2
22	25	马来西亚	48	55	472	551	529	1655	1
23	21	西班牙	241	391	310	306	363	1610	1
24	27	挪威	6	14	469	516	590	1593	1
25	26	加拿大	333	125	129	448	434	1469	1
26	20	沙特阿拉伯	941	148	185	68	56	1398	1
27	23	伊朗	129	74	462	340	87	1093	1
28	35	伊拉克	45	164	253	268	351	1082	1
29	28	德国	254	225	386	72	104	1041	1

排名		接受方	进口量（TIV）						2004—2008 年所占百分比
2004—2008	2003—2007[a]		2004	2005	2006	2007	2008	2004—2008	
30	29	罗马尼亚	274	535	111	56	37	1012	1
31	40	越南	260	333	42	1	250	886	1
32	31	也门	312	306	60	160	44	881	1
33	30	印度尼西亚	86	31	58	402	290	867	1
34	47	奥地利	55	21	—	340	434	851	1
35	34	巴西	117	230	171	166	156	839	1
36	32	秘鲁	47	368	193	172	—	779	1
37	38	约旦	150	32	77	179	336	774	1
38	36	丹麦	216	105	130	227	90	770	1
39	33	捷克共和国	7	622	51	15	17	712	1
40	37	荷兰	153	106	87	200	152	698	1
41	45	葡萄牙	67	131	218	60	183	657	1
42	41	瑞士	185	164	82	131	32	594	1
43	39	苏丹	299	96	65	28	94	582	1
44	43	厄立特里亚	290	281	—	10	—	581	1
45	44	阿曼	41	164	281	4	66	555	0

排名		接受方	进口量（TIV）						2004—2008 年所占百分比
2004—2008	2003—2007[a]		2004	2005	2006	2007	2008	2004—2008	
46	42	芬兰	68	88	114	111	142	523	0
47	46	匈牙利	3	13	277	192	5	490	0
48	53	格鲁吉亚	45	71	100	161	63	440	0
49	48	墨西哥	303	47	53	11	—	414	0
50	50	阿塞拜疆	3	45	142	210	1	401	0
51	60	保加利亚	12	158	20	43	127	360	0
52	63	比利时	18	0	4	161	171	354	0
53	51	瑞典	48	62	125	85	21	341	0
54	55	孟加拉国	33	29	214	54	10	340	0
55	54	科威特	1	19	—	276	—	296	0
56	56	哥伦比亚	18	15	18	113	131	296	0
57	57	法国	93	—	54	63	68	277	0
58	58	白俄罗斯	—	6	254	—	—	260	0
59	52	泰国	117	61	44	8	12	241	0
60	61	阿根廷	162	4	17	25	32	239	0
61	62	哈萨克斯坦	47	42	46	82	3	220	0

排名		接受方	进口量（TIV）						2004—2008年所占百分比
2004—2008	2003—2007[a]		2004	2005	2006	2007	2008	2004—2008	
62	84	厄瓜多尔	13	45	15	2	133	208	0
63	49	埃塞俄比亚	207	—	—	—	—	207	0
64	81	阿富汗	—	31	3	35	134	204	0
65	64	摩洛哥	—	90	48	32	32	203	0
66	71	斯里兰卡	26	25	42	22	75	190	0
67	65	突尼斯	—	168	2	—	7	177	0
68	66	巴林	10	63	63	26	2	164	0
69	79	纳米比亚	13	—	72	6	66	157	0
70	67	亚美尼亚	151	—	—	1	—	152	0
71	73	立陶宛	58	15	45	4	26	148	0
72	59	新西兰	50	8	5	71	4	138	0
73	76	拉脱维亚	15	7	11	51	44	128	0
74	80	叙利亚	19	7	18	—	81	125	0
75	75	肯尼亚	—	25	—	89	8	122	0
76	39	安哥拉	9	40	7	29	37	121	0
77	96	克罗地亚	8	—	—	14	99	121	0

排名		接受方	进口量（TIV）						2004—2008 年所占百分比
2004—2008	2003—2007[a]		2004	2005	2006	2007	2008	2004—2008	
78	74	北约	—	—	116	—	—	116	0
79	83	爱沙尼亚	7	16	6	30	50	109	0
80	77	俄罗斯	—	—	5	100	—	105	0
81	78	菲律宾	40	14	20	16	11	101	0
82	70	尼日利亚	10	—	14	54	17	95	0
83	106	乌拉圭	—	20	7	3	63	93	0
84	101	乍得	—	—	19	19	36	75	0
85	92	加蓬	5	—	23	21	21	70	0
86	91	爱尔兰	20	4	11	17	16	67	0
87	93	阿尔巴尼亚	—	42	—	5	13	60	0
88	88	非洲联盟	—	51	8	—	—	59	0
89	97	赤道几内亚	8	—	—	36	14	58	0
90	86	塞浦路斯	—	20	26	12	—	58	0
91	72	缅甸	11	23	21	1	—	55	0
92	89	柬埔寨	—	—	14	40	—	54	0
93	90	加纳	33	0	0	13	—	47	0

排名		接受方	进口量（TIV）						2004—2008 年所占百分比
2004—2008	2003—2007[a]		2004	2005	2006	2007	2008	2004—2008	
94	100	牙买加	—	13	25	3	2	43	0
95	98	塞内加尔	—	14	8	19	—	42	0
96	87	津巴布韦	—	20	20	—	—	40	0
97	117	巴巴多斯	—	—	—	13	25	38	0
98	95	尼泊尔	32	5	—	—	—	37	0
99	94	乌干达	8	17	5	—	3	33	0
100	99	斯洛文尼亚	15	2	2	5	8	33	0
101	103	刚果民主共和国	15	—	17	—	—	32	0
102	104	多米尼加共和国	27	2	—	—	—	29	0
103	102	朝鲜	9	5	5	5	5	29	0
104	107	赞比亚	—	0	23	3	—	26	0
105	108	布基纳法索	—	19	1	4	—	24	0
106	109	马里	—	13	—	8	—	21	0
107	110	玻利维亚	1	9	5	5	—	21	0
108	85	坦桑尼亚	—	9	9	0	—	18	0
109	113	卢旺达	—	—	3	15	—	18	0

排名		接受方	进口量（TIV）						2004—2008 年所占百分比
2004—2008	2003—2007[a]		2004	2005	2006	2007	2008	2004—2008	
110	114	马耳他	—	18	—	—	—	18	0
111	82	科特迪瓦	14	—	—	—	—	14	0
112	152	蒙古	—	—	—	—	14	14	0
113	116	塔吉克斯坦	—	—	13	—	—	13	0
114	150	危地马拉	—	—	—	—	12	12	0
115	118	吉布提	4	8	—	—	—	12	0
116	120	黎巴嫩/真主党[b]	1	0	9	—	—	10	0
117	121	毛里求斯	6	—	4	—	—	10	0
118	122	塞拉利昂	—	—	10	—	—	10	0
119	105	土库曼斯坦	10	—	—	—	—	10	0
120	111	吉尔吉斯斯坦	5	3	2	—	—	10	0
121	123	塞舌尔	—	10	—	—	—	10	0
122	124	中非共和国	—	—	9	—	—	9	0
123	112	博茨瓦纳	9	—	—	—	—	9	0
124	126	冈比亚	7	—	—	—	—	7	0
125	115	尼日尔	—	—	0	—	7	7	0

排名		接受方	进口量（TIV）						2004—2008 年所占百分比
2004—2008	2003—2007[a]		2004	2005	2006	2007	2008	2004—2008	
126	128	喀麦隆	—	5	0	0	—	6	0
127	148	科摩罗	—	—	—	—	5	5	0
128	68	利比亚	—	—	3	3	—	5	0
129	129	斯洛伐克	—	4	—	1	—	5	0
130	134	贝宁	—	—	—	3	2	5	0
131	131	刚果共和国	—	4	0	0	—	4	0
132	132	巴拉圭	4	1	—	—	—	4	0
133	125	萨尔瓦多	—	—	—	—	4	4	0
134	130	老挝	—	4	—	—	—	4	0
135	133	黎巴嫩	—	1	—	3	—	3	0
136	136	联合国	1	1	1	—	—	3	0
137	135	文莱	0	1	2	—	—	3	0
138	137	莱索托	1	—	1	—	—	2	0
139	138	巴勒斯坦	—	—	—	2	—	2	0
140	141	巴哈马群岛	—	—	—	1	—	1	0
141	143	海地	—	—	—	1	—	1	0

排名		接受方	进口量（TIV）						2004—2008年所占百分比
2004—2008	2003—2007[a]		2004	2005	2006	2007	2008	2004—2008	
142	149	圭亚那	—	—	—	—	0	0	0
143	144	索马里/UIC[b]	—	—	0	—	—	0	0
144	151	洪都拉斯	—	—	—	—	0	0	0
145	145	马其顿	—	—	0	—	—	0	0
146	146	斯里兰卡/LTTE[b]	—	0	—	—	—	0	0
147	147	不丹	0	—	—	—	—	0	0
—	—	不明接受方[c]	—	—	—	1	—	1	0
		总计	**20963**	**20933**	**24439**	**25370**	**22681**	**114386**	**100**

"—"表示零或忽略不计；"0"表示小于0.5。

注：SIPRI的武器转让数据系指实际交付的主要常规武器。为便于在交付的不同武器数据之间进行比较，并得出总体趋势，SIPRI引入趋势指示值的概念。该数值仅表示国际武器转让量，而非此类转让的发生金额。因此，该数值与经济统计中的国内生产总值或进出口值之间并无可比性。趋势指示值的计算方法在本附录第二节和SIPRI的武器转让项目网站上有所描述，网址：〈http://www.sipri.org/contents/armstrad/atmethods.html〉。

a　2003—2007年间接受方的排名次序因这些年来对数字的不断修改而与已经出版的《SIPRI年鉴2008》中的内容有所差别。

b　交付给这些国家的武器包括非国家行为体或叛乱集团接受的武器：LTTE表示泰米尔伊拉姆猛虎解放组织；UIC表示伊斯兰法庭联盟。

c　一个或多个不明国家或叛乱集团。

资料来源：SIPRI武器转让数据库，网址：〈http://armstrade.sipri.org/〉。

表 7A. 2　2004—2008 年主要常规武器供应方

本表包括所有在 2004—2008 年 5 年间出口主要常规武器的国家和非国家行为体，以 2004—2008 这 5 年间累计出口额为序排列。出口量一栏内的数字为 SIPRI 趋势指示值（TIV）。因四舍五入的关系，表中数字和百分比可能存在无法契合的情况。右边一栏显示的是 2004—2008 年间各供应国在全球武器出口量中所占的份额。

排名		供应方	出口量（TIV）						2004—2008 年所占百分比
2004—2008	2003—2007[a]		2004	2005	2006	2007	2008	2004—2008	
1	1	美国	6648	6786	7394	7914	6159	34901	31
2	2	俄罗斯	6353	5485	6186	4559	5953	28536	25
3	3	德国	1048	1899	2406	3260	2837	11450	10
4	4	法国	2224	1617	1541	2639	1585	9607	8
5	5	英国	1169	919	871	1098	1075	5132	4
6	6	荷兰	208	580	1221	1241	554	3803	3
7	7	意大利	200	806	621	649	484	2761	4
8	12	西班牙	56	133	757	554	623	2123	2
9	8	乌克兰	209	308	559	774	233	2083	2
10	9	瑞典	286	538	420	388	380	2012	2
11	11	以色列	593	313	278	414	410	2007	2
12	10	中国	253	248	583	396	428	1908	2
13	13	加拿大	300	229	231	348	215	1322	1

排名		供应方	出口量（TIV）						2004—2008 年所占百分比
2004—2008	2003—2007[a]		2004	2005	2006	2007	2008	2004—2008	
14	14	瑞士	219	203	217	245	378	1262	1
15	19	比利时	47	171	58	19	408	704	1
16	15	波兰	43	17	236	157	96	549	0
17	17	韩国	29	48	94	138	141	450	0
18	18	南非	71	24	135	102	95	427	0
19	25	芬兰	21	27	97	24	76	244	0
20	22	黑山[b]	..	..	91	117	—	208	0
21	21	土耳其	20	41	66	45	29	200	0
22	24	白俄罗斯	50	24	35	12	72	193	0
23	20	丹麦	173	1	1	5	12	192	0
24	28	奥地利	3	3	62	89	30	186	0
25	16	乌兹别克斯坦	170	4	—	—	—	174	0
26	23	捷克共和国	1	68	45	26	20	159	0
27	31	巴西	44	10	28	26	48	155	0
28	63	智利	—	—	—	—	133	133	0
29	30	利比亚	60	45	12	—	9	126	0

排名		供应方	出口量（TIV）						2004—2008 年所占百分比
2004—2008	2003—2007[a]		2004	2005	2006	2007	2008	2004—2008	
30	26	挪威	77	12	14	—	—	103	0
31	32	斯洛伐克	79	—	7	13	3	102	0
32	29	保加利亚	16	66	5	9	5	101	0
33	38	约旦	42	17	—	13	20	91	0
34	35	匈牙利	—	82	—	6	—	88	0
35	62	葡萄牙	—	—	—	—	87	87	0
36	41	摩尔多瓦	—	18	3	23	37	82	0
37	36	印度	26	13	14	21	—	73	0
38	39	新加坡	66	3	—	—	1	71	0
39	37	希腊	31	13	23	—	—	67	0
40	33	澳大利亚	2	50	5	2	6	65	0
41	40	罗马尼亚	—	2	8	32	—	42	0
42	43	印度尼西亚	25	8	8	—	—	41	0
43	42	伊朗	1	1	37	—	2	41	0
44	27	朝鲜	40	—	—	—	—	40	0
45	44	阿联酋	2	26	7	3	—	38	0

排名		供应方	出口量（TIV）						2004—2008 年所占百分比
2004—2008	2003—2007[a]		2004	2005	2006	2007	2008	2004—2008	
46	45	巴基斯坦	9	20	—	—	—	29	0
47	46	哈萨克斯坦	5	—	12	—	—	18	0
48	34	吉尔吉斯斯坦	—	—	—	—	16	16	0
49	48	越南	—	—	14	—	—	14	0
50	49	马耳他	10	—	—	—	—	10	0
51	47	泰国	8	—	—	—	—	8	0
52	50	格鲁吉亚	7	—	—	—	—	7	0
53	51	委内瑞拉	1	—	5	1	—	7	0
54	52	塞尔维亚[b]	..	..	6	—	—	6	0
55	53	卡塔尔	—	—	6	—	—	6	0
56	54	秘鲁	5	—	—	—	—	5	0
57	55	塞尔维亚和黑山[b]	5	—	..	..	..	5	0
58	56	菲律宾	—	—	—	4	—	4	0
59	57	叙利亚	—	—	3	—	—	3	0
60	58	新西兰	1	—	—	—	—	1	0
61	59	阿曼	—	1	—	—	—	1	0

排名		供应方	出口量（TIV）						2004—2008 年所占百分比
2004—2008	2003—2007[a]		2004	2005	2006	2007	2008	2004—2008	
62	61	哥斯达黎加	—	—	—	—	0	0	0
63	60	卢森堡	—	—	—	0	—	0	0
		不明供应方[c]	9	55	18	4	23	109	
		总计	**20963**	**20933**	**24439**	**25370**	**22681**	**114386**	

“—”表示零或忽略不计；“0”表示小于 0.5。

注：SIPRI 的武器转让数据系指实际交付的主要常规武器。为便于在交付的不同武器数据之间进行比较，并得出总体趋势，SIPRI 引入趋势指示值的概念。该数值仅表示国际武器转让量，而非此类转让的发生金额。因此，该数值与经济统计中的国内生产总值或进出口值之间并无可比性。趋势指示值的计算方法在附录 7C 和 SIPRI 的武器转让项目网站上有所描述，网址：〈http：//www. sipri. org/contents/armstrad/at-methods. html〉。

a 2003—2007 年间供应方的排名次序因这些年来对数字的不断修改而与已经出版的《SIPRI 年鉴 2008》中的内容有所差别。

b “塞尔维亚和黑山”（即 2003 年 2 月之前的南斯拉夫联盟共和国）的数据是指 2006 年前的塞尔维亚和黑山共和国联盟的数据，从 2006 年开始塞尔维亚和黑山分裂为两个国家。

c 一个或多个不明国家。

资料来源：SIPRI 武器转让数据库，网址：〈http：//armstrade. sipri. org/〉。

表 7A. 3　2004—2008 年主要常规武器 10 个最大的接受方及其供应方

表中数字表示在每个接受方的进口总量中，各个供应方所占的百分比份额。只有在这 10 个最大接受方的任意一方的进口总量中所占份额大于或等于 1%的供应方才被列入本表。较小的供应方被一起列入“其他”一栏中。因四舍五入的关系，表中数字可能存在无法契合的情况。

供应国	接受国									
	中国	印度	阿联酋	韩国	希腊	以色列	美国	土耳其	埃及	澳大利亚
加拿大	—	—	—	<0.5	1	—	24	—	—	2
中国	—	—	—	—	—	—	—	1	4	—
丹麦	—	—	—	—	4	—	—	—	—	—
法国	3	4	43	9	24	—	3	<0.5	—	11
芬兰	—	—	—	—	<0.5	—	—	—	2	—
德国	1	1	1	12	31	1	4	57	—	26
以色列	—	6	—	—	2	—	6	13	—	2
意大利	—	<0.5	<0.5	<0.5	4	—	2	3	—	—
黑山	—	—	—	—	—	—	—	—	7	—
荷兰	—	1	—	2	3	—	—	2	5	—
波兰	—	4	—	—	—	—	—	—	—	—
俄罗斯	92	71	—	3	2	—	—	—	6	—
南非	—	—	<0.5	—	—	—	3	—	—	—
韩国	—	—	—	—	—	—	—	7	—	1
西班牙	—	—	—	—	—	—	3	—	—	—

供应国	接受国									
	中国	印度	阿联酋	韩国	希腊	以色列	美国	土耳其	埃及	澳大利亚
瑞士	1	—	<0.5	—	—	—	20	—	—	—
瑞典	—	—	—	<0.5	1	—	1	2	—	1
英国	1	9	—	—	4	—	33	—	—	1
乌克兰	2	1	<0.5	—	—	—	—	—	2	56
美国	—	2	54	73	24	99	—	15	73	—
乌兹别克斯坦	—	2	—	—	—	—	—	—	—	—
其他	—	—	1	—	<0.5	<0.5	<0.5	—	—	—
总计	**100**	**100**	**100**	**100**	**100**	**100**	**100**	**100**	**100**	**100**

表 7A.4　2004—2008 年主要常规武器 10 个最大的供应方及其目的地（按地区分类）

表中数字表示在对每个接受地区的出口总量中，各个供应方所占的百分比。因四舍五入的关系，表中数字可能存在无法契合的情况。每个地区中各个国家的情况参见本卷附录 5A。在本表中，土耳其数据归入中东。

接受地区	供应方									
	美国	俄罗斯	德国	法国	英国	荷兰	意大利	瑞典	西班牙	乌克兰
非洲	**<0.5**	**13**	**14**	**1**	**5**	**<0.5**	**5**	**9**	**5**	**15**
北非	<0.5	9	1	<0.5	<0.5	—	<0.5	—	4	2
撒哈拉以南非洲	<0.5	4	12	1	5	<0.5	5	9	1	13
美洲	**6**	**7**	**7**	**6**	**36**	**28**	**36**	**2**	**28**	**—**
南美	3	7	5	5	10	26	35	1	23	—
亚洲和大洋洲	**37**	**71**	**21**	**36**	**24**	**15**	**10**	**3**	**1**	**29**
中亚	<0.5	1	—	—	—	—	—	—	—	2
东亚	29	46	13	26	9	12	5	<0.5	1	17
大洋洲	5	—	6	3	1	2	—	2	—	—
南亚	4	24	2	7	14	1	5	1	—	10
欧洲	**20**	**2**	**42**	**16**	**33**	**50**	**41**	**88**	**66**	**34**

接受地区	供应方									
	美国	俄罗斯	德国	法国	英国	荷兰	意大利	瑞典	西班牙	乌克兰
欧盟	19	1	41	16	24	49	40	80	9	1
中东	**37**	**14**	**18**	**41**	**5**	**6**	**8**	**—**	**1**	**18**
总计	**100**	**100**	**100**	**100**	**100**	**100**	**100**	**100**	**100**	**100**

表 7A. 3 和表 7A. 4 注："—"表示零或忽略不计；"<0. 5"表示介于 0 与 0. 5 之间。

表 7A. 1 和表 7A. 2 资料来源：SIPRI 武器转让数据库，网址：〈http：//armstrade. sipri. org/〉。

（王连成　译）

附录 7B 武器贸易额

马克·布罗姆利

表 7B.1 依据国家政府和工业部门统计的 1998—2007 年间全球武器贸易额

表中数据按照 2007 年的美元不变价格计算，以百万美元为单位。按照报告年份的市场兑换率和美国消费价格指数（CPI）转换为 2007 年美元不变价格。

	1998	1999	2000	2001	2002	2003	2004	2005	2006	2007	数据涵盖内容
全球总计[a]	**45449**	**44022**	**35709**	**30541**	**35311**	**40192**	**46158**	**42469**	**45507**	**51053**	
澳大利亚	11	414	26	60	284	433	..	..	..	..	武器出口额（2003 年数据为 2003 年 7 月 1 日至 2004 年 6 月 30 日数据）
奥地利	295	524	625	404	254	313	22	338	395	1877	武器出口许可额
比利时	919	825	864	890	1243	847	742	338	1134	1232	武器出口许可额

全球总计[a]	1998 45449	1999 44022	2000 35709	2001 30541	2002 35311	2003 40192	2004 46158	2005 42469	2006 45507	2007 51053	数据涵盖内容
巴西	89	497	216	340	193	55	313	303	362	160	武器出口额
加拿大	361	364	388	448	498	582	543	282	..	..	武器出口额（不包括向美国的出口）
捷克共和国	130	119	97	63	84	106	123	116	120	238	武器出口额
丹麦	..	..	..	80	123	102	139	116	168	268	武器出口许可额
芬兰	44	53	26	42	59	62	57	136	68	103	武器出口额
法国	8728	5156	3039	3317	4817	5464	9712	5036	5203	6211	武器出口额
德国	880	1928	754	385	346	1696	1540	2152	1773	1412	武器出口额（仅包括“战争武器”的出口额）
希腊	..	60	23	53	57	142	20	38	114	44	武器出口许可额
匈牙利	..	..	20	11	8	14	12	16	21	23	武器出口额
印度	42	22	..	..	27	106	77	62	97	83	武器出口额（2007年的数据为2007年4月1日至2008年3月31日）

全球总计[a]	1998	1999	2000	2001	2002	2003	2004	2005	2006	2007	数据涵盖内容
	45449	**44022**	**35709**	**30541**	**35311**	**40192**	**46158**	**42469**	**45507**	**51053**	
爱尔兰	28	80	34	57	39	45	37	40	59	45	武器出口许可额
以色列	2197	2716	2999	2950	4639	3156	4062	3581	4526	4300	武器出口额
意大利	1424	1175	670	581	528	801	654	1097	1252	1734	武器出口额
韩国	187	245	66	234	161	271	461	276	257	844	武器出口额
荷兰	610	485	463	682	488	1464	851	1551	1452	1196	武器出口许可额
挪威	175	196	145	209	331	481	328	405	468	546	武器出口额
巴基斯坦	..	37	48	94	115	113	110	212	..	44	武器出口额
波兰	..	..	48	59	92	233	358	383	355	393	武器出口许可额
葡萄牙	21	15	24	20	7	39	23	16	1	37	武器出口额
罗马尼亚	71	83	46	29	51	78	46	49	103	84	武器出口额
俄罗斯	3307	4220	4431	4338	5556	6086	6345	6504	6685	7400	武器出口额
斯洛伐克	46	69	53	109	36	48	89	66	83	101	武器出口额
南非	149	223	240	236	280	462	465	..	..	..	武器出口许可额
西班牙	232	187	153	242	298	487	553	553	1090	1277	武器出口额
瑞典[b]	562	550	574	347	407	903	1089	1226	1446	1421	武器出口额
瑞士	187	192	153	179	206	317	355	220	326	387	武器出口额
土耳其	102	105	148	157	286	373	215	358	..	..	武器出口额

全球总计[a]	1998	1999	2000	2001	2002	2003	2004	2005	2006	2007	数据涵盖内容
	45449	**44022**	**35709**	**30541**	**35311**	**40192**	**46158**	**42469**	**45507**	**51053**	
英国[b]	4146	1976	3135	2584	1628	1826	2796	2685	2570	4142	武器出口额
乌克兰	382	..	602	585	576	564	..	..	..	700	武器出口额
美国[b]	19815	20841	15491	10733	11594	12522	12895	12797	12930	12793	武器出口额

注：表中所列的国家都是那些10年间至少6年提供武器出口官方交易额数据的国家，而且所报告年份中大部分的交易额都超过500万美元。只要能有，各国的交易额数据使用“武器出口额”。但对于某些国家，我们没有这种数据，只能采用武器出口许可额。SIPRI估计，表中这些国家的交易额占主要常规武器总交易额的90%以上。通过对这些武器出口额进行总计有可能估算出全球武器贸易额。表中国家武器出口数据并不可相互比较，因为各国使用的定义和统计方法有很大不同。

a 在计算年度总量时，所有国家的数据转化为日历年，假定相关年份之间数据是等分的。如果无法获得数据，那么总量中将包括根据这些数据缺失国家整体平均变化率的估算额。

b 这些国家发布了额外的更高的武器出口额数据，这些数据可以在该网址获得：URL〈http：//www.sipri.org/contents/armstrade/at_gov_ind_data.html〉。

资料来源：本文数据基于公开资料或直接与政府部门或官方工业体联系获得。欲获得所有资料和所有可获得的武器出口额数据参见网址：URL〈http：//www.sipri.org/contents/armstrade/at_gov_ind_data.html〉。

（王连成　译）

附录 7C　武器转让的透明度

马克·布罗姆利　诺埃尔·凯利

一、导言

关于武器转让的官方材料和公开可获得的资料对于评估各国武器出口和武器采购政策是很重要的。然而，公布销售和购买武器的信息几乎是所有国家很敏感的问题。本附录对国际、区域和国家的正式报告机制最近的进展情况进行了分析，这些报告机制的目的是从总体上或部分地提高现有的有关国际武器转让的公开材料的质量和数量。关于政府间交流的武器转让信息，例如欧洲安全与合作组织、美洲国家组织、西非国家经济共同体和瓦森纳安排内部的交流材料，则不涉及。[1]

二、联合国常规武器登记制度

联合国常规武器登记制度是关于武器转让的主要国际官方透明机制。该机制设立于1991年，要求联合国所有成员国报告某些种类常规武器的进口信息。[2] 尽管联合国常规武器登记制度为使该领域更

---

〔1〕 还参见本卷第 12 章。关于国际军火贸易的另一个信息来源是联合国商品贸易统计局数据库的海关数据。挪威小武器转让倡议搜集并核对了联合国商品贸易统计局数据库的海关数据，于是推出了小武器出口的年度登记记录，见网址：〈http：//www. prio. no/NISAT/Small-Arms-Trade-Database/〉。联合国商品贸易统计局数据库的海关数据在本附录中没有讨论，因为关于增加国际武器转让的现有公开信息的数量并非本文的目的与意图。

〔2〕 武器种类指作战坦克、装甲战车、大口径火炮系统、战斗机、攻击直升机、战舰、导弹或导弹发射器。还要求一些国家提交关于购买国内生产的大型常规武器及持有情况的信息，以及国际转让小武器和轻型武器的信息。

加公开透明作出了重大贡献，但有多种因素限制了它的实用性，包括提交的报告内容不完整甚至某些国家根本不提交报告，还包括不同国家之间报告的差异，以及报告中武器种类详尽程度不一。

截至 2008 年 12 月 31 日，90 个国家向联合国常规武器登记制度提交了他们 2007 年进口、出口和持有情况的报告，比 2007 年的报告提交国少了 23 个。[3] 提交报告数量的最低点是 1998 年，只有 85 个国家提交，而 2001 年是一个高点，有 126 个国家提交（见图 7C.1 表 7C.1）。除了约旦和黎巴嫩，阿拉伯国家 2008 年都抵制了联合国常规武器登记制度。[4] 他们抱怨的主要理由仍然是报告内容不包括大规模杀伤性武器的信息。中东地区主要武器采购国如埃及、伊拉克、沙特阿拉伯和阿联酋未参加，这就限制了登记制度在该地区建立信任措施的作用。[5] 中国中断 10 年后于 2007 年向联合国常规武器登记制度提交了报告，2008 年又继续提交。

2008 年向联合国常规武器登记制度提交的报告中，出口者与进口者的报告之间的差异仍然是一个问题。有几个国家报告了武器转让，而相关的另一些国家却没有报告那些转让项目。这一问题突出表现在 2008 年 9 月 26 日发生在索马里海岸菲纳货船被劫持的事件中。该货船运载包括 T—72 坦克、枪榴弹和弹药等常规武器，目的地是肯尼亚。[6] 肯尼亚官员表示，运输的货物是乌克兰从 2007 年就开始提供的大宗武器的一部分。但是，乌克兰 2008 年向联合国常规武器登记提交的报告称，乌克兰 2007 年向肯尼亚出口 77 辆 T—72 坦克

〔3〕 以色列 2009 年 3 月向联合国常规武器登记制度提交了报告，使得提交 2007 年转让武器的国家总数达到了 91 个。各国可以在 2009 年全年继续提交 2007 年进、出口报告。但是，到 2007 年 12 月 31 日，112 个国家已经报告了 2006 年进、出口情况，而 2008 年 12 月 31 日之前，只有 90 个国家。这表明至少各国参与联合国常规武器登记制度的及时性有所下降。联合国常规武器登记制度在线数据库。网址：〈http：//disarmament. un. org/UN _ REGISTER. nsf〉。

〔4〕 “阿拉伯国家又抵制联合国年度武器登记制度”，《简氏防务周刊》，2008 年 10 月 29 日，第 19 页。

〔5〕 埃及 2002 年曾向联合国常规武器登记制度提交信息。伊拉克、沙特阿拉伯和阿联酋从未提交过报告。

〔6〕 P. 霍尔顿，“2004—2007 年乌克兰的小武器和轻武器出口”，SIPRI 背景材料，2008 年 10 月，网址：〈http：//books. sipri. org/product _ info? c _ product _ id=369〉，第 6 页。

和 5 个 BM－21 火炮系统，而肯尼亚提交的报告却显示没有进口。对联合国常规武器登记报告的差异，加上其他信息，促成了这样的谣言：2007 年转让的最终目的地以及菲纳货船上的货物不是运给肯尼亚武装部队，而是运给“南苏丹”政府的。〔7〕

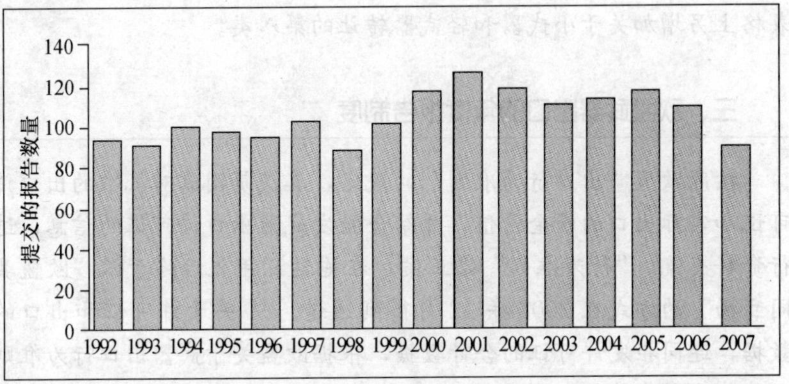

图 7C.1 1992—2007 年向联合国常规武器登记制度提交报告的国家数

资料来源：联合国常规武器登记制度在线数据库，网址：〈http://disarmament.un.org/UN_REGISTER.nsf〉。

联合国秘书长指定的政府专家组每三年审议一次联合国常规武器登记制度的持续运作与进展情况。〔8〕他们经常考虑的问题是，是否应增加联合国常规武器登记制度原来规定的七类武器中没有包涵的武器种类。根据政府专家组 2003 年和 2006 年的建议，各国需在向联合国常规武器登记制度提交报告时，加进联合国规定的小武器和轻武器的背景资料。从 2003 年到 2005 年，仅有 5 个国家向联合国常规武器登记制度提交了小武器和轻武器的背景资料。但是，在 2006 年至 2008 年间，55 个国家至少提交了一次关于小武器和轻武器转让的背

〔7〕“给南苏丹的坦克被劫持”，BBC 新闻，2008 年 10 月 7 日，网址：〈http://news.bbc.co.uk/2/7656662.stm〉。

〔8〕政府专家组每次审议联合国常规武器登记制度后都提出一份报告。这些报告发表于 1994 年、1997 年、2000 年、2003 年和 2006 年。可在网址〈http://disarmament.un.org/cab/register.html〉上阅读。

景资料，2007 年有 48 个国家这样做了（见表 7C.1）。〔9〕然而，小武器和轻武器的一些主要出口国，包括中国、俄罗斯、美国，仍然不愿意或者不能够向联合国常规武器登记制度报告关于小武器和轻武器转让的背景信息。〔10〕下一次联合国常规武器登记制度的政府专家组审议会将在 2009 年进行，他们将研讨是否建议在联合国常规武器登记表格上另增加关于小武器和轻武器转让的第八类。

三、欧盟武器出口的年度报告制度

按照欧盟"出口行为准则"的规定，其成员国需对批准的出口许可证和实际出口的资金价值，并结合拒发武器出口许可证的信息，进行资料交流。"行为准则"修正案，在拖延三年之后终于以"欧盟共同立场"的方式在 2008 年 12 月得到通过。〔11〕关于许可证和出口的数据，连同拒发许可证的合计数据，根据欧盟关于武器出口行为准则运作规定第八条，编纂成公开发表的"年度报告"（即欧盟年度报告）。〔12〕2008 年 11 月 22 日，欧盟出版了第十个年度报告，包含了 2007 年的武器转让情况。〔13〕自从 1999 年发表第一个报告以来，对成员国提交的出口许可与实际出口量的细节要求变得越来越高，当初只是要求各国报告其颁发出口许口和实际出口的总金额。自 2004 年发表第六个年度报告以来，要求成员国不仅提交关于出口许可与实际

〔9〕联合国常规武器登记在线数据库（同注释〔3〕）。

〔10〕更多信息见 P. 霍尔顿，"小武器和轻武器转让的透明度：2003－2006 年向联合国常规武器登记制度提交的报告"，SIPRI 政策论文第 22 号（SIPRI：斯德哥尔摩，2008 年 7 月）；和 P. 霍尔顿，"2007 年向联合国常规武器登记制度报告小武器和轻武器的转让"，SIPRI 背景文章，2009 年 2 月，网址：〈http://books.sipri.org/product_info?c_product_id=373〉。

〔11〕欧盟理事会，关于共同遵守出口军事技术和装备规则的理事会共同立场，《欧盟议事录》L335，2008 年 12 月 8 日，第 16 页。还参见本卷第 12 章，第三节。

〔12〕欧盟理事会，欧盟武器出口行为准则，8675/2/98 Rev. 2，布鲁塞尔，1998 年 6 月 5 日。关于准则头 10 年的影响，见 M. 布劳姆雷，"欧盟武器出口行为准则对欧盟内部政策的影响：捷克共和国、荷兰和西班牙"，SIPRI 政策文章，第 21 号（SIPRI：斯德哥尔摩，2008 年 4 月）。

〔13〕欧盟理事会，第十年度报告根据欧洲武器出口行为准则运作规则第八条，《欧盟议事录》C300，2008 年 11 月 22 日。

出口量的资金数据，而且还要按目的地和“欧盟通用军事清单”类别的分类予以细列。〔14〕欧盟年度报告的其他近期发展包括增加了显示与目的地国协商次数以及每个欧盟成员国提出协商和接受协商次数的几份表格。〔15〕

2006 年发表的第八个欧盟年度报告中，25 个要求提交数据的国家中，16 个国家完全按照要求的类别做了。2007 年发表的第九个年度报告中，这样做的国家减少到了 14 个。2008 年发表的第十个年度报告中，则上升为 16 个国家，这包括 2007 年 1 月新加入欧盟的保加利亚和罗马尼亚第一次提交报告。向欧盟年度报告提交全面数据的国家数量，2004 年之后加入欧盟的比 2004 年以前的老成员要多。在第十个年度报告中，15 个 2004 年以前的老成员中有 6 个向欧盟提交了全面报告，而 12 个 2004 年后的新成员中就有 10 个提交了全面报告。在很多情况下，2004 年前的成员国在提交实际出口的分解数据时一直有困难，因为他们缺少国家层面搜集这类信息的有效机制。

四、武器出口国家报告

自 20 世纪 90 年代早期以来，有越来越多的政府开始发布武器出口的国家报告。〔16〕截至 2009 年 1 月，31 个国家自 1990 年以来至少发表了一份武器出口的国家报告，28 个国家从 2006 年开始这样做(见表 7C.1)。这些报告在细节问题上差别很大。有些国家的报告包括了对所有的装备出口许可、出口许可证拒发案例以及全部出口装备的具体说明。另一些国家则仅公布了对每一个出口目的地的获准出口金额或实际出口金额，对装备具体类型的情况介绍得很少。

---

〔14〕通用军事清单，2000 年 6 月 13 日第一次通过，对欧盟行为准则涉及的装备分列门类。其最新版本是欧盟理事会，欧盟通用军事清单（2009 年 2 月 23 日通过），《欧盟议事录》C65，2009 年 3 月 19 日。

〔15〕当成员国为了达成交易而考虑签发出口许可证时，而此类交易却与另一成员国过去三年曾经拒绝过的交易“基本类似”，于是就出现了磋商。在这种情况下，考虑签发许可证的成员国必须征询早些时候已经拒绝该交易的成员国意见，获取该成员国拒绝的原因等信息。

〔16〕已经公布的报告清单网站〈http: //www. sipri. org/contents/armstrad/atlinks_gov. html〉。

近年来，欧洲武器出口国家报告不仅在数量上而且在细节上都取得了长足的进展。促进此一进程的关键主导因素是欧盟通过的行为准则及其伴随的报告机制。这些都加强了在这个领域公布详细数据的规范，并有助于提高其他成员国关于透明度水平的意识。[17] 欧盟准则的修订本规定，成员国必须公布各自武器出口的国家报告。[18] 欧盟鼓励毗邻的国家也公布武器出口的国家报告，这在西巴尔干地区各国尤为成功，因为这里的一些国家正要申请加入欧盟。自 2005 年以来，波斯尼亚和黑塞哥维那（2005 年 2 月）、前南斯拉夫马其顿共和国（2006 年 6 月）、黑山（2007 年 7 月）和塞尔维亚（2007 年 11 月）已首次公布了他们的国家报告。这些报告的详尽程度在很多方面，特别是关于许可出口或已经出口的货物、终端用户的类型和拒发出口许可证等细节描述，其水平已达到或超过了欧盟成员国的报告。

虽然国家报告在篇幅和细节方面有所增加，但对提交报告更及时、内容更全面的要求却有增无减。因此产生的结果是拒发出口许可证的内容大大增加。这种信息尽管并没有增加关于国际武器转让的信息量，但它能帮助了解政府决策的情况，特别是了解各国是如何解释其国家武器出口政策的原则的。某些国家，包括爱沙尼亚、法国和西班牙，提供了拒发出口许可证数量以及拒发理由的综合数据。其他国家，包括捷克共和国、丹麦、挪威和英国，列出了被拒发出口许可证的目的地。还有一些国家，包括波黑、德国、荷兰和罗马尼亚更加透明，提供了每一项出口许可证拒发的情况，包括有关装备的类型、目的地以及拒发的理由。有些国家对某些拒发出口许可证的案例提供了更细的情况。例如，英国 2008 年的国家报告列出 5 个案例的个案情况，详细介绍了对于某些目的地的最新决策。其中一个关于斯里兰卡的个案，详尽介绍了英国当局拒绝签发“警察和海军使用的致命武器以及一些电动保险雷管”的多项出口许可证细节。[19]

---

〔17〕 见布劳姆雷（同注释〔12〕）。

〔18〕 欧洲理事会（同注释〔11〕）。

〔19〕 英国商务、企业和规章制度改革部，外交和英联邦办公室，国防部和国际开发部，联合王国：《战略性出口管制：2007 年年度报告》，Cm7451（办公文具办公室：伦敦，2008 年），第 15 页。

表 7C.1　2006—2008 年参加报告机制提高国际武器转让公开信息质量的国家[a]

X 表示该国在 2006—2008 年间至少报告过一次

国　家	联合国常规武器登记		国家报告		欧盟年度报告	
	出　口或进口	小轻武器	出　口	拒　发许可证[b]	出　口	整套数据[c]
阿尔巴尼亚	X（无）	X				
安道尔	X（无）					
安提瓜和巴布达	X（无）	X				
阿根廷	X	X（无）				
亚美尼亚	X（无）	X				
澳大利亚	X	X				
奥地利	X		X		X	X
阿塞拜疆	X					
巴哈马	X（无）					
孟加拉国	X	X				
白俄罗斯	X		X			
比利时	X		X[d]		X	
伯利兹	X（无）					
不丹	X（无）					
玻利维亚	X（无）					
波黑	X	X	X	X		
巴西	X					
文莱	X（无）	X				
保加利亚	X		X		X	X
布基纳法索	X					
布隆迪	X（无）					
加拿大	X	X	X			
智利	X	X				
中国	X					
柬埔寨	X	X				
科摩罗	X（无）					

国 家	联合国常规武器登记		国家报告		欧盟年度报告	
	出 口或进口	小轻武器	出 口	拒 发许可证[b]	出 口	整套数据[c]
库克群岛	X（无）					
哥斯达黎加	X（无）					
克罗地亚	X	X				
古巴	X（无）					
塞浦路斯	X	X			X	X
捷克共和国	X	X	X	X	X	X
丹麦	X	X	X	X	X	
吉布提	X（无）					
厄瓜多尔	X（无）					
萨尔瓦多	X（无）	X（无）				
爱沙尼亚	X		X		X	X
斐济	X（无）	X（无）				
芬兰	X		X		X	X
法国	X	X	X		X	
加蓬	X（无）					
冈比亚	X（无）					
格鲁吉亚	X	X				
德国	X	X	X	X	X	
加纳	X（无）	X（无）				
希腊	X	X			X	X
格林纳达	X（无）					
危地马拉	X（无）					
圭亚那	X（无）					
海地	X（无）	X				
匈牙利	X	X			X	X
冰岛	X（无）					
印度	X					
印度尼西亚	X	X				

国家	联合国常规武器登记		国家报告		欧盟年度报告	
	出口或进口	小轻武器	出口	拒发许可证[b]	出口	整套数据[c]
爱尔兰	X				X	X
以色列	X					
意大利	X	X	X		X	
牙买加	X（无）	X				
日本	X（无）*e*					
约旦	X					
韩国	X	X				
哈萨克斯坦	X					
肯尼亚	X（无）					
基里巴斯	X（无）					
科威特	X（无）					
吉尔吉斯斯坦	X（无）					
拉脱维亚	X	X			X	X
黎巴嫩	X（无）					
莱索托	X（无）					
列支敦士登	X（无）	X				
立陶宛	X	X			X	X
卢森堡	X（无）	X			X 很少	X（无）
马来西亚	X（无）					
马尔代夫	X（无）					
前南马其顿	X（无）					
马里	X（无）	X（无）				
马耳他	X（无）	X（无）			X	X
马绍尔群岛	X（无）					
毛里求斯	X（无）					
墨西哥	X	X				
密克罗尼西亚	X（无）					
摩尔多瓦	X（无）	X（无）				

国　家	联合国常规武器登记		国家报告		欧盟年度报告	
	出　口或进口	小轻武器	出　口	拒　发许可证[b]	出　口	整套数据[c]
摩纳哥	X（无）					
蒙古	X（无）					
黑山	X	X				
莫桑比克	X（无）					
纳米比亚	X（无）					
瑙鲁	X（无）					
荷兰	X	X	X	X	X	X
新西兰	X	X				
尼加拉瓜	X（无）					
尼日尔	X（无）					
纽埃	X（无）					
挪威	X	X	X	X		
巴基斯坦	X					
帕劳	X（无）					
巴拿马	X（无）f					
巴拉圭	X 或无					
菲律宾	X	X（无）				
波兰	X	X			X	
葡萄牙	X	X	X		X	X
罗马尼亚	X	X	X	X	X	X
俄罗斯	X					
圣基茨和尼维斯	X（无）					
圣卢西亚	X（无）	X（无）				
圣文森特和格林纳丁斯	X（无）					
萨摩亚	X（无）					
圣马力诺	X（无）					
塞内加尔	X	X				
塞尔维亚	X（无）		X	X		

国家	联合国常规武器登记		国家报告		欧盟年度报告	
	出口或进口	小轻武器	出口	拒发许可证[b]	出口	整套数据[c]
塞舌尔	X（无）					
塞拉利昂	X（无）					
新加坡	X					
斯洛伐克	X	X	X		X	X
斯洛文尼亚	X	X	X		X	X
所罗门群岛	X（无）					
南非	X					
西班牙	X		X		X	
苏里南	X（无）					
斯威士兰	X（无）	X（无）				
瑞典	X	X	X		X	
瑞士	X		X			
塔吉克斯坦	X（无）					
坦桑尼亚	X（无）					
多哥	X（无）	X（无）				
汤加	X（无）					
特立尼达和多巴哥	X（无）	X				
土耳其	X	X				
土库曼斯坦	X（无）					
图瓦卢	X（无）					
乌克兰	X	X	X			
英国	X	X	X	X	X	
美国	X		X			
瓦努阿图	X（无）					
越南	X（无）					
赞比亚	X（无）					
总　计	**136**	**55**	**28**	**9**	**27**	**18**

a 本表的扩大版，包括更多的项目类别，可参见网址：〈http://www.sipri.org/

contents/armstrad/atpubs. html〉。

b 拒发出口许可证的国家是指提供了拒发许可证的情况。

c “整套数据”是指既有武器许可出口与实际出口的价值数据，又以出口目的地和“欧盟通用军事清单”的分类数据。

d 自 2003 年初以来，比利时的三个地区（布鲁塞尔、弗拉芒、瓦隆）政府负责报告出口许可证和出口问题。

e 2006 年和 2007 年，日本向联合国常规武器登记制度提交了购买一些小武器和轻武器的背景信息。

f 巴拿马 2006 年向联合国常规武器登记制度提交了扣押非法小武器和轻武器的背景信息。

资料来源：联合国常规武器登记制度：联合国常规武器登记在线数据库，网址：〈http：//disarmament. un. org/UN _ REGISTER. nsf〉；国家报告：SIPRI 武器转让项目网站，〈http：//www. sipri. org/contents/armstrad/atlinks _ gov. html〉；欧盟年度报告：欧盟理事会，“与安全有关的出口管制 II—军事装备”，2008 年 4 月 29 日，网址：〈http：//consilium. europa. eu/cms3 _ fo/showPage. asp？ id=1484&lang=EN〉。

（翟德泉 译）

第八章 世界核力量

香农·N·基尔 维达利·费琴科
汉斯·M·克里斯滕森

第一节 导言

2009年初，世界上共有八个国家拥有近8400枚实战部署的核武器（见表8.1），其中约2000枚核武器处于高度戒备状态。如果把所有的核弹头——实战部署的弹头、备用的弹头、现役和非现役储存的弹头、计划拆除的完整弹头——都计算在内的话，美国、俄罗斯、英国、法国、中国、印度、巴基斯坦和以色列共有2.33万多个弹头。

所有五个法律上承认的核武器国家，即1968年《不扩散核武器条约》（NPT）所界定的国家——中国、法国、俄罗斯、英国和美国——似乎都决心继续保持其核大国地位，或者正在或者将要使其核力量现代化。[1] 同时，根据1991年《削减和限制进攻性战略武器条约》(START）和2002年《削减进攻性战略武器条约》（SORT）两个双边条约的规定，俄罗斯和美国正在从冷战水平上削减其实战部署的核力量。[2] 本章的第二和第三节分别阐述了美国和俄罗斯部署的核力量的构成。其他的三个核武器国家的核武库远远小于美国和俄罗斯的核武库，但是这三个国家或者正在部署新型核武器或者已经宣布

〔1〕 根据《不扩散核武器条约》的规定，只有在1967年1月1日之前制造和爆炸核装置的国家才被承认是核武器国家。关于条约的概要和其他详细内容见本卷附件A。

〔2〕 关于《削减和限制进攻性战略武器条约》（START）和《削减进攻性战略武器条约》（SORT）的概要和其他详细内容见本卷附件A。

它们打算今后这样做。第四至第六节分别提供了有关英国、法国和中国运载工具和弹头库存的资料。

获得有关三个《不扩散核武器条约》非缔约国——印度、巴基斯坦和以色列核武库部署状态和核能力的可靠信息是困难的。由于缺少官方声明，所获得的这些信息常常是矛盾的和不准确的。印度和巴基斯坦正在扩大其核打击能力，而以色列似乎正在观察伊朗的局势如何发展。第七至第九节分别提供了有关印度、巴基斯坦和以色列核武库的信息。第十节阐述了朝鲜的核能力。第十一节是一个简短结论。附录 8A 提供了全球裂变材料总量的详细情况。

这里提供的数字是根据公开信息进行的估计，具有某些不确定性，如同表格的注释中所反映的那样。

表 8.1　2009 年 1 月世界核力量（部署弹头的数量）

所有数字都是大约数。

国家[a]	第一次核试验年份	战略弹头	非战略弹头	弹头总数
美国	1945	2202	500	2702 [b]
俄罗斯	1949	2787	2047	4834 [c]
英国	1952	160 [d]	—	(160)
法国	1960	300	—	(300)
中国	1964	(186)	.. [e]	(186)
印度	1974	—	—	(60—70) [f]
巴基斯坦	1998	—	—	(60) [f]
以色列	..	—	—	(80) [f]
总计				**(8392)**

() ＝不确定的数字。

*a*朝鲜在 2006 年进行了核试验爆炸，但没有任何公开信息证明它已拥有实战的核武器。

*b*美国弹头总数约为 9400 个，其中约 5200 个属于国防部武库（约 2700 个是实战的，约 2500 个是储备的），4200 个计划到 2022 年拆除。

*c*俄罗斯弹头总数约为 13000 个，其中约 8166 个是储备的或等待拆除。

*d*英国战略潜艇上的一些弹头担负着以前由战术核武器承担的次级战略任务。

*e*中国是否存在实战的非战略弹头尚不确定。

*f*印度、巴基斯坦和以色列的武库被认为只部署了一部分。

第二节　美国核力量

据估计，截至 2009 年 1 月，美国保留了一个由约 2700 个实战部署的核弹头组成的核武库，包括约 2200 个战略弹头和约 500 个非战略弹头（见表 8.2）。除了实战部署的武库外，约有 2500 个弹头被储存起来。整个库存约有 5200 个弹头。另外有 4200 个退役弹头正在等待拆除。

与《SIPRI 年鉴 2007》提出的估计相比，这个力量水平发生了巨大的变化。[3] 这个变化表明战略核运载工具（洲际弹道导弹、潜射弹道导弹和远程轰炸机）上的弹头迅速退出部署状态，使美国在《削减进攻性战略武器条约》到期前三年半就达到了条约所规定的 2200 个实战部署的战略弹头的限制。[4] 但整个库存的削减，进行得比较缓慢，眼下主要是形式上的，因为它包括把核弹头的所有权从美国国防部转交给能源部。

美国政府原先提出的有关建立一个每年能生产数百枚核武器（随后减少到每年生产 50—80 枚）的新的核武器生产设施的建议——就像在 2001 年《核态势评估》（NPR）[5] 报告中所提出的那样——在 2008 年 12 月被改为这样一个建议，即在洛斯·阿拉莫斯国家实验室建立一个化学和冶金研究替代核设施，其将具有每年生产 20 个钚芯

---

〔3〕香农·N·基尔、维达利·费琴科和汉斯·M·克里斯滕森："2008 年世界核力量"，《SIPRI 年鉴 2008：军备、裁军和国际安全》（牛津大学出版社：牛津，2008 年）。

〔4〕R. S. 诺里斯和 H. M. 克里斯滕森："核笔记本：2009 年美国核力量"，《原子科学家公报》，第 65 卷，第 2 期（2009 年 3 月）。根据《削减进攻性战略武器条约》的规定，到 2012 年 12 月 31 日，俄罗斯和美国有义务将各自实战部署的战略核弹头的总数削减到不超过 1700—2200 个。

〔5〕美国国防部："关于《核态势评估》报告的专门简报"，正式文本，2002 年 1 月 9 日，网址：〈http://www.defenselink/mil/transcripts/transcript.aspx? transcriptid = 1108〉。见 H. M. 克里斯滕森和 J. 汉德尔："世界核力量"，《SIPRI 年鉴 2002：军备、裁军和国际安全》，牛津大学出版社：牛津，2002 年，第 527—528 页。

的有限能力和生产 80 个钚芯的应急能力。[6] 这个变化削弱了 2001 年《核态势评估》报告提出的设想，即建立一个能迅速生产大量弹头以对意想不到的形势发展作出反应的灵活反应基础设施。

尽管没能说服国会为生产“可靠替代弹头（RRW）”提供资金，但是政府官员和军方领导人在 2008 年继续把新型核武器纳入到未来美国战略核威慑需求的设想中。[7] 然而，通过把延寿计划的范围扩大到给现有弹头设计增加新的特征，而不是正式的“可靠替代弹头”计划，今后生产替代弹头或大大改进的弹头看来是可以做到的。

在“确保库存和基础设施转型不被其他国家误解为‘重启军备竞赛’”的努力中，能源部在 2008 年宣布，退役弹头的拆除速度在 2007 年增快 146%基础之上再加快 20%。[8] 尽管百分比的增加看起来令人印象深刻，但是与 20 世纪 90 年代相比，弹头拆除的实际数量似乎是不多的。基于以前解密或公布的资料，可以这样估计，得克萨斯州潘特克斯工厂每年正在拆除约 350 个弹头。通过比较得出，在 20 世纪 90 年代每年拆除弹头的平均数量是近 1200 个。[9] 按照现在的速度，拆除目前积压的退役弹头要到 2022 年才能完成。

与削减核武库并行，国防部已修改其核打击计划以反映新的总统指令和作战计划的改变，即从冷战时期的“统一联合作战计划”（SIOP）变为一套旨在打败当今敌人的较小和较灵活的打击计划。2008 年 2 月，一项新的战略战争计划——被称为“8010—08 全球威慑与打击作战计划”——付诸实施，它在 2008 年 12 月被修改为

〔6〕 美国能源部、国家核安全管理局：“关于综合体转型补充计划环境影响声明的决定的记录：关于钚、铀以及核武器组装和拆卸的操作”，《联邦登记》，第 73 卷，第 245 期（2008 年 12 月 19 日），第 77647—77656 页。

〔7〕 见美国能源部和国防部：《21 世纪国家安全与核武器》（能源部和国防部：2008 年 9 月），第 18—22 页。

〔8〕 T. 达戈斯蒂诺（国家核安全管理局副局长）的演讲：“可靠替代弹头和美国核武器计划的未来”，国防大学国会山早餐会系列，2007 年 5 月 9 日，网址：〈http://nnsa.energy.gov/news/968.htm〉；美国能源部，国家核安全管理局，“核武器拆除速度提高 20%”，《国家核安全管理局每月新闻》，2008 年 10 月；美国能源部，国家核安全管理局，“核武器拆除速度提高 146%”，《国家核安全管理局每月新闻》，2007 年 11 和 12 月。

〔9〕 H. M. 克里斯滕森：“核武器库存秘密与困惑”，美国科学家联合会战略安全博客，美国科学家联合会，2008 年 10 月 21 日，网址：〈http://www.fas.org/blog/ssp/2008/10/〉。

"8010—08 战略威慑与全球打击作战计划"。这项计划主要针对中国和俄罗斯，但也包括针对拥有大规模杀伤性武器的其他地区国家的一系列打击选择。"8010—08 作战计划"替代了自 2004 年 10 月执行的"05 版 8044 作战计划"。这项新计划为更加广泛的行动方案，包括核和常规打击选择，提供了更大的灵活性。〔10〕

陆基弹道导弹

美国洲际弹道导弹力量正在发生重大的变化，部分原因是美国执行了《削减进攻性战略武器条约》。截至 2009 年 1 月，约 550 个弹头部署在 450 枚洲际弹道导弹上，与 2008 年相比减少了 214 个弹头。所有 W62 弹头可能已从实战的导弹上卸下，为 2009 年退役做准备。W78 弹头将继续卸载（即从导弹上卸下并移到库里），直到部署在洲际弹道导弹上的弹头总数在 2010 年减到 500 个。由于 170 千吨的 W62 弹头从导弹上卸下，现代化的 300 千吨的 MK－21/W87 安全加强型再入飞行器正被安装在导弹上。W87 弹头威力的增加将扩大"民兵"洲际弹道导弹力量打击目标的范围。以前把这种力量变为单弹头结构的计划已被修改：25 枚导弹每枚将继续携带两个弹头。另外的几百个弹头将被储存起来，以备今后可能上载之用。"民兵 III"导弹的服役寿命已被延长到 2030 年，推迟了在 2018 年部署新型导弹以便替代"民兵 III"导弹的计划。关于替代导弹的研制工作正在继续进行，洲际弹道导弹的"未来弹头概念研究"计划在 2008—2009 年开始进行。〔11〕关于设计新型洲际弹道导弹以便从 2018 年开始替代"民兵 III"导弹的工作也正在继续进行。

2008 年，"民兵 III"导弹进行了四次飞行试验，而 2007 年只进行了一次。在 5 月 22 日的试验中，一枚"民兵"导弹从加利福尼亚州范登堡空军基地的发射点飞行约 5250 海里（9720 公里），飞到比通常弹着地点偏西 1000 海里（1852 公里）的地方，靠近马绍尔群岛

---

〔10〕 H. M. 克里斯滕森、R. S. 诺里斯和 I. 奥尔里奇：《从打击军事目标到最低威慑：走向消除核武器道路上的新的核政策》（美国科学家联合会和自然资源保护委员会：华盛顿特区，2009 年 4 月）。

〔11〕 美国空军部：《2009 财年预算估计：研究、发展、试验和评估说明概要》，第 2 卷，《预算机构 4—6》（空军部：2008 年 2 月），第 737 页。

的夸贾林环礁。[12]

弹道导弹潜艇

2008 年，美国潜艇“阿拉巴马”号完成其升级改造任务，将装载“三叉戟 I”C—4 潜射弹道导弹改为装载更远射程和更加精确的“三叉戟 II”D—5 潜射弹道导弹。所有 14 艘美国海军“俄亥俄”级核动力弹道导弹潜艇现在都携带 D—5 导弹。12 艘现役核动力弹道导弹潜艇共携带 288 枚 D—5 潜射弹道导弹，据估计每枚导弹携带 4 个弹头，这些导弹共携带约 1152 个弹头。另外的 2 艘核动力弹道导弹潜艇在指定的时间进行大修，它们携带的 48 枚导弹和 192 个弹头不包括在总数里。由于 8 艘核动力弹道导弹潜艇以太平洋为基地，6 艘以大西洋为基地，与冷战时期的巡逻比率相比，现在美国核动力弹道导弹潜艇的巡逻比率在太平洋几乎占 60%，而在 20 世纪 80 年代平均只占 15%。这个变化反映了在后冷战时期美国计划者将关注的焦点转移到太平洋地区的中国和其他潜在敌手。

在 2008 年期间，“三叉戟 II”D—5 潜射弹道导弹创造了自 1989 年以来连续 124 次成功发射的记录。5 月 21 日，两枚导弹从加利福尼亚海岸发射，8 月 25 日，另外的两枚导弹发射。[13] 这是第一次所有美国潜射弹道导弹在一年里在太平洋进行试射。

改进的 D—5 潜射弹道导弹在 2008 年开始生产，政府采购了 12 枚导弹。政府计划到 2011 年总共采购 108 枚导弹，花费 40 多亿美元，计划在 2013 年开始部署。[14] 改进的 D—5 导弹将装备“俄亥俄”级核动力弹道导弹潜艇，直到剩余的服役寿命结束，这些潜艇的服役寿命已从 30 年延长到 44 年。最老的潜艇计划在 2029 年退役，到那

〔12〕 R. 乔弗瓦：“导弹从范登堡成功地发射”，第 30 航天联队公共事务，空军航天司令部，2008 年 5 月 22 日，网址：〈http：//www. afspc. af. mil/news/story. asp? id＝123099783〉。

〔13〕 洛克希德·马丁公司：“制造‘三叉戟 II’（D—5）导弹的洛克希德·马丁公司连续进行了 124 次成功的试射”，新闻稿，2008 年 8 月 26 日，网址：〈http：//www. lockheedmartin. com/news/press _ releases/

〔14〕 R. S. 诺里斯和 H. M. 克里斯滕森：“核笔记本：2007 年美国核力量”，《原子科学家公报》，第 63 卷，第 1 期（2007 年 1 月和 2 月）。

时新级别的核动力弹道导弹潜艇将按计划开始服役。W76－1/Mk4A 弹头是现有的 W76/Mk4 弹头的现代型，正在部署。[15] 第一个弹头在 2008 年 10 月底已交付美国海军，计划到 2021 年生产约 2000 个 W76－1 弹头。

战略轰炸机

2008 年，美国空军损失了两架战略轰炸机。2 月 23 日，一架 B－2 轰炸机在关岛坠毁，剩下了一支由 20 架飞机组成的力量，其中的 16 架被认为担负核任务。7 月 21 日，一架 B－52H 飞机在关岛附近坠毁，剩下了一支由 93 架飞机组成的力量，其中约 44 架可能担负核任务。

据估计，约 500 个核弹头部署在 B－52H 和 B－2 轰炸机上，包括空射 B61－7、B61－11 和 B83－1 重力炸弹和装载在空射巡航导弹上的 W80－1 弹头。为了加速执行 2004 年"核武器库存计划"和满足《削减进攻性战略武器条约》的限制，[16] 美国空军 2/3 的空射巡航导弹已经退役。空军正在设计下一代核巡航导弹，它被称为加强型巡航导弹。

非战略核武器[17]

截至 2009 年 1 月，美国仍保留约 500 个现役非战略核弹头。这些弹头包括约 400 个 B61 重力炸弹和 100 个用于海射"战斧式"巡航导弹的 W80－0 弹头。另外的 800 个非战略弹头，包括 190 个 W80－0 弹头，处于非现役储备状态。

---

〔15〕 W76－1/MK4 弹头安装了一个新的引信，在设定爆炸高度时具有更大的灵活性，以"使 W76 弹头利用 D－5 导弹的更高精确度"和使更多的目标包括军事硬目标纳入射程范围内。美国能源部，国防计划办公室，《核武库维护与管理计划：第一个年度更新》，根据美国信息自由法案部分内容被解密和公布（能源部：华盛顿特区，1997 年 10 月），第 1—14 页。

〔16〕 秘密的核武器库存计划在 2004 年 6 月 3 日提交美国国会。美国能源部、国家核安全管理局："管理局计划大幅度削减核武器库存"，新闻稿，2004 年 6 月 3 日，网址：〈http://nnsa.energy.gov/news/1502.htm〉。

〔17〕《削减和限制进攻性战略武器条约》和《削减进攻性战略武器条约》都没有对俄美非战略核武器进行限制。

约 200 个 B61 炸弹部署在欧洲 5 个北约成员国（比利时、德国、意大利、荷兰和土耳其）的 6 个空军基地。[18] 使用美国核武器担负核打击任务的北约无核武器国家的飞机，包括有比利时和荷兰的 F—16 飞机以及德国和意大利的“旋风式”战斗机。美国在欧洲的武库可能包括非现役炸弹。新的联合攻击机力量的一部分最后可能具有核能力。

“战斧式”巡航导弹开始部署在所选定的“洛杉矶”、“改进的洛杉矶”和“弗吉尼亚”级核动力攻击型潜艇上。“战斧式”巡航导弹在正常情况下不部署在海上，但在做出部署决定后的 30 天内能被重新部署。所有“战斧式”巡航导弹都储存在华盛顿州的班戈和乔治亚州的金斯湾战略武器库里。W80—0 弹头也许在不远的将来退役。

核弹头库存管理和现代化

美国约 5200 个库存弹头由两大类组成：现役和非现役弹头。现役弹头包括 2702 个安装了所有部件的完整弹头，它们或者被部署在现役发射系统上，或者被指派为储备弹头中的“灵活反应力量”，即在较短时间内能被部署在现役发射系统上，或者被列为备份弹头。非现役弹头包括 2500 个长期被储存起来作为储备的弹头，其寿命有限的部件（氚）被取出。除了这些弹头以外，其他约 4200 个弹头正在等待拆除。

美国在潘特克斯工厂储存将近 5000 个钚芯，作为战略储备。另外的保存在潘特克斯工厂的 10000 个钚芯构成了自 1993 年美国政府宣布超过军事需要的武器级钚的大部分。[19] 所有的钚芯都来自退役的弹头。约 5000 个罐装装置（热核次级）储存在田纳西州的橡树岭 Y—12 工厂。

---

〔18〕 所有 B61 炸弹显然在 2005 年从德国的拉姆施泰因空军基地和在 2008 年从英国皇家空军莱肯希思空军基地撤走。关于美国部署在欧洲的核武器的历史和现状，见 H. M. 克里斯滕森：“美国从英国撤走核武器”，美国科学家联合会战略安全博客，美国科学家联合会，2008 年 6 月 26 日，网址：〈http：//www.fas.org/blog/ssp/2008/06/us—nuclear—weapons—withdrawn—from—the—united—kingdom.php〉。

〔19〕 关于美国武器级钚和铀的数量，见本卷附录 8A。

表 8.2　2009 年 1 月美国核力量

型号	名称	部署数量	首次部署年份	飞行距离（公里）[a]	弹头×当量	弹头数量
战略力量						**2202**
轰炸机[b]		*113/60*				*500*
B－52H	Stratofortress	93/44	1961	16000	空射巡航导弹 5—150 千吨	350[c]
B－2	Spirit	20/16	1994	11000	B61－7，－11，B83－1 炸弹	150[d]
洲际弹道导弹		*450*				*550*
LGM－30G	民兵 III					
	MK－12[e]	(0)	1970	13000	1—3×170 千吨	(0)
	MK－12A	250	1979	13000	1—3×335 千吨	350
	MK－21 SERV	200	2006	13000	1×300 千吨	200
核动力弹道导弹潜艇/潜射弹道导弹		*228*				*1152*
UGM－133A	三叉戟 II (D－5)[f]					
	MK－4	..	1992	>7400	4×100 千吨	718
	MK－4A	..	2008	>7400	4×100 千吨	50
	MK－5	..	1990	>7400	4×475 千吨	384
非战略力量						**500**
B61－3，－4 炸弹[g]		..	1979	..	0.3—170 千吨	400
战斧式潜射巡航导弹		320	1984	2500	1×5—150 千吨	100[h]
总计						**2702**[i]

..=没有适用数据；()=不确定的数字；ALCM=空射巡航导弹；ICBM=洲际弹道导弹；kt=千吨；SERV=安全加强型再入飞行器；SLBM=潜射弹道导弹；SLCM=潜射巡航导弹；SSBN=核动力弹道导弹潜艇。

a 飞机航程只是一种说明而已；真正的作战航程根据飞行轨迹和武器载重将有所不同。

b 就轰炸机而言，在“部署数量”栏中的第一个数字是轰炸机的总数，包括那些训练、试验和储备的飞机。第二个数字是执行主要任务的飞机的数量，即执行核和常规战时任务的作战飞机的数量。

c 所有先进巡航导弹都已退役。空射巡航导弹的总数已减到 528 枚，其中的 350 枚已被部署。与海射“战斧式”巡航导弹不同，空射巡航导弹根据《削减和限制进攻性战略武器条约》和《削减进攻性战略武器条约》已被计数，并被列为战略武器。

d 现役重力炸弹仅供 B—2A 轰炸机使用，这种轰炸机被认为是投掷炸弹的主要飞机。

e W62 弹头（被装载在 MK—12 再入飞行器上）将在 2009 年退役，所有的弹头可能已从现役导弹上卸下。

f 尽管根据《削减和限制进攻性战略武器条约》的规定，D—5 导弹每枚被算作携带 8 个弹头，但是据估计美国海军已把每枚导弹卸载到平均携带 4 个弹头，以满足《削减进攻性战略武器条约》所规定的弹头最高限额。W76—1 弹头在 2008 年 10 月开始交付。

g 部署在欧洲的 B61 炸弹的数量在 2005—2006 年已减少一半，约为 200 个。

h 另外的 190 个 W80—0 弹头处于非现役储备状态。这种导弹的延寿计划已被阻止。“战斧式”巡航导弹不再部署在海上。

[I] 包括另外的约 2500 个储备弹头，整个库存约有 5200 个弹头。另外的 4200 个弹头正在等待拆除，约有 15000 个钚芯储存在得克萨斯州的潘特克斯工厂。

资料来源：美国国防部，各种预算报告和新闻稿；美国能源部，各种预算报告和计划；美国国务院，《削减和限制进攻性战略武器条约》谅解备忘录，从 1990 年到 2009 年 1 月；美国国防部，根据信息自由法案所获得的各种档案文件；美国空军、美国海军和美国能源部，个人通信；“核笔记本”，《原子科学家公报》，各期；作者的评估。

第三节 俄罗斯核力量

据估计，截至 2009 年 1 月，俄罗斯拥有 4834 个现役核弹头（见表 8.3）。按照在《削减进攻性战略武器条约》中所作的承诺，部分由于威慑，态势从“充分多余”向“最低足够”理论的转变，俄罗斯继续削减其战略核力量。根据一位俄罗斯高级军事计划者所说，即使美国发展弹道导弹防御系统，俄罗斯的战略核力量在《削减进攻性战略武器条约》规定的力量最高限额内仍能确保“最低足够”威慑，直到2015－2020年。然而，他又说，今后战略力量需要改进质量以提高其生存能力和穿透导弹防御的能力。[20] 正如俄罗斯导弹设计者所说，鉴于上述所有情况，加强的生存能力系指既能进行预警发射又能进行第二次打击以对核攻击做出反应的新型导弹系统。[21]

俄罗斯已把采购陆基RS－12M1/2“白杨—M”洲际弹道导弹以及发展分导式多弹头公路机动RS－24和海射RSM－56“布拉瓦”（又称“圆锤”）导弹系统作为优先事项，而同时把继续延长旧导弹的服役寿命作为一个中间措施。2008年，四种导弹已经延长其服役寿命：RS—12M延长到21年，RS—18延长到33年，RS—20B延长到25年，RS－20V延长到20年。还有把RS－12M1/2服役期限保持到20年的计划。[22]

陆基弹道导弹

俄罗斯战略火箭军由三个导弹集团军组成：第27导弹防卫集团军（5个师，驻扎在弗拉基米尔）、第31导弹集团军（2个师，驻扎在奥伦堡）和第33导弹防卫集团军（4个师，驻扎在鄂木斯克）。[23] 2008年，据宣布战略火箭军到2016年1月1日将减少到两个导弹集团军（4个井基师和5个机动师）。[24]

截至2009年1月，俄罗斯有68枚两种类型的RS－20重型洲际弹道导弹处于战斗值班状态：RS－20B和RS－20V。[25] RS－20B和

---

〔20〕 S. Umnov：“俄罗斯的战略核力量：加强对弹道导弹防御的穿透能力”，*Voenno－Promyshlennyi Kur'er*，2006年3月8—14日。

〔21〕 G. Pulin：“核盾牌的可靠性”，*Voenno－Promyshlennyi Kur'er*，2008年6月18—24日。

〔22〕 A. Troitskii：“战略火箭军的机动部分”，*Voenno－Promyshlennyi Kur'er*，2008年6月4—10日；“战略火箭军的“匕首”洲际弹道导弹的服役寿命被延长到33年”，ARMS－TASS，2008年12月1日，网址：〈http：//arms－tass. su/? page＝article&aid＝63338&cid＝25〉。

〔23〕 美国国务院：“俄罗斯联邦谅解备忘录数据”，2009年1月1日。

〔24〕 D. C. Isby：“俄罗斯战略火箭军计划改变结构”，《简氏导弹与火箭》，第13卷，第2期（2009年2月）。

〔25〕 美国国务院（同注释〔23〕），第13—52页。

RS—20V 都是井基的、两级的、液体推进剂的洲际弹道导弹，分别在 1979—1983 年和 1988—1992 年开始服役。[26] RS—20B 导弹正在逐渐退役。战略火箭军有时把它们改为“第聂伯运载火箭”，而不是拆除它们，利用发射不但能获利，而且能作为延长 RS—20B 服役寿命的试验。2008 年，“第聂伯运载火箭”将泰国的卫星和德国的“快眼”卫星送入轨道。[27]

截至 2009 年 1 月，俄罗斯总共部署了 72 枚 RS—18 导弹。[28] RS—18 是井基的、两级的、液体推进剂的洲际弹道导弹，能携带 6 个弹头，在 1980 年服役。[29] 2008 年 10 月 22 日，RS—18 导弹从拜科努尔成功地发射，击中堪察加半岛库拉试验场的目标。由于这次试验，RS—18 导弹的服役寿命开始进行延长，延长到 33 年。[30]

据报道，RS—18 导弹将由 RS—24 导弹取代，为此，试验在 2007 年 5 月开始进行。2008 年 11 月 26 日，一枚 RS—24 导弹从普列谢茨克成功地发射，击中库拉试验场的目标。[31] 战略火箭军司令尼古拉·索洛夫佐夫宣称，RS—24 导弹的试射计划不久结束，导弹

〔26〕 D. Lennox（编辑）:《简氏战略武器系统》，第 49 期（简氏信息集团有限公司：科尔斯登，2008 年 7 月），第 164—166 页。

〔27〕 “俄罗斯发射‘快眼’远程感应卫星”，俄新社新闻，2008 年 8 月 29 日，网址：〈http：//en. rian. ru/russia/20080829/116369611. html〉；俄罗斯战略火箭军，信息和公共关系局，“计划从 Dombarovskii 基地发射 RS—20 导弹，同时把‘THEOS’卫星送入轨道”，2008 年 8 月 4 日，网址：〈http：//www. mil. ru/848/1045/1275/rvsn/19220/index. shtml? id=48880〉；“俄罗斯用改装的导弹发射泰国的卫星”，俄新社新闻，2008 年 10 月 1 日，网址:〈http：//en. rian. ru/russia/20081001/117363703. html〉。

〔28〕 美国国务院（同注释〔23〕），第 12 页。

〔29〕 Lennox（同注释〔26〕），第 162—163 页。

〔30〕 “俄罗斯从哈萨克斯坦拜科努尔试射 RS—18 洲际弹道导弹”，俄新社新闻，2008 年 10 月 22 日，网址：〈http：//en. rian. ru/russia/20081022/117885862. html〉。

〔31〕 “俄罗斯试射新一代 RS—24 弹道导弹”，俄新社新闻，2008 年 11 月 26 日，网址：〈http：//en. rian. ru/russia/20081126/118554536. html〉。

将在 2009 年 12 月开始服役。[32]

俄罗斯拥有 180 枚 RS－12M“白杨”洲际弹道导弹，部署在 8 个导弹师。[33] RS－12M 导弹是公路机动的、三级的、固体推进剂的洲际弹道导弹，携带单弹头，在 1985 年服役。[34] RS－12M 导弹预料服役到 2015 年，需要包括试射在内的服役寿命延长计划。[35] 2008 年 8 月 28 日和 10 月 12 日，导弹从普列谢茨克试验场进行试射，据报道，两次都击中库拉试验场的目标。[36]

RS－12M2/1“白杨—M”导弹是三级固体推进剂的洲际弹道导弹，已发展公路机动（RS－12M1）和井基（RS－12M2）两种类型。截至 2009 年 1 月，俄罗斯已拥有 13 枚 RS－12M1 导弹和 50 枚 RS－12M2 导弹。[37]

弹道导弹潜艇

截至 2009 年 1 月，俄罗斯海军在其北方和太平洋舰队部署了 12

〔32〕“新型洲际弹道导弹 RS－24 将在 2009 年 12 月开始服役”，ARMS－TASS，2008 年 12 月 16 日，网址：〈http://arms－tass.su/?page＝article&aid＝64084&cid＝25〉。RS－24 是具有分导式多弹头能力的 RS－12M1“白杨—M”导弹的改进型。由于这会违反《削减和限制进攻性战略武器条约》，RS－24 或者必须进行重大改造并宣布是新的类型，或者必须维持“原型”直到 2009 年 12 月 5 日条约期满。俄新社新闻（同注释〔30〕）；D. Richardson，“俄罗斯第二次试射 RS－24”，《简氏导弹与火箭》，第 12 卷，第 2 期（2008 年 2 月）。关于分导式多弹头再入飞行器的法律问题，见 P. Podvig：“RS－24 是新型导弹吗?”，俄罗斯战略核力量，2007 年 7 月 6 日，网址：〈http://Russianforces.org/blog/2007/07/is_rs24_a_new_missile.shtml〉；N. Sokov：“俄罗斯在同一天试验一枚新型的陆地发射的巡航导弹和一枚新型的战略导弹”，蒙特雷国际问题研究所，詹姆士·马丁不扩散研究中心，2007 年 6 月 1 日，网址：〈http://cns.miis.edu/pubs/week/070601.htm〉。关于《削减和限制进攻性战略武器条约》的延期或替换，见本卷第九章第十节。

〔33〕美国国务院（同注释〔23〕），第 11 页。

〔34〕Lennox（同注释〔21〕），第 158—160 页。

〔35〕“俄罗斯试射洲际弹道导弹”，俄通社—塔斯社，2007 年 10 月 18 日。

〔36〕“从普列谢茨克航天中心发射的‘白杨’洲际弹道导弹的弹头击中堪察加半岛的模拟目标”，ARMS－TASS，2008 年 8 月 28 日，网址：〈http://arms－tass.su/?page＝article&aid＝59211&cid＝25〉；“俄罗斯的梅德维杰夫观看了‘白杨’洲际弹道导弹的试射”，俄新社新闻，2008 年 10 月 12 日，网址：〈http://en.rian.ru/russia/20081012/117687736.html〉。

〔37〕美国国务院（同注释〔23〕），第 11 页。

艘核动力弹道导弹潜艇。在这些潜艇中，5 艘是“667BDR 卡尔马计划”（“德尔塔 III”级）潜艇，它们都派给了太平洋舰队。〔38〕一艘被命名为“鲍里索格列布斯克”号“667BDR 卡尔马计划”潜艇在 2008 年退役。〔39〕俄罗斯海军还部署了 6 艘“667BDRM 德尔芬计划”潜艇（“德尔塔 IV”级），它们都归属北方舰队。截至 2009 年 1 月，这些“667BDRM 计划”潜艇中的两艘正在进行服役寿命延长检修。〔40〕一艘“941 阿库拉计划”（“台风”级）潜艇仍在服役，作为 RSM－56“布拉瓦”（“圆锤”）导弹的试验平台，但没有装弹。〔41〕

俄罗斯已在建造 3 艘新级别的核动力弹道导弹潜艇，即“955 博尔雷计划”潜艇。第一艘被命名为“尤里·多尔戈鲁基”号潜艇正在为 2009 年进行海上试验做准备。〔42〕第二和第三艘潜艇分别在 2004 年 3 月和 2006 年 3 月在 Sevmash 造船厂建造。〔43〕

2008 年，俄罗斯进行了 4 次潜射弹道导弹的试验。RSM－50 潜射弹道导弹在 8 月 1 日从巴伦支海的核动力弹道导弹潜艇上发射，击中了库拉试验场的目标；在 11 月 12 日从鄂霍次克海发射，击中了奇扎试验场的目标。〔44〕10 月 11 日和 12 日，核动力弹道导弹潜艇从巴伦支海分别向太平洋赤道地区和库拉试验场的目标发射了 RSM－54

---

〔38〕 美国国务院（同注释〔23〕），第 53 和 54 页；S. Ptichkin：“在北极下面秘密航行”，Rossiiskaya Gazeta，2008 年 10 月 1 日。

〔39〕“‘鲍里索格列布斯克’号潜艇将在阿尔汉格尔斯克地区拆除”，REGNUM，2008 年 10 月 10 日，网址：〈http：//www. regnum. ru/news/1097107. html〉。

〔40〕 Zvezdochka 造船厂维修中心：“‘卡累利亚’号核动力弹道导弹潜艇驶出干船坞”，新闻稿，2008 年 11 月 22 日，网址：〈http：//www. star. ru/index. php? page=183〉。

〔41〕 基尔、费琴科和克里斯滕森（同注释〔3〕），第 378 页。

〔42〕 D. Richardson：“‘博尔雷级’弹道导弹潜艇开始下水”，《简氏导弹与火箭》，第 12 卷，第 4 期（2008 年 4 月）；JSC Sevmash：“反应器发射”，2008 年 11 月 21 日，网址：〈http：//www. sevmash. ru/? id=4881〉；“俄罗斯的‘尤里·多尔戈鲁基’号潜艇推迟海上巡逻”，俄新社新闻，2008 年 12 月 30 日，网址：〈http：//en. rian. ru/russia/20081230/119234378. html〉。

〔43〕“从水下浮出”，《生意人商业指南》，2006 年 7 月 4 日。

〔44〕 马克耶夫设计局，“成功地发射 RSM－50”，新闻稿，2008 年 8 月 4 日，网址：〈http：//makeyev. ru/comment. php? comment. news. 100〉；V. Myasnikov：“‘蓝天’的不对称射程”，《独立报》，2008 年 10 月 13 日。SS－N－18M1 在 1978 年开始服役并被部署在“德尔塔 III”级潜艇上。它是两级的、液体燃料的导弹，携带 3 个弹头。Lennox（同注释〔26〕），第 152—153 页。

潜射弹道导弹。其中的第一次试射飞行了11547公里，创造了这类导弹射程的记录。〔45〕

俄罗斯正在优先发展一直发展不顺的RSM—56“布拉瓦”（“圆锤”）导弹，它是三级的、固体推进剂的潜射弹道导弹。据估计，一旦被安装在“955计划”核动力弹道导弹潜艇上，它将会成为未来俄罗斯海军威慑力量的支柱。在2008年期间，RSM—56导弹在9月18日、11月28日和12月23日从核动力弹道导弹潜艇上进行了试射。在这些试射中，只有第二次试射是“完全成功的”，弹头击中了库拉试验场的目标。〔46〕这些试射使RSM—56导弹飞行试验的总数达到10次，还有另外两次爆出试验（就是从潜艇上射出导弹的机械装置的试验），但是只有两次被认为是完全成功的。这不仅对这种导弹发展计划而且对“955计划”潜艇服役的计划都是一个重大的挫折。〔47〕

战略轰炸机

俄罗斯战略空军部队由俄罗斯空军第37空军集团军最高（战略）司令部指挥。它们包括驻扎在恩格斯和梁赞的第22护卫重型轰炸机师，拥有14架图—160、16架图—95MS16和7架图—95MS6飞机，以及驻扎在乌克兰卡的第326重型轰炸机师，拥有15架图—95MS16和25架图—95MS6飞机。第37空军集团军还有4个图—22M3轰炸机师。〔48〕2008年，俄罗斯继续进行定期的战略轰炸机巡逻。〔49〕

2007年，喀山飞机厂生产了一架新的图—160轰炸机，于2008

〔45〕 Myasnikov（同注释〔44〕）。SS—N—23“小船”潜射弹道导弹在1983年第一次试射。关于改进的“蓝天”型，见基尔、费琴科和克里斯滕森（同注释〔3〕），第378—379页。

〔46〕 “‘布拉瓦’试验如何结束”，《生意人报》，2008年12月24日。

〔47〕 “‘尤里·多尔戈鲁基’号潜艇由于没有装配导弹缺少履行职责的能力”，《生意人报》，2008年12月24日。

〔48〕 美国国务院（同注释〔23〕），第61—62页；V. Khudoleev：“第37空军集团军正沿着正确的路线前进”，《红星报》，2005年12月23日。

〔49〕 V. Petrov：“俄罗斯训练演习决定包括实弹导弹发射”，《简氏导弹与火箭》，第12卷，第12期（2008年12月）。

年 4 月 29 日交付空军。[50] 俄罗斯计划到 2025—2030 年拥有 30 架图－160 飞机。[51] 在 2008 年期间，按照一项正在进行的升级改造计划，两架图－160 飞机被送去大修，并宣布了改进图－95MS 飞机的计划。[52]

非战略核武器

自冷战结束以来，根据 1992 年非战略核武器单边倡议，俄罗斯已大幅度削减其非战略核武器。[53] 然而，对非战略核武器总数的估计具有相当大的不确定性，因为它们一直具有高度保密和缺乏透明的特点。[54] 基于可获得的发射平台的数量，可以估计出俄罗斯拥有约 2050 个实战弹头，它们由空防导弹、战术飞机和海军巡航导弹、深水炸弹和鱼类等发射。[55] 此外，俄罗斯被认为有多达几千枚非战略弹头处于储备状态或等待拆除。

2008 年，俄罗斯武装力量总参谋长尼古拉·马卡洛夫将军声称将继续拥有非战略核武器："我们将保留非战略核力量，只要欧洲不

---

〔50〕 E. Sitdikova："喀山飞机制造商向俄罗斯空军交付图—160"，鞑靼—信息，2008 年 4 月 29 日，网址：〈http://www.eng.tatar－inform.ru/news/2008/04/29/15587/〉。

〔51〕 "戈尔布诺夫飞机厂试验新型图—160"，鞑靼—信息，2008 年 1 月 9 日，网址：〈http://www.eng.tatar－ inform.ru/news/2008/1/9/10685/〉。

〔52〕 "俄罗斯空军计划每年对 3 架图—160 进行现代化改造"，俄新社新闻，2008 年 4 月 26 日，网址：〈http://www.rian.ru/society/20080426/105973093.html〉；"俄罗斯在 2009 年改进战略轰炸机"，俄新社新闻，2008 年 12 月 23 日，网址：〈http://en.rian.ru/russia/20081223/119141502.html〉。

〔53〕 见 R. Fieldhouse："核武器发展和单边削减倡议"，《SIPRI 年鉴 1992：世界军备和裁军》(牛津大学出版社，1992)，第 72—73、89—92 页。

〔54〕 2007 年，俄罗斯国防部负责核武器保管的高级军官就削减核武器数量取得的进展进行报告，但没有给出弹头的具体数量。V. Volgin："战略监测"，《独立报》，2007 年 10 月 31 日。

〔55〕 俄罗斯完整的非战略核武器的总数，包括储备的和等待拆除的，估计约有 5390 枚。H. M. 克里斯滕森："俄罗斯战术核武器"，美国科学家联合会战略安全博客，美国科学家联合会，2009 年 3 月 25 日，网址：〈http://www.fas.org/blog/ssp/2009/03/russia－2.php〉。用在舰艇和潜艇上的弹头被储存在陆地军械库里，如果需要则可予部署。见基尔、费琴科和克里斯滕森（同注释〔3〕），第 380—381 页。

稳定并充满着武器。那是我们安全的保证。”〔56〕俄罗斯官员也警告说，如果美国按计划继续推进在波兰和捷克部署导弹防御拦截弹和雷达，俄罗斯就会在加里宁格勒重新部署战术核武器。〔57〕

表 8.3 2009 年 1 月俄罗斯核力量

类型/俄罗斯名称（北约名称）	部署数量	首次部署年份	飞行距离（公里）[a]	弹头载荷	弹头数量
战略进攻力量	**620**				**2787**
轰炸机	*77*				*856*
图—95MS6（熊式—H6）	32	1981	6500—10500	6×AS—15A 空射巡航导弹，炸弹	192
图—95MS16（熊式—H16）	31	1981	6500—10500	16×AS—15A 空射巡航导弹，炸弹	496
图—160（海盗旗）	14	1987	10500—13200	12×AS—15B 空射巡航导弹或 AS—16 短程空射导弹，炸弹	168
洲际弹道导弹[b]	*383*				*1355*
RS—20 B/V（SS—18 撒旦）	68[b]	1986—92	11000—15000	10×500—750 千吨	680[b]
RS—18（SS—19 匕首）	72	1980	10000	6×500—750 千吨	432
RS—12M 白杨（SS—25 镰刀）	180	1985	10500	1×550 千吨	180
RS—12M2 白杨—M（SS—27）	50	1997	10500	1×550 千吨	50

〔56〕“俄罗斯军事最高统帅为非战略核武器进行辩护”，《全球安全新闻专线》，2008 年 12 月 17 日。

〔57〕S. Baigin：“受格鲁吉亚战争的刺激，俄罗斯计划改进武器”，路透社，2008 年 12 月 22 日，网址：〈http://www.reuters.com/article/GCA-Russia/idUSTRE4BL3WT20081222〉。

类型/俄罗斯名称（北约名称）	部署数量	首次部署年份	飞行距离（公里）[a]	弹头载荷	弹头数量
RS—12M1 白杨（SS—27）	13	2006	10500	1×550 千吨	13
RS—24 改进型 白杨—M	0	2009?	10500	3×550 千吨?	0
潜射弹道导弹	*160*				*576*
RSM—50（SS—N—18 M1 黄貂鱼）	64	1978	6500	3×200 千吨	192
RSM—54（SS—N—30 小船/蓝天）	96	1986/2007	9000	4×100 千吨	384
RSM—56（SS—N—23 布拉瓦）	0	2010?	>8050	6×100 千吨?	0
战略防御力量					
反弹道导弹[c]	*1968*				*701*
51T6（SH—11 Gorgon）	0	1989	—	1×1000 千吨	0
53T6（SH—08 Gazelle）	68	1986	—	1×10 千吨	68
S—300（SA—10/20 Grumble）	1900	1980	—	低千吨	633
非战略力量[d]					
陆基非战略轰炸机	*524*				*648*
图—22M（逆火式）	124	1974	—	2×AS—4 空对地导弹，炸弹	
苏—24（Fencer）	400	1974	—	2×炸弹	
海军非战略攻击机	*179*				*237*
图—22M（逆火式）	58	1974		2×AS—4 空对地导弹，炸弹	
苏—24（Fencer）	58	1974		2×炸弹	

类型/俄罗斯名称（北约名称）	部署数量	首次部署年份	飞行距离（公里）[a]	弹头载荷	弹头数量
Be－12（Mail）/ Il－38（May）	63	1967/68		1×深水炸弹	
潜射巡航导弹					
SS－N－9，SS－N－12，SS－N－19，SS－N－21，SS－N－22					276
反潜战武器和地对空导弹					
SS－N－15/16，SA－N－1/3/6，深水炸弹，鱼雷[d]					185
防御和非战略总数					**2047**
总计					**4834**[e]

ALCM＝空射巡航导弹；ASM＝空对地导弹；ICBM＝洲际弹道导弹；kt＝千吨；NATO＝北大西洋公约组织；SERV＝安全加强型再入飞行器；SLBM＝潜射弹道导弹；SRAM＝进攻性短程导弹；SSBN＝核动力弹道导弹潜艇。

[a] 飞机航程只是为了说明；真正的作战航程将有所不同。

[b] 少数洲际弹道导弹也许是 RS－20B（R－36MUTTH 或 SS－18 M5），每枚导弹携带 20 百万吨的单弹头。

[c] SH－11“Gorgon”不再是实战的。SA－10“Grumble”、SA－12A“Gladiator”、SA－12B“Giant”和 S－400“Triumf”可能具有对抗某些弹道导弹的一定能力。1900 枚部署的 SA－10 导弹中只有 1/3 被认为具有核能力。

[d] 这些数字假设只有一半的陆基攻击机担负核任务。据估计水面舰艇没有装配核鱼雷。

[e] 据估计另外约有 8166 个弹头处于储备状态或等待拆除，整个库存约有 13000 个弹头。

资料来源：美国国务院：《削减和限制进攻性战略武器条约》谅解备忘录，1990 年—2009 年 1 月；美国空军、国家航天和航空情报中心：《弹道和巡航导弹威胁》（国家航天和航空情报中心：赖特一帕特森空军基地，俄亥俄州，2006 年 3 月）；美国中央情报局、国家情报委员会：“到 2015 年外国导弹发展和弹道导弹威胁”（非密摘要），2001 年 12 月，网址：〈http：//www. fas. org/spp/starwarsCIA－NIE. htm〉；美国国防部：“扩散：威胁与反应”，华盛顿特区，2001 年 1 月，网址：〈http：//www. fas. org/irp/threat/wmd. htm〉；世界新闻连线，国家技术信息局，美国商务部，各期；俄罗斯战略核力量，网址：

〈http：//www.russianforces.org/〉；国际战略问题研究所：《2008 年军事力量对比》（Routledge：伦敦，2008）；T. B. Cochran 等人：《核武器手册第四卷：苏联核武器》（Harper & Row：纽约，1989 年）；《会议录》，美国海军研究所，各期；"核笔记本"，《原子科学家公报》，各期；作者的评估。

第四节　英国核力量

英国核威慑力量仅由海基部分组成，即"前卫"级"三叉戟"核动力弹道导弹潜艇、"三叉戟 II"（D—5）潜射弹道导弹以及相关的弹头和支持性基础设施。英国拥有一个约 160 个核弹头的武库，提供给由 4 艘"三叉戟"核动力弹道导弹潜艇组成的一支舰队使用，潜艇以苏格兰的法斯莱恩为基地（见表 8.4）。[58] 英国从美国海军租借 58 枚"三叉戟 II"（D—5）潜射弹道导弹，包括备用的。在"资产混合拥有"体制下，"三叉戟 II"（D—5）导弹从乔治亚州金斯湾的美国海军"三叉戟"工厂的库存中随机抽取，并装在英国的潜艇上。然后，潜艇开往苏格兰的 Coulport 皇家海军武器装备仓库，在那里导弹与原子武器研究所设计和制造的弹头安装在一起，原子武器研究所位于英格兰的奥尔德玛斯顿。

在被称作"持续海上威慑"的态势下，一艘英国核动力弹道导弹潜艇一直在执行巡逻任务。[59] 第二和第三艘核动力弹道导弹潜艇能快速地下海巡逻，但在英国的武库里没有足够多的导弹装备第四艘潜艇。自冷战结束以来，执行巡逻任务的核动力弹道导弹潜艇一直保持在一个降低了的戒备状态的水平上，"接到命令开火"的时间是以数天来衡量，而且其导弹不瞄准目标。

每艘核动力弹道导弹潜艇装配 16 枚"三叉戟 II"（D—5）导弹，携带 48 个弹头。这种弹头与美国 W76 弹头相似，爆炸当量约为 100

〔58〕 2007 年，国防大臣德斯・布朗证实，英国"实战可用的弹头总数已从不足 200 枚削减到不足 160 枚"。英国议会下院："三叉戟导弹"，《英国议会议事录》，C363W 卷，2007 年 11 月 15 日。据猜测还有少量非部署储备的弹头。

〔59〕 英国国防部和英国外交部：《英国核威慑的未来》，Cm6994（文书局：伦敦，2006 年 12 月），第 27 页。

千吨。它正在被用美国生产的 MK4A 解保、引信和点火系统进行改进，以提高 D—5 导弹的精确度和打击更加广泛的目标的能力。[60] 据认为，许多 D—5 导弹仅装配一个而不是三个弹头，这种弹头的爆炸当量也可能已大大地减小了，可能只由裂变初级的爆炸产生。[61] 这种威力减小的选择是由于国防部做出了赋予“三叉戟”舰队“次级战略”任务的决定。国防部 1998 年的《战略防务评估》报告宣称，威慑的可靠性，作为表示决心或传递政治信息的一种手段，“取决于保留不会自动导致全面核冲突的有限打击的选择”。[62]

在英国，关于在“前卫”级核动力弹道导弹潜艇的服役寿命自 2024 年到期后国家战略核威慑的未来一直存在着争论。[63] 在 2006 年的白皮书中，英国政府建议，通过用新级别的核动力弹道导弹潜艇替代现有的潜艇，并用美国正在发展的改进的“三叉戟 II” D—5LE 潜射弹道导弹装备这些潜艇来更新“三叉戟”系统，从而使这一系统服役到 21 世纪 40 年代初。[64] 这项计划在 2007 年已获得英国议会下院的批准，但反对派一直批评说，新的潜艇及相关基础设施的采购成本太贵。2006 年的白皮书估计，建造一支由 4 艘潜艇组成的舰队的费用按照 2006 年的价格是 150—200 亿英镑（285—380 亿美元）。对英国保留核力量的理由也一直存有争议。在 2009 年 1 月发表的一封信中，英国三位前高级军官说，英国的核威慑“事实上是无关紧要的”，而且“从任何意义上来说不能被看作是独立于美国之外的”，因为它依赖美国提供 D5 导弹和对它们进行定期维护。[65]

---

〔60〕 R. Taylor—Norton：“国防部承认三叉戟改进正在进行”，《卫报》，2007 年 3 月 14 日。

〔61〕 M. Quinlan：“英国核武器的未来：形成争论”，《国际事务》，第 82 卷，第 4 期（2006 年 7 月）。

〔62〕 英国国防部：《战略防务评估：用于现代世界的现代力量》，Cm3999（国防部：伦敦，1998 年 7 月），第 63 段。2002 年的附录将核武器的作用扩大到包括威慑受关切国家的领导人和恐怖主义组织”。英国国防部，《战略防务评估：一个新篇章》，Cm5566，第 1 卷（文书局：伦敦，2002 年 7 月），第 21 段。

〔63〕 英国皇家海军的“前卫”号核潜艇是“前卫”级核潜艇的主力，在 1994 年开始服役。原有的 25 年服役寿命已被延长到 30 年。

〔64〕 英国国防部和英国外交部（同注释〔59〕）。

〔65〕 布拉莫尔勋爵（陆军元帅）、拉姆斯伯塔姆（将军）和 H. Beach（将军）：“英国不需要核威慑”，信，《泰晤士报》，2009 年 1 月 16 日。

改进的“三叉戟”的计划目前正处在为期两年的概念阶段，预定在 2009 年 9 月完成，主要是制定新的潜艇的原理设计参数和解决许多关键的管理及预算问题。〔66〕 在这之后，主要设计阶段将持续到 2014 年，随后的建造阶段计划持续到 2022 年。在试验和验收试验后，新的潜艇将在 2024 年开始服役。2008 年 11 月，国家审计署发表一份报告警告说，要是继续保持持续的海上威慑的话，国防部提出的是一个难以达到的时间表，国防部“几乎没有留出处理整个计划中关键领域出现延误的应变时间的余地”。〔67〕 国防部承认，它正研究“前卫”级核动力弹道导弹潜艇服役寿命的进一步延长，以防新的潜艇服役时间被推迟。〔68〕

表 8.4　2009 年 1 月英国核力量

类型	名称	部署数量	首次部署年份	射程（公里）[a]	弹头×载荷	库存弹头
潜射弹道导弹						
D—5	三叉戟 II	48	1994	>7400	1—3×100 千吨	185 [b]

a飞机航程只是为了说明；真正的作战航程根据飞行轨迹和武器载重将有所不同。

b不足 160 个弹头是实战可用的，约 144 个弹头装配在 4 艘中的 3 艘核动力弹道导弹潜艇上的 48 枚导弹上。现役武库可能由约 185 个弹头组成，还有另外的弹头是储备的。只有一艘潜艇在任何时候都在进行巡逻，携带 48 个弹头。

资料来源：英国国防部，白皮书、新闻稿和国防部网址：〈http://www.mod.uk/〉；英国议会下院，《议会辩论》（英国议会议事录）；R. S. 诺里斯等人，《核武器手册第 5 卷：英国、法国和中国的核武器》（Westview：科罗拉多州博尔德，1994 年），第 9 页；“核笔记本”，《原子科学家公报》，各期；作者的评估。

〔66〕 英国国家审计署：《国防部：英国未来的核威慑能力》，总审计长提交的报告，HC，1115 会期，2007—2008 年（文书局：伦敦，2008 年 11 月 5 日）。

〔67〕 英国国家审计署（同注释〔66〕），第 5 页。报告强调，国防部及其工业合伙人面临预算不确定和关键技能不足的问题，包括项目管理、潜艇建造专业知识和与核有关的经验。

〔68〕 D. Barrie：“英国考虑进一步延长‘前卫’级潜艇的服役寿命”，《航空周刊与空间技术》，2008 年 11 月 21 日。

英国政府曾说过，它将把是否整治或替换装载在 D—5 潜射弹道导弹上的核弹头做出决定的时间推迟到下届大选之后，可能在 2010 年。然而，根据媒体报道，国防部官员在 2008 年私下告诉国防工业集团，替换现有核弹头库的决定早已做出，估计费用是 30 多亿英镑（55 亿美元）。〔69〕 国防部已启动一项旨在维持原子武器研究所关键技能和设施的长远投资计划。〔70〕

第五节　法国核力量

法国核力量由 4 艘核动力弹道导弹潜艇和 84 架飞机组成，共携带约 300 个弹头（见表 8.5）。2008 年 6 月，法国总统尼古拉·萨科齐提交了国防与国家安全白皮书，包含有关法国核力量的新的重要信息。〔71〕 白皮书强调，法国将继续依赖"严格足够的原则"（与"最低威慑"政策一致）以确保其安全，威慑的"实战可靠性"依赖"持久的潜艇巡逻和飞机飞行能力"。遵照严格足够政策，法国宣布将其核力量的空基力量削减 1/3，这在 2008 年已经开始。〔72〕

为了在缺少核试验和缺少生产武器级材料的设施的情况下维护核武器的"技术可靠性"，法国在 1996 年利用兆焦耳激光装置、武器放射照相技术和超级计算机开始进行核武器模拟计划。白皮书说，法国将继续维持其核武器综合体，特别是相关的研究和生产能力。

2008 年，法国的海基战略力量由一支 3 艘"凯旋"级现役核动

---

〔69〕 M. Taylor："英国计划在新型核弹头方面花费 30 亿英镑"，《卫报》，2008 年 7 月 25 日。

〔70〕 J. Reid，国防大臣，口头回答，英国议会下院，《英国议会议事录》，第 C60WS 卷，2005 年 7 月 19 日。

〔71〕 法国政府：《防务与国家安全：白皮书》（奥迪勒·雅各布出版社：巴黎，2008 年 6 月）。英文译本：法国政府，《法国防务与国家安全白皮书》（奥迪勒·雅各布出版社：纽约，2008 年），第 161—163 页。

〔72〕 法国政府（同注释〔71〕），第 112 页；法国总统尼古拉·萨科齐："'可畏'号核动力弹道导弹潜艇下水仪式"，演讲，2008 年 3 月 21 日，网址：〈http://pastel.diplomatie.gouv.fr/eitiorial/actual/ael2/bulletin.gb/asp? liste = 20080321. gb. html〉。

力弹道导弹潜艇舰队组成。旧的“不屈”级核动力弹道导弹潜艇在2008 年 1 月退役。[73] 第 4 艘“凯旋”级核动力弹道导弹潜艇“可畏”号将在 2010 年开始服役。它在 2008 年 3 月 21 日下水，在 2009 年初开始海上巡逻。[74]

所有的法国现役核动力弹道导弹潜艇装配 16 枚 M45 型导弹，每枚导弹携带 6 个 TN－75 弹头。[75] 在 2010—2015 年间，核动力弹道导弹潜艇将被改造携带射程更远的 M51.1 型潜射弹道导弹，它是三级固体推进剂导弹，携带 6 个 TN－75 弹头。据估计，M51.1 型导弹的最大射程是 6000—8000 公里。[76] 截至 2009 年 1 月，M51.1 型导弹已成功地进行了三次飞行试验。继 2006 年和 2007 年试射之后，2008 年 11 月 13 日，一枚未装弹的 M51.1 型导弹从阿基坦的比斯开湾朗德导弹发射试验中心水下发射平台发射。第一次水下发射计划在 2010 年进行。[77]

2008 年，法国核力量的空基部分由两种类型的飞机组成：约 60 架“幻影 2000N”飞机，装备三个空军中队；约 24 架“超军旗”飞机，部署在“查尔斯·戴高乐”号航空母舰上。遵照尼古拉·萨科齐 2008 年 7 月的声明，担负核任务的“幻影 2000N”飞机的数量将被削减。这两类飞机都携带中程空对地巡航导弹（ASMP）。总共生产了 90 枚中程空对地巡航导弹，以及供其所用的 80 个 300 千吨的 TN81 弹头。[78] 改进的中程空对地巡航导弹作为中程空对地巡航导

---

〔73〕“随着‘不屈’级的退役，一页翻过去了”，《法兰西西部报》，2008 年 1 月 17 日。

〔74〕 V. Barreira 和 R. Scott：“法国舰艇建造局公布了法国最后一艘‘凯旋’级潜艇”，《简氏导弹与火箭》，第 12 卷，第 5 期（2008 年 5 月）；“离开军港，‘可畏’号潜艇准备开始海上巡逻”，《法兰西西部报》，2009 年 1 月 26 日。

〔75〕 R. S. 诺里斯和 H. M. 克里斯滕森：“核笔记本：2008 年法国核力量”，《原子科学家公报》，第 64 卷，第 4 期（2008 年 7 月和 8 月）。

〔76〕 Lennox（同注释〔26〕），第 46 页；“法国‘警惕’号核动力潜艇准备巡逻”，《简氏导弹与火箭》，第 19 卷，第 2 期（2005 年 2 月）。

〔77〕 欧洲宇航防务集团公司：“潜艇首次成功地发射 M51 型导弹”，新闻稿，2008 年 11 月 14 日，网址：〈http://www.astrium.eads.net/en/press－center/press－releases/2008/successful－first－submarine－launch－of－m51〉。

〔78〕 M. Fiszer 和 J. Gruszczynski：“法国国防部发展核导弹”，《电子防务杂志》，第 26 卷，第 12 期（2003 年 12 月）。

弹的替代品预计在 2009 年开始服役。[79]

表 8.5 2009 年 1 月法国核力量

类型	部署数量	首次部署年份	射程（公里）[a]	弹头×载荷	库存弹头
陆基飞机					
幻影 2000N	60	1988	2750	1×300 千吨中程空对地巡航导弹	50
阵风 F3	—	（2009）	2000	1×？千吨中程空对地巡航导弹－A	—
航母飞机					
超军旗	24	1978	650	1×300 千吨中程空对地巡航导弹	10
阵风 MK3	—	（2010）	2000	1×？千吨中程空对地巡航导弹－A	—
潜射弹道导弹					
M45	48	1996	6000[b]	4—6×100 千吨	240
M51	—	（2010）	6000	4—6×100 千吨	—
总计					**300**[c]

ASMP＝中程空对地巡航导弹；ASMP－A＝改进的中程空对地巡航导弹。

*a*飞机航程只是为了说明；真正的作战航程根据飞行轨迹和武器载重将有所不同。

*b*M45 型导弹的射程在 2001 年国民议会国防委员会报告中被列为只有 4000 公里。

*c*弹头库存在最近的将来将被削减到不足 300 个。法国没有储备的弹头，但可能拥有少量的备份弹头。

资料来源：法国总统尼古拉·萨科齐关于国防与国家安全的演讲，凡尔赛宫，2008 年 6 月 17 日，网址：〈http://www.defense.gouv.fr/live_blanc/〉；法国国防部网址，各种政策白皮书、新闻稿和军方文章；法国国民议会，各种国防议案；R. S. 诺里斯等人，《核武器手册第 5 卷：英国、法国和中国的核武器》，（Westview：科罗拉多州博尔德，1994 年），第 10 页；《空军动态》，各期；《航空周刊与空间技术》，各期；“核笔记本”，《原子科学家公报》，各期；作者的评估。

---

〔79〕 R. S. 诺里斯和 H. M. 克里斯滕森：“核笔记本：核巡航导弹”，《原子科学家公报》，第 63 卷，第 6 期（2007 年 11 月和 12 月），第 61 页。

第六节 中国核力量

据估计，中国拥有一个约 186 枚现役核武器的武库，主要由弹道导弹和飞机发射（见表 8.6）。另外的弹头可能处于储备状态，整个库存约有 240 个弹头。〔80〕中国外交部在 2004 年宣称，中国拥有核武器国家中“最小的核武库”，但是中国现在被认为拥有比法国和英国都多的核武器。〔81〕

2009 年 1 月，中国政府发表了最新的两年一次的国防白皮书。它重申了中国不首先使用核武器政策的承诺，中国的军事战略“要求建立精干有效的威慑力量和灵活运用威慑方式”。〔82〕

白皮书阐明，第二炮兵是中国人民解放军的一部分，掌握中国的战略导弹，有三个作战戒备水平。第一，中国的核导弹平时不瞄准任何国家。这项声明也许暗指这样的事实，在正常情况下中国的核弹头不与导弹“装在一起”。〔83〕第二，在受到核攻击威胁时，第二炮兵将“进入戒备状态，做好核反击准备以慑止敌人”。这一描述被解释为作战部署和用战略导弹瞄准目标。最后，如果中国遭到核袭击，第二炮兵将“独立或联合其他军种（海空军）核力量实施反击”。〔84〕

截至 2009 年初，中国拥有四种部署的洲际弹道导弹：固体燃料的、机动的“东风－31”和“东风－31A”；井基的、液体燃料的

〔80〕 美国国防部：《2009 年中华人民共和国军事力量》，提交国会的年度报告（国防部：华盛顿特区，2009 年 3 月 25 日），第 66 页；美国国家情报委员会，《到 2015 年外国导弹发展和弹道导弹威胁》，国家情报估计的非密摘要（中央情报局局长：2001 年 12 月）第 3、8 页。

〔81〕 中国外交部：“中国：核裁军与削减 [sic]”，《情况说明》，2004 年 4 月 27 日，网址：〈http://www. fmprc. gov. cn/eng/wjb/zzjg/jks/cjjk/2622/t93539. htm〉。

〔82〕 中国国务院：《2008 年中国国防》（中华人民共和国国务院新闻办公室：北京，2009 年 1 月。

〔83〕 见 H. M. 克里斯滕森：“中国国防白皮书描写了核升级”，美国科学家联合会战略安全博客，美国科学家联合会，2009 年 1 月 23 日，网址：〈http://www. fas. org/blog/ssp/2009/01/chinapaper. php〉。

〔84〕 中国国务院（同注释〔82〕），第七章。

“东风－5A”；较小的液体燃料的“东风－4”。[85] 中国部署了一种中程弹道导弹，它是固体燃料的、公路机动的“东风－21”，部署了一种中远程弹道导弹，它是液体燃料的“东风－3A”。[86] “东风－21”和“东风－31”导弹可能替换“东风－3A”和“东风－4”导弹。2008年公布的卫星图像分析表明，第二炮兵装配“东风－31”导弹的第一个单位可能驻扎在河南省南阳附近，北京东南约850公里。[87]

中国部署了单一的092型（“夏”级）核动力弹道导弹潜艇，装载12枚中远程固体燃料的、单弹头的“巨浪—1”潜射弹道导弹。潜艇从未进行过威慑巡逻，据认为尚未完全投入使用。[88] 中国正在发展094型（“晋”级）核动力弹道导弹潜艇。它将携带12枚超过7200公里射程的“巨浪—2”潜射弹道导弹。第一支装备“巨浪—2”导弹的部队现在已服役，可能在2009—2010年达到“初始作战能力”。[89] 截至2008年，据报道4艘“晋”级核动力弹道导弹潜艇处在不同的建造阶段，但只有3艘在商业卫星图像上被确认。[90] 美国情报机构估计，中国可能正在建造“5艘‘晋’级核动力弹道导弹潜艇”。[91]

---

〔85〕 美国国防部（同注释〔80〕），第3、5、23、24—27、30、56页。

〔86〕 尽管中国有其自己的界定导弹射程的方法，但这里使用的是美国国防部的定义：短程＝〈1100公里；中程＝ 1100—2750公里；中远程＝ 2750—5500公里；洲际射程＝〉5500公里。见H. M. 克里斯滕森、R.S. 诺里斯和M.G. 麦克金兹，“中国核力量与美国核战计划”，美国科学家联合会和自然资源保护委员会：华盛顿特区，2006年11月），第218页。

〔87〕 D. Richardson：“中国‘东风－31’机动洲际弹道导弹的6个可能发射地点追查到南阳”，《简氏导弹与火箭》，第12卷，第6期（2008年6月）。

〔88〕 克里斯滕森、诺里斯和麦克金兹（同注释〔86〕），第77－80页。

〔89〕 H. M. 克里斯滕森：“中国新型核动力弹道导弹潜艇部署到海南岛”，美国科学家联合会战略安全博客，美国科学家联合会，2008年4月24日，网址：〈http: //www.fas. org/blog/ssp/2008/04/new－chinese－ssbn－ deploys－to－hainan－island－naval－base. php〉；美国国防部（同注释〔80〕），第3页。

〔90〕 S. Saunders（主编）：《简氏战舰2008—2009》，第111版（简氏信息集团有限公司：科尔斯登，2008年），第120页。

〔91〕 美国国防部（同注释〔80〕），第48页。

表 8.6　2009 年 1 月中国核力量

类型/中国名称（美国名称）	部署数量	首次部署年份	射程（公里）[a]	弹头×载荷	弹头数量
战略武器					**(186)**
陆基导弹[b]	*134*				*134*
东风—3A（CSS—2）	17	1971	3100[c]	1×3.3 百万吨	17
东风—4（CSS—3）	17	1980	5500	1×3.3 百万吨	17
东风—5A（CSS—4）	20	1981	13000	1×4—5 百万吨	20
东风—21（CSS—5）	60	1991	2100[c]	1×200—300 千吨	60
东风—31（CSS—X—10）	—10	2007	>7200	1×?	10
东风—31A（?）	—10	(2008—10)	>11200	1×?	10
潜射弹道导弹	*(12)*				*(12)*
巨浪—1（CSS—N—3）	(12)	1986	>1770	1×200—300 千吨	(12)
巨浪—2（CSS—NX—5）	(36)	(2009—10)	>7200	1×?	(36)
飞机[d]	*>20*				*(40)*
轰—6（B—6）	20	1965	3100	1×炸弹	(20)
攻击机（?）	?	1972—?	?	1×炸弹	(20)
非战略武器[e]					
巡航导弹（DH—10）	150—350	2007	>1500	1×?	?[f]
短程弹道导弹（东风—15 和东风—11）					?
总计					**(186)** [g]

()＝不确定的数字；SLBM＝潜射弹道导弹。

a 飞机航程只是为了说明；真正的作战航程将有所不同。

b 中国把导弹射程界定为：短程是<1000 公里；中程是 1000—3000 公里；远程是 3000—8000 公里；洲际射程是>8000 公里。

c “东风—3A”和“东风—21A”导弹的射程也许比通常报道的长。

d 飞机的数量仅指具有核能力的飞机。

e战术弹头的存在是不确定的，尽管据报道20世纪90年代的系列试验包括战术弹头设计。

f“DH—10”被认为是常规的，但也可能具有核能力。这种武器显然是从“轰—6”轰炸机和地基发射器上发射。

g另外的弹头被认为储存起来以装配在未来的“东风—31”、“东风—31A”和“巨浪—2”导弹上。总库存被认为约有240个弹头。

资料来源：美国国防部、国防部长办公室：《中华人民共和国军事力量》，每年；美国空军，国家航空和航天情报中心，各种文件；美国中央情报局，各种文件；美国国防部，国防部长办公室：“扩散：威胁与反应”，华盛顿特区，2001年1月，网址：〈http://www.defenselink.mil/pubs/ptr20010110.html〉；H. M. 克里斯滕森、R. S. 诺里斯和M. G. 麦克金兹：《中国核力量与美国核战计划》（美国科学家联合会和自然资源保护委员会：华盛顿特区，2006年11月），网址：〈http://www.fas.org/nuke/guide/china/Book2006.pdf〉；R. S. 诺里斯等人：《核武器手册第5卷：英国、法国和中国的核武器》（Westview：科罗拉多州博尔德，1994年）；“核笔记本”，《原子科学家公报》，各期；谷歌地球；作者的评估。

第七节 印度核力量

这里提出的保守估计是，印度拥有一个约60—70枚现役核武器的武库。这个数字是基于对印度武器级钚总量的估计以及对现役核武器系统的数量的估计。〔92〕对印度核武器数量的大部分公开估计都是基于对印度已生产的武器级钚总量的估计。许多媒体和政府报道表明，由于材料限制，印度未能制造出它想制造的那么多核武器。印度是否已生产了用于核武器特别是用于热核装置的高浓铀，无人知晓。

1999年公布的作为文件草案的印度核学说是“基于可靠的最低威慑和不首先使用的原则”。〔93〕然而，印度在2003年1月发布的补加的指导方针宣称，它将使用核武器慑止或报复化学或生物武器的使

〔92〕关于印度裂变材料的数量，见本卷附录8A。

〔93〕印度国防部，《2004—2005年度报告》（国防部：新德里，2005年），第14页；印度外交部，《国家安全咨询委员会关于印度核学说的报告草案》，1999年8月17日，网址：〈http://meaindia.nic.in//disarmament/dm17Aug99.htm〉。

用。[94] 没有任何官方文件详细说明“可靠的最低威慑”所需的核武库的规模，但是据印度国防部所说，它包括陆基、海上和空中能力的综合。[95]

攻击机

目前，飞机成为印度核打击能力的最成熟部分（见表 8.7）。[96] 据说印度空军已验收了用来投掷核重力炸弹的“幻影 2000H 神雷”多用途飞机。印度空军在印度中北部的瓜廖尔空军基地部署了两个“幻影 2000H”飞机中队。除了“幻影 2000H”飞机之外，印度空军 4 个“美洲虎”战斗轰炸机中队的某些飞机可能担负核投掷任务。[97] 在印度空军中，其他可能适合担负核任务的飞机有“米格—27”和“苏—30MKI”。“苏—30MKI”飞机具有用 IL－78 空中加油机在飞行中加油的能力。

陆基导弹

“普里特维”（“大地”）导弹是多年来印度唯一部署的弹道导弹。许多“普里特维 I”导弹被普遍认为经改进已能发射核弹头，尽管这从未得到官方的证实。“普里特维 I”（SS－150）是单级的、公路机动的和液体燃料的弹道导弹，能把 1000 公斤的弹头发射 150 公里的最大射程。[98] 这种导弹在 1988 年进行了第一次试射，在 1994 年交付印度陆军开始服役。它目前被部署给陆军 333、444 和 555 导弹团。还有两种新型的“普里特维”导弹。“普里特维 II”（SS－250）在 2004 年交付印度空军和在 2006 年交付印度陆军开始服役。2008 年 5 月 23 日，印度陆军在“服役后训练发射”中首次从孟加拉湾奥里萨

〔94〕 印度外交部：“内阁安全委员会评估印度核学说的可操作性”，新闻稿，2003 年 1 月 4 日，网址：〈http：//meaindia. nic. in/pressrelease/2003/01/04pr01. htm〉。

〔95〕 印度国防部（同注释〔93〕），第 15 页。

〔96〕 R. S. 诺里斯和 H. M. 克里斯滕森：“核笔记本：印度核力量”，《原子科学家公报》，第 64 卷，第 5 期（2008 年 11 月和 12 月）。

〔97〕 诺里斯和克里斯滕森（同注释〔96〕）。

〔98〕 根据印度新闻报道：“‘普里特维 I’的射程正被扩大到 250 公里”。Y. Mallikarjun，“有核能力的‘普里特维 II’成功地试射”，《印度教徒报》，2008 年 5 月 24 日。

邦的坚德波尔海上综合试验场试射了一枚 350 公里射程加长的“普里特维 II”。[99]“普里特维 III”（SS－350）是固体燃料的导弹，具有改进的射程、精确度和可操作性的特点。“普里特维 II”和“普里特维 III”被认为都不担负核发射任务。

短程的“烈火 I”导弹是单级的、固体燃料的导弹，能将 1000 公斤的弹头发射 700－800 公里的最大射程。两级的“烈火 II”导弹能将同样的载荷发射 2000－2500 公里的射程。这些导弹都是公路和铁路机动的，既能携带核弹头又能携带常规弹头。在 2008 年 2 月 4 日巴基斯坦试射中程弹道导弹三天后，据说印度政府宣布“烈火 I”和“烈火 II”已交给印度战略力量司令部的第 334 和 335 导弹团进行实战部署。[100] 2008 年 3 月 23 日，战略力量司令部的军事人员成功地进行了第五次“烈火 I”导弹的试射和第二次从公路机动发射架上的试射。[101]“烈火 II”导弹的最近试射是在 2004 年 10 月在正式交付陆军服役之前进行的，因此对这种导弹是否具有完全的作战能力存有疑义。

2008 年 5 月 7 日，印度国防研究和发展机构（DRDO）进行了第三次中远程“烈火 III”导弹的飞行试验。这枚导弹安装了新的环形激光陀螺惯性制导系统，从孟加拉湾惠勒岛的导弹试验场的固定平台上发射。它向距离发射场约 3000 公里的目标场地发射了一枚虚拟弹头。[102] 尽管国防研究和发展机构官员随后宣布，“烈火 III”导弹准

〔99〕 Mallikarjun（同注释〔98〕）；印度国防部：“陆军试射‘普里特维 II’，取得了近乎完美的精确度”，新闻稿，2008 年 5 月 23 日，网址：〈http://pib.nic.in/release/release.asp?relid=39106&kwd〉。

〔100〕 J. S. Bermudez：“巴基斯坦成功地进行了‘高里’导弹的发射”，《简氏防务周刊》，2008 年 2 月 13 日；“建立两个‘烈火’导弹团获得了支持”，《印度教徒报》，2003 年 9 月 24 日。

〔101〕 R. Bedi：“印度成功地进行了第五次‘烈火 I’的试射”，《简氏导弹与火箭》，第 12 卷，第 5 期（2008 年 5 月），第 16 页。

〔102〕 印度国防部：“‘烈火 III’导弹第三次成功地发射”，新闻稿，2008 年 5 月 7 日，网址：〈http://pib.nic.in/release/release.asp?relid=38568&kwd〉；R. Pandit：“‘烈火 III’导弹试射，能打到北京、上海”，《印度时报》，2008 年 5 月 8 日，网址：〈http://timesofindia.indiatimes.com/India/Agni－III_test－fired_can_reach_Beijing_shanghai/articleshow/3019821.cms〉。

备服役，但预料这要到2010—2011年才能实现。[103] 这次试验标志着“烈火 III”导弹在2006年第一次发射失败后的第二次成功的飞行试验。[104] 这种两级的、固体燃料的导弹预料能将1500公斤的有效载荷发射3000多公里的射程。

2008年，三级的“烈火 V”中远程弹道导弹的设计工作正在进行，它将具有5000公里的射程。[105] 这种新型导弹是基于“烈火 III”导弹的设计，并将利用后者60%的子系统。[106] 这种新型导弹的飞行试验计划在2010年进行，将使用罐装发射系统。有未证实的媒体报道说，由于担心消极的国际反应，印度政府决定不继续发展全面的洲际弹道导弹。[107]

2008年11月12日，国防研究和发展机构进行了第一次被称为“苏里亚”（“蓝天”）导弹的飞行试验，它具有600—700公里的射程。这枚导弹使用气体助推器从奥里萨邦巴拉索尔镇的综合试验场的地下罐装发射器冷发射，它将是井基的。印度新闻报道说，这种导弹是K—15导弹的陆基型（见下面），尽管这尚未得到官方证实。[108] 根据国防部的说法，这种导弹的设计特点是“使用和维护的简易性”和“易操作、易运输、易被更长时间地储存在罐装发射器里”。[109]“苏里亚”导弹是否具有核能力不得而知。

---

〔103〕 Pandit（同注释〔102〕）；“‘烈火 III’准备服役，能打到中国”，Rediff 新闻，2008年5月7日，网址：〈http://www.rediff.com/news/2008/may/07agni.htm〉。

〔104〕 “印度用‘典型的精确性’演示‘烈火 III’”，《简氏导弹与火箭》，第11卷，第6期（2007年6月），第2页。

〔105〕 新型导弹以前被称为“烈火 IV”（或在早期报告里被称为“烈火 III”），但是国防研究和发展机构已决定略过这个名称。R. Pandit：“开发弹道技术：印度期待加入导弹精英俱乐部”，《印度时报》，2008年5月13日。

〔106〕 Y. Mallikarjum：“‘烈火 V’设计完成，将在2010年试射”，《印度教徒报》，2008年11月27日；M. Somasekhar，“国防研究和发展机构使导弹更轻和划算”，《印度商业线报》，2008年9月25日。

〔107〕 J. Joseph：“政府为‘烈火 V’分拨 Rs2500 cr”，《每日新闻和分析》（孟买），2008年6月16日；“考虑差距”，《每日新闻和分析》（孟买），2007年6月18日。

〔108〕 T. S. Subramaian：“‘苏里亚’成功地试射”，《印度教徒报》，2008年11月13日。

〔109〕 印度国防部：“国防研究和发展机构试射了600公里射程的SSM导弹‘苏里亚’”，新闻稿，2008年11月12日，网址：〈http://pib.nic.in/release/release.asp?relid=44764〉。

位于安得拉邦海德拉巴的国防研究和发展机构的先进系统实验室已经开始研制射程为 1000 公里的亚音速巡航导弹，它被叫做“Nirbhay”（“无畏”）。[110] 印度国防部官员始终未说明，这种导弹是否将具有核能力。据报道它与美国的战斧式巡航导弹和巴基斯坦的巴布尔巡航导弹相似。

海射导弹

印度继续发展两个系统，它们将构成其计划的“三位一体”核力量的海军部分。第一个是“丹努什”（“长弓”），一种从安装在水面舰艇上的稳定平台发射的“普里特维 II”改进型导弹。根据印度国防部所说，“丹努什”导弹既能携带常规弹头又能携带核弹头。[111] 由于最大射程较短——350 公里，这种系统的作战效用可能受到限制。国防部在 2006 年声称，装载“丹努什”系统的两艘印度海军舰艇的“武器化过程”正在进行中。[112]

国防研究和发展机构已经试验了水下导弹发射系统的组件，并且正在研制能从水下潜艇发射（使用气体助推器）的两级的弹道导弹。[113] 国防部的声明把这种导弹命名为“K－15”，尽管其他资料把它称作“萨加里卡”（海洋）计划。[114] 2008 年 2 月 26 日，一枚“K－15”导弹第一次从印度东海岸的安得拉邦维萨卡帕特南港附近的水下浮筒发射。国防部发言人说，这次试验“是成功的”。根据媒体报道，这枚导弹将具有 700 公里的射程，类似于“烈火 I”导弹的射

[110] S. Dutta：“‘无畏’战斧式导弹依附于雷达”，《电讯报》（加尔各答），2007 年 7 月 20 日。

[111] 印度国防部：“‘丹努什’成功地试射”，新闻稿，新德里，2004 年 11 月 8 日，网址：〈http：//mod. nic. in/pressreleases/content. asp? id＝853〉。

[112] 印度国防部：《2005－2006 年度报告》（国防部：新德里，2006 年），第 88 页。

[113] 美联社：“印度正在发展潜艇发射的弹道导弹”，《国际先驱论坛报》，2007 年 9 月 11 日；S. Unnithan：“秘密的水下武器”，《今日印度》，2008 年 1 月 17 日。

[114] 印度国防部在 2006 年宣称：“没有任何被叫作‘萨加里卡’的导弹计划”。印度国防部，“发展和试验导弹”，新闻稿，2006 年 8 月 2 日，网址：〈http：//pib. nic. in/release/rel _ print _ page1. asp? relid＝19395〉。

程。〔115〕“K—15”导弹预计部署在国产的核动力潜艇上，这种潜艇被称为“先进技术舰艇”（ATV），自20世纪70年代以来印度一直在开发它。〔116〕

表 8.7 2009 年 1 月印度核力量

类 型	射程（公里）[a]	有效载荷（公斤）	状况
陆基弹道导弹[b]			
普里特维 I（P—1）	150	800	1994年开始服役；普遍认为担负核发射任务；部署不足50个发射器；最近的飞行试验是在2007年5月9日进行的
烈火 I[c]	>700	1000	分别在2007年10月和2008年3月进行了第一次和第二次陆军实战试验；部署给陆军334导弹团
烈火 II	>2000	1000	最近的试射是在2004年10月29日进行的；交付陆军服役但实战状况不确定
烈火 III	>3500	1500	正在开发；试射三次，最近的试射是在2008年5月7日进行的；预料在2010—2011年服役
海基弹道导弹			
丹努什	350	1000	最近的试射是在2007年3月30日进行的；正准备服役

〔115〕“印度成功地试验潜基导弹”，路透社，2008年2月26日，网址：〈http://in.reuters.com/article/topNews/idINindia—32156820080226〉；法新社，“印度试射海基核导弹：政府部门”，《太空战》，2008年2月26日。

〔116〕R. Raghuvanshi：“印度继续进行海基核导弹的工作”，《防务新闻》，2007年10月15日；J. Joseph：“核潜艇在两年内进行海上巡逻”，《每日新闻和分析》（孟买），2007年12月4日。“先进技术舰艇”被广泛猜测为弹道导弹潜艇，但一些媒体报道指出它是攻击型潜艇。

类 型	射程（公里）[a]	有效载荷（公斤）	状况
K—15[d]	700	500—600	2008年2月26日从水下浮筒试射
飞机			
幻影2000H神雷	1850	6300	据报道已经过投掷核重力炸弹的验证
美洲虎IS Shamsher	1400	4760	四个空军中队的某些飞机可能担负核任务

*a*为达到最大射程，导弹的有效载荷可能不得不减小。飞机的航程只是一种说明而已；真正的作战航程根据飞行轨迹和武器载重将有所不同。

*b*印度也已开始研制射程为1000公里的亚音速巡航导弹，它被称为“Nirbhay”（“无畏”），可能具有核能力

*c*最初的“烈火I”导弹，现在被称为“烈火”导弹，是一个在1996年结束的技术演示弹项目。

*d*根据未证实的印度媒体报道，“K—15”的陆基型被称为“苏里亚”，在2008年11月12日首次试射。

资料来源：印度国防部：年度报告和新闻稿；国际战略问题研究所：《2006—2007年军事力量对比》（Routledge：伦敦，2007年）；美国空军、国家航空和航天情报中心：《弹道和巡航导弹威胁》（国家航空和航天情报中心：赖特—帕特森空军基地，俄亥俄州，2006年3月）；美国中央情报局：“向国会提交的关于获取与大规模杀伤性武器和先进常规武器相关技术的非密报告，2002年1月1日到6月30日”，2003年4月，网址：〈http://www.cia.gov/library/reports/archived—report—1/〉；美国国家情报委员会：“到2015年外国导弹发展和弹道导弹威胁”(非密摘要)，2001年12月，网址：〈http://www.dni.gov/nic/special_missilethreat2001.html〉；“核笔记本”，《原子科学家公报》，各期；作者的评估。

第八节 巴基斯坦核力量

这里提出的估计——巴基斯坦拥有约60枚核武器——是保守的。基于对巴基斯坦军用高浓铀和分离钚的总量的最新估计，巴基斯坦理论上能生产70—100个核弹头。〔117〕然而，据认为巴基斯坦仅使用了这个总量的一部分来制造弹头，因此，弹头的实际数量可能比这个最大数量要少。巴基斯坦官员声称，巴基斯坦已生产了比满足其“最低

〔117〕巴基斯坦拥有约2吨高浓铀和约90公斤分离钚。见本卷附录8A。

威慑需要”所需更多的弹头，但强调这个需要将根据对形势变化所作的评估而定。[118]

巴基斯坦目前的核武库主要是以高浓铀为基础，高浓铀由旁遮普省伊胡达研究实验室（又称为卡迪尔·汗研究实验室）的气体离心铀浓缩厂生产。有证据证明，巴基斯坦正在发展以钚为基础的武库。[119] 50 兆瓦热功率的“胡沙布 I”反应堆在 1998 年建成，每年能生产约 10—12 公斤武器级钚。[120] 巴基斯坦在旁遮普省胡沙布核综合体正在建造另外的两座钚生产反应堆，2008 年间获得的商业卫星图像显示，第二座反应堆正接近完成。[121] 根据一项估计，这座新的反应堆的功率将有大约 100 兆瓦热功率。这将使巴基斯坦的钚生产能力提高几倍，倘若它拥有足够的乏燃料后处理能力的话。[122] 钚分离是在旁遮普省拉瓦尔品第一个试验规模的新实验室的后处理厂进行的。位于旁遮普省恰希玛的一个新的化学分离厂似乎接近建成。[123]

攻击机

在巴基斯坦空军的飞机中，最有可能用来执行核武器发射任务的是美国生产的“F－16”（见表 8.8）。其他飞机，例如法国生产的“幻影 V”或中国生产的“A—5”，也可能用来执行核任务。

巴基斯坦目前保持 32 架“F－16”飞机服役，部署在三个空军中队。作为 2006 年签订的价值 51 亿美元合同的一部分，美国在

---

〔118〕 Ehsan ul－Hag 将军，参谋长联席会议主席，采访，卡拉奇地理新闻电视台，《卡姆兰·汗今日谈》节目，2006 年 11 月 24 日，译自乌尔都语，世界新闻连线。

〔119〕 以钚为基础的核弹头通常比使用高浓铀的核弹头轻和小，可达到同样的当量。钚弹头既能安装在较小的导弹上，可能包括巡航导弹，又能为已部署的弹道导弹提供更远的射程。

〔120〕 Z. Mian 等：《南亚裂变材料：美印核协议的影响》，国际裂变材料小组第一个研究报告（国际裂变材料小组：普林斯顿，新泽西州，2006 年 9 月）。

〔121〕 D. Albright 和 P. Brannan：“第二座胡沙布产钚堆接近完成”，科学与国际安全研究所报告，2008 年 9 月 18 日，网址：〈http: //www. isis－online. org/publications/southasia/〉。

〔122〕 Albright 和 Brannan（同注释〔121〕）。

〔123〕 D. Albright 和 P. Brannan：“巴基斯坦的恰希玛核场地可能有后处理厂”，科学与国际安全研究所报告，2007 年 1 月 18 日，网址：〈http: //www. isis－online. org/publications/southasia/〉。

2008年7月28日向巴基斯坦空军交付了14架整修的“F－16”飞机的最后4架。[124] 这项合同还包括购买18架Block 52“F－16C/D”飞机，同时包括购买18多架飞机和对已在巴基斯坦服役的“F－16”飞机进行中期升级的选择。[125]

陆基导弹

巴基斯坦已开始部署两种类型的短程弹道导弹，它们被认为担负核发射任务。“加纳维”（Hatf－3）是单级的、固体推进剂的、公路机动的短程弹道导弹，在2004年正式服役。巴基斯坦陆军在2008年2月13日试射了一枚“加纳维”导弹。[126] 另外一种短程弹道导弹是“沙欣I”（Hatf－4），在2003年已交付巴基斯坦陆军开始服役。这种导弹的最近试射是在2008年1月25日部队训练演习期间由陆军战略部队司令部进行的。[127]

巴基斯坦目前唯一正在服役的中程弹道导弹是“高里I”（Hatf－5），它是公路机动的、液体推进剂的单弹头导弹。巴基斯坦军官说，它担负核发射任务。此外，巴基斯坦继续开发两级的、公路机动的、固体推进剂的“沙欣II”（Hatf－6）中程弹道导弹。2008年4月19日，巴基斯坦军方宣布已成功地试射了一枚射程为2000公里的“沙欣II”导弹。[128] 另一枚“沙欣II”导弹首次在2008年4月21日导弹“作战准备”野外训练演习结束时进行了试射。[129]“沙欣II”导

---

[124] 美国驻巴基斯坦大使馆：“美国向巴基斯坦空军交付4架‘F－16’飞机”，新闻稿，2008年7月28日，网址：〈http://islambad.usembassy.gov/pr－08072801.html〉。当巴基斯坦把购买新型“F－16”的订单减半时，这项协议的价值减少到31亿美元。

[125] M. V. Schanz：“美国与巴基斯坦敲定新的‘F－16’协议”，《空军杂志》，第90卷，第12期（2006年12月）；J. Grevall：“巴基斯坦同意与美国达成购买‘F－16’飞机的协议”，《简氏防务周刊》，2006年10月11日。这项协议规定巴基斯坦不能用穿透空间防御的系统装备“F－16”飞机，任何“F－16”飞出巴基斯坦领空需事先征得美国的同意。

[126] “‘加纳维’导弹进行了试射”，《黎明报》（卡拉奇），2008年2月14日。

[127] “巴基斯坦试验弹道导弹”，BBC新闻，2008年1月25日，网址：〈http://news.bbc.co.uk/2/7208416.stm〉。

[128] “巴基斯坦成功地试射了Hatf－6‘沙欣II’导弹”，《国家报》（拉合尔），2008年4月19日。

[129] “首次训练发射Hatf－VI”，《黎明报》（卡拉奇），2008年4月22日。

弹的 2000—2500 公里射程意味着它能打到印度的所有目标。巴基斯坦官员否认其正在寻求开发能打击这个地区之外目标的射程更远的弹道导弹。[130]

巴基斯坦正在继续开发其巡航导弹。2007 年 12 月，巴基斯坦进行了自 2005 年以来第四次核巡航导弹的飞行试验，它被称为“巴布尔”（Hatf—7）。现在正在努力把这种亚音速巡航导弹的射程从 700 公里增加到 1000 公里。[131] 巴基斯坦正在开发“巴布尔”的空射型，据报道它将由“F—16”和“JF—17”飞机携带。[132] 巴基斯坦还在发展海基型，据传它被部署在“阿戈斯塔”级潜艇上。[133]

巴基斯坦正在发展一种被叫作“雷电”（Hatf—8）的空射核巡航导弹，它将具有 350 公里的射程。2008 年 5 月 8 日，巴基斯坦进行了第二次“雷电”巡航导弹的试射，作为“继续验证设计参数”的一部分。[134] 这种导弹在 2007 年 8 月从“幻影”战斗机上试射，巴基斯坦军方新闻部门描述其具有“特别秘密行动的能力”。[135]

表 8.8　2009 年 1 月巴基斯坦核力量

类型	射程（公里）[a]	有效载荷（公斤）	状况
飞机			
F—16A/B	1600	4500	32 架飞机，部署在三个空军中队；最可能担负核发射任务的飞机

---

[130] Ehsan ul—Hag（同注释〔118〕）。

[131] 巴基斯坦总统、新闻秘书办公室：“政府已制定装备武装力量的全面计划：穆沙拉夫”，新闻稿，2007 年 5 月 30 日。

[132] “巴基斯坦成功地试射了‘Hataf—VII’导弹”，《巴基斯坦论坛报》，2007 年 7 月 26 日。

[133] S. Hali：“第二次打击能力”，《国家报》（伊斯兰堡），2006 年 8 月 16 日。

[134] I. A. Khan：“巡航导弹从一个空中平台发射”，《黎明报》（卡拉奇），2008 年 5 月 9 日。

[135] 巴基斯坦三军公共关系办公室：“巴基斯坦试射了具有核能力的‘Hatf—VIII’”，新闻稿，2008 年 5 月 8 日，网址：〈http://www.ispr.gov.pk/front/main.asp? o＝t—press_release&date＝2008/5/8〉。

类型	射程（公里）[a]	有效载荷（公斤）	状况
弹道导弹			
加纳维（Hatf－3）	～400	500	2004年交付巴基斯坦陆军开始服役；部署不足50个发射器；最近的试射是在2008年2月13日进行的；被认为是1990年代从中国获得的M－11导弹的复制型
沙欣 I（Hatf－4）	＞450 [b]	750—1000	2003年交付巴基斯坦陆军开始服役；部署不足50个发射器；最近的试射是在2008年1月25日进行的
沙欣 II（Hatf－6）	2000	～1000?	2008年4月19日进行第一次陆军作战准备发射；2008年4月21日进行第二次试射[c]
高里 I（Hatf－5）	≥1200	700—1000	2003年交付巴基斯坦陆军开始服役；部署不足50个发射器；2008年2月1日进行试射
巡航导弹			
巴布尔（Hatf－7）	700 [d]	..	正在开发；地面发射型在2007年试验三次（3月、6月和12月）。海射和空射型也在开发
雷电（Hatf－8）	350	..	正在开发；空射；第一次试射在2007年8月进行；第二次试射在2008年5月8日进行

*a*为达到最大射程，导弹的载荷可能不得不减小。飞机的航程只是一种说明而已；真正的作战航程根据飞行轨迹和武器载重将有所不同。

*b*一些非官方消息灵通人士认为射程是600—1500公里。

*c*两次作战准备试验表明，沙欣 II 导弹可能是实战的。

*d*自2006年以来飞行试验的射程已从500公里增加到700公里，现在目标是1000公里。

资料来源：美国空军、国家航空和航天情报中心：《弹道与巡航导弹威胁》（国家航空和航天情报中心：赖特一帕特森空军基地，俄亥俄州，2003年8月）；美国中央情报局："提交国会的有关获取大规模杀伤性武器和先进常规武器相关技术的非密报告，2002年1月1日到6月30日"，2003年4月，网址：〈https://www.cia.gov/library/reports/archived—reports—1/〉；美国国家情报委员会："到2015年外国导弹发展和弹道导弹威胁"（非密摘要），2001年12月，网址：〈http://www.dni.gov/nic/special_missilethreat2001.html〉；"核笔记本"，《原子科学家公报》，各期；作者的评估。

第九节 以色列核力量

以色列继续坚持其长期奉行的核模糊政策，既不正式肯定也不正式否定它拥有核武器。2006 年，以色列总理奥尔默特所说的话被普遍解释为默认以色列拥有核武库。以色列官员很快否认此番言辞，并重申以色列“将不会成为第一个把核武器引入中东的国家”。[136]

以色列核武器库的规模不得而知，但普遍认为其由约 100 个钚弹头组成。根据一项估计，截至 2007 年 12 月，以色列拥有 0.6 吨军用钚。[137] 假设每个弹头含有 5 公斤钚，这相当于 120 个弹头。但只有部分钚可能已被用来生产弹头。据估计，以色列拥有约 80 个完整的弹头，其中的 50 个是由弹道导弹发射的再入飞行器，剩余的是由飞机投掷的炸弹（见表 8.9）。许多分析家认为，以色列拥有一个隐藏式的核武库（也就是在使用前需要一些准备）。以色列也许已经生产了战术核武器，包括核炮弹和原子爆破弹药，但这尚未得到证实。

2008 年 1 月 17 日，以色列从帕勒马希姆空军基地进行了多级弹道导弹的试射。[138] 以色列电台确认这枚导弹是“杰里科 III”导弹。尽管没有提供有关这枚导弹的类型或目的的详细资料，但是以色列国防部声称这次试验测试了导弹的火箭推进系统，并且是成功的。[139]“杰里科 III”是三级的、固体推进剂的导弹，最大射程超过 4000 公里，有效载荷估计为 1000—1300 公斤。有些报道猜测，这种导弹也

---

[136] R. Boudreaux：“在发表核言论后，放射性尘埃雨点般地落在奥尔默特身上”，《洛杉矶时报》，2006 年 12 月 13 日。

[137] 见本卷附录 8A。

[138] “以色列说进行了导弹发射试验”，路透社，2008 年 1 月 17 日，网址：〈http://www.reuters,com/article/worldNews/idUSL17578502008011 7〉；D. Richardson：“以色列进行了两级的弹道导弹发射”，《简氏导弹与火箭》，第 12 卷，第 3 期（2008 年 3 月）。

[139] Y. Katz：“以色列试射了远程弹道导弹”，《耶路撒冷邮报》，2008 年 1 月 17 日。

许能携带分导式多弹头。[140]

表 8.9　2009 年 1 月以色列核力量

类型	射程（公里）[a]	有效载荷（公斤）	状况
飞机[b]			
F－16A/B/C/D/I 猎鹰	1600	5400	总共 205 架；据认为某些已进行核武器发射的验证
弹道导弹[c]			
杰里科 II	1500—1800	750—1000	约 50 枚导弹；1990 年首次部署；2001 年 6 月 27 日试射
杰里科 III	＞4000	1000—1300	2008 年 1 月 17 日试射
潜艇			
海豚级			据传装载核巡航导弹；以色列否认

a 为达到最大射程，导弹的有效载荷可能不得不减小。飞机的航程只是一种说明而已；真正的作战航程将有所不同。

b 以色列 25 架“F－15I”飞机中的一些飞机也可能担负远程核发射任务。

c“沙维特”空间发射器，如果改为弹道导弹，能将 775 公斤的有效载荷发射 4000 公里的射程。“杰里科 1”导弹在 1973 年首次部署，现已不再部署。

资料来源：A. Cohen 和 W. Burr：“以色列跨过门槛”，《原子科学家公报》，第 62 卷，第 3 期（2006 年 5 月和 6 月）；A. Cohen：《以色列与炸弹》（哥伦比亚大学出版社：纽约，1998 年）；D. Albright，F. Berkhout 和 W. Walker，SIPRI：《钚和高浓铀 1996 年：世界总量、能力和政策》（牛津大学出版社：牛津，1997 年）；D. Lennox（编辑）：《简氏战略武器系统》（简氏信息集团有限公司：科尔斯登，2003 年）；S. Fetter：“以色列弹道导弹能力”，《物理学与社会》，第 19 卷，第 3 期（1990 年 7 月）——要获得更新的分析见未出版发行的“弹道导弹入门”，网址：〈http://www.publicpolicy.umd.edu/Fetter/Publications.htm〉；“核笔记本”，《原子科学家公报》，各期；作者的评估。

第十节　朝鲜军事核能力

朝鲜被普遍认为已经生产和分离了足够制造少量核弹头的钚。然

〔140〕 Richardson（同注释〔138〕）。

而，朝鲜从宁边5兆瓦石墨研究堆乏燃料分离的钚的数量和朝鲜可能已经生产的弹头数量一直是争论的主题。[141] 此外，关于朝鲜是否具有制造实战的核武器所需的设计和工程技能的疑问一直存在。[142] 朝鲜通过在2006年10月进行地下核试验爆炸证明了核武器能力。[143] 然而，出乎意料的低爆炸当量使许多专家认为，试验是失败的（即释放了比预想小的爆炸能量的一次无效爆炸）。[144]

2008年6月26日，作为“六方会谈”达成的无核化协议的一部分，朝鲜正式申报了它的核计划。[145] 60页的申报内容没有公之于众。根据新闻报道，朝鲜申报它有30.8公斤分离钚。[146] 这不代表朝鲜生产的钚的总量：它显然没有包括未辐照的燃料棒中含有的未提取的钚和残留在宁边设施中的材料或在处理过程中损失的材料，也没有包括2006年10月核试验所使用的钚。申报的钚的总量比美国政府的估计要少，但在非政府专家估计的范围内。[147] 核查朝鲜申报的准确性和完整性的工作一直受阻，因为朝鲜拒绝允许视察员在其核设施进行环境取样或使用其他取证技术来独立地确定宁边反应堆生产的钚的数量。[148]

朝鲜的申报没有说明它是否已生产了核武器或生产了多少核武器。2009年1月，一名美国资深学者说，在访问平壤期间朝鲜官员告诉他朝鲜已使2008年6月申报的30.8公斤钚武器化了。如果这是

[141] 除了其他不确定性以外，目前还不清楚在1990年国际原子能机构视察员到达之前，朝鲜是否已从据认为由反应堆中拆下的乏燃料棒中提取了钚。

[142] D. E. Sanger 和 W. J. Broad：“小爆炸，还是‘大交易’？美国专家寻找线索”，《纽约时报》，2006年10月11日。

[143] 见 V. Fedchenko 和 R. Ferm Hellgren：“1945—2006年核爆炸”，《SIPRI年鉴2007：军备、裁军和国际安全》（牛津大学出版社，2007年）。

[144] “中央情报局说朝鲜核试验是失败的：报道”，路透社，2007年3月28日，网址：〈http://www.reuters.com/article/topNews/idUSSEO15521620070328〉。

[145] 关于六方会谈达成的协议，见本卷第九章第三节。

[146] “朝鲜申报31公斤钚”，《全球安全新闻专线》，2008年10月24日。

[147] D. Albright、P. Brannan 和 J. Shire：“朝鲜的钚申报：初期核查进程的起点”，科学与国际安全研究所问题摘要，2008年1月10日，网址：〈http://www.isis-online.org/publications/dprk/〉。

[148] J. Acton：“肯定地、可能地：核查朝鲜无核化”，《简氏情报评估》，第20卷，第8期（2008年8月）。

真的，朝鲜就能制造 5—6 枚核武器（假设每枚核武器使用 5 公斤钚）。

除了钚计划，美国一直怀疑朝鲜从事一项未申报的铀浓缩计划，旨在生产核武器用高浓铀。2009 年 1 月，美国高级官员再次指控朝鲜拥有一项积极的浓缩铀计划。[149] 然而，一些分析家警告说，这些指控背后的证据是没有科学说服力的。[150]

朝鲜部署了 500－600 枚三种类型公路机动的短程弹道导弹——“火星－5”（Scud－B）、“火星－6”（Scud Mod－C）和“火星－7”（Scud Mod－D）——和 50—200 枚公路机动的“劳动”中程弹道导弹。[151] 它还在开发射程更远的“大浦洞－1”和“大浦洞－2”导弹。大多数分析家认为，朝鲜似乎还未开发出轻到和小到能安装在弹道导弹上的核弹头。[152]

第十一节　结论

2008 年，五个法律上承认的核武器国家和四个事实上的核武器国家部署的实战核武器的数量总体上有所减少。这种减少主要是由于俄罗斯和美国使战略核运载工具上的弹头迅速退出部署状态以满足《削减进攻性战略武器条约》所规定的弹头限制。俄罗斯和美国的核武器加在一起占世界核武器总量的 90％以上。然而，美国核武库的削减在很大程度上只是停留在纸上，包括把弹头的所有权从国防部移

〔149〕 G. Kessler：“白宫表达了对朝鲜和铀的担忧”，《华盛顿邮报》，2009 年 1 月 8 日。2007 年，美国情报官员从较早提出的朝鲜拥有一个秘密的、生产规模的铀浓缩计划的结论向后倒退。

〔150〕 J. Acton：“关于朝鲜高浓铀的更多信息”，Arms Control Wonk，2009 年 1 月 14 日，网址：〈http：//www. armscontrolwonk. com/2156/more－on－nork－heu〉。据说这些指控基于对在冶炼的铝管上发现的浓缩铀粒子和反应堆文件的分析，它们是由朝鲜提供的。

〔151〕 Lennox（同注释〔20〕），第 90－96 页；核威胁倡议：“朝鲜方面：导弹能力”，2006 年 12 月，网址：〈http：//www. nti. org/e _ research/profiles/NK/Missile/62. html〉。

〔152〕 S. S. Hecker：“关于朝鲜核计划的报告”，Policy Forum Online，06－97A，Nautilus 研究所，2006 年 11 月 15 日，网址：〈http：//www. nautilus. org/fora/security/0697Hecker. html〉。

交给能源部。

尽管在 2008 年进一步再现了公众对核裁军的兴趣的迹象，但是所有法律上承认的核武器国家似乎决心在未来一个不限定的期限内将其核武库继续保留，或者将其核力量进行现代化或者宣布这样做的计划。在事实上的核武器国家中，印度和巴基斯坦继续扩大其核打击能力，以色列似乎正在观察伊朗核计划如何发展。关于朝鲜核武器能力仍有相当大的不确定性。

（田景梅译）

附录 8A　2008 年全球裂变材料库存

亚历山大·格拉泽　齐亚·米安

表 8A.1　2008 年全球高浓缩铀库存

国家	全国库存量（单位：吨）[a]	生产状况	说　明
中国	20±4	1987—1989 年停产	
法国[b]	35±6	1996 年初停产	包括 5.1 吨已申报民用高浓铀
印度[c]	0.6±0.3	还在生产	
以色列[d]	0.1		
巴基斯坦	2.0±0.4	还在生产	
俄罗斯[e]	770±300	1987 年或 1988 年停产	包括 100 吨假定将用于海军和其他反应堆燃料；不包括准备稀释的 160 吨
英国[f]	23.3（申报量）	1963 年停产	包括 1.4 吨申报的民用高浓铀
美国[g]	508（申报量）	1992 年停产	包括 128 吨海军反应堆燃料备用和 20 吨其他高浓铀反应堆燃料；不包括准备稀释或作为废料处理的 137 吨
无核武器国家	～10h		
总量	～1370i		不包括准备稀释的 297 吨

a 这种材料大部分是 90%—93%浓度的铀 235，通常被认为是武器用的。重要的例外在需要的地方注明。俄罗斯截至 2008 年年初稀释的过剩武器用高浓铀和美国截至 2008 年年中稀释的过剩武器用高浓铀已分别计算在内。（稀释就是减低铀 235 的浓度。）假设中国和巴基斯坦两国的库存总量和法国的军用裂变材料库存总量中有 20%难以估算，印度的数据有 50%难以估算。迄今俄罗斯可能总共已生产出多达 1500 吨浓缩铀，其中 300 吨难以

估算，说明总量中有20%难以估算。

b 法国2007年年底向国际原子能机构（IAEA）申报的民用高浓铀为5.1吨，与前一年相比减少了20%；这里假定93%浓度的高浓铀为武器级，即使有些材料经过了辐射。这里的20%难以估算程度只适用于30吨军用库存，而不适用于已申报的5.1吨库存。

c 有人认为印度仍在生产高浓铀（相当于93%的浓度），年产不到0.1吨用作海军反应堆燃料。

d 以色列可能在1965年或之前就从美国秘密获取了约100公斤武器级高浓铀。

e 截至2008年6月，俄罗斯稀释了337吨武器级高浓铀。这里列出的俄罗斯留作海军反应堆用的高浓铀库存量是根据作者对俄罗斯舰队的规模估算出来的。

f 截至2002年3月31日，该数包括22.9吨高浓铀，未标出年均浓缩量。到2007年年底，英国向IAEA共申报1.4吨民用高浓铀。自1998年以来在英国海军用燃料22.9吨高浓铀中大约有1吨铀235可能经裂变处理。

g 美国的高浓铀储量以实际吨数标出，而不按相当93%浓度算出。截至1996年9月30日，美国的高浓铀库存总量是741吨，其中620吨是铀235。迄今，美国表示准备将稀释233吨高浓铀。截至2008年年中，美国共稀释了96吨这种材料。不过这些高浓铀中的武器级铀即使有也是微乎其微的。

h 国际原子能机构2007年的年度报告列入全面保障监督的较大存量有270项。这相当于6.75吨铀235。为了标示这批材料浓度的难以估算度，假设总共有10吨高浓铀，其中大部分是研究堆用燃料。

i 该总量以最接近5吨取其整数。

资料来源：裂变材料国际小组（IPFM），《2008年全球裂变材料报告》（IPFM：普林斯顿，新泽西州，2008年10月），表1.3，第11页；科学与国际安全研究所（ISIS），《全球核爆炸材料库存》（ISIS：华盛顿特区，2003年12月）；D. Albright，F. Berkhout 和 W. Walker，SIPRI 研究报告《1996年钚与高浓铀：世界各国库存、能力和政策》（牛津大学出版社，牛津，1997年）第80页，表4.1；以色列：H. Myers，"以色列第一批裂变材料的实际来源"，《今日军控》第37卷，第8期（2007年10月），第56页；V. Gilinsky，"以色列的核弹"，《纽约时报书评》，2004年5月13日；另参见 V. Gilinsky，"得到更多 NUMEC 信息的时候了"，《今日军控》第38卷，第5期（2008年6月）；巴基斯坦：M. Hibbs，"巴基斯坦研制出功率更大的离心机"，《核燃料》第32卷，第3期（2007年1月29日）；M. Hibbs，"P—4离心机的出现引起了1975年后资料盗窃的情报关切"，《核子学周刊》；俄罗斯：美国铀浓缩公司，"从百万吨到数兆瓦"，网址：〈http://www.usec.com/〉；英国：英国国防部，"英国军用高浓铀的历史性说明"，伦敦，2006年3月，网址：〈http://www.mod.uk/DefenceInternet/AboutDefence/CorporatePublications/HealthandSafetyPublications/DepletedUranium/〉；国际原子能机构（IAEA），"从英国收到的关于其钚管理政策的通信，INFCIRC/549/Add.8/9，2006年9月15日；美国：美国能源部（DOE）"，高浓铀的收支情况：关于美国自1945年1996年9月30日高浓铀的生产、购买和使用情况的报告"（能源部，华盛顿特区，2001年）；R. George 和 D. Tousley，能源部，"美国高浓铀的处置"，在核能研究所关于核燃料供应问题研讨会上的发言，华盛顿特区，

2006 年 1 月 24 日；R. George，"美国高浓铀处理计划"，在核材料管理研究所第 49 届年会上的发言，Nashville，TN，2008 年 7 月 13—17 日；无核武器国家：IAEA，《2007 年年度报告》，（IAEA：维也纳，2008 年），表 A4。

表 8A. 2　2008 年全球分离钚库存

国家	军用钚储量 截至 2007 年 12 月 （单位：吨）[a]	军用钚 生产状况	民用钚储量 截至 2007 年 12 月， 除非另注明（单位：吨）
比利时	0		0（不包括外国在比储存的 1.4）
中　国	4±0.8	1991 年停产	0
法　国	5±1.0	1994 年停产	54.9（不包括外国在法储存的 27.3）
德　国	0		15 储存在法国、德国和英国
印　度[b]	0.68±0.14	还在生产	6.4
以色列[c]	0.6±0.12	还在生产	0
日　本	0		46.7（在日本有 6.7，在法国和英国共有 38）
朝　鲜[d]	0.03	2007 年停产	0
巴基斯坦[e]	0.09±0.018	还在生产	0
俄罗斯[f]	145±25（其中 34—50 为申报过剩量）	1997 年实际停产	44.9
瑞　士	0		<0.05
英　国[g]	7.9（4.4 为申报过剩量）	1989 年停产	77.7（包括在国外的 0.9，但不包括外国在英国的 26.8）
美　国[h]	过剩量 92（53.9 为申报过剩量）	1988 年停产	0
总　量	**约为 255（申报过剩量达到 108）**		**约 246**

a 假定中国、法国、印度、以色列和巴基斯坦五国的军用钚库存有 20%难以估计。

b 有人估计印度 CIRUS 和 Dhruva 两个反应堆中每年生产出约 30 公斤武器级钚。作为《印美民用核合作倡议》的一部分，印度军用部门中包括此处标为民用的、从印度乏动力反应堆燃料分离出来的大量钚。6.4 吨民用钚未置于 2009 年 2 月 2 日印度政府与国际原子能机构签署"专门针对印度"的保障协定监督之下。

c 有人认为，以色列仍在运行 Dimona 钚生产堆，但可能主要用于氚（tritium）的生产。

d 据报道，朝鲜在 2008 年 6 月申报的钚库存量是 31 公斤。

e 有人估计，巴基斯坦的 Khushab—1 反应堆每年约生产 10 公斤武器级钚。该处另有两个钚生产堆正在建造。

f 俄罗斯继续在运行的最后一个生产堆每年生产约 0.5 吨武器级钚，因为该堆也为附近居民生产热力和电力。该堆将于 2010 年停止运行。俄罗斯主动承诺不把这部分材料用于武器生产。

g 英国申报的民用钚库存是 82.1 吨（不包括 26.8 吨外国储存在英国的钚）。这包括 4.4 吨宣布的过剩军用钚。但是，由于这 4.4 吨不受国际原子能机构监督保障，因此根据此估计这部分仍然列为军用钚库存。

h 在其关于《IAEA 第 INFCIRC/549 号文件》声明中，美国宣布 53.9 吨钚材料是过剩军用储存。在俄罗斯关于《IAEA 第 INFCIRC/549 号文件》的声明中，不包括宣布的过剩钚储量。

资料来源：裂变材料国际小组（IPFM），《2008 年全球裂变材料报告》（IPFM：普林斯顿，新泽西州，2008 年 10 月），表 1.8，第 16 页；科学与国际安全研究所（ISIS），《全球核爆炸材料库存》（ISIS：华盛顿特区，2003 年 12 月）；“军用生产状况”；D. Albright，F. Berkhout 和 W. Walker，SIPRI，《1996 年钚与高浓铀：世界各国库存、能力和政策》（牛津大学出版社，牛津，1997 年）；美国能源部，“美国从核武库中拆卸 9 公吨钚”，新闻发布稿，2007 年 9 月 17 日，网址：〈http://www.energy.gov/nationalsecurity/5500.htm〉；《民用库存（除印度外）》：各国根据国际原子能机构（IAEA）《第 INFCIRC/549 号》文件向机构所作的申报，网址：〈http://www.iaea.org/Publications/Documents/〉；印度：根据假设对其积累的重水堆乏燃料的 50%进行了后处理作出的估算；齐·米安等，《南亚的裂变材料和美印核协定的影响》，裂变材料国际专家小组（IPFM）《研究报告》第 1 期（IPFM：普林斯顿，新泽西州，2006 年 9 月）；朝鲜：G. Kessler，“朝鲜给美国的信件先于其核申报”，《华盛顿邮报》，2008 年 7 月 2 日；俄罗斯：《美利坚合众国政府和俄罗斯联邦政府关于确定为不再需要为防务目的钚的管理和处理及相关合作协定》（简称《俄美钚管理与处理协定》，2000 年 9 月 1 日签署。

（叶如安　译）

第三部分

2008 年的不扩散、军控与裁军

第九章　核军备控制与不扩散

香农·N·基尔

第一节　导言

2008 年，伊朗、朝鲜和叙利亚三国的核计划是国际上关于核武器扩散争论的中心。国际原子能机构（IAEA）无法解决伊朗被指称进行有关核武器研究的问题，因此伊朗宣称其核计划本质上完全用于和平目的受到了质疑。[1] 同时，伊朗拒绝遵守联合国安理会要求其停止铀浓缩计划的各项决议。在东亚，2007 年六方会谈达成的关于朝鲜民主主义共和国（DPRK 或称朝鲜）核设施去功能化协议到年底无法落实。IAEA 在叙利亚进行调查后发现，叙利亚有可能在未经申报的情况下在 2007 年遭到以色列轰炸的一个偏远地点建设一座核反应堆。

另外，美国参议院批准了修改有关美国法律，使有争议的印美《民用核合作倡议》（CNCI）得以生效。核供应国集团（NSG）随后决定取消针对印度的主要核出口限制。[2] 美国和俄联邦继续磋商如何取代 1991 年签署的意义重大的《第一阶段削减战略武器条约》（START 条约），该条约将于 2009 年 12 月到期。[3] 美俄是在国际上再次关注核裁军问题的背景下进行谈判的，1968 年的《不扩散核武

〔1〕 关于 IAEA 的简介及其成员国列表，参见本卷附录 B。

〔2〕 关于 CNCI 的实施，参见本卷第 12 章第 2 节。

〔3〕 关于 START 条约的概述及其他细节内容，参见本卷附录 A。

器条约》(《核不扩散条约》,NPT)对核裁军进行授权。[4] 在日内瓦,有 65 个成员国的裁军谈判会议(CD)在启动《禁止生产核武器裂变材料全球条约》(FMCT)谈判方面虽然再作努力,但仍然连续第 12 年遭遇失败。[5]

本章回顾了 2008 年核军备控制和防扩散领域的主要动向。第二节阐述伊朗核计划的动向,并概述了 IAEA 对该国过去及当前核活动的调查情况。第三节阐述六方会谈所达成的外交协定的实施情况,该协定规定,朝方承诺将放弃其核设施以换取经济和安全方面的回报。第四节阐述 IAEA 对叙利亚沙漠中一个未申报可疑反应堆所在地进行核查后得出的结论。第五节分析俄美核军控谈判。第六节阐述多边军备控制和各项防扩散倡议的动向。第七节是结论。

第二节 伊朗和核扩散关切

在 2008 年开年之际人们就能看出,打破联合国安理会在伊朗核计划问题上的外交僵局前景渺茫。[6] 伊朗继续无视联合国安理会第 1696 号、第 1737 号和第 1747 号三项决议对其立即停止所有铀浓缩和钚后处理活动的要求。[7] 伊朗还继续拒绝执行联合国要求其采取的一系列行动,尤其包括批准并执行全面保障监督协议的附加议定书。IAEA 理事会认为,伊朗如果要国际社会再相信其核计划完全是

〔4〕 关于 NPT 条约的概述及其他细节内容,参见本卷附录 A。

〔5〕 关于 CD 的简介及其成员国列表,参见本卷附录 B。

〔6〕 参见 S. N. 基尔:“核军备控制、不扩散与导弹防御”,载《SIPRI 年鉴 2008:军备、裁军和国际安全》,(牛津大学出版社:牛津,2008 年),第 340 页。

〔7〕 联合国安理会于 2006 年 7 月 31 日通过第 1696 号决议,2006 年 12 月 23 日通过第 1737 号决议,2007 年 3 月 24 日通过第 1747 号决议。联合国决议,见网址:〈http://www.un.org/sc/〉。

和平性质的，就必须批准并执行附加议定书。[8]

2008 年 3 月 3 日，联合国安理会通过的第 1803 号决议对伊朗没有“全面而持续地停止其所有铀浓缩相关活动、后处理活动以及有关重水项目”表示谴责。[9] 这一新决议适度加大了针对伊朗核计划和弹道导弹计划的制裁力度，这是联合国安理会根据宪章第七章第 41 条在第 1737 号和第 1747 号决议中通过的对伊制裁。[10] 新决议扩大了向伊朗转让相关核技术的限制范围，列入所有核供应国集团监控的两用设备和材料。[11] 第 1803 号决议还将第 1737 号和第 1747 号决议中的金融制裁范围扩大到更多个人和实体，包括被认为“介入、直接参与或为伊朗会扩散的核活动或研发核武器运载工具提供支持的猎头公司和承包商”。另外，决议授权各国“在本国机场和港口”对某些伊朗公司所有或管理的飞机或船只运输的货物进行检查，“有合理的理由认为”，这些货物中有制裁决议限制的物项。[12] 伊朗官员强烈谴责第 1803 号决议，认为该决议“不公平”，安理会超越了其联合国宪章规定的权限。[13]

---

〔8〕 伊朗是无核武器国家 1968 年 NPT 条约的原始缔约国。它与 IAEA 签订的全面保障监督协议（INFCIRC/214）于 1974 年 5 月 15 日生效。2003 年 12 月，伊朗签署了全面保障监督协议的附加议定书，允许 IAEA 核查人员扩大调查可能尚未申报的核活动的权限。2006 年 2 月，IAEA 理事会决定将伊朗核问题提交给联合国安理会，表示“严重关切”伊朗“多次未遵守或违反其遵守全面保障监督协议的义务”。为反对该决定，伊朗宣布不再遵照议定书的条款行事，该附加议定书并未获得伊朗议会（Majlis）批准。IAEA 理事会的决议“在伊朗伊斯兰共和国实施 NPT 全面保障监督协议”，GOV/2006/14，2006 年 2 月 4 日。此处引用的 IAEA 文件，见 IAEA 网址：〈http：//www. iaea. org/〉。

〔9〕 联合国安理会第 1803 号决议，2008 年 3 月 3 日。

〔10〕 联合国宪章第 7 章涉及“对于和平之威胁、和平之破坏及侵略行为之应付办法”。第 41 条允许使用武力以外的办法。联合国宪章于 1945 年 6 月 26 日签署，1945 年 10 月 24 日生效。宪章全文见网址：〈http：//www. un. org/aboutun/charter/〉。

〔11〕 关于核供应国集团的活动，参见本卷第 12 章。

〔12〕 某些联合国成员国担心引发武装对峙，因而对此规定持保留态度。P. Crail，“安理会采取更多对伊朗制裁”，《今日军控》，第 38 卷，第 3 期（2008 年 4 月号）。

〔13〕 M. Khazaee，伊朗伊斯兰共和国常驻联合国代表在联合国再次发言，安理会，“安理会加强对伊朗会扩散的核活动的限制，提高了对伊朗银行的警惕，并让各国检查货物”，SC/9268，2008 年 3 月 3 日，见网址：〈http：//www. un. org/News/Press/docs/2008/sc9268. doc. htm〉。

修改后的“五常＋1 国家”建议

在通过第 1803 号决议的同时，“五常＋1 国家”（安理会的五个常任理事国——中国、法国、俄罗斯、英国和美国再加上德国）外长发表了一份声明，重申承诺通过外交方式解决伊核问题，为伊朗提供“很多机会”使其获得政治、安全和经济方面的好处。〔14〕这些国家后来同意根据其 2006 年 6 月提出的建议，再次向伊朗提出新的政治和经济一揽子建议，目的是使伊朗民众认识到，停止该国的铀浓缩计划后能够获得这些好处。〔15〕伊朗拒绝了 2006 年的建议，因为其认为，“五常＋1 国家”设想的暂停铀浓缩活动实际上等于永久终止核计划。〔16〕

修改后的“五常＋1 国家”建议是由欧盟共同外交与安全政策高级代表索拉纳在德黑兰提出的。该建议概述了与伊朗在交通和基础设施建设、核能、民用航空、农业和地区安全等方面可能进行的合作。〔17〕“五常＋1 国家”重申伊朗在“遵守 NPT 条约义务”的前提下享有为和平目的发展核能的权利，并承诺“一旦国际社会对伊朗核计划完全是和平性质重建信任，‘五常＋1 国家’会像对待任何 NPT 条约的非核武器成员国那样一视同仁地对待伊朗的核计划”。〔18〕“五常＋1 国家”保证支持伊朗建设轻水核反应堆并为伊朗提供具有法律约束力的核燃料供应保障。该建议还包括，承诺“在国际信任逐步重建的过程中”支持伊朗进行核能研发。〔19〕但尚未明确的是，后面这

〔14〕 中国、法国、德国、俄罗斯、英国和美国外长发表声明，得到欧盟高级代表支持，S096/08，纽约，2008 年 3 月 3 日，见网址：〈http://www.consilium.europa.eu/App/Solana/list.aspx? id=246&bid=109&page=arch&archDate=2008&archMonth=3〉。

〔15〕 美联社：“在伊朗核计划问题上提出激励措施达成一致”，《洛杉矶时报》，2008 年 5 月 2 日。

〔16〕 参见 S. N. 基尔：“核军备控制、不扩散与导弹防御”，载《SIPRI 年鉴 2007：军备、裁军和国际安全》，（牛津大学出版社：牛津，2007 年），第 490—491 页。

〔17〕 IAEA，英国常驻 IAEA 代表致 IAEA 的信，内容是关于 2008 年 6 月 12 日致伊朗伊斯兰共和国的信及提议，落款是 2008 年 6 月 12 日。见 Information Circular INFCIRC/730，2008 年 7 月 1 日。

〔18〕 IAEA，INFCIRC/730（同注释〔17〕）。美国官员在 2006 年 6 月曾表示，伊朗很可能需要多年时间才能重获国际信任。

〔19〕 IAEA，INFCIRC/730（同注释〔17〕）。

一承诺是否意味着，比如说，伊朗可以在某些保障监督问题尚未解决的情况下进行离心机研发工作。索拉纳提出为期六周的“以冻结换冻结”建议，在此期间伊朗不得扩大其铀浓缩计划，而“五常＋1 国家”在做出恢复谈判的切实可行安排时，也不寻求安理会增加对伊制裁。

伊朗对“五常＋1 国家”的新建议做出两面反应。尽管伊朗没有断然拒绝该建议，但其高级官员表示，伊朗不会减少其享有合法权利的和平核活动，包括铀浓缩。〔20〕同时，伊朗最高国家安全委员会秘书贾利利表示，“五常＋1 国家”和伊朗在 2008 年 5 月各自提出的关于解决核争端的建议之间有不少“共同点”，这就为重新启动谈判奠定了基础。〔21〕伊朗的建议被认为是与“五常＋1 国家”进行全面、“建设性”谈判的基础。该建议提出了可能进行合作的三大领域：政治和安全领域、经济领域和核能领域。〔22〕该建议还强调了促进核能和防扩散的重要性。但建议未明确提到伊朗的核计划或伊朗愿意承担的任何核相关的保证，包括停止其铀浓缩活动这一核心问题。

2008 年 7 月 19 日，伊朗和“五常＋1 国家”的谈判代表在瑞士日内瓦会面，讨论后者重提的一揽子建议。美国副国务卿伯恩斯参加了会面，这是 1979 年以来伊朗和美国之间最高级别的接触。〔23〕“五常＋1 国家”压伊朗接受“以冻结换冻结”方式，以善意姿态为启动一揽子建议谈判铺平道路。但据报道，伊朗首席谈判代表贾利利避而不答伊朗是否愿意暂时冻结其铀浓缩计划的问题。〔24〕从其他伊高级官员的言论可以看出，伊朗在停止铀浓缩问题上的立场并未改变。7

〔20〕“伊朗将只与‘五常＋1 国家’讨论双方的共同点”，《德黑兰时报》，2008 年 7 月 13 日；E. Sciolino：“在核计划问题上伊朗做出间接回应”，《纽约时报》，2008 年 7 月 5 日。

〔21〕 IAEA：“‘建设性’核谈判需要美国改变其政策”，《德黑兰时报》，2008 年 7 月 19 日。

〔22〕 伊朗伊斯兰共和国常驻 IAEA 代表团散发的关于“伊朗伊斯兰共和国为进行建设性谈判提出的一揽子建议”致 IAEA 的信，落款是 2008 年 6 月 16 日。见 Information Circular INFCIRC/711，2007 年 8 月 27 日。

〔23〕“美国与伊朗历史性会面”，BBC 新闻网，2008 年 9 月 29 日，见网址：〈http://news.bbc.co.uk/2/7515104.stm〉。

〔24〕 G. Kessler：“伊朗核问题谈判无果而终”，《华盛顿邮报》，2008 年 7 月 19 日。

月 30 日，伊朗最高领袖哈梅内伊表示，伊朗将继续“走自己的路”进行其核计划，包括铀浓缩活动。〔25〕

IAEA 总干事巴拉迪的一份报告认为，伊朗在其离心浓缩计划方面已取得相当大的进展。在这份报告公布后，联合国安理会 2008 年 9 月 27 日一致通过了第 1835 号决议，要求伊朗按照之前各份决议的规定，“完全且不加拖延地履行其义务”。〔26〕在决议通过的过程中，有迹象表明五常国家之间在如何实施“胡萝卜加大棒”两手策略来解决伊核问题的分歧加大了。安理会重申之前决议，但这次没有追加对伊朗的制裁，也没有表示如果伊朗不遵守决议就会受到更多的惩罚。据报道，是中国和俄罗斯拒绝了法国、英国和美国提出的在决议中写进新的制裁措施的要求。〔27〕另外，安理会非常任理事国印度尼西亚提出，它只支持会“促谈判而非阻碍谈判”的新决议。〔28〕由于各方在处理备受关注的伊朗核活动问题上意见不一致，美国及其盟国在安理会之外磋商对伊朗采取更多制裁。〔29〕

伊朗核计划问题的外交僵局再次引起人们的猜测，尽管美国存在疑虑，以色列是否在是认真考虑使用军事反扩散手段。以色列高层政治领导人声称，如果伊朗继续其铀浓缩活动，以色列除了使用军事力量外别无选择，2008 年 6 月，以空军在地中海进行的一次演习中似

〔25〕 伊朗通讯社（IRNA）：“最高领袖表示：伊朗人决心走自己的路”，2008 年 7 月 30 日，见网址：〈http://www1.irna.ir/en/news/view/line—22/0807302434170510.htm〉；G. Bowley：“Iran leader committed to nuclear path”，《国际先驱论坛报》，2008 年 7 月 30 日。

〔26〕 联合国安理会第 1835 号决议，2008 年 9 月 27 日。与之前四项关于伊朗问题的安理会决议不同，第 1835 号决议不是跟据联合国宪章第 7 章第 41 条（同注释〔10〕）通过的。

〔27〕 N. MacFarquhar：“安理会在核计划问题上对伊朗施压”，《纽约时报》，2008 年 9 月 27 日。

〔28〕 联合国安理会，“安理会重申之前关于伊朗铀浓缩活动的决议，呼吁伊朗‘完全且不加拖延’地履行义务”，SC/9459，2008 年 9 月 27 日，见网址：〈http://un.org/News/Press/docs/2008/sc9459.doc.htm〉。

〔29〕 P. Crail：“西方想对伊朗实施其他制裁”，《今日军控》，第 38 卷，第 9 期（2008 年 11 月号）。

乎预演了对伊核设施和其他目标实施大规模空中打击。[30] 与此相反，美国 2007 年 11 月公布的关于伊朗问题最新一期不保密版《国家情报评估报告》（NIE）“很有把握”地断言，伊朗目前没有全力投入拥有核武器计划。各方普遍认为，该报告已经减弱了美国针对伊朗核计划采取军事行动的政治支持度。[31] 据报道，美国总统布什在 2008 年曾拒绝以色列欲购美制“钻地炸弹”的请求，因为以色列想用这种炸弹袭击伊朗核设施。[32]

国际原子能机构总干事对伊朗核计划的评估

2008 年 11 月 19 日，巴拉迪向 IAEA 理事会提交了其系列报告中的最新一份，报告阐述了机构核查伊朗执行其全面保障监督协议以及伊朗履行联合国安理会第 1737 号、第 1747 号和第 1803 号决议的情况。[33] 报告得出两大结论。首先，伊朗没有按照决议的要求停止其铀浓缩相关活动，也未停止建设阿拉克重水反应堆。其次，IAEA 在核查伊朗可能具有军事性质的核活动时，无法取得实质性进展。

关于离心铀浓缩计划和反应堆建设方面的情况

巴拉迪在报告中指出，伊朗在其纳坦兹附近的地下铀燃料浓缩厂（FEP）安装或运行了大约 6000 台第一代气体离心机（IR－1）。[34] 伊朗技术人员正将六氟化铀（UF6）气体注入由 18 套台 164 台级联

---

〔30〕“以色列部长威胁伊朗”，BBC 新闻网，2008 年 6 月 6 日，见网址：〈http://news.bbc.co.uk/2/7440472.stm〉；M. R. Gordon 和 E. Schmitt，“美国认为以色列的演习似乎针对伊朗”，《纽约时报》，2008 年 6 月 20 日。

〔31〕美国国家情报局局长办公室：《伊朗：核意图与核能力》，《国家情报评估报告》（美国国家情报委员会：华盛顿特区，2007 年 11 月），见网址：〈http://www.dni.gov/press_releases_2007_4.htm〉，Key judgement A。

〔32〕D. E. Sanger：“美国拒绝支持以色列袭击伊朗核设施”，《纽约时报》，2009 年 1 月 10 日。

〔33〕IAEA 理事会：“伊朗伊斯兰共和国执行 NPT 全面保障监督协议及安理会第 1737 号（2006 年）、第 1747 号（2007 年）、第 1803 号（2008 年）和第 1835 号（2008 年）决议相关规定的情况”，总干事报告，GOV/2008/59，2008 年 11 月 19 日。

〔34〕IAEA，GOV/2008/59（同注视［33］），第 1—2 页。

离心机（即共有 2952 台离心机）组成的完整“模块”。[35] 伊朗正在安装第二个 18 套台离心机“模块”，其中 5 个套台已可以运行，还在继续安装其余 13 个套台。根据其宣布的六氟化铀注入速度，与 2007 年相比，2008 年伊朗在第一代气体离心机的性能和运行稳定性方面有了很大改进。[36] 2008 年 10 月，伊朗通知 IAEA，2009 年将再安装 3000 台离心机。[37]

巴拉迪在报告中还称，伊朗在纳坦兹附近的燃料浓缩中试厂（PFEP）继续研发和测试少数新一代离心机——第二代离心机（IR—2）和第三代离心机（IR—3）。[38] 有证据表明，在伊朗几种第二代离心机（IR—2）中有一种是 20 世纪 90 年代由卡迪尔·汗走私网秘密获取的巴基斯坦 P—2 离心机改装而成的。[39] 然而，改装后新设计的浓缩能力却鲜为人知。[40]

巴拉迪的报告还指出，伊朗伊斯法罕铀转化设施（UCF）的六氟化铀产量正在快速增加。[41] 六氟化铀储量的增加表明，铀转化设施正在以近乎满负荷运转。但据报道，为了生产这些六氟化铀，伊朗在 2008 年年底已经用完了所有进口的铀“黄饼”。尽管伊朗正开采本

---

〔35〕 天然铀包含铀－238（U238）和铀－235（U235）两种同位素，前者含量超过 99%，后者仅占不到 1%。可供反应堆使用的低浓铀（LEU）是指将铀－235 的浓度提纯到 0.72%—20%（通常是 3%—5%）。高浓铀（HEU）是指将铀－235 的浓度提纯到 20%以上；武器级高浓铀通常指将铀－235 的浓度提纯到 90%以上。使用气体离心机提纯（伊朗采用的就是此种方式）首先要将“黄饼”（加工铀矿石所得的材料）转化为六氟化铀气体。然后使六氟化铀气体通过一连串离心机，利用铀同位素分子质量不同的特点，逐步提高铀－235 的浓度。参见 A. Krass 等人所著的 SIPRI，《铀浓缩和核武器扩散》（Taylor & Francis：伦敦，1983 年），第 1—11 页。

〔36〕 D. Albright、J. Shirer 和 P. Brannan：“IAEA 关于伊朗的报告称：浓缩铀产量稳定；离心机数量有望大幅增加；对阿克拉反应堆的核查受阻”，《科学和国际安全研究所（ISIS）简报》，2008 年 11 月 19 日，见网址：〈http：//www.isis－online.org/publications/iran/〉。

〔37〕 IAEA，GOV/2008/59（同注释〔33〕），第 2 页。

〔38〕 IAEA，GOV/2008/59（同注释〔33〕），第 2 页。

〔39〕 关于巴基斯坦科学家卡迪尔·汗领导的核走私网，参见 M. Fitzpatrick 主编的《核黑市：巴基斯坦，卡迪尔·汗及其核扩散网的兴起》，参见国际战略研究所（IISS），Strategic Dossier，（Routledge 出版社：Abingdon，2007 年）。

〔40〕 W. J. Broad：“伊朗核计划可望而不可及”，《纽约时报》，2008 年 4 月 29 日。

〔41〕 IAEA，GOV/2008/59（同注释〔33〕），第 3 页。

土的铀矿，但一般认为其本土的铀矿石储量不足以生产能够满足其离心机计划所需的六氟化铀。〔42〕伊朗官员否认报告内容，坚称本国拥有足够的铀矿储量来支持核活动。〔43〕

自2007年2月开始铀浓缩活动至2008年11月7日，伊朗共生产了约630千克的低浓铀。〔44〕一些分析家警告说，这一数字意味着伊朗的低浓油储量已快达到一个关键的标点——700—800千克，因为据估测，如果低浓油储量达到700—800千克，伊朗就有能力很快生产足够用于制造一枚核武器的高浓铀。〔45〕但其他一些人则认为，这个标点只是象征性的，因为所有的核材料和已安装的级联都受到IAEA监控，一旦伊朗试图"出格"，生产武器级高浓铀，就会引起国际社会的警惕。〔46〕

在进行铀浓缩计划的同时，伊朗继续在阿克拉附近建设40兆瓦（热）重水研究堆（IR－40）。巴拉迪的报告称，2008年10月伊朗拒绝核查人员对该地点执行原定的"设计信息核查"（DIV）。〔47〕拒绝核查的理由是，2007年3月伊朗已决定单方面中止执行附属保障监督协议尽早提供接受保障监督的设备的设计资料（附属安排总则Code 3.1的修改文本）。〔48〕巴拉迪说，伊朗做出上述决定导致IAEA只能通过卫星图像了解反应堆的现状。〔49〕

指称伊朗进行核武器相关活动问题陷入僵局

巴拉迪在其报告中指出，IAEA保障核查人员还是无法解决一系

〔42〕R. Pagnamenta、M. Evans和T. Halpin："伊朗争夺新的铀供应"，《泰晤士报》，2009年1月24日。

〔43〕"减少核威胁倡议"组织（NTI），"伊朗否认缺少黄饼"，Global Security Newswire，2009年1月30日，见网址：〈http：//gsn.nti.org/gsn/nw_20090130_7747.php〉。

〔44〕IAEA，GOV/2008/59（同注释〔33〕），第1页。

〔45〕Albright、Shirer和Brannan（同注释〔36〕）。另参见注释〔35〕。

〔46〕W. J. Broad和D. E. Sanger："据悉伊朗已拥有生产一枚核武器的核燃料"，《纽约时报》，2008年11月19日。

〔47〕IAEA，GOV/2008/59（同注释〔33〕），第2页。"设计信息核查"的目的是，从其他情况中证实伊朗的信息，即反应堆旁边的热室不会用作钚分离。

〔48〕Kile（同注释〔6〕），第340页。

〔49〕IAEA，GOV/2008/59（同注释〔33〕），第2页。巴拉迪重申IAEA的观点，即Code 3.1关心设计资料的提交而不是进行核查的次数，IAEA有权"进行'设计信息核查'是持续有效的权利"，不取决于设施的建设阶段。

列“受到严重关切的问题”。[50] 他要求伊朗更好地配合解决如下问题：1. 关于 2006 年 IAEA 核查人员在伊朗发现的一份文件的来源，该文件描述了将浓缩铀和贫铀浇铸成半球形的工序，半球形金属铀可以用作制造核武器的部件；2. 伊朗军事实体在获取伊核计划所需物项中的作用；3. 伊朗军工企业生产的核设备和部件的情况；4. 对伊朗进行某些核武器设计方面相关研究的指控。[51]

巴拉迪此前曾表示，最后的这个问题——指称伊朗进行武器化研究——是 IAEA 最需要伊朗澄清和合作的问题。在 2008 年 2 月 25 日提交给 IAEA 理事会的一份简报中，负责保障监督事务的 IAEA 副总干事 Olli Heinonen 简要谈到过伊这方面的研究情况。[52] 所涉及的问题包括：将二氧化铀转化为四氟化铀（“绿盐”）的工作；对“流星—3”型导弹再入大气层飞行器载荷仓的设计和建造，其目的显然是使载荷仓能携带一枚核武器；试验半球状高爆炸药的对称型爆炸，这对生产内爆式核武器有直接意义。海诺格向 IAEA 理事会报告说，这些研究项目与有关部门似乎存在联系，向伊朗国防部和武装部队后勤部属下的同一个部门报告工作。[53] 2008 年 9 月，巴拉迪在报告中称，伊朗可能在进行高爆试验时获得了“外来援助”。[54] 据媒体援引 IAEA 官员的话说，此结论的得出与一名俄罗斯科学家在未得到俄政府批准的情况下为伊朗工作有关。[55]

巴拉迪的报告称，IAEA 仍旧无法证实伊朗核武器相关活动的指控。但该机构调查工作是根据从伊朗文件中获取的信息以及某些

---

〔50〕 IAEA，GOV/2008/59（同注释〔33〕），第 4 页。

〔51〕 IAEA，GOV/2008/59（同注释〔33〕），第 3—4 页。

〔52〕 科学和国际安全研究所（ISIS）：“2008 年 2 月 IAEA 会议上关于伊朗核计划的简报”，《ISIS 简报》，2008 年 4 月 11 日，见网址：〈http：//www.isis—online.org/publications/iran/〉。

〔53〕 科学和国际安全研究所（同注释〔52〕）。

〔54〕 IAEA 理事会：“伊朗伊斯兰共和国执行 NPT 全面保障监督协议及安理会第 1737 号（2006 年）、第 1747 号（2007 年）和第 1803 号（2008 年）决议的情况”，总干事报告，GOV/2008/38，2008 年 9 月 15 日。

〔55〕 E. Sciolino：“怀疑俄罗斯向伊朗提供核援助”，《纽约时报》，2008 年 10 月 9 日。

IAEA 成员国提供的信息。[56] 巴拉迪此前指出，IAEA 成员国提供的信息“似乎来自不同时期的各种渠道，内容很具体，且总体上一致”。[57]

2008 年，伊朗依然断然否认进行过核武器研究。伊朗官员不承认有所谓相关研究的文件，称文件是被伪造或捏造的，即使承认了部分信息的真实性，也坚称该研究与核武器无关。另外，伊朗宣称，从未同意将被指称的研究作为 2007 年伊朗和 IAEA 通过的工作计划框架应解决的问题之一。[58] 相反，作为一种善意的姿态，在 IAEA 交给伊朗所有它所掌握的相关文件后，伊朗同意对被指称问题“进行评估并将评估结果告知 IAEA”，但伊朗没有义务为 IAEA 核查人员提供接触某些该机构认为能够为被指称的研究提供额外信息的人的渠道。伊朗还抱怨说，没有收到 IAEA 向其提供的文件的原件，伊朗只有拿到原件才能证实这些文件是否是伪造或捏造的。[59]

2008 年底，伊朗和 IAEA 之间在被指称的研究及其他关切问题上陷入更严重僵局。巴拉迪很不高兴，对伊朗向 IAEA 提供接触相关文件和人员的渠道方面缺乏合作态度“表示遗憾”。[60] 他强调指出，只有伊朗在其核活动上更加透明并执行附加议定书，IAEA 才能“为

〔56〕 据说，两个 IAEA 成员国转交的文件证实了一些指称伊朗进行核武器和导弹弹头设计研究的资料，这些资料存在一名伊朗叛逃者交给美国的笔记本电脑里。J. Warrick，“联合国指控伊朗民事科学家进行核研究”，《华盛顿邮报》，2008 年 3 月 11 日。

〔57〕 IAEA 理事会：“伊朗伊斯兰共和国执行 NPT 全面保障监督协议及安理会第 1737 号（2006 年）、第 1747 号（2007 年）和第 1803 号（2008 年）决议的情况”，总干事报告，GOV/2008/15，2008 年 5 月 26 日，第 4 页。

〔58〕 IAEA，伊朗伊斯兰共和国常驻 IAEA 代表致 IAEA 的信，内容是关于 2007 年执行保障监督协议的报告，落款是 2008 年 10 月 3 日。见 Information Circular INFCIRC/739，2008 年 10 月 9 日。2007 年 8 月，伊朗与 IAEA 敲定了工作计划，该计划列出了解决 IAEA 调查伊朗过去核活动有关的 6 个未决保障监督问题的方式和时间表。IAEA，伊朗伊斯兰共和国常驻 IAEA 代表团散发的“关于伊朗伊斯兰共和国和 IAEA 解决未决的问题达成谅解”案文致 IAEA 的信，落款是 2007 年 8 月 27 日。见 Information Circular INFCIRC/711，2007 年 8 月 27 日。关于工作计划的情况，参见 Kile（同注释〔6〕），第 343—345 页。

〔59〕 IAEA，GOV/2008/59（同注释〔33〕），第 4 页。

〔60〕 IAEA，GOV/2008/59（同注释〔33〕），第 4 页。

伊朗没有未经申报的核材料和核活动提供可信的保证”。[61]

第三节 销毁朝鲜的核计划

2008 年，一系列问题上的争论使旨在实现朝鲜无核化的《行动计划》有告吹的危险。该行动计划是中国、日本、朝鲜、韩国、俄罗斯和美国六个国家在 2007 年 2 月六方会谈上达成的。[62] 该《行动计划》曾被誉为落实 2005 年六方达成的共同声明过程中的一个突破，是未来谈判以和平方式实现可验证的朝鲜半岛无核化的指导原则。[63]《2·13 行动计划》基于“行动对行动”的原则提出了各方采取对等步骤的起始程序，意在为朝鲜可验证地“放弃”核计划扫清障碍。[64] 经过程序性的拖延后，2007 年 7 月朝鲜履行承诺，在国际原子能机构监督下关闭并封存了其宁边核设施的 5 兆瓦石墨研究反应堆、后处理实验室和核燃料制造厂。[65]

2007 年 10 月六方发表“第二阶段行动”联合声明，重申并明确了行动计划内容。朝鲜同意对其位于宁边的核设施进行去功能化处理并承诺于 2007 年 12 月 31 日前对其所有核计划进行“全面和准确”的申报。[66] 六方会谈的其他各方则承诺向朝鲜提供经济、能源和人道主义援助，而美国还保证将继续落实取消针对朝鲜的金融和贸易制

〔61〕 IAEA，GOV/2008/38（同注释〔33〕），第 4 页。

〔62〕 六方会谈始于 2003 年 8 月中国的一项外交倡议，目的在于解决在如何处理朝鲜可疑核武器计划上的分歧。参见 C. Zissis 和 J. Bajoria，“朝核问题六方会谈”，美国对外关系委员会，《背景资料》。2008 年 10 月 14 日，见网址：〈http：//www.cfr.org/publication/13593〉。

〔63〕 美国国务院：“第四轮北京六方会谈共同声明，2005 年 9 月 19 日，见网址：〈http：//2001—2009.state.gov/r/pa/prs/ps/2005/53490.htm〉。

〔64〕 中国外交部：“落实共同声明起步行动”，2007 年 2 月 13 日，见网址：〈http：//www.fmprc.gov.cn/eng/zxxx/t297463.htm〉。

〔65〕 国际原子能机构理事会和全体会议：“在朝鲜民主主义人民共和国实施保障监督协议”，总干事报告，GOV/2007/45—GC（51）/19，2007 年 8 月 17 日。

〔66〕 中国外交部：“落实共同声明第二阶段行动”，2007 年 10 月 3 日，见网址：〈http：//wcm.fmprc.gov.cn/ce/cgsf/eng/xw/t369084.htm〉。

裁。[67] 2007年10月六方达成的协议没有明确厘清两个有争议的问题：美国指责朝鲜进行秘密铀浓缩计划并且向其他国家（特别是叙利亚）秘密提供核帮助（参见本章第四节）。[68] 虽然后来美国情报部门从此立场上后退，但2002年美国指责朝鲜的秘密浓缩铀计划已处于相当高的水平曾导致1994年朝美框架协议崩溃，并刺激朝鲜于第二年正式退出《不扩散核武器条约》。[69]

2008年伊始，朝美双方在朝鲜是否于2007年12月31日最后期限之前完成核计划申报问题上发生了争执。朝鲜坚持认为，自己已经进行了核申报，称它已于2007年11月"完成了核申报报告"，并与美国就报告内容进行了充分的磋商。[70] 与此同时，朝鲜宣布，已放慢从宁边核反应堆中提取乏燃料棒的进度——这是对核反应堆进行去功能化的一项关键最后步骤——以此作为对六方会谈其他各方延迟答应向朝鲜提供重油及美国未能启动取消对朝制裁的回应。[71] 美国官员拒绝接受朝鲜声称已经根据2007年10月的协议履行其承诺。美国负责东亚与太平洋事务的助理国务卿希尔表示，朝鲜政府并未进行"全面"核申报。他指出，2007年11月的报告未提铀浓缩和对叙利亚核援助等关键问题。[72]

2008年4月8日，希尔与朝鲜副外相、首席核谈判代表金桂冠

〔67〕 中国外交部，(同注释〔66〕)。

〔68〕 美国国务院："东亚及太平洋事务助理国务卿、六方会谈美国代表团团长克里希托弗·希尔的吹风会记录"，华盛顿特区，2007年10月3日，见网址：〈http://2001—2009.state.gov/p/eap/rls/rm/2007/93234.htm〉。

〔69〕 参见P. 克尔："朝鲜铀浓缩计划疑云再起"，《今日军控》，第37卷，第3号(2007年4月)。关于框架协议失败的论述，参见香农·基尔，"核军控、不扩散和导弹防御"，《SIPRI年鉴2003：军控、裁军与国际安全》，牛津大学出版社：牛津2003年，第578—592页。

〔70〕 朝鲜中央通讯社（KCNA）："朝鲜民主主义人民共和国外务省发言人谈落实《10·3协议》问题"，2007年1月4日，见网址：〈http://www.kcna.co.jp/item/2008/200801/news01/05.htm〉。

〔71〕 朝鲜中央通讯社（KCNA)，(同注释〔70〕)。2007年11月，朝鲜和美国专家曾共同制定出一份去功能化方案，通过10个步骤对位于宁边的3处核设施进行去功能化。由于担心临近反应堆的存储池的安全，取出乏燃料棒的工作一度延误。参见基尔（同注释〔6〕)，第353—355页。

〔72〕 B. Harden："朝鲜表示，已披露所有的核活动"，《华盛顿邮报》，2008年1月5日。

在新加坡会晤。报道称，双方就朝鲜正式申报其钚计划，包括已经生产出的钚总量，达成协议。[73] 这将为宁边核设施的去功能化进程画上句号，从而为核设施的最终销毁做好准备。在绝密的附件协议中，朝方表示它“认识到”美国对其秘密铀浓缩计划的关切，但没有说这种关切是否属实。[74] 双方在新加坡达成的谅解为朝鲜向美国提交超过 1.8 万多页文件铺平了道路，这些文件记录了自 1986 年以来宁边核反应堆及其相关设施的运行情况。[75] 美国专家开始对朝鲜提交的文件进行艰苦的分析，作为再现朝鲜核活动历史包括其钚的生产量的第一步，并与之前美国情报评估进行比较。[76]

2008 年 6 月 26 日，朝鲜向中国官员正式递交核计划申报书。据报道，申报集中在朝鲜的钚生产活动上。根据媒体报道，朝鲜宣布大概有 31 公斤分离钚储量。[77] 申报书没有申报朝鲜可能制造出了多少核武器，但美国官员此前曾经表示这可以“随后再确定”。[78] 这份申报书并没有直接提到美国指责朝鲜进行铀浓缩活动和可能向叙利亚核扩散两个问题上的关切。但据报道，朝鲜在申报之前不久提交的一份绝密通报中承认了美国的上述关切。[79]

就在朝鲜提交核申报书的同一天，美国总统布什取消了根据

---

〔73〕 D. Sevastopulo：“美国软化对朝立场”，《金融时报》，2008 年 4 月 14 日。

〔74〕 Sevastopulo，（同注释〔73〕）。

〔75〕 美国国务院：“六方会谈最新进展”，《情况通报》，2008 年 5 月 10 日，见网址：〈http：//2001－2009. state. gov/r/pa/prs/ps/2008/may/104558. htm〉。

〔76〕 W. P. Strobel：“朝鲜核文件挑战中央情报局”，《MacClatchy 新闻》，2008 年 5 月 28 日，见网址：〈http：//www. mcclatchydc. com/staff/warren _ strobel/story/38814. html〉。

〔77〕 减少核威胁倡议组织（NTI）：“朝鲜宣布有 31 公斤钚”，全球安全新闻网，2008 年 10 月 24 日，见网址：〈http：//www. nti. org/d _ newswire/issues/2008 _ 10 _ 24. html〉。

〔78〕 希尔：“六方会谈的晨练预演”，美国国务院，2008 年 6 月 24 日，见网址：〈http：//2001－2009. state. gov/p/eap/rls/rm/2008/06/106202. htm〉。关于朝鲜核武器储量及其生产能力的评估，参见本卷第八章第十节。

〔79〕 G. Kessler：“朝鲜在核申报之前给美国的通报”，《华盛顿邮报》，2008 年 7 月 2 日。

1917年的《敌国贸易法》制定的针对朝制裁。〔80〕这一行动为朝鲜后来获取美国援助及国际机构（如世界银行）贷款消除了障碍。布什还宣布，将通知美国国会他准备在45天之内把朝鲜从美国支持恐怖主义国家的名单中删除。为了回应美国没能迫使朝鲜公开其所有核活动的批评，美国国务卿赖斯表示，由于钚生产是“目前为止朝鲜最重要的核武化努力”，美国的当前目标是让朝鲜“停止提取钚的活动”。〔81〕

在2008年7月12日结束的六方会谈会议上，讨论了如何验证朝鲜的核申报这一有争议的问题。与会各方发表了一份声明，扼要提出了核申报验证方法的总的原则，即包括“视察设施、提供查阅文件、技术人员面谈，以及六方一致同意的其他措施”。〔82〕声明表示，国际原子能机构可在“必要时”参加，提供咨询。六方将成立一个无核化工作组，负责协商具体的验证措施。然而，之后的谈判由于朝方与其他五方在验证措施的范围上出现分歧而陷入僵局。朝方拒绝让外方核查人员充分验证包括武器化活动在内朝核计划的各个方面。〔83〕朝方与其他五方在应当由谁参与验证进程的问题上也存在分歧，特别是朝鲜想尽量限制国际原子能机构的作用。

由于美国政府坚持将朝鲜从支持恐怖主义国家名单中删除之前必须制定严格的验证机制，外交形势进一步复杂化了。〔84〕有新闻媒体报道说，2008年夏天美国官员向朝鲜官员提交的一份协议草案要求

---

〔80〕白宫：“布什总统谈朝鲜问题”，谈话记录，2008年6月26日，见网址：〈http：//georgewbush－whitehouse. archives. gov/news/releases/2008/06/20080626－9. html〉；乔治·沃克·布什，“终止朝鲜适用《敌国贸易法》”，2008年6月26日公告，见网址：〈http：//georgewbush－whitehouse. archives. gov/news/releases/2008/06/20080626－7. html〉；《1917年敌国贸易法》，1917年10月6日，该法后来进行了修订，United States Code Title 12，Section 95a。

〔81〕赖斯：“外交在朝鲜问题上发挥作用”，《华尔街日报》，2008年6月26日。

〔82〕中国外交部：“第六轮六方会谈团长会新闻公报”，2008年7月12日，见网址：〈http：//www. fmprc. gov. cn/eng/zxxx/t456096. htm〉。

〔83〕P. Crail：“验证问题上的分歧阻碍朝核谈判”，《今日军控》，第38卷第7号（2008年9月）。

〔84〕M. D. Kellerhals：“美国官员称，朝鲜必须提供验证方案”，American. gov，美国国务院，2008年8月12日，见网址：〈http：//www. america. gov/st/peacesec－english/2008/August/20080812122740dmslahrellek0. 5498316. html〉。

进行高度入侵性核查。[85] 美方提出的核查可能要在朝全境进行，并要求无限制地进入任何被视为与核计划相关的场所、设施或地点，包括军事设施，无论这些场所是否列入朝鲜的核申报书。美国还提出要求对朝鲜各地过去可能用于核用途的“所有材料进行全面核查”，核查人员有权多次去这些场所取样。据报道，美国官员内部对此提案中列入全面核查要求有严重意见分歧。一些官员认为这主要是考验朝鲜的意图，而其他人则警告称朝鲜不会接受侵入性条款。

美国的行动招致朝方激烈反应，称这样做将使无核化协议告吹。2008 年 8 月 26 日，朝鲜外务省发表声明称，六方或朝美之间没有任何协议规定，对核申报进行验证是将朝鲜从美国制裁名单中删除的前提条件。[86] 声明将美国把这两个问题挂钩的做法斥之为企图通过“施压”迫使朝方“接受美国可以在朝鲜任何一个地方遍地核查，随意取样分析”。[87] 声明还拒绝了美国提出的验证措施，称之为侵犯朝国家主权，因此不可接受。声明宣布，由于美国的无理要求，朝鲜已经停止了完成宁边核设施去功能化的工作。2008 年 9 月底，国际原子能机构宣布，朝方禁止其核查人员进入放射化学实验室，并要求国际原子能机构拆除核设施上的封条和监控设备，以便为重启钚后处理活动做好准备。[88]

眼看六方会谈无核化协议面临破产的危险，中国立即展开外交斡旋，以挽救无核化进程。2008 年 10 月 11 日，美国宣布暂时将朝鲜从支持恐怖主义国家名单中删除，希望换取朝鲜恢复去功能化进程并同意建立严格的验证机制。[89] 朝方确认，与美国就核验证问题达成

---

〔85〕 G. Kessler：“美国的长远计划阻碍朝鲜协议”，《华盛顿邮报》，2008 年 9 月 26 日。

〔86〕 朝鲜中央通讯社：“外务省发言人关于对朝鲜民主主义人民共和国决定停止核设施去功能化的决定的谈话”，2008 年 8 月 26 日，见网址：〈http：//www.kcna.co.jp/item/2008/200808/news08/27.htm〉。

〔87〕 朝鲜中央通讯社，(同注释〔86〕)。

〔88〕 国际原子能机构：“国际原子能机构拆除宁边核设施上的封条”，新闻发布稿 2008/13，2008 年 9 月 24 日。

〔89〕 G. Kessler：“美国将朝鲜从恐怖主义国家名单中除名”，《华盛顿邮报》，2008 年 10 月 12 日；美国国务院：“美朝就无核化验证措施达成协议”，新闻声明，2008 年 10 月 11 日，见网址：〈http：//2001—2009.state.gov/r/pa/prs/ps/2008/oct/110922.htm〉。

过谅解。作为对美国决定将其从黑名单中除名的回应，朝方恢复宁边核设施的去功能化，并允许国际原子能机构核查人员重返核设施。[90]

看来突破是短暂的：朝美双方后来对由中国促成的这个协议发表了相互矛盾的说法。按照美国国务院的概括，协议有如下内容，“允许有关各方可靠地对朝鲜的无核化进行验证”。[91] 协议的两个主要条款是：同意使用科学程序，包括取样和取证活动；“经双方同意”（而非美国起初提出的“应要求”），允许核查人员进入朝鲜未申报的场所。美国的概述指出，这些条款不仅适用于验证朝鲜的钚计划，也适用于美国对可疑的铀浓缩和核扩散活动的关切。

下个月，朝鲜外务省的一项声明对协议作出了与美国的说法截然不同的解释。朝方称，“一些势力”“故意散播错误信息”，企图在验证问题上得寸进尺。[92] 又称，朝鲜实际上曾规定，美国或其他国家专家的任何核查行动都必须限制在已申报的宁边核设施。朝方允许核查人员访问现场、“确认”文件并与技术人员面谈，但不允许“取样”等活动。[93] 声明还宣称，朝方再次放缓宁边核反应堆乏燃料棒的提取工作，是回应其他各方“延迟兑现经济补偿”。

2008 年无核化协议无望而终。2008 年 12 月 11 日落幕的六方会谈的一次会议也未能解决核验证争端。[94] 按照希尔的说法，朝鲜尚未“真正对达成满足各项标准的验证协议做好准备”。他补充说，美

〔90〕 朝鲜中央通讯社（KCNA）：“外务省发言人在朝鲜民主主义人民共和国愿意就核设施去功能化验证目标问题上合作的发言”，2008 年 10 月 12 日，见网址：〈http：//www.kcna.co.jp/item/2008/200810/news13/20081013－1214ee.html〉。

〔91〕 美国国务院：“美朝验证问题取得谅解”，《情况简报》，2008 年 10 月 11 日，见网址：〈http：//2001－2009.state.gov/r/pa/prs/ps/2008/oct/110924.htm〉。

〔92〕 朝鲜中央通讯社（KCNA）：“外务省发言人表示，一些势力必须对延迟履行协议负责”，2008 年 11 月 13 日，见网址：〈http：//www.kcna.co.jp/item/2008/200811/news13/20081113－18ee.html〉。

〔93〕 据报道，美国国务院一名高级官员承认：“没有书面的、录音或录像资料证明朝鲜承诺允许在其核设施取样”，参见 N. Kravlev，“美国相信朝鲜关于核协议的言词”，《华盛顿时报》，2008 年 11 月 24 日。

〔94〕 美联社：“朝核谈判僵局未打破”，《国际论坛先驱导报》，2008 年 12 月 12 日。

国将不得不根据情况“重新考虑”自己的立场。[95] 希尔及其他美国官员强调，由于环境取样是判断朝鲜核武器计划规模以及朝鲜国内是否存在未申报核活动的关键，所以朝方不让核查人员环境取样的决定尤其令人匪夷所思。[96]

第四节　所谓“叙利亚核设施”问题的争议

2008 年，关于以色列和美国声称叙利亚在朝鲜的技术援助下秘密建设核反应堆的争议持续不断。据说，该核反应堆与朝鲜用于生产核爆炸装置所需的钚的五兆瓦石墨反应堆相类似。而位于幼发拉底河附近沙漠地区的核设施场所 al－Kibar 在 2007 年 9 月 6 日遭到以色列的空袭被摧毁。[97] 这一争议使六方会谈进一步复杂化并引发了新的问题，怀疑朝鲜和叙利亚之间暗中进行“二次扩散”活动，即核技术或核材料从一个扩散者又转移给另一个扩散者。与此同时，这个问题使国际社会担心立足于条约和核查的防扩散机制失去法规活力。国际原子能机构总干事批评以色列和美国采取“先发制人”的军事行动而不是将其掌握的叙利亚进行秘密核活动的证据交给国际原子能机构进行调查。[98]

2008 年 4 月，美国情报官员公开了相关证据，包括详细的影像图片和三维模型。基于这些证据他们认为，al－Kibar 是一处在建的

〔95〕“美国‘重新’考虑对朝战略”，BBC 新闻，2008 年 12 月 11 日，见网址：〈http：//news. bbc. co. uk/2/7778105. stm〉。

〔96〕 有关对朝鲜核验证过程中的环境取样和其他核取证技术的作用和局限性的论述，参见 J. Acton，“也许肯定会：验证朝鲜的无核化”，《詹氏情报评论》，第 20 卷第 8 期（2008 年 8 月）。

〔97〕“以色列承认空袭叙利亚”，BBC 新闻，2007 年 10 月 2 日，见网址：〈http：//news. bbc. co. uk/2/7024287. stm 〉。

〔98〕 Y. Melman：“国际原子能机构抨击以色列轰炸所谓的叙利亚核反应堆”，《以色列国土报》，2008 年 4 月 25 日。

核设施，而且可能“并非用于和平用途”。[99] 经过其他分析，反应堆似乎“并不像是用于发电的，也不适合作研究之用”。[100] 另外，据称叙利亚工程师也花费大量精力试图掩盖该设施的真实用途，包括对核反应堆明显的物理外形进行伪装，藏匿水冷却装置，并抹掉核反应堆建设项目其他辨别标记。[101] 美国情报官员称，该核反应堆“接近拥有运行能力”，但在装入核燃料之前已被摧毁。同时，美国情报官员承认，因为叙利亚没有后处理设施，也没有此类核计划所需的其他任何设施，所以他们“不大相信”该场所是秘密核武器计划的一部分。[102] 一些观察家批评美国出示的证据主要部分只是旁证，抑或没有说服力，尤其是美认为朝鲜和叙利亚进行秘密核合作。[103]

与叙利亚长时间磋商后，2008 年 6 月 23 日，国际原子能机构核查人员访问了 al－Kibar。根据 2001 年至 2007 年间对该地拍摄的现场卫星图像，国际原子能机构确定在空袭中被摧毁的盒状建筑的大小和布局与美国指控中的此类核反应堆是一致的。[104] 由于在空袭后叙利亚马上对建筑物的废墟进行了大规模的清理和平整，并将其清运到一个秘密地方，因而国际原子能机构的调查难度增加。[105] 叙利亚同

---

〔99〕 白宫：“新闻发言人声明”，2008 年 4 月 24 日，见网址：〈http：//georgewbushwhitehouse. archives. gov/news/releases/2008/04/20080424－14. html〉。

〔100〕 美国国家情报总监办公室：“向美国高级官员通报有关叙利亚秘密核反应堆和朝鲜介入的背景简报”，2008 年 4 月 24 日，参见网址：〈http：//www. dni. gov/interviews. htm〉。

〔101〕 D. Albright 和 P. Branan：“Al Kibar 核反应堆：不寻常的伪装，烦恼的启示”，《科学与国际安全研究所报告》，2008 年 5 月 12 日，见网址：〈http：//www. isis－online. org/publications/syria/〉。

〔102〕 美国国家情报总监办公室，（同注释〔100〕）。

〔103〕 D. Sevastopulo 和 D. Dombey：“对美国情报能力的怀疑”，《金融时报》，2008 年 4 月 25 日。

〔104〕 国际原子能机构理事会：“在阿拉伯叙利亚共和国落实《不扩散核武器条约》监督保障协定”，《总干事报告》，GOV/2008/60，2008 年 11 月 19 日，第 3 页。国际原子能机构调查结论与叙利亚的说法相左。叙利亚称，由于缺乏此类设施必须的水电供应，该建筑不可能是核反应堆。

〔105〕 国际原子能机构，GOV/2008/60（同注释〔104〕），第 4 页。卫星图像显示，叙利亚在国际原子能机构提出核查要求后，立即对三个地方进行了“环境美化活动并搬走了大型容器”。

意核查人员无限制地进入该设施，却未能按照核查人员的要求提供关于这些建筑物过去使用情况的相关文件。叙利亚还拒绝允许核查人员到国内其他三个“被一些（国际原子能机构）成员国所指称的与 al－Kibar 核活动相关”的地方。[106]

在一份 2008 年 11 月向国际原子能机构理事会提交的报告中，巴拉迪称在 al－Kibar 提取的环境样本中发现“大量”经过化学处理的天然铀粒子。[107] 叙利亚向国际原子能机构表示，该场所存在此类粒子的唯一解释是摧毁该建筑物的导弹所致。[108] 巴拉迪的报告还说，发现铀粒子并不足以证明叙利亚进行了秘密的核活动，天然铀粒子可以由“诸多不同的情况”产生。[109] 这些粒子最初源自哪里便成为问题的关键：根据叙利亚保障监督协议，铀是叙利亚必须向国际原子能机构报告的一项内容，[110] 而且铀粒子的发现将成为国际原子能机构怀疑叙利亚是否遵守保障监督协议的理由。[111] 一位非政府专家引用与国际原子能机构关系密切的一位未透露姓名的人士推测，铀粒子可能来自叙利亚向朝鲜秘密进口的核燃料。[112] 其他消息来源也显示，国际核查人员可以通过核取证技术来判定这些天然铀是否源自朝鲜，不过这需要要求朝鲜允许核查人员接触处理设备、运行记录和材料样本。[113]

---

〔106〕国际原子能机构，GOV/2008/60（同注释〔104〕），第 1 页。

〔107〕国际原子能机构，GOV/2008/60（同注释〔104〕），第 3 页。

〔108〕国际原子能机构，GOV/2008/60（同注释〔104〕），第 3 页。

〔109〕路透社：“联合国原子能机构负责人说，叙利亚的铀来源不能确定”，《纽约时报》，2008 年 11 月 17 日。

〔110〕阿拉伯叙利亚共和国政府与国际原子能机构之间关于适用《不扩散核武器条约》相关的保障监督条款（1992 年 2 月 25 日签署，1992 年 5 月 18 日生效），转载《国际原子能机构情况通报》（INFCIRC/407），1992 年 7 月。

〔111〕M. Hibbs：“一些理事会成员希望国际原子能机构处理关于叙利亚核反应堆的指控”，*Nuclear Fuel*，第 33 卷，第 17 期（2008 年 8 月 25 日），第 5 页。国际原子能机构修订后的法案 3.1 附加保障监督协议规定，叙利亚在决定建设核设施时应向国际原子能机构提交一份设计情况调查表（DIQ）。关于叙利亚是否违反这一规定也存在疑问。

〔112〕J. Acton：“朝鲜可能已经将铀燃料运到叙利亚”，Arms Control Wonk，2008 年 11 月 21 日，见网址：〈http://www.armscontrolwonk.com/2106/new－evidence－of－nork－syria－link〉。

〔113〕M. Hibbs：“朝鲜民主主义人民共和国无意提供关于叙利亚铀粒子的情况”，《核燃料》，第 34 卷，第 1 期（2009 年 1 月 12 日）。

巴拉迪批评叙利亚在推动国际原子能机构进行评估的工作上不合作，尤其是叙利亚不允许核查人员访问其要求去的场所，并拒绝提供所有相关文件。然而，他并未要求国际原子能机构理事会授权对叙利亚进行特别监督保障核查。[114] 巴拉迪还要求理事会不要终止国际原子能机构与叙利亚的技术合作项目。他坚称未经核实的指控并非构成限制叙利亚作为国际原子能机构成员国权利的法律依据。[115] 2008 年 11 月 27 日，国际原子能机构理事会批准一项技术援助项目，以帮助叙利亚制订民用核能计划，据报道，该项目起初遭到澳大利亚、加拿大、法国、英国和美国的反对。[116]

第五节 俄美战略核军控

2008 年，俄罗斯联邦和美国战略核军控前景再次引起高层关注。4 月 6 日，俄罗斯总统普京和美国总统布什在索契举行峰会后发表声明，确定了双边战略合作框架。除其他问题外，声明重申双方愿意进一步削减核武器，并呼吁缔结一项新的具有法律效力的裁军协定以取代 1991 年的《第一阶段削减战略武器条约》（START 条约）。[117] START 条约于 1994 年 12 月 5 日生效，有效期 15 年，2009 年年底到期。

START 条约的前景已成为一个日益紧迫的问题，因为该条约的

---

〔114〕 关于国际原子能机构要求进行特别核查的法律依据的论述，参见 A. Persbo："伙计，没有必要提供证据"，Verification，Implementation and Compliance，2008 年 10 月 9 日，见网址：〈http：//verificationthoughts. blogspot. com/2008/10/there－is－no－need－for－evidence－buddy. html〉。

〔115〕 M. Heinrich："IAEA 总干事与西方在对叙利亚核援助问题上的分歧"，路透社，2008 年 11 月 24 日，见网址：〈http：//www. reuters. com/article/worldNews/idUSTRE4AN5BB20081124? rpc＝401&〉。

〔116〕 美联社："国际原子能机构同意向叙利亚提供技术援助"，World Nuclear News，2008 年 11 月 27 日，见网址：〈http：//www. world－nuclear－news. org/IT－IAEA _ approves _ technical _ aid _ to _ Syria－2711087. html〉。

〔117〕 白宫："美俄战略框架宣言"，Fact sheet，2008 年 4 月 6 日，见网址：〈http：//georgewbush－whitehouse. archives. gov/news/releases/2008/04/20080406－5. html〉。

核查机制是俄美双方监督彼此战略核力量的主要手段。该核查机制还用来核查俄美 2002 年签署的《削减进攻性战略武器条约》（SORT）规定的进一步裁减的核武器执行情况，因为 SORT 条约本身没有核查条款。[118] START 条约的核查机制包括 12 类现场核查和不间断核查活动、资料交换以及对关于双方战略核力量和设施相互通报。[119] 一些军备控制支持者指出，如果不再遵守这些核查条款，俄美的战略力量的透明度彼此都会大大降低。这就会增加两国根据最坏情况规划各自计划核力量的风险。[120]

无论是莫斯科还是华盛顿都不希望 START 条约以现有形式延期。俄美官员表明，冷战时期制订的复杂核查规则和通报要求在当前看来已变得过于累赘，应该简化。但双方重申，作为 START 条约核查机制基础的合作监督原则还是有意义的，认为后续的裁军协定应该包括一套经过精简的核查机制。[121]

2007 年 7 月，俄美开始为缔结用于取代 START 条约的新双边协定进行了初步磋商。双方在之后的一年内进行了定期会晤，但到 2008 年秋，双方的接触逐渐减少，原因是美国为了抗议俄罗斯军事入侵格鲁吉亚推迟了几次原定会谈。[122] 到 2008 年年底，双方为在协定基本条款和其他相关规定问题上缩小分歧方面进展甚微。

俄罗斯要求缔结一项具有法律效力的新协定，在内容上应更接近 START 条约，而不是 SORT 条约。新条约将要求进一步削减弹头库存，包括未部署的弹头，还要对战略核运载工具（洲际弹道导弹、潜

---

[118] 《削减进攻性战略武器条约》（也称《莫斯科条约》）的内容概要及其他详细内容，见本卷附件 A。

[119] 美国国务院："START 条约：核查"，1991 年 7 月 29 日，见网址：〈http://www.state.gov/www/global/arms/factsheets/wmd/nuclear/start1/strtveri.html〉。

[120] D. G. Kimball，"跨越美俄战略武器条约的削减"，《今日军控》，第 38 卷，第 9 期（2008 年 11 月号）。

[121] A. Arbatov 和 R. Gottemoeller："新总统，新协议？推动美俄战略武器控制"，《今日军控》，第 38 卷，第 6 期（2008 年 7/8 月刊）。

[122] N. Sokov："美俄正式开始谈判替换 START I条约"，*WMD Insights*，第 18 期（2007 年 9 月）；J. Meyer，"美国把俄罗斯排挤在外的风险"，《洛杉矶时报》，2008 年 9 月 22 日。关于格鲁吉亚与俄罗斯的冲突，参见本卷第 2 章第 5 节。

射弹道导弹和远程轰炸机）加以限制。[123] 俄官员强调，任何新协议原则上双方部署的战略核力量必须保持数量上对等。同时，协议还必须有效限制美国在所谓“上载能力”（即迅速将库存的核弹头重新部署到战略核运载工具上的能力）方面的对俄优势。俄之所以关注后一问题是因为，在俄看来 SORT 条约的一大缺陷是，没有要求缔约双方以可核查的方式销毁从部署状态撤卸下的弹头，从而使条约规定核力量削减不可逆转。俄罗斯还希望未来对洲际弹道导弹和潜射弹道导弹加以限制，因为作为美国“全球打击”计划的一部分，这两种导弹都可以通过携带常规弹头不带核弹头。[124]

但是，布什政府则明确表示更愿意签署一项更宽松的协议。新协议可以延续 SORT 条约规定的实战部署弹头大体保持在目前数量的限制，不要对运载工具实施新的限制，否则美国必须要调整核力量态势。[125] 另外，美国官员提出，新协定附带的任何核查和监督条款都应具有政治约束力而非法律约束力。[126] 美国这些主张与布什政府总体上对军控一贯持怀疑态度是一致的，美国的最大关切是要能继续灵活应对安全环境变化。但有迹象表明，即将接任的奥巴马政府将采取不同方针。奥巴马在 2008 年总统竞选期间表示，他希望与俄罗斯合作，在 2013 年 1 月前“大幅度削减全球核武库”，并“在 START I 条约到期之前将其主要监督和核查条款延期”。[127]

俄美两国除了在 START 条约到期后签订后续协定的内容上存在分歧外，在俄美关系其他问题上也存在争议。这些争议使战略核军控要取得进展变得更加困难。其中最突出的问题是美国计划在波兰和捷

---

〔123〕“拉夫罗夫表示，与美达成任何新的核协定都必须进一步限制大规模杀伤性武器”，俄罗斯新闻社，2007 年 11 月 28 日，见网址：〈http：//en. rian. ru/russia/20071128/89926549. html〉。关于俄美现有部署和未部署的弹头总量，参见本卷第 8 章，第 2 节和第 3 节。

〔124〕N. Sokov：“俄要权衡美国远程导弹携带费核弹头计划”，*WMD Insights*，第 6 期（2006 年 6 月）。

〔125〕Arbatov 和 Gottemoeller（同注释〔121〕）。

〔126〕C. Giacomo：“美国听任 START 条约过期”，路透社，2007 年 5 月 22 日，参见网址：〈http：//www. reuters. com/article/topNews/idUSN2242996020070522〉。

〔127〕引自“2008 年《今日军控》对当选总统奥巴马的访谈”，《今日军控》，第 38 卷，第 10 期（2008 年 12 月号）。

克部署导弹防御拦截器和雷达。[128] 俄罗斯坚持，在达成新的核裁军协议之前，美国必须先解决俄对美反导部署对俄战略核威慑影响的关切。格俄冲突的政治影响尚未消除。这个问题也影响了俄美在诸多领域包括民用核技术方面的合作。[129]

在未达成取代 START 条约的协议情况下，2008 年 11 月 17 日，START 条约的五个缔约国（白俄罗斯、哈萨克斯坦、俄罗斯、乌克兰和美国）在日内瓦召开会议，考虑是否将该条约延期。条约允许缔约国美五年续延。[130] 五国未做出决定，但保证继续研究此问题。根据美国法律专家的分析，只要五国在 2008 年 12 月 5 期之前即离 START 条约到期还有一年多的时间内召开会议，条约就有可能在 2009 年得以延期。[131]

第六节 多边条约举措的有关动向

《不扩散核武器条约》筹备委员会

2008 年 4 月 28 日—5 月 9 日，2010 年 NPT 审议大会筹备委员

---

〔128〕 2008 年 7 月 8 日，捷克外长 Karel Schwarzenberg 和美国国务卿赖斯签署协议，允许美国在捷克部署 X 波段导弹跟踪雷达。“美国和捷克签署防务协定”，BBC 新闻，2008 年 7 月 8 日，见网址：〈http：//news. bbc. co. uk/2/7494996. stm〉。2008 年 8 月 20 日，赖斯和波兰外长 Radek Sikorski 签署协议，允许美国在波兰某地部署 10 枚拦截导弹。“美国和波兰签署导弹协定”，BBC 新闻，2008 年 8 月 20 日，见网址：〈http：//news. bbc. co. uk/2/7571660. stm〉。截至 2008 年底，上述两个协议都未批准。

〔129〕 2008 年 9 月，为了抗议俄罗斯对格鲁吉亚采取军事行动，布什政府宣布将撤回提交国会审批的俄美“123 协议”（根据美国 1954 年的《原子能法》第 123 条达成的协议），该协议将为美对俄启动核贸易铺平道路。S. Pleming：“布什政府冻结了与俄核协定”，路透社，2008 年 9 月 8 日，见网址：〈http：//www. reuters. com/article/latestCrisis/idUSN08454314〉。

〔130〕 美国国务院：“美国代表在削减战略武器条约共同遵守和核查委员会会议上的讲话”，Fact sheet，2008 年 11 月 17 日，见网址：〈http：//2001－2009. state. gov/t/vci/rls/prsrl/2008/112284. htm〉。

〔131〕 T. McNutt：“重启削减战略武器条约：扩展核武器核查机制的法律上的选择”，促进国际安全律师联盟，2007 年 7 月 30 日，见网址：〈http：//www. cdi. org/laws/ReStartMcNutt. html〉。该条约规定，“不迟于条约 15 年有效期到期的一年之前，缔约国必须召开会议，审议是否将条约延期”。START 条约（同注释〔3〕)，第 17 条。

会第二次会议在日内瓦召开。[132] 106 个成员国出席了会议，乌克兰大使 V. Yel'chenko 任会议主席。[133]

总的来说，会议的基调是建设性的，与 2007 年筹委会会议因程序上争议陷入僵局相比，情况已发生重要变化。会议主席对会议审议情况做了如实概述，报告的内容涉及 NPT 三大支柱（核能、核裁军和防扩散）问题以及准备向 2009 年筹委会组织和经费问题的决定。但是，与会各国未就是否把概要附在会议正式报告达成一致意见，据报道，这是因为伊朗指责概要描述的会议实质性讨论内容有偏颇。[134]

国际社会又关注核裁军

2008 年，国际上出现了继续普遍关注核裁军的迹象。一个主要推动因素是，2007 年美国几位前政要和议员——亨利·基辛格、乔治·舒尔茨、威廉·佩里和萨姆·纳恩（这四人统称“贤士”）发表了一篇专论，呼吁建立无核武器世界，概要阐述了如何实现这个目标。[135] 四位在 2008 年 1 月又发表的一篇评论中，重申了建立无核武器世界的主张，要求俄美两国立即采取行动，通过核裁军和防扩散来减少核武器造成的威胁。[136] 2008 年 6 月，四位英国前国防大臣和外相——道格拉斯·赫德、马尔科姆·里夫金、大卫·欧文和乔治·罗伯逊也撰写的一篇广为流传的文章，该文响应了建立无核武器世界的

[132] 为了加强 NPT 条约的审议程序，1995 年 NPT 审议和延期会决定，以后筹备委员会在每隔五年举行审议大会之前的三年内每年举行一次会议。筹委会会议的目的是，“审议促进 NPT 条约全面执行和普遍推广的各项原则、目标和途径，随后向审议大会提出建议”。“加强条约审议程序”，纽约，1995 年 5 月 11 日，NPT/CONF. 1995/32（第一部分），载《SIPRI 年鉴 1996：军备、裁军和国际安全》，（牛津大学出版社：牛津，1996 年），第 590—591 页。

[133] O. Meier：“此次 NPT 会议为 2010 年审议大会带来希望”，《今日军控》，第 38 卷，第 5 期（2008 年 6 月），第 35—37 页。另见会议网址：〈http://www.un.org/NPT2010/SecondSession/〉。

[134] R. Johnson：“2008 年 NPT 筹委会会议：会开得很好，但有用吗?”，Disarmament Diplomacy，第 88 期（2008 年夏季刊）。

[135] G. 舒尔茨等：“无核武器世界”，《华尔街日报》，2007 年 1 月 4 日。

[136] G. 舒尔茨等：“走向无核武器世界”，《华尔街日报》，2008 年 1 月 15 日。

倡议。[137] 英国这四位政要与其美国同行一样，强调他们不是主张单边核裁军，而是呼吁欧洲应重新承诺致力于大幅度削减核武库并降低核武器在国家安全战略中的作用。2009 年 1 月，德国四位著名退休政治家——前总理施密特、前总统魏茨泽克、前部长巴尔和前外长根舍，表示赞成要求俄美两国采取行动推动核裁军。他们还建议美国从德国撤走非战略核武器。[138]

核裁军再次成为公众讨论的主要议题推动了各国政府出台了若干新举措，有的是与重要非政府组织（NGOs）一起提出的，目的是推动核裁军进程。[139] 2008 年 6 月，澳大利亚总理和日本首相共同宣布，两国同意发起一项举行“核裁军和防扩散高级专家对话”的双边倡议——建立核不扩散和核裁军国际委员会。[140] 该委员会旨在重振全球核裁军进程，加强 NPT 条约，“推动各国在 2010 年 NPT 条约审议大会前达成共识”。[141] 2008 年 12 月，100 位政界、军界、企业界和民间知名人士在巴黎集会，发动了一项名为“全球零核”的无党派政治倡议，目的是逐步按计划在某确定期限前彻底销毁全球的核武器。[142] 该倡议强调俄美两国在推动裁军方面建立伙伴关系的重要性。

核安全与安保举措

2008 年 7 月，由主要工业化国家——加拿大、法国、德国、意大利、日本、俄罗斯、英国和美国组成的八国集团（G8）在日本北海道洞爷湖举行峰会。八国首脑发表了一份关于《防止大规模杀伤性

[137] D. 赫德等：“开始担忧并认识到要放弃原子弹”，《泰晤士报》，2008 年 6 月 30 日。

[138] H. 施密特等：“走向无核武器世界：德国的观点”，《国际先驱论坛》，2009 年 1 月 9 日。

[139] B. Gill：“军备控制呼声再起”，《SIPRI 年鉴 2008》（同注释〔6〕）。

[140] 日本外务省：“日本首相福田康夫和澳大利亚总理陆克文发表联合声明‘全面的战略、安全和经济伙伴关系’”，2008 年 6 月 12 日，见网址：〈http：//www. mofa. go. jp/region/asia－paci/australia/joint0806. html〉。

[141] 澳大利亚总理与内阁办公室：“核不扩散和核裁军国际委员会”，新闻发布稿，2008 年 7 月 9 日，见网址：〈http：//www. pm. gov. au/media/release/2008/media _ release _ 0352. cfm〉。另参见核不扩散和核裁军国际委员会网址：〈http：//www. icnnd. org/〉。

[142] “全球零核”，“100 位各国知名人士为消除核武器启动‘全球零核’运动”，新闻发布稿，2008 年 12 月 9 日，见网址：〈http：//www. globalzero. org/press－release/〉。

武器和材料扩散的全球伙伴计划》的报告。[143] 报告称，由全球伙伴关系计划资助的在俄罗斯建造化学武器销毁设施的项目已经取得很大进展，销毁了俄近 4 万吨已申报的化学武器。[144] 在拆卸俄退役核动力潜艇方面也取得了实质性进展，包括建造设施来储存海军反应堆部件、乏燃料和放射性废料。八国集团的报告为在 2012 年年底之前在俄完成以上项目及其他项目活动设定了标准。[145] 报告还指出，全球伙伴关系计划的成员国正继续磋商扩大其防扩散活动的范围，从重点放在前苏联扩展到全球更大区域。

2008 年 6 月 16—18 日，打击核恐怖主义全球倡议（GICNT）的 73 个成员国在西班牙马德里举行第四次全体会议。[146] 该倡议是在八国集团 2006 年圣彼得堡峰会上由俄美提出建立的，主要目的是“防止恐怖分子获取、运输或使用核材料、放射性物质使用上述材料的简易爆炸装置，并防止针对核设施的敌对行动”。[147] 马德里会议涉及三大类问题：加强核侦查和取证分析；不让恐怖分子得到经费和庇护场所；不让恐怖分子获取或使用核设施和核材料。尽管会上没有宣布新的举措，但与会者赞成增加伙伴国，特别非洲和中东国家。

---

[143] 2008 年八国集团北海道洞爷湖峰会：“关于八国集团全球伙伴关系计划的报告”，2008 年 7 月 8 日，见网址：〈http://www.mofa.go.jp/policy/economy/summit/2008/doc/〉。全球伙伴关系计划是 2002 年在加拿大卡纳纳斯基斯（Kananaskis）召开的八国集团首脑会议上决定建立的，旨在支持防扩散、裁军、反恐和核安全问题的合作项目，最初在俄罗斯进行。伙伴国家承诺在未来 10 年内为此提供 200 亿美元，其中一半由美国出资。2002 年八国集团卡纳纳斯基斯首脑会议，“八国集团防止大规模杀伤性武器及材料扩散全球伙伴计划”，2002 年 6 月 27 日，见网址：〈http://www.canadainternational.gc.ca/g8/summit－sommet/2002/index.aspx?menu_id＝15〉。

[144] 关于俄罗斯化学武器销毁情况，参见本卷第 10 章第 4 节。

[145] 根据全球伙伴关系计划，八国集团一致支持在俄罗斯和乌克兰开展双边和多边合作项目，主要在以下五大领域：一、拆卸俄西北和远东地区的核潜艇；二、销毁化学武器；三、处置裂变材料；四、为前武器专家找工作；五、核材料的实物保护。

[146] 美国国务院国际安全与防扩散局：“全球倡议第四次会议，马德里”，2008 年 6 月 17 日，见网址：〈http://2001－2009.state.gov/t/isn/rls/fs/106194.htm〉。

[147] 2006 年八国集团圣彼得堡峰会：“美国总统布什和俄联邦总统普京宣布关于打击核恐怖主义全球倡议的联合声明”，2006 年 7 月 15 日，见网址：〈http://en.g8russia.ru/docs/5.html〉。

第七节 结论

2008 年，围绕伊朗、朝鲜和叙利亚的核计划争议凸显了 1968 年的 NPT 条约和更大范围核不扩散机制的弱点。主要问题不在于某些条约或调控机制是否不管用了，而是如何对待那些疑似或公认故意不遵守 NPT 条约规定义务和规范的国家。朝鲜顶住国际压力不允许对其已申报或可疑的核活动进行严格核查。伊朗继续无视联合国安理会要求其停止铀浓缩活动的具有法律约束力的规定，却没有受到多大惩罚，这令人怀疑安理会是否有能力和意志有效履行其 NPT 条约最终执行者的职责。以色列决定对叙利亚一个被怀疑为未申报反应堆发动先发制人的空袭表明，某些国家政府对利用外交手段解决令人关切的扩散活动的信心遭到削弱。

2008 年的形势发展突出说明，必须加强现有防扩散法规。特别是，IAEA 目前对指控伊朗进行核武器相关研究的核查工作停滞不前，导致国际社会再次要求扩大 IAEA 的法律权限或依法授权，以在怀疑某国进行核武器相关秘密活动时，即使没有直接涉及接受保障监督的核材料，也能对案例进行调查。

同时有迹象表明，国际上又开始关注核裁军问题。这明确体现在，一些国家政府发起了若干新倡议，以推动核裁军进程，有的是与主要非政府组织一起发起的。很多观察家指出，再次出现对裁军问题的认真讨论，使 2010 年的 NPT 条约审议大会有望取得成功。

（苏晓晖　刘俊波　译）

第十章　降低生化材料带来的安全威胁

约翰·哈特　彼德·克莱夫斯蒂格

第一节　导言

2008 年，各国政策制定者继续加强旨在防范和应对化学和生物战（下称“生化战”）的措施。这些应对生化战威胁的倡议和措施是交叉重叠的，其中也包括界定生物恐怖主义和化学恐怖主义的努力。在国家层面和多边框架内，销毁化学武器和普遍、有效禁止生化战的努力继续开展。安全和公共卫生部门在合作框架内考虑如何应对可能的生化战威胁。

在 2006 年联合国全球反恐战略[1]框架下，包括国际刑警组织在内的 24 个联合国的部门、机构和国际组织继续在“反恐执行工作组”中开展合作。根据 2006 年第六次审议大会达成的 2007—2010 年会间会工作安排，《禁止生物武器公约》缔约国举行了第二次政治和专家组会议。[2]《禁止化学武器公约》第二次审议大会也在 2008 年召开。缔约国会议首次无法以协商一致方式达成最后文件。[3]

美国司法部宣布，一名为美国防部门工作的科学家是 2001 年炭疽邮件攻击事件的唯一责任人。此人在即将被捕前自杀，他的同事和

---

〔1〕 联合国全球反恐战略及其行动计划见联大 A/RES/60/288 号决议，2006 年 9 月 8 日，网址：〈http://www.un.org.terrorism/〉。

〔2〕《禁止生物武器公约》的摘要和其他细节见本卷附件 A。

〔3〕《禁止化学武器公约》的摘要和其他细节见本卷附件 A. 审议《禁止化学武器公约》执行情况的会议每 5 年举行一次。

一些分析人士对他是否负有责任或是否单独行动提出质疑。

本章第二节论述《禁止生物武器公约》的执行情况。第三节介绍《禁止化学武器公约》的相关情况，包括《公约》第二次审议大会和第 13 次缔约国会议的情况。第四节介绍有关生化战的指控和相关活动。第五节分析生化战的预防、应对和补救措施等方面的发展。第六节为结论。

第二节 生物武器控制与裁军

截至 2008 年 12 月 31 日，《禁止生物武器公约》有 163 个缔约国。[4] 2006 年，《禁止生物武器公约》第六次审议大会同意在 2007 年至 2010 年审议大会闭会期间举行四次年会，从四个方面“讨论、促进共识并采取有效行动”。[5] 2008 年举行了两次会间会，8 月 18 日至 22 日是专家组会，12 月 1 日至 5 日召开了缔约国会议。[6] 会议审议了：（一）提高生物安全与生物安保的国家、地区和国际措施，包括实验室安全和病原体与毒素的安保；（二）监管、教育与提高意识，以及行为准则的研究制订。上述后者所列措施旨在防止生物科技研发成果可能被用于公约禁止目的的情况下发生的误用。[7] 在缔约

〔4〕 2008 年，库克群岛、马达加斯加、阿拉伯联合酋长国、赞比亚成为《禁止生物武器公约》缔约国。已经签署但尚未批准公约的国家包括文莱、中菲共和国、科特迪瓦、埃及、圭亚那、海地、利比里亚、马拉维、缅甸、尼泊尔、索马里、叙利亚、坦桑尼亚。既未签署也未批准公约的国家包括安哥拉、喀麦隆、乍得、科摩罗、吉布提、厄立特里亚、几内亚、基里巴斯、马绍尔群岛、毛里塔尼亚、密克罗尼西亚、莫桑比克、纳米比亚、瑙鲁、萨摩亚和图瓦鲁。

〔5〕 关于第六次审议大会的情况参见 J. 哈特和 F. 库劳的文章：“化学武器和生物武器的发展和军备控制”，《SIPRI 年鉴 2007：军备裁军和国际安全》（牛津大学出版社，牛津），第 578—583 页。

〔6〕 生物武器预防项目（BWPP）与核查研究、培训与信息中心（VERTIC）合作，每天出版有关会议工作的简报，网址：〈http：//www. bwpp. org〉和〈http：//www. vertic. org〉。也可查阅联合国日内瓦办事处网址：〈http：//www. unog. ch/bwc〉和《禁止生物武器公约》网址：〈http：//www. opbw. org〉。

〔7〕 第六次审议大会《最后文件》，文件编号 BWC/CONF. VI/6，2006 年 12 月 6 日，第 21 页。

国会议上，各方交换了信息和意见，继续支持在推广和加强生物安全与生物安保两方面措施时加强协同。[8]

在联合国日内瓦办事处的三人临时履约支持机构（ISU）编制了各国在生物安全与安保、科学监管、教育和提高意识方面的国家手段汇编。[9] 临时履约支持机构也在继续进行国家履约数据库的工作，并在准备有关生物安全与安保、2005 年以来行为准则的发展情况、教育外联、提高意识和科学监管等方面的背景文件。[10]

专家组会最后报告后来成为缔约国会议达成《最后文件》的基础，它包含会议的任务、结构和参加人员。报告后面附有一份正式文件清单、经验教训和建议汇编等文件，为实现 2008 年会议任务提供了支持。[11] 值得注意的是，缔约国会议的报告在《禁止生物武器公约》框架内提出了生物安全和生物安保的定义。[12]

第三节 化学武器控制与裁军

截至 2008 年 12 月 31 日，已有 185 个国家成为《禁止化学武器公约》这一防止化学武器战争的主要国际法律文书的缔约国；另有 4

〔8〕 参见伊朗常驻代表阿里·雷扎·莫阿耶里在《禁止生物武器公约》缔约国会议前的讲话，2008 年 12 月 1 日，第 3 页。

〔9〕 参见联合国日内瓦办事处文件："《禁止生物武器公约》有关生物安全与安保的国家办法汇编"和"《禁止生物武器公约》有关科学监管、教育和提高意识方面国家办法汇编"。网址：〈http：//www. unog. ch/bwc〉。

〔10〕 参见联合国日内瓦办事处："《禁止生物武器公约》国家履约数据库"和"裁军、会议和文件"，网址：〈http：//www. unog. ch/bwc〉。

〔11〕 参见"《禁止生物武器公约》缔约国会议专家组报告"，文件编号 BWC/MSP/2008/MX/3，2008 年 9 月 8 日。亦见"根据《禁止生物武器公约》专家组会议发言、工作文件等所作的经验教训、观点、建议、结论和提议汇编"，文件编号 BWC/MSP/2008L. 1，2008 年 10 月 31 日。

〔12〕 定义部分是基于世界卫生组织在实验室层面达成的共识。缔约国会议同意，在《禁止生物武器公约》框架内的生物安全是指"旨在防止意外泄露或非故意地接触生物剂或毒素而实施的原则、技术、实践和措施"。会议也同意，生物安保是指"旨在防止生物剂、毒素和相关资源的丢失、盗窃、误用、转用、故意释放，以及未经授权的获取、持有、转让此类物质，而实施的保护、控制和问责措施"。见《禁止生物武器公约》缔约国会议报告第 20 段（第 4—5 页），文件编号 BWC/MSP/2008/5，2008 年 12 月 12 日。

个国家已签署但尚未批准公约；还有 6 个国家既未签署也未批准公约。[13] 几内亚比绍、刚果共和国和黎巴嫩在 2008 年成为《禁止化学武器公约》缔约国，伊拉克在 2009 年 1 月加入《禁止化学武器公约》。禁化武组织总干事表示，巴哈马和多米尼加共和国很有可能在不久之后加入《禁止化学武器公约》，而埃及和以色列已同意在 2009 年内接待禁化武组织技术秘书处的法律顾问进行技术访问，向两国介绍禁化武组织工作的最新情况，并就两国感兴趣的公约相关问题作详细解释（例如：实现公约普遍性）。[14] 只有缅甸和朝鲜未对禁化武组织总干事要求就加入《禁止化学武器公约》[15] 进行讨论和接触事致两国外长的函作出回应。按惯例，伊拉克和以色列还派观察员出席了 2008 年《禁止化学武器公约》缔约国大会。

禁化武组织还继续鼓励各国完整和全面地履行《禁止化学武器公约》国家履约措施。[16] 截至 2008 年 9 月，已有 177 个缔约国（占 96％）建立或指定了国家主管部门；126 个缔约国（占 68％）向禁化武组织技术秘书处报告在履行《禁止化学武器公约》方面已采取的国内立法或行政措施；82 个缔约国（占 45％）通过并报告了涵盖《禁止化学武器公约》要求的所有关键方面的国家立法。[17]

---

〔13〕 已经签署但未批准《禁化武公约》的国家是巴哈马、多米尼加共和国、以色列和缅甸。既未签署也未批准《禁化武公约》的国家是安哥拉、埃及、伊拉克、朝鲜、索马里和叙利亚。

〔14〕 参见禁化武组织总干事在《禁化武公约》缔约国大会第十三次会议上的开幕词："此类交流可被理解为包括讨论这些国家加入《禁化武公约》的可能性问题。2008 年 9 月 29 日，伊拉克已在《伊拉克政府公报》上公布了加入《禁化武公约》的法律。多米尼加共和国议会显然也已核准了《禁化武公约》批约法案。"，禁化武组织文件 C－13/DG. 9，2008 年 12 月 2 日，第 14 页，第 85－86 段和 88 段。

〔15〕 禁化武组织（同注释〔14〕），第 14 页，第 90 段。参见禁化武组织《总干事说明：在 2007 年 9 月 3 日至 2008 年 9 月 25 日期间履约"〈禁化武公约〉普遍性行动计划"的年度报告》，禁化武组织文件 C－13/DG. 5，2008 年 9 月 29 日。

〔16〕《禁化武公约》（同注释〔3〕），第七条。

〔17〕 禁化武组织：《总干事说明：2008 年 9 月 15 日在缔约国大会第十三次会议上关于履行〈禁化武公约〉第七条情况的报告》，禁化武组织文件 C－13/DG. 6，2008 年 11 月 11 日，第 7 页。以前几年的数据均收录在《SIPRI 年鉴》关于生物和化学武器的章节中。

《禁止化学武器公约》第二次审议大会

《禁止化学武器公约》第二次审议大会于 2008 年 4 月 7 日至 18 日举行。[18] 会议最后报告包含了对《禁止化学武器公约》各类履约问题做出政治性支持的内容，其中包括化学武器销毁、工业核查、普遍性和有效履约。各国代表讨论了化学武器销毁无法在规定的最后期限前完成的可能性、工业核查、国家履约以及防扩散、国际合作和化学恐怖主义三者间的关系，还商议了最后报告是否应提及联合国安理会 1540 号决议。[19] 随着化学武器库存的销毁，旨在防止化学武器生产的核查工作愈发受到重视，这点可从会上越来越多地提及“防扩散”一词体现出来。会议最后报告“满意地注意到”禁化武组织建立了一个“实现《禁止化学武器公约》防扩散和建立信任目标”的有效核查体系。[20]

《禁止化学武器公约》第二次审议大会开幕伊始，即开始讨论由审议大会开放式筹备工作组主席林·帕克提交的、不含任何带括号内容的最后报告草案（“帕克文本”）。[21] 除其他方面外，工作组在起草报告时考虑了 2007 年禁化武组织学术论坛和工业保护论坛的工作成果，以及禁化武组织科学咨询委员会的有关报告。[22] 部分成员国代表觉得，一份不含括号的报告草案似乎暗示：他们除了批准该报告草案外，无需做任何其他工作。另一些成员国代表认为帕克文本既没有反映他们国家的立场，他们也没被邀请积极参与起草工作。部分缘于上述不满情绪，不结盟运动集团联合中国提出了一份对帕克文本的修

---

〔18〕“生化武器大事记”编写了审议大会工作的每日简报。参见“生化武器大事记”，网址：〈http：//www. cbw－events. org. uk/cwc－rep. html〉。

〔19〕联合国安理会 1540 号决议，2004 年 4 月 28 日。

〔20〕禁化武组织：《〈禁化武公约〉第二次审议大会报告》，禁化武组织文件 RC－2/4，2008 年 4 月 7 日至 18 日，第 6 页，第 9.5 段。

〔21〕在文本内容上使用括号中表示各方对该内容尚有不同意见。

〔22〕禁化武组织学术论坛，网址：〈http：//opcwacademicforum. org〉；禁化武组织工业保护论坛，网址：〈http：//opcwipf. org〉；禁化武组织，《技术秘书处说明：〈禁化武公约〉自第一次审议大会以来的运作审议》，禁化武组织文件 RC－2/S/1，2008 年 3 月 31 日；禁化武组织，《总干事说明：科学咨询委员会关于科学和技术发展的报告》，禁化武组织文件 RC－2/DG. 1，2008 年 2 月 28 日。

改建议，其中许多文本被加上了括号。〔23〕 4 月 17 日，大约由 20 个国家的代表团组成的名为“另开会议”的集团，在审议大会全体委员会期间举行平行会议，试图就删除括号问题达成一致。此次平行会议使全体委员会中的许多代表团产生了被排斥在外的不良感觉。〔24〕

瑞士提出了关于失能剂的草案文本。〔25〕 同时，伊朗在未指明其所指责的国家的情况下宣称：“我们谴责近来将此类非致命性武器作为战争手段加以运用，强调各缔约国有义务不将此类武器用于军事目的。”〔26〕 审议大会无法就是否将“失能剂”或相近的措辞写入报告达成一致意见。一些与会者还支持将在“可致人或动物死亡、暂时失能或永久伤害的化学物质”生产方面取得的科技进展及其对《禁止化学武器公约》可能造成的影响写入审议大会最后文件。〔27〕 一些代表团和分析人士最主要的关切是，缔约国可能出于公约禁止的目的选择发展生化制剂，但表面上是为国内或执法。目前，用于其他的、非国内执法目的的制剂不需要进行宣布和接受《禁止化学武器公约》常规核查。审议大会报告重申了各缔约国的共识，即防暴剂不可以被用作战争手段。〔28〕

〔23〕 R. 格思里：《〈禁化武公约〉第二次审议大会》，《生化武器公约公报》第 79 期（2008 年 6 月），第 1－5 段。不结盟运动集团成员国名单参见此栏附件 B。

〔24〕 R. 格思里（同注释〔23〕）。

〔25〕 瑞士常驻禁化武组织代表团：《瑞士：〈禁化武公约〉中的防暴剂和失能剂》，禁化武组织文件 RC－2/NAT. 12，2008 年 4 月 9 日。在《禁化武公约》缔约国大会第十三次会议上，瑞士表示关于“失能剂的讨论”是“有益的”。瑞士常驻禁化武组织代表团，《瑞士常驻禁化武组织代表多米尼克・M・阿尔德大使在一般性辩论中的发言》，2008 年 12 月 2 日于海牙。

〔26〕 伊朗常驻禁化武组织代表团：《伊朗常驻禁化武组织代表伯泽格默赫・兹安澜大使在〈禁化武公约〉第二次审议大会上的发言》，2008 年 4 月 7 日至 18 日于海牙，第 7 页。

〔27〕 例如，巴基斯坦稍后表示“不幸的是，失能剂这样的重要问题（的讨论）被压制了”。巴基斯坦常驻禁化武组织代表团，《巴基斯坦常驻禁化武组织代表阿里夫・阿育布大使的发言》，2008 年 12 月 2 日至 5 日，海牙，第 4 页。

〔28〕 禁化武组织：《2008 年 4 月 7 日至 18 日〈禁化武公约〉第二次审议大会关于审议公约运作情况的第二次特别会议报告》，禁化武组织文件 RC－2/4，2008 年 4 月 18 日，第 5 页第 9.2 段。背景情况参见 R.G. 萨瑟兰著《化学和生化非致命性武器：政治和技术方面》，SIPRI 政策文件第 23 号（SIPRI：斯德哥尔摩，2008 年 11 月）。

《禁止化学武器公约》缔约国大会

《禁止化学武器公约》缔约国大会第十三次会议于 12 月 2 日至 5 日举行。由于最后一天与伊朗代表团有关的一系列事态发展，此次会议成为了首次没有达成最后文件的《禁止化学武器公约》缔约国大会。大会主席根据《禁止化学武器公约》缔约国大会议事规则第 50 条规定的主席一般性职权提交了一份报告。报告指出，除第 9（c）项分议题（“在实现经修订的化学武器销毁期限方面取得的进展”）外的其他内容获得了所有国家代表团的同意。〔29〕这样，报告的所有其他段落即已具有《禁止化学武器公约》缔约国大会决定的效力。达成最后报告的困难与以下几点有关：1. 就关于公约第七条（国家履约措施）和第十一条（经济和技术发展）有关问题的措辞达成一致；〔30〕2. 决定哪些禁化武组织的机构属于政策制定部门，以及在何种程度上可授权部分机构就视察的数量和类型等问题达成共识；3. 大会最后一天，伊朗提出的预判美国无法在最后期限前完成化学武器销毁义务的措辞。其他各方不愿意支持预判违反《禁止化学武器公约》情形的措辞。〔31〕

在缔约国大会进行期间，禁化武组织执行理事会举行平行会议，制定 2009 年禁化武组织工作计划和总额为 7449.96 万欧元（约 9300

〔29〕 第 9（c）项分议题内容是“9.6 段根据《禁化武公约》缔约国大会第十一次会议的决定（文件 C—11/5 第 9.12（b）段，2006 年 12 月 8 日），本次大会讨论并注意到禁化武组织总干事提交的关于获准延期销毁第 1 类化学武器的国家的工作进展情况报告。9.7 段若干旨在补充 9.6 段内容的建议被提出，但无一达成协商一致。在此情况下，各方决定上述所有相关建议均不列入报告内容。在 9.6 段获得大会通过后，一项旨在重新开始讨论该问题的建议被提出。此项建议未能得到大会支持”。禁化武组织《关于 2008 年 12 月 2 日至 5 日〈禁化武公约〉缔约国大会第十三次会议程序事项的主席报告》，禁化武组织文件 C—13/5，2008 年 12 月 5 日，第 5—6 段。

〔30〕 过去几年中，包括一些不结盟运动集团成员在内的部分国家表示支持就《禁化武公约》第十一条制订行动计划，但几乎没有就该行动计划究竟应包含哪些内容进行讨论。部分缔约国时常表示，化学物质转让法规阻碍了经济上和平利用化学的发展。

〔31〕《禁化武公约》缔约国大会更为完整的有关考虑，参见 J. 哈特“《禁化武公约》缔约国大会第十三次会议：背景和结果”，《美国麻醉医师学会通讯》第 130 期（2009 年 2 月 20 日），第 1、10—11 段。

万美元）的预算，随后提交缔约国大会审议通过。[32] 缔约国大会要求禁化武组织技术秘书处根据缔约国要求，继续以“量身打造和系统化的方式”向他们提供技术协助，以满足缔约国解决国家履约工作中的实际问题和关切的需要。同时，缔约国大会还鼓励成员国继续提供履约援助，包括以国家名义提供专业知识。[33]

化学武器的销毁

截至 2008 年 11 月 30 日，《禁止化学武器公约》缔约国宣布的 71328 吨化武战剂中，30130 吨已核实销毁；在宣布的 867 万件化学武器中，约 310 万枚弹药或容器已销毁。截至同一天，12 个国家宣布的 65 个化学武器生产设施中，42 个已被销毁，19 个转用于和平目的。[34] 印度的一座临时用于化学武器销毁的化学武器生产设施将在完成销毁任务后拆除。俄罗斯的一座化学武器生产设施和利比亚的两座化学武器生产设施尚未完全转用于《禁止化学武器公约》不禁止的和平目的。[35]

向禁化武组织宣布拥有化学武器库存的国家是：阿尔巴尼亚、印度、韩国、利比亚、俄罗斯和美国。2008 年 7 月 10 日，韩国成为了第二个完成化学武器库存销毁的化武拥有国。[36] 截至 2008 年 10 月

---

〔32〕 有 3715.69 万欧元（约为 4600 万美元）专用于核查支出。禁化武组织，《决定：禁化武组织 2009 年方案和预算》，禁化武组织文件 C－13/DEC.5，2008 年 12 月 5 日。审批预算时最大的困难是决定禁化武组织应对“其他化学品生产设施”（OCPFs）进行几次视察。最后的商议结果是额外增加一次附表 3 厂区视察和 7 次“其他化学品生产设施”视察。

〔33〕 禁化武组织：《决定：履行〈禁化武公约〉第七条义务》，禁化武组织文件 C－13/DEC.7，2008 年 12 月 5 日。

〔34〕 宣布了化学武器生产设施的 12 个国家是：波斯尼亚和黑塞哥维那、中国、法国、印度、伊朗、日本、韩国、利比亚、俄罗斯、塞尔维亚、英国和美国。

〔35〕 禁化武组织文件（同注释〔14〕），第 4 页第 25 段。

〔36〕 2007 年 7 月 4 日，阿尔巴尼亚成为了首个完成化学武器库存销毁工作的国家。禁化武组织的官方文件中并未记载韩国国名，因为韩国要求禁化武组织不要将其点名为化武拥有国。《总干事说明：获准延长第一类化学武器销毁期限的缔约国的进展状况报告》，禁化武组织文件 C－13/DG.7，2008 年 11 月 14 日，第 2 页第 8 段。关于化学武器库存的更多信息（如成本、种类和数量）参见历年《SIPRI 年鉴》生物和化学武器章节。

31 日，印度拥有的附表一化学武器中的 97%已经禁化武组织核查销毁。[37] 印度有义务在 2009 年 4 月 28 日前完全销毁其化学武器库存，目前印度已完成了第二类和第三类化学武器销毁工作。[38] 利比亚尚未开始销毁其第一类化学武器，但其已销毁了包括 3563 枚未填充弹在内的全部第三类化学武器，以及 39%的第二类化学武器。[39] 利比亚将在拉布塔建立化学武器销毁设施以接收来自位于卢瓦加地区的化学装填设施的化学武器战剂和前体。[40] 俄罗斯的化学武器分存在六个地点。[41] 2008 年 9 月 2 日，列昂尼多夫卡储存地开始了化武销毁工作，卡姆巴尔卡和马拉德科夫斯基两地的化武销毁工作仍在继续进行。9 月 12 日，俄罗斯发表了一份经修订的销毁计划。[42] 俄罗斯已经销毁了其拥有的全部第二和第三类化学武器，截至 2008 年 12 月 2 日，禁化武组织核实俄罗斯已销毁了 11942 吨（占 30%）第一类化

〔37〕《禁化武公约》将化学武器分为三大类。第一类化学武器是基于《禁化武公约》《关于化学品附表》中第一类下的化学物质而生产的（第一类中的有毒化学品及其前体被认为对《禁化武公约》的宗旨和目的构成最高威胁）。第二类化学武器是基于一切其他化学物质及其组成成分而生产的。第三类化学武器是指经专门设计，直接用于化学武器部署，但尚未装填的弹药、装置和设备。

〔38〕 印度剩余的化学武器实际上是由储存在散装化武容器中的固态硫芥气剩余料组成。

〔39〕 禁化武组织文件（同注释〔36〕），第 3 页第 14 至 17 段。参见 J. 哈特和 S. N. 凯尔所著《利比亚放弃核生化武器和远程导弹计划》，《SIPRI 年鉴 2005：军备、裁军和国际安全》（牛津大学出版社：牛津，2005 年），第 629—648 页。

〔40〕 巴基斯坦常驻禁化武组织代表团（同注释〔27〕），第 3 页第 11 至 13 段。

〔41〕 地点在乌德穆尔特共和国的卡姆巴尔卡、基兹涅尔，基洛夫州的马拉德科夫斯基，布良斯克州的波切普，奔萨州的列昂尼多夫卡，库尔干州的休奇耶。关于俄罗斯化学武器销毁的背景材料，参见罗斯伊斯卡瓦：“俄罗斯联邦的化学武器销毁”，网址：〈http://www.rg.ru/ximiya.html〉；“化学裁军：公开的电子杂志”，网址：〈http://www.chemicaldisarmament.ru〉；以及米尔扎雅诺夫的《国家秘密：知情者眼中的俄罗斯化学武器计划编年史》（Outskirts 出版社，2009 年 1 月版）。

〔42〕 俄罗斯联邦政府，第 679 号决定，2008 年 9 月 12 日。参见网址：〈http://www.chemicaldisarmament.ru/article/2/1367.html〉。

学武器。[43] 俄罗斯负担了其化武库存销毁工作所需费用的 84%。[44] 截至 2008 年 12 月 10 日，美国已销毁其化武库存的 58%，这些库存分别置于四个地点。[45] 2008 年，印地安娜州的纽波特库存点的化武销毁工作已经完成。美国已完成了第三类化学武器销毁工作，并宣布没有任何第二类化学武器。

老化学武器、遗弃化学武器和海底倾弃化学武器

截至 2008 年 12 月，共有 3 个国家宣布其领土上存在被遗弃的化学武器（ACWs），13 个国家宣布拥有老化学武器（OCWs）。[46] 老化学武器至今仍不时被发现，禁化武组织在 2008 年收到了来自 7 个缔约国关于发现老化学武器的声明或通知。[47]

中国和日本继续为销毁日本在二战期间遗留在中国南京的化学武器进行准备工作，双方并已开始在中国东北的哈尔巴岭建造固定式化武销毁设施的初步准备工作。在中国境内，已回收了约 4.5 万件遗弃

---

〔43〕 一些观察员认为 30%这一比例偏高。造成这种认识的部分原因是各方对如何认定销毁完成有不同看法，比如单级水解操作是否足以满足《禁化武公约》要求的“本质上不可逆”的销毁，以及同意签订采样和分析议定书以确保销毁有效性在 99.99%以上。俄罗斯已开始直接向数百万枚化武炮弹中添加试剂，而有关如何优化大容量化武容器中的取样工作以确保销毁有效性的讨论仍在继续。试剂必须被平均地加入每个化武储存罐，并不断按需添加以保持化学反应向人们希望的方向发展。参见禁化武组织文件（同注释〔14〕)，第 3 页第 20 段。

〔44〕 俄罗斯常驻禁化武组织代表团，《俄罗斯出席〈禁化武公约〉缔约国大会第十三次会议代表团团长格里高里・A・拉波塔的讲话》，海牙，2008 年 12 月 2 日至 5 日，第 2 页（俄罗斯代表团散发的非正式英译本）。

〔45〕 美国化学武器储存在犹他州的 Tooele（75%已销毁）、亚拉巴马州的 Annistion（55%已销毁）、俄勒冈州的 Umatilla（37%已销毁）和阿肯色州的 Pine Bluff（16%已销毁）。参见美国陆军化学物质局《战剂销毁状态》，网址：〈http: //www.cma.army.mil/〉。

〔46〕 向禁化武组织宣布有遗弃化武的国家有：中国、意大利和巴拿马。向禁化武组织宣布有老化武的国家有：奥地利、澳大利亚、比利时、加拿大、法国、德国、意大利、日本、马绍尔群岛、俄罗斯、斯洛文尼亚、英国和美国。遗弃化武是指在 1925 年 1 月 1 日以后一国未经另一国同意而遗弃在该国领土上的化武。《禁化武公约》（同注 3）第 2 条第 6 款。老化武被定义为在 1925 年之前生产的化学武器或 1925 年至 1946 年生产的已老化到不能再用作化学武器的化学武器。《禁化武公约》（同注释〔3〕）第 2 条第 5 款。关于本章未谈到的国家信息，参见历年《SIPRI 年鉴》生物和化学武器章节，以及 J. 哈特所著《回顾：老旧和遗弃化学武器延续至今的遗产》，《今日军控》杂志第 38 期第 2 篇（2008 年 3 月），第 55—59 页。

〔47〕 禁化武组织文件（同注释〔14〕)，第 5 页第 30 段。

化武，分存于不同地点。11 月 14 日，制造用于南京地区的移动式化武销毁设施竞标工作启动。日本希望在南京使用移动式化武销毁设施，销毁的工作可在 2010 年初展开。〔48〕

2008 年 10 月 31 日，由“欧共体研究、技术开发和示范框架项目”（第六框架项目）资助的、价值 225 万欧元（约合 280 万美元）的海底倾弃化学武器相关生态风险建模工程（MERCW）完工。该工程旨在对波罗的海和斯卡格拉克海峡内的化学武器弹药倾倒场进行研究，评估此类武器对人与环境造成的环境风险。〔49〕

一个德国－俄罗斯财团计划从 2010 年起，启动运营一条长达 1200 公里、价值 50 亿欧元、连接俄罗斯维伯格和德国格赖夫斯瓦尔德（约 62.5 亿美元）的“北溪”（Nord Stream）天然气管道。该财团正在筛选合适的管道途经地，以确保建设工程不会干扰有关弹药倾倒场和历史遗迹。12 月 12 日，该财团向德国提交了关于修建跨越德国专属经济区、长达 81 公里的管线标段的申请书。〔50〕外界已就此提出相关关切，认为该区域的倾弃弹药若被引爆，足以摧毁天然气管道，而且有关弹药倾弃场和满载弹药的沉船很可能将受到扰动。

美国陆军在对有关区域的弹药倾倒资料进行全面研究后，宣布将实施一项试验项目，清除倾倒在夏威夷第三大岛瓦胡岛浅水区的常规弹药，并可能一并清除那里的化学弹药。〔51〕

---

〔48〕 尚未有任何遗弃化武被销毁。《禁化武公约》要求所有回收的遗弃化武必须在 2012 年 4 月 29 日前销毁。遗弃化武必须在发现后的 180 天内向禁化武组织报告。2012 年以后发现的遗弃化武将在缔约国向禁化武组织提交的年度销毁计划内安排销毁。日本常驻禁化武组织代表团文件，《日本外务省外务大臣秘书处副主任、遗弃化武担当室主任 Masanori Nishi 先生在禁化武组织第十次缔约国大会上的讲话》，海牙，2008 年 12 月 2 日，第 4 页。

〔49〕 该工程开发了一套集地球物理学、地球化学、水化学、水文学、水生物学的场址调查方案，旨在为有毒化合物及其降解物的释放、流散和降解建立模型。参见 MERCW 网站：〈http：//mercw. org/〉。

〔50〕 北溪网站：“德国境内的北溪管道已提交申请文件”，2008 年 12 月 12 日，网址：〈http：//www. nord－stream. com/〉。

〔51〕 W. 科尔：“陆军进一步研究瓦胡岛倾弃弹药：岛屿南岸水域迄今最为全面的深海研究”，檀香山广告报，2008 年 10 月 30 日。参见 E. H. 德加罗、E. 考克斯和 M. 欧文富尔德所著：“军火暗礁——夏威夷万安镇水域：在废弃军用弹药海洋倾倒场的遥感调查和采样”，美国国家海洋和大气管理局，马里兰州银泉县，2007 年 3 月。

第四节　有关生化战活动的指控和相关事态发展[52]

2008 年，以色列宣称中东地区的“某些势力”仍谋求获取大规模杀伤性武器及其运载工具”，此外，这些国家将化学武器作为可行的选择，并理所当然地认为可以在冲突中依赖这种武器。[53]

> 美国国家情报局局长麦康奈尔称：伊朗保有双用途设施的实际目的是研究化学武器并在需要时进行生产。我们评估，伊朗拥有通过不同系统投送化学武器的能力，并曾进行过进攻性生物战剂的研发。伊朗将继续寻求获取可用于生物战的双用途技术。[54]

2008 年 7 月，基地组织谋求生化武器的领军人物、埃及人米德哈特·穆西·赛义德·奥马尔（又名阿布·哈巴布·马斯里）在巴基斯坦靠近阿富汗的边境地区遭美军空袭身亡。[55]

美国国家情报局局长称，基地组织成员将继续试图获取生物、化学、放射性和核材料，而一些生化材料和粗糙的武器设计是很容易制造图纸很容易被获取的。[56] 麦康奈尔警告称：

> 一种新的流行病病毒有可能被恐怖组织或有足够技术

---

〔52〕 关于提及的国家，请参阅上一年度 SIPRI 年鉴。

〔53〕 以色列驻禁化武组织观察员，“以色列外交部军控司副司长 Tamar Rahamimo－Honig 女士的声明，耶路撒冷，以色列，第 13 届《禁止化学武器公约》化学品安全会议上的发言”海牙，2008 年 12 月 3 日。

〔54〕 J. M. 麦康奈尔：“国家情报局局长提交给参议院情报委员会的年度威胁评估报告”，华盛顿特区，2008 年 2 月 5 日，网址：〈http: //intelligence. senate. gov/080205/mcconnell. pdf〉，第 14 页。

〔55〕 防止大规模杀伤性武器扩散和防止恐怖主义委员会，世界危机（Vintage Books: 纽约，2008 年），第 4 页；“顽固的追求”，《经济学家》，2008 年 8 月 2—8 日，第 58 页。

〔56〕 麦康奈尔（同注释〔54〕），第 7 页。

> 的个人当作武器使用……虽然我们尚未发现恐怖集团在技术上已如此成熟，而且将此种病毒株分离出来在技术上非常困难，但这种可能性不可排除。因此，我们将继续利用情报资源，探寻任何准备利用该病毒作为恐怖袭击武器的活动。〔57〕

通过执行学术技术审核计划，英国安全部门（军情五处）称从在读的研究生中发现了多达 100 个潜伏的恐怖分子。这些人来自伊朗和巴基斯坦，他们显然试图通过进入英国的实验室获得研制生化武器、放射性武器及核武器的相关材料和技术。〔58〕军情五处曾宣称，英国对 2000 名恐怖嫌疑人员进行监视。〔59〕这些人可随时策划 30 起恐怖行动，其中某个组织明显在考虑使用脏弹发动恐怖袭击。因此，有理由相信，其中的一小撮恐怖分子正在认真策划或已有能力使用生化材料，尽管其他大部分人只是计划使用枪支和爆炸物。〔60〕

2008 年 2 月，一名男子因中蓖麻毒在内华达州的拉斯维加斯接受治疗。调查人员随后发现，此人曾根据名为“无政府主义者菜谱”的资料在一家宾馆内试图从蓖麻豆中提取蓖麻毒素，但并无明确证据表明该男子意图将蓖麻毒素作为武器。8 月，他承认违反美国刑法有关禁止持有生物毒素的禁令和两项滥用

---

〔57〕 麦康奈尔（同注释〔54〕），第 44—45 页。

〔58〕 M. 汤森德：“恐怖分子试图潜入英国顶尖实验室”，《观察家报》，2008 年 11 月 2 日，英联邦办公室“学术技术审查计划”，网址：〈http: //www. fco. gov. uk/en/fco—in—action/counter—terrorism/weapons/atas/〉。该计划要求外交和联邦事务部的反扩散部对在英国某些学科接受研究生教育的非欧盟公民进行审查。

〔59〕 联合反恐分析中心：“英国对 30 个恐怖组织和 2000 名恐怖嫌疑分子进行监控”，2007 年 7 月 16 日，网址：〈http: //www. nationalterroralert. com/updates/2007/07/16/uk—monitoring—30—terror— cells—2000—suspects/〉，参见该卷第二部分，第 12 章。

〔60〕 R. 诺顿泰勒：“不揭盖子式的开放”，《卫报》，2009 年 1 月 7 日。

枪支的指控。[61]

英国刑事调查人员前往保加利亚，为 1978 年保加利亚异议作家格奥尔·马尔可夫在伦敦被杀害案寻找更多信息。他们要求查阅相关档案并与约 40 名证人面谈。[62]

2008 年公布的一些证据表明，1991 年海湾战争退伍老兵健康恶化的一些症状与这场战争的某些因素存在因果联系。[63]

第五节 生化武器的预防、响应及补救措施

在国际层面，防止生化材料被滥用的各种努力相互交叉，在履行《禁止生物武器公约》、《禁止化学武器公约》、联合国安理会第 1540

〔61〕美国法典，第 18 条，犯罪和刑事程序，第一部分，犯罪，第 10 章，生物武器，第 175 节，禁止生物武器，b 段。参见美利坚合众国诉罗杰·冯·伯根朵夫，美国地区法院，内华达州，刑事申诉 2：08－mj－00246－PAL 号，2008 年 4 月 15 日；美国司法部："一男子因在拉斯维加斯的酒店房间非法获取蓖麻毒蛋白并持有未注册的枪支消音器获罪"，2008 年 8 月 4 日新闻稿，网址：〈http：//www. usdoj. gov/usao/nv/press/aug2008/vonbergendor 08042008. htm〉。关于蓖麻毒素的资料和历史上发生的该类事件请参见詹姆斯马丁防扩散研究中心公布的"蓖麻蛋白特别报告"，加利福尼亚州蒙特雷，2008 年 2 月 29 日，网址：〈http：//cns. miis. edu/stories/pdfs/080229 _ ricin. pdf〉。参见 T. B. 奥斯本，L. B. 孟德尔，I. F. 哈里斯："关于蓖麻蛋白质及隔离蓖麻毒素的研究"，《美国生理学杂志》，第 3 期第 14 卷，1905 年 9 月 1 日，第 259—286 页。

〔62〕事故发生时，一个过往行人用一把雨伞向马尔可夫的腿部刺去，借此向其体内注入了一粒直径为 1.52 毫米的金属珠，珠上有两个小孔，孔内有微量的蓖麻毒素，资料表明，暗杀马尔科夫的行动是保加利亚情报机构在苏联的技术支持下所为。2005 年的报告指出此次谋杀的凶手是具有意大利血统的丹麦人，此人仍然健在。J. 汉密尔顿和 T. 沃克："被称为雨伞杀手的丹麦人"，《泰晤士报》，2005 年 6 月 5 日。参见 J. 欧文："秘密文件显示马尔科夫的凶手获得了奖章"，《独立报》，2008 年 9 月 7 日。

〔63〕报告认为，697 万参加海湾战争的美国退伍军人多并发该种症状，包括注意力分散、记忆力减退、长期且不断扩散的疼痛和胃肠疾病。该报告还认为，有足够的证据表明，溴化吡啶斯药丸和杀虫剂与海湾战争疾病有直接关联，参加海湾战争的美国退伍军人肌萎缩侧索硬化症（又称鲁盖瑞氏症）的发病率比那些参加其他战争的退伍军人要高，神经毒剂的潜在接触者死于脑癌的比率非常高。海湾战争退伍老兵疾病研究顾问委员会：科学发现与建议（美国政府印刷局：华盛顿特区，2008 年 11 月），网址：〈http：//www1. va. gov/RAC－GWVI/〉，第 1—2 页。

号决议和联合国《全球反恐战略》[64] 的活动方面形式多样，参与者十分广泛。防止此类滥用的努力也可分为以下几方面：1. 确定如何收集、使用信息和收集、使用什么类型的信息，包括向禁止化学武器组织提交的宣布情况；2. 国家提供核查，以证明毒性化学药品及其前体的购买方根据《禁止化学武器公约》相关条款规定用于申报的用途；3. 利用世界海关组织及环境与人类健康监管制度所制定的程序和准则。在运输安全（如港口安全和空中运输）方面，将控制和监督生化材料列为反恐措施范畴，并确保互联网不被滥用于恐怖主义目的。[65] 尽管一般的政策指南和规划通常是对公众开放的，但很多具体细节是机密的，或只有在国家间相互提供。

2006 年的联合国《全球反恐战略》提出一个共同的战略框架，该框架基于以下四个支柱：1. 解决有助于恐怖主义传播的条件；2. 防范和打击恐怖主义；3. 加强国家能力建设，以防止并打击恐怖主义并加强联合国相关系统；4. 确保对人权和法治的尊重。包括国际刑警组织在内的 24 个联合国办公室、机构和国际组织，在"反恐执行工作组"中进行协作。国际民用航空组织起草了两份条约，以更新现有的航空安全公约，来解决包括使用核、生、化物质在内的新威胁。[66]

2008 年 4 月 25 日，联合国安理会一致通过第 1810 号决议，该决议将根据联合国安理会第 1540 号决议成立的临时委员会（1540 委员会）延期三年，并重申核、生、化武器及其运载工具的扩散对国际和平与安全构成持续的威胁。[67]

---

〔64〕《禁止生物武器公约》（同注释〔2〕）；《禁止化学武器公约》（同注释〔3〕）；联合国安理会第 1540 号决议（同注释〔19〕）；及联合国《国际反恐战略》（同注释〔1〕）。

〔65〕 J. 塔克：《化学武器前体的贩运网络：20 世纪 80 年代两伊战争中的教训》，不定期论文编号 3（詹姆士·马丁防扩散研究中心：加州蒙特雷，2008 年 11 月）。

〔66〕 联合国大会："联合国全球反恐战略：联合国系统执行该战略的活动"，A/62/898，2008 年 7 月 7 日，第 29 段。

〔67〕 联合国安理会第 1540 号决议（同注释〔19〕）向所有国家施加有约束力的义务，要求各国建立防止核、生、化武器及其运载工具的扩散的国内管制制度，包括建立"对相关材料进行适当的管制"的措施等。关于 1540 委员会，见网址：〈http://www.un.org/sc/1540/〉。另见 L. 沙因曼：《履行第 1540 号决议：区域性组织的作用》（联合国裁军研究所：日内瓦，2008 年）。

2008 年 4 月，根据联合国《全球反恐战略》的设想，联合国裁军事务办公室开始开发“生物事件数据库”软件平台，为报告生物事件提供一个安全的、基于互联网的数据录入平台。该系统在测试和评估阶段对联合国成员国开放。[68] 作为《全球反恐战略》的一部分，联合国成员国和联合国系统需要开发一个单独的生物事件综合数据库，作为计划中的“国际刑警组织生物犯罪数据库”的补充。联合国裁军事务办公室负责“生物事件数据库”的开发工作。2008 年，该数据库进行了进一步升级，对联合国秘书长指称使用生化武器调查机制相关的专家和实验室名单、程序和指南及其技术附件进行了更新。[69]

在包括《全球反恐战略》在内的框架中，对非国家行为体的活动进行更全面的国际报告和追查的趋势仍在加强。各方提出了一系列建议，如金融行动小组应切断恐怖分子的资金来源，加强港口与机场的安全，国际海事组织应开发一套新的、强制性的远程追踪和认证系统，以跟踪并登记全球范围内的船只。[70]

国际刑警组织继续执行其始于 2004 年的“生物恐怖主义预防计划”，该项行动将持续至 2011 年。[71] 2008 年 8 月，国际刑警组织在马来西亚举行了第二届防止生物恐怖主义国际桌面演习。国际刑警组织还开发了一套生物恐怖主义应急课程作为各国警察学院的教科书，并安排各国警察在其生物恐怖主义预防部轮训，以提高其成员防止、应对生物恐怖主义的能力。[72]

研究与设施安全

“生物安全”一词对于人、动物或植物的健康来说有着不同的含

〔68〕 联合国大会（同注释〔66〕），第 35 段。

〔69〕 联合国大会（同注释〔66〕），第 36 段。

〔70〕 联合国大会（同注释〔66〕），第 31 段、34 段；并见金融行动小组：《扩散金融报告》，经济合作与发展组织：巴黎，2008 年 6 月 18 日。

〔71〕 该计划的目的是：1. 提高执法机构对生物恐怖主义的认识；2. 促进公共卫生与执法机构间的合作；3. 协助培训警察查明生物恐怖主义风险的能力。

〔72〕 国际刑警组织：“致《禁止细菌（生物）及毒素武器的发展、生产及储存以及销毁此类武器的公约》缔约国会议的信”，日内瓦，2008 年 12 月 2 日，网址：〈http://www.unog.ch/bwc〉。

义。比如，在农业领域，生物安保一般被理解为保护植物免遭外来物种侵袭。在《禁止生物武器公约》中，该术语的含义是指确保致病性微生物和毒剂的安全并加以监控。〔73〕由于化学与生物学领域的日益重叠，该术语也可被理解为包括任何生物活性的化学品（如生物化学品）。尽管定义有所不同，但他们都有两个最基本的目的，即确保人类、动物和植物的安全（在这一层面包括生物安保和“实验室生物安全”）和防止生物材料被用于恶意目的。

4月14日，欧盟采取了一项共同行动，以支持世界卫生组织在实验室生物安保和生物安全领域的活动。欧盟将在两年内提供210万欧元（约合270万美元）的资金，用于一个通过地区和国家外联活动来推动生物风险消减管理的项目，和一个通过加强实验室安全管理措施来应对生物风险的项目。〔74〕

2008年欧盟委员会完成了对其2007年7月发布的生物应急绿皮书草案的评论。〔75〕提出该绿皮书的目的在于启动欧洲范围内的磋商进程，就如何减少生物风险、提高欧洲生物应急能力，如预警措施、生物相关事件的应急管理和建立调查能力等进行磋商。该绿皮书还提出了敏感的生物研究是否应该公开的问题。4月，委员会成立了一个工作组来制定一项生物应急战略，其首次会议于5月15—16日举行。该工作组由欧盟委员会司法、自由和安全署及欧盟成员国的代表组成。

2008年，美国国家研究委员会就美国国土安全部对生物恐怖主义风险的评估发布一份报告，其结论认为生物恐怖主义的威胁在增长，美国几乎没有能力防止或挫败一次生物武器攻击，而美国的响应系统也仍未经证实。〔76〕2008年8月8日，英国内阁办公室发布其第

---

〔73〕亦见注释〔12〕。

〔74〕欧盟理事会的联合行动2008/307/CFSP（2008年4月14日），以在欧盟防止大规模杀伤性武器扩散战略框架内，支持世界卫生组织在实验室生物安保和生物安全领域的行动，欧盟公报，L106，2008年4月16日。

〔75〕欧盟委员会：《生物应急绿皮书》（草案），布鲁塞尔，COM（2007）399，2007年7月11日，第13页。

〔76〕美国国家研究委员会：《国土安全部生物恐怖主义风险评估：呼吁变革》，美国国家学术出版社：华盛顿特区，2008年，第2页。

一份国家威胁分级评估报告，其结论认为对于英国公众来说，流感才是最严重的危险，而不是生、化、放射性及核攻击。[77]

尽管对高封闭实验室和特定实验室工作人员的培训还没有标准化的鉴定，但协调生物安保和生物安全程序与实践的努力仍在继续。为帮助解决此类问题，北美洲大部分四级生物安全实验室的主任于2008年聚集一堂，并同意为研究人员和实验室人员进行生物封闭准则等问题的培训制定一个框架。[78]

俄罗斯已于2008年10月批准“俄罗斯联邦化学与生物安全国家体系（2009—2013）”。在俄罗斯卫生与社会发展部的指导及国防部的参与下，该项目旨在将有害化学与生物设施对公共卫生的威胁最小化（部分地通过将其设备与基础设施现代化），研发本质上更为安全的技术，促进对生物和化学安全的综合分析和监控。[79]

2001年炭疽信件攻击

2008年，对2001年美国炭疽信件事件的官方调查结束。6月27日，美国司法部正式宣布史蒂文·哈特费尔博士无罪并赔偿其580万美元，以弥补他在被司法部公开认定为涉嫌人后的名誉与职业损失。7月29日，据称就在司法部将要对布鲁斯·伊文斯进行起诉时，在马里兰州德里克堡美国陆军传染病医学研究所任职28年的微生物学

---

〔77〕根据相对影响和相对可能性，用图表显示了12个“有严重后果的风险”，重大交通事故、重大工业事故、动物疾病、对关键设施的攻击、利用化学、生物、放射性和核武器进行非传统攻击、内陆洪涝、海岸洪水、恶劣天气、电子攻击、对人群密集场所的攻击、对交通设施的攻击和流行性感冒。非传统攻击处于中间位置，内陆洪涝排在非传统攻击之上（也就是说内陆洪涝与非传统攻击相比，有更大的影响，但两者有同等的相对可能性）。动物疾病和重大交通、工业事故发生的可能性，比化学、生物、放射性和核攻击小。英国内阁办公室：《国家风险登记册》，内阁办公室：伦敦，2008，第5页。

〔78〕J. W. 勒迪克等：“四级生物安全实验室的领导与人员培训框架”，《新出现的传染性疾病》，第14卷第11期（2008年11月），第1685—1688页。

〔79〕俄罗斯政府：“联邦的目标项目：俄罗斯联邦化学和生物国家安全体系（2009—2013）”，第791号决定，2008年10月27日，见网址：〈http://www.government.ru/content/governmentactivity/rfgovernmentdecisions/archive/2008/10/27/〉。

家伊文斯自杀。[80] 在调查初期，伊文斯是嫌疑人之一。2007 年 10 月 31 日，联邦调查局与美国邮政检查局，提交了一份他可能涉案的书面证词，其中包括不利于他的初步情景证据。[81] 此份书面证词控告伊文斯拥有一个装有炭疽孢子的烧瓶，瓶中的孢子在遗传变异方面与信件中的孢子一致，并且伊文斯无法提供有力的解释说明信件被投递时他工作至很晚的原因。据报道，伊文斯也向调查者提供了假的样品，以转移对他的怀疑。联邦调查局不久承认，曾经从伊文斯处得到两份样品，其中第一份样品在 2002 年时因未达到证据标准而被销毁。然而，另一份复制品仍被保留在参与调查的大学实验室里。该份书面证词暗示伊文斯的犯罪动机，就是伊曾参与了一家私人公司的工作，该公司曾失去了美国食品与药品管理局为美国军队生产炭疽疫苗的许可证。

联邦调查局大规模杀伤性武器处于 1996 年建立，负责处理化学、生物、放射性材料及核事件，而且联邦调查局实验室的化学生物科学部雇佣了在大规模杀伤性武器领域有高级学位的鉴定专家，来为生物事件的调查开发鉴定技术。[82] 微生物鉴定法的常规运用是在大规模杀伤性武器处建立后开始的，并在 2001 年炭疽邮件事件后得到检验。调查者的第一个重点是确定被使用的炭疽孢子的特殊菌株。在 2002 年进行的最初检验中，通过确定基因组的可变数目串联重复序列（该技术在北亚利桑那州大学保罗·肯姆教授在 2000 年表的论文中有所描述），确定了炭疽属于埃姆斯类菌株。[83] 埃姆斯类菌株最初于

〔80〕 C. 约翰逊，C. D. 利昂和 D. Q. 威尔伯："原本准备同意就致命攻击进行认罪协商的科学家自杀"，《华盛顿邮报》，2008 年 8 月 2 日；D. 威廉："在炭疽案件中明显的自杀"，《洛杉矶时报》，2008 年 8 月 1 日。

〔81〕 美国司法部：《美国炭疽案件法庭文件》，对布鲁斯·爱德华兹·伊文斯住所进行搜查的申请和宣誓书，案件编号 07－524－M－01，由邮政督察托马斯·德拉法拉提供，美国哥伦比亚地区法院，2007 年 10 月 31 日，网址：〈http：//www. usdoj. gov/amerithrax/〉。

〔82〕 见联邦调查局的"大规模杀伤性武器"网站：〈http：//www. fbi. gov/hq/nsb/wmd/wmd _ home. htm〉和联邦调查局实验室的 CBSU 网站：〈http：//www. fbi. gov/hq/lab/lab2006/labannual2006. htm〉。

〔83〕 P. 肯姆等："多场所、可变数量衔接重复分析显示炭疽杆菌内的基因关系"，《细菌学期刊》，第 182 卷，第 10 期，2000 年 5 月，第 2036—2928 页。

1981 年在德克萨斯州的一头母牛身上分离获得，此后在国内外的实验室中被广泛使用。在调查过程中，调查者与在炭疽杆菌菌株识别方面有经验的生防专家进行了协调，其中包括肯姆。

在用来分析孢子的技术当中，扫描和透射电子显微镜法被用来观察孢子的形态特征。早期的推测中提到，在送给美国参议员汤姆·达施勒和帕特里克·莱希的孢子中存在添加剂，这意味着孢子已经成为“武器级”。〔84〕联邦调查局用“精炼的”一词来形容孢子的质量。〔85〕2006 年，联邦调查局危险材料应对小组的微生物学家道格拉斯·毕奇尔发表了一篇论文，阐述了通过使用添加剂（硅）生成武器级孢子的观点，并称精密工程是被广泛传播的错误想法。〔86〕毕奇尔因未提供支持其观点的证据而受到一些科学界人士的批评。〔87〕其他被使用的分析技术有：能量散布 X 光分析技术，用来分析样本的化学特性，通过质谱分析法来进行碳定年和同位素比例分析；光学放射光谱仪，用来识别低原子数量元素的杂质，如钙和镁。然而，由于生长过程的可变性会导致出现不同的化学特征（如硅、氧、铁、锡和其他元素的相对比例等），因此同位素分析无法得出最终结论。

识别孢子所带来的一个问题是所有埃姆斯类菌株的遗传同质性。实验室技术人员特里·阿布夏尔通过试管培养和观察，发现了信件中炭疽群的形态差异，使联邦调查局取得了一个突破。这些形态差异是遗传差异的结果，并且至 2004 年已识别了 5 种变异。基因序列分析中的一部分由基因组研究所（TIGR）〔88〕来进行，并且到 2006 年底，位于马里兰州迪特里克堡的联邦调查局储藏库共采集了来自 15 个美国实验室和 3 个国外实验室（位于加拿大、瑞典和英国）的 1072 个埃姆斯类菌株样本。信件中的炭疽孢子已被识别出具有 5 种独特的变异，其中 4 种变异与储藏库接收到的 8 个样品吻合，它们都来自一个

---

〔84〕M. 伊西科夫：“案件仍未终结”，《新闻周刊》，2008 年 8 月 9 日。

〔85〕L. R. 艾姆伯：“炭疽侦测”，化学与工程新闻，2006 年 12 月 4 日。

〔86〕D. J. 毕奇尔：“应用微生物培养分析发现故意邮寄沾染炭疽杆菌的邮件”，《应用与环境微生物学》，72 卷，第 8 篇，(2006 年 8 月)，第 5004—5010 页。

〔87〕毕奇尔受其地位所限，无法公布正在进行的调查的相关信息。

〔88〕基因工程研究所（TIGR）由克来格芬特于 1992 年建立，是位于马里兰州的克来格芬特研究所的一部分。

名为 RMR－1029 的分组。伊文斯提供的第二份样本并不存在变异。然而，未达到联邦调查局采集证据与样本标准的原始样本来自一个标为“RMR－1029”的烧瓶中（这是联邦调查局在搜查伊文斯实验室时获得的），该样本符合其中四种变异。

2008 年 8 月 6 日，在联邦调查局的新闻发布会上，美国华盛顿哥伦比亚特区检察官杰夫瑞·泰勒公布了对于伊文斯不利的证据，他说：“我们认为伊文斯博士是唯一一个应对此次袭击负责的人。”〔89〕泰勒还表示，伊文斯独自控制着标为 RMR－1029 的炭疽烧瓶，该烧瓶是由伊文斯建立并单独保存的，并且没有其他人能在在伊文斯未知晓的情况下接触该烧瓶。〔90〕人们仍就是否只有伊文斯一人能够接近此类炭疽制剂提出疑问。

在对伊文斯的指控被公布后，伊文斯前同事和专家对联邦调查局提出的证据和得出的结论表示怀疑。美国陆军传染病医学研究所前细菌学主任肯尼思·海德伦德表示，伊文斯缺乏将 2001 年攻击中所用的炭疽武器化的专门知识。〔91〕伊文斯的前上级杰弗里·阿当莫维茨、美国陆军传染病医学研究所前部门主任格里·安德鲁斯以及前联合国武器视察员理查德·O·斯伯泽尔都发表了类似的观点。〔92〕8 月 7 日，美国参议员查尔斯·格拉斯利致信美国司法部长迈克尔·穆凯西和联邦调查局局长罗伯特·穆勒，询问美国政府为何只盯着伊文斯一人，是否排除了存在其他嫌疑人的可能性。〔93〕穆勒于 2008 年 8 月 8

---

〔89〕国家公共广播网：司法部有关伊文斯的新闻发布会的文字记录稿，2008 年 8 月 6 日。网址：〈http://www.npr.org/templates/story/story.php?storyID=93415845〉。

〔90〕国家公共广播网（同注释〔89〕）。

〔91〕阿布鲁直斯：“炭疽疑犯之死：一个顾家男人的黑色终结”，《纽约时报》2008 年 8 月 2 日。

〔92〕伊西科夫（同注释〔84〕）；G. 安德鲁：“对已了案件的疑问”，《纽约时报》，2008 年 8 月 9 日；R. 斯皮泽：《布鲁斯·伊文斯不是炭疽案的罪魁》，《华尔街日报》，2008 年 8 月 5 日；J. 瓦立克、M. W. 汤普森和 A. C. 戴维斯：“科学家质疑 FBI 对炭疽案的调查”，《华盛顿邮报》，2008 年 8 月 3 日。

〔93〕C. E. 格拉斯雷：“格拉斯雷追寻 FBI 对炭疽案调查的答案”，新闻发布，2008 年 8 月 7 日，网址：〈http://grassley.senate.gov/news/Article.cfm?customel_dataPageID_1502=16233〉；J. 梅耶：“国会议员表示，应对炭疽事件的调查进行调查”，《洛杉矶时报》，2008 年 8 月 8 日。

日表示，“存在错误”的说法是不正确的。[94]

8 月 7 日，美国军方在美国陆军传染病医学研究所启动了“生物安保”项目审议。[95] 9 月 16 日，穆勒宣布，就联邦调查局认定伊文斯为 2001 年炭疽信件事件唯一嫌犯的相关科学工作及收集的证据，他将寻求由国家科学院进行独立审议。[96] 10 月 16 日，美国众议院情报监察特别小组主席拉什·霍特致信国家科学院，要求其调查联邦调查局的科学数据是否与其结论不一致。[97]

炭疽信件攻击事件推动了昂贵、广泛的生物应急与响应项目，并加深了人们对科学研究和生物恐怖主义的担心。[98] 防止大规模杀伤性武器和恐怖主义委员会发表报告，认为生物恐怖主义的风险是一项持续的威胁，[99] 之后美国国土安全情报、信息共享和恐怖主义风险评估分委会主席简·哈曼警告说：“该报告中的大部分……是重要的。然而是时候扔掉这张恐惧牌了。我们需要教育并告知美国民众，不要用有关可能的威胁的惊人细节来吓唬他们。”[100]

---

〔94〕 W. J. 布鲁德和 S. 夏恩：“炭疽案疑犯的代价”，《纽约时报》，2008 年 8 月 9 日。

〔95〕 K. L. 马丁：“生物安全计划”是在政府说位于佛雷德里克的微生物学家从佛雷德里克堡消除了炭疽孢子后发起的，Gazatte. net，2008 年 8 月 14 日。网址：〈http: //www. gazette. net/stories/08142008/newmnew185922 _ 32457. shtml〉。美国军方的生物安全标准包含于美国陆军部“陆军有关核与化学武器和材料及生物安全的法规”50 条第一款（尚未解密）（美国陆军总部，华盛顿特区，2008 年 7 月 28 日），网址：〈http: //www. army. mil/usapa/epubs/50 _ Series _ Collection _ 1. html〉。

〔96〕 T. 佛雷登：“中央情报局局长希请外界对炭疽案调查进行审议”，美国有线新闻网，2008 年 9 月 17 日，网址：〈http: //edition. cnn. com/2008/POLITICS/09/07/17/congress. anthrax/index. html〉。

〔97〕 R. 霍特：“霍特要求科学院对 FBI 在炭疽案调查中对信件采用的科学方法进行审议”，2008 年 10 月 1 日，新闻稿，网址：〈http: //holt. house. gov/press _ 2005－2008/101608. html〉。

〔98〕 关于用炭疽发展生物武器及对炭疽信件攻击的分析的背景情况，见 R. 皮塔和 R. 古纳拉塔，“炭疽病原体作为生物武器和作为恐怖攻击手段：2001 年美国炭疽风波危机”，《阿斯纳情报期刊》，2008 年，第 3 卷，No. 3，第 21—55 页。

〔99〕 防止大规模杀伤性武器扩散和恐怖主义委员会（同注释〔55〕），第 4 页。

〔100〕 珍尼·哈曼众议员办公室：“哈曼众议员对“格兰汉姆－泰伦特大规模杀伤性武器报告”的评论”，新闻发布，2008 年 12 月 2 日，网址：〈http: //www. house. gov/apps/list/press/ca36 _ harman/12 _ 2WMB. shtml〉。

第六节　结论

防范化学和生物材料的滥用是一项复杂的挑战。由于威胁经常会涉及非国家行为体，而他们所用的材料要比传统的国家军事计划所用的材料更为多样，因此威胁情形越来越具有不确定性。传统的军控与裁军核查措施主要是防止具有军事意义的少数毒性化学药品及其前体被转用于禁止目的。因此，谈判缔结《禁止生物武器公约》和《禁止化学武器公约》主要是用来确定不存在被禁止的国家计划。然而，成千上万的毒性工业化学品和传染病（其中有些的影响无足轻重），从理论上讲能够被用于敌对目的。科学和技术的发展也增加了生化物质种类及其效用（如生理机理和过程）。因此，人们日益从安全角度，特别是反恐角度，来考虑化学和生物材料的安全及对科学研究的许可与监督问题。

在威胁的评估、应急准备和响应中所涉及的行为体种类，无论从减轻其使用所造成的影响，还是防止个体及组织实施行动两方面来看，数量是十分巨大的。风险评估（数量与质量），包括行为体的意图和能力以及风险缓解和事件后应对能力的评估也在日益加强。其中大部分工作是在缺少很多国家响应的安全环境中进行的，因为有些国家未感到来自化学生物战的直接威胁，他们只有有限的资源，有着不同的国家优先事项。这一点在对“生物安保”一词的不同理解上得到了一定程度的反映。

生化战防范战略包括：建立有效的国家执行机制、行为准则及化学与病原体安保法规，增强意识活动等。这在日益增多的地区活动、研讨会和培训班中有所体现。在这些活动中，《禁止生物武器公约》和《禁止化学武器公约》被视为是生化战反恐“工具箱”的一部分。在公约的普遍性日益增强的同时，有些国家依然拒绝加入。[101] 成员国数量的增加，反映了近来各国对制定和落实国家立法禁止生化战，

---

[101] 见 D. 费克斯：“直面难题：化学武器普遍性的前景”，《当代军控》，38 卷，NO. 2（2008 年 3 月），第 12—17 页。

以提高防止生化武器被用作恐怖手段的门槛的关注。这些努力部分是在联合国安理会 1540 决议、禁止化学武器公约组织的各种行动计划、欧盟的联合行动、政府间联络和关于国家有效实施禁止化学生物武器法律的地区研讨会框架下进行的。

与生物威胁有关的各种倡议的积极成果，包括对实验室及机构的生物安全与生物安保的关注，对从事生命科学的研究者进行的安全教育，以及将生物安保的最佳实践标准化的共同意愿（虽然承认并没有一体适用的万全之策）。从《禁止生物武器公约》和《禁止化学武器公约》的框架下，设施安保与安全程序是防止化学和生命科学滥用的重要部分的意识日益增强，这也推动政策向积极的方向发展。然而，达到绝对的安全是不可能的，生化威胁的不确定性仍将继续存在。

（沈 桦 译）

第十一章　常规军备控制

兹希洛・拉霍夫斯基　斯文亚・珀斯特

第一节　导言

2008 年，"非人道武器"控制在全球取得了明显突破。2006 年，一个由观点相近的国家以及非政府组织（NGO）组成的集团发起了"奥斯陆进程"。它们对集束弹药发起了攻击并有效解决了这一难题。"奥斯陆进程"最终达成了具有法律约束力的公约，这真有点像在步 20 世纪 90 年代达成的《杀伤人员地雷公约》（APM）的后尘。〔1〕

欧洲常规军备控制在 2008 年虽然取得了一些进展，但仍然困难重重。在 2007 年 12 月俄罗斯决定"中止"参加《1990 年欧洲常规武装力量条约》（简称欧常裁条约，CFE）之后，这一条约在 2008 年被搁置起来。〔2〕欧洲安全合作组织（简称欧安组织，OSCE）对常规武器控制，以及与建立信任与安全措施（CSBM）有关的问题给予特别关注，后者被称作是"软军备控制"的组成部份。在西巴尔干的次区域军备控制框架继续顺利执行。当前，欧洲建立信任与安全措施集中在一些特定区域，而在其他区域的同样努力却没有取得令人满意的

〔1〕"奥斯陆进程"是对为达成 2008 年 5 月《集束弹药公约》所进行的外交行动与公共活动的通称。第一次关于集束弹药的全球会议于 2007 年 2 月 22 日至 23 日在挪威奥斯陆举行。

〔2〕关于欧洲常规武装力量条约的摘要与具体内容见本卷附件 A。

进展。

本章主要评估 2008 年在常规军备控制领域所取得的进展。第二节主要论述控制“非人道武器”的情况。第三节全面回顾与欧洲常规武装力量条约危机有关的事件以及为拯救欧洲军备控制所作出的努力。对在前南斯拉夫地区的次区域军备控制取得的进展也进行了回顾。第四节就欧安组织区域内加强信任、提供援助、增加可预见性等促进“软军备控制措施”等问题进行了探讨。第五节是结束语。

第二节 “非人道武器”控制

自 20 世纪 90 年代中期以来，主要用于使人丧失能力的杀伤人员武器引起了国际社会的强烈谴责。人们怀疑其军事用途及其可能造成的人道主义和经济损害。地雷和未爆炸弹药（战争遗留爆炸物，ERW）每年都炸死或炸伤大量平民，给民众造成极大的伤害。限制甚至禁止这类武器多年来一直是国际公众和政府的关切重点。许多国际条约都力求约束或禁止使用杀伤人员地雷、战争爆炸遗留物和集束炸弹，并寻求限制武装冲突对平民造成的伤亡。

《1981 年特定常规武器公约》（CCW）及其五个附加议定书限制和禁止被认为能对战斗人员造成不必要和不正当的伤害以及对平民滥杀滥伤的特别种类武器的使用。〔3〕到目前为止，《2003 年特定常规武器公约》第五号附加议定书是唯一限制战争遗留爆炸物，并包括集束弹药在内的国际法律文件。〔4〕在《特定常规武器公约》框架外，禁止地雷的“渥太华进程”达成了《1997 年杀伤人员地雷公约》，寻

---

〔3〕 关于《禁止和限制使用某些可被认为具有过分杀伤力或滥杀滥伤作用的常规武器》（又称“非人道武器公约”）的摘要以及其他具体内容见本卷附件 A。

〔4〕 关于《禁止和限制使用某些可被认为具有过分杀伤力或滥杀滥伤作用的常规武器》第五号议定书有关战争遗留爆炸物的摘要和具体内容见本卷附件 A。关于《特定常规武器公约》框架内的谈判见兹希洛·拉霍夫斯基文章“常规军备控制”《SIPRI 年鉴 2008：军备·裁军和国际安全》（牛津大学出版社：牛津，2008 年），第 489－490 页。

求销毁所有这类武器。[5] 2008 年处理现存问题的努力也取得了实质性进展：利用《杀伤人员地雷公约》的模式，经过 18 个月的谈判终于在 2008 年 5 月通过了《禁止集束弹药公约》(CCM)，并于同年 12 月在奥斯陆签署。[6]

集束弹药公约

集束弹药与杀伤人员地雷一起被列为对平民构成严重危害的常规武器。据估计，世界上有 76 个国家储存有集束弹药，其中至少有 34 个国家生产出了 210 多种这样的弹药。[7] 有关国家储存的与此相关的弹药可以数十亿计。集束弹药至少向 60 个国家以及非国家武装集团进行了转让。1991 年以来，这些武器至少在 30 个国家以及其他争议地区使用，如福克兰岛，纳戈尔诺—卡拉巴赫地区、南奥塞梯和西撒哈拉。[8]

在 2006 年 8 月黎巴嫩战争中，以色列大量使用了集束弹药，而在《特定常规武器公约》框架内对此问题的谈判取得的进展收效甚微，促使以挪威为首的一些政府，同人道主义组织与非政府组织一道，单独采取行动，致力于 2008 年达成专门处理集束弹药的具有法律约束力的国际公约，[9] 2008 年 2 月 18 日至 22 日，122 个参与第 4 届“奥斯陆进程”会议的国家在新西兰惠灵顿继续讨论禁止集束弹药

---

〔5〕 关于《禁止使用、储存、生产和转让杀伤人员地雷及销毁此种地雷的公约》的摘要以及其他具体内容见本卷附件 A。关于“渥太华进程”见兹希洛·拉霍夫斯基文章“常规军备控制”《SIPRI 年鉴 1997：军备·裁军和国际安全》(牛津大学出版社：牛津，1997 年)，第 498—500 页，以及兹希洛·拉霍夫斯基文章“常规军备控制”《SIPRI 年鉴 1998：军备·裁军和国际安全》(牛津大学出版社：牛津，1998 年)。

〔6〕 关于《集束弹药公约》的摘要以及其他具体内容见本卷附件 A。世界范围内小武器非法交易造成的世界性危害，导致创建一个全球军火贸易条约 (ATT) 的努力。联合国关于这一问题的谈判未取得实质性进展，渥太华进程和奥斯陆进程的模式被军火贸易条约支持者看作是一条通向这一目标的快车道。

〔7〕 S.D. 古斯文章：“集束弹药：坚决禁止!”。《今日军备控制》，第 38 卷，第 1 期 (2008 年 1/2 月号)。

〔8〕《人权观察》文章：“肮脏的集束弹药”，2007 年 2 月 20 日，网址：〈http://www.hrw.org/en/news/2007/02/20/updated—human—rights—watch—cluster—munition—information—chart〉。

〔9〕 古斯文章 (同注释〔7〕)。

的国际条约。[10] 经过对公约草案未决问题的艰苦谈判，70 多个国家通过了《惠灵顿宣言》，共同承诺在 2008 年 5 月在爱尔兰的都柏林谈判达成《禁止集束弹药》公约，并草拟了在公约草案中所包括的基本原则。[11]《集束弹药公约》案文在 2008 年 5 月 19 日至 30 日召开的都柏林会议上由 107 个国家正式通过。[12] 这一公约将在 30 个国家政府签署并批准后 6 个月生效。

《集束弹药公约》禁止使用、生产、储存和转让集束弹药。这一公约与传统军备控制条约不同，它遵循《杀伤人员地雷公约》先例缺少广泛的执行、核查和遵约条款。它要求缔约国在公约生效 8 年后销毁现有储存，10 年内清除未爆炸的集束弹药污染的地区。如果缔约国在最后期限内不能完成清除，可要求延期。《集束弹药公约》要求向缔约国对受害者提供广泛的援助，并呼吁加强国际合作就清除、风险教育和销毁储存集束弹药建立援助。根据《集束弹药公约》，与集束弹药相似的武器，即所谓的灵巧集束弹药只有在以下情况下才被许可保存：其装载量小于 10 个爆炸装置，每个爆炸装置重量大于 4 公斤、小于 20 公斤；其设计能力只能发现与接触一个单独的目标，并配备电子自毁装置和电子自失能装置。[13] 目前世界上大多数集束弹药都达不到这一要求。

公约谈判中，关于军事合作与军事行动的条款是争议最为激烈的问题。最后，《集束弹药公约》包括了允许与非公约缔约国的军事合作与联合行动的条款。尽管在公约中列有禁止缔约国支援公约所禁止的活动，但仍含有允许使用集束弹药的条款。但在此种情况下，缔约国一定要约束非缔约国对集束弹药的使用。另一个问题与是否需要过渡期有关。在过渡期内，集束弹药拥有国可以使用集束弹药，不过这

---

〔10〕 奥斯陆进程第一次会议于 2007 年 2 月在挪威奥斯陆召开，第二次会议于 2007 年 5 月在秘鲁利马召开，第三次会议于 2007 年 12 月在奥地利维也纳召开。为争取更多广泛支持，还举行了一些地区性会议。2007 年年内，奥斯陆进程扩大到 100 多个国家。关于奥斯陆进程在 2007 年的情况见拉霍夫斯基文章（同注释〔4〕）第 488—490 页。

〔11〕 关于集束弹药的惠灵顿会议，会议声明，2008 年 2 月 22 日，网址：〈http://www.mfat.govt.nz/clustermunitionswellington/〉。

〔12〕《集束弹药公约》的案文及有关材料见反集束弹药联盟网站：〈http://www.stopclustermunitions.org/〉。

〔13〕《集束弹药公约》（同注释〔6〕），第二条。

一条款最终在公约中被删除。[14]

在奥斯陆签字仪式上，94 个国家签署了《集束弹药公约》，包括以前使用、生产和拥有这类武器的国家。[15] 18 个北约成员国，包括英国、法国和德国都签署了公约。一些受害最严重的国家如老挝、黎巴嫩和阿富汗都签署了公约。然而，世界上一些使用、生产和储存集束弹药的主要国家还没有签署这一公约。这是公约的一大缺憾。

特定常规武器公约

在《集束弹药公约》谈判进程之外，2008 年一些国家在《特定常规武器公约》框架内也在继续讨论集束弹药问题。[16]《特定常规武器公约》框架中最主要的是巴西、中国、印度、以色列、巴基斯坦、俄罗斯和美国。这些国家反对禁止集束弹药，为此它们远离《集束弹药公约》谈判，而主张用《特定常规武器公约》进程取而代之。这些国家面临的最大挑战是“在军事行动与人道主义考虑之间求得平衡”的同时，如何处理集束弹药的人道主义危害。[17]“《特定常规武器公约》集束弹药政府工作组”于 2008 年举行多次会议，他们考虑如何才能限制使用这类武器。2008 年 8 月格鲁吉亚与俄罗斯发生武装冲突后，在双方都指责对方使用集束弹药的背景下，

---

〔14〕 在都柏林会议期间所做出的重要让步使得许多北约国家，特别是英国支持这一公约，尽管它们受到了美国的强大压力，而且它们也不同意奥斯陆进程。另见 J. 阿布拉姆逊文章：“107 个国家通过《集束弹药公约》”，《今日军备控制》，第 38 卷，第 6 期（2008 年 7/8 月号）。

〔15〕 关于《集束弹药公约》签署国清单（以 2009 年 4 月 1 日为准），见本卷附件 A。

〔16〕 J. 阿布拉姆逊文章：“《特定常规武器公约》考虑到了对集束弹药的限制”。《今日军备控制》，第 38 卷，第 8 期（2008 年 10 月号）。

〔17〕 自 2001 年起，集束弹药对人道主义的影响已在《特定常规武器公约》框架中关于战争遗留爆炸物的范围内进行了一般性讨论。集束弹药问题自 2007 年起由《特定常规武器公约》政府专家组进行讨论。联合国日内瓦办事处：“2007 年政府专家组会议”，网址：〈http：//www.unog.ch/〉。

这一谈判仍在继续。[18] 至 9 月底，一个议定书草案案文已经拟出，但各方在是否需要一个新议定书以及议定书内容的问题上意见不一。在 2008 年 11 月的《特定常规武器公约》缔约国大会上，缔约国未能就议定书草案案文达成一致。尽管各方在许多问题上意见相左，但他们仍然决定 2009 年继续就《特定常规武器公约》关于《集束弹药公约》文本进行谈判。[19] 正在讨论的建议中在允许它们对现存的集束弹药可以使用、生产和进行贸易的同时，将会给予有关国家 13 年到 20 年的时间逐步淘汰一些集束弹药。[20]

《特定常规武器公约》的审议部分符合了美国的政策，反映出美国更希望通过技术改进而不是彻底禁止这类武器。美国现有大约 550 万吨集束弹药，分装在约 7.2 亿枚弹药中。[21] 2008 年 7 月，美国国防部（DOD）发表了美国新通过的关于集束弹药的政策，为到 2018 年生产的新武器制定了更加严格的标准。[22] 美国声称这类“合法武器”具有明显的军事用途，当然同时也提出了“有必要减少对平民和民用设施可能造成的无意损害”。美国的新政策为集束弹药建立了新的技术准则。准则规定到 2018 年后，美国国防部不再使用、出售或转让爆炸后在预定作战地区范围内的未爆炸弹药数量超过 1％的集束弹药。美国这一立场以及在《特定常规武器公约》框架内谈判限制使

〔18〕《人权观察》声称格鲁吉亚和俄罗斯在 2008 年 8 月武装冲突中都使用了集束弹药，而且这类武器遗留的未爆炸物仍在对人们造成威胁和伤亡。格鲁吉亚国防部承认使用了集束弹药，而俄罗斯继续否认使用了这类武器，尽管有充分证据能够否定这一说法。格鲁吉亚和俄罗斯都没有参加集束弹药公约谈判进程。《人权观察》文章：“格鲁吉亚遭受集束炸弹的损害比报道的要严重得多”。新闻公告，2008 年 11 月 4 日，网址：〈http：//www.hrw.org/english/docs/2008/1/04/georgi20134.htm〉；以及反集束弹药联盟：“反集束弹药联盟谴责格鲁吉亚使用集束弹药”。新闻公告，2008 年 9 月 2 日，网址：〈http：//www.stopclustermunitions.org/news/？id＝667〉。关于俄格冲突见本卷第二章第五节。

〔19〕 据报道：缔约国同意继续就这些“建议”（而不是被俄罗斯反对的“议定书”）进行谈判。J. 阿布拉姆逊文章：“《特定常规武器公约》未能就集束弹药部分达成协议”。《今日军备控制》，第 38 卷，第 10 期（2008 年 12 月号）。

〔20〕 路透社：“集束弹药主要使用国未能就公约达成一致”。《国际先驱论坛报》，2008 年 11 月 14 日。

〔21〕《人权观察》“关于美国使用、生产、储存和转让集束弹药的主要数据”。2008 年 6 月 15 日，网址：〈http：//hrw.org/english/docs/2008/06/25/global19192.htm〉。

〔22〕 美国国防部：“集束弹药政策发布”。新闻公告第 577－08 期，2008 年 7 月 9 日，网址：〈http：//www.defenselink.mil /releases/release.aspx？ releaseid＝12049〉。

用集束弹药的进程遭到了人道主义组织和《集束弹药公约》支持者的严厉批评，认为进展远远不够。[23]

战争遗留爆炸物

《特定常规武器公约》关于战争遗留爆炸物的第五号议定书承认战争遗留爆炸物引起的人道主义问题，并包含了冲突后的弥补措施，以求减少这类事件的发生及其他们所造成的危害和风险。截至 2008 年 12 月 31 日，已有 51 个缔约国遵守了这一议定书。[24] 为表示它们对处理战争遗留爆炸物引起的人类伤害的真诚承诺，第五号议定书缔约国在 2008 年 11 月 10—11 日举行的第二次缔约国大会上通过了对受害者实施援助的行动计划。会议旨在强调议定书的人道主义这一核心理念。会议通过的《最后文件》还包括了关于实施程序问题的决定。[25]

杀伤人员地雷公约

《1997 年杀伤人员地雷公约》禁止 156 个缔约国使用、生产、储存和转让杀伤人员地雷。尽管世界上现在和过去生产和使用杀伤人员地雷的一些主要国家，其中包括中国、印度、巴基斯坦、俄罗斯和美国尚未签署这一公约，但从许多方面来看，它都是当代一个最成功的多边军备控制协议。它要求每一个缔约国在 4 年内销毁储存的杀伤人员地雷，10 年内在其管辖和控制区域内清除所有地雷。根据《杀伤人员地雷公约》的要求，已有 83 个缔约国全部销毁其储存，共有

---

〔23〕 反集束弹药联盟："美国采取空洞的"新"集束弹药政策，与其盟国步调不一致"，新闻公告，2008 年 7 月 8 日，网址：〈http：//www. stopclustermunitions. org/news/?id=420〉。据外交渠道消息透露，由于集束弹药的核心支持者不肯让步，使得本可以限制 95%以上所有储存的集束弹药的建议案文未能得以通过。J. 阿布拉姆逊文章（同注释〔19〕）。

〔24〕 至 2007 年 12 月 31 日，这一数目为 36 个。关于第五号议定书的缔约国名单见本卷附件 A。

〔25〕 2008 年 7 月，缔约国专家开会评估议定书第一年的执行情况，包括执行方面的各种实质性问题（清除战争遗留爆炸物、合作与支援、对援助的申请、通用电子文件格式、国家报告、一般性预防措施及对受难者援助），为此进行准备并向第五号议定书缔约国第二届会议报告他们的结论。会议的最后文件和专家组的报告可查阅网址：〈http：//www. unog. ch/〉。

4200 万枚杀伤人员地雷被销毁。但目前仍有 6 至 8 个公约缔约国储存的 1500 万枚杀伤人员地雷有待销毁，另有非缔约国储存有约 1.6 亿枚杀伤人员地雷。〔26〕缅甸和俄罗斯这两国非公约缔约国在 2008 年仍在继续使用杀伤人员地雷，此外还至少有 9 个国家的非国家武装集团也在继续使用这类武器。〔27〕

2008 年，阿富汗、布隆迪和苏丹完成了对其储存的杀伤人员地雷的销毁。白俄罗斯、希腊和土耳其这 3 个储存了大量杀伤人员地雷的缔约国，未能于 2008 年 3 月 1 日这一最后期限前完成销毁工作，因而将它们列入违约国家。《杀伤人员地雷公约》没有规定第 4 条销毁储存的最后日期可以延长的条款。

根据公约第 5 条规定，缔约国要在 2009 年清除地雷。在最后日期到来时，也会有许多国家完不成在 10 年内清除地雷期限的任务。目前已有 15 个缔约国提交了延长完成其在雷区清除地雷期限的申请。它们申请延长的日期从 1 年到 10 年不等。〔28〕在 2008 年 11 月 24 日至 28 日在日内瓦举行的第 9 次缔约国大会上，15 个申请国获得了延

〔26〕 已成为公约缔约国但尚未销毁其储存的国家有：乌克兰（645 万枚杀伤人员地雷），白俄罗斯（337 万枚），土耳其（250 万枚），希腊（160 万枚），科威特（87582 枚），印度尼西亚（10894 枚）。目前尚不清楚埃塞俄比亚和伊拉克是否储存有杀伤人员地雷。杀伤人员地雷的绝大部分储存在尚不是《杀伤人员地雷公约》的签约国：中国（1.1 亿枚），俄罗斯（2450 万枚），美国（1040 万枚），巴基斯坦（600 万枚），印度（400 万－500 万枚），国际禁雷运动，《地雷观察报告 2008》："迈向无地雷世界"（加拿大扫雷行动，渥太华，2008 年）第 8－9 页。

〔27〕 虽然对杀伤人员地雷的使用有所减少，但在更多国家出现了非国家武装集团使用杀伤人员地雷的情况，这远比政府武装的使用要多很多。国际禁雷运动（同注释〔26〕），第 5 页。

〔28〕 根据《杀伤人员地雷公约》第 5 条，缔约国可在最后期限到来前向缔约国大会或审议会提交延期完成杀伤人员地雷销毁的申请，最长期限可达 10 年。提交申请延期的国家应说明它们为什么没有完成销毁义务，并提出完成销毁任务的计划和时间接点。至今提出延期申请的国家有：波黑、乍得、克罗地亚、丹麦、厄瓜多尔、约旦、莫桑比克、尼加拉瓜、秘鲁、塞内加尔、泰国、英国、委内瑞拉、也门和津巴布韦，其中英国和委内瑞拉受到了特别批评。因为它们在 10 年期限到来之前根本没有进行任何扫雷活动。国际禁雷运动（同注释〔26〕）。以及国际禁雷运动："缔约国必须履行它们对地雷受害者以及受到地雷伤害的人群所作出的承诺，第 9 次禁雷大会今日在日内瓦召开。"新闻公告，2008 年 11 月 24 日，网址：〈http：//www.icbl.org/news/9msp_pressrelease〉。

期许可。[29]

这些政府提出延长清除杀伤人员地雷日期最常见的理由是缺乏资金、缺少经过培训的人员和适用的设备，以及环境、物资供应和技术方面的困难。几个国家或者强调其清除地雷的困难十分严重，或强调因为检测数据不足而阻碍它们如期完成任务。有的缔约国还强调因与其邻国关系失和及其境内存在叛乱武装集团导致其销毁工作的延滞。根据国际禁雷运动的观察，只要采取有效的扫雷行动，及早动员更多的扫雷力量和争取更多的国际财政支援，实际上多数要求延期是可以避免的。[30]

在 2004 年第一次《杀伤人员地雷公约》审议会上通过的《内罗毕行动计划》提出，“顺利地在最后期限内完成清除地雷的任务是今后 5 年要处理的最大挑战，这就要求受地雷危害的缔约国与能够援助它们的国家通力合作”。[31]《杀伤人员地雷公约》第二次审议会将于 2009 年在哥伦比亚的卡塔赫纳举行，主要任务是评估在实现公约规定的目标方面所取得的进展，审议公约的执行情况及其现状。

第三节 欧洲军备控制

《1990 年欧洲常规武装力量条约》仍然是世界上最完备的常规军备控制机制。它被称为欧洲安全的基石，并促进了西巴尔干和中亚的

〔29〕 国际禁雷运动：“地雷受害国得到延期清除地雷的许可，但要它们加紧工作，第 9 次禁止地雷公约缔约国大会今日在日内瓦召开”。新闻公告，2008 年 11 月 28 日，网址：〈http：//www.icbl.org/news/pr28nov08〉。

〔30〕 国际禁雷运动：“第 5 条最后期限延期申请”，情况说明，2008 年 6 月，网址：〈http：//www.icbl.org/lm/factsheets/〉。另见 W. 波伊斯文章：“一些国家错失了禁雷公约规定的最后期限”，《今日军备控制》，第 38 卷，第 1 期（2008 年 1/2 月号），联合国日内瓦办事处：“《禁止使用、储存、生产和转让杀伤人员地雷及销毁此种地雷的公约》缔约国大会”，文件 APLC/MSP.8/2007/6，2008 年 1 月 30 日，第 13—19 页。

〔31〕 “消除由杀伤人员地雷引起的痛苦：内罗毕行动计划，2005—2009”，无地雷世界内罗毕峰会，2004 年 11 月 29 日—12 月 3 日，第三节。重新刊载在“从渥太华到内罗毕以至更远”，日内瓦人道主义扫雷国际中心，日内瓦，2005 年 6 月，第 35—47 页。

地区军备控制问题的解决。〔32〕

《1990 年欧洲常规武装力量条约》是建立在北约（NATO）与现已不复存在的华沙条约组织在从大西洋到乌拉尔条约实施区内保持力量均衡的两极概念之上的。它对两大集团国家的主要种类的重型兵器与装备设置了上限（条约限制装备，TLE)。《1999 年欧洲常规武装力量条约修改协议》则放弃了两极概念，以更好地适应地缘政治变化、新的安全情况与要求。〔33〕然而，《修改协议》一直未能生效。这是因为北约成员国和其他缔约国坚持：在俄罗斯履行其在 1999 年欧洲安全与合作组织伊斯坦布尔首脑会议上所做的承诺之前它们不批准《修改协议》。〔34〕至今，在 30 个《欧洲常规武装力量条约》批准国中，只有白俄罗斯、哈萨克斯坦、俄罗斯和乌克兰批准了《修改协议》。〔35〕尽管俄罗斯于 2007 年 12 月“中止”执行《欧洲常规武装力量条约》，但原来达成的条约及其有关的文件和决定继续对所有缔约国具有约束力。

欧常裁条约的状况以及对欧洲安全的影响一直是 7 月初欧安组织

---

〔32〕关于西巴尔干地区的军备控制见下文。由上海五国（中国、俄罗斯、哈萨克斯坦、吉尔吉斯斯坦和塔吉克斯坦）达成的 1997 年中亚军备控制协议苦于缺乏公开的透明度和监督。据报道，至 2008 年春，沿中国与俄罗斯边界的东段中国一侧进行了 19 次视察。同期，俄罗斯接待了中国视察小组在其一侧的 20 次视察。在协议涉及的西段，在中国一方进行了 17 次视察，俄罗斯与 3 个中亚国家（作为共同方）17 次待了中国视察小组。V. 沃申科文章：“关于在与中国接壤的边界地区建立军事信任措施与减少武装部队执行协议的经验”，关于执行 1999 年维也纳文件所有方面的研讨会，柏林，2008 年 3 月 11 日至 13 日，网址：〈http：//www. auswaertiges－amt. de/diplo/de/Aussenpolitik/Themen/Abruestung/KonvRueKontrolle/Resuemees/Verchenko. pdf〉。

〔33〕关于《修改协议》的摘要与其他具体内容见本卷附件 A。关于被《修改协议》修改过的《欧洲常规武装力量条约》见《SIPRI 年鉴 2000：军备·裁军和国际安全》（牛津大学出版社，牛津，2000 年），第 627－642 页。

〔34〕欧安组织：“伊斯坦布尔首脑会议宣言”，1999 年 11 月 17 日，第 15－19 段。以及“欧洲常规武装力量条约缔约国大会最后文件”，1999 年 11 月 17 日，附件 14。这些案文重新载于《SIPRI 年鉴 2000》（同注释〔33〕），第 642—646 页。以及欧洲安全与合作组织“1999 年伊斯坦布尔文件”，网址：〈http：//www. osce. org/item/15853. html〉，第 46—54 页，第 236—259 页。俄罗斯未能执行作出的以下伊斯坦布尔承诺：（1）关闭俄罗斯在格鲁吉亚阿布哈兹的古道塔基地；（2）从摩尔多瓦的德涅斯特河沿岸地区全部撤出俄罗斯军队；（3）消除俄在德涅斯特河沿岸地区弹药储存和军事装备。欧洲常规武装力量条约缔约国在如何对待俄罗斯在格鲁吉亚和摩尔多瓦的维和部队问题也未达成一致。

〔35〕但是乌克兰至今尚未向条约保存国交存批准文书。

举行的年度安全审议会三次会议中的重点之一。欧常裁条约在欧洲的重要性几乎被所有的与会者确认。会议指出，欧常裁条约当前危机的主要原因是欧洲联盟（EU）与北约的扩张以及它们的安全议程全球化。这使得它们以牺牲欧安组织的利益为代价涉足欧安组织以外地区。由于俄罗斯越来越将其关注的重点集中在它的地区，并与欧洲国家关切相交叉。这就出现了新的“战略观念的不对称”，其结果就可能而且确实导致相互观念上的误解和互不信任。〔36〕会上提出了关于欧常裁条约和建立信任与稳定措施的各种建议和主张，其范围从网络安全到调整欧安组织的手段以适应新的不对称安全威胁，其中多数建议并不是第一次提出。〔37〕但是由于会议的主角俄罗斯和北约意见相左，会议所做出的结论显示出相当无奈。〔38〕

“中止”条件下的欧洲常规武装力量条约机制

2007 年 12 月 12 日，俄罗斯宣布将不再接受欧常裁条约规定的装备限额的约束。不过，俄罗斯还指出它没有计划在其边界增加部队和条约所限制的装备，并重申准备继续就欧常裁条约进行“有成果”的对话。〔39〕

除了采取与条约有关的行动外，俄罗斯还指出了它与美国和北约在更大范围内的力量平衡问题：北约继续扩张的进程；美国在中东欧日益进层的军事基地与导弹防御计划；正在对其“近邻国家”（格鲁吉亚和摩尔多瓦）的渗入。看来有许多因素导致俄罗斯不惜牺牲军备控制的安全保证和欧常裁条约带来的益处，以谋取军备控制体制以外

〔36〕 欧洲安全与合作组织：“阿里森·贝丽斯提交的声明草案，爱尔兰大学，第二节，2008 年 7 月 2 日。”2008 年年度安全审议会，维也纳，2008 年 7 月 1 日至 3 日，文件 PC. DEL/490/08/Rev. 1，2008 年 7 月 3 日。

〔37〕 欧洲安全与合作组织：“主席报告：第二次工作会议：在欧洲安全与合作组织区域内军控协议、建立信任与稳定措施及安全对话的现状”，2008 年年度安全审议会议，维也纳。2008 年 7 月 1 日至 2 日，文件 PC. DEL/646/08，2008 年 7 月 18 日。

〔38〕 A. Kobieracki，“发言要点”，2008 年年度安全审议会，维也纳，2008 年 7 月 1—2 日，文件 PC. DEL/523/08，2008 年 6 月 23 日。

〔39〕 俄罗斯外交部：“关于俄罗斯联邦中止欧洲常规武装力量条约（CFE）的声明”，2007 年 12 月 12 日。关于俄罗斯作出这一决定的背景和原因见拉霍夫斯基文章（同注释〔4〕），第 472—482 页。

的更广泛的战略和政治利益。这些因素包括：许多西方国家承认科索沃独立，格鲁吉亚和乌克兰申请加入北约，2008 年春北约邀请阿尔巴尼亚和克罗地亚加入北约，乌克兰要求俄罗斯于 2017 年从萨瓦斯托波尔撤出黑海舰队，以及其他争端。

各方对俄罗斯的决定反应不一。北约国家认为俄这一决定既没有道理，又是对欧常裁条约的违犯。因而北约在尽力使俄罗斯遵约的同时，还力求俄罗斯改变其决定。北约和其他缔约国继续根据条约规定提供有关信息，反复要求在俄领土进行视察，尽管一直遭到俄的拒绝。[40] 所有其他缔约国保证，在进一步的通知之前，它们将不受任何限制地继续遵守条约的所有权利和义务。德国、匈牙利和英国在欧常裁条约联合磋商小组就条约对欧洲稳定与安全各个方面发表了所做贡献的意见。[41] 许多缔约国提出了“并行行动”的主张。这一主张由西方国家在 2007 年秋季提出，即根据俄罗斯执行其伊斯坦布尔承诺的进展情况，采取分步批准《修改协议》的办法。

乌克兰寻求俄罗斯根据 1997 年 5 月 28 日俄罗斯与乌克兰协议，对俄黑海舰队部署在乌领土上的武器装备数目进行澄清。这一协议是根据《1992 年关于划分黑海舰队的协议》以及《前苏联共和国的联合声明》而作出的。[42] 白俄罗斯援引 1992 年的先例，试图说服其他国家同意在《修改协议》正式生效前，使条约全部或其中部分条款临

---

〔40〕 比如，美国反复强调，无论是根据习惯国际法，特别是俄罗斯引用的“大管小”的概念，即它有权单方面退出条约，也就意味着有权中止执行条约；或者是根据欧洲常规武装力量条约案文及有关文件的规定，都不能成为俄罗斯中止执行条约的依据。对此，俄罗斯辩称，西方国家指责其采取的行动为“非法”，就习惯国际法层面而言也是毫无根据的。

〔41〕 在 2007 年和 2008 年期间，在德国联邦外交部主持下，举行了一系列柏林研讨会，讨论和推动欧洲安全与合作组织有关国家的专家和外交官共同感兴趣的议题，见网址：〈 http://www.auswaertigesamt.de/diplo/en/Aussenpolitik/Themen/Abruestung/KonvRueKontrolle/BerlinerSeminare.html〉。

〔42〕 据报道，俄罗斯通知乌克兰，“中止”条约并不涉及俄在双方协议中的义务。联合磋商小组，乌克兰代表团，声明。文件 JCG.JOUR/657，2008 年 4 月 8 日，附件 6。

时得以实施。[43] 俄罗斯称，这一建议可作为将来“一揽子解决方案”的组成部分。然而其他缔约国认为这与欧常裁条约的中止状态不相适应而加以拒绝。白俄罗斯还寻求在联合磋商小组开展“具体工作”，制定增强条约活力的特别措施，并为《修改协议》生效作好准备。[44] 出现的另一个问题是俄罗斯（它较早批准了《修改协议》），要求其他国家批准另一个经过修改的协议（取消侧翼部署的限制）。

2008 年俄罗斯与美国这两个大国进行了 4 轮谈判，未取得实质结果。如同 2007 年所做的那样，俄罗斯提供了关于其在 2008 年年底的条约限制装备的总体信息。但是，这并没有达到欧常裁条约关于信息交换要十分具体、全面的要求标准。在 12 月举行的赫尔辛基欧安组织部长理事会上，为使条约起死回生，德国外长史泰因迈尔邀请欧常裁条约缔约国高级代表到德国以促成条约的“新开端”。[45] 与此同时，北约警告说“中止”不可能无限期拖延下去。[46]

俄罗斯总统德米特里·梅德韦杰夫建议，2009 年年中举行欧洲峰会制定关于欧洲安全的具有法律约束力的条约，但直到 2008 年年

---

〔43〕 有争议说，白俄罗斯主张的临时实施措施在立法和政治方面与短命的“先例”并不相通。德国代表团指出，几乎所有缔约国在事实上都在遵守条约条文，包括将来的领土部署武器装备限额，执行欧洲常规武装力量条约的国家法律仍在生效，而这些是不能用行政决定代替的。

〔44〕 联合磋商小组：白俄罗斯常驻欧洲安全与合作组织、联合磋商小组、OSCC 代表团在联合磋商小组会议上的声明，文件 JCG. DEL/19/08，2008 年 4 月 29 日。

〔45〕 欧洲安全与合作组织：“联邦外交部长斯泰因迈尔在欧洲安全与合作组织 2008 年 12 月 4 日赫尔辛基部长理事会上的讲话”。文件 MC. DEL/14/08，2008 年 12 月 4 日。

〔46〕 北约：“在比利时北约总部举行的外长级北大西洋理事会最后公报”，新闻公告（2008）153，2008 年 12 月 3 日，网址：〈http：//www. nato. int/docu/pr/2008/p08－153e. html〉。俄罗斯外交部发言人称北约 2008 年 12 月的公报“了无新意”。俄罗斯外交部：“俄罗斯外交部新闻发言人 Andrei Nesterenko 对媒体提出的关于北约部长理事会就欧洲常规武装力量条约确定的立场作出的反应”。文件 1984－08－12－2008，2008 年 12 月 8 日。

底还不清楚这次峰会是不是要处理与欧常裁条约有关的问题。[47]

北约“平行行动一揽子计划”

2007 年秋天，西方国家提出“平行行动一揽子计划”。[48] 2008 年，北约的北大西洋理事会（NAC）提出关于处理欧常裁条约缔约国关切的两阶段计划：即《修改协议》生效和对 1999 年以后发生变化的审议。[49]

在第一阶段，与俄罗斯在格鲁吉亚和摩尔多瓦驻军及其设施有关的主要问题将会随着北约国家批准《修改协议》而基本解决。[50] 双方都可以要求所有缔约国作出政治承诺，采取与《修改协议》的“宗旨与原则”相一致的行动，一直到条约生效。这样，所有的装备限额将得到遵守。爱沙尼亚、拉脱维亚、立陶宛和斯洛文尼亚这些目前还不是条约缔约国的北约成员国保证准备在《修改协议》一旦生效时立即加入。经与北约盟国协商，它们将就加入条约的条件与所有缔约国进行谈判。“实质性作战部队”这一术语——北约与

---

〔47〕 梅德韦杰夫总统宣布：“建立基本军备控制的指标，合理限制军事设施都是有益的，同时还有必要在大规模杀伤性武器扩散、打击恐怖主义和贩毒等领域建立新的合作程序与机制”。见俄罗斯联邦总统 D. 梅德韦杰夫在世界政策会议上的讲话，法国埃维杨，2008 年 10 月 8 日。网址：〈http://www.kremlin.ru/eng/sdocs/speeches.shtml〉。此前，在 6 月举行的柏林会议上，梅德韦杰夫提出要在国际法规则、安全不可分割的全面解决、军备控制、不使用武力等原则基础上建立新的安全条约。俄罗斯联邦总统 D. 梅德韦杰夫会见德国政治家、议会领袖、民间人士的讲话，柏林，2008 年 6 月 5 日，网址：〈http://www.kremlin.ru/eng/sdocs/speeches.shtml? stype=82912〉。2009 年 2 月，俄副外长亚历山大·Grushko 指出：“新欧洲安全条约的军备控制部分决不会替代欧洲常规武装力量条约”，欧洲安全与合作组织，安全合作论坛与常设委员会联席会议，文件 FSC－PC.DEL/9/2009，2009 年 2 月 18 日。

〔48〕 见拉霍夫斯基文章（同注释〔4〕），第 479 页。

〔49〕 北约：北大西洋理事会关于欧洲常规武装力量条约的声明，新闻公告 2008(047)，2008 年 3 月 28 日，网址：〈http://www.nato.int/docu/pr/2008/p08－047e.html〉。

〔50〕 在格鲁吉亚与摩尔多瓦问题上使用“解决存在的问题”这样的用语可能使人猜想到北约可能已取消了俄罗斯从这两个国家全部撤出军队的要求。参见 V. Socor 文章：“北约峰会对俄罗斯在格鲁吉亚和摩尔多瓦驻军发出模糊信号”，《欧亚每日观察》2008 年 4 月 11 日。

俄罗斯在军事限制方面争论的中心问题也将予以界定。〔51〕在第二阶段，一旦《修改协议》生效，北约允诺将与俄罗斯和其他缔约国就执行《修改条约》机制，特别是，如有可能，可以谈判改变装备限额的问题。这就可能使俄罗斯和其他缔约国提出它们对新条约机制特定内容的关切。

北约《布加勒斯特峰会宣言》通过了北大西洋理事会的建议。〔52〕宣言重申了北约对恢复欧常裁条约机制活力的承诺。这些承诺已在2006年里加峰会和2007年6月欧常裁条约特别会议的《最后声明》以及此后北约盟国的宣言中表达过。〔53〕

俄罗斯对部分北约建议表示谨慎欢迎，特别是有关驻军的规模，非欧常裁条约缔约国的北约成员国将来加入该条约以及承诺对“实质性作战部队”进行界定等。然而，俄罗斯对格鲁吉亚和摩尔多瓦提出的条件仍加以拒绝。俄罗斯呼吁缔约国批准《修改协议》，并通过俄罗斯在2007年欧常裁条约特别会议上所建议的“补充措施”。〔54〕同年5月，俄罗斯武装部队总参谋长尤里·巴卢耶夫斯基将军在北约与俄罗斯理事会年度会议上提出，作为走出欧洲常规武装力量条约困境的办法，应允许俄罗斯取消在侧翼地区部署武器装备的限制。但是这

〔51〕这一术语首先在1997年3月14日北大西洋理事会关于在新的北约成员国部署兵力的声明中，此后在1997年5月27日北约与俄罗斯关系条约中加以包括与完善。以及在1998年12月8日的北约“关于欧洲常规武装力量条约声明”中，新闻公告M—NAC—D—2（98）141，网址：〈http：//www. nato. int/docu/pr/1998/p98—141e. htm〉。

〔52〕北约：“由国家元首和政府首脑参加的2008年4月3日在布加勒斯特举行的北大西洋理事会会议发表的布加勒斯特峰会声明”，新闻公告（2008）049，2008年4月3日，网址：〈http：//www. nato. int/docu/pr/2008/p08—049e. html〉，第42段。

〔53〕北约：“由国家元首和政府首脑参加的2006年11月29日里加峰会发表的里加峰会宣言”。新闻公告（2006）150，2006年11月29日，网址：〈http：//www. nato. int/docu/pr/2006/p06—150e. htm〉，第42段，欧洲常规武装力量条约特别会议，意大利代表团声明，2007年6月15日，网址：〈http：//www. nato. int/update/2007/06—june/e-0615a. html〉。

〔54〕俄罗斯外交部：“俄外交部信息与新闻司对北约关于欧洲常规武装力量条约声明的评论。”文件433—01—04—2008，2008年4月1日。关于对俄建议的讨论见拉霍夫斯基文章（同注释〔4〕），第476—479页。

一建议并没有作为正式文件提出。[55] 2008 年 12 月，俄罗斯暗示，它希望将来的一揽子解决计划能够平等、不可分割并具体化，特别是关系到“实质性作战部队”的界定，新成员国加入《修改协议》的条件以及新机制的临时实施等。[56]

同年 8 月发生的格鲁吉亚与俄罗斯的冲突违背了欧安组织文件和欧常裁条约的原则。这些原则要求缔约国不得对任何其他国家的领土完整和政治独立使用或威胁使用武力，承诺和平合作，防止在欧洲地区发生任何军事冲突。在俄罗斯承认格鲁吉亚的两个分裂实体——阿布哈兹和南奥塞梯为独立国家，并在这两个地区重新驻扎军队（现已增加了一倍，约 6000—7000 人）和部署装备之后，使得解决欧常裁条约目前危机的前景显得十分渺茫。[57]

西巴尔干次区域的军备控制

自俄罗斯中止执行欧常裁条约机制以来，《1996 年关于次区域军备控制》（佛洛伦萨协议）是在欧洲地区唯一发挥全部功能的“硬”（与削减军备有关的）军备控制协议。它经受住了过去 12 年来的各种危机和挑战，包括最近一次关于科索沃独立的危机。

根据欧安组织现任主席依据《代顿和平协议》第四条设立的私人代表报告，《佛洛伦萨协议》得以执行表明西巴尔干地区的军事稳定是“巩固和稳定的”。波黑，克罗地亚、黑山与塞尔维亚等四方完全

---

〔55〕 俄媒体认为这一建议将侧翼地区的军事装备限制延伸到了俄欧洲部分的全部领土。巴鲁耶夫斯基强调，即使允许俄罗斯取消对其侧翼地区的限制，北约仍保持军事优势，并指出格鲁吉亚迅速增长其军事力量，并通过对阿布哈兹和南奥塞梯的分裂实体采取了“挑衅性行动”。将其作为俄提出这一要求的理由。欧洲安全中心：“2008 年 6 月北约、欧盟、欧洲安全与合作组织互联网信息摘要”，2008 年 7 月 10 日，网址：〈http://www.europeansecurity.ru/news/06.08e.asp〉。

〔56〕 俄罗斯已经向联合磋商小组提交了“实质性作战部队”的指标性建议（作战旅一级）：41 辆坦克，90 门火炮，188 辆装甲人员输送车、24 架作战飞机、24 架直升机。联合磋商小组：“俄罗斯代表团向联合磋商小组提交的声明”，文件 JCG.JOUR/682，2008 年 12 月 9 日，附件 2。

〔57〕 据一名专家透露，格鲁吉亚与俄罗斯的冲突绝对“扼杀”了欧洲常规武装力量条约。V. Socor 文章：“欧洲常规武装力量条约已经死亡，并在格鲁吉亚被埋葬”。《欧亚每日观察》2008 年 10 月 22 日。

遵守协议原则。[58] 所有国家参加了北约和平伙伴关系项目（其中克罗地亚在2009年成为北约成员国），并正在通向欧盟成员的道路上（其中克罗地亚已成为欧盟成员候选国。[59] 在1997年10月的正式削减时期结束前，《佛洛伦萨协议》所限制的装备均已自愿销毁。至2008年，各方已销毁和转为民用的装备中可列为重武器的近9000件，其中有6900门火炮，这在多山的前巴尔干战场是最重要的武器（见表11.1）。[60] 在1996年至2008年期间，协议各方共进行了600次视察活动，其中包括120次销毁现场视察活动。视察物体数量（OOI s）的逐步减少是由于各方武装力量的重新调整使他们同意只需要对各方确定固定的武器总数，而不管视察的武器装备的多少。从总数上看，视察销毁武器装备的次数由开始销毁时的244次减少到2008年的85次。[61]

表11.1 根据1995年《代顿和平协议》附件1—B第四条的军备削减情况（截至2007年12月31日）

参加方	坦克	装甲战车	火 炮	飞机	直升机	总数
波黑	..	..	35	..	..	35
波黑联邦(1)	57	39	2394	—	—	2490
塞尔维亚共和国(1)	387	192	1987	4	—	2570

〔58〕 佩里奥多准将："就次区域军备控制协议（代顿和平协议附件1－B第四条）执行情况向常设理事会的报告"。文件CIO. GAL/132/08，2008年9月18日。《佛洛伦萨协议》是根据1995年波黑和平总框架协议（代顿协议）达成并于1995年12月14日签署。2006年至2007年，缔约方，第一次由原来的5个减为3个（由于波黑统一），后又增为4个（由于黑山的独立）。黑山在2007年1月16日成为《佛洛伦萨协议》缔约方。由于黑山成为第四个缔约方而引起的协议案文修改由所有缔约方和欧洲安全与合作组织主席的私人代表于2008年10月14－16日举行的安全审议特别会议正式签署。有关《佛洛伦萨协议》的摘要见本卷附件A。代顿协议案文可查阅网址：〈http：//www. oscebih. org/overview/gfap/eng/〉。

〔59〕 和平伙伴关系由北约与其伙伴国达成的双边协议组成。北约成员国与和平伙伴国在欧洲与大西洋伙伴关系理事会举行会议。全部成员国名单参见本卷附件B。

〔60〕 佩里奥多准将（同注释〔58〕）。

〔61〕 佩里奥多准将（同注释〔58〕）。

参加方	坦克	装甲战车	火　炮	飞机	直升机	总数
克罗地亚	49	85	911	2	—	1047
黑山[2]	62	..	..	..	..	62
塞尔维亚黑山与塞尔维亚[2]	663	336	1544	133	11	2687
总数	**1218**	**652**	**6871**	**139**	**11**	**8891**

ACV＝装甲战车

(1) 2006 年，波黑的两个政治实体已不再是《佛罗伦萨协议》的缔约方。

(2) 2006 年 6 月，黑山宣布从黑山与塞尔维亚国家联盟中独立，并于 2007 年 1 月成为《佛罗伦萨协议》的缔约方。2007 年 7 月 6 日，黑山与塞尔维亚共同签署了关于执行佛罗伦萨协议原则和程序的双边协议。

资料来源：欧安组织现任主席任命的《代顿和平协议》附件 1—B 第四条执行情况私人代表佩里奥多准将在关于常规军备控制柏林研讨会上的发言："欧洲常规武装力量条约对在欧洲地区范围内稳定缔约国安全关系的潜力：东南欧地区。"柏林，2008 年 9 月 30 日至 10 月 1 日，网址：〈http：//www. auswaertiges－amt. de/diplo/de/Aussenpolitik/Themen/Abruestung/KonvRueKontrolle/7BerlinerSeminar/Uebersicht. html〉。

表 11.2　1995 年《代顿和平协议》附件 1—B 第四条规定的武器装备上限、实际拥有量及免销毁的数量（截至 2008 年 9 月 30 日）

参加方	坦克	装甲战车	火　炮	飞机	直升机
波　黑					
装备最高限额	410	340	1500	62	21
实际拥有量	325	272	1469	19	7
免销毁数量	7	12	64	00	
克罗地亚					
装备最高限额	410	340	1500	62	21
实际拥有量	258	111	1406	21	7
免销毁数量	39	23	89	5	2

参加方	坦克	装甲战车	火 炮	飞机	直升机
塞尔维亚					
装备最高限额	948	786	3375	143	46
实际拥有量	505	607	2616	85	38
免销毁数量	281	65	396	00	
黑 山					
装备最高限额	77	64	375	12	7
实际拥有量	0	8	168	12	6
免销毁数量	0	3	202	00	
装备最高限额总数	**1845**	**1530**	**6750**	**279**	**95**
拥有量总数	**1088**	**998**	**5659**	**137**	**58**

ACV＝装甲战车

资料来源：根据《代顿和平协议》附件 1—B 第四条设立的欧安组织现任主席私人代表佩里奥多准将在关于常规军备控制的柏林研讨会上的发言："欧常裁条约对在欧洲地区范围内稳定缔约国安全关系的潜力：东南欧地区。"柏林，2008 年 9 月 30 日至 10 月 1 日，网址：〈http://www.auswaertiges－amt.de/diplo/de/Aussenpolitik/Themen/Abruestung/KonvRueKontrolle/7BerlinerSeminar/Uebersicht.html〉。

由于各方的对安全的关切和威胁的逐步减少，并愿意大幅度削减武器装备的维持费用，使得进一步降低重型武器的拥有量成为可能。于是各方对条约限制的装备拥有量已大大低于 1996 年《佛洛伦萨协议》所规定的上限（见表 11.2）。各方关系的和好也有助于对条约限定装备的销毁制定新的简易削减程序。随着《佛洛伦萨协议》的顺利执行，经济因素在减少会议次数方面也发挥了重要作用。巴尔干次区域磋商委员会由每年 3 次改为每年 2 次。《佛洛伦萨协议》缔约国还决定从 2009 年 1 月 1 日起使用欧安组织的"通信网络一体化通知申请单"，并同意从 2010 年开始对年度数据交换使用自动数据系统。[62]

〔62〕 佩里奥多准将（同注释〔58〕）。

在 2008 年 7 月举行的第 6 次审议会上，缔约国同意以下两项重要建议：（1）在欧安组织主席私人代表支持下继续执行《佛洛伦萨协议》，同时探索进一步加强缔约方对条约执行的“所有权”（或责任）的方式，以求逐步取得完全的自主权；（2）开始考虑将《欧洲常规武装力量条约修改协议》长期替代《佛洛伦萨协议》。〔63〕不过，第二项考虑肯定要受到格鲁吉亚与俄罗斯冲突对欧常裁条约机制前途影响的制约。

第四节　在欧安组织区域内建立信任与安全措施〔64〕

欧洲建立信任与安全措施一直是个独特的实验。在欧洲安全与合作组织地区以外建立的与军事有关的信任措施或者夭折（在朝鲜半岛），或者谨慎试探（中国与台湾的海峡两岸关系），或者在寻求广泛的一致协议（在拉丁美洲），或者只限于有选择的双边做法。〔65〕

2008 年，欧洲安全与合作组织继续集中于军备控制层面：军事信任的建立和在小武器与轻武器（SALW）、减少常规弹药储存（SCA）以及执行《1994 年安全领域的政治军事行为准则》等方面的

〔63〕 另见拉霍夫斯基文章：“从《代顿和平协议》转向欧洲常规武装力量条约的可能性”，常规军备控制柏林研讨会，2008 年 9 月 30 日至 10 月 1 日，网址：〈http：//www.auswaertiges － amt. de/diplo/en/Aussenpolitik/Themen/Abruestung/KonvRueKontrolle/7BerlinerSeminar/Uebersicht. html〉。

〔64〕 关于欧洲安全与合作组织参加国名单见本卷附件 B。欧洲安全与合作组织涵盖整个欧洲，从大西洋到乌拉尔以及中亚地区。

〔65〕 2007 年下半年达成的在朝鲜半岛建立信任措施的南北对话很快陷入无休止争吵之中。美洲国家组织关于建立信任与安全措施的第三论坛于 2008 年 4 月举行，会议取得的进展甚微。其目的是要达成初步协议，以便向在 2009 年举行的《美洲国家常规武器采购透明度公约》签约国会议提交，并促进在执行建立信任措施及应对西半球新的安全威胁等方面达成共识。2008 年，中国与韩国、俄罗斯与美国建立了军事热线。

安全合作。[66]

建立信任与安全措施

总体看来，近年来关于建立信任与安全措施的《1999 年维也纳文件》执行比较顺利。[67] 特别指出的是，在欧常裁条约中止的情况下，俄罗斯根据具有政治约束力的维也纳文件所要求的视察和评估的次数比 2007 年增加了三倍多。[68] 2008 年形势的变化激活了在欧安组织范围内的建立信任的对话，但仍没有取得进展。2008 年，成员国向欧安组织安全合作论坛（FSC）提交了不少建议，其中有两项产生了新决议。[69]

在 2008 年 7 月举行的年度安全审议会上，俄罗斯提出了关于建立海军信任措施的建议（“值得深思”的文件）。[70] 然而，由于当时处于 4 月至 6 月以及后来 9 月至 10 月的关系紧张时期，这一文件没有被通过的机会。同年 9 月，由于格鲁吉亚与俄罗斯发生冲突，以及“对飞行人员进行干扰通知”的限制，所以根据《开放天空条约》进

---

〔66〕 关于 2008 年的发展回顾见欧洲安全与合作组织：“安全合作论坛主席致第 16 届部长理事会会议主席、芬兰外长的信”。文件：MC. GAL/7/08/Rev. 1，2008 年 11 月 26 日，网址：〈http：//www. osce. org/documents/html/pdftohtml/35093 _ en. pdf. html〉；以及欧洲安全与合作组织“关于安全领域的政治军事行为准则，文件 DOC. FSC/1/95，1994 年 12 月 3 日，网址：〈http：//www. osce. org/fsc/22158. html〉。

〔67〕 安全合作论坛主席向第 16 届部长理事会会议提交的进度报告：“根据授权在军备控制协议和建立信任与安全措施领域所进行的努力”，赫尔辛基，2008 年 12 月。网址：〈http：//www. osce. org/conferences/mc _ 2008. html？ page = documents&session _ id = 333〉。关于减少风险机制的《1999 年维也纳文件》见拉霍夫斯基文章：“在新欧洲的建立信任与安全措施”，SIPRI 研究报告第 18 期（牛津大学出版社，牛津，2004 年），第 59—63 页。

〔68〕 欧洲安全与合作组织预防冲突中心：预防冲突中心关于 2008 年年度建立信任与安全措施信息交换调查”。文件：FSC. GAL/2/09，2009 年 1 月 9 日。有关数据如下：2008 年视察 30 次，2007 年 9 次。2008 年评估访问 28 次，2007 年 8 次。

〔69〕 关于建立信任与安全措施在军备控制领域的活动见欧洲安全与合作组织：“根据授权在军备控制协议安排及建立信任与安全措施领域的活动”，文件：MC. GAL/5/08/Rev. 2，2008 年 11 月 13 日，网址：〈http：//www. osce. org/documents/html/pdftohtml/34921 _ en. pdf. html〉。

〔70〕 俄罗斯联邦代表团：“在海军领域的建立信任与安全措施”，文件：FSC. DEL/120/08，2008 年 7 月 2 日。

入俄罗斯在北高加索的领空受到了阻碍。实际上，两次飞越俄罗斯领空的空中视察飞行被取消。

阿布哈兹事件

2008 年 4 月 20 日，一架格鲁吉亚无人机（UAV）在格鲁吉亚的分离领土阿布哈兹被俄罗斯飞机击落后，格鲁吉亚要求进行国际调查。在联合国驻格鲁吉亚观察团（UNOMIG）提出报告后，格鲁吉亚政府援引《维也纳文件》减少风险与合作机制（第三章），要求对 5 月 28 日这次非同寻常的军事活动进行磋商。〔71〕同年 5 月和 6 月，欧安组织安全合作论坛就此事件与常设委员会举行了三次特别联席会议，常设委员会主席要求安全合作论坛提出政治军事的咨询意见。会议未能达成实质性成果以及其他政治因素造成的障碍表明，精简繁琐的减少风险的程序确有必要。6 月，俄罗斯在未经与格鲁吉亚当局磋商或经其同意的情况下向阿布哈兹维持和平任务区外派出修建铁路的部队和装备。欧洲联盟和美国都批评了俄罗斯这些行动。〔72〕

小武器与轻武器

《2000 年欧安组织关于小武器与轻武器的文件》（SALW）以及其他有关文件至今仍然是处理小武器与轻武器问题，在参加国之间增

〔71〕 联合国驻格鲁吉亚观察团（UNOMIG）："联合国驻格鲁吉亚观察团关于 4 月 20 日在武装冲突地区一架格鲁吉亚无人机被击落事件的报告"，2008 年 5 月 26 日，网址：〈http：//www.unomig.org/media/events/？year=2008&offset=10〉，第 36 段。联合国驻格鲁吉亚观察团认定，在冲突地区上空侦察飞行违反了 1994 年莫斯科协定。但许多国家认为一架无人机飞行不至于引起俄罗斯选择使用武力，而且欧盟也认为这并不符合莫斯科协议。俄罗斯强调格鲁吉亚的要求无理，坚持应由阿布哈兹与格鲁吉亚通过双边寻找解决办法。俄罗斯还质疑雷达数据资料的准确性，而且坚持认为这架飞机可能属于阿布哈兹，但阿布哈兹不拥有这样的飞机（有可能是苏－27 或米格－29）。

〔72〕 欧洲安全与合作组织，欧盟委员会主席斯洛文尼亚安全合作论坛与常设委员会联合会议，第 33 期："欧盟关于格鲁吉亚阿布哈兹的声明"，文件：FSC－PC.DEL/29/08，2008 年 6 月 11 日；以及美国驻欧洲安全与合作组织代表团为安全合作论坛与常设委员会关于格鲁吉亚与阿布哈兹发表的声明"，由朱莉·芬利大使向安全合作论坛与常设委员会联席会议提交。维也纳，2008 年 6 月 11 日。

加透明与信任、打击恐怖主义和有组织犯罪的有效文件。[73] 2001 至 2007 年间，欧安组织参加国销毁了 770 万件小武器。[74] 2008 年，参加国为欧安组织的小武器与轻武器项目捐款 43 万欧元（约合 63 万美元）。小武器与轻武器文件的执行水平是很高的，但仍有改进的余地。总体看来，小武器与轻武器领域的工作主要集中在两个重要领域：标准的制定与实际援助的提供。

2008 年，安全合作论坛在以下方面制定出准则：（1）更新“便携式防空系统”（MANPADS）出口控制原则；（2）更新属于常规武器转让的信息交换所涵盖的武器及装备系统种类，现在还要求参加国在向联合国常规武器登记册提供的信息中包含它们国家进出口小武器与轻武器的情况；（3）介绍为防止小武器与轻武器在空运过程中出现不稳定的转让以及回答有关调查清单的最佳做法；（4）就关于小武器与轻武器的最终用户的许可证及有关的核查程序的样本格式交换信息。[75] 此外，安全合作论坛决定就关于小武器以及常规弹药的储存

〔73〕 欧洲安全与合作组织安全合作论坛：“欧洲安全与合作组织关于小武器与轻武器文件”，2000 年 11 月 24 日，网址：〈http：//www. osce. org/fsc/13281. html〉。其他欧洲安全与合作组织文件有小武器与轻武器最佳实践手册（欧洲安全与合作组织，维也纳，2003 年），网址：〈http：//www. osce. org/fsc/item _ 11 _ 13550. html〉；欧洲安全与合作组织安全合作论坛：“小武器与轻武器出口最终用户许可证及核查标准文件”，决定第 5/04 号，文件 FSC/DEC/5/04，2004 年 11 月 17 日，网址：〈http：//www. osce. org/item/1699. html？ html=1〉；欧洲安全与合作组织安全合作论坛：“关于控制小武器与轻武器中间商的的原则”，第 8/04 号决定，文件 FSC/DEC/8/04，2004 年 11 月 24 日；欧洲安全与合作组织部长理事会：“欧洲安全与合作组织关于便携式防空系统的出口控制原则”，第 8/04 号决定，文件 MC. DEC/8/04，2004 年 12 月 7 日，网址：〈http：//www. osce. org/atu/13364. html〉。

〔74〕 欧洲安全与合作组织：“继续执行欧洲安全与合作组织关于小武器与轻武器的文件”，文件 MC. GAL/2/08/Rev. 2，2008 年 11 月 13 日，网址：〈http：//www. osce. org/documents/html/pdftohtml/34917 _ en. pdf. html〉。

〔75〕 欧洲安全与合作组织安全合作论坛第 5/08 号决定，2008 年 5 月 26 日，网址：〈http：//www. osce. org/item/31348. html〉；第 8/08 号决定，2008 年 7 月 16 日，网址：〈http：//www. osce. org/item/32222. html〉；第 11/08 号决定，2008 年 10 月 29 日，网址：〈http：//www. osce. org/item/34809. html〉；以及第 12/08 号决定，2008 年 11 月 12 日，网址：〈http：//www. osce. org/item/34884. html〉。另见 P. Holtom 文章：“小武器与轻武器转让过程中的透明度：向联合国常规武器登记册的报告”，2003—2006 年，SIPRI 政策文件第 22 号（SIPRI：斯德哥尔摩，2008 年 7 月）。

建立有关国家与欧安组织联络员名录。[76] 还有一些建议和倡议呼吁扩大安全合作论坛的下属单位——预防冲突中心（CPC）的作用；保证对欧安组织的所有承诺能够列入国家立法，利用其他论坛机构取得的进展充实现有的框架；进一步制定欧安组织的原则、准则和措施以更好应对小武器与轻武器的过多累积和无控制扩散。

关于实际援助，安全合作论坛致力于成员国两年一度的第三届会议，以支持联合国为预防、打击和消除小武器与轻武器非法交易所有方面的行动计划。有些欧安组织项目涉及小武器和常规弹药储存。2008 年 2 月，欧安组织召开研讨会，讨论技术、管理及财政手段在现存及计划中的小武器与轻武器以及常规弹药储存项目中的使用。除了要求对已经建立的项目提供正常捐助外，欧洲安全与合作组织已经启动了关于小武器与轻武器和常规弹药储存的全面项目，以利于对正在研发的小武器和多余弹药项目提供支持。为了方便欧安组织参加国之间交换信息，欧安组织关于小武器与轻武器与常规弹药储存联络员名录已经设立。

2008 年有两份援助申请，分别由塞浦路斯与吉尔吉斯斯坦提交。目前，处理白俄罗斯与塔吉克斯坦的小武器与轻武器与常规弹药储存的项目仍在继续执行。2008 年，欧安组织驻塔吉克斯坦办事处已完成了大部分关于多余小武器与常规弹药项目，全部工作预计可于 2009 年初完成。

根据以往的经验，感到执行的重点可以转向将储存销毁与边界管理相联系。这就要求与其他国际组织，如欧盟、北约与联合国进行密切合作与协调。

弹药与火箭燃料毒剂储存的销毁

不安全或无法控制的常规弹药与液态火箭燃料储存，对各国安全、人道主义、经济和环境都带来多重风险。根据《2003 年欧安组织关于常规弹药储存文件》，任何欧安组织成员国只要认定其多余弹药储存可能带来安全风险，而且处理这些风险需要援助，就可以通过

〔76〕 欧洲安全与合作组织安全合作论坛：第 4/08 号决定，2008 年 5 月 7 日，网址：〈http：//www.osce.org/item/31015.html〉。

欧安组织向国际社会提出援助请求。[77] 自2003年以来，欧安组织已从13个参加国收到24次这样的请求。

2008年，欧安组织出版了《关于常规武器最佳实践手册》。这是由安全合作论坛编辑审议局完成的两个“最佳实践指南”的审议后进行的。其中一个是常规弹药储存的实体安全（由瑞典起草），另一个是常规弹药的销毁（由荷兰起草）。除了处理小武器与轻武器与常规弹药储存的文件外，安全合作论坛还通过决定，对在欧安组织区域内的液态火箭毒剂的处理问题进行全面审查。[78]

2008年，阿尔巴尼亚和吉尔吉斯斯坦提出新的援助申请，同时在格鲁吉亚、哈萨克斯坦、摩尔多瓦、黑山、塔吉克斯坦和乌克兰进行的项目也取得了进展，并确定了遇到的主要挑战。在塔吉克斯坦的大多数小武器与常规弹药项目和在阿尔巴尼亚的火箭混合物销毁项目已于2008年完成。在乌克兰的销毁火箭混合物项目和在黑山的多余弹药项目分别由于法律和资金的困难取得的进展差强人意。[79] 不过，参加国在2008年为销毁常规弹药储存捐助的资金达200万欧元（约合290万美元），为2007年捐款的两倍。

安全合作论坛向2008年赫尔辛基部长理事会提交的关于常规弹药储存的报告建议中指出，欧安组织在保证其他项目继续取得进展的同时，应集中精力解决黑山与乌克兰项目中所存在的突出问题。此外，欧安组织与其他国际组织的协调还应进一步加强。[80]

---

〔77〕 欧洲安全与合作组织：“欧洲安全与合作组织关于常规弹药储存的文件”，文件FSC. DOC/1/03，2003年11月19日，网址：〈http：//www. osce. org/item/1538. html〉。自1995年至今，在弹药储存区域发生的已知或可疑的爆炸至少有158次。

〔78〕 欧洲安全与合作组织：“欧洲安全与合作组织区域的液态火箭燃料：对处理方面的全面审查”，文件FSC. DEL/443/07/Rev. 2，2008年10月23日，网址：〈http：//www. osce. org/item/35984. html？ ch=1227〉。

〔79〕 法律障碍主要是欧洲安全与合作组织缺乏法律地位。结果，欧洲安全与合作组织不能与乌克兰就乌克兰在其境外的混合燃料的运输所承担的义务取得一致。

〔80〕 欧洲安全与合作组织：“继续执行欧洲安全与合作组织关于常规弹药储存的文件”，文件MC. GAL/3/08/Rev. 2，2008年11月13日，网址：〈http：//www. osce. org/documents/html/pdftohtml/34918 _ en. pdf. html〉。

安全领域的政治军事行为准则

《1994 年安全领域的政治军事行为准则》(COC) 至今仍是欧洲安全与合作组织区域内规范国家间的合作行为与相互责任，以及对其武装部队进行民主控制的法规性文件。[81] 这一文件还涉及到处理一国内部的政治军事关系。2008 年，提出了一些“值得深思”的建议，并就以下问题提出决议草案：增加公众对《行为准则》的了解，更新《行为准则》调查表，执行《行为准则》的补充步骤。

2008 年，欧洲安全与合作组织通过了关于对《行为准则》增进了解扩大实施范围的新决议。[82] 随之，自 4 月份起在欧安组织的欧安组织公共网站上贴出了由参加国填写的《行为准则》调查表的答复，要求欧安组织秘书处每年至少举行一次特别研讨会或座谈会。此外，还鼓励欧安组织合作伙伴国参与通过《行为准则》原则的进程。为此，欧洲安全与合作组织在 2008 年上半年与合作伙伴国举行了 3 次会议。为扩大准则的实施范围，欧洲安全与合作组织继续为中亚官员和波黑高级军官组织关于《行为准则》执行问题的研讨会。目前，各方承诺的信息交换仍处于较高水平，但各个国家报告的内容和程度仍存在很大差别，因而越来越多的国家支持通过改进表格结构和用语，使《行为准则》调查表不断得到更新。[83] 第一次全面报告演示有可能在 2009 年举行，年度更新有可能在 2010 年开始。目前，执行《行为准则》的补充措施仍处在对各种主张和咨询意见进行审议的阶段。

---

〔81〕 欧洲安全与合作组织：文件 DOC. FSC/1/95（同注释〔66〕）。

〔82〕 欧洲安全与合作组织安全合作论坛：第 1/08 号决定，2008 年 2 月 27 日，网址：〈http：//www. osce. org/item/29906. html〉。

〔83〕 欧洲安全与合作组织：“进一步改进执行安全领域的政治军事行为准则的努力”，文件 MC. GAL/4/08/Rev. 2，2007 年 11 月 13 日，网址：〈http：//www. osce. org/documents/html/pdftohtml/34920 _ en. pdf. html〉。

第五节　结论

《集束弹药公约》这个将军备控制与人道主义两方面结合起来的混合体，进一步增强了条约协议的网络，以寻求既减少在战场上，又特别是在敌对行动结束后出现的不必要的人类疾苦。《集束弹药公约》的达成对那些致力于限制集束弹药，如果不是禁止这类武器的人来说，是他们取得的一项重要成绩。今后，公约签字国有可能进一步增多，有人希望贝拉克·奥巴马总统能够重新评估美国对集束弹药这一类武器的现行立场。一些国家仍在强调集束弹药的军事作用，而且一些使用、生产和储存集束弹药的主要国家不参加将会大大限制条约的效果。然而，这一条约的推动者希望《集束弹药公约》能有助于在道义上和政治上使集束弹药变成羞耻，以至那些目前还不是缔约国的政府越来越不愿意使用这类武器。目前还不清楚，《特定常规武器公约》缔约国是否能够在 2009 年达成一个包括集束弹药使用和生产大国在内的补充协议。

欧常裁条约机制仍处于危机之中。西方国家的建议仍在谈判桌上，俄罗斯对内容更广泛的欧洲安全条约发出了模糊信号。除了俄罗斯，所有欧常裁条约缔约国都在完全执行条约条款。不过，尽管它们具有良好愿望，但条约继续受到消蚀的风险已使其达到了不可挽回的地步。由于欧洲常规武装力量条约缺乏信息和核查机制，不利的事态发展和可能出现的风险与争斗使人想到了冷战的那些东西可能再现。欧常裁条约出现的困境使一些分析人士弄不清国际社会是在处理即将到来的常规武器控制终结或是正面临着“新秩序”出现的一个机遇。[84] 当前还没有出现欧常裁条约机制的替代品。尽管俄罗斯对建立信任措施重新表示出兴趣，但是不管是《1999 年维也纳文件》机

---

〔84〕 见.Socor 文（同注释〔57〕)。2008 年又有 Schmidt 和 Zellner 文章“是欧洲常规军备控制终结的开始或是新的开端?”和平评估 2008（LIT Verlag：柏林，2008 年），第 66—78 页；以及 Schmidt 文章“是常规军备控制的结束或是新秩序的开始”，HSFK—报告 3/2008（黑森和平与冲突研究基金，法兰克福，2008 年 5 月）。

制或者是俄罗斯及其邻国达成的有关双边建立信任措施的协议都不能满意地替代欧常裁条约，因为它们寻求的目标范围极为有限。北约和俄罗斯都在致力于恢复欧常裁条约机制的活力，但它们立场之间的差距却不是可以轻易弥合的，时间是一个十分重要的因素。[85] 另一方面，当前危机也为重新思考这一机制是否适应欧洲安全新的现实提供了一个新的机会。未来的常规武器控制机制，如要切合时宜，将不仅要考虑变化了的战略和政治状况，同时还要考虑加速出现的军事方面质的变化和技术进步。然而，这就要求在欧洲与大西洋地区进一步加强安全合作，而这正是当前所缺少的。

当前，在传统的建立信任与安全措施止步不前的情况下，在措施、规则、规范和机制方面建立欧洲军事信任要力争应对新的威胁与挑战。与此同时，欧安组织应努力对付多重威胁，这些威胁日益具有非国家性质。为此，通过执行小武器与轻武器和常规弹药储存项目向欧安组织参加国提供实际援助，以及更新和简化《行为准则》，这些都是被认为改进欧安组织区域内安全与稳定的关键组成部分。

（蒋振西　译）

〔85〕 关于欧洲常规武装力量条约机制的状况见拉霍夫斯基文章：“中止一年后的欧洲常规武装力量条约状况：被遗弃的条约?”，SIPRI 政策简介，2009 年 1 月，网址：〈http：//books. sipri. org/product _ info? c_ product _ id=372〉。

第十二章　控制与安全相关的国际转让

伊恩·安东尼　西比勒·鲍尔

第一节　导言

近年来，就制定与安全相关的物项出口控制法律进行合作的国家面临着的一个核心问题是：它们所作努力应当是基于区别对待原则，还是普遍公平原则。冷战结束后，原先那种明确建立在歧视对待基础上对确定对手实施的出口控制机制已被逐渐修正，添加了较为概括性的一般性规则，供各国许可证管理当局视个案情况运用。近来，主要由于美国的大力推动，一种混合型方式获得更多支持，这一方式是对少数令人关切的国家实行更加严格的出口控制，而在相互信任的国家之间则让技术较为自由地流动。

出口控制机制在制定共同准则时曾倾向于强调客观标准，以尽量减少各国在决定发放许可证时作不同解读的风险。[1] 一个国家是否对其国内的核活动实行全面保障监督就是这种标准。[2] 2008 年，"核供应国集团"（简称 NSG）决定不对印度实施其准则的这一部分，从而引发了"确定敏感目的地是政治决定，还是以客观标准作为国家

〔1〕"出口控制机制"是多边的合作安排，力图使参加这些机制的国家更有效地实施国家出口控制。

〔2〕全面保障监督是以核材料统计组合为基础，辅之以封存和监控技术，诸如国际原子能机构（IAEA）在相关设施上安装的防撕扯封条和照相机，对其活动进行持续不断的监查。

出口许可基础的问题”。

第二节分析了一些出口控制机制的最新动向。这一节尤其关注NSG 就印度所做的决定，同时还叙述了联合国安理会 2004 年第 1540 号决议的进展情况。[3] 第三节讨论欧盟（简称 EU）为军用和两用物项转让而专门设计和制定的出口控制作法所发生的变化。[4] 第四节探讨为简化相互信任的国家之间的军事设备和技术转让的法律建设，以便更好地满足这些国家武装力量的需求。第五节是结论。附件 12A 列出 2008 年期间实行的所有多边武器禁运。

第二节 控制有扩散敏感性物项的国际转让

联合国安理会 2004 年第 1540 号决议宣称大规模杀伤性武器（简称 WMD）及其运载工具的扩散是对国际和平与安全的威胁。决议内容是要求联合国全体成员国对这类武器及相关材料实行有效的出口控制。为监督执行此决议，安理会建立了由安理会全体成员国组成的 1540 委员会。2008 年 4 月，联合国安理会通过第 1810 号决议，加强 1540 委员会的职权并将其延长三年。[5] 决议鼓励各国就执行 1540 决议的优先事项和计划做出仔细安排，并向委员会提出为实施这些计划而要求的协助。决议还敦促各国和国际、地区及次地区的组织向委员会通报它们可以提供协助的领域以及这些协助的联络点。1540 委员会的任务包括进行“对执行情况的全面审查”，以及继续组织和参与外联活动，并加强其在促进技术协助方面的作用，包括：“通过援助模板、行动计划和提交 1540 委员会的其他信息等途径，积极在援助提供方和请求方之间进行协调”。[6] 决议还要求委员会促进与各国和组织共享在执行 1540 决议中得到的经验和教训。2008 年，安理会

---

〔3〕 联合国安理会 2004 年 4 月 28 日第 1540 号决议，联合国安理会决议案可查阅网址：〈http：//www. un. org/sc/〉。

〔4〕 两用货物和技术是指其既可民用亦可军用。

〔5〕 2008 年 4 月 25 日联合国安理会第 1810 号决议。

〔6〕 联合国安理会第 1810 号决议（同注释〔5〕）。

把世界海关组织（简称 WCO）增列到提出该决议最初文本的相关国际组织当中。[7] WCO 对决议涉及的边防检查和执法部分具有重要作用，包括执行国家出口和转运控制。

多边出口控制机制的动态

2008 年，四个非正式的多边安排在各自领域开展工作加强出口控制合作，它们是：澳大利亚集团（简称 AG）、导弹技术控制制度（简称 MTCR）、关于常规武器及两用物项和技术出口控制的瓦森纳安排（简称 WA），以及核供应国集团（NSG）。加入这些机制及桑戈委员会的国家在表 12.1 中列出。[8] 这些安排还与非参加国联系，强调新型和有效出口控制的重要性。外联拓展活动和提高透明度可以帮助非参加国采用这些机制伙伴国所制订的准则、控制清单、标准和程序，达到以公开文件阐明的程度。[9]

澳大利亚集团的成立是源于国际社会对 1980—1988 年期间伊朗一伊拉克战争中使用化学武器（简称化武）的关注。集团成员国最初就保持和制定各国国家出口控制条例开展合作，以防止可能用于或转用于化武计划的化学品出口。如今，成员国力求通过共享关于扩散的案例信息及应对策略，防止有意或无意地向化学或生物武器计划提供相关材料或设备。AG 不谋求以任何方式阻碍化学或生物物项的合法转让。[10]

2008 年，AG 成员国依据 2007 年关于特别关注合成生物制剂的协议，建立了一个合成生物学咨询机构，向成员国通报这一领域的技

〔7〕 联合国，“依照 1540 号决议（2004 年）建立的委员会报告”，S/2008/493 号文件，2008 年 7 月 30 日，附件，第 124—26 段。决议最初文本由 IAEA 和禁止化学武器组织（OPCW）提交。

〔8〕 桑戈委员会虽然不是《不扩散核武器条约》（NPT）机制的正式组成部分，但其参加国力求考虑到“变化的安全形势”对 1968 年《不扩散核武器条约》的影响，并据此“采取相应的出口条件和标准”。关于桑戈委员会的基本情况，参见本卷附件 B。关于 NPT 的概要和细则，参见本卷附件 A。

〔9〕 外联拓展活动包括使相关的团体直接地参与，目的是提高其认知度，交流信息和对话。

〔10〕 见 AG 网址：〈http：//www. australiaaroup. net/〉。

术发展情况，并为集团作出必要反应提供服务。〔11〕

AG 还继续合作对付以口头或电子传输方式进行的技术转移，即所谓“无形技术转让”（简称 ITT），这是“防止化学和生物武器能力日益扩散的突出问题”。这种合作包括各成员国就如何审批签证申请交流信息，作为处理有问题的无形技术转让的手段。〔12〕控制无形技术转让是两用物项出口控制的普遍性问题，在其他机制和程序中也进行审议。〔13〕

英国安全部门的一份报告着重论述了无形技术转让的潜在风险，指出用于学术研究的专门设施有可能会无意地被某些人用来寻求有关技能，用于可造成巨大影响的恐怖主义活动。〔14〕这并不是新的关切，几年来，英国已与学术界合作采用了一种志愿审查制度。2007 年，制定了学术科技审批制度，要求非欧盟国家公民先从外交部反扩散司取得批准证书后，方可在英国就读某些理科的研究生课程。〔15〕

其他政府实行了签证审查制度，并且在欧盟内已建议采取另外措施。2008 年 2 月，总务及对外关系理事会（GAERC）鼓励欧盟各国建立领事警戒程序或者加强已有的这类程序。理事会认为必须使各国颁发签证的部门更加了解防扩散措施面临的种种问题，并且指出欧盟

---

〔11〕 澳大利亚集团，“2008 年澳大利亚集团全体会议”新闻公报，2008 年 4 月 19 日，见网址：〈http://www.australiagroup.net/en/agm_apr2008.html〉和 J. Hart 及 P. Clevestig，“减少来自化学和生物材料的威胁”，《SIPRI 年鉴 2008：军备·裁军和国际安全》（牛津大学出版社：牛津，2008），第 453—454 页。

〔12〕 澳大利亚集团（同注释〔11〕）。

〔13〕 例如，瓦森纳安排 2006 年全会赞同该安排是“实施无形技术转让控制的最佳做法”，2006，见网址：〈http://www.wassenaar.org/publicdocuments/index_PD06.html〉。2008 年 9 月，全球打击核恐怖主义倡议在其学术部门举行了关于无形技术转让问题的磋商。

〔14〕 2008 年 11 月 2 日，M. Townsend 在 *The Observer* 刊物报道了该报告的内容，“恐怖分子企图潜入英国高端实验室”。另参见本卷第十章第四节。

〔15〕 英国边防新闻发布稿，“学生条例变更—学术科技审批制度（ATAS）”，2007 年 11 月 13 日，见网址：〈http://www.bia.homeoffice.gov.uk/sitecontent/newsarticles/2007/atas〉。

在提高这方面认识中可以发挥的作用。[16]

导弹技术控制制度是在防止扩散核、生物或化学（核生化）武器无人驾驶运载工具方面具有共同目标的国家之间的一项安排，开展合作交流信息并协调各国的出口许可审批程序。[17]

2008 年期间，MTCR 的公开声明继续提请关注几个地区，特别是中东、东北亚和南亚地区的导弹武库在规模和先进程度上持续不断地扩大和增长，以及这些导弹计划和核武器扩散之间的关联。[18] 关于 MTCR 工作情况的公开信息表明，近一段时期以来，该制度没有在令人关切的导弹计划问题上设置不可逾越的障碍；伙伴国承认“有必要加强阻止大规模杀伤性武器运载工具计划及涉嫌扩散活动的力度”。[19]

表 12.1　多边武器与技术转让控制机制成员国一览表（截至 2009 年 1 月 1 日）

国　家	桑戈委员会 1974 年	核供应国集团 1978 年	澳大利亚集团 1985 年	导弹及其技术控制制度 1987 年	瓦森纳安排 1996 年
阿根廷	X	X	X	X	X
澳大利亚	X	X	X	X	X
奥地利	X	X	X	X	X
白俄罗斯		X			
比利时	X	X	X	X	X

〔16〕 建议中包括设在敏感国家的领事部门相互通报出于扩散风险考虑而拒发的签证，以及探讨如何作到这种通报—包括运用申根协定信息系统确认从事扩散活动的人员。欧盟理事会，《理事会结论及欧盟打击大规模杀伤性武器及其运载工具扩散的新行动路线》，17172/08，2008 年 12 月 17 日，第 12 页。

〔17〕 见 MTCR 网址：〈http：//www. mtcr. info/〉。

〔18〕 MTCR，2008 年 11 月 5—7 日在澳大利亚堪培拉举行的导弹技术控制制度全体会议新闻公报，见网址：〈http：//www. ：mtcr. info/english/press/canberra. html〉。关于核武器国家的导弹研制情况，参见本卷第八章。

〔19〕 MTCR（同注释〔18〕）。

国　家	桑戈委员会 1974 年	核供应国集团 1978 年	澳大利亚集团 1985 年	导弹及其技术 控制制度 1987 年	瓦森纳安排 1996 年
巴西		X		X	
保加利亚	X	X	X	X	X
加拿大	X	X	X	X	X
中国	X	X			
克罗地亚	X	X	X		X
塞浦路斯		X	X		
捷克共和国	X	X	X	X	X
丹麦	X	X	X	X	X
爱沙尼亚		X	X		X
芬兰	X	X	X	X	X
法国	X	X	X	X	X
德国	X	X	X	X	X
希腊	X	X	X	X	X
匈牙利	X	X	X	X	X
冰岛			X	X	
爱尔兰	X	X	X	X	X
意大利	X	X	X	X	X
日本	X	X	X	X	X
哈萨克斯坦	X*	X			
韩国	X	X	X	X	X
拉脱维亚		X	X		X
立陶宛		X	X		X

国　家	桑戈委员会 1974 年	核供应国集团 1978 年	澳大利亚集团 1985 年	导弹及其技术控制制度 1987 年	瓦森纳安排 1996 年
卢森堡	X	X	X	X	X
马耳他		X	X		X
荷兰	X	X	X	X	X
新西兰	X	X	X	X	X
挪威	X	X	X	X	X
波兰	X	X	X	X	X
葡萄牙	X	X	X	X	X
罗马尼亚	X	X	X		X
俄罗斯	X	X		X	X
斯洛伐克	X	X	X		X
斯洛文尼亚	X	X	X		X
南非	X	X		X	X
西班牙	X	X	X	X	X
瑞典	X	X	X	X	X
瑞士	X	X	X	X	X
土耳其	X	X	X	X	X
英国	X	X	X	X	X
乌克兰	X	X	X	X	X
美国	X	X	X	X	X
欧盟委员会	O	O	X		
总数	**37**	**45**	**41**	**34**	**40**

O 为观察员；X 为成员国或参加国；* 为 2008 年加入的国家

注： 表中各栏顶端标出的年份是各出口控制集团正式成立之年，虽然成立前可能举行过非正式会议。

防止核、生、化武器运载工具扩散的其他国际努力日益集中于少数国家的导弹研制计划。例如，联合国安理会的几项决议限制或禁止向伊朗和朝鲜转让管制物项。[20] 2008 年 11 月，伊朗继续处于其弹道导弹计划的试验阶段，据报道，成功地试验了射程为 2000 公里的两级固体燃料导弹。试验表明，伊朗继续将其弹道导弹计划的重点从液体燃料引擎转移到性能更高、更稳定的固体燃料火箭上。整个 2008 年期间，伊朗发言人强调该导弹项目是对伊朗核设施感受到的袭击危险提供的必要威慑。[21] 2009 年初，据报道北朝鲜首次部署了一种新型弹道导弹，并准备进行新一轮弹道导弹试验。[22]

MTCR 伙伴国强调现有的导弹军备控制制度尚有不足之处，该制度当前没有集中关注到的几个国家的导弹研制计划近来也跨过了重要的技术门槛。

2008 年 1 月，以色列试验了一种新型火箭发动机，据认为是打算用到一种可加大射程的三级弹道导弹上（通常称为“杰里科 3 型”）。据说这种导弹的射程是 4000 公里。[23]

印度开发了水下导弹发射能力，作为整个制导导弹发展计划的组成部分。2008 年 2 月，印度首次从海面之下的平台试验发射了一枚弹道导弹。[24]

瓦森纳安排促进商定范围物项转让的透明度和交流信息及看法。该机制鼓励负责任的常规武器和相关两用物项及技术的转让，力求防

〔20〕 2008 年 3 月，联合国安理会澄清了此前各项决议当中一些限制和禁止的具体含义。见联合国安理会 2008 年 3 月 3 日第 1803 号决议。另参见 S. N. Kile，“核军备控制和防扩散”，以及 I. Anthony 和 S. Bauer，“控制与安全相关的国际转让”，《SIPRI 年鉴 2007：军备 · 裁军和国际安全》（牛津大学出版社：牛津，2007 年）；S. N. Kile，“核军备控制和防扩散”以及 I. Anthony 和 A. Wetter，“控制与安全相关的国际转让” SIPRI 年鉴 2008（同注释〔11〕）和本卷第九章第二、第三节。

〔21〕 S. A. Hildreth，“伊朗的弹道导弹计划：综述”，国会研究部向国会提交的 RS22758 号报告（美国国会，CRS：华盛顿特区，2009 年 2 月 4 日），第 4，6—7 页。

〔22〕 S. A. Hildreth，“朝鲜弹道导弹对美国的威胁”，国会研究部（CRS）向国会提交的 RS21473 号报告（美国国会，CRS：华盛顿特区，2009 年 2 月 24 日），第 3—4 页。

〔23〕 Y. Azoulay，“导弹试验将‘改善威慑’”，Haaretz，2008 年 1 月 18 日《国土报》。

〔24〕 见本卷第八章第七节。

止这些物项的“积累破坏稳定性”。[25]

WA于2008年12月23日在维也纳举行的全会上听取了当年总工作组、专家组以及许可证和执法官员等各种工作层会议的报告。2008年，WA的工作重点是执行2007年对这个机制总体功能在四个范畴的评估决定，它们是：出口控制的最佳作法、常规武器的再出口控制、透明度及外联拓展。除审议这些较大范围的问题，还再次强调未被授权的使用者获取便携式防空系统（MANPADS）应作为一个予以监控和进一步审议的重要问题。[26]

在扩大WA成员国方面，与2007年的情况一样，仍未能达成一致。然而全会同意通过与非成员国及其他国际组织的对话开展外联拓展活动，继续推广出口控制的最佳作法并加深对WA的认知。2008年期间，WA和白俄罗斯、中国及以色列开展了这种双边活动。[27]

WA依据专家组的建议更新了关于两用物品和技术以及武器弹药的两个控制清单。例如这些变动涉及低端红外传感器。[28]

核供应国集团

NSG的宗旨是通过控制核及与核相关的材料、设备、软件和技术的出口防止核武器扩散。[29] 由参加国政府通过国家立法和程序实行的这种控制无意防止或阻挠和平、利用核能的国际合作。2008年，

---

〔25〕 见WA网址：〈http：//www. wassenaar. org/〉。

〔26〕 关于MANPADS出口控制，参见M. Schroeder：“全球努力控制MANPADS”，SIPRI年鉴2007（同注释〔20〕），以及瓦森纳安排“便携式防空系统出口控制的更新内容”，2007年12月，维也纳，见网址：〈http：//www. wassenaar. org/publicdocuments/index _ PD07. html〉。这次革新是对2000年通过并于2003年修改的文本的再次修订。

〔27〕 瓦森纳安排，见2008年12月3日在维也纳举行的“关于常规武器和两用物品及技术出口控制的瓦森纳安排2008年全会”公报，网址：〈http：//www. wassenaar. org/publicdocuments/index _ PS _ PS. html〉。

〔28〕 瓦森纳安排，《变更概要：截至2008年12月3日的两用物品和技术清单及军用品清单》以及2008年12月3日WA清单（08）号文件《瓦森纳安排关于常规武器和双用途物品及技术的出口控制：两用物品及技术清单和武器弹药清单》，见网址：〈http：//www. wassenaar. org/controllists/〉。

〔29〕 关于NSG，参见I. Anthony、C. Ahlström和V. Fedchenko的“改革出口控制：核供应国集团的未来”，SIPRI研究报告第22号（牛津大学出版社，牛津，2007年）；以及NSG网址：〈http：//www. nuclearsuppliersgroup. org/〉。

NSG 继续审议了有关修改特别敏感的核技术转让准则的建议，具体问题是关于铀浓缩技术或从核乏燃料提取钚的技术，以及对印度的转让。

谈判核供应国集团的指导原则

2004 年，美国总统乔治·W·布什继国际非法核走私网被公开披露之后提议：NSG 应当拒绝向那些尚未拥有已全面运行的浓缩和后处理工厂的国家提供浓缩和后处理技术和设备。此提议引起了一些国家负面反应，其中包括几个 NSG 伙伴国。反对这一主张的人说：这种禁止有悖于 1968 年《不扩散核武器条约》（NPT）缔约国为和平目的获取核技术的权利。〔30〕

法国在 NSG 提出了一个变通方案，建议由供应国在审批敏感核技术的出口申请时，除执行现有指导原则外，再另外采取七条标准。〔31〕当情况清楚表明 NSG 大多数成员国都倾向于这个方案时，成员国开始审议这些标准。令巴西不能接受的一条标准是，除非接受国已同意与国际原子能机构（IAEA）签订的保障监督协议中已包含附加议定书，否则不可向该国转让敏感核技术，巴西不接受议定书，而且也不打算接受。〔32〕于是 NSG 成员国同意把标准放宽为可以向实行地区性安排，且其内容可被认为等同于附加议定书条款的国家转让敏感核技术。

美国接着提出另外三条标准：（1）转让应在可防止技术被仿用的条件下方可进行，包括具备实物阻隔或“黑匣子”，以防止使用者得到敏感技术；（2）供应国应评估向一国的转让是否会引发处于同一地区的其他国家也图谋获得类似技术；（3）对曾经自愿承诺放弃谋求这

〔30〕 NPT（同注释〔8〕），第四条和 W. Boese，“美国加入探寻核出口标准国家的行列”《今日军控》第 38 卷第 4 期（2008 年 5 月）。

〔31〕 关于这些建议的背景，参见 W. Boese，“核出口标准缺乏一致意见”，《今日军控》第 38 卷第 5 期（2008 年 6 月）。

〔32〕 附加议定书是一个法律文件，赋予 IAEA 更多权限补充保障监督协议规定的基本核查权力（见注释〔23〕）。巴西自 2006 年起在 Rosende 地区运行一座铀浓缩设施，满足自需外还向国外客户提供浓缩服务。法国的建议如果原封不动地获得通过，会使巴西 Resende 设施获取技术和设备的问题复杂化。

种能力但不再遵守此承诺的国家，供应国不得向其进行转让。〔33〕

一些国家感到难以接受美国提出的这些额外标准的第一条。尤其是加拿大反对这一条的技术保护形式，认为会影响加拿大的未来商业活动发展。〔34〕另一相关问题是控制仅适用于目前清单所列的技术，还是适用于尚待开发或证明具有商业价值、准备用于浓缩或后处理相同目的的未来技术。到 2008 年年底时，NSG 成员国仍未就所有这些问题达成最终共识。

推动与印度的民用核合作

2008 年期间 NSG 的大部分讨论是继续围绕与印度的民用核合作问题进行。〔35〕NSG 于 1992 年在华沙会议达成一致意见后，该集团有效地排除了与非 NPT 国家的核合作。〔36〕按照 NSG 指导原则，供应国向加入 NPT 条约的无核武器国家转让受控制物项和技术的前提条件是，进口国已实施其与 IAEA 签订的关于实行全面保障监督协定，从而对该国使用资源和特种裂变材料的所有活动进行保障监督。〔37〕达成华沙协议的历程步履维艰，但是它可以被正确地称作是朝构建不扩散标准迈出的重大步骤。再者，1995 年 NPT 条约审议大

〔33〕 M. Pomper，“核供应国就新规定取得进展”，见《今日军控》第 38 卷第 10 期（2008 年 12 月）。

〔34〕 Boese，（同注释〔31〕）。

〔35〕 关于讨论的背景，参见 C. Ahlström 的“印度一美国民用核合作的法律问题”，《SIPRI 年鉴 2006：军备·裁军和国际安全》（牛津大学出版社：牛津，2006 年）第 669—685 页。

〔36〕 核供应国集团，1992 年 3 月 31 日—4 月 3 日在华沙举行的核供应国指导原则拥护者会议“关于核供应国准则拥护者通过全面保障监督问题的声明”，见网址：〈http://www.sipri.org/contents/expcon/nsgfss.html〉。鉴于华沙会议的协议，1993 年对 NSG 指导原则进行了修订。见 C. E. Thorne 在 1997 年 10 月 7—8 日维也纳“出口控制对防止核扩散的作用”国际研讨会上的主旨发言：“多边出口控制：过去、现在和未来”，见网址：〈http://www.nuclearsuppliersgroup.org/public.htm〉。

〔37〕 保障监督的基本目的是阻止军事上获得核武器必需的裂变材料，但对于一些国家如印度的核计划既有军用的，也有民用的部分，则保障监督的作用就必须有所不同。NPT 对核武器国家的定义是 1967 年 1 月 1 日之前制造和爆炸过核武器或其他核爆炸装置的国家。因此，从法律观点看，NSG 成员国认为 1967 年之后人们已知爆炸过核装置的国家是无核武器国家。在实践上，执行 NSG 指导原则不包含与印度、以色列、朝鲜和巴基斯坦进行民用核合作，因为这些国家被认为不是核武器国家，但已拥有（或深信其已拥有）核武器，而且不是 NPT 条约缔约国。

会还把这一标准纳入到大会的决定当中，成为全球性准则。NPT 条约在那次大会得以无限期延长。〔38〕

经过三年进程，NSG 成员国于 2008 年同意 NSG 指导原则中这一至关重要部分把印度作为例外。〔39〕其背景是印度与美国 2005 年 7 月签订了民用核合作协议（CNCI）。〔40〕

布什政府通过此协议宣称其意图是使民用核合作成为加强与印度的经济、政治和战略关系的更广泛政策的一部分。为此目的，美国开始排除国内和国外阻止印—美核合作的障碍。2006 年，美国向 NSG 参加国散发了一份关于与印度进行民用核合作的声明草案，建议修改当时的 NSG 指导原则。2008 年秋，NSG 审议了与印度磋商后修改的另一份草案。〔41〕印度和美国都催促 NSG 伙伴国速作决定，以便在 2008 年将其列入国内法。〔42〕对修改建议的主张遭到印度官员的反对。他们强调印度的国内政局会使对草案的修改等于是继续阻挠民用核合作。〔43〕

与印度进行这些讨论的同时，印度和 IAEA 签订了对民用核设施

〔38〕 E. Regehr，"得到来自印度的不扩散回报"，2008 年 8 月 13 日，Embassy。关于 1995 年 NPT 审议大会及其决定，参见 J. Simpson，"NPT 审议和延长大会后的核不扩散机制"，《SIPRI 年鉴 1996：军备·裁军和国际安全》（牛津大学出版社：牛津，1996 年）第 563—573、590—593 页。

〔39〕 P. Goff，"核供应国集团同意把印度作为例外"，新西兰政府新闻发布稿，2008 年 9 月 7 日，网址：〈http：//beehive. govt. nz/release/nuclear＋suppliers＋group＋approves＋indian＋exemption〉。关于此决定的背景及其潜在影响，见 I. Anthony，"民用核合作：印度例外？"《欧洲安全评论》，第 40 期，(2008 年 9 月)。

〔40〕 关于 CNCI，参见 Ahlström（同注释〔35〕）。

〔41〕 A. Vishwanathan，"核供应国集团和印—美核协议"，防务研究及分析研究所的《战略评论》，新德里，2007 年 9 月 26 日。这些草案在 D. G. Kimball，"美国于 2006 年 3 月向核供应国集团散发的指导原则修改建议"一文里原文刊载，军控协会，2006 年 3 月 27 日，见网址：〈http：//www. armscontrol. org/projects/India/20060327 DraftNSGProposal〉。以及，D. G. Kimball，"美国 2008 年 8 月散发的关于核供应国集团指导原则特别把印度作为例外的建议"，军控协会，2008 年 8 月 13 日，网址：〈http：//www. armscontrol. org/node/3274〉。

〔42〕 S. Varadarajan，"核供应国集团必须作出最终决定"，《印度时报》2008 年 8 月日。

〔43〕 T. S. Sabramanian，"印度坚持'无条件'免受限制"《印度时报》2008 年 8 月 12 日。

实施保障监督的协定。[44] 可是由于这不是全面保障协定，仍限制NSG参加国向印度提供受控物项。此协定只规定于2014年对印度的14座核反应堆实施保障监督（其中6座原已接受特定设施保障监督），而印度指定的另外8座军用核反应堆仍将不受保障监督。印度明确表示不接受也不能谈判对这几座设施实施保障监督。尽管IAEA—印度协定有局限性，但美国提出，印度近几年来自愿采取的一些措施足以可使NSG参加国有理由可向印度转让受控物项和相关技术，只要出口国政府能够满意这些物项会在受保障监督的民用核设施内用于和平目的。此类转让还必须符合NSG指导原则的其他规定。2008年9月6日，NSG成员国接受了2008年美国建议把印度从NSG指导原则的一些方面予以豁免的提法，没有提出另外条件。[45]

2008年，继NSG决定修改指导原则之后，印度即与法国、美国和俄罗斯分别于9月、10月和12月签订民用核合作协定。[46]

NSG以协商一致方式工作，如果45个成员国里的任何国家拒绝修改现有指导原则，以利于与印度的民用核合作，那么美国带头的这番努力就会失败。了解这些讨论的外交官们说：讨论的初期情况就表明没有任何国家打算立即反对此建议。[47] 虽然通过的豁免条款是无条件的，但据信NSG伙伴国就一些问题达成了非正式协议。

---

〔44〕 印度与IAEA于2008年7月就协定案文达成一致，8月遂由IAEA理事会批准。见2008年8月1日《IAEA职员报告》："IAEA理事会批准印度专项保障监督"，见网址：〈http：//www. iaea. org/NewsCenter/News/2008/board010808. html〉。印度和IAEA之间就实施民用核设施保障监督的协定于2009年2月2日签署，并将在印方符合某些要求后生效。协定内容可查阅网址：〈http：//www. armscontrol. org/node/3181〉。

〔45〕 D. G. Kimball，"关于与印度进行民用核合作的NSG声明：全文、分析及反应"，2008年9月6日，《今日军控》，见网址：〈http：//www. armscontrol. org/node/3345〉。

〔46〕 2008年9月30日《世界核新闻》，"法国—印度核合作协定"，2008年10月8日；白宫："布什总统签署HR7081号美国—印度核合作获准及加强防扩散法令"，见网址：〈http：//georgewbush — whitehouse. archives. gov/news/releases/2008/10/20081008 — 4. html〉，A. Mohammed，"美国与印度签署民用核合作协定"，路透社，2008年10月10日，见网址：〈www. reuters. com/article/topNews/idUSTRE49990220081010〉；以及伊斯兰共和通讯社，"印度与俄罗斯签署核合作协定"，2008年12月5日，见网址〈http：//www. globalsecurity. org/wmd/library/news/india/2008/india－081205－irna02. html〉。

〔47〕 印度报业托拉斯："瑞士在NSG'不大可能'阻碍对印度的豁免"，《南亚时报》，2008年8月9日；以及M. Hibbis，"NSG内一些人士预测关于豁免印度的条件的辩论来日方长"，2008年8月11日《核燃料》第33卷第16期（2008年8月11日）。

印度政府对 NSG 参加国进行游说的过程中公开承诺继续单方面自愿暂停核试验。〔48〕然而这个承诺对现政府或任何后续政府并无约束力，而且印度没有签署 1996 年的《全面禁止核试验条约》（CTBT）。〔49〕据信 NSG 伙伴国非正式议定，如果印度恢复核武器试验，就终止与它的民用核商业活动。这个非正式的决定可避免直接和 CTBT 挂钩联系，因为 NSG 的两个参加国（中国和美国）也还没有批准此条约。

这种决定肯定适合美国，因为这已经是美国法律的规定，而且一旦印度核试验，一定会迫使未来美国政府作出政治反应停止执行与印方的协定。〔50〕NSG 的其他伙伴国是否会在印度核试验后采取类似行动并不确定。如果 NSG 非正式一致同意其他各国也采取类似行动，会帮助美国避免陷入一种局面，即国内立法和国内政治舆论迫使美国政府采取一项其他核供应国无义务实行的政策。

仍在进行非正式协商的第二个建议是把与印度的民用核合作限制在 NSG 控制物项清单的某些部分。NSG 成员国的非正式协议可能会包括决定不批准向印度转让从扩散核武器的角度看特别敏感的技术。这会包括铀浓缩和乏燃料后处理技术。与此相类似的是，当布什政府被美国立法议员询问需要修改美国国内法以便与印度进行合作的必要性时，它承诺敦促 NSG 决定禁止向 NPT 和 NSG 以外的任何国家出口浓缩铀和后处理设备及技术。〔51〕

尽管不能指望印度加入 NSG，但 NSG 集团还是得考虑将来如何处理与印度的关系。NSG 伙伴国还得确定如何监控印度自愿承诺的义务，这一义务是印度外长九月作出的，包括支持谈判缔结裂变材料

---

〔48〕 印度外交部，“印度外长慕克吉就民用核倡议的声明”，2008 年 9 月 5 日，新德里，网址：〈http：//www.indianembassy.org/newsite/press _ release/2008/Sep/3.asp〉。

〔49〕 关于 CTBT 的概要和其他细节，参见本卷附件 A。条约将在附件所列的 44 国批准后对全体缔约国生效。

〔50〕《亨利・海德美国—印度和平利用原子能合作法案》，美国公法 109—401，2006 年 12 月 18 日，见网址：〈http：//frwebgate.access.gpo.gov/cgi－bin/getdoc.cgi? dbname＝109 _ cong _ bills&docid＝f：h568enr.txt.pdf〉。

〔51〕 W. Boese，“NSG，国会批准对印度的核贸易”，2008 年 10 月《今日军控》第 38 卷第 8 期。

禁产公约（FMCT）和有效地实行国家出口控制。[52] 印度民用核工业大幅度扩张将导致增加双用途技术的供应方，NSG伙伴国期待印度考虑到这一变化，及时地更新其国家出口控制制度。

虽然NSG的决定仅涉及印度，但其他那些被有效地排斥在国际民用核合作之外的国家也谋求修改现有规则。中国提出了一套从理论上来说任何国家都可以达到的标准，作为国别合作观的另外选择。以色列和巴基斯坦提出类似建议，敦促NSG考虑采取"普遍性、多层次、以标准为基础的核技术转让观"，[53] 支持者辩称，以标准为基础的主张可鼓励目前所有被挡在国际民用核合作之外的国家把它们的国内法、程序和政策与NSG的规则接轨。这种主张还有助于重新使人们认为NSG是以规则为基准、而不是受其最强大成员国的政治和经济私利驱使的机构。然而，当今NSG伙伴国之间的信任度太低，它们不相信其他国家的当局在评估具体出口许可时能够以可被接受的方式采用协商一致的标准。

第三节　欧盟内部的供应方措施

2008年期间，欧盟武器出口的方针发生许多重大变化。所作的努力是通过采纳一项更加全面和有法律约束力的修订协议，集中于强化《欧盟行为准则》，并促进欧盟内部的转让（见下文第四节）。欧盟还采取了反对扩散大规模杀伤性武器的新行动路线，并与第三方国家就出口控制加强和扩大合作。[54] 2006年12月开始的拟对欧盟理事会第1334/2000号规章（欧盟两用物项规章）进行彻底修改（"重新

〔52〕 关于FMCT，参见Kile，《SIPRI年鉴2008》（同注释〔20〕，第361—362页。

〔53〕 G. Kessler，在"以色列提出核贸易计划"一文中援引以色列发言人David Siegel的讲话，《华盛顿邮报》，2007年9月30日，以及A. Ezdi，"胡萝卜加大棒"，《国际新闻》（卡拉奇），2009年1月7日。

〔54〕 欧盟理事会（同注释〔16〕），就欧盟而言，"第三方国家"是指欧盟以外的所有国家，但欧洲经济区（EEA）国家挪威、列支敦士登和冰岛除外。

塑造”）的谈判至今仍在进行。[55] 欧盟力图通过对现行的出口控制增添两用物项的中间商及过境/转口运输控制，使该项规章符合联合国安理会 1540 号决议。

强化欧洲联盟的武器出口行为准则

2008 年 12 月，欧洲联盟理事会（简称欧盟理事会）最终把具有政治约束力的欧盟武器出口行为准则 1998 年版本升级和强化成为有法律约束力的共同立场。[56] 共同立场的法律地位责成成员国在国内予以履行。此文件的名称正式改为《管理军事技术和设备出口控制的共同条例》简称《共同条例》。

《共同条例》的前言大幅度地扩展了《行为准则》，提及自 1998 年以来通过的各项相关文件。此文本首次规定了须遵守共同标准和执行条款的武器转让类型，并扩大了该协议涉及的交易范围。《共同条例》应用于以下出口许可申请：1.“实体出口许可，包括授权在第三方国家生产军事设备的出口许可”；2.“中介许可”；3.“‘过境’或‘转运’”许可；4.“任何可通过电子媒介、传真或电话等方式传输的软件和技术的无形转让”。[57] 这些情况之中的哪些出口需要有许可证则由国家立法确定。

对《行为准则》的八条评估标准也进行了修订。关于目的地国家尊重人权状况的第三条标准扩展为要考虑到国际人权法。按照新条文，

> “成员国评估接受国对待国际人权法律文书规定的有关原则的态度之后，如果有明显的风险表明拟出口的军事技术或设备可能用于严重地违反国际人权法，则须拒绝发放该项

---

〔55〕 2000 年 6 月 22 日第 1334/2000 号（欧盟）《理事会规章》就两用物项和技术的出口控制建立了共同体制度，见《欧盟议事录》，2000 年 6 月 30 日，L159。

〔56〕 2008 年 12 月 8 日 2008/944/CFSP 文件《理事会共同立场》确定管理军事技术和设备出口控制的共同规则，见《欧盟议事录》2000 年 12 月 13 日，L335，第 99－103 页；以及欧盟理事会，《欧盟武器出口行为准则》，8675/2/98 rev2 文件，布鲁塞尔，1998 年 6 月 5 日。

〔57〕《理事会共同立场文件第 2008/944/CFSP 号》（同注释〔56〕），第一条。

出口许可证”。〔58〕

关于出口的货物可能会被转往不良最终用户风险的第七条标准修改为要注意转往可疑的恐怖份子（不仅是可疑的恐怖主义组织）的风险和转出口到不良目的地的风险。后者明确地是指“接受国在遵守任何转口的规定或转口之前获得同意方面的记录”。欧盟成员国还一致同意“与那些在其军事技术和设备出口控制政策上采取和应用这一标准的第三方国家定期交流经验”。〔59〕

重要的是，《共同条例》要求每个欧盟成员国不仅向欧盟年度报告提交武器出口情况，在《欧洲联盟官方日志》上公开发表，而且要发表军事技术和设备出口的国家报告。虽然这些实质性修改大致已经包括在《行为准则》附带的《用户指南》内，但 2008 年 12 月之前这些修改并未形成正式协议。〔60〕

《行为准则》原已包含对出口许可证申请进行评估的标准，以及申报、信息交流和磋商的义务。《共同条例》纳入 2005 年已达成一致意见的实质性修改，但在 2008 年之前并未协商一致地通过该文件。〔61〕停滞不前的部分原因是这些修改与解除欧盟对中国的武器禁运问题挂了钩。〔62〕《共同条例》的通过还反映出有必要加强欧盟对拟议的武器贸易条约的政策可信度，以及它和其他国家就需要有现代化和有效的出口控制进行接触交流的政策可信度。这两点都由于欧盟未能加强它本身的规则而受损。2005 年，曾经讨论过一系列措施对已解除武器禁运的国家提高转让的透明度，然而这在《共同条例》内并未得到反映。〔63〕

---

〔58〕《理事会共同立场文件第 2008/944/CFSP 号》（同注释〔56〕），第二条。

〔59〕《理事会共同立场文件第 2008/944/CFSP 号》（同注释〔56〕），第十一条。

〔60〕欧洲联盟理事会，《欧盟武器出口行为准则用户指南》，第 7486/08 号文件，布鲁塞尔，2008 年 2 月 29 日。

〔61〕依照《欧洲联盟武器出口控制行为准则执行条款》第八条的第十届年度报告，《欧盟议事录》C300，2008 年 11 月 22 日，第 1 页。

〔62〕I. Anthony 和 S. Bauer，“转让控制”，《SIPRI 年鉴 2005：军备・裁军和国际安全》（牛津大学出版社：牛津，2005 年）第 718 页。关于此件及所有其他实施中的多边武器禁运情况，见附录 12A。

〔63〕I. Anthony 和 S. Bauer，（同注释〔62〕），第 718 页。

不同地区常规武器出口控制的联合行动

2008 年 3 月，在《共同条例》获得通过之前，欧盟采取联合行动支持其在第三方国家促进出口控制及当时《欧盟武器出口行为准则》各项原则和标准的活动。[64] 2008 年和 2009 年期间，联合行动资助在参与国、候选国和“欧洲睦邻政策”（ENP）伙伴国举行常规武器出口控制地区研讨会。[65]

为东南欧举办的研讨会于 2008 年 5 月在斯洛文尼亚举行，并就 2009 年度后续活动作了规划。在“欧洲周边政策”北非伙伴国的这种研讨会首次于 2008 年 12 月在摩洛哥举行。[66] 2009 年拟在格鲁吉亚举行为亚美尼亚、阿塞拜疆、白俄罗斯、格鲁吉亚和摩尔多瓦举办一次研讨会。在东南欧举行的研讨会是依托于每年两次关于《欧盟行为准则》的系列会议，这些会议自 2005 年以来由西巴尔干地区的不同国家每年举行两次。欧盟主席国与 SIPRI 合作组织的这些活动增进了在贯彻执行和实际操作《欧盟行为准则》方面的信息交流。[67]

这项联合行动是欧盟首次试图向为加强常规武器出口控制的活动提供系统的资助。此举是 2007 年下半年期间葡萄牙担任主席国时提出的倡议，2008 年初斯洛文尼亚担任主席国期间得到一致赞同。这个倡议是对欧盟在双用途领域援助和合作计划的补充，该计划由共同体的预算提供资金，并由德国经济和出口控制局（BAFA）与欧盟其他成员国合作实施。

欧盟支持缔结武器贸易条约

2006 年 12 月 6 日，联合国大会投票决定成立政府专家组

[64] 关于支持欧盟的活动，由此在第三方国家促进武器出口控制及《欧盟行为准则》关于武器出口的原则和标准的 2008 年 3 月 17 日理事会联合行动，2008/230/CFSP，《欧洲联盟官方日志》L75，2008 年 3 月 18 日，第 81—85 页。

[65] 在土耳其和乌克兰的活动亦可在此预算项下得到资助。

[66] 欧盟理事会，“关于武器出口控制地区研讨会的报告，2008 年 12 月 18—19 日，摩洛哥，拉巴特”，2009 年 1 月 20 日，5195/09。

[67] 欧盟轮值主席国分别各自负责组织这些活动。

(GGE)，协助秘书长草拟国际武器贸易条约案文。为了规范国际武器贸易，欧盟主张制订“具有约束力的标准，符合当今相关国际法规定的国家责任”。〔68〕为此，欧盟积极支持联合国缔结武器贸易条约的进程。

2008 年 8 月发表的最后报告，政府专家组建议“在联合国框架内以循序渐进为基础，通过公开、透明的方式”进一步讨论。〔69〕2008 年 10 月，联合国大会确定在 2009 年通过一系列会议进一步就此展开讨论的进程。〔70〕欧盟将资助其部分会议。〔71〕英国政府描述这一进程是“迈向这个重要条约合理和逐步渐进的思路，通过可以为那些希望进程更稳妥些、以便向更广泛的联合国成员国阐明它们意见的国家提供时间的步调和安排，平衡了众多国家和公民社会要求尽早取得进展的愿望”。〔72〕

打击大规模杀伤性武器扩散

欧盟理事会 2008 年 12 月核准“欧盟采取打击大规模杀伤性武器及其运载工具扩散的新行动方针”。〔73〕此文件把向外拓展与内部深化相结合。行动计划的要点之一是“加强与第三方国家合作，协助它们

---

〔68〕 斯洛文尼亚常驻联合国代表 Sanja štiglic 大使代表欧盟在联合国安理会关于小武器和轻武器（SALM）的公开辩论会上所发表的欧盟主席国声明，2008 年 4 月 30 日，纽约，见网址：〈http：//www. europa－eu－un. org/articles/en/article _ 7844 _ en. htm〉。

〔69〕 联合国大会政府专家组关于研究用以制订常规武器进出口和转让共同国际标准的一项全面和具有法律约束力文书的可行性、范围及参数草案的报告，第 A/63/334 号文件，2008 年 8 月 26 日，第 16 页。

〔70〕 联合国大会，“迈向武器贸易条约：为常规武器进出口和转让制订国际共同标准”，第 A/C. 1/63/L 文件，2008 年 10 月 17 日。

〔71〕 欧盟理事会，理事会 2009 年 1 月 19 日关于在欧洲安全战略框架下，支持欧盟在第三方国家开展活动，促进实现武器贸易条约进程的决定，《欧洲联盟官方日志》L7，2009 年 1 月 22 日，第 39－44 页。

〔72〕 英国外交和英联邦事务部长 B. Rammell 在议会下院关于武器贸易条约的讲话，伦敦，2008 年 10 月 9 日，见网址：〈http：//：www. fco. gov. uk/en/newsroom/latest－news/? view＝Speech&id＝7626984〉。

〔73〕 欧盟理事会（同注释〔16〕）。

改进其不扩散政策和出口控制”。[74] 欧盟尤其要“在欧盟内部提升防扩散措施的地位，把这个基本的安全问题提高到欧盟和成员国为应对此形势而采取种种行动政策的明显优先位置”，并“确定最佳举措，在成员国的国家政策层面上推而广之”。[75] 为体现这种对强化培训和执法措施的突出努力，理事会还号召在欧洲的层面上达成一致，对非法出口、中介和走私大规模杀伤性武器和材料的行为予以刑事制裁。欧盟还通过了一项关于小武器的条款，拟列入与第三方国家签署的协议作为防扩散条款的补充。[76]

第四节 军品贸易合作协议

近年来一直努力在确保武器出口控制不给国防工业的合法国际合作造成不必要的障碍，或者由于增加成本或拖长交货时间而影响国家武装力量得到必需的军事装备。已经在探索更加有针对性的控制方式，以便实现既能减少为军事用途专门设计、研发、改装或生产的物项被转让给未被授权接受方的风险，又能有助于在经济和技术上有竞争力的武器生产这一主要目的。

规范欧洲联盟内部的军品转让

欧盟对两用物项出口与转让的管理是依照单独的一项立法，而与此不同的是，每一欧盟成员国则实施各自的国家立法，用以控制为军

〔74〕 理事会还采取了支持联合国安理会 1540 号决议的联合行动，该行动拟资助旨在加强能力和有助于鉴别执行差距的次地区研讨会。2008 年 5 月 14 日的《联合行动 2008/368/CFSP 文件》，在执行欧盟防止大规模杀伤性武器扩散战略的框架内，支持执行联合国安理会 1540 号（2004）决议。《欧洲联盟官方日志》，L127，2008 年 5 月 15 日，第 78—83 页，参见上文第二节。

〔75〕 欧盟理事会，（同注释〔16〕）。

〔76〕 欧盟理事会，“理事会关于在欧盟与第三方国家的协议内加入 SALW 条款的决定”，17186/08，2008 年 12 月 17 日。

事用途专门设计、研发或改装的物项出口和转让。[77]

2007 年 12 月，欧盟委员会提议采取一揽子措施，以支持发展更加强大、更具竞争力的欧洲军工企业，包括建议在欧盟内部减少国家之间军品贸易的障碍。[78] 2008 年 11 月底，理事会、欧洲议会和欧盟委员会就一项指令达成一致，简化欧盟内部军用物项转让的要求和条件。[79] 2008 年 12 月 16 日，欧洲议会就所建议的指令通过立法决议，使欧盟早日建立防务产品共同市场。[80] 这项指令预期在《官方日志》上发布并将于 2009 年年中生效。

迄今为止，欧盟内的军用设备转让经常是采用个案许可证。一旦该指令获得通过成为欧盟法律，则成员国“必须在个体供应方提出申请时向其发放多用（global）许可证，授权向另一成员国的一个或数

---

〔77〕 欧洲委员会，建议欧洲议会和理事会拟订一项指令，简化共同体内部转让与防务相关产品的要求和条件，COM（2007）765final，布鲁塞尔，2007 年 12 月 5 日。关于委员会这个建议的背景和内容，见 Anthony、Bauer 和 Wetter（同注释〔20〕）。

〔78〕 欧盟委员会（同注释〔77〕）。

〔79〕 欧洲议会，内部市场和消费者保护委员会，关于建议制订欧洲议会和理事会指令，简化共同体内部与防务相关的产品转让的要求和条件的报告［COM（2007）0765－C6－0468/2007－0279（COD）］。《欧洲议会届会文件第 A6－0410/2008 号》，2008 年 10 月 15 日。

〔80〕 欧洲议会，内部市场和消费者保护委员会，《关于建议制定欧洲议会和委员会指令，简化在共同体内部转让与防务相关产品的要求和条件的报告》［COM（2007）0765－C60468、2007－2007、0279（COD）］，A6－0410、2008，2008 年 10 月 15 日，见网址：〈http：//www. europarl. europa. eu/sides/getDoc. do? reference＝A6－2008－0410&language＝EN〉；“欧洲军备：公开采购指令的最后阶段”《欧洲防务与外交》第 184 期（2008 年 12 月 9 日），第 4 页；以及欧洲议会，“构建纯粹和透明的欧盟军火市场”，《新闻发布》第 20081216IPR44603 号，2008 年 12 月 16 月，见网址：〈http：//www. europarl. europa. eu/news/expert/infopress _ page/054－44605－350－12－51－909－20081216IPR44603－15－12－2008－2008－false/default _ en. htm〉。

据载有此决议的一份理事会文件称，“已通过的修正案文符合三个机构达成的一致意见，故应可被理事会接受。因此，一旦法律文字专家审查过案文，理事会应可通过此立法议案”。欧盟理事会，“建议欧洲议会和理事会拟订一项指令，简化共同体内部转让与防务相关产品的要求和条件－欧洲议会一读通过（斯特拉斯堡，2008 年 12 月 15－18 日）”，17254、08，2009 年 1 月 14 日。

个接受方转让一件或数件与防务相关的产品”。[81] 每个成员国还应设计出并公布授权向其他成员国武装力量转让防务产品的通用许可证。

按此指令，成员国之间进行的军用物项转让仍须事先得到国家授权（虽然此规定有些例外），而且许可证继续由各国主管部门颁发。然而，一旦得到许可证，在成员国过境的物项或在接受方所在的成员国入境时就不再需要用于出口控制目的的另外授权。任何转让依然要遵守与安全和保安有关的各项规定。指令中含有确保转让安全的规定，尤其是关系到产品或组件的最终接受方。

成员国主管部门可以在任何时候出于特定的原因撤销、收回、中止或限制使用它们所颁发的转让许可证。这里包括保护它们的重大安全利益或违反了许可证的要求。各国家主管部门还可以决定对违反规定的许可证持有者作出处罚。指令允许发放许可证的成员国对某些实体遵守有关要求和条件的“意愿或能力”有“严重关切”时，把它们从通用许可中暂时删除。[82]

指令要求发放许可证的成员国向军品的接受方和接受方所在的成员国通报对再转让的限制。重要的是，成员国“须具有必要的资源和能力对遵守出口限制的情况进行核查”。最后，与欧盟武器禁运和欧盟两用物项规章的措词相类似的是，成员国“须采取适当措施确保本指令的规定得以严格的执行”，并“针对违反为执行本指令所规定的条款的行为制订惩罚条例”。这些惩罚应“有效、适度和具有劝诫力”。[83]

此指令运用于附件列出的军用物项。这就意味着欧盟将首次具有一份军事设备的控制清单，而不是个参考清单。指令将要求对各国管理军用设备出口的国家出口控制法作一些法律调整。它还对各国主管部门提出了新的执法要求，因为它们必须加强许可证审批工作并适应另外成员国的再转让条件，即它们必须得对任何违法行为予以防止、

〔81〕 个案许可证允许某出口商向某特定最终用户出口某特定物项。多用许可证允许一家出口商向一个或更多的认定最终用户出口一类以上物项（许可证中说明了物项及最终用户）。通用许可证授权向特定的一国或多国的任何最终用户出口一类或多类物项。任何出口商都可使用通用许可证，而多用许可证只发给一个特定许可证持有者。

〔82〕 欧洲议会，内部市场和消费者保护委员会（同注释〔80〕），修正案 8。

〔83〕 欧洲议会，内部市场和消费者保护委员会（同注释〔80〕），修正案 50 和 56。

侦察、调查和起诉法办。仍然有些未解决的问题，特别是如何协调成员国办理出口许可的实际操作，如何在欧盟各国间步调一致地办理转让的接受方证明书。

简化出口许可程序的双边条约

有些国家的政府寻求签署双边协议，以便于开展军事物品和服务的合法贸易。2008 年 1 月，美国颁布了一项出口控制指令，使美方的出口许可证主管部门能够“对友邦、盟国，特别是我们的联合行动伙伴国的军用设备需求作出更快的反应”。〔84〕可是布什政府没能说服美国国会修改国家立法，允许对以前出口给盟国的物项零件和替换件实行特别程序。

布什政府与澳大利亚和英国这两个与美国有着军事工业密切合作历史的国家拟订双边协议后，美国于 2007 年 1 月和 2007 年 9 月分别和英国、澳大利亚签署了军贸合作条约。〔85〕这两个条约如获批准，将会对原已审批通过的项目和公司予以出口许可证豁免，允许从美国向英、澳两国出口特定的清单物项用于：联合军事和反恐行动；联合研究、开发和生产项目；双方商定的特种军事项目，以及为美军使用。依照这些条约的条款，澳大利亚和英国同意在未事先征得美国政府同意时，防止这类物项再出口和再转让到已经审批通过的项目和公司以外之处。

但是，这些条约到底会不会生效还不能确定。虽然澳大利亚和英

---

〔84〕 美国国务院，“总统发布出口控制指令以改革美国的军贸政策和实施”，Fact sheet，2008/44，2008 年 1 月，见网址：〈http：//2001－2009. state. gov/r/pa/prs/ps/jan/99562. htm〉。

〔85〕 2006－2007 年期间，美国主管部门对澳大利亚和英国提出 500 项 C. 23 许可证申请仅驳回了其中的 15 项。V. Crawly 和 D. Mckeeby，“美－英签署防务条约”，America. gov，2007 年 6 月 27 日，见网址：〈http：//www. america. gov/st/washfile－ english/2007/June/20070627162529MVyelwarC0. 9842493. html〉；及美国大使馆，澳大利亚，堪培拉，“问题与回答”：“澳大利亚与美国的军贸合作条约” 2007 年 9 月 5 日，见网址：〈http：//canberra. usembassy. gov/irc/us－oz/2007/09/05/pm3. html〉。实施该条约的更多细则公布在 2008 年 2 月颁发的一项规定中。美国国务院，“关于美利坚合众国政府与大不列颠和北爱尔兰联合王国之间防务贸易合作条约实施安排”。媒体新闻发布，2008 年 2 月 14 日，见网址：〈http：//www. state. gov/t/pm/rls/othr/misc/101101. htm〉。关于美、英、澳三国军火工业之间的关系，参见本卷第六章第四节。

国已批准了条约，但仍有待于美国参议院的批准。2008 年 9 月，美国参议院对外关系委员会主席拜登向赖斯国务卿通报说：该委员会 2008 年年底之前不能对这两个条约的任何一个完成审议。〔86〕于是，关于批准条约的决定已推延到 2009 年。

美国国会曾在不同时候对这两项条约提出过一些关切。一个关切是条约生效后许可证管理部门的监管力度。条约内容的执行在很大程度上要靠对享用出口许可证豁免的公司的有效内部管理机制。虽然要求公司报告使用许可证豁免的情况，但由官员进行核查的可能性有局限。然而，有些国会议员已表示，控制军事技术国际转让的执法制度应当更加严格，而不是更加宽松。

第二个关切是条约伙伴国的国内立法是否足以防止非授权的再转让出口豁免所涵盖的技术。倍加关注的焦点是现有法律能否防止通过对外直接投资而形成的工业实体和国际军事技术研究与开发的国际项目内进行技术转让。这一问题在英国尤其困难，对于英国法律能否保护美国技术的疑虑有所上升，因为欧洲的防务工业在加快一体化。

国会对美国技术予以出口许可证豁免持慎重态度的第三个原因是转移到中国最终用户的潜在可能性。在欧洲进行的关于是否保持 1989 年作出的不向中国转让武器政治承诺的讨论，使美国更加担心欧洲技术转让给中国会有助于中国军事现代化。〔87〕

第五节 结论

核供应集团从它们原先的协议，即给予供应的客观条件是实行国际原子能机构的全面保障监督，倒退的决定是一个迹象，表明出口控制逐步地偏离以明确的普遍适用规则为基础的制度，蜕变成为对不同

〔86〕 J. Abramson，“防务贸易条约在国会受阻”，《今日军控》第 38 卷第 9 期（2008 年 11 月）。

〔87〕 M. －B. Stumbaum，“欧盟—中国安全合作的机遇和局限”，《国际观察》，第 42 卷第三期（2007 年 9 月），第 351－370 页。

类型国家实行不同控制的制度。集团里那个最强大的成员国认为：政治上有必要加强和印度的关系，且大多数核工业领先的国家相信在经济和环境上有充分理由与印度交往和合作。至于其他国家现在可能断定核扩散的后果并不像它们原以为的那样代价高昂，这种危险性则被认为是可以驾驭的风险。

核供应集团参加国通过改变和印度关系的性质可以形成一种机制，支持采取符合国际最高标准的出口控制，例如帮助印度定期更新它的国家出口控制清单。与印度民用核合作的含义将激发更广泛更丰富的关于核出口控制防核扩散作用的对话。但是这种变化对于像巴基斯坦、朝鲜这些仍被排斥在民用核合作之外的国家来说，其影响并不清楚。

2008 年，欧盟内部出口控制规则和程序的修改凸显出为执行和加强出口控制提供充分资源对全欧盟普遍具有重要意义。

欧盟、美国和美国的军事盟友中所进行的讨论集中在如何调整出口控制法律以便利于而不是限制专门设计和开发用于军事技术交流，特别是在盟国之间的交流，从而有助于以尽可能最低的成本提升武装力量能力的更广泛努力。这种努力进一步激发了关于出口控制是应当酌情而定还是应当制订通用规则的更加宽泛的辩论。

（李长和　译）

附录 12A 多边武器禁运

保尔·霍尔托姆 诺埃尔·凯利

一、导言

2008 年内实施的强制性多边武器禁运共有 27 项，针对总共 15 个对象，包括政府、非政府势力及一个跨国网络。这些禁运之中的 12 起由联合国实行，另 15 项由欧洲联盟（欧盟）实行。[1]

联合国安理会已连续第二年未实行任何新的武器禁运。联合国对卢旺达国内非政府武装的武器禁运于 2008 年取消，而且联合国对刚果民主共和国（DRC）、伊朗和索马里实行的武器禁运在对象和执行方面有重要修改。联合国延长了对“基地”组织、塔利班及相关个人和实体、科特迪瓦、刚果民主共和国境内非政府武装、伊朗、利比里亚以及索马里的武器禁运。

欧盟 15 起禁运中有 9 项是直接执行联合国的武器禁运。[2] 此外，欧盟实行的两起武器禁运在范围和覆盖面上均有别于联合国的禁运，还有四起则是联合国所没有的禁运。[3] 欧盟 2008 年虽然没有实行新的武器禁运，但由于联合国武器禁运变化而取消或替换了对刚果

〔1〕 此外，欧洲安全与合作组织（OSCE）于 1992 年对亚美尼亚和阿塞拜疆施加的自愿武器禁运仍然有效。并非所有 OSCE 成员国都执行此禁运。

〔2〕 这些禁运是针对“基地”组织、塔利班及相关个人和实体、科特迪瓦、刚果民主共和国、伊拉克（非政府武装）、朝鲜、黎巴嫩（非政府武装）、利比里亚、塞拉利昂（非政府武装）和索马里。

〔3〕 与联合国类似禁运相对应的两项禁运是针对伊朗（涉及的武器不同）和苏丹（对象不同）的。联合国所没有的四项禁运是针对中国、缅甸、乌兹别克斯坦和津巴布韦的。参见下文第三节。

民主共和国的武器禁运。欧盟还延长了对科特迪瓦、缅甸和乌兹别克斯坦的武器禁运。

2008 年期间，联合国对格鲁吉亚和津巴布韦的武器禁运遭到联合国安理会五个常任理事国（中国、法国、俄罗斯联邦、联合王国和美国；“五常”）当中至少一个国家的明确威胁。冷战结束以来仅有的第二次由五常国家投票否决了联合国安理会建议实行的武器禁运决议草案：中国和俄罗斯双双否决了联合国对津巴布韦实施武器禁运。[4]

本附录第二节和第三节分别详述联合国和欧盟这些方面的情况。[5] 表 12A.1 详细列出了 2008 年实施的各项武器禁运。本附录未涉及某些国家自行采取的正式或非正式的单边武器禁运。

二、2008 年联合国武器禁运情况

联合国安理会 7 月份通过的第 1823 号决议取消对卢旺达境内非政府武装的武器禁运以及 1995 年根据第 1011 号决议规定的不准从卢旺达转口和出口武器及相关材料的禁令。[6]

联合国安理会 3 月份第 1807 号决议解除对刚果民主共和国的武器禁运，并撤消了 2005 年第 1596 号决议规定的关于授权和接受运送武器及相关材料的条件。[7] 但对刚果民主共和国境内非政府实体和个人实行的武器禁运仍然有效。联合国关于刚果问题的专家组在

[4] 第一次是 2004 年时俄罗斯否决拟向塞浦路斯实行武器禁运的决议案。联合国，安理会，第 4947 次会议，S/PV. 4947 文件，2004 年 4 月 21 日。此处援引的所有联合国文件均可查网址：〈http：//www. un. org/documents/〉。

[5] 关于对伊朗实行禁运的联合国安理会第 1737 号决议，2006 年 12 月 23 日、第 1747 号决议，2007 年 3 月 24 日以及第 1803 号决议，2008 年 3 月 3 日，参见本卷第九章第二节。

[6] 联合国安理会第 1823 号决议，2008 年 7 月 10 日，第 1 段；及联合国安理会第 1011 号决议，1995 年 8 月 16 日。2007 年，安理会第 1749 号决议取消要求各国向安理会卢旺达制裁委员会报告其向卢旺达出口的所有武器和相关军用物资。联合国安理会第 1749 号决议，2007 年 3 月 28 日，第 1 段。

[7] 联合国安理会第 1807 号决议，2008 年 3 月 31 日，第 2、4 段；以及联合国安理会第 1596 号决议，2005 年 4 月 18 日。第 1596 号决议允许向刚果军队和警察部门转让武器和相关军用物资，如果它们在刚果武装部队或国家警察局的指挥下已完成了整编过程，或正在北 Kive 省、南 Kivu 省及 Ituri 区之外的省份进行整编。

2008 年暴力事件升级后报告说：刚果境内的非政府武装继续从刚果军队里一些方面得到武器和军事设备，并特别提到未经证实的关于武器弹药过境卢旺达和乌干达的指控。[8] 安理会 12 月通过的第 1857 号决议延长了武器禁运，并要求刚果和邻国在 2009 年 11 月 30 日之前注意监视民用飞机。此决议未扩大武器禁运的覆盖面。[9]

安理会 11 月通过的第 1844 号决议把对索马里武器禁运决议案的禁运对象修改为违反武器禁运或阻挠“向索马里运送人道主义援助物资或阻碍在索马里境内提供和分发人道主义援助”的实体。[10] 联合国跟踪索马里局势小组的 11 月份报告，把武器禁运执行乏力的问题与 2008 年肆虐于索马里沿海的海盗和武装抢掠活动相联系。报告建议对违反本来就执行不力的武器禁运的海上民兵组织进行有针对性的制裁。[11] 安理会第 1851 号决议注意到此报告的调查结果，允许截获曾用于海盗活动或有“合理理由怀疑其曾用于海盗活动”的船只、武器及其他设备。[12] 这个决议虽然主要是针对在索马里沿海一带攻击商船的海盗，但也可将其视为加强对索马里武器禁运执行力度的手段。

七月份，联合国安理会就一项谋求对津巴布韦施以武器禁运的决议草案进行表决，目标是对津巴布韦统治集团的成员予以财政和旅行制裁。[13] 提议这些制裁是要回应对“政治反对派和平民百姓所进行的暴力行动”，迫使各方达成能够反映并尊重 2008 年 3 月 29 日选举结果的和平解决方案。虽然安理会的九个成员国投票支持此决议草案，五国投反对票，一国弃权，但由于中国和俄罗斯行使了否决权，决议未能获通过。

五个常任理事国就向津巴布韦实施制裁问题所显现的公开分歧类

---

〔8〕 联合国安理会，刚果民主共和国问题专家组的最后报告，见安理会文件 S/2008/773 之附件，2008 年 12 月 12 日，第 7、15—18、25—31、33—34 页。

〔9〕 联合国安理会第 1857 号决议，2008 年 12 月 22 日，第 1、2 段。

〔10〕 联合国安理会第 1844 号决议，2008 年 11 月 20 日，第 8 段（b）、（c）。

〔11〕 联合国安理会，索马里问题监督小组依据安理会第 1811 号决议（2008）提交的报告，见安理会文件 S/2008/769 之附件，2008 年 12 月 10 日，第 123 段。

〔12〕 联合国安理会第 1851 号决议，2008 年 12 月 16 日，第 2 段。

〔13〕 联合国安理会，决议草案，见安理会文件 S/2008/447，2008 年 7 月 11 日。

似于它们在制裁缅甸问题上的分歧，安理会于 2008 年 10 月和 11 月审议了制裁缅甸问题。[14] 第一，在这两个问题上，中、俄都对援引联合国宪章第七章表示关切，认为这两国的情况都是内政问题，不是对国际和地区和平与安全的威胁。[15] 法国、英国和美国答辩时强调，历史表明一些看来是内政的危机，例如九十年代中期发生在卢旺达的问题，也会导致威胁次地区、地区和国际的和平与安全，国际社会对这类情况必须提早行动以防止发生灾难。第二，中国和俄罗斯担心制裁会影响正在进行的和平解决谈判。法、英、美则强调，为了向政府方面施压，迫使它们与反对派政党和团体进行有意义的谈判解决当前问题，联合国的制裁是必要的。第三，中、俄代表强调，地区和次地区组织并未要求联合国实行制裁，而是要求在寻求联合国安理会施压之前让它们有时间进行斡旋。这是重复东南亚国家联盟（东盟）和非洲联盟（非盟）代表在安理会审议时已表达的意见。中、俄的立场被它们不断向缅甸和津巴布韦运送武器而大为削弱。虽然中国和非盟一致认为不应对津巴布韦实行武器禁运，但是在有争议的选举之后一个月，即 2008 年 4 月，南部非洲的一些国家和非政府组织试图阻止来自中国的小武器和轻武器弹药运送给津巴布韦政府。[16]

2008 年期间遭到一个常任理事国威胁的第二项武器禁运与格鲁吉亚相关。俄罗斯外交部自 1995 年以来一直公开要求各国限制向格鲁吉亚转让武器。[17] 2008 年 8 月格鲁吉亚和俄罗斯之间发生南奥塞梯冲突后，俄罗斯外长拉夫罗夫公开呼吁对格鲁吉亚实行国际武器禁

〔14〕 联合国安理会第 5753 次会议，逐字记录 S/PV. 5753，2007 年 10 月 5 日；以及联合国安理会第 5777 次会议，逐字记录 S/PV. 5777，2007 年 11 月 3 日。

〔15〕 联合国安理会第 5933 次会议，逐字记录 S/PV. 5933，2008 年 7 月 11 日，第 9 页。联合国宪章第七章关注的是“对和平之威胁、和平之破坏及侵略行为”。联合国宪章于 1945 年 6 月 26 日签署，1945 年 10 月 24 日起生效。宪章全文见网址：〈http：//www. un. org/aboutun/charter/〉。

〔16〕“中国可以收回给津巴布韦的武器”，《BBC 新闻》，2008 年 4 月 22 日，见网址：〈http：//news. bbc. ：co. uk/2/7360438. stm〉。

〔17〕 例如，俄罗斯外交部，[俄罗斯联邦外交部新闻司评论传媒提问的捷克共和国政府向格鲁吉亚转让武器弹药的决定]，1862－13－09－2005，2005 年 9 月 13 日，见网址：〈http：//www. mid. ru/〉（俄文）。

运。[18] 2008 年 9 月 9 日，据报道俄罗斯向联合国安理会提交了一份关于向格鲁吉亚实施联合国武器禁运的决议草案。[19] 据称，决议的案文要求禁止向格鲁吉亚转让任何武器或军事装备，以及军援、咨询或培训。俄罗斯常驻联合国大使维达林·丘尔金说，美国会反对这项决议，但是"我们认为绝对有必要通过提交这个草案发表这一政治声明"。[20] 美国官员公开反对并质疑对格鲁吉亚实施武器禁运的必要性。[21]

三、2008 年欧盟武器禁运情况

欧盟武器禁运当中的九项是执行联合国的武器禁运。欧盟理事会修改并延长了这些禁运，以与联合国安理会所作的相应修改和延长保持一致。例如，《欧盟理事会第 2008/369/CFSP 号共同立场》文件取消了早些时候欧盟对刚果民主共和国的武器禁运，并替换为已并入联合国安理会第 1807 号决议所采取措施的禁运。[22] 欧盟的另外两项武器禁运则不同于与之对应的联合国禁运。关于伊朗问题，欧盟实施的是强制性武器禁运，而联合国的强制性禁运只针对与可用于核和弹道导弹计划的材料相关的技术以及常规武器出口。[23] 此外，联合国安理会 2007 年的第 1747 号决议实施的自愿禁运是关于向伊朗直接或间

〔18〕"俄罗斯拉夫罗夫主张对格鲁吉亚武器禁运"，俄通社—塔斯社，2008 年 8 月 19 日，BBC Worldwide Monitoring，关于格—俄冲突，见本卷第二章第五节。

〔19〕 L. Charbonneau，"俄国希望对格鲁吉亚实施武器禁运，美国认为是花招"，路透社，2008 年 9 月 9 日，见网址：〈http：//www. reuters. com/article/topNews/idUSN0930609520080909〉。

〔20〕 L. Charbonneau（同注释〔19〕）。

〔21〕 J. D. Fried，美国负责欧洲和欧亚事务助理国务卿，"谈格鲁吉亚问题"，新闻发布会，美国常驻日内瓦代表团，2008 年 10 月 15 日，见网址：〈http：//geneva. usmission. gov/Press2008/October/1016Fried. html〉。

〔22〕 2008 年 5 月 14 日关于针对刚果民主共和国的限制性措施和撤销《2005/440/CFSP 号共同立场》文件的《2008/369/CFSP 号理事会共同立场》文件。《欧洲联盟官方日志》L127，2008 年 5 月 15 日。

〔23〕 2007 年 2 月 27 日关于对伊朗采取限制性措施的《第 2007/140/CFSP 号理事会共同立场》文件，《欧洲联盟官方日志》，L61，2007 年 2 月 28 日；及联合国安理会第 1737 号决议（同注释〔5〕）。

接提供、出售或转让的大型常规武器。[24] 关于苏丹问题，欧盟自1994年以来一直对该国全境实行武器禁运，而联合国于2005年实施的禁运只涉及达尔富尔地区的交战方。[25]

欧盟对中国、缅甸、乌兹别克斯坦和津巴布韦的武器禁运没有与之相对应的联合国禁运。对中国、缅甸和津巴布韦的禁运是对违反人权和民主化缺乏进展所作的反应。对乌兹别克斯坦实施的禁运是针对其安全武装力量于2005年5月在Andijon过分、不当和滥用武力的行为以及乌政府拒不准许在该地区事态进行独立的国际调查而作出的反应。[26]

2008年4月，欧盟理事会鼓励其他国家效仿其带头对主权国家国内违反人权的行为实施武器禁运作出反应，尤其是限制向缅甸和津巴布韦提供或出售武器及相关的材料和设备。[27]

中国在2008年年初对西藏发生的示威活动采取行动后，解除对华武器禁运的可能性看来更加遥远。[28] 2008年11月，欧盟承认乌兹别克斯坦的人权状况有所好转，因此解除了对一些特定人士的旅行制裁。[29] 武器禁运延长到2009年10月31日。

---

〔24〕 联合国安理会第1737号决议（同注释〔5〕）。

〔25〕 特定的非政府对象及向苏丹政府转让的条件，详见联合国安理会《依据关于苏丹问题的（2005）第1591号决议成立的安理会委员会报告》，S/2006/1045号文件的附件，2006年12月28日。

〔26〕 关于2005年5月的Andijon事件，见P. Dunay和Z. Zachowski，“欧洲—大西洋安全及机制”，《SIPRI年鉴2006：军备、裁军和国际安全》（2006年，牛津，牛津大学出版社），第48页、第61—62页。

〔27〕 欧盟理事会第2864次和2865次会议，总务及对外关系，卢森堡，2008年4月29日，8619/08号新闻发布（presse105），第10、13页。

〔28〕 欧盟对华武器禁运的解除问题和把具有政治约束力的《欧盟武器出口行为准则》转化为具有法律约束力的共同立场问题也于2008年脱钩。见第十二章第三节和M. Bromley的《欧盟武器出口行为准则对国内政策的影响：捷克共和国、荷兰及西班牙》，SIPRI政策文件第21期（SIPRI：斯德哥尔摩，2008年5月，第9页。

〔29〕 2008年11月10日《理事会共同立场第2008/843/CFSP号》文件修改正并延长关于对乌兹别克斯坦采取限制性措施的《第2007/734/CFSP号共同立场》文件，《欧洲联盟官方日志》L300，2008年11月11日。

表 12A.1　2008 年期间实行的多边武器禁运

被禁运方	决定禁运的文书	通过日期	2008 年的变更
联合国的武器禁运			
“基地”组织、塔利班及相关个人和实体	安理会 1390 号决议	2002 年 1 月 16 日	2008 年 6 月 30 日由 1822 号决议延长
科特迪瓦	安理会 1572 号决议	2004 年 11 月 15 日	2008 年 10 月 29 日由 1842 号决议延长
刚果民主共和国（NGF）	安理会 1493 号决议	2003 年 7 月 28 日	2008 年 2 月 15 日由 1799 号决议延长；2008 年 3 月 31 日由 1807 号决议修改；2008 年 12 月 22 日由 1857 号决议延长
伊朗（与核武器运载系统相关的技术）[1]	安理会 1737 号决议	2006 年 12 月 23 日	2008 年 3 月 3 日由 1803 号决议修改
伊拉克（NGF）[2]	安理会 1483 号决议	2003 年 5 月 22 日	
黎巴嫩（NGF）	安理会 1701 号决议	2006 年 8 月 11 日	
利比里亚[3]	安理会 1521 号决议	2003 年 12 月 22 日	2008 年 12 月 19 日由 1854 号决议延长
朝鲜	安理会 1718 号决议	2006 年 10 月 14 日	
卢旺达（NGF）	安理会 1011 号决议	1995 年 8 月 16 日	2008 年 7 月 10 日由 1823 号决议撤销
塞拉利昂（NGF）	安理会 1171 号决议	1998 年 6 月 5 日	
索马里[4]	安理会 733 号决议	1992 年 1 月 23 日	2008 年 11 月 20 日由 1844 号决议延长
苏丹（达尔富尔）[5]	安理会 1591 号决议	2005 年 3 月 29 日	

被禁运方	决定禁运的文书	通过日期	2008 年的变更
欧盟的武器禁运			
“基地”组织、塔利班及相关个人和实体	理事会共同立场 2002/402/CFSP	2002 年 5 月 27 日	
中国	欧盟理事会声明	1989 年 6 月 27 日	
科特迪瓦	理事会共同立场 2004/852/CFSP	2004 年 12 月 13 日	2008 年 11 月 18 日由理事会共同立场 2008/873/CFSP 延长
刚果民主共和国[6]	理事会共同立场 2005/440/CFSP	2005 年 6 月 13 日	2008 年 5 月 14 日由理事会共同立场 2008/369/CFSP 撤销
	理事会共同立场 2008/369/CFSP	2008 年 5 月 14 日	
伊朗	理事会共同立场 2007/140/CFSP	2007 年 2 月 27 日	
伊拉克（NGF）[7]	理事会共同立场 2003/495/CFSP	2003 年 7 月 7 日	
黎巴嫩（NGF）	理事会共同立场 2006/625/CFSP	2006 年 9 月 15 日	
利比里亚[8]	理事会共同立场 2004/137/CFSP	2004 年 2 月 10 日	2008 年 2 月 12 日由理事会共同立场 2008/109/CFSP 修改

被禁运方	决定禁运的文书	通过日期	2008 年的变更
缅甸[9]	理事会共同立场 2006/318/CFSP	2006 年 4 月 27 日	2008 年 4 月 29 日由理事会共同立场 2008/349/CFSP 延长
朝鲜	理事会共同立场 2006/795/CFSP	2006 年 4 月 27 日	
塞拉利昂（NGF）	理事会共同立场 98/409/CFSP	1998 年 6 月 29 日	
索马里	理事会共同立场 2002/960/CFSP	2002 年 12 月 10 日	
苏丹[10]	理事会共同立场 2005/411/CFSP	2005 年 5 月 30 日	
乌兹别克斯坦	理事会共同立场 2005/792/CFSP	2005 年 11 月 14 日	2008 年 11 月 10 日由理事会共同立场 2008/843/CFSP 延长
津巴布韦	理事会共同立场 2002/145/CFSP	2002 年 2 月 18 日	
其他多边武器禁运（自愿实行）：欧洲安全与合作组织			
亚美尼亚	高官委员会决定	1992 年 2 月 28 日	
阿塞拜疆	高官委员会决定	1992 年 2 月 28 日	

OSCE 为欧洲安全与合作组织；NGF 为非政府武装。

1. 联合国安理会第 1737 号决议对可用于伊朗核及弹道导弹计划的材料出口实施武器禁运。拟禁运的物项按照国际原子能机构（IAEA）清单、某些会员国关于核材料、设备和技术出口准则的通报，INFCIRC/254/Rev. 8/part1，2006 年 3 月 20 日；以及联合国，物项清单，与弹道导弹计划相关的材料、设备、货物及技术，S/2006/815 号文件，2006 年 10 月 13 日。第 1737 号决议第 9 段列出了除外的物项。联合国安理会 2007 年 3 月 24 日第 1747 号决议虽未对向伊朗的常规武器实施强制性禁运，但呼吁会员国对向伊朗"直接或间接提供、出售或转让常规武器保持警惕和克制"，并对伊朗的常规武器出口实施强制性禁运。

2. 联合国安理会 2004 年 6 月 8 日第 1546 号决议免除了对伊拉克政府和驻伊拉克多国部队实行的武器禁运。

3. 自 1992 年以来联合国一直对利比里亚实行武器禁运。制裁利比里亚委员会有权根据联合国安理会 2006 年 6 月 13 日第 1683 号决议免除对利比里亚政府转让武器和军事设备、技术培训和援助方面的武器禁运。

4. 联合国安理会 2006 年 12 月 6 日第 1725 号决议免除了对驻扎在索马里的非洲联盟（非盟）和"政府间发展组织"（IGAD）部队的禁运。联合国安理会 2007 年 2 月 20 日第 1744 号决议免除了对非盟驻索马里特派团（AMISOM）的武器禁运。

5. 联合国安理会第 1591 号决议扩大了 2004 年 7 月 30 日第 1556 号决议对苏丹（达富尔）实施的武器禁运涵盖范围。

6. 欧盟及其成员国于 1993 年 4 月 7 日最早对扎伊尔（现为刚果民主共和国）实施武器禁运。

7. 欧盟理事会 2004 年 7 月 19 日《第 2004/553/CFSP 号共同立场》文件授权向伊拉克政府和驻伊拉克的多国部队出售、供应、转让或出口武器及相关物资。

8. 欧盟及其成员国最早于 2001 年 5 月 7 日对利比里亚实施武器禁运。

9. 欧盟及其成员国最早于 1990 年对缅甸实施武器禁运；1991 年 7 月 29 日总务委员会声明确认了此项禁运。

10. 欧盟及其成员国最早于 1994 年 3 月对苏丹实施武器禁运。

资料来源：联合国，"联合国安理会制裁委员会"，网址：.〈http：//www. un. org/sc/committees/〉；及欧盟理事会"欧盟武器出口禁运、联合国安理会武器出口禁运及 OSCE 实行的武器禁运清单"，6665/09，2009 年 2 月 19 日。

（李长和　译）

附　件

附件 A　军控与裁军协定

附件 B　国际安全合作机构

附件 C　2008 年大事记

作者简介

勘　误

附件A 军控与裁军协定

南尼·博德尔

本附件罗列了与军控和裁军相关的多边和双边条约、公约、议定书和协定。协定按年代顺序排列。除非另外注明，本附件罗列的协定及其缔约国和签约国为截至2009年1月1日的情况。

注释

1. 各项协定按其通过、签署或开放供签署日期（多边协定）或签署日期（双边协定）的顺序排列。协定生效日期及多边协定的保存人也一并列出。

2. 资料主要来自条约保存方提供的签约国和缔约方名单。2008年1月1日后批准、加入、继承或签署协定的签约国、缔约国或成员国名单以斜体字标明

3. 缔约方名单下面的脚注列出了有关国家就签署、批准、加入或继承某些主要条约所作的最重要保留、声明或解释性声明的实质性部分的内容。1925年日内瓦议定书中，只列出对该协定有“明确保留”的缔约国。

4. 国家和组织按照批准国、加入国或继承国的顺序排列。原非自治领地在获得国家地位后，有时会申明其前殖民国家所签署的所有协定继续有效。本附件只列出那些对协定继续生效作出无争议声明或已通知协定保存方要继承协定的新国家。俄罗斯联邦继承苏联承担的国际义务。塞尔维亚继承了前塞尔维亚和黑山联邦的国际义务。

5. 除非另外注明，本附件所列的多边协定向所有国家或相关地区（或区域）内的所有国家开放签署、批准、加入或继承。本附件所

列签约国或缔约方并不都是联合国会员国。由于国际社会不承认台湾地区为主权国家，它仅被列为其所批准的协定的缔约方。

6. 本附件尽可能提供精确的条约副本的获取地址（出版物或互联网址）。提供者主要是条约的保存方，与条约相关的机构或秘书处，或者是《联合国条约集》。《联合国条约集》可以查看网址〈http://treaties.un.org/Pages/UNTSOnline.aspx?id=1〉。

禁止在战争中使用窒息性、毒性或其他气体及细菌作战方法的议定书（1925 年日内瓦议定书）

1925 年 6 月 17 日在日内瓦签署，1928 年 2 月 8 日生效，由法国政府保存。

议定书宣告缔约国同意遵守禁止在战争中使用这些武器的义务。

缔约国（136 个）：阿富汗、阿尔巴尼亚、阿尔及尼亚[1]、安哥拉[1]、安提瓜和巴布达、阿根廷、澳大利亚、奥地利、巴林[1]、孟加拉国[1]、巴巴多斯、比利时、贝宁、不丹、玻利维亚、巴西、保加利亚、布基纳法索、柬埔寨[1]、喀麦隆、加拿大、佛得角、中非共和国、智利、中国[1]、科特迪瓦、克罗地亚、古巴、塞浦路斯、捷克共和国、丹麦、多米尼加共和国、厄瓜多尔、埃及、赤道几内亚、爱沙尼亚、埃塞俄比亚、斐济[1]、芬兰、法国、冈比亚、德国、加纳、希腊、格林纳达、危地马拉、几内亚比绍、梵蒂冈、匈牙利、冰岛、印度[1]、印度尼西亚、伊朗、伊拉克[1]、爱尔兰、以色列[2]、意大利、牙买加、日本、约旦[3]、肯尼亚、朝鲜[1]、韩国[5]、科威特[1]、老挝、拉脱维亚、黎巴嫩、莱索托、利比里亚、利比亚[1]、列支敦士登、立陶宛、卢森堡、马达加斯加、马拉维、马来西亚、马尔代夫、马耳他、毛里求斯、墨西哥、摩纳哥、蒙古、摩洛哥、尼泊尔、荷兰、新西兰、尼加拉瓜、尼日尔、尼日利亚[1]、挪威、巴基斯坦、巴拿马、巴布亚新几内亚[1]、巴拉圭、秘鲁、菲律宾、波兰、葡萄牙、卡塔尔、罗马尼亚、俄罗斯、卢旺达、圣基茨和尼维斯、圣卢西亚、圣文森特和格林纳丁斯、沙特阿拉伯、塞内加尔、塞尔维亚和黑山、塞拉利昂、斯洛伐克、斯洛文尼亚、所罗门群岛[1]、南非、西班牙、斯里兰卡、苏丹、斯威士兰、瑞典、瑞士、叙利亚、中国台湾地区、坦桑尼亚、泰国[4]、多哥、汤加、特立尼达和多巴哥、突尼斯、土耳其、乌干达、英国[4]、乌克兰、乌拉圭、美国[4]、委内瑞拉、越南[1]、也门。

1. 本议定书对该缔约国的约束力，只限于该国对签署、批准或加入本议定书的国家。对其武装力量或盟国不遵守本议定书条款的任何敌国，议定书对该缔约国无约束力。

2. 本议定书对以色列的约束力，仅限于以色列对签署、批准或继承本议定书的国家所采取的行动。如其敌国的武装力量、其敌国盟国的武装力量、正规或非正规力量，或在其领土上活动的组织或个人不遵守议定书的禁止条款，本议定书则对以色列无约束力。

3. 约旦承诺履行议定书规定的各项义务，范围只限于作出同样承诺的国家。对于其正规或非正规武装力量不遵守议定书禁止条款的国家，约旦不受议定书的约束。

4. 如其任何敌国或敌国的任何盟国不遵守本议定书的禁止条款，本议定书关于使用窒息性的、有毒的或其他的气体，以及一切类似的液体、物质或设备的规定则对该缔约国没有约束力。

5. 2002 年，韩国撤销了有关细菌和毒素武器的保留。

签署但未批约国：萨尔瓦多

议定书文本：见国际红十字会和国际人道主义法，网址：〈http：//www.icrc.org/ihl.nsf/FULL/280? OpenDocument〉。

关于防止和惩治灭绝种族罪公约（种族灭绝公约）

1948 年 12 月 9 日在巴黎召开的联合国大会上通过，1951 年 1 月 12 日生效，由联合国秘书长保存。

根据该公约，任何意在全部或部分消灭一个民族、部族、种族或宗教团体的行为都是应按国际法进行惩治的罪行。

缔约国（140 个）：阿富汗、阿尔巴尼亚*、阿尔及利亚*、安道尔、安提瓜和巴布达、阿根廷*、亚美尼亚、澳大利亚、奥地利、阿塞拜疆、巴哈马、巴林*、孟加拉国*、巴巴多斯、白俄罗斯*、比利时、伯利兹、玻利维亚、波黑、巴西、保加利亚*、布基纳法索、布隆迪、柬埔寨、加拿大、智利、中国*、哥伦比亚、科摩罗、刚果民主共和国、哥斯达黎加、科特迪瓦、克罗地亚、古巴、塞浦路斯、捷克共和国、丹麦、厄瓜多尔、埃及、萨尔瓦多、爱沙尼亚、埃塞俄比亚、斐济、芬兰、法国、加蓬、冈比亚、格鲁吉亚、德国、加纳、希腊、危地马拉、几内亚、海地、洪都拉斯、匈牙利*、冰岛、印度*、伊朗、伊拉克、爱尔兰、以色列、意大利、牙买加、约旦、哈萨克斯坦、朝鲜、韩国、科威特、吉尔吉斯斯坦、老挝、拉脱维亚、黎巴嫩、莱索托、利比里亚、利比亚、列支敦士登、立陶宛、卢森堡、前南斯拉夫马其顿共和国、马来西亚*、马尔代夫、马里、墨西哥、摩尔多瓦、摩纳哥、蒙古*、黑山*、摩洛哥*、莫桑比克、缅甸*、纳米比亚、尼泊尔、荷兰、新西兰、尼加拉瓜、挪威、巴基斯坦、巴拿马、巴布亚新几内亚、巴拉圭、秘鲁、菲律宾*、波兰*、葡萄牙*、罗马尼亚*、俄罗斯*、卢旺达*、圣文森特和格林纳丁斯、沙特阿拉伯、塞内加尔、塞尔维亚*、塞舌尔、新加坡*、斯洛伐克、斯洛文尼亚、南非、西班牙*、斯里兰卡、苏丹、瑞典、瑞士、叙利亚、坦桑尼亚、多哥、汤加、特立尼达和多巴哥、突尼斯、土耳其、乌干达、英国、乌克兰*、阿拉伯联合酋长国、乌拉圭、美国*、乌兹别克斯坦、委内瑞拉*、越南*、也门*、津巴布韦。

*批准、加入和继承时表示有所保留和/或发表声明。

签署但未批约国：多米尼加共和国

公约文本：见联合国条约汇编，网址：〈http://treaties.un.org/Pages/CTCTreaties.aspx?id=4〉。

关于战争时期保护平民的日内瓦第四公约

1949 年 8 月 12 日在日内瓦签署，1950 年 10 月 21 日生效，由瑞士联邦委员会保存。

公约规定了在战争地区和被占领土保护平民的原则。公约在 1949 年 4 月 21 日到 8 月 12 日召开的外交会议上制定。(同时，其他三个公约相继出台。第一公约旨在改善战地武装部队伤者、病者境遇；第二公约旨在改善海上武装部队伤者、病者及舰艇失事人员的境遇；第三公约涉及战俘待遇)。

缔约国(194 个)：阿富汗、阿尔巴尼亚*、阿尔及利亚、安道尔、安哥拉*、安提瓜和巴布达、阿根廷、亚美尼亚、澳大利亚*、奥地利、阿塞拜疆、巴哈马、巴林、孟加拉国*、巴巴多斯*、白俄罗斯、比利时、伯利兹、贝宁、不丹、玻利维亚、波黑、博茨瓦纳、巴西、文莱、保加利亚、布基纳法索、布隆迪、柬埔寨、喀麦隆、加拿大、佛得角、中非共和国、乍得、智利、中国*、哥伦比亚、科摩罗、刚果民主共和国、刚果（共和国）、库克群岛、哥斯达黎加、科特迪瓦、克罗地亚、古巴、塞浦路斯、捷克共和国*、丹麦、吉布提、多米尼克、多米尼加共和国、厄瓜多尔、埃及、萨尔瓦多、赤道几内亚、爱沙尼亚、厄立特里亚、埃塞俄比亚、斐济、芬兰、法国、加蓬、冈比亚、格鲁吉亚、德国*、加纳、希腊、格林纳达、危地马拉、几内亚、几内亚比绍*、圭亚那、海地、梵蒂冈、洪都拉斯、匈牙利、冰岛、印度、印度尼西亚、伊朗*、伊拉克、爱尔兰、以色列*、意大利、牙买加、日本、约旦、哈萨克斯坦、肯尼亚、基里巴斯、朝鲜*、韩国*、科威特*、吉尔吉斯斯坦、老挝、拉脱维亚、黎巴嫩、莱索托、利比里亚、利比亚、列支敦士登、立陶宛、卢森堡、前南斯拉夫马其顿共和国*、马达加斯加、马拉维、马来西亚、马尔代夫、马里、马耳他、马绍尔群岛、毛里塔尼亚、毛里求斯、墨西哥、密克罗尼西亚、摩尔多瓦、摩纳哥、蒙古、黑山、摩洛哥、莫桑比克、缅甸、纳米比亚、瑙鲁、尼泊尔、荷兰、新西兰*、尼加拉瓜、尼日尔、尼日利亚、挪威、阿曼、巴基斯坦*、帕劳、巴拿马、巴布亚新几内亚、巴拉圭、秘鲁、菲律宾、波兰、葡萄牙*、卡塔尔、罗马尼亚、俄罗斯*、卢旺达、圣基茨和尼维斯、圣卢西亚、圣文森特和格林纳丁斯、萨摩亚、圣马力诺、圣多美和普林西比、沙特阿拉伯、塞内加尔、塞尔维亚和黑山、塞舌尔、塞拉利昂、新加坡、斯洛伐克、斯洛文尼亚、所罗门群岛、索马里、南非、西班牙、斯里兰卡、苏丹、苏里南*、斯威士兰、瑞典、瑞士、叙利亚、塔吉克斯坦、坦桑尼亚、泰国、东帝汶、多哥、汤加、特立尼达和多巴哥、突尼斯、土耳其、土库曼斯坦、图瓦卢、乌干达、英国*、乌克兰*、阿拉伯联合酋长国、乌拉圭*、美国*、乌兹别克斯坦、瓦努阿图、委内瑞拉、越南*、也门*、赞比亚、津巴布韦。

*批准、加入或继承时表示有所保留和/或发表声明。

1989 年，巴勒斯坦解放组织（PLO）通知公约保存方已决定遵守四项日内瓦公约和 1977 年的两个议定书。

公约文本：见瑞士联邦外交部网站，〈http://www.eda.admin.ch/eda/fr/home/topics/intla/intrea/chdep/warvic/gvaciv.html〉。

1949 年日内瓦公约关于保护国际性武装冲突受害者的附加议定书Ⅰ

1949 年日内瓦公约关于保护非国际性武装冲突受害者的附加议定书Ⅱ

1977 年 12 月 12 日在伯尔尼开放供签署，1978 年 12 月 7 日生效。由瑞士联邦委员会保存。

议定书确保了成员国在卷入国际性武装冲突和非国际性武装冲突中，选择作战方法和手段不是无限制的，禁止使用引起过分伤害和不必要痛苦的武器和作战方法。

议定书Ⅰ（168 个）和议定书Ⅱ的缔约国（164 个）：阿尔巴尼亚、阿尔及利亚*、安哥拉[1]*、安提瓜和巴布达、阿根廷*、亚美尼亚、澳大利亚*、奥地利*、巴哈马、巴林、孟加拉国、巴巴多斯、白俄罗斯*、比利时*、伯利兹、贝宁、玻利维亚*、波斯尼亚和黑塞哥维那*、博茨瓦纳、巴西*、文莱、保加利亚*、布基纳法索*、布隆迪、柬埔寨、喀麦隆、加拿大*、佛得角*、中非共和国、乍得、智利*、中国*、哥伦比亚*、科摩罗、刚果民主共和国*、刚果共和国、库克群岛*、哥斯达黎加*、科特迪瓦、克罗地亚、古巴、塞浦路斯*、捷克共和国*、丹麦*、吉布提、多米尼克、多米尼加共和国、厄瓜多尔、埃及*、萨尔瓦多*、赤道几内亚、爱沙尼亚、埃塞俄比亚、斐济、芬兰*、法国*、加蓬、冈比亚、格鲁吉亚、德国*、加纳、希腊*、格林纳达、危地马拉、几内亚*、几内亚比绍、圭亚那、海地、梵蒂冈、洪都拉斯、匈牙利*、冰岛*、爱尔兰*、意大利*、牙买加、日本*、约旦、哈萨克斯坦、肯尼亚、朝鲜[1]、韩国*、科威特、吉尔吉斯斯坦、老挝*、拉脱维亚、黎巴嫩、莱索托、利比里亚、利比亚、列支敦士登*、立陶宛*、卢森堡*、前南马其顿共和国*、马达加斯加*、马拉维、马尔代夫、马里*、马耳他*、毛里塔尼亚、毛里求斯*、墨西哥[1]、密克罗尼西亚、摩尔多瓦、摩纳哥、蒙古*、黑山、莫桑比克、纳米比亚*、瑙鲁、荷兰*、新西兰*、尼加拉瓜、尼日尔、尼日利亚、挪威*、阿曼、帕劳、巴拿马*、巴拉圭*、秘鲁、菲律宾[2]、波兰*、葡萄牙*、卡塔尔*、罗马尼亚*、俄罗斯*、卢旺达*、圣基茨和尼维斯、圣卢西亚、圣文森特和格林纳丁斯、萨摩亚、圣马力诺、圣多美和普林西比、沙特阿拉伯*、塞内加尔、塞尔维亚*、塞舌尔*、塞拉利昂、斯洛伐克*、斯洛文尼亚*、所罗门群岛、南非、西班牙*、苏丹、苏里南、斯威士兰、瑞典*、瑞士*、叙利亚*[1]、塔吉克斯坦*、坦桑尼亚、东帝汶、多哥*、汤加*、特立尼达和多巴哥*、突尼斯、土库曼斯坦、乌干达、英国*、乌克兰*、阿拉伯联合酋长国*、乌拉圭*、乌兹别克斯坦、瓦努阿图、委内瑞拉、越南[1]、也门、赞比亚、津巴布韦

＊批准、加入或继承时表示有所保留和/或发表声明。

1. 只是议定书 I 的缔约国。

2. 只是议定书 II 的缔约国。

议定书文本：见瑞士联邦外交部网站，〈http://www.eda.admin.ch/eda/fr/homen/topics/intla/intrea/chdep/warvic.html〉。

南极条约

1959 年 12 月 1 日在华盛顿签署，1961 年 6 月 23 日生效，由美国政府保存。

条约宣布南极地区只能用于和平目的。禁止在南极地区采取任何有军事性质的措施，诸如建立军事基地和要塞，进行军事演习或任何种类武器的试验。条约禁止在南极进行任何核爆炸和抛置放射性废料。

根据条约第 9 条规定，定期举行会议交换信息，就有关南极问题进行磋商，为促进本条约的宗旨和目标向有关国家政府提出举措建议。

条约须经各签字国批准，向联合国会员国，或经有资格参加本条约第九条规定的磋商会议的所有缔约国同意而邀请加入本条约的任何其他国家开放入约。对南极感兴趣，在那里从事真实的科学研究的国家，如建立科学考察站和派遣探测队，都可以成为条约协商国。

缔约国（47 个）：阿根廷+、澳大利亚+、奥地利、白俄罗斯、比利时+、巴西+、保加利亚+、加拿大、智利+、中国+、哥伦比亚、古巴、捷克共和国、丹麦、厄瓜多尔+、爱沙尼亚、芬兰+、法国+、德国+、希腊、危地马拉、匈牙利、印度+、意大利+、日本+、朝

鲜、韩国+、*摩纳哥*、荷兰+、新西兰+、挪威+、巴布亚新几内亚、秘鲁+、波兰+、罗马尼亚、俄罗斯+、斯洛伐克、南非+、西班牙+、瑞典+、瑞士、土耳其、英国+、乌克兰+、乌拉圭+、美国+、委内瑞拉。

+根据条约第九条有资格参加磋商会议的国家。

条约文本：见南极条约秘书处网站，〈http：//www. ats. ag/e/ats _ treaty. htm〉。

《南极条约环境保护议定书》（1991 年马德里议定书）于 1998 年 1 月 14 日生效。

议定书文本：见南极条约秘书处网站，〈http：//www. ats. aq/e/ats _ protocol. htm〉。

禁止在大气层、外层空间和水下进行核武器试验条约（部分禁试条约，PTBT）

1963 年 8 月 5 日三个原始缔约国在莫斯科签署，1963 年 8 月 8 日在伦敦、莫斯科和华盛顿对其他国家开放签署。条约于 1963 年 10 月 10 日生效，由英国、美国和俄罗斯三国政府保存。

条约禁止缔约方在下列地方进行任何核武器试验爆炸或任何其他核爆炸：

（一）在大气层；在它的范围以外，包括外层空间；或水下，包括领海水域或公海。

（二）在任何其他环境中，如果这种爆炸所产生的放射性尘埃出现于在其管辖或控制下进行这种爆炸的缔约方领土界限以外的地方。

缔约国（125 个）：阿富汗、安提瓜和巴布达、阿根廷、亚美尼亚、澳大利亚、奥地利、巴哈马、孟加拉国、白俄罗斯、比利时、贝宁、不丹、玻利维亚、波黑、博茨瓦纳、巴西、保加利亚、加拿大、佛得角、中非共和国、乍得、智利、哥伦比亚、刚果民主共和国、哥斯达黎加、科特迪瓦、克罗地亚、塞浦路斯、捷克共和国、丹麦、多米尼加共和国、厄瓜多尔、埃及、萨尔瓦多、赤道几内亚、斐济、芬兰、法国、加蓬、冈比亚、德国、加纳、希腊、危地马拉、几内亚比绍、洪都拉斯、匈牙利、冰岛、印度、印度尼西亚、伊朗、伊拉克、爱尔兰、以色列、意大利、牙买加、日本、约旦、肯尼亚、韩国、科威特、老挝、黎巴嫩、利比里亚、利比亚、卢森堡、马达加斯加、马拉维、马来西亚、马耳他、毛里塔尼亚、毛里求斯、墨西哥、蒙古、摩洛哥、缅甸、尼泊尔、荷兰、新西兰、尼加拉瓜、尼日尔、尼日利亚、挪威、巴基斯坦、巴拿马、巴布亚新几内亚、秘鲁、菲律宾、波兰、罗马尼亚、俄罗斯、卢旺达、萨摩亚、圣马力诺、塞内加尔、塞尔维亚、塞舌尔、塞拉利昂、新加坡、斯洛伐克、斯洛文尼亚、南非、西班牙、斯里兰卡、苏丹、苏里南、斯威士兰、瑞典、瑞士、叙利亚、中国台湾地区、坦桑尼亚、泰国、多哥、汤加、特立尼达和多巴哥、突尼斯、土耳其、乌干达、英国、乌克兰、乌拉圭、美国、委内瑞拉、也门、赞比亚。

签署但未批约国： 阿尔及利亚、布基纳法索、布隆迪、喀麦隆、埃塞俄比亚、海地、马里、巴拉圭、葡萄牙、索马里、越南。

条约文本：见联合国《条约集》第480卷（1963年）。

关于各国探索和利用包括月球与其他天体在内的外层空间活动的原则条约（外空条约）

1967年1月27日在伦敦、莫斯科、华盛顿开放签署，1967年10月10日生效，由英国、俄罗斯和美国三国政府保存。

条约禁止在环绕地球的轨道放置任何载有核武器或任何其他种类的大规模杀伤性武器的物体，禁止以任何其他方式在天体上或外层空间安置此种武器。同时，也禁止在天体上建立军事基地、装置和要塞，或试验任何种类的武器和进行军事演习。

缔约国（108个）： 阿富汗、阿尔及利亚、安提瓜和巴布达、阿根廷、澳大利亚、奥地利、巴哈马、孟加拉国、巴巴多斯、白俄罗斯、比利时、贝宁、巴西、文莱、保加利亚、布基纳法索、加拿大、智利、中国、古巴、塞浦路斯、捷克共和国、丹麦、多米尼克、多米尼加共和国、厄瓜多尔、埃及、萨尔瓦多、赤道几内亚、斐济、芬兰、法国、德国、希腊、格林纳达、几内亚比绍、匈牙利、冰岛、印度、印度尼西亚、伊拉克、爱尔兰、以色列、意大利、牙买加、日本、哈萨克斯坦、肯尼亚、韩国、科威特、老挝、黎巴嫩、利比亚、卢森堡、马达加斯加、马里、毛里求斯、墨西哥、蒙古、黑山、摩洛哥、缅甸、尼泊尔、荷兰、新西兰、尼日尔、尼日利亚、挪威、巴基斯坦、巴布亚新几内亚、秘鲁、波兰、葡萄牙、罗马尼亚、俄罗斯、圣基茨和尼维斯、圣卢西亚岛、圣文森特岛和格林纳丁斯、圣马力诺、沙特阿拉伯、塞舌尔、塞拉利昂、新加坡、斯洛伐克、所罗门群岛、南非、西班牙、斯里兰卡、斯威士兰、瑞典、瑞士、叙利亚、中国台湾地区、泰国、多哥、汤加、突尼斯、土耳其、乌干达、英国、乌克兰、阿拉伯联合酋长国、乌拉圭、美国、委内瑞拉、越南、也门、赞比亚。

签署但未批约国：玻利维亚、博茨瓦纳、布隆迪、喀麦隆、中非共和国、哥伦比亚、刚果民主共和国、刚果共和国、埃塞俄比亚、冈比亚、加纳、圭亚那、海地、梵蒂冈、洪都拉斯、伊朗、约旦、莱索托、卢森堡、前南斯拉夫马其顿共和国、马来西亚、尼加拉瓜、巴拿马、菲律宾、卢旺达、塞尔维亚、索马里、特立尼达和多巴哥。

条约文本：见联合国《条约集》第 610 卷（1967 年）。

拉丁美洲和加勒比地区禁止核武器条约（特拉特洛尔科条约）

原始条约于 1967 年 2 月 14 日在墨西哥联邦区开放签署，1968 年 4 月 22 日生效。1990 年、1991 年和 1992 年三次修改，由墨西哥政府保存。

条约禁止拉丁美洲和加勒比海国家通过任何方式试验、使用、制造、生产或获得，以及接受、储存、安置、部署或以任何形式拥有核武器。

缔约国应与国际原子能机构就其核活动签订保障监督协定。国际原子能机构享有进行特别视察的专有权。

条约向条约规定的拉丁美洲和加勒比地区的所有独立国家开放签署。

根据附加议定书 I，在本地区拥有领土的国家（法国、荷兰、英国和美国）承诺使这些领土适用军事非核武化法规。

根据附加议定书 II，公认的有核国家［中国、法国、俄罗斯（签署时为苏联）、英国和美国］承诺尊重拉丁美洲和加勒比海地区的军事非核武化法规，不从事违反条约的行为，也不对缔约国使用或威胁使用核武器。

原始条约的缔约国（33 个）： 安提瓜和巴布达、阿根廷[1]、巴哈马、巴巴多斯[1]、伯利兹[2]、玻利维亚、巴西[1]、智利[1]、哥伦比亚[1]、哥斯达黎加[1]、古巴[1]、多米尼克、多米尼加共和国[3]、厄瓜多尔[1]、萨尔瓦多[1]、格林纳达[4]、危地马拉[1]、圭亚那[1]、海地、洪都拉斯、牙买加[1]、墨西哥[1]、尼加拉瓜、巴拿马[1]、巴拉圭[1]、秘鲁[1]、圣基茨和尼维斯、圣卢西亚、圣文森特和格林纳丁斯、苏里南[1]、特立尼达和多巴哥、乌拉圭[1]、委内瑞拉[1]。

[1] 批准了 1990 年、1991 年和 1992 年修改条约的国家。

[2] 仅批准了 1990 年和 1992 年修改条约的国家。

[3] 仅批准了 1992 年修改条约的国家。

[4] 仅批准了 1990 年修改条约的国家。

附加议定书 I 签署国： 法国[1]、荷兰、英国[2]、美国[3]。

附加议定书 II 签署国： 中国[4]、法国[5]、俄罗斯[6]、英国[2]、美国[7]。

1. 法国声明：议定书 I 不适用于从条约地区内的法国领土过境到达其他法国领土的情况。议定书不应限制在法国领土上的居民参加条约第一条提及的活动，也不应限制其参加与法国国防相关的活动。法国不认为条约界定的区域是根据国际法确立的区域，因此不认为条约适用于该区域。

2. 英国在签署及批准议定书 I 和 II 时，做了如下谅解声明：英国对条约的签署和批准，不能被视为以任何方式影响由英国负责而该领土位于条约界定的地理区域之内的任何领土的国际关系法律地位。如果条约的任何缔约国在某个有核武器国家支持下采取任何侵略行为，英国有权重新考虑议定书 II 对其行动的约束力范围。

3. 美国在批准议定书 I 时，发表了如下谅解声明：在是否给予本国和其他船只或飞机过境和运输货物或武器的特权方面，条约的规定并不影响议定书缔约国根据国际法所享的专有权和法律权限，也不影响缔约国根据国际法所享有的海洋自由权或通过一国领水或领水上空的自由权。美国批准议定书 II 的附加声明也适用于议定书 I。

4. 中国宣布绝不会派载有核武器的运输和交货工具穿越拉美国家的领土、领海或领空。

5. 法国声明，它认为议定书 II 第三条的规定并不对根据联合国宪章第 51 条的规定充分行使自卫权构成障碍。法国注意到拉丁美洲非核武化筹备委员会的解释，根据这一解释条约不适用于过境安排。根据国际法，是否允许过境是一国的专有权。1974 年，法国做了补充声明，指出法国对议定书 II 所承担的义务不仅适用于条约签约国，也适用于根据议定书 I 非核武器化法规生效的领土。

6. 苏联签署并批准议定书时发表了如下声明：苏联设定本条约第一条对任何核爆炸装置都有效，因此任何国家进行用于和平目的的核爆炸都构成对第一条规定义务的违反，并与其无核武器地位不相符。条约的缔约国应根据核不扩散条约第五条，并在国际原子能机构的国际程序框架内找到解决以和平为目的进行核爆炸问题的办法。苏联宣布：允许任何形式的核武器过境均同条约的宗旨不符。

如一个或多个缔约国采取任何违背其无核武器国家地位的行动，或一个或多个缔约国在某拥有核武器国家的支持下或与其一起进行侵略，苏联将视这种行动违反有关国家对条约承担的义务。在这些情况下，苏联保留重新考虑其对议定书 II 所承担义务的权利。如其他拥有核武器国家采取违反议定书所规定义务的行为，苏联还将保留重新考虑其对该议定书态度的权利。

7. 美国签署并批准议定书 II 时有如下声明和谅解：每个签约国拥有决定是否给予非缔约国过境和运输特许的专有权和法律权限。关于承诺不对缔约国使用或威胁使用核武器，美国认为：一个签约国在某核国家支持下发起武装进攻的行为是违反条约的。

原始条约文本：见联合国《条约集》第 634 卷（1968 年）。

修改条约文本：见拉丁美洲和加勒比地区禁止核武器机构网站，〈http：//www. poanal. org/opanal/Tlatelolco/Tlatelolco—i. htm〉。

不扩散核武器条约（核不扩散条约，NPT）

1968 年 7 月 1 日在伦敦、莫斯科、华盛顿开放签署，1970 年 3 月 5 日生效，由英、俄、美三国政府保存。

条约禁止核武器国家（在此条约中，界定为 1967 年 1 月 1 日以前制造并爆炸了核武器或其他核爆炸装置的国家）向任何接受者转让核武器或其他核爆炸装置，或此种武器或爆炸装置的控制权；禁止其协助、鼓励、诱导任何无核武器国家制造或以其他方法获得这种武器或装置；禁止无核武器国家从任何转让者获取此种武器；禁止无核武器国家制造或以其他方式获得核武器或其他核爆炸装置。

缔约方承诺为和平利用核能而进行设备、原料以及科技信息的交换提供便利，并确保条约的非核武器缔约方也能享有和平利用核爆炸带来的潜在好处。缔约方还承诺就早日停止核军备竞赛和进行核裁军的有效措施，以及就全面彻底裁军条约进行有诚意的谈判。

为了防止用于和平目的的核能转用于制造核武器或其他核爆炸装置，无核武器国家承诺与国际原子能机构签定保障监督协定。附加于该协定用于强化措施的议定书范本于 1997 年通过，附加保障监督议定书由各国分别与国际原子能机构签署。

1995 年召开的不扩散核武器条约审议与延期大会决定，该条约无限期有效。

缔约国（190 个）：阿富汗$^+$、阿尔巴尼亚$^+$、阿尔及利亚$^+$、安道尔、安哥拉、安提瓜和巴布达$^+$、阿根廷$^+$、亚美尼亚$^+$、澳大利亚$^+$、奥地利$^+$、阿塞拜疆$^+$、巴哈马$^+$、巴林、孟加拉国$^+$、巴巴多斯$^+$、白俄罗斯$^+$、比利时$^+$、伯利兹$^+$、贝宁、不丹$^+$、玻利维亚$^+$、波黑$^+$、博茨瓦纳、巴西$^+$、文莱$^+$、保加利亚$^+$、布基纳法索$^+$、布隆迪、柬埔寨$^+$、喀麦隆$^+$、加拿大$^+$、佛得角、中非共和国、乍得、智利$^+$、中国$^+$、哥伦比亚、科摩罗、刚果民主共和国$^+$、刚果（共和国）、哥斯达黎加$^+$、科特迪瓦$^+$、克罗地亚$^+$、古巴$^+$、塞浦路斯$^+$、捷克共和国$^+$、丹麦$^+$、吉布提、多米尼克$^+$、多米尼加共和国$^+$、厄瓜多尔$^+$、埃及$^+$、萨尔瓦多$^+$、赤道几内亚、厄立特里亚、爱沙尼亚$^+$、埃塞俄比亚$^+$、斐济$^+$、芬兰$^+$、法国$^+$、加蓬、冈比亚$^+$、格鲁吉亚、德国$^+$、加纳$^+$、希腊$^+$、格林纳达$^+$、危地马拉$^+$、几内亚、几内亚比绍、圭亚那$^+$、海地、梵蒂冈$^+$、洪都拉斯$^+$、匈牙利$^+$、冰岛$^+$、印度尼西亚$^+$、伊朗$^+$、伊拉克$^+$、爱尔兰$^+$、意大利$^+$、牙买加$^+$、日本$^+$、约旦$^+$、哈萨克斯坦$^+$、肯尼亚、基里巴斯$^+$、韩国$^+$、科威特$^+$、吉尔吉斯斯坦$^+$、老挝$^+$、拉脱维亚$^+$、黎巴嫩$^+$、莱索托$^+$、利比里亚、利比亚$^+$、列支敦士登$^+$、立陶宛$^+$、卢森堡$^+$、前南斯拉夫马其顿共和国$^+$、马达加斯加$^+$、马拉维$^+$、马来西亚$^+$、马尔代夫$^+$、马里$^+$、马耳他$^+$、马绍尔群岛、毛里塔尼亚、毛里求斯$^+$、墨西哥$^+$、密克罗尼西亚、摩尔多瓦、摩纳哥$^+$、蒙古$^+$、黑山、摩洛哥$^+$、莫桑比克、缅甸$^+$、纳米比亚$^+$、瑙鲁$^+$、尼泊尔$^{+}$、荷兰$^{+}$、新西兰$^{+}$、尼加拉瓜$^{+}$、尼日尔、尼日利亚$^{+}$、挪威$^{+}$、阿曼、帕劳、巴拿马、巴布亚新几内亚$^{+}$、巴拉圭$^{+}$、秘鲁$^{+}$、菲律宾$^{+}$、波兰$^{+}$、葡萄牙$^{+}$、卡塔尔、罗马尼亚$^{+}$、俄罗斯$^{+}$、卢旺达、圣基茨和尼维斯$^{+}$、圣卢西亚$^{+}$、圣文森特和格林纳丁斯$^{+}$、萨摩亚$^{+}$、圣马力诺$^{+}$、圣多美和普林西比、沙特阿拉伯、塞内加尔$^{+}$、塞尔维亚$^{+}$、塞舌尔$^{+}$、塞拉利昂、新加坡$^{+}$、斯洛伐克$^{+}$、斯洛文尼亚$^{+}$、所罗门群岛$^{+}$、索马里、南非$^{+}$、西班牙$^{+}$、斯里兰卡$^{+}$、苏丹$^{+}$、苏里南$^{+}$、斯威士兰$^{+}$、瑞典$^{+}$、瑞士$^{+}$、叙利亚$^{+}$、中国台湾地区、塔吉克斯坦$^{+}$、坦桑尼亚$^{+}$、泰国$^{+}$、东帝汶、多哥、汤加$^{+}$、特立尼达和多巴哥$^{+}$、突尼斯$^{+}$、土耳其$^{+}$、土库曼斯坦、图瓦卢$^{+}$、乌干达、英国$^{+}$、乌克兰$^{+}$、阿拉伯联合酋长国$^{+}$、乌拉圭$^{+}$、美国$^{+}$、乌兹别克斯坦$^{+}$、瓦努阿图、委内瑞拉$^{+}$、越南$^{+}$、也门$^{+}$、赞比亚$^{+}$、津巴布韦$^{+}$。

+ 根据条约要求同国际原子能机构所签保障监督协定已生效的国家，或依据条约规定，在自愿基础上签署这种协定的核武器国家。

条约文本：见国际原子能机构 1970 年 4 月 22 日 INFCIRC140 号文件，网址：〈http: //www. iaea. org/Publications/Documents/Treaties/npt. html〉。

保障监督附加议定书对 88 个缔约国生效：阿富汗、亚美尼亚、澳大利亚、奥地利、阿塞拜疆、孟加拉国、比利时、博茨瓦纳、保加利亚、布基纳法索、布隆迪、加拿大、智利、中国、刚果民主共和国、克罗地亚、古巴、*塞浦路斯*、捷克共和国、丹麦、厄瓜多尔、萨尔瓦多、爱沙尼亚、斐济、芬兰、法国、格鲁吉亚、德国、加纳、希腊、*危地马拉*、海地、梵蒂冈、匈牙利、冰岛、印度尼西亚、爱尔兰、意大利、牙买加、日本、约旦、哈萨克斯坦、韩国、科威特、*拉脱维亚*、立陶宛、卢森堡、前南马其顿共和国、马达加斯加、马拉维、马里、马耳他、马绍尔群岛、毛里求斯、摩纳哥、蒙古、荷兰、新西兰、尼加拉瓜、尼日尔、尼日利亚、挪威、帕劳、巴拿马、巴拉圭、秘鲁、波兰、葡萄牙、罗马尼亚、俄罗斯、塞舌尔、*新加坡*、斯洛伐克、斯洛文尼亚、南非、西班牙、瑞典、瑞士、塔吉克斯坦、坦桑尼亚、土耳其、土库曼斯坦、乌干达、英国、乌克兰、乌拉圭、乌兹别克斯坦。

注： 2007 年 2 月 6 日伊朗通知国际原子能机构，它不再执行其未批准的附加保障监督议定书的规定。中国台湾地区虽未签订保障监督协定，但已同意采用 1997 年保障监督议定书范本中包含的措施。

保障监督附加议定书文本：见国际原子能机构 1997 年 9 月 INFCIRC540 号文件（已修正），网址：〈http：//www.iaea.org/OurWork/SV/Safeguards/sg _ protocol.html〉。

禁止在海床洋底及其底土安置核武器及其他大规模杀伤性武器条约（海床条约）

1971 年 2 月 11 日在伦敦、莫斯科和华盛顿开放签署，1972 年 5 月 18 日生效，由英国、俄罗斯和美国三国政府保存。

条约禁止在 12 海里（19 公里）海床区外部界限以外的海床、洋底及其底土安装或设置任何核武器和其他任何类型的大规模杀伤性武器，以及专为储存、试验或使用此种武器而设计的建筑物、发射装置或任何其他设备。

缔约国（97 个）： 阿富汗、阿尔及利亚、安提瓜和巴布达、阿根廷、澳大利亚、奥地利、巴哈马、白俄罗斯、比利时、贝宁、波黑、博茨瓦纳、巴西[1]、保加利亚、加拿大[2]、佛得角、中非共和国、中国、刚果（共和国）、科特迪瓦、克罗地亚、古巴、塞浦路斯、捷克共和国、丹麦、多米尼加共和国、赤道几内亚、埃塞俄比亚、芬兰、德国、加纳、希腊、危地马拉、几内亚比绍、匈牙利、冰岛、印度[3]、伊朗、伊拉克、爱尔兰、意大利[4]、牙买加、日本、约旦、韩国、老挝、拉脱维亚、莱索托、利比亚、列支敦士登、卢森堡、马来西亚、马耳他、毛里求斯、墨西哥[5]、蒙古、黑山、摩洛哥、尼泊尔、荷兰、新西兰、尼加拉瓜、尼日尔、挪威、巴拿马、菲律宾、波兰、葡萄牙、卡塔尔、罗马尼亚、俄罗斯、卢旺达、圣基茨和尼维斯、圣文森特和格林纳丁斯、圣多美和普林西比、沙特阿拉伯、塞尔维亚[6]、塞舌尔、新加坡、斯洛伐克、斯洛文尼亚、所罗门群岛、南非、西班牙、斯威士兰、瑞典、瑞士、中国台湾地区、多哥、突尼斯、土耳其[7]、英国、乌克兰、美国、越南[8]、也门、赞比亚。

1. 巴西声明：巴西理解条约第三条第一款中“观察”一词仅指根据国际法进行同正常航海路线有关的观察。

2. 加拿大声明：不能把第一条第一款理解为任何国家有权在其国家管辖范围之外的海床、洋底及其底土安装或设置任何第一条第一款没有禁止的任何武器，也不能解释为对这片海床、洋底及其底土地区完全用于和平目的的原则构成任何限制。第一、二、三条不能被解释为表示除沿岸国以外的任何国家有任何权利在同沿岸国家相连的、在第一条提到的和第二条界定的海底地区之外的大陆架或其底土上安装或设置第一条第一款未禁止的任何武器。第三条不能被解释为容许以任何方式限制或约束沿岸国享有的同其专有主权一致的有关大陆架的权利，以及在以下方面的权利：对在同其相连的、在第一条提到的和第二条界定的海底地区之外的大陆架或其底土上安装或设置的任何武器、建筑、装置、设施或设备进行视察或实行拆除。

3. 印度加入该条约是基于以下立场：印度对与其领土相连、在其领水及其底土以外的大陆架享有充分、专属的权利。因此，不能禁止或限制印度作为一个沿岸国家行使以下方面的主权：核实、检查、拆除或销毁任何可能在其大陆架上或大陆架下安装或设置的武器、设备、建筑、装置或设施，以及采取其他可被认为必要的保护国家安全的措施。

4. 意大利声明：除其他事项以外，为达成在裁军领域进一步采取措施以防止在海床、洋底及其底土上进行军备竞赛的协议，需要根据措施的性质逐一审查其适用范围，并解决划定其范围的问题。

5. 墨西哥声明：该条约不能解释为一国有权在墨大陆架设置大规模杀伤性武器或其他任何种类的武器或军事装备。墨西哥保留核实、检查、拆除或销毁任何部署在其大陆架的武器、建筑、装置、设备或设施，包括核武器或大规模杀伤性武器的权利。

6. 1974 年，南斯拉夫大使转交给美国国务卿一份照会，称南斯拉夫政府认为对条约第三条第一款应作如下解释：一国在行使该条款规定的权利时，只要是在“有关沿岸国大陆架的海域内”进行观察，就应该提前通知该沿岸国。美国反对南斯拉夫的保留意见，认为这不符合条约的宗旨和目的。

7. 土耳其声明：缔约国不能用第二条的规定来支持与裁军无关的要求。因此，第二条不能解释为与联合国海洋法公约建立了联系。另外，海床条约的任何规定都未给缔约国权利使已被其他国际文书非军事化的地区军事化，也不能被解释为给予沿岸国或其他国家任何权利实行在非军事化领土的大陆架设置核武器或其他大规模杀伤性武器。

8. 越南声明：条约任何条款都不应被解释为可违背沿岸国对其大陆架拥有的权利，包括采取措施维护国家安全的权利。

签署但未批约国： 玻利维亚、布隆迪、柬埔寨、喀麦隆、哥伦比亚、哥斯达黎加、冈比亚、几内亚、洪都拉斯、黎巴嫩、利比里亚、马达加斯加、马里、缅甸、巴拉圭、塞内加尔、塞拉利昂、苏丹、坦桑尼亚、乌拉圭。

条约文本：见联合国《条约集》第 955 卷（1974 年）。

禁止细菌（生物）及毒素武器的发展、生产及储存以及销毁这类武器的公约（禁止生物武器公约，BTWC）

1972 年 4 月 10 日在伦敦、莫斯科、华盛顿开放签署，1975 年 3 月 26 日生效，由英国、俄罗斯、美国三国政府保存。

公约禁止发展、生产、储存或以其他方法取得或保有在类型和数量不能证明用于预防、保护或其他和平目的的微生物剂或生物战剂或毒素，不论其来源或生产方法如何。公约还禁止将生物战剂或毒素用于敌对目的或武装冲突而设计的武器、设备或运载工具。各缔约方应最迟于本公约生效后九个月内将其所拥有的物剂、毒素、武器、设备和运载工具销毁或转用于和平目的。根据 1996 年 BTWC 审议会议的授权，一个特设小组正在讨论和审议旨在加强公约的核查措施及其他措施。

缔约国（164 个）： 阿富汗、阿尔巴尼亚、阿尔及利亚、安提瓜和巴布达、阿根廷、亚美尼亚、澳大利亚、奥地利、阿塞拜疆、巴哈马、巴林、孟加拉国、巴巴多斯、白俄罗斯、比利时、伯利兹、贝宁、不丹、玻利维亚、波黑、博茨瓦纳、巴西、文莱、保加利亚、布基纳法索、柬埔寨、加拿大、佛得角、智利、中国、哥伦比亚、刚果民主共和国、刚果（共和国）、*库克群岛*、哥斯达黎加、克罗地亚、古巴、塞浦路斯、捷克共和国、丹麦、多米尼克、多米尼加共和国、厄瓜多尔、萨尔瓦多、赤道几内亚、爱沙尼亚、埃塞俄比亚、斐济、芬兰、法国、加蓬、冈比亚、格鲁吉亚、德国、加纳、希腊、格林纳达、危地马拉、几内亚比绍、梵蒂冈、洪都拉斯、匈牙利、冰岛、印度、印度尼西亚、伊朗、伊拉克、爱尔兰、意大利、牙买加、日本、约旦、哈萨克斯坦、肯尼亚、朝鲜、韩国、科威特、吉尔吉斯斯坦、老挝、拉脱维亚、黎巴嫩、莱索托、利比亚、列支敦士登、立陶宛、卢森堡、前南斯拉夫马其顿共和国、*马达加斯加*、马来西亚、马尔代夫、马里、马耳他、毛里求斯、墨西哥、摩尔多瓦、摩纳哥、蒙古、黑山、摩洛哥、荷兰、新西兰、尼加拉瓜、尼日尔、尼日利亚、挪威、阿曼、巴基斯坦、帕劳、巴拿马、巴布亚新几内亚、巴拉圭、秘鲁、菲律宾、波兰、葡萄牙、卡塔尔、罗马尼亚、俄罗斯、卢旺达、圣基茨和尼维斯、圣卢西亚、圣文森特和格林纳丁斯、圣马力诺、圣多美和普林西比、沙特阿拉伯、塞内加尔、塞尔维亚、塞舌尔、塞拉利昂、新加坡、斯洛伐克、斯洛文尼亚、所罗门群岛、南非、西班牙、斯里兰卡、苏丹、苏里南、斯威士兰、瑞典、瑞士*、中国台湾地区、*塔吉克斯坦*、泰国、东帝汶、多哥、汤加、特立尼达和多巴哥、突尼斯、土耳其、土库曼斯坦、乌干达、英国、乌克兰、*阿拉伯联合酋长国*、乌拉圭、美国、乌兹别克斯坦、瓦努阿图、委内瑞拉、越南、也门、*赞比亚*、津巴布韦。

* 批准、加入或继承时有所保留。

签署但未批约国： 布隆迪、中非共和国、科特迪瓦、埃及、圭亚那、海地、利比里亚、马拉维、缅甸、尼泊尔、索马里、叙利亚、坦桑尼亚。

条约文本：见联合国《条约集》第 1015 卷（1976 年）。

美苏关于限制反弹道导弹系统条约（反导条约，ABM）

美国和苏联于 1972 年 5 月 26 日在莫斯科签署，1972 年 10 月 3 日生效。2002 年 6 月 13 日失效。

缔约方——俄罗斯和美国——保证不建立全国性反弹道导弹防御系统，限制发展和部署得到允许的战略导弹防御系统。条约禁止为防空导弹、雷达和发射架提供反战略弹道导弹的技术能力，并禁止以战略反弹道导弹（ABM）模式对其进行试验。

1974 年签署的 ABM 条约议定书从数量上进一步限制了得到允许的弹道导弹防御系统。

1997 年俄罗斯和美国签署了一组协商一致的声明，明确区别条约不允许的战略导弹防御系统和条约允许的非战略或战区导弹防御系统的技术参数。2000 年 4 月俄罗斯批准了 1997 年签署的这些协定，但由于美国拒绝批准而使这些协定未能正式生效。2001 年 12 月 13 日，美国宣布退出反导条约（ABM），2002 年 6 月 13 日退约生效。

条约和议定书文本：见美国国务院网站，〈http://www.state.gov/www/global/arms/treaties/abmpage.html〉。

美苏限制地下核武器试验条约（限当量条约，TTBT）

美国和苏联于 1974 年 7 月 3 日在莫斯科签署，1990 年 12 月 11 日生效。

缔约国——俄罗斯和美国——承诺不进行任何爆炸当量超过 15 万吨的地下核试验。1990 年新的核查议定书替代了 1974 年核查议定书。

条约和议定书文本：见联合国《条约集》第 1714 卷（1993 年）。

和平利用地下核爆炸条约（和平核爆炸条约，PNET）

美国和苏联于 1976 年 5 月 28 日在莫斯科和华盛顿签署，1990 年 12 月 11 日生效。

缔约国——俄罗斯和美国——承诺不进行任何用于和平目的、其爆炸当量超过 15 万吨的地下核试验，或任何其总当量超过 15 万吨的系列爆炸；不进行任何总当量超过 150 万吨的系列爆炸，除非其单个核爆炸根据已确立的核查程序能被识别和测量。1976 年核查议定书被 1990 年新的议定书所取代。

条约文本：见联合国《条约集》第 1714 卷（1993 年）。

禁止为军事目的或任何其他敌对目的使用改变环境的技术的公约（禁止改变环境公约，Enmod 公约）

1977 年 5 月 18 日在日内瓦开放签署，1978 年 10 月 5 日生效，由联合国秘书长保存。

公约禁止为军事目的或其他任何敌对目的使用能造成广泛的、持久的或严重影响的改变环境的技术，作为给条约缔约方造成破坏、损害或伤害的手段。“环境改造技术”指用于以下目的的技术：通过故意改变自然进程改变地球的动态、组成和构造，包括其生物圈、岩石圈、水圈、大气层，或外层空间。通过谈判达成的但未写入公约的谅解对“广泛”、“持久”和“严重”等词作出解释。

缔约国（73 个）：阿富汗、阿尔及利亚、安提瓜和巴布达、阿根廷、亚美尼亚、澳大利亚、奥地利、孟加拉国、白俄罗斯、比利时、贝宁、巴西、保加利亚、加拿大、佛得角、智利、中国*、哥斯达黎加、古巴、塞浦路斯、捷克共和国、丹麦、多米尼克、埃及、芬兰、德国、加纳、希腊、危地马拉、匈牙利、印度、爱尔兰、意大利、日本、哈萨克斯坦、朝鲜、韩国*、科威特、立陶宛、老挝、马拉维、毛里求斯、蒙古、荷兰*、新西兰、尼加拉瓜、尼日尔、挪威、巴基斯坦、巴拿马、巴布亚新几内亚、波兰、罗马尼亚、俄罗斯、圣卢西亚、圣文森特和格林纳丁斯、圣多美和普林西比、斯洛伐克、斯洛文尼亚、所罗门群岛、西班牙、斯里兰卡、瑞典、瑞士、塔吉克斯坦、突尼斯、英国、乌克兰、乌拉圭、美国、乌兹别克斯坦、越南、也门。

*批准、参加或继承时发表声明。

签署但未批约国：玻利维亚、刚果民主共和国、埃塞俄比亚、梵蒂冈、冰岛、伊朗、伊拉克、黎巴嫩、利比里亚、卢森堡、摩洛哥、葡萄牙、塞拉利昂、叙利亚、土耳其、乌干达。

公约文本：见联合国条约汇编，网址：〈http://treaties.un.org/Pages/CTCTreaties.aspx? id=26〉。

核材料和核设施的实物保护公约

原始公约于 1980 年 3 月 3 日在纽约和维也纳开放签署，1987 年 2 月 8 日生效，2005 年修订，由国际原子能机构总干事保存。

修订后的公约要求缔约国为用于和平目的的核设施和核材料的贮存和运输提供保护。修订后的公约将在 2/3 的原始公约缔约国批准、加入或批约后 30 天生效。

原始公约缔约国（138 个）：阿富汗、阿尔巴尼亚、阿尔及利亚*、安道尔*、安提瓜和巴布达、阿根廷*、亚美尼亚、澳大利亚、奥地利*、阿塞拜疆*、*巴哈马*、孟加拉国、白俄罗斯、比利时*、玻利维亚、波黑、博茨瓦纳、巴西、保加利亚、布基纳法索、柬埔寨、喀麦隆、加拿大、佛得角、*中非共和国*、智利、中国*、哥伦比亚、科摩罗、刚果民主共和国、哥斯达黎加、克罗地亚、古巴*、塞浦路斯*、捷克共和国、丹麦、吉布提、多米尼克、厄瓜多尔、萨尔瓦多*、赤道几内亚、爱沙尼亚、欧洲原子能联营*、*斐济*、芬兰*、法国*、*加蓬*、格鲁吉亚、德国、加纳、希腊*、格林纳达、危地马拉*、几内亚、*几内亚比绍*、圭亚那、洪都拉斯、匈牙利、冰岛、印度*、印度尼西亚*、爱尔兰*、以色列*、意大利*、牙买加、日本、哈萨克斯坦、肯尼亚、韩国*、科威特*、拉脱维亚、黎巴嫩、利比亚、列支敦士登、立陶宛、卢森堡*、前南斯拉夫马其顿共和国、马达加斯加、马里、马耳他、马绍尔群岛、*毛里塔尼亚*、墨西哥、摩尔多瓦、摩纳哥、蒙古、黑山、摩洛哥、莫桑比克*、纳米比亚、瑙鲁、荷兰*、新西兰、尼加拉瓜、尼日尔、尼日利亚、挪威*、阿曼*、巴基斯坦*、帕劳、巴拿马、巴拉圭、秘鲁*、菲律宾、波兰、葡萄牙*、卡塔尔*、罗马尼亚*、俄罗斯*、卢旺达、*圣基茨和尼维斯*、塞内加尔、塞尔维亚、塞舌尔、斯洛伐克、斯洛文尼亚、南非*、西班牙*、苏丹、斯威士兰、瑞典*、瑞士*、塔吉克斯坦、坦桑尼亚、多哥、汤加、特立尼达和多巴哥、突尼斯、土耳其*、土库曼斯坦、乌干达、英国*、乌克兰、阿拉伯联合酋长国、乌拉圭、美国、乌兹别克斯坦、也门

*在批准、加入或继承时有所保留和/或发表声明

签署但未批约国：多米尼加共和国、海地。

公约文本：见国际原子能机构，1980 年 5 月 INFCIRC/274/Rev. 1 号文件，网址：〈http：//www. iaea. org/Publications/Documents/Conventions/cppnm. html〉。

提交修订后公约的批准、加入或批约的国家（22 个）：阿尔及利亚、澳大利亚、奥地利、保加利亚、克罗地亚、斐济、加蓬、匈牙利、印度、肯尼亚、利比亚、毛里塔尼亚、摩尔多瓦、尼日利亚、波兰、罗马尼亚、俄罗斯、塞舌尔、西班牙、瑞士、土库曼斯坦、乌克兰

修订后条约文本：见国际原子能机构理事会，2005 年 9 月 6 日

GOV/INF/2005/10－GC（49）/INF/6 号文件，网址：〈http://www.iaea.org/Publications/Documents/Conventions/cppnm.html〉。

禁止或限制使用某些可被认为具有过分杀伤力或滥杀滥伤作用的常规武器公约（特定常规武器公约，CCW）

公约及三个议定书于 1981 年 4 月 10 日在纽约开放签署，1983 年 12 月 2 日生效，由联合国秘书长保存。

公约属“总的条约”，即可根据公约以议定书形式签订具体协议。要成为缔约国必须批准三个议定书中的两个。

修订的 1981 年公约原始条款 I 于 2001 年 11 月 21 日在日内瓦开放签署。它将公约的运用范围扩大到非国际间武装冲突。修订后的公约于 2004 年 5 月 18 日生效。

议定书 I 禁止使用其主要作用是碎片伤人且碎片在人体内无法用 X 射线检测的武器。

议定书 II 禁止或限制使用地雷、饵雷和其他装置。

修订后的议定书 II 进一步限制使用地雷。它于 1998 年 12 月 3 日生效。

议定书 III 限制使用燃烧武器。

议定书Ⅳ禁止使用能使人眼永久性失明的激光武器。1998 年 7 月 30 日生效。

议定书Ⅴ于 2006 年 11 月 12 日生效。该议定书认为需要采取普遍性措施，将战争遗留爆炸物的危害和影响减到最小。

原始公约和议定书的缔约国（108 个）：阿尔巴尼亚、阿根廷*、澳大利亚、奥地利、孟加拉国、白俄罗斯、比利时、贝宁[1]、玻利维亚、波黑、巴西、保加利亚、布基纳法索、柬埔寨、喀麦隆、加拿大、佛得角、智利[1]、中国*、哥伦比亚、哥斯达黎加、克罗地亚、古巴、塞浦路斯*、捷克共和国、丹麦、吉布提、厄瓜多尔、萨尔瓦多、爱沙尼亚[1]、芬兰、法国*、加蓬[1]、格鲁吉亚、德国、希腊、危地马拉、*几内亚比绍*、梵蒂冈*、洪都拉斯、匈牙利、*冰岛*、印度、爱尔兰、以色列*[2]、意大利*、*牙买加*[2]、日本、约旦[1]、韩国[3]、老挝、拉脱维亚、莱索托、利比里亚、列支敦士登、立陶宛[1]、卢森堡、前南斯拉夫马其顿共和国、*马达加斯加*、马尔代夫[1]、马里、马耳他、毛里求斯、墨西哥、摩尔多瓦、摩纳哥[3]、蒙古、黑山、摩洛哥[4]、瑙鲁、荷兰*、新西兰、尼加拉瓜[1]、尼日尔、挪威、巴基斯坦、巴拿马、巴拉圭、秘鲁[1]、菲律宾、波兰、葡萄牙、罗马尼亚、俄罗斯、*沙特阿拉伯*[1]、塞内加尔[5]、塞尔维亚、塞舌尔、塞拉利昂、斯洛伐克、斯洛文尼亚、南非、西班牙、斯里兰卡、瑞典、瑞士、塔吉克斯坦、多哥、突尼斯、土耳其*[3]、土库曼斯坦[2]、乌干达、英国*、乌克兰、乌拉圭、美国*[2]、乌兹别克斯坦、委内瑞拉。

*批准、加入或继承时有所保留和/或发表声明。

1. 只是 1981 年议定书 I 和 III 的缔约国。

2. 只是 1981 年议定书 I 和 II 的缔约国。

3. 只是 1981 年议定书 I 的缔约国。

4. 只是 1981 年议定书 II 的缔约国。

5. 只是 1981 年议定书 III 的缔约国。

签署但未批准公约和原始议定书的国家：阿富汗、埃及、尼日利亚、苏丹、越南。

修订后的公约和原始议定书的缔约国（64 个）：阿尔巴尼亚、阿根廷、澳大利亚、奥地利、*白俄罗斯*、比利时、*波黑*、保加利亚、布基纳法索、加拿大、智利、中国、克罗地亚、古巴、捷克共和国、丹麦、萨尔瓦多、爱沙尼亚、芬兰、法国、德国、希腊、*几内亚比绍*、梵蒂冈*、匈牙利、*冰岛*、印度、*爱尔兰*、意大利、*牙买加*、日本、韩国、拉脱维亚、利比里亚、列支敦士登、立陶宛、卢森堡、前南马其顿共和国、马耳他、墨西哥*、摩尔多瓦、黑山、荷兰、尼加拉瓜、尼日尔、挪威、巴拿马、*巴拉圭*、秘鲁、波兰、*葡萄牙*、罗马尼亚、俄罗斯、塞尔维亚、塞拉利昂、斯洛伐克、*斯洛文尼亚*、西班牙、斯里兰卡、瑞典、瑞士、土耳其、英国、乌克兰。

*批准、加入或继承时有所保留和/或发表声明。

修改后的议定书 II 的缔约国（92 个）：阿尔巴尼亚、阿根廷、澳大利亚、奥地利、孟加拉国、白俄罗斯、比利时、玻利维亚、波黑、巴西、保加利亚、布基纳法索、柬埔寨、喀麦隆、加拿大、佛得角、智利、中国、哥伦比亚、哥斯达尼加、克罗地亚、古巴、塞浦路斯、捷克共和国、丹麦、厄瓜多尔、萨尔瓦多、爱沙尼亚、芬兰、法国、德国、希腊、危地马拉、*几内亚比绍*、梵蒂冈、洪都拉斯、匈牙利、

冰岛、印度、爱尔兰、以色列、意大利、*牙买加*、日本、约旦、韩国、拉脱维亚、利比里亚、列支敦士登、立陶宛、卢森堡、前南马其顿共和国、*马达加斯加*、马尔代夫、马里、马耳他、摩尔多瓦、摩纳哥、摩洛哥、瑙鲁、菲律宾、波兰、葡萄牙、罗马尼亚、俄罗斯、塞内加尔、塞舌尔、塞尔维亚、塞拉利昂、斯洛伐克、斯洛文尼亚、南非、西班牙、斯里兰卡、瑞典、瑞士、塔吉克斯坦、突尼斯、土耳其、土库曼斯坦、英国、乌克兰、乌拉圭、美国、委内瑞拉。

议定书 IV 的缔约国（93 个）： 阿尔巴尼亚、阿根廷、澳大利亚*、奥地利*、比利时*、玻利维亚、波黑、巴西、保加利亚、布基纳法索、柬埔寨、喀麦隆、加拿大*、佛得角、智利、中国、哥伦比亚、哥斯达黎加、克罗地亚、塞浦路斯、捷克共和国、丹麦、厄瓜多尔、萨尔瓦多、爱沙尼亚、芬兰、法国、格鲁吉亚、德国*、希腊*、危地马拉、*几内亚比绍*、梵蒂冈、洪都拉斯、匈牙利、*冰岛*、印度、爱尔兰*、以色列*、意大利*、*牙买加*、日本、拉脱维亚、利比里亚、列支敦士登*、立陶宛、卢森堡、前南斯拉夫马其顿共和国、*马达加斯加*、马尔代夫、马里、马耳他、毛里求斯、墨西哥、摩尔多瓦、蒙古、黑山、摩洛哥、瑙鲁、荷兰*、新西兰、尼加拉瓜、尼日尔、挪威、巴基斯坦、巴拿马、*巴拉圭*、秘鲁、菲律宾、波兰*、葡萄牙、罗马尼亚、俄罗斯、沙特阿拉伯、塞尔维亚、塞舌尔、塞拉利昂、斯洛伐克、斯洛文尼亚、南非*、西班牙、斯里兰卡、瑞典*、瑞士*、塔吉克斯坦、突尼斯、土耳其、英国*、乌克兰、乌拉圭、乌兹别克斯坦。

* 批准、加入或继承时有所保留和/或发表声明。

议定书 V 的缔约国（51 个）： 阿尔巴尼亚、澳大利亚、奥地利、*白俄罗斯*、波黑、保加利亚、克罗地亚、捷克国合国、丹麦、萨尔瓦多、*爱沙尼亚*、芬兰、法国、*格鲁吉亚*、德国、*危地马拉*、*几内亚比绍*、梵蒂冈*、匈牙利、*冰岛*、印度、*爱尔兰*、*牙买加*、*韩国*、利比里亚、列支敦士登、立陶宛、卢森堡、前南斯拉夫马其顿共和国、*马达加斯加*、马耳他、*摩尔多瓦*、荷兰、新西兰、尼加拉瓜、挪威、*巴拉圭*、*葡萄牙*、*罗马尼亚*、*俄罗斯*、*塞内加尔*、塞拉利昂、斯洛伐克、斯洛文尼亚、西班牙、瑞典、瑞士、塔吉克斯坦、*突尼斯*、乌克兰、乌拉圭。

*提交时有所保留和/或发表声明。

条约和议定书文本（原始和修订后）：见联合国条约汇编，网址：〈http：//treaties. un. org/Pages/CTCTreaties. aspx? id=26〉。

南太平洋无核区条约（拉罗汤加条约）

1985 年 8 月 6 日在库克群岛的拉罗汤加岛开放签署，1986 年 12 月 11 日生效，由太平洋岛国论坛秘书处保存。

条约禁止缔约国在附录所述区域内外的任何地方制造或以其他方式获得任何核爆炸装置，或拥有或控制这类装置。缔约国还作出以下承诺：只有在符合国际原子能机构保障监督措施的前提下才提供核原料或设备；防止在其领土上安置或试验任何核爆炸装置；以及不向区域内的任何海域倾倒并防止倾倒放射性废料或其他放射性物质。每个缔约国保有允许外国船只或飞机停靠或过境的自由。

条约开放供太平洋岛国论坛的成员国签署。

根据议定书Ⅰ，法国、英国和美国承诺遵守条约关于禁止在位于区域内的三国负有国际责任的领土上生产、安置和试验核爆炸装置的规定。

根据议定书Ⅱ，中国、法国、俄罗斯、英国和美国承诺不对条约缔约国或议定书 1 的缔约国负有国际责任的、位于区域内的领土使用或威胁使用核爆炸装置。

根据议定书Ⅲ，中国、法国、英国、美国和俄罗斯保证不在区域内的任何地方试验任何核爆炸装置。

缔约国（13 个）：澳大利亚、库克群岛、斐济、基里巴斯、瑙鲁、新西兰、纽埃、巴布亚新几内亚、萨摩亚、所罗门群岛、汤加、图瓦卢、瓦努阿图。

议定书Ⅰ的缔约国：法国、英国；**签署但未批准国**：美国。

议定书Ⅱ的缔约国：中国、法国[1]、俄罗斯、英国[2]；**签署但未批准国**：美国。

1. 法国声明：议定书Ⅱ所列的消极安全保证与 1995 年 4 月 6 日裁军谈判会议声明相同。联合国安理会 1995 年 4 月 11 日 984 号决议提到该声明。

2. 英国 1997 年批准议定书Ⅱ时声明：公约的规定不影响国际法

承认的船只和飞机在该地区过境或停靠港口或机场的权利。如果某一缔约国同一个核武器国家一道或联合起来对英国，其领土、武装部队或盟国发动侵略或任何其他进攻，或如果某一缔约国违反了条约规定的其不扩散义务，英国将不受议定书Ⅱ中所作承诺的约束。

议定书Ⅲ的缔约国：中国、法国、俄罗斯、英国；签署但未批准国：美国。

条约文本：见联合国《条约集》第 1445 卷（1987 年）。

销毁中短程导弹条约（中导条约，INF）

美国和苏联于 1987 年 12 月 8 日在华盛顿签署，1988 年 6 月 1 日生效。

条约要求原始缔约国——俄罗斯和美国——到 1991 年 6 月 1 日为止销毁所有的射程为 500—5500 公里的陆基导弹（射程 1000—5500 公里为中程导弹；射程 500—1000 公里为短程导弹）及其发射装置。到 1991 年 5 月为止，共销毁了 2692 枚导弹。1994 年条约成员国扩大到包括白俄罗斯、哈萨克斯坦和乌克兰。1991 年 6 月 1 日之后的 10 年内进行了现场核查以确认履约情况；2001 年 5 月 31 日现场核查终止后，为收集相关数据，会继续使用间谍卫星。

条约文本：见美国国务院网站，〈http：//www.state.gov/www/global/arms/treaties/Inf2.html〉。

欧洲常规武装力量条约（欧常裁条约，CFE）

原始条约于 1990 年 11 月 19 日在巴黎签署，1992 年 11 月 9 日生效，由荷兰政府保存。

条约为从大西洋到乌拉尔山脉区域（大西洋至乌拉尔区，ATTU 区）五个种类的受条约限制的军备（作战坦克、装甲战斗车、口径不小于 100mm 的火炮、作战飞机和攻击直升机）规定了数量上限。

条约由华约（WTO）和北约成员国在欧洲安全与合作会议（从 1995 年 1 月 1 日起更名为欧洲安全与合作组织，OSCE）的框架内谈判达成协议并签署。

1992 年《塔什干协议》由领土位于 ATTU 区域内的各前苏联共

和国（爱沙尼亚、拉脱维亚和立陶宛除外）签署。1992 年签署的《奥斯陆文件》（CFE 条约缔约国非常会议最后文件）对条约作了修正，原因是苏联解体后出现了许多新国家。

缔约国（30 个）： 亚美尼亚、阿塞拜疆、白俄罗斯、比利时、保加利亚、加拿大、捷克共和国、丹麦、法国、格鲁吉亚、德国、希腊、匈牙利、冰岛、意大利、哈萨克斯坦、卢森堡、摩尔多瓦、荷兰、挪威、波兰、葡萄牙、罗马尼亚、俄罗斯[1]、斯洛伐克、西班牙、土耳其、英国、乌克兰、美国。

[1] 2007 年 7 月 14 日，俄罗斯宣布暂停执行将于 2007 年 7 月 12 日生效的《欧洲常规武装力量条约》及相关的协定。

1996 年召开的 CFE 条约首次审议会议，通过了《侧翼文件》。该文件从地理方面和数量上重新规划了侧翼区域，允许俄罗斯和乌克兰沿各自的边界部署更多受条约限制的军备。

原始条约文本：见欧洲安全与合作组织网站，〈http：//www.osce.org/item/13752.html? html=1〉。

加固条约文本：见荷兰内政与王国关系部网站，〈http：//wetten.overheid.nl/cgi-bin/deeplink/lawl/bwbid=BWBV0002009〉。

侧翼文件文本：见欧洲安全与合作组织网站，〈http：//www.osce.org/item/13755.html? html=1〉，附件 A。

关于欧洲常规武装力量员额谈判的结束文件（CFE－1A 协定）

1992 年 7 月 10 日在赫尔辛基由 CFE 条约缔约国签署，与 CFE 条约同时生效，由荷兰政府保存。

该协定规定了成员国在 ATTU 区域内常规陆基武装部队的兵力最高限额。

协定文本：见欧洲安全与合作组织网站，〈http：//www.osce.org/item/13753.html? html=1〉。

欧洲常规武装力量条约修改协定

1999 年 11 月 19 日由欧洲常规武装力量条约的缔约国签署，尚未生效。由荷兰政府保存。

协定以各别国家限额代替了 CFE 条约的集团对集团的军力平衡，在条约限制的军备问上，建立了一个新的限额结构和新的军事灵活机制以及侧翼次限额，并提高了透明度。协定将 CEF 条约机制对所有欧洲国家开放。所有签约国都批准后，协定正式生效。1999 年的《最后文件》及其附件含有关于北高加索和中东欧地区有政治约束力的各项安排和从外国撤军的内容。

修改协定批准书的 3 个保存国： 白俄罗斯、哈萨克斯坦、俄罗斯*[1]

*批准时有所保留和/或发表声明。

[1]2007 年 7 月 14 日，俄罗斯宣布暂停执行将于 2007 年 7 月 12 日生效的《欧洲常规武装力量条约》及相关的协定。

注： 乌克兰批准了 1999 年的修改协定，但尚未将批准书递交给保存国。

协定文本：见欧洲安全与合作组织网站，〈http：//www.osce.org/item/13760.html? html=1〉。

最后文件文本：见欧洲安全与合作组织网站，〈http：//www.osce.org/item/13761html? html=1〉。

美苏关于削减和限制进攻性战略武器条约（START I 条约）

美国和苏联于 1991 年 7 月 31 日在莫斯科签署，1994 年 12 月 5 日生效。

条约要求缔约国——俄罗斯和美国——在七年内分阶段削减各自的进攻性战略核武器。条约规定了各自部署的洲际弹道导弹、潜射导弹和重型轰炸机等战略核运载工具及其携带核弹头的数量限制。在促进执行 START 条约的议定书（《1992 年里斯本议定书》，1994 年 12 月 5 日生效）中，白俄罗斯、哈萨克斯坦和乌克兰也继承了前苏联承担的条约义务。

条约和议定书文本：见美国国务院网站，〈http：//www.state.gov/www/global/arms/starthtm/start/toc.html〉。

开放天空条约

1992年3月24日在赫尔辛基开放签署，2002年1月1日生效，由加拿大和匈牙利政府保存。

条约要求缔约国允许临时通知的、非武装的观察飞行穿越其领空。条约适用范围从加拿大的温哥华向东至俄罗斯的符拉迪沃斯托克。

条约由华约组织（WTO）和北约组织（NATO）的成员国谈判达成。条约供北约成员国和前华约成员国、苏联解体后成立的国家签署（爱沙尼亚、拉脱维亚、立陶宛除外）。条约生效六个月后，欧洲安全和合作组织的任何其他国家都可以申请加入该条约。从2002年7月1日起，任何国家都可以加入该条约。

缔约国（34个）：白俄罗斯、比利时、波黑、保加利亚、加拿大、克罗地亚、捷克共和国、丹麦、爱沙尼亚、芬兰、法国、格鲁吉亚、德国、希腊、匈牙利、冰岛、意大利、拉脱维亚、立陶宛、卢森堡、荷兰、挪威、波兰、葡萄牙、罗马尼亚、俄罗斯、斯洛伐克、斯洛文尼亚、西班牙、瑞典、土耳其、英国、乌克兰、美国。

签署但未批约国：吉尔吉斯斯坦。

条约文本：见加拿大条约信息网站，〈http：//www. treaty－accord. gc. ca/text－texte. asp？ id＝102747〉。

美苏关于进一步削减和限制进攻性战略武器条约(START II条约)

美国和俄罗斯于1993年1月3日在莫斯科签署，尚未生效。

条约要求缔约国销毁各自的多弹头分导洲际弹道导弹，并削减已部署的战略核弹头的数量，到2003年1月1日为止每一方的战略核弹头均不得超过3000—3500枚（其中部署在潜射导弹上的核弹头不得超过1750枚）。1997年9月26日，两国签署了该条约的议定书，将条约执行期限延至2007年底。

注：美国参议院、俄罗斯杜马均批准该条约，但两国未交换批准文书，故条约从未生效。2002年6月13日美国退出反导条约（ABM条约）。作为回应，俄罗斯于2003年6月14日宣布不再受START II条约的约束。

条约和议定书文本：见美国国务院网站，〈http：//www.state.gov/www/global/arms/starthtm/start2/st2intal.html〉。

关于禁止发展、生产、储存和使用化学武器及销毁此种武器的公约（禁止化学武器公约，CWC）

1993 年 1 月 13 日在巴黎开放签署，1997 年 4 月 29 日生效，由联合国秘书长保存。

公约禁止使用、发展、生产、获得、转让和储存化学武器。各缔约国承诺到 2012 年 4 月 29 日销毁其化学武器及其生产设施。

缔约国（186 个）：阿富汗、阿尔巴尼亚、阿尔及利亚、安道尔、安提瓜和巴布达、阿根廷、亚美尼亚、澳大利亚、奥地利、阿塞拜疆、巴林、孟加拉国、巴巴多斯、白俄罗斯、比利时、伯利兹、贝宁、不丹、玻利维亚、波黑、博茨瓦纳、巴西、文莱、保加利亚、布基纳法索、布隆迪、柬埔寨、喀麦隆、加拿大、佛得角、中非共和国、乍得、智利、中国、哥伦比亚、科摩罗、刚果民主共和国、刚果共和国、库克群岛、哥斯达黎加、科特迪瓦、克罗地亚、古巴、塞浦路斯、捷克共和国、丹麦、吉布提、多米尼克、厄瓜多尔、萨尔瓦多、赤道几内亚、厄立特里亚、*爱沙尼亚*、埃塞俄比亚、斐济、芬兰、法国、加蓬、冈比亚、格鲁吉亚、德国、加纳、希腊、格林纳达、危地马拉、几内亚、*几内亚比绍*、圭亚那、海地、梵蒂冈、洪都拉斯、匈牙利、冰岛、印度、印度尼西亚、伊朗、爱尔兰、意大利、牙买加、日本、约旦、哈萨克斯坦、肯尼亚、基里巴斯、韩国、科威特、吉尔吉斯斯坦、老挝、拉脱维亚、*黎巴嫩*、莱索托、利比里亚、利比亚、列支敦士登、立陶宛、卢森堡、前南斯拉夫马其顿共和国、马达加斯加、马拉维、马来西亚、马尔代夫、马里、马耳他、马绍尔群岛、毛里塔尼亚、毛里求斯、墨西哥、密克罗尼西亚、摩尔多瓦、摩纳哥、蒙古、黑山、摩洛哥、莫桑比克、纳米比亚、瑙鲁、尼泊尔、荷兰、新西兰、尼加拉瓜、尼日尔、尼日利亚、纽埃、挪威、阿曼、巴基斯坦、帕劳、巴拿马、巴布亚新几内亚、巴拉圭、秘鲁、菲律宾、波兰、葡萄牙、卡塔尔、罗马尼亚、俄罗斯、卢旺达、圣基茨和尼维斯、圣卢西亚、圣文森特和格林纳丁斯、萨摩亚、圣马力诺、圣多美和普林西比、沙特阿拉伯、塞内加尔、塞尔维亚、塞舌尔、塞拉利昂、新加坡、斯洛伐克、斯洛文尼亚、所罗门群岛、南非、西班牙、斯里兰卡、苏丹、苏里南、斯威士兰、瑞典、瑞士、塔吉克斯坦、坦桑尼亚、泰国、东帝汶、多哥、汤加、特立尼达和多巴哥、突尼斯、土耳其、土库曼斯坦、图瓦卢、乌干达、英国、乌克兰、阿拉伯联合酋长国、乌拉圭、美国、乌兹别克斯坦、瓦努阿图、委内瑞拉、越南、也门、赞比亚、津巴布韦。

签署但未批约国：巴哈马、多米尼加共和国、以色列、缅甸。

条约文本：见联合国条约汇编，〈http://treaties.un.org/Pages/CTCTreaties.aspx?iD=26〉。

东南亚无核武器区条约（曼谷条约）

1995 年 12 月 15 日在曼谷签署，1997 年 3 月 27 日生效，由泰国政府保存。

条约禁止在本区域内外发展、制造、获得或试验核武器，并禁止在区域内或经过区域安置或运输核武器。每个缔约国自行决定是否允许外国船只和飞机停靠或过境。缔约国保证不向区域内的海域倾倒或向区域内的大气层排放任何放射性物质或废料，或在区域内陆地上抛置放射性物质。缔约国应与国际原子能机构达成协议，以为其和平利用核活动提供全面保障监督。

本区域不仅包括缔约国的领土，还包括其大陆架和专属经济区。

条约对所有所有东南亚国家开放签署。

根据条约一项议定书的规定，中国、法国、俄罗斯、英国和美国将承诺不对任何缔约国使用或威胁使用核武器。五国应进一步承诺不在东南亚无核区内使用核武器。议定书将在各缔约国交存批准书之时起生效。

缔约国（10 个）：文莱、柬埔寨、印度尼西亚、老挝、马来西亚、缅甸、菲律宾、新加坡、泰国、越南。

议定书：无签署国，无缔约国。

条约和议定书文本：见东南亚国家联盟秘书处网站，〈http://www.aseansec.org/5181.htm〉。

非洲无核武器区条约（佩林达巴条约）

1996 年 4 月 11 日在开罗签署，尚未生效，由非洲联盟秘书长保存。

条约禁止研究、发展、生产、获得、试验或安置核爆炸装置。每个缔约国有权允许外国船只和飞机停靠和过境的自由。条约还禁止对核设施的任何攻击。缔约国承诺不在区域内的任何地方倾倒或允许倾倒放射性废料和其他放射性物质。缔约国应同国际原子能机构（IAEA）就为和平利用核活动提供全面保障监督达成协议。

非洲无核区指非洲大陆、非洲联盟（AU）岛屿成员国和非洲联盟认为属于非洲的所有岛屿。

该条约向所有非洲国家开放签署。条约在28个国家批约后生效。

根据议定书 I，中国、法国、俄罗斯、英国和美国应承诺不对缔约国使用或威胁使用核爆炸装置。

根据议定书 II，中国、法国、俄罗斯、英国和美国应承诺不在区域内任何地方试验核爆炸装置。

根据议定书 III，对区域内领土负有国际责任的国家应承诺执行条约中有关这些领土的规定。本议定书向法国和西班牙开放签署。

对已提交批准书的议定书签署国，议定书将与条约同时生效。

26 个已提交批准书的国家：阿尔及利亚、贝宁、博茨瓦纳、布基纳法索、科特迪瓦、赤道几内亚、*埃塞俄比亚*、加蓬、冈比亚、几内亚、肯尼亚、莱索托、利比亚、马达加斯加、马里、毛里塔尼亚、毛里求斯、*莫桑比克*、尼日利亚、卢旺达、塞内加尔、南非、斯威士兰、坦桑尼亚、多哥、津巴布韦。

签署但未批约国：安哥拉、布隆迪、喀麦隆、佛得角、中非共和国、乍得、科摩罗、刚果民主共和国、刚果共和国、吉布提、埃及、厄立特里亚、加纳、几内亚比绍、利比里亚、马拉维、摩洛哥、纳米比亚、尼日尔、撒哈拉阿拉伯民主共和国（西撒哈拉）、圣多美和普林西比、塞舌尔、塞拉利昂、索马里、苏丹、突尼斯、乌干达、赞比亚。

议定书 I 批准国：中国、法国[1]、英国[2]；**签署但未批准国：**俄罗斯[3]、美国[4]。

议定书 II 批准国：中国、法国、英国[2]；**签署但未批准国：**俄罗斯[3]、美国[4]。

议定书 III 批准国： 法国。

1. 法国表示：这些议定书不影响其依据联合国宪章第 51 条规定所享有的自卫权。法国申明，根据议定书Ⅰ第一款所作的承诺与其对《不扩散核武器条约》无核武器缔约国的消极安全保证是一致的。这种保证于 1995 年 4 月 6 日法国在裁谈会上的发言中，在 1995 年 4 月 11 日联合国安理会第 984 号决议中也提到了。

2. 英国表示：它不接受在未经其同意的情况下将英属印度洋领土纳入非洲无核区，也不因签署议定书Ⅰ和Ⅱ而接受有关该领土的任何法律义务。如果英国、其属地、武装部队或其他军队，其盟国或英对其作出安全承诺的国家遭受缔约国和某核武器国家以联合或联盟的形式发动或持续进行侵略或任何其他进攻，或者任何缔约国对条约规定其不扩散义务有实质性的违反，英国将不受议定书Ⅰ第一款的承诺的约束。

3. 俄罗斯表示：只要查戈斯群岛上仍有核国家军事基地存在，这些岛屿就不能被视为符合条约对无核区提出的要求。俄还说，鉴于某些国家声明它们认为自己不受各议定书关于上述领土所规定义务的约束，俄不认为自己要受议定书Ⅰ关于这些领土义务的约束。就议定书Ⅰ第一款，俄罗斯不会对条约缔约国使用核武器，除非条约无核武器缔约国和某核武器国家以联合或联盟的方式对俄罗斯、其领土、武装部队或其他军队，对其盟国或对由俄罗斯作出安全承诺的国家发动或持续进行侵略或任何其他武装进攻。

4. 关于议定书Ⅰ，美国表示：如果美国、其领土、武装部队或其他军队、其盟国或美对其作出安全承诺的国家遭受缔约国和某核武器国家以联合或联盟的形式发动或持续进行侵略或任何其他攻击时，美就认为这与条约缔约国的相应义务是不一致的。美国还说，无论是条约还是议定书Ⅱ的规定都不适用英国、美国或其他任何非缔约国在迪戈加西亚岛或英属印度洋的任何领地进行的活动。因此，美军在迪岛和上述地域的军事活动也不必作任何调整。

条约文本：见非洲联盟网站，〈http://www.africa－union.org/root/AU/Documents/Treaties/treaties.htm〉。

关于南斯拉夫、波黑和克罗地亚的次地区军控协定（佛罗伦萨协定）

1996 年 6 月 14 日在佛罗伦萨签署并生效。

达成协定的谈判是根据 1995 年《波黑和平总框架协定》（《代顿协定》）在欧安组织（OSCE）主持下进行的。该协定为以下前交战国的军备数量规定了上限：波斯尼亚和黑塞哥维那、克罗地亚、黑山和塞尔维亚。所涉武器包括以下 5 个种类的重型常规武器：作战坦克、装甲战斗车、重型大炮（75 毫米及 75 毫米以上口径）、作战飞机和攻击直升机。到 1997 年 10 月 31 日为止已完成削减。到此日为止，已确认共有 6580 件武器被销毁。2006 年 3 月，缔约国同意对协定进行 6 处有法律约束力的修定。

协定文本：见欧洲安全与合作组织波黑特派团，〈http://www.oscebih.org/documents/11－eng.pdf〉。

全面禁止核试验条约（CTBT）

1996 年 9 月 24 日在纽约开放签署，尚未生效，由联合国秘书长保存。

条约禁止进行任何核武器试验爆炸或任何其他核爆炸，敦促各缔约国防止在自己管辖或控制的任何地方进行任何核爆炸，并避免引发、鼓励或以任何方式参与任何核武器试验爆炸或其他核爆炸。

条约将在附录所列的 44 个国家交存批准书 180 天后生效。这 44 个国家都拥有核能反应堆和/或核研究反应堆。

条约要生效必须得到下列 44 国的批准：阿尔及利亚、阿根廷、澳大利亚、奥地利、孟加拉国、比利时、巴西、保加利亚、加拿大、智利、中国*、哥伦比亚*、刚果民主共和国、埃及*、芬兰、法国、德国、匈牙利、印度*、印度尼西亚*、伊朗*、以色列*、意大利、日本、朝鲜*、韩国、墨西哥、荷兰、挪威、巴基斯坦*、秘鲁、波兰、罗马尼亚、俄罗斯、斯洛伐克、南非、西班牙、瑞典、瑞士、土耳其、英国、乌克兰、美国*、越南。

*尚未批约的国家。

已交存批准书的 148 个国家：阿富汗、阿尔巴尼亚、阿尔及利亚、安道尔、安提瓜和巴布达、阿根廷、亚美尼亚、澳大利亚、奥地利、阿塞拜疆、巴林、孟加拉国、*巴巴多斯*、白俄罗斯、比利时、伯利兹、贝宁、玻利维亚、波黑、博茨瓦纳、巴西、保加利亚、布基纳法索、*布隆迪*、柬埔寨、喀麦隆、加拿大、佛得角、智利、*哥伦比亚*、刚果民主共和国、库克群岛、哥斯达黎加、科特迪瓦、克罗地亚、塞浦路斯、捷克共和国、丹麦、吉布提、多米尼加共和国、厄瓜多尔、萨尔瓦多、厄立特里亚、爱沙尼亚、埃塞俄比亚、斐济、芬兰、法国、加蓬、格鲁吉亚、德国、希腊、格林纳达、圭亚那、海地、梵蒂冈、洪都拉斯、匈牙利、冰岛、爱尔兰、意大利、牙买加、日本、约旦、哈萨克斯坦、肯尼亚、基里巴斯、韩国、科威特、吉尔吉斯斯坦、老挝、拉脱维亚、*黎巴嫩*、莱索托、利比亚、列支敦士登、立陶宛、卢森堡、前南斯拉夫马其顿共和国、马达加斯加、*马拉维*、*马来西亚*、马尔代夫、马里、马耳他、毛里塔尼亚、墨西哥、密克罗尼西亚、摩尔多瓦、摩纳哥、蒙古、黑山、摩洛哥、*莫桑比克*、纳米比亚、瑙鲁、荷兰、新西兰、尼加拉瓜、尼日尔、尼日利亚、挪威、阿曼、帕劳、巴拿马、巴拉圭、秘鲁、菲律宾、波兰、葡萄牙、卡塔尔、罗马尼亚、俄罗斯、卢旺达、圣基茨和尼维斯、圣卢西亚、萨摩亚群岛、圣马力诺、塞内加尔、塞尔维亚、塞舌尔、塞拉利昂、新加坡、斯洛伐克、斯洛文尼亚、南非、西班牙、苏丹、苏里南、瑞典、瑞士、塔吉克斯坦、坦桑尼亚、多哥、突尼斯、土耳其、土库曼斯坦、乌干达、英国、乌克兰、阿拉伯联合酋长国、乌拉圭、乌兹别克斯坦、瓦努阿图、委内瑞拉、越南、赞比亚。

签署但未批约国：安哥拉、文莱、中非共和国、乍得、中国、科摩罗、刚果共和国、埃及、赤道几内亚、冈比亚、加纳、危地马拉、几内亚、几内亚比绍、印度尼西亚、伊朗、*伊拉克*、以色列、利比里亚、马绍尔群岛、缅甸、尼泊尔、巴布亚新几内亚、圣多美和普林西比、所罗门群岛、斯里兰卡、斯威士兰、泰国、*东帝汶*、美国、也门、津巴布韦。

条约文本：见联合国条约汇编，〈http://treaties.un.org/Pages/CTCTreaties.aspx?iD=26〉。

美洲国家间关于反对非法生产和走私火器、弹药、爆炸

物和其他相关材料公约

1997 年 11 月 13 日在华盛顿通过，1997 年 11 月 14 日在华盛顿开放签署。1998 年 7 月 1 日公约生效，由美洲国家组织总秘书处保存。

公约的宗旨是：预防、反对和彻底制止非法生产、走私火器、弹药、爆炸物和其他相关材料；推动和促进缔约国之间的合作、信息和经验交流。

缔约国（29 个）：安提瓜和巴布达、阿根廷*、巴哈马、巴巴多斯、伯利兹、玻利维亚、巴西、智利、哥伦比亚、哥斯达黎加、多米尼克、厄瓜多尔、萨尔瓦多、格林纳达、危地马拉、*圭亚那*、海地、洪都拉斯、墨西哥、尼加拉瓜、巴拿马、巴拉圭、秘鲁、圣基茨和尼维斯、圣卢西亚、*苏里南*、特立尼达和多巴哥、乌拉圭、委内瑞拉。

*批准、加入或继承时有所保留。

签署但未批约国：加拿大、多米尼加共和国、牙买加、圣文森特和格林纳丁斯、美国。

公约文本：见美洲国家组织网站，〈http：//www.oas.org/juridico/english/treaties/a—63.html〉。

禁止使用、储存、生产和转让杀伤人员地雷及销毁此种地雷的公约（禁雷公约，APM）

1997 年 12 月 3—4 日在渥太华、1997 年 12 月 5 日在纽约开放签署，1999 年 3 月 1 日生效，由联合国秘书长保存。

公约禁用杀伤人员地雷（APMs），系指有人出现、接近或接触而爆炸并使一人或多人致残、致伤和致死的地雷。

每个缔约国承诺尽快并不晚于公约生效四年内销毁其储存的所有杀伤人员地雷。各缔约国还承诺在公约生效 10 年之内销毁部署在其管辖或控制的雷区内的杀伤人员地雷。

缔约国（156 个）：阿富汗、阿尔巴尼亚、阿尔及利亚、安道尔、安哥拉、安提瓜和巴布达、阿根廷*、澳大利亚*、奥地利*、巴哈马、孟加拉国、巴巴多斯、白俄罗斯、比利时、伯利兹、贝宁、不丹、玻利维亚、波黑、博茨瓦纳、巴西、文莱、保加利亚、布基纳法索、布隆迪、柬埔寨、喀麦隆、加拿大*、佛得角、中非共和国、乍得、智利*、哥伦比亚、科摩罗、刚果民主共和国、刚果共和国、库克群岛、哥斯达黎加、科特迪瓦、克罗地亚、塞浦路斯、捷克共和国*、丹麦、吉布提、多米尼克、多米尼加共和国、厄瓜多尔、萨尔瓦多、赤道几内亚、厄立特里亚、爱沙尼亚、埃塞俄比亚、斐济、法国、加蓬、冈比亚、德国、加纳、希腊*、格林纳达、危地马拉、几内亚、几内亚比绍、圭亚那、海地、梵蒂冈、洪都拉斯、匈牙利、冰岛、印度尼西亚、伊拉克、爱尔兰、意大利、牙买加、日本、约旦、肯尼亚、基里巴斯、科威特、拉脱维亚、莱索托、利比里亚、列支敦士敦、立陶宛*、卢森堡、前南马其顿共和国、马达加斯加、马拉维、马来西亚、马尔代夫、马里、马耳他、毛里塔尼亚、毛里求斯*、墨西哥、摩尔多瓦、摩纳哥、黑山*、莫桑比克、纳米比亚、瑙鲁、荷兰、新西兰、尼加拉瓜、尼日尔、尼日利亚、纽埃、挪威、帕劳、巴拿马、巴布亚新几内亚、巴拉圭、秘鲁、菲律宾、葡萄牙、卡塔尔、罗马尼亚、卢旺达、圣基茨和尼维斯、圣卢西亚、圣文森特和格林纳丁斯、西萨摩亚、圣马力诺、圣多美和普林西比、塞内加尔、塞尔维亚*、塞舌尔、塞拉利昂、斯洛伐克、斯洛文尼亚、所罗门群岛、南非*、西班牙、苏丹、苏里南、斯威士兰、瑞典*、瑞士*、塔吉克斯坦、坦桑尼亚、泰国、东帝汶、多哥、特立尼达和多巴哥、突尼斯、土耳其、土库曼斯坦、乌干达、英国*、乌克兰、乌拉圭、瓦努阿图、委内瑞拉、也门、赞比亚、津巴布韦。

*批准、加入或继承时有所保留。

签署但未批约国：马绍尔群岛、波兰。

公约文本：见联合国条约汇编，〈http://treaties.un.org/Pages/CTCTreaties.aspx?id=26〉。

美洲国家间关于获取常规武器透明度公约

1999 年 6 月 7 日在危地马拉城通过，2002 年 11 月 21 日生效，由美洲国家组织总秘书处保存。

公约的宗旨是：为了促进美洲国家间的相互信任，通过交换关于获取常规武器的信息，有助于提高本地区在获取这类武器方面的公开性和通明度。

缔约国（12 个）：阿根廷、巴西、加拿大、智利、厄瓜多尔、萨尔瓦多、危地马拉、尼加拉瓜、巴拉圭、秘鲁、乌拉圭、委内瑞拉。

签署但未批约国： 玻利维亚、哥伦比亚、哥斯达黎加、多米尼克、海地、洪都拉斯、墨西哥、美国。

公约文本：见美洲国家组织网站，〈http：//www. oas. org/juridico/english/treaties/a—64. html〉。

1999 年关于建立信任与安全措施的维也纳文件

欧洲安全与合作组织的成员国于 1999 年 11 月 16 日在伊斯坦布尔签署。2000 年 1 月 1 日生效。

1999 年维也纳文件是在欧洲建立信任与安全措施（CSBMs）和裁军的 1986 年斯德哥尔摩文件，以及之前的三个维也纳文件（1990 年、1992 年和 1994 年）的基础上制定的。1990 年维也纳文件要求缔约国通报军费预算、减少危险程序、建立直接通信网，并且每年举行一次会议评估信任与安全措施的执行情况。1992 年维也纳文件和 1994 年维也纳文件对军事活动、防务计划和军事交流制定了新的机制和参数。

1999 年维也纳文件提出了一些区域性措施，旨在双边、多边和地区层面上增加透明度和信任，并特别就约束措施提出了一些改进意见。

文件文本：见欧洲安全与合作组织网站，〈http：//www. osce. org/item/4251. html? html＝1〉。

美俄削减进攻性战略武器条约（SORT 条约）

2002 年 5 月 24 日俄罗斯和美国在莫斯科签署，2003 年 6 月 1 日生效。

条约要求缔约国削减各自实战部署的战略核弹头，以便在 2012 年 12 月 31 日以前各自拥有的该类核弹头总数不超过 1700—2200 枚。

条约文本：见美国参议院，《莫斯科条约》，条约文件 107—8（政府印刷办公室：华盛顿特区，2002 年），网址：〈http：//www. gproaccess. gov/serialset/cdocuments/107cat2. html〉。

西非国家经济共同体关于小武器、轻武器及其弹药和相

关材料公约

2006 年 6 月 14 日在阿布贾由西非国家经济共同体（ECOWAS）成员国通过。尚未生效，由西非国家经济共同体执行秘书保存。

公约要求缔约国在西非国家经济共同体范围内防止和打击小武器和轻武器过量和失衡的积聚。公约从第九个批约书递交时开始生效。

提交批约书的国家（5 个*）：布基纳法索、马里、尼日尔、塞内加尔、塞拉利昂

*有未经证实的媒体报道称，冈比亚、几内亚、多哥已经批约。

签约但未批约的国家：贝宁、佛得角、科特迪瓦、冈比亚、加纳、几内亚、几内亚比绍、利比里亚、尼日利亚、多哥。

公约文本：见西非国家经济共同体小武器控制项目，网址：〈http：//www. ecosap. ecowas. int/en/ecosap/strategic _ docs/convention/conventiona _ small _ arms. pdf〉。

中亚无核武器区条约（塞米巴拉金斯克条约）

2006 年 9 月 8 日在塞米巴拉金斯克市签署，2009 年 3 月 21 日生效。由吉尔吉斯斯坦政府保存。

条约及其议定书要求缔约国不再研究、发展、制造、储存或通过任何其他方式获得、拥有或控制任何核武器或核爆炸装置。

根据一项议定书的规定，中国、法国、俄罗斯、英国和美国承诺将不对任何缔约国使用或威胁使用核爆炸装置。议定书将在每个缔约国交存批准书之时起生效。

截至 2009 年 4 月 1 日的缔约国（5 个）：哈萨克斯坦、吉尔吉斯斯坦、塔吉克斯坦、土库曼斯坦、乌兹别克斯坦

议定书：无签署国，无缔约国

条约文本：见联合国裁军事务办公室，多边军备法规和裁军协定状况，网址：〈http：//disarmament. un. org/treatystatus. nsf〉。

集束弹药公约

2008 年 5 月 30 日在都柏林通过，2008 年 12 月 3 日在奥斯陆开放供签署，到 2009 年 4 月 1 日尚未生效。由联合国秘书长保存。

公约旨在禁止使用、制造、转让和储存对平民造成不可接受伤害

的集束弹药；建立一个合作和援助框架来帮助受害人康复，清除受沾染区域，进行降险教育和销毁所有库存集束弹。公约不适用于地雷。公约在第 30 个国家递交其批准、接受、审议通过或加入的保存书之月起六个月后的第一天生效。

截至 2009 年 4 月 1 日递交批约书的国家（5 个）：梵蒂冈、爱尔兰、老挝、挪威、塞拉利昂。

截至 2009 年 4 月 1 日签署但未批约国家：阿富汗、阿尔巴尼亚、安哥拉、澳大利亚、奥地利、比利时、贝宁、玻利维亚、波黑、博茨瓦纳、保加利亚、布基纳法索、布隆迪、加拿大、佛得角、中非共和国、乍得、智利、哥伦比亚、科摩罗、刚果民主共和国、刚果共和国、库克群岛、哥斯达黎加、科特迪瓦、克罗地亚、捷克共和国、丹麦、厄瓜多尔、萨尔瓦多、斐济、法国、冈比亚、德国、加纳、危地马拉、几内亚、几内亚比绍、洪都拉斯、匈牙利、冰岛、印度尼西亚、意大利、日本、肯尼亚、老挝、黎巴嫩、莱索托、利比里亚、列支敦士登、立陶宛、卢森堡、前南斯拉夫马其顿共和国、马达加斯加、马拉维、马里、马耳他、墨西哥、摩尔多瓦、摩纳哥、黑山、莫桑比克、纳米比亚、瑙鲁、荷兰、新西兰、尼加拉瓜、尼日尔、帕劳、巴拿马、巴拉圭、秘鲁、菲律宾、葡萄牙、卢旺达、萨摩亚、圣马力诺、圣多美和普林西比、塞内加尔、斯洛文尼亚、索马里、南非、西班牙、瑞典、瑞士、坦桑尼亚、多哥、突尼斯、乌干达、英国、乌拉圭、赞比亚。

公约文本：见联合国条约汇编，网址：〈http://treaties.un.org/Pages/CTCTreaties.aspx?id=26〉。

（琦 灵 译）

附件B 国际安全合作机构

南尼·博德尔

本附件罗列了旨在促进安全、稳定、和平或军备控制的主要国际组织、政府间机构、履约机构和出口控制机制，所列的成员国或参加国为截至 2009 年 1 月 1 日的情况。

联合国会员国和联合国系统内的组织被列在前面，其他组织依字母顺序排列在后。请注意：这些组织的成员国和参加国并非都是联合国会员国。2008 年间加入或首次参加组织的国家用斜体字注明。每个组织尽可能提供了其互联网网址。所提及的军备控制和裁军协议，参见本卷附件 A。

联合国（UN）

〈http：//www. un. org〉

系世界范围的政府间组织。1945 年通过《联合国宪章》，联合国宣告成立，总部设在美国纽约。它的六个主要机构分别是大会、安全理事会、经济和社会理事会、托管理事会（1994 年暂停实际工作）、国际法院和秘书处。它还包括许多专门机构和自治组织。

联合国会员国（192 个）及加入时间

阿富汗，1946；阿尔巴尼亚，1955；阿尔及利亚，1962

安道尔，1993；安哥拉，1976；安提瓜和巴布达，1981

阿根廷，1945；亚美尼亚，1992；澳大利亚，1945

奥地利，1955；阿塞拜疆，1992；巴哈马，1973

巴林，1971；孟加拉国，1974；巴巴多斯，1966

白俄罗斯，1945；比利时，1945；伯利兹，1981

贝宁，1960；不丹，1971；玻利维亚，1945

波斯尼亚和黑塞哥维那，1992；博茨瓦纳，1966；巴西，1945

文莱，1984；保加利亚，1955；布基纳法索，1960

布隆迪，1962；柬埔寨，1955；喀麦隆，1960

加拿大，1945；佛得角，1975；中非共和国，1960

乍得，1960；智利，1945；中国，1945；哥伦比亚，1945；科摩罗，1975；刚果民主共和国，1960

刚果共和国，1960；哥斯达黎加，1945；科特迪瓦，1960

克罗地亚，1992；古巴，1945；塞浦路斯，1960

捷克共和国，1993；丹麦，1945；吉布提，1977

多米尼克国，1978；多米尼加共和国，1945；厄瓜多尔，1945

埃及，1945；萨尔瓦多，1945；赤道几内亚，1968

厄立特里亚，1993；爱沙尼亚，1991；埃塞俄比亚，1945

斐济，1970；芬兰，1955；法国，1945；加蓬，1960；冈比亚，1965；格鲁吉亚，1992；德国，1973；加纳，1957；希腊，1945；格林纳达，1974；危地马拉，1945；几内亚，1958

几内亚比绍，1974；圭亚那，1966；海地，1945

洪都拉斯，1945；匈牙利，1955；冰岛，1946

印度，1945；印度尼西亚，1950；伊朗，1945

伊拉克，1945；爱尔兰，1955；以色列，1949

意大利，1955；牙买加，1962；日本，1956；约旦，1955；哈萨克斯坦，1992；肯尼亚，1963

基里巴斯，1999；朝鲜民主主义人民共和国，1991

大韩民国，1991；科威特，1963；吉尔吉斯斯坦，1992

老挝，1955；拉脱维亚，1991；黎巴嫩，1945；莱索托，1966；利比里亚，1945

利比亚，1955；列支敦士登，1990；立陶宛，1991

卢森堡，1945；前南斯拉夫马其顿共和国，1993

马达加斯加，1960；马拉维，1964；马来西亚，1957

马尔代夫，1965；马里，1960；马耳他，1964；

马绍尔群岛，1991

毛里塔尼亚，1961；毛里求斯，1968；墨西哥，1945

密克罗尼西亚，1991；摩尔多瓦，1992；摩纳哥，1993

蒙古，1961；黑山，2006；摩洛哥，1956；莫桑比克，1975

缅甸，1948；纳米比亚，1990；瑙鲁，1999；尼泊尔，1955；荷兰，1945；新西兰，1945；尼加拉瓜，1945

尼日尔，1960；尼日利亚，1960；挪威，1945

阿曼，1971；巴基斯坦，1947；帕劳，1994；巴拿马，1945；巴布亚新几内亚，1975；巴拉圭，1945

秘鲁，1945；菲律宾，1945；波兰，1945；葡萄牙，1955；卡塔尔，1971；罗马尼亚，1955

俄罗斯，1945；卢旺达，1962；圣基茨和尼维斯，1983

圣卢西亚，1979；圣文森特和格林纳丁斯，1980；萨摩亚，1976

圣马力诺，1992；圣多美和普林西比，1975；沙特阿拉伯，1945

塞内加尔，1960；塞尔维亚和黑山，2000；塞舌尔，1976；

塞拉利昂，1961

新加坡，1965；斯洛伐克，1993；斯洛文尼亚，1992

所罗门群岛，1978；索马里，1960；南非，1945

西班牙，1955；斯里兰卡，1955；苏丹，1956

苏里南，1975；斯威士兰，1968；瑞典，1946；瑞士，2002

叙利亚，1945；塔吉克斯坦，1992；坦桑尼亚，1961

泰国，1946；东帝汶，2002；多哥，1960；汤加，1999

特立尼达和多巴哥，1962；突尼斯，1956；土耳其，1945

土库曼斯坦，1992；图瓦卢，2000；乌干达，1962；英国，1945

乌克兰，1945；阿拉伯联合酋长国，1971；乌拉圭，1945

美国，1945；乌兹别克斯坦，1992；瓦努阿图，1981

委内瑞拉，1945；越南，1977；也门，1947；赞比亚，1964；津巴布韦，1980

联合国安全理事会

〈http：//www.un.org/Docs/sc/〉

常任理事国（P5）：中国、法国、俄国、英国、美国

2009 年的非常任理事国（由联合国大会选举产生，任期二年。括弧中的年代是指任期截止的年代）：澳大利亚（2010）、布基纳法索

(2009)、哥斯达黎加（2009)、克罗地亚（2009)、日本（2010)、利比亚（2009)、墨西哥（2010)、土耳其（2010)、乌干达（2010)、越南（2009)

裁军谈判会议（CD）

〈http：//www. unog. ch/〉

系多边军备控制谈判机构。1959 年以来经过多次扩大成员国和更名，1984 年起称“裁军谈判会议”。裁谈会不是联合国机构，但向“联合国大会”报告工作。该机构设在瑞士日内瓦。

成员国（65 个）：阿尔及利亚、阿根廷、澳大利亚、奥地利、孟加拉国、白俄罗斯、比利时、巴西、保加利亚、喀麦隆、加拿大、智利、中国、哥伦比亚、刚果民主共和国、古巴、厄瓜多尔、埃及、埃塞俄比亚、芬兰、法国、德国、匈牙利、印度、印度尼西亚、伊朗、伊拉克、爱尔兰、以色列、意大利、日本、哈萨克斯坦、肯尼亚、朝鲜、韩国、马来西亚、墨西哥、蒙古、摩洛哥、缅甸、荷兰、新西兰、尼日利亚、挪威、巴基斯坦、秘鲁、波兰、罗马尼亚、俄罗斯、塞内加尔、斯洛伐克、南非、西班牙、斯里兰卡、瑞典、瑞士、叙利亚、突尼斯、土耳其、英国、乌克兰、美国、委内瑞拉、越南、津巴布韦

国际原子能机构（IAEA）

〈http：//www. iaea. org〉

系联合国体系内的政府间组织。机构在其《规约》于 1957 年生效后正式成立。其宗旨是促进和平利用原子能，并保证核活动不用于促进任何军事目的。根据《不扩散核武器条约》和各无核区条约，无核武器国家必须接受机构的核保障监督，以表明其履行了不制造核武器的义务。总部设在奥地利首都维也纳。

成员国（145 个）：阿富汗、阿尔巴尼亚、阿尔及利亚、安哥拉、阿根廷、亚美尼亚、澳大利亚、奥地利、阿塞拜疆、孟加拉国、白俄罗斯、比利时、伯利兹、贝宁、玻利维亚、波斯尼亚和黑塞哥维那、博茨瓦纳、巴西、保加利亚、布基纳法索、喀麦隆、加拿大、中非共和国、乍得、智利、中国、哥伦比亚、刚果民主共和国、哥斯达黎

加、科特迪瓦、克罗地亚、古巴、塞浦路斯、捷克共和国、丹麦、多米尼加共和国、厄瓜多尔、埃及、萨尔瓦多、厄立特里亚、爱沙尼亚、埃塞俄比亚、芬兰、法国、加蓬、格鲁吉亚、德国、加纳、希腊、危地马拉、海地、梵蒂冈、洪都拉斯、匈牙利、冰岛、印度、印度尼西亚、伊朗、伊拉克、爱尔兰、以色列、意大利、牙买加、日本、约旦、哈萨克斯坦、肯尼亚、韩国、科威特、吉尔吉斯斯坦、拉脱维亚、黎巴嫩、利比里亚、利比亚、列支敦士登、立陶宛、卢森堡、前南斯拉夫马其顿共和国、马达加斯加、马拉维、马来西亚、马里、马耳他、马绍尔群岛、毛里塔尼亚、毛里求斯、墨西哥、摩尔多瓦、摩纳哥、蒙古、黑山、摩洛哥、莫桑比克、缅甸、纳米比亚、尼泊尔、荷兰、新西兰、尼加拉瓜、尼日尔、尼日利亚、挪威、巴基斯坦、帕劳、巴拿马、巴拉圭、秘鲁、菲律宾、波兰、葡萄牙、卡塔尔、罗马尼亚、俄罗斯、沙特阿拉伯、塞内加尔、塞尔维亚、塞舌尔、塞拉利昂、新加坡、斯洛伐克、斯洛文尼亚、南非、西班牙、斯里兰卡、苏丹、瑞典、瑞士、叙利亚、塔吉克斯坦、坦桑尼亚、泰国、突尼斯、土耳其、乌干达、英国、乌克兰、阿拉伯联合酋长国、乌拉圭、美国、乌兹别克斯坦、委内瑞拉、越南、也门、赞比亚、津巴布韦

注：朝鲜在 1994 年 6 月以前，曾是国际原子能机构的成员国。柬埔寨于 2003 年 3 月退出机构成员国资格。

非洲联盟（AU）

〈http：//www. africa－union. org〉

2001 年《非洲联盟章程》生效，“非洲联盟”正式成立。2002 年非盟取代了“非洲统一组织”（OAU），成员国资格向所有非洲国家开放。其宗旨是推动非洲在团结、安全和解决冲突、民主、人权方面的进展，促进非洲政治、社会和经济一体化。见成员国名单。总部设在埃塞俄比亚首都亚的斯亚贝巴。

成员国（53 个）：阿尔及利亚、安哥拉、贝宁、博茨瓦纳、布基纳法索、布隆迪、喀麦隆、佛得角、中非共和国、乍得、科摩罗、刚果民主共和国、刚果共和国、科特迪瓦、吉布提、埃及、赤道几内亚、厄立特里亚、埃塞俄比亚、加蓬、冈比亚、加纳、几内亚*、几

内亚比绍、肯尼亚、莱索托、利比里亚、利比亚、马达加斯加、马拉维、马里、毛里塔尼亚*、毛里求斯、莫桑比克、纳米比亚、尼日尔、尼日利亚、卢旺达、西撒哈拉（阿拉伯撒哈拉民主共和国，SADR)、圣多美和普林西比、塞内加尔、塞舌尔、塞拉利昂、索马里、南非、苏丹、斯威士兰、坦桑尼亚、多哥、突尼斯、乌干达、赞比亚、津巴布韦

* 2008 年几内亚和毛里塔尼亚因军事政变暂停了非盟的成员国活动。

亚太经合组织（APEC）

〈http：//www. apec. org〉

成立于 1989 年，其宗旨是推动亚太地区的开放贸易和经济繁荣。自 20 世纪 90 年代中期起，其成员经济体在安全和政治问题，诸如反恐、防止大规模杀伤性武器扩散和建立有效出口控制体系等领域进行对话。秘书处设在新加坡。

成员经济体（21 个)：澳大利亚、文莱、加拿大、智利、中国、中国香港、印度尼西亚、日本、韩国、马来西亚、墨西哥、新西兰、巴布亚新几内亚、秘鲁、菲律宾、俄罗斯、新加坡、中国台湾、泰国、美国、越南

东南亚国家联盟（ASEAN）

〈http：//www. aseansec. org〉

成立于 1967 年，目的是促进经济、社会和文化的发展以及东南亚地区和平与安全。秘书处设在印度尼西亚首都雅加达。

成员国（10 个)：文莱、柬埔寨、印度尼西亚、老挝、马来西亚、缅甸、菲律宾、新加坡、泰国、越南

东盟地区论坛（ARF）

〈http：//www. aseanregionalforum. org〉

该论坛成立于 1994 年，目的是处理安全问题。

参加国（27 个)：东南亚国家联盟成员国加上澳大利亚、孟加拉国、加拿大、中国、欧盟、印度、日本、朝鲜、韩国、蒙

古、新西兰、巴基斯坦、巴布亚新几内亚、俄罗斯、斯里兰卡、东帝汶、美国

东南亚国家联盟+3（APT）

〈http：//www. aseansec. org/4918. htm〉

论坛开始于 1997 年，伴随亚洲经融危机而产生，1999 年机制化，目的是促进成员国经济、政治和安全合作及金融稳定。

参加国： 东南亚国家联盟成员国加上中国、日本和韩国

东亚峰会（EAS）

〈http：//www. dfat. gov. au/asean/eas/〉

东亚峰会于 2005 年开始，是一个就战略、政治和经济问题进行对话的区域论坛。目的是推动东亚地区和平、稳定和经济繁荣。年度会议的时间与东南亚国家联盟峰会相连。

参加国： 东南亚国家联盟成员国加上澳大利亚、中国、印度、日本、韩国和新西兰

澳大利亚集团（AG）

〈http：//www. australiagroup. net〉

成立于 1985 年的多国集团。每年举行非正式会议，以监督化学和生物制品的扩散并讨论同化学和生物武器有关的受国家监督的物项。

参加国（41 个）： 阿根廷、澳大利亚、奥地利、比利时、保加利亚、加拿大、克罗地亚、塞浦路斯、捷克共和国、丹麦、爱沙尼亚、欧洲委员会、芬兰、法国、德国、希腊、匈牙利、冰岛、爱尔兰、意大利、日本、韩国、拉脱维亚、立陶宛、卢森堡、马耳他、荷兰、新西兰、挪威、波兰、葡萄牙、罗马尼亚、斯洛伐克、斯洛文尼亚、西班牙、瑞典、瑞士、土耳其、英国、乌克兰、美国

集体安全条约组织（CSTO）

〈http：//www. dkb. gov. ru/〉

由 1992 年《集体安全条约》的六个签署国于 2002—2003 年正式建立，其宗旨是推动成员国间的合作。该组织的一个目标是就区域内的恐怖主义和毒品走私等战略问题制订更有效的对策。该组织设在俄罗斯首都莫斯科。

成员国（7 个）： 亚美尼亚、白俄罗斯、哈萨克斯坦、吉尔吉斯斯坦、俄罗斯、塔吉克斯坦、乌兹别克斯坦

独立国家联合体（独联体，CIS）

〈http：//www. cis. minsk. by〉

成立于 1991 年，作为前苏联各共和国之间多边合作的框架。总部设在白俄罗斯首都明斯克。

成员国（12 个）： 亚美尼亚、阿塞拜疆、白俄罗斯、格鲁吉亚、哈萨克斯坦、吉尔吉斯斯坦、摩尔多瓦、俄罗斯、塔吉克斯坦、土库曼斯坦、乌克兰、乌兹别克斯坦

英联邦

〈http：//www. thecommonwealth. org〉

1949 年成立的包括发达国家和发展中国家的组织，其目的是推动成员国内外的民主、人权，促进经济和社会的可持续发展。秘书处设在英国首都伦敦。

成员国（53 个）： 安提瓜和巴布达、澳大利亚、巴哈马、孟加拉国、巴巴多斯、伯利兹、博茨瓦纳、文莱、喀麦隆、加拿大、塞浦路斯、多米尼加、斐济*、冈比亚、加纳、格林那达、圭亚那、印度、牙买加、肯尼亚、基里巴斯、莱索托、马拉维、马来西亚、马尔代夫、马耳他、毛里求斯、莫桑比克、纳米比亚、瑙鲁、新西兰、尼日利亚、巴基斯坦、巴布亚新几内亚、圣基茨和尼维斯、圣卢西亚、圣文森特和格林纳丁斯、萨摩亚、塞舌尔、塞拉利昂、新加坡、所罗门群岛、南非、斯里兰卡、斯威士兰、坦桑尼亚，汤加、特立尼达和多巴哥、图瓦卢、乌干达、英国、瓦努阿图，赞比亚

*2006 年 12 月，斐济暂时中止英联邦议会的资格。

中部非洲国家经济共同体（法文 CEEAC，英文 ECCAS）

〈http：//www. ceeac—eccas. org/〉

成立于 1983 年，目的是在推动中部非洲地区政治对话，建立关税联盟和制定共同政策。秘书处设在加蓬首都利伯维尔。2004 年建立中部非洲和平与安全理事会的议定书生效。中部非洲和平与安全理事会是一个为推动政治和军事战略联合，在中部非洲地区进行冲突预防、管理和解决的机制。

成员国（10 个）：安哥拉、布隆迪、喀麦隆、中非共和国、乍得、刚果民主共和国、刚果共和国、赤道几内亚、加蓬、圣多美和普林西比

全面禁止核试验条约组织（CTBTO）

〈http：//www. ctbto. org/〉

根据 1996 年的《全面禁止核试验条约》建立。目的是解决遵守条约方面的问题，同时也是缔约国之间进行磋商与合作的一个论坛。《全面禁止核试验条约》生效后，该组织将发挥作用。已设立的筹委会为组织未来的工作进行准备，特别是通过建立国际监控体系，包括建立地震监测站、水声探测站、次声波监测站、放射性核素监测站，来收集数据并传回到组织的国际数据中心。秘书处设在奥地利首都维也纳。

CTBT **缔约国：**见附件 A。

亚洲相互协作与建立信任措施会议（亚信会议，CICA）

1992 年发起，根据 1999 年《指导亚信会议成员国间关系原则的声明》建立。亚信会议作为一个论坛促进成员国之间安全合作和建立信任措施，并推动成员国在经济、社会和文化领域的合作。

成员国（21 个）：阿富汗、阿塞拜疆、中国、埃及、印度、伊朗、以色列、*约旦*、哈萨克斯坦、韩国、吉尔吉斯斯坦、蒙古、巴基斯坦、巴勒斯坦、*卡塔尔*、俄罗斯、塔吉克斯坦、泰国、土耳其、*阿拉伯联合酋长国*、乌兹别克斯坦

亚太安全合作理事会（CSCAP）

〈http：//www. cscap. org〉

成立于 1993 年，是一个非正式的非政府组织。目的是在亚太安全事务领域通过对话和磋商，建立地区信任与安全合作。

成员委员会（21 个）：澳大利亚、文莱、柬埔寨、加拿大、中国、CSCAP 欧洲委员会、印度、印度尼西亚、日本、朝鲜、韩国、马来西亚、蒙古、新西兰、巴布亚新几内亚、菲律宾、俄罗斯、新加坡、泰国、美国、越南

欧洲委员会（COE）

〈http：//www. coe. int〉

1949 年成立，委员会向所有接受法治原则及保障其公民的人权和基本自由的欧洲国家开放。设在法国的斯特拉斯堡。“欧洲人权法院”和“欧洲发展银行理事会”是“欧洲委员会”的下属机构。

成员国（47 个）：阿尔巴尼亚、安道尔、亚美尼亚、奥地利、阿塞拜疆、比利时、波斯尼亚和黑塞哥维那、保加利亚、克罗地亚、塞浦路斯、捷克共和国、丹麦、爱沙尼亚、芬兰、法国、格鲁吉亚、德国、希腊、匈牙利、冰岛、爱尔兰、意大利、拉脱维亚、列支敦士登、立陶宛、卢森堡、前南斯拉夫马其顿共和国、马耳他、摩尔多瓦、摩纳哥、黑山共和国、荷兰、挪威、波兰、葡萄牙、罗马尼亚、俄罗斯、圣马力诺、塞尔维亚、斯洛伐克、斯洛文尼亚、西班牙、瑞典、瑞士、土耳其、英国、乌克兰

波罗的海国家委员会（CBSS）

〈http：//www. cbss. st〉

1992 年成立的地区非政府组织，目的是推动波罗的海区域内国家的合作。秘书处设在瑞典首都斯德哥尔摩。

成员国（12 个）：丹麦、爱沙尼亚、欧洲委员会、芬兰、德国、冰岛、拉脱维亚、立陶宛、挪威、波兰、俄罗斯、瑞典

西非国家经济共同体（ECOWAS）

〈http：//www. ecowas. int〉

成立于 1975 年，宗旨是促进经贸发展与合作，为西非的发展做出贡献。该组织于 1981 年正式通过了《防务事务互助议定书》。执行

秘书处设在尼日利亚的拉各斯。

成员国（15个）：贝宁、布基纳法索、佛得角、科特迪瓦、冈比亚、加纳、几内亚*、几内亚比绍、利比里亚、马里、尼日尔、尼日利亚、塞内加尔、塞阿里昂、多哥

由于2008年12月24日几内亚发生军事政变，2009年1月10日几内亚暂停了西非国家经济共同体成员国资格。

欧洲联盟（欧盟，EU）

〈http：//europa. eu〉

欧洲国家的组织，总部设在比利时首都布鲁塞尔。欧盟的三个“支柱”是：包括欧洲单一市场、经济与货币联盟（EMU）和《欧洲原子能条约》的欧共体的范围；“共同外交和安全政策”（CFSP）；刑事事务中的警务和司法合作（JHA）。2000年的《尼斯条约》于2003年2月1日生效。2007年的《里斯本条约》促进欧盟运作方式现代化，该条约只有在所有欧盟成员国政府批准后方能生效。

成员国（27个）：奥地利、比利时、保加利亚、塞浦路斯、捷克共和国、丹麦、爱沙尼亚、芬兰、法国、德国、希腊、匈牙利、爱尔兰、意大利、拉脱维亚、立陶宛、卢森堡、马耳他、荷兰、波兰、葡萄牙、罗马尼亚、斯洛伐克、斯洛文尼亚、西班牙、瑞典、英国

欧洲原子能联营（Euratom 或 EAEC）

〈http：//ec. europa. eu/euratom/〉

根据1957年《建立欧洲原子能联营条约》（《欧洲原子能条约》）创立。目的是在“欧盟”成员国内部促进和平利用核能的发展和在成员国领土范围内实施多国区域性保障监督措施。“欧洲原子能联营”设在比利时首都布鲁塞尔。

成员国（27个）：“欧盟”成员国

欧洲防务局（EDA）

〈http：//eda. europa. eu〉

欧盟下属的一个局，受欧盟理事会领导。2004年建立，目的是帮助发展欧洲的防务能力，推动欧洲军备合作，致力于建立

强大的欧洲国防技术和国防工业基地。由欧盟成员国国防部长和欧盟委员会组成的指导委员会是政策的制定机构。该局设在比利时首都布鲁塞尔。

参加的成员国（26 个）：奥地利、比利时、保加利亚、塞浦路斯、捷克共和国、爱沙尼亚、芬兰、法国、德国、希腊、匈牙利、爱尔兰、意大利、拉脱维亚、立陶宛、卢森堡、马耳他、荷兰、波兰、葡萄牙、罗马尼亚、斯洛伐克、斯洛文尼亚、西班牙、瑞典、英国

八国集团（G8）

〈http：//www. g8. gc. ca〉

八个主要工业国家组成的集团（原先为七个国家）。该集团自 20 世纪 70 年代以来举行国家元首或政府首脑级的非正式会晤。

成员国（8 个）：加拿大、法国、德国、意大利、日本、俄罗斯、英国、美国

海湾国家合作委员会（GCC）

〈http：//www. gcc－sg. org〉

全称为海湾地区阿拉伯国家合作委员会，于 1981 年创立，目的是推动区域经济、金融、贸易、政府管理和立法等方面的一体化，促进科学和技术进步。成员国也在对外政策、军事和安全事务等领域进行合作。最高理事会是该委员会的最高权力机构。总部设在沙特阿拉伯首都利雅得。

成员国（6 个）：巴林、科威特、阿曼、卡塔尔、沙特阿拉伯、阿拉伯联合酋长国

防止弹道导弹扩散海牙行为准则（HCOC）

〈http：//www. bmeia. gv. at/index. php？ id＝64664&L＝1〉

2002 年，由一批认同其原则、认识到防止和制止运载大规模杀伤性武器的弹道导弹系统扩散的必要性和加强多边裁军和防扩散体制的重要性的国家签署。维也纳的奥地利外交部作为该准则的秘书处。

签署国（130 个）：阿富汗、阿尔巴尼亚、安道尔、阿根廷、亚

美尼亚、澳大利亚、奥地利、阿塞拜疆、白俄罗斯、比利时、贝宁、波斯尼亚和黑塞哥维那、保加利亚、布基纳法索、布隆迪、柬埔寨、喀麦隆、加拿大、佛得角、乍得、智利、哥伦比亚、科摩罗、库克群岛、哥斯达黎加、克罗地亚、塞浦路斯、捷克共和国、丹麦、多米尼加共和国、厄瓜多尔、萨尔瓦多、厄立特里亚、爱沙尼亚、埃塞俄比亚、斐济、芬兰、法国、加蓬、冈比亚、格鲁吉亚、德国、加纳、希腊、危地马拉、几内亚、几内亚比绍、圭亚那、海地、梵蒂冈、洪都拉斯、匈牙利、冰岛、爱尔兰、意大利、日本、约旦、哈萨克斯坦、肯尼亚、基里巴斯、韩国、拉脱维亚、利比里亚、利比亚、列支敦士登、立陶宛、卢森堡、前南斯拉夫马其顿共和国、马达加斯加、马拉维、马尔代夫、马里、马耳他、马绍尔群岛、毛里塔尼亚、密克罗西亚、摩尔多瓦、摩纳哥、蒙古、黑山、摩洛哥、莫桑比克、荷兰、新西兰、尼加拉瓜、尼日尔、尼日利亚、挪威、帕劳、巴拿马、巴布亚新几内亚、巴拉圭、秘鲁、菲律宾、波兰、葡萄牙、罗马尼亚、俄罗斯、卢旺达、萨摩亚、圣马力诺、塞内加尔、塞尔维亚、塞舌尔、塞拉利昂、斯洛伐克、斯洛文尼亚、南非、西班牙、苏丹、苏里南、瑞典、瑞士、塔吉克斯坦、坦桑尼亚、东帝汶、汤加、突尼斯、土耳其、土库曼斯坦、图瓦卢、乌干达、英国、乌克兰、乌拉圭、美国、乌兹别克斯坦、瓦努阿图、委内瑞拉、赞比亚

政府间发展组织（IGAD）

〈http：//www.igad.org〉

1986 年发起的政府间抗旱和发展组织。1996 年正式成立，目的是促进非洲之角的和平与稳定，建立冲突预防、控制和解决的机制。秘书处设在吉布提的首都吉布提市。

成员国（7 个）： 吉布提、厄立特里亚、埃塞俄比亚、肯尼亚、索马里、苏丹、乌干达

国际刑事法院（ICC）

〈http：//www.icc—cpi.int/〉

一个独立的、永久性的国际刑事法院，审理种族灭绝罪、战争罪和反人类罪等犯罪案件。《国际刑事法院规约》于 1998 年在罗马通

过，2002 年 7 月 1 日生效。法院设在荷兰的海牙。

成员国（108 个）：阿富汗、阿尔巴尼亚、安道尔、安提瓜和巴布达、阿根廷、澳大利亚、奥地利、巴巴多斯、比利时、伯利兹、贝宁、玻利维亚、波斯尼亚和黑塞哥维那、博茨瓦纳、巴西、保加利亚、布基纳法索、布隆迪、柬埔寨、加拿大、中非共和国、乍得、哥伦比亚、科摩罗、刚果民主共和国、刚果共和国、库克群岛、哥斯达黎加、克罗地亚、塞浦路斯、丹麦、吉布提、多米尼克、多米尼加共和国、厄瓜多尔、爱沙尼亚、斐济、芬兰、法国、加蓬、冈比亚、格鲁吉亚、德国、加纳、希腊、几内亚、圭亚那、洪都拉斯、匈牙利、冰岛、爱尔兰、意大利、日本、约旦、肯尼亚、韩国、拉脱维亚、莱索托、利比里亚、列支敦士登、立陶宛、卢森堡、前南斯拉夫马其顿共和国、马达加斯加、马拉维、马里、马耳他、马绍尔群岛、毛里求斯、墨西哥、蒙古、黑山、纳米比亚、瑙鲁、荷兰、新西兰、尼日尔、尼日利亚、挪威、巴拿马、巴拉圭、秘鲁、波兰、葡萄牙、罗马尼亚、圣基茨和尼维斯、圣文森特和格林纳丁斯、萨摩亚、圣马力诺、塞内加尔、塞尔维亚、塞拉利昂、斯洛伐克、斯洛文尼亚、南非、西班牙、苏里南、瑞典、瑞士、塔吉克斯坦、坦桑尼亚、东帝汶、特立尼达和多巴哥、乌干达、英国、乌拉圭、委内瑞拉、赞比亚

遵约与核查联合委员会（JCIC）

根据 1991 年的《美苏第一阶段削减战略武器条约》成立的论坛。旨在双方交换数据、解决履约中出现的问题、澄清模糊之处和讨论改进履约的方法。委员会在至少有一个缔约国提出要求的情况下召开会议。

START **条约的缔约国（5 个）：**见附件 A。

联合协商小组（JCG）

〈http：//www. osce. org/item/13517. html〉

根据 1990 年的《欧洲常规武装力量条约》成立。通过调解在解释和履行条约方面出现的含糊之处，推动条约的履行和其宗旨的实现。设在奥地利首都维也纳。

《欧洲常规武装力量条约》缔约国（30 个）：见附件 A。

阿拉伯国家联盟

〈http://www.arableagueonline.org/〉

亦称阿拉伯联盟，成立于1945年。主要目标是在阿拉伯国家之间组成更加紧密的联盟，促进政治和经济合作。1950年，联盟成员国签署了集体防御和经济合作协定。总部设在埃及首都开罗。

成员国（22个）：阿尔及利亚、巴林、科摩罗、吉布提、埃及、伊拉克、约旦、科威特、黎巴嫩、利比亚、毛里塔尼亚、摩洛哥、阿曼、巴勒斯坦、卡塔尔、沙特阿拉伯、索马里、苏丹、叙利亚、突尼斯、阿拉伯联合酋长国、也门

导弹及其技术控制制度（MTCR）

〈http://www.mtcr.info/〉

系与军事有关的非正式出口控制机制，于1987年制定了《与导弹相关的敏感物项转让的指导原则》（后来作了修改）。其目的是通过控制弹道导弹运载系统来限制大规模杀伤性武器的扩散。

伙伴国（34个）：阿根廷、澳大利亚、奥地利、比利时、巴西、保加利亚、加拿大、捷克共和国、丹麦、芬兰、法国、德国、希腊、匈牙利、冰岛、爱尔兰、意大利、日本、韩国、卢森堡、荷兰、新西兰、挪威、波兰、葡萄牙、俄罗斯、南非、西班牙、瑞典、瑞士、土耳其、英国、乌克兰、美国

不结盟运动（NAM）

〈http://www.cubanoal.cu/〉

成立于1961年，是不结盟国家之间在联合国内就政治、经济和军备控制问题进行磋商和协调立场的论坛。

成员国（118个）：阿富汗、阿尔及利亚、安哥拉、安提瓜和巴布达、巴哈马、巴林、孟加拉国、巴巴多斯、白俄罗斯、伯利兹、贝宁、不丹、玻利维亚、博茨瓦纳、文莱、布基纳法索、布隆迪、柬埔寨、卡麦隆、佛得角、中非共和国、乍得、智利、哥伦比亚、科摩罗、刚果民主共和国、刚果共和国、科特迪瓦、古巴、吉布提、多米尼克、多米尼加共和国、厄瓜多尔、埃及、赤道几内亚、厄立特里

亚、埃塞俄比亚、加蓬、冈比亚、加纳、格林纳达、危地马拉、几内亚、几内亚比绍、圭亚那、海地、洪都拉斯、印度、印度尼西亚、伊朗、伊拉克、牙买加、约旦、肯尼亚、朝鲜、科威特、老挝、黎巴嫩、莱索托、利比里亚、利比亚、马达加斯加、马拉维、马来西亚、马尔代夫、马里、毛里塔尼亚、毛里求斯、蒙古、摩洛哥、莫桑比克、缅甸、纳米比亚、尼泊尔、尼加拉瓜、尼日尔、尼日利亚、阿曼、巴基斯坦、巴勒斯坦、巴拿马、巴布亚新几内亚、秘鲁、菲律宾、卡塔尔、卢旺达、圣基茨和尼维斯、圣卢西亚、圣文森特和格林纳丁斯、圣多美和普林西比、沙特阿拉伯、塞内加尔、塞舌尔、塞拉利昂、新加坡、索马里、南非、斯里兰卡、苏丹、苏里南、斯威士兰、叙利亚、坦桑尼亚、泰国、东帝汶、多哥、特立尼达和多巴哥、突尼斯、土库曼斯坦、乌干达、阿拉伯联合酋长国、乌兹别克斯坦、瓦努阿图、委内瑞拉、越南、也门、赞比亚、津巴布韦

北大西洋公约组织 (NATO)

〈http://www.nato.int〉

根据《北大西洋公约》(即《华盛顿条约》)于 1949 年建立的西方防御联盟。公约第五条规定：任何一个成员国受到武装攻击时，所有成员国有义务作出反应。总部设在比利时首都布鲁塞尔。

成员国 (26 个)：比利时、保加利亚、加拿大、捷克、丹麦共和国、爱沙尼亚、法国*、德国、希腊、匈牙利、冰岛、意大利、拉脱维亚、立陶宛、卢森堡、荷兰、挪威、波兰、葡萄牙、罗马尼亚、斯洛伐克、斯洛文尼亚、西班牙、土耳其、英国、美国

*法国不参加北约的一体化军事机构。

欧洲—大西洋伙伴关系理事会 (EAPC)

〈http://www.nato.int/issues/eapc/〉

旨在促进北约与其“和平伙伴关系计划”的伙伴国之间对话和磋商，是双边“和平伙伴计划”项目的总的政治架构。

成员国 (50 个)：北约成员国及阿尔巴尼亚、亚美尼亚、奥地利、阿塞拜疆、白俄罗斯、波黑、克罗地亚、芬兰、格鲁吉亚、爱尔兰、哈萨克斯坦、吉尔吉斯斯坦、前南斯拉夫马其顿共

和国、马耳他、摩尔多瓦、黑山、俄罗斯、塞尔维亚、瑞典、瑞士、塔吉克斯坦、土库曼斯坦、乌克兰、乌兹别克斯坦

北约—俄罗斯理事会（NRC）

〈http：//www. nato－russia－council. info〉

2002 年成立，是北约和俄罗斯就安全问题进行磋商、增加共识、开展合作、做出共同决定和采取联合行动的一个机制，重点是根据 1997 年的《北约—俄罗斯关于相互关系、合作与安全的基本文件》确定共同感兴趣的领域，如反恐、危机处理和防扩散等新领域。

参加国（27 个）：北约成员国和俄罗斯

北约—乌克兰委员会（NUC）

〈htttp：//www. nato. int/issues/nuc/〉

1997 年成立，目的是双方就政治和安全问题、预防和解决冲突、防扩散、武器出口和技术转让以及其他共同关心的问题进行磋商。

参加国（27 个）：北约成员国和乌克兰

核供应国集团（NSG）

〈http：//www. nuclearsuppliersgroup. org〉

成立于 1975 年，又称作“伦敦俱乐部”。该集团根据《核转让指导原则》（即《伦敦指导原则》，1978 年首次通过）和《转让核相关的两用设备、材料、软件及相关技术的指导原则》（即《华沙指导原则》）来协调核材料的国家出口控制措施。《伦敦指导原则》包含有一个材料的“触发清单”，当为了和平目的向任何无核武器国家出口有关材料时，应根据“触发清单”启动国际原子能机构的保障监督。

参加国（45 个）：阿根廷、澳大利亚、奥地利、白俄罗斯、比利时、巴西、保加利亚、加拿大、中国、克罗地亚、塞浦路斯、捷克共和国、丹麦、爱沙尼亚、芬兰、法国、德国、希腊、匈牙利、爱尔兰、意大利、日本、哈萨克斯坦、韩国、拉脱维亚、立陶宛、卢森堡、马耳他、荷兰、新西兰、挪威、波兰、葡萄牙、罗马尼亚、俄罗

斯、斯洛伐克、斯洛文尼亚、南非、西班牙、瑞典、瑞士、土耳其、英国、乌克兰、美国

开放天空咨询委员会（OSCC）

〈http：//www. osce. org/item/13516. html〉

根据 1992 年的《开放天空条约》成立，宗旨是解决履约方面的问题。

开放天空条约缔约国（34 个）：见附件 A。

军备合作联合组织（OCCAR）

〈http：//www. occar—ea. org/〉

1996 年由法国、德国、意大利和英国建立，2001 年起具有法人资格。目的是对特定的协作性防务军备项目进行有效且高效的管理。总部设在德国波恩。

成员国（6 个）：比利时、法国、德国、意大利、西班牙、英国

经济合作与发展组织（OECD）

〈http：//www. oecd. org/〉

成立于 1961 年，宗旨是通过协调成员国之间政策，促进经济发展和社会福利。总部设在法国首都巴黎。

成员国（30 个）：澳大利亚、奥地利、比利时、加拿大、捷克共和国、丹麦、芬兰、法国、德国、希腊、匈牙利、冰岛、爱尔兰、意大利、日本、韩国、卢森堡、墨西哥、荷兰、新西兰、挪威、波兰、葡萄牙、斯洛伐克、西班牙、瑞典、瑞士、土耳其、英国、美国

民主和经济发展组织（GUAM 古阿姆集团）

〈http：//www. guam. org. ua/〉

四个国家组成的集团，目的是促进稳定和加强安全。该集团历史可以追溯到 1997 年，于 2006 年正式成立。成员国通过七个工作组来合作推动社会和经济发展，促进贸易。其信息办公室担任秘书处的职能，设在乌克兰首都基辅。

成员国（4 个）：阿塞拜疆、格鲁吉亚、摩尔多瓦、乌克兰

欧洲安全与合作组织（OSCE）

〈http：//www. osce. org〉

1973 年发起，当时称为“欧洲安全与合作会议”（CSCE）。1995 年更名为“欧洲安全与合作组织”，转变为一个组织，成为负责预警、冲突预防和危机处理的主要机构。总部设在奥地利首都维也纳。其设在维也纳的“安全合作论坛”（FSC）负责处理军备控制和建立信任与安全措施。欧洲安全与合作组织由若干机构组成，全部设在欧洲。

参加国（56 个）：阿尔巴尼亚、安道尔、亚美尼亚、奥地利、阿塞拜疆、白俄罗斯、比利时、波斯尼亚和黑塞哥维那、保加利亚、加拿大、克罗地亚、塞浦路斯、捷克共和国、丹麦、爱沙尼亚、芬兰、法国、格鲁吉亚、德国、希腊、梵蒂冈、匈牙利、冰岛、爱尔兰、意大利、哈萨克斯坦、吉尔吉斯斯坦、拉脱维亚、列支敦士登、立陶宛、卢森堡、前南斯拉夫马其顿共和国、马耳他、摩尔多瓦、摩纳哥、荷兰、挪威、波兰、葡萄牙、罗马尼亚、俄罗斯、圣马力诺、塞尔维亚、黑山、斯洛伐克、斯洛文尼亚、西班牙、瑞典、瑞士、塔吉克斯坦、土耳其、土库曼斯坦、英国、乌克兰、美国、乌兹别克斯坦

禁止化学武器组织（OPCW）

〈http：//www. opcw. org/〉

根据 1993 年的《禁止化学武器公约》成立的机构，目的是监督公约履行情况和解决履约过程中产生的问题。该组织设在荷兰海牙。

《禁止化学武器公约》缔约国（186 个）：见附件 A。

美洲国家组织（OAS）

〈http：//www. oas. org〉

系美洲的国家集团。该组织于 1948 年通过宪章，宗旨是加强西半球的和平与安全。总秘书处设在美国首都华盛顿。

成员国（35 个）：安提瓜和巴布达、阿根廷、巴哈马、巴布达、伯利兹、玻利维亚、巴西、加拿大、智利、哥伦比亚、哥斯达黎加、古巴*、多米尼克、多米尼加共和国、厄瓜多尔、萨尔瓦多、格林那

达、危地马拉、圭亚那、海地、洪都拉斯、牙买加、墨西哥、尼加拉瓜、巴拿马、巴拉圭、秘鲁、圣基茨和尼维斯联邦、圣卢西亚、圣文森特和格林纳丁斯、苏里南、特立尼达和多巴哥、乌拉圭、美国、委内瑞拉

* 古巴自 1962 年起被排除在该组织之外。

黑海经济合作组织（BSEC）

〈http：//www.bsec—organization.org〉

1992 年成立，宗旨是保障黑海地区的和平、稳定和繁荣，推动和促进经济合作与发展。常设秘书处在土耳其的伊斯坦布尔。

成员国（12 个）：阿尔巴尼亚、亚美尼亚、阿塞拜疆、保加利亚、格鲁吉亚、希腊、摩尔多瓦、罗马尼亚、俄罗斯、塞尔维亚、土耳其、乌克兰

伊斯兰会议组织（OIC）

〈http：//www.oic—oci.org〉

1969 年由伊斯兰国家成立。目的是促进成员国之间的合作，支持和平、安全和巴勒斯坦人民及所有穆斯林人民的斗争。秘书处设在沙特阿拉伯的吉达。

成员国（57 个）：阿富汗、阿尔巴尼亚、阿尔及利亚、阿塞拜疆、巴林、孟加拉国、贝宁、文莱、布基纳法索、喀麦隆、乍得、科摩罗、科特迪瓦、吉布提、埃及、加蓬、冈比亚、几内亚、几内亚比绍、圭亚那、印度尼西亚、伊朗、伊拉克、约旦、哈萨克斯坦、科威特、吉尔吉斯斯坦、黎巴嫩、利比亚、马来西亚、马尔代夫、马里、毛里塔尼亚、摩洛哥、莫桑比克、尼日尔、尼日利亚、阿曼、巴基斯坦、巴勒斯坦、卡塔尔、沙特阿拉伯、塞内加尔、塞拉利昂、索马里、苏丹、苏里南、叙利亚、塔吉克斯坦、多哥、突尼斯、土耳其、土库曼斯坦、乌干达、阿拉伯联合酋长国、乌兹别克斯坦、也门

拉丁美洲和加勒比地区禁止核武器组织（OPANAL）

〈http：//www.opanal.org/〉

根据 1967 年的《特拉特洛尔科条约》建立。目的是与“国际原

子能机构”一道解决条约执行方面的问题。该组织设在墨西哥的首都墨西哥城。

《特拉特洛尔科条约》缔约国（33 个）： 见附件 A。

太平洋岛国论坛

〈http：//www. forumsec. org〉

1971 年成立，由一些南太平洋国家组成。论坛提出建立南太平洋无核区，具体体现为 1985 年的《拉罗汤加条约》。论坛监督该条约的履约情况。秘书处设在斐济首都苏瓦。

成员国（16 个）： 澳大利亚、库克群岛、斐济、基里巴斯、马绍尔群岛、密克罗尼西亚、瑙鲁、新西兰、纽埃、帕劳、巴布亚新几内亚、萨摩亚、所罗门群岛、汤加、图瓦卢、瓦努阿图

区域合作理事会（RCC）

〈http：//www. rcc. int〉

由欧盟在 1999 年东南欧会议上发起，2008 年开始组建，取代东南欧稳定公约组织。目的是推动多边合作与东南欧同欧洲及欧洲大西洋的一体化，促进区域经济发展，造福人民。主要集中在六个优先领域：经济和社会发展、能源和基础设施建设、司法和内政建设、安全合作、人力资源建设及议会合作。秘书处设在萨拉热窝和其在布鲁塞尔的联络办公室。

成员国（45 个）： 阿尔巴尼亚、奥地利、波黑、保加利亚、加拿大、欧洲委员会、欧洲发展银行理事会、克罗地亚、捷克共和国、丹麦、欧洲复兴与发展银行、欧洲投资银行、欧盟（欧盟主席国、欧盟委员会、理事会秘书处、欧洲议会）、德国、芬兰、法国、希腊、匈牙利、爱尔兰、意大利、拉脱维亚、前南斯拉夫马其顿共和国、摩尔多瓦、黑山、北大西洋公约组织、挪威、经济合作和发展组织、欧洲安全和合作组织、波兰、罗马尼亚、塞尔维亚、斯洛伐克、斯洛文尼亚、东南欧合作倡议、西班牙、瑞典、瑞士、土耳其、英国、联合国、联合国欧洲经济委员会、联合国发展项目、联合国科索沃临时行政机构、美国、世界银行

上海合作组织（SCO）

〈http：//www. sectsco. org〉

前身是“上海五国”，于 1996 年成立。2001 年更名为“上海合作组织”，向所有支持其宗旨的国家开放。成员国在建立信任措施、地区安全以及经济领域等方面开展合作。上海合作组织秘书处设在中国首都北京。

成员国（6 个）：中国、哈萨克斯坦、吉尔吉斯斯坦、俄罗斯、塔吉克斯坦、乌兹别克斯坦

六方会谈

一个就朝鲜核问题进行多边磋商的论坛。会谈在北京举行，中国担任主席国。

参加国（6 个）：中国、日本、朝鲜、韩国、俄罗斯、美国

东南欧合作倡议（SECI）

〈http：//www. secinet. info〉

1996 年由美国在与欧盟协调后发起的一个倡议，旨在促进东南欧国家间的合作和稳定，推动其加入欧洲结构。秘书处设在欧安组织维也纳办事处。

成员国（13 个）：阿尔巴尼亚、波斯尼亚和黑塞哥维那、保加利亚、克罗地亚、希腊、匈牙利、前南斯拉夫马其顿共和国、摩尔多瓦、黑山、罗马尼亚、塞尔维亚、斯洛文尼亚、土耳其

南部非洲发展共同体（SADC）

〈http：//www. sadc. int〉

成立于 1992 年，宗旨是促进地区经济发展和维护主权、和平与安全、人权与民主的基本原则。秘书处设在博茨瓦纳首都哈波罗内。

成员国（15 个）：安哥拉、博茨瓦纳、刚果民主共和国、莱索托、马达加斯加、马拉维、毛里求斯、莫桑比克、纳米比亚、塞舌尔、南非、斯威士兰、坦桑尼亚、赞比亚、津巴布韦

特别核查委员会（SVC）

根据 1987 年《销毁中短程导弹条约》成立，目的是作为一个论坛来解决履约问题及采取必要措施来提高条约的约束性和有效性。

《销毁中短程导弹条约》的缔约国（5 个）：见附件 A。

次地区磋商委员会（SRCC）

〈httt：//www. osce. org/item/13692. html〉

根据 1996 年的《关于南斯拉夫的次地区军控协定》（《佛罗伦萨协定》）建立，是作为成员国解决协定执行问题的论坛。

《佛罗伦萨协定》缔约国（4 个）：见附件 A。

南美洲国家联盟（UNASUR）

〈http：//www. comunidadandina. org/ingles/sudamerican. htm〉

2008 年组建的一个政府间组织，目的是加强区域一体化，在成员国内部增进政治对话，促进经济发展，协调防务问题。总部设在厄瓜多尔首都基多。南美洲国家联盟将逐步取代安第斯共同体和南方共同市场。设在玻利维亚的科恰班巴的南美洲议会，将在《宪章条约》的《附加议定书》获得通过后成立。2008 年 12 月成员国批准成立南美洲防务理事会，该理事会将在 2009 年组成。

成员国（12 个）：阿根廷、玻利维亚、巴西、智利、哥伦比亚、厄瓜多尔、圭亚那、巴拉圭、秘鲁、苏里南、乌拉圭、委内瑞拉

瓦森纳安排（WA）：

〈http：//www. wassenaar. org/〉

《关于常规武器和两用物项及技术出口控制的瓦森纳安排》于 1996 年正式成立。宗旨是防止其行为受到成员国关注的国家获取武器和可转军用的敏感两用物项和技术。秘书处设在奥地利首都维也纳。

参加国（40 个）：阿根廷、澳大利亚、奥地利、比利时、保加利亚、加拿大、克罗地亚、捷克共和国、丹麦、爱沙尼亚、芬兰、法国、德国、希腊、匈牙利、爱尔兰、意大利、日本、韩国、拉脱维

亚、立陶宛、卢森堡、马耳他、荷兰、新西兰、挪威、波兰、葡萄牙、罗马尼亚、俄罗斯、斯洛伐克、斯洛文尼亚、南非、西班牙、瑞典、瑞士、土耳其、英国、乌克兰、美国

西欧联盟（WEU）

〈http：//www. weu. int〉

根据 1954 年修订后的《布鲁塞尔条约》成立，总部在比利时首都布鲁塞尔。西欧联盟涉及军事的活动（“彼得斯堡任务”）已于 2000 年转入欧盟。

成员国（10 个）：比利时、法国、德国、希腊、意大利、卢森堡、荷兰、葡萄牙、西班牙、英国

桑戈委员会

〈http：//www. zanggercommittee. org/〉

成立于 1971—1974 年的核出口国委员会，称为桑戈委员会。这个由核供应国组成的集团，一年举行两次非正式会议，协调核材料的出口控制，即根据定期更新的触发清单，核材料出口时必须实施国际原子能机构的保障监督措施。该委员会的工作是核供应国集团的补充。

成员国（37 个）：阿根廷、澳大利亚、奥地利、比利时、保加利亚、加拿大、中国、克罗地亚、塞浦路斯、捷克共和国、丹麦、芬兰、法国、德国、希腊、匈牙利、爱尔兰、意大利、日本、韩国、卢森堡、荷兰、挪威、波兰、葡萄牙、罗马尼亚、俄罗斯、斯洛伐克、斯洛文尼亚、南非、西班牙、瑞典、瑞士、土耳其、英国、乌克兰、美国

（琦　灵　译）

附件 C　2008 年大事记

南尼·博德尔

此大事记列出了 2008 年与军备，裁军和国际安全有关的重大事件。事件发生的日期为当地时间。关键词标在右侧一栏。缩略语的定义可在第 21—23 页上查找。

1 月 1 日	在肯尼亚埃尔多雷特镇附近的基安巴地区，一群暴徒烧毁了数百名基库尤族人躲避种族暴力的教堂，造成多达 50 人丧生。2007 年 12 月 27 日的选举涉嫌舞弊后爆发的暴力抗议活动继续在全国各地蔓延，到 1 月 11 日至少有 600 人丧生（另请参见 12 月 6 日）。	肯尼亚
1 月 2 日	斯里兰卡政府正式退出 2002 年签署的停火协议，指出不断升级的暴力活动使协议失去了必要性。自 2006 年年中以来，尽管严格来说协议仍然存在，但是武装部队与泰米尔伊拉姆猛虎解放组织叛军经常发生冲突。退出停火协议的决定从 1 月 16 日开始生效，政府军发动了大规模攻势以求结束与猛虎组织叛军的冲突。	斯里兰卡

1月10日	巴基斯坦拉合尔高等法院大楼外发生自杀式炸弹袭击，造成至少20人死亡，约60人受伤，其中主要为警官。没有任何组织声称对这次袭击负责。	巴基斯坦；恐怖主义
1月18日	以色列关闭加沙地带所有过境关口并切断一切物资运送，试图阻止从加沙地带向以色列发动火箭弹袭击。	以色列；加沙地带
1月23日	刚果民主共和国政府与20多个反政府团体在戈马会晤并签署和平协议，内容包括立即停火，所有反政府武装撤出北基伍省以及在13个重要地点部署联合国维持和平部队。	刚果（金）
1月28日	欧盟成员国外长在布鲁塞尔举行会议并批准派遣3500人的维和部队在乍得和中非共和国境内部署欧盟军事行动，目的是推动对平民和联合国工作人员的保护并促进在乍得和中非共和国提供人道主义援助。	欧盟；中非共和国；乍得；苏丹；
1月30日	以色列2006年黎巴嫩军事行动调查委员会（维诺格拉特委员会）发布其最终报告。该报告指出以色列领导人在2006年黎巴嫩战争期间犯有严重失误，但避免了对总理埃胡德·奥尔默特的直接批评。	以色列；黎巴嫩

2 月 12 日	中国和俄罗斯在瑞士日内瓦裁军谈判会议上提出禁止在外层空间使用武器的条约草案。条约将禁止在太空部署武器，禁止对卫星或其他航天器使用或威胁使用武力。1967 年的“外层空间条约”已经禁止在太空部署核武器和其他大规模杀伤性武器。美国以无法核实为由拒绝接受这一条约草案。	中国；俄罗斯；外层空间；军备控制
2 月 13 日	黎巴嫩什叶派真主党反抗运动领导人之一伊马德·穆格尼耶在叙利亚大马士革遭遇汽车炸弹袭击身亡。以色列被指责策划了这次暗杀，然而以色列既不承认也不否认有任何牵连。	黎巴嫩；恐怖主义
2 月 17 日	科索沃总理哈辛·塔奇宣布支持科索沃议会做出的从塞尔维亚独立的宣言。塞尔维亚立即宣布科索沃的单方面决定是非法的。	科索沃；塞尔维亚
2 月 17 日	100 多人在阿富汗坎大哈发生的自杀式炸弹袭击中丧生。这是 2001 年塔利班倒台后死伤最为惨重的袭击事件。塔利班否认参与袭击。	阿富汗；恐怖主义
2 月 18—22 日	在新西兰惠灵顿举行的奥斯陆进程第四次集束弹药问题会议发表《惠灵顿集束弹药会议宣言》（另请参见 5 月 19—30 日）。	军备控制；集束弹药
2 月 21 日	土耳其武装部队越过与伊拉克的边界，试图摧毁库尔德工人党叛军基地。战斗后没有获得证实的死亡人数。2 月 29 日，土耳其从伊拉克北部撤军。	土耳其；伊拉克；库尔德工人党

2 月 27 日—3 月 4 日	100 多名巴勒斯坦人在以色列为阻止从加沙地带向其发动火箭弹袭击而在加沙地带采取的军事行动中丧生。欧盟批评以色列“过度使用武力”。	以色列；加沙地带
2 月 28 日	经过一个多月由前联合国秘书长科菲·安南斡旋的谈判，肯尼亚总统姆瓦伊·齐贝吉与反对派领导人拉伊拉·奥廷加签署权力分享协议。根据该协议（《民族和睦与和解法》）将成立两党联合政府，双方平分内阁职位并将设立总理职位。	肯尼亚
2 月 29 日	中国与美国签署在两国国防部之间建立军事热线的协议。2007 年 11 月宣布的这条热线旨在促进两国之间的合作和进一步对话。	中国；美国；建立信任措施
3 月 1 日	哥伦比亚军队越过与厄瓜多尔的边界，袭击了哥伦比亚革命武装力量营地，打死其领导人之一劳尔·雷耶斯和其他 16 名叛乱分子。随着有关事件的争吵升级，厄瓜多尔和委内瑞拉均向与哥伦比亚交界的边境地区派遣军队并断绝与哥伦比亚的外交关系。在 3 月 4 日召开的紧急会议上，美洲国家组织得出结论认为这次袭击侵犯了厄瓜多尔主权。两国之间的外交关系到 6 月份得以恢复。	哥伦比亚；厄瓜多尔；委内瑞拉；美洲国家组织

3月3日	联合国安理会以14票对0票、1票弃权（印度尼西亚）通过第1803号决议，决定进一步加大对伊朗核计划及其相关领域的制裁，包括检查怀疑装有禁运物资的货物，加强对金融机构的监控以及扩大旅行限制和冻结资产。	联合国；伊朗；核计划
3月13日	乍得总统伊德里斯·代比与苏丹总统奥马尔·巴希尔在塞内加尔达喀尔会晤并签署《达喀尔协议》，两国承诺防止叛军跨边界袭击以及执行过去没有落实的协议。	乍得；苏丹
3月14日	中国和俄罗斯开通国防部之间的军事热线，以加强两国之间的军事政治合作。	中国；俄罗斯；建立信任措施
3月17日	联合国警察在试图重新控制科索沃米特罗维察一家被塞族人占领的法院时与塞族示威者发生冲突，被迫撤出该市的塞族居民区。有130多人在暴力事件中受伤。	联合国；科索沃
3月25日	科摩罗政府军在1500人的非洲联盟多国部队和法国的支持下入侵昂儒昂岛以夺回控制权。自2007年6月举行未得到科摩罗政府或非盟承认的选举以来，昂儒昂岛一直是一个分离的省份。	非盟；科摩罗

3 月 28 日	北约敦促俄罗斯终止其 2007 年 12 月做出的暂停执行 1990 年签署的《欧洲常规武装力量条约》的决定，并提出有关该条约的“平行行动方案”。这套方案包括使 1999 年通过的《欧洲常规武装力量条约修改协议》生效的一系列步骤，承诺评估新条约制度的变化。俄罗斯坚持其原先在 2007 年 6 月举行的《欧洲常规武装力量条约》缔约国特别会议上提出的要求。	北约；俄罗斯；欧洲常规武装力量条约
3 月 31 日	联合国安理会一致通过第 1807 号决议，决定把针对在刚果民主共和国境内活动的民兵的武器禁运和其他制裁措施延长至 2008 年年底，但解除对刚果政府的一切转让限制。	联合国；刚果(金)；武器禁运
4 月 2—4 日	在罗马尼亚布加勒斯特举行的首脑会议上，北大西洋公约组织邀请阿尔巴尼亚和克罗地亚启动入约谈判以成为北约成员国。会议发表《布加勒斯特首脑会议宣言》，支持美国计划在捷克共和国和波兰部署导弹防御系统。有关格鲁吉亚和乌克兰加入北约的决定将推迟做出（另请参见 12 月 2—3 日）。	北约
4 月 20 日	格鲁吉亚国防部称一架俄罗斯战斗机在阿布哈兹上空击落一架格鲁吉亚的无人驾驶侦察机。俄罗斯外交部则称这架飞机是被阿布哈兹叛军击落，其飞行违反了 1994 年结束阿布哈兹战斗的和平协议。	格鲁吉亚；俄罗斯；阿布哈兹

4 月 24 日	美国政府发表声明，指责朝鲜协助叙利亚兴建“并非用于和平目的”的核反应堆并要求叙利亚“必须向全世界坦白其非法核活动”。叙利亚否认与朝鲜进行任何合作。	叙利亚；朝鲜；美国
4 月 25 日	联合国安理会一致通过第 1810 号决议，决定将 1540 委员会的任务期限延长三年。该委员会根据 2004 年 4 月 28 日第 1540 号决议设立，决议要求各国不要支持非国家行为体获取大规模杀伤性武器。第 1810 号决议还要求该委员会考虑对第 1540 号决议的执行情况进行一次全面审查，并最迟于 2009 年 1 月 31 日向安理会报告。	联合国；大规模杀伤性武器
5 月 6 日	在黎巴嫩政府决定关闭真主党的电信网络后，贝鲁特爆发战斗。真主党游击队攻占了贝鲁特西部大部分地区。持续 4 天的冲突造成约 40 人死亡。5 月 10 日双方呼吁停火，真主党夺取的地区移交黎巴嫩政府军。	黎巴嫩
5 月 10 日	朝鲜向美国国务院递交长达 18000 页的钚计划详细文件。朝鲜已经在 2007 年 10 月 3 日同意公开其核计划细节。	朝鲜；核计划
5 月 13 日	印度斋浦尔发生连环爆炸，造成 63 人死亡，约 200 人受伤。一个先前不为人所知的组织“印度圣战者”声称对袭击事件负责。	印度；恐怖主义

5 月 16 日	美国国会设立"防止大规模杀伤性武器扩散和恐怖主义委员会"，以评估目前美国旨在防止大规模杀伤性武器扩散和恐怖主义的各项活动、举措及计划并就如何协调提出建议。该委员会于 12 月 3 日提交报告《面临危险的世界》。	美国；大规模杀伤性武器
5 月 19—30 日	100 多个国家的代表在爱尔兰都柏林举行的集束弹药公约外交会议上进行谈判以通过一项具有法律约束力的禁止集束弹药文件的最后文本。5 月 28 日，与会代表一致同意条约的最后草案。巴西、中国、印度、以色列、巴基斯坦、俄罗斯和美国等一些主要的集束弹药使用国和储存国未参与会议(另请参见 12 月 3 日)。	军备控制；集束弹药
5 月 23 日	阿根廷、玻利维亚、巴西、智利、哥伦比亚、厄瓜多尔、圭亚那、巴拉圭、秘鲁、苏里南、乌拉圭和委内瑞拉等 12 个南美国家领导人在巴西的巴西利亚举行会议并签署条约成立一个新的地区组织"南美国家联盟"。根据条约将在玻利维亚科恰班巴设立南美国家联盟议会。该组织总部设在厄瓜多尔首都基多，旨在促进地区政治和经济一体化。南美国家联盟的前身为 2004 年 12 月根据《库斯科宣言》成立的南美国家共同体。	南美洲

5月23日	乌干达高等法院设立特别分庭处理该国北部持续20年的冲突期间所犯下的战争罪行。特别分庭将获得授权审判反政府武装圣灵抵抗军的领导人。这是力图使设在荷兰海牙的国际刑事法院确信有关战争罪行的审判可以内部处理。圣灵抵抗军领导人约瑟夫·科尼拒绝在国际刑事法院撤销对他和其他圣灵抵抗军领导人的起诉之前签署和平协议。	乌干达；战争罪；国际刑事法院
5月23日	荷兰海牙国际法院对马来西亚和新加坡之间有关白礁岛长达28年的领土争端做出裁决。这一冲突因而在不使用武力的情况下得到解决。	马来西亚；新加坡；国际法院
5月26日	布隆迪政府与反政府武装民族解放力量在布琼布拉签署停火协议。该协议是朝着落实2006年签署的和平协议迈出的第一步。	布隆迪
5月26日	国际原子能机构总干事穆罕默德·巴拉迪发布关于伊朗执行与《不扩散核武器条约》有关的保障协定以及安理会决议的相关规定的情况报告，涉及自2008年2月22日以来的事态发展。报告指出伊朗仍在隐瞒有关其核计划的信息。伊朗称该报告“具有欺骗性”且“内容含糊不清”。	联合国；国际原子能机构；伊朗
5月28日	中国国家主席胡锦涛在北京会见台湾政党国民党主席吴伯雄。这是自1949年以来中国大陆与台湾地区之间最高级别的会晤。6月11日至14日将重新启动关于两岸关系的双边会谈。	中国；台湾

5月28日	加拿大、丹麦、挪威、俄罗斯和美国等北冰洋沿岸五国外长在格陵兰岛伊卢利萨特举行会议并通过《伊卢利萨特宣言》，为北冰洋地区的和平开发建立了一个政治框架并承诺各国将遵守1982年《联合国海洋法公约》的法律框架。	北冰洋
5月29日	第一届《伊拉克国际契约》年度审议会议在瑞典乌普兰斯韦斯比召开。《伊拉克国际契约》于2007年5月3日启动，旨在支持伊拉克努力恢复稳定并重建有效运行的经济。	伊拉克
5月29日	土耳其空军轰炸了库尔德工人党在伊拉克北部的叛军基地。5月份期间已经进行了数次空袭，土耳其军队称击毙150多名反政府武装分子。	土耳其；伊拉克；库尔德工人党
6月5日	俄罗斯总统德米特里·梅德韦杰夫在德国柏林提出缔结一个欧洲安全条约的构想，以重新构建目前的欧洲—大西洋安全结构。	俄罗斯；欧洲
6月19日	美国参议院批准再拨款1620亿美元用于阿富汗和伊拉克的军事行动。参议院没有设定从伊拉克撤军的时间表。	美国；阿富汗；伊拉克
6月22日	津巴布韦3月份举行第一轮总统选举后发生暴力事件，期间有80多名反对党争取民主变革运动的支持者丧生，20万人流离失所。之后，争取民主变革运动领导人摩根·茨万吉拉伊宣布他将退出将于6月27日举行的第二轮选举。	津巴布韦

日期	事件	关键词
6 月 22 日	国际原子能机构核查人员抵达叙利亚，将对以色列和美国有关叙利亚在阿尔奇巴尔建设核反应堆的指控进行调查。	叙利亚；核计划
6 月 26 日	朝鲜向中国官员提交其核计划细节申报文件。作为回应，美国总统乔治·W. 布什同意解除美国对朝鲜的部分制裁并将其从“支持恐怖主义国家”名单中除名。6 月 27 日，朝鲜表示准备拆除宁边核反应堆的冷却塔。	朝鲜；核计划
7 月 2 日	哥伦比亚军方成功解救被反政府武装哥伦比亚革命武装力量扣为人质的法国、哥伦比亚双重国籍政治家英格丽德·贝当古和其他 14 人。贝当古被哥伦比亚革命武装力量扣押了 6 年多。	哥伦比亚
7 月 7 日	阿富汗喀布尔的印度大使馆外发生自杀式炸弹爆炸，造成 41 人死亡和 100 多人受伤。阿富汗总统哈米德·卡尔扎伊的发言人称“外国人”在背后策划了这次炸弹袭击，暗指巴基斯坦情报机构应对此负责。	阿富汗；恐怖主义
7 月 7—8 日	八大工业化国家集团领导人在日本洞爷湖举行会议并通过《八国集团北海道洞爷湖首脑会议领导人宣言》以及关于全球粮食安全、反恐和津巴布韦局势的三个独立声明。	八国集团

7月8日	捷克外长卡雷尔·施瓦岑贝格与美国国务卿康多莉扎·赖斯在捷克共和国布拉格签署允许在捷克共和国设立一个跟踪雷达基地的协议。这个雷达系统是美国针对中东地区的远程武器打算在欧洲部署的导弹防御系统的一个组成部分。协议必须获得捷克议会批准。俄罗斯警告说，该协议可能导致俄罗斯做出军事反应（另请参见8月20日）	美国；捷克共和国；导弹防御
7月10—12日	在长达9个月的停顿之后，中国、日本、朝鲜、韩国、俄罗斯和美国在中国北京举行第六轮六方会谈。各方同意建立一个核查朝鲜半岛无核化的机制，包括参观设施、审阅文件以及技术人员访谈。	朝鲜；核计划
7月14日	荷兰海牙国际刑事法院检察官正式要求对苏丹总统奥马尔·巴希尔发出逮捕令，指控其在达尔富尔地区犯下了种族灭绝罪和危害人类罪。苏丹表示不接受这些指控（2009年3月4日，国际刑事法院发出对巴希尔的逮捕令）。	苏丹；战争罪；国际刑事法院
7月14—18日	各国审议2001年通过的《从各个方面防止、打击和消除小武器和轻武器非法贸易的行动纲领》执行情况的联合国第三次两年期会议在美国纽约举行。	联合国；小武器和轻武器

7 月 15 日	继三名泰国示威者在柬埔寨柏威夏寺遭到逮捕之后，柬埔寨与泰国边境的紧张局势加剧。两国都派兵到边境，柬埔寨称泰国士兵越过了边界。泰国否认这些指控。	柬埔寨；泰国
7 月 19 日	欧盟、联合国安理会常任理事国、德国和伊朗的代表在瑞士日内瓦举行会议讨论核问题。各方要求伊朗暂停铀浓缩活动以换取不对其采取进一步制裁措施的承诺，并将 8 月 2 日定为最后答复期限。这次会议是伊朗和美国官员首次就核问题进行直接会谈。伊朗没有对此提议做出任何公开反应，但伊朗总统马哈茂德·艾哈迈迪—内贾德在 8 月 3 日发表电视讲话说，伊朗“对核问题谈判的态度是认真的”。	欧盟；联合国；德国；伊朗
7 月 21 日	藏匿 13 年的波黑塞族政治领导人拉多万·卡拉季奇在塞尔维亚贝尔格莱德被捕。荷兰海牙前南斯拉夫问题国际刑事法庭起诉卡拉季奇在 1995 年的斯雷布雷尼察大屠杀中犯有战争罪和种族灭绝罪。卡拉季奇 7 月 31 日在前南刑庭出庭受审。	波斯尼亚和黑塞哥维那；前南刑庭
7 月 26 日	印度艾哈迈达巴德发生针对官方建筑物和公共场所的连环炸弹袭击，造成至少 49 人死亡，100 多人受伤。一个自称为“印度圣战者“的伊斯兰组织声称对袭击事件负责。艾哈迈达巴德在 2002 年曾经历印度教徒和穆斯林之间的严重教派暴力冲突。	印度；恐怖主义

8月4日	维吾尔族分离主义分子在靠近塔吉克斯坦边境的新疆喀什发动袭击，造成16名中国警察死亡，另有16人受伤。维吾尔族伊斯兰主义者几十年来展开了一场低级别的反对中国统治的运动，中国当局称新疆伊斯兰主义者是将于8月8日在北京开幕的奥运会面临的最大威胁。	中国
8月6日	在古巴关塔那摩湾进行的美国二战后首次战争罪审判中，乌萨马·本·拉登的前司机萨利姆·哈姆丹因支持恐怖主义被判五年半徒刑。服满这一刑期后，只要美国的“全球反恐战争”还在继续，哈姆丹就将作为“敌方战斗人员”被继续拘留。	战争罪；恐怖主义；美国
8月7—8日	格鲁吉亚军队与南奥塞梯分离主义分子之间爆发激烈战斗，后者得到阿布哈兹支持。8月8日，双方同意停火并在俄罗斯的调停下展开和平谈判。达成协议后不久，格鲁吉亚军队对茨欣瓦利的南奥塞梯阵地发动了进攻。俄罗斯派兵支援南奥塞梯叛军。	格鲁吉亚；俄罗斯；南奥塞梯
8月12日	在法国总统尼古拉·萨科齐的斡旋下，格鲁吉亚和俄罗斯达成六点和平计划。各方同意停止使用武力，停止一切军事行动，给予人道主义援助自由准入，将格鲁吉亚军队撤回其常驻地，将俄罗斯军队撤回其冲突前的位置以及就南奥塞梯和阿布哈兹的地位展开讨论。	格鲁吉亚；俄罗斯；

8月14日	尼日利亚完成了将巴卡西半岛的控制权移交给喀麦隆的过程，结束了长达15年的领土争端。荷兰海牙国际法院在2002年裁定喀麦隆胜诉，但尼日利亚直至2006年才接受裁决。	国际法院；尼日利亚；喀麦隆
8月20日	波兰外交部长拉德克·西科斯基与美国国务卿康多莉扎·赖斯在波兰华沙签署协议，允许在波兰波罗的海沿岸军事基地部署10枚拦截导弹。这些导弹是美国针对中东地区的远程武器打算在欧洲部署的导弹防御系统的一个组成部分。协议必须获得波兰议会批准。俄罗斯警告说，这项协议会在欧洲引发新的军备竞赛（另请参见11月5日）。	美国；波兰；导弹防御
8月21日	巴基斯坦瓦赫镇的主要兵工厂外发生两起自杀式炸弹袭击，至少63人丧生。这是迄今对巴基斯坦军事场所发动的伤亡最大的袭击。巴基斯坦塔利班声称对袭击事件负责。	巴基斯坦；恐怖主义
8月26日	俄罗斯正式承认格鲁吉亚两个分离地区阿布哈兹和南奥塞梯独立。俄罗斯总统德米特里·梅德韦杰夫将此与2008年2月承认科索沃相比。	俄罗斯；阿布哈兹；南奥塞梯
8月26日	朝鲜宣布已于8月14日暂停其核设施去功能化进程，并谴责美国未将朝鲜从“支持恐怖主义国家”名单中除名。美国表示在商定更严格的核查程序前不会将朝鲜从名单中除名。	朝鲜；核计划

9 月 8 日	俄罗斯总统德米特里·梅德韦杰夫在莫斯科会见欧盟轮值主席国法国总统尼古拉·萨科齐，同意拆除设在格鲁吉亚境内的俄军检查站并在 10 月 1 日前由 200 名欧盟观察员替换俄军。9 月 13 日，俄罗斯军队按照协议规定撤出黑海波季港。	欧盟；俄罗斯；格鲁吉亚
9 月 15 日	经过两个月由南非总统塔博·姆贝基斡旋的谈判，津巴布韦总统罗伯特·穆加贝与反对派领导人摩根·茨万吉拉伊在哈拉雷签署权力分享协议。根据协议，穆加贝将继续担任总统和武装部队首长，茨万吉拉伊将担任总理并掌握警察部队。该协议旨在结束津巴布韦的政治和经济危机。	津巴布韦
9 月 17 日	红十字国际委员会和 17 个国家的代表在瑞士蒙特勒举行会议并商定一套新的建议以加强国家对私营军事公司的控制。《蒙特勒文件——武装冲突期间各国关于私营军事和安保服务公司营业的相关国际法律义务和良好惯例》不具有法律约束力。	国际法；武装冲突；人权
9 月 23 日	伊朗总统马哈茂德·艾哈迈迪—内贾德向联合国大会发表讲话，表示伊朗支持继续对话，但不会接受“几个恃强凌弱的大国的非法要求”而停止其和平的核活动。9 月 22 日，国际原子能机构要求伊朗使其核计划完全透明。	伊朗；核计划

9 月 24 日	国际原子能机构报告说，应朝鲜的要求，它已经拆除了朝鲜设在宁边的主要核设施上的封条和监视摄像机，国际原子能机构核查人员已经不能再接近反应堆。9 月 19 日，朝鲜宣布正在重新启动该设施。	朝鲜；核计划
9 月 27 日	叙利亚大马士革萨伊达泽纳布神殿附近的安全部队营地外发生汽车炸弹袭击，造成至少 17 人死亡，更多人受伤。没有任何组织声称对这起袭击事件负责。这是自 1986 年 3 月以来大马士革发生的伤亡最为惨重的一次袭击。	叙利亚；恐怖主义
9 月 27 日	联合国安理会一致通过第 1835 号决议，重申安理会此前通过的有关伊朗铀浓缩活动的第 1696（2006 年）号、第 1737（2006 年）号、第 1747（2007 年）号和第 1803（2008 年）号决议，呼吁伊朗“全面、毫不拖延地”履行其义务。	联合国；伊朗；核计划
10 月 1 日	欧盟观察团的第一批 200 名非武装观察员进入南奥塞梯周围的缓冲区，开始监督格鲁吉亚和俄罗斯之间 8 月 12 日同意的停火。10 月 8 日，俄罗斯称已在 10 月 10 日最后期限之前提前从缓冲区撤出其所有部队。	欧盟；格鲁吉亚；俄罗斯；南奥塞梯
10 月 3 日	美国政府不顾中国的抗议宣布已批准向中国台湾地区出售价值 64 亿美元的武器。这项军售最初由美国在 2001 年提出，但由于台湾“立法院”和中国当局的反对而搁置了 7 年。	美国；台湾；武器贸易

10月7日	联合国安理会一致通过第1838号决议，吁请在索马里沿岸有本国海军舰只和军用飞机活动的国家采用“必要手段”打击海盗行为，以确保世界粮食计划署能够向索马里民众运送人道主义援助。索马里沿岸海域在2008年期间发生了近100起海盗袭击事件(另请参见11月10日)。	联合国；索马里
10月8日	联合国大会以77票赞成、6票反对、74票弃权的投票结果决定将2月17日科索沃宣布从塞尔维亚独立一事提交国际法院，请国际法院就宣布独立的合法性提供不具备约束力的咨询意见。	联合国；国际法院；科索沃
10月9日	朝鲜通知国际原子能机构“立即不再允许进入宁边核设施”。	朝鲜；核计划；国际原子能机构
10月10日	美国国务卿康多莉扎·赖斯与印度外交部长普拉纳布·慕克吉在华盛顿特区签署《美利坚合众国政府和印度政府和平利用核能合作协定》(《123协议》、《美印民用核能合作协议》)。	美国；印度；核能
10月11日	朝鲜当局和美国官员代表六方会谈各方于10月1日至3日在平壤进行谈判，之后商定了若干重要的核查措施。这些措施将作为有待最后确定并由六方通过的核查协议的基础。达成协议后，美国取消把朝鲜作为“支持恐怖主义国家”。10月13日，国际原子能机构核查人员证实朝鲜已重新允许他们进入宁边核设施。	美国；朝鲜；核计划；国际原子能机构

10 月 15 日	在联合国的斡旋下，欧盟及欧安组织、格鲁吉亚和俄罗斯官员在瑞士日内瓦举行会议，启动自 8 月份南奥塞梯冲突以来的首次直接会谈。会谈旨在促进高加索地区的稳定和安全，但仅进行了一天就宣告失败，11 月 19 日恢复会谈。	欧盟；欧安组织；联合国；格鲁吉亚；俄罗斯；
10 月 20 日	由澳大利亚总理陆克文 2008 年 6 月发起的核不扩散与裁军国际委员会在悉尼召开第一次会议。该委员会由前澳大利亚和日本外长加雷思·埃文斯和川口顺子共同担任主席，为期两年的任务是在 2010 年《不扩散核武器条约》审议大会之前重新激发对核武器扩散的全球性辩论。	不扩散核武器条约；核武器；核不扩散
10 月 26 日	美军直升机袭击了叙利亚境内的一处目标，击毙涉嫌将外国武装分子偷运进入伊拉克的关键人物阿布·加迪亚。叙利亚谴责这次袭击是“恐怖主义侵略”行为并声称有多名平民丧生。白宫既不证实也不否认这一事件。	美国；叙利亚
10 月 27 日	联合国刚果民主共和国特派团部队支持刚果军队与 8 月份重整旗鼓的图西族反政府武装全国保卫人民大会在刚果（金）东部戈马以外地区展开激战。至少有 2 万人逃避战火。全国保卫人民大会的领导人洛朗·恩孔达在 1 月份签署了和平协议，但由于卢旺达胡图族反政府武装仍然在该地区活动，拒绝解除武装。	刚果（金）

10 月 31 日	联合国大会第一委员会以 145 票赞成、2 票反对、18 票弃权（美国和津巴布韦投反对票）的表决结果，决定继续推动 2006 年 10 月开始的拟订一项武器贸易条约的进程。	联合国；武器贸易；条约
11 月 5 日	俄罗斯总统德米特里·梅德韦杰夫宣布，俄罗斯将在加里宁格勒州部署短程伊斯坎德尔导弹，以便在必要时“压制”美国打算在东欧部署的导弹防御系统。	俄罗斯；导弹
11 月 7 日	布隆迪、刚果（金）、肯尼亚、卢旺达、南非、坦桑尼亚和乌干达等 7 个非洲国家领导人与联合国秘书长潘基文以及欧盟和美国代表在肯尼亚内罗毕召开紧急首脑会议，呼吁结束 8 月份开始在刚果民主共和国东部爆发的暴力活动。各国领导人呼吁北基伍省的所有武装力量和民兵立即停火，在整个地区建立一条人道主义走廊，修订维和部队的授权使其具备“维和”能力，以及根据现有协议解除所有反政府团体的武装。	刚果（金）
11 月 9 日	欧盟、联合国、俄罗斯和美国四方代表在埃及沙姆沙伊赫举行会议，由巴勒斯坦总统马哈茂德·阿巴斯和以色列外交部长齐皮·利夫尼简要介绍自 2007 年安纳波利斯会议以来已经做出的谈判努力。各方同意 2009 年初在俄罗斯莫斯科举行国际会议，作为迈向永久解决以巴冲突两国方案的一步。	以色列；巴勒斯坦领土

11 月 10 日	欧盟理事会支持联合国安理会第 1814（2008 年）号、第 1816（2008 年）号和第 1838（2008 年）号决议，通过有关采取欧盟军事行动以有助于威慑、预防和遏制索马里沿海海盗及海上武装抢劫行为的第 2008/851/CFSP 号联合行动文件。这项行动从 12 月 8 日开始，是在共同外交与安全政策框架内展开的首次欧盟海上行动（另请参见 12 月 16 日）。	欧盟；索马里
11 月 14—18 日	联合国大湖区问题特使奥卢塞贡·奥巴桑乔分别会见了刚果民主共和国总统约瑟夫·卡比拉、刚果议会议员和反政府武装全国保卫人民大会领导人洛朗·恩孔达，讨论了停火协议和刚果（金）和平进程。11 月 18 日，反政府武装从戈马以北的两条战线撤退，形成人道主义走廊。	联合国；刚果（金）
11 月 16 日	伊拉克内阁批准驻军地位协议，根据该协议，驻伊美军应该得到伊拉克政府的授权，在 2009 年年中之前撤出伊拉克城镇的大街小巷，在 2009 年期间将其基地移交伊拉克，未经伊拉克法官命令和政府许可无权擅自搜查伊拉克居民住宅，并在 2011 年年底前全部撤离。11 月 27 日，协议获得伊拉克议会批准，将取代 2008 年 12 月 31 日到期的联合国授权。	美国；伊拉克；

11月20日	联合国安理会一致通过第1843号决议，授权临时性地将联合国刚果民主共和国特派团的核定兵力增加最多至2785名军事人员，将其建制警察单位的人数增加最多至300人，直至2008年12月31日。在联刚特派团任务续期时很可能会延长这一增兵授权。	联合国；刚果（金）；维和行动
11月24日	中国和韩国在北京签署开设两国空军和海军之间军事热线的谅解备忘录，目的是为了防止意外发生的军事事件并促进在紧急情况下相互合作。	中国；韩国；建立信任措施
11月26日	印度孟买发生多达10起针对主要旅游和商业区的协同炸弹袭击，造成近200人死亡，约300人受伤。两间酒店及其他设施的近200名平民被挟持作人质。当特种部队和警察于11月28日强攻这些建筑物的时候，有多名人质和恐怖分子丧生。一个先前不为人所知的组织“德干圣战军”宣称对这些袭击负责。印度官员称这些武装分子与巴基斯坦有联系并向巴基斯坦高级专员提出正式抗议。	印度；恐怖主义
11月26日	联合国安理会批准秘书长潘基文的计划将科索沃的警察和海关职能从联合国科索沃临时行政当局特派团转移到欧盟科索沃法治特派团。科索沃和塞尔维亚均批准该计划。欧盟科索沃法治特派团到12月初具备初步行动能力，12月9日开始执行其任务。	联合国；欧盟；科索沃；塞尔维亚

12 月 2—3 日	北约在比利时布鲁塞尔召开会议，重申格鲁吉亚和乌克兰最终将加入北约，但没有提供正式的入约路线图。北约还同意恢复与俄罗斯的低级别接触，这种接触因 8 月份俄罗斯与格鲁吉亚开战被冻结。	北约
12 月 3 日	《集束弹药公约》在挪威奥斯陆举行的签署大会上开放供各国签署。在 125 个参与国中，94 个国家签署了公约，4 个国家批准生效。《集束弹药公约》将在第 30 份批准书交存后生效。	军备控制；集束弹药
12 月 4—5 日	欧安组织部长理事会在芬兰赫尔辛基举行会议，开启了就欧洲—大西洋安全展开高级别会谈的前景，但未能通过政治宣言。	欧安组织
12 月 6 日	政府军与泰米尔伊拉姆猛虎解放组织游击队在斯里兰卡北部基利诺奇镇周围爆发激烈战斗。2008 年期间战斗加剧，政府军已从反政府武装手里夺回许多重要城镇和村庄（在 25 年之久的漫长冲突中，7 万多人丧生，成千上万的人流离失所）。	斯里兰卡
12 月 6 日	俄罗斯与委内瑞拉海军 12 月 4 日在加勒比海举行联合军事演习后，一艘俄罗斯军舰自 1944 年以来首次通过巴拿马运河。	俄罗斯；巴拿马运河；军舰

12 月 8 日	欧盟理事会通过第 2008/944/CFSP 号共同立场文件，规定了军事技术和装备出口管制的共同规则。这一文件的通过使 1998 年《欧盟关于武器出口的行为规范》转变成具有法律约束力的协议。	欧盟；武器贸易
12 月 9 日	全球零核倡议在巴黎发起一项新的消除核武器运动。该团体由 100 位世界领导人组成，于 12 月 10 日至 11 日在莫斯科和华盛顿提出其倡议。	核武器；裁军
12 月 15 日	2007 年签署的《东盟宪章》正式生效，为该组织创建了一个完善的结构，赋予该组织的主席和秘书长新的争端解决作用并建立了东盟人权机构。	东盟
12 月 15 日	根据 11 月 4 日达成的协议，中国大陆和台湾地区之间自 1949 年以来首次开通每日客运航班和货物运输直航。	中国；台湾；建立信任措施
12 月 16 日	联合国安理会以 14 票对 0 票、1 票弃权（利比亚）通过第 1850 号决议，吁请以色列和巴勒斯坦履行在 2007 年安纳波利斯会议上达成的《按执行结果实施的路线图》规定的义务，敦促加强外交努力以期在中东实现公正和持久和平。	以色列；巴勒斯坦领土
12 月 16 日	联合国安理会一致通过第 1851 号决议，授权各国和各区域组织可以利用在索马里境内进行的陆上行动作为打击索马里沿岸海盗的一部分。安理会申明，该决议仅适用于索马里局势，不应被视同订立习惯国际法。	联合国；索马里；海盗

12 月 18 日	哈马斯结束与以色列为期 6 个月的停火。在随后的几天里恢复对以色列的火箭弹袭击。	以色列；加沙地带
12 月 27—31 日	以色列为摧毁哈马斯的基础设施对加沙地带发动大规模空袭，并宣布周边地区为“封闭军事区”。到 12 月 31 日，包括许多平民在内有近 400 名巴勒斯坦人丧生，更多人受伤。战斗持续到 2009 年。	以色列；加沙地带

（许巍　译）

作者简介

伊恩·安东尼（Ian Anthony）博士（英国）：SIPRI 研究所研究协调员，SIPRI“不扩散和出口控制项目”负责人。他在 SIPRI 的著作有：SIPRI《研究报告》2007 年第 22 期《改革核出口控制制度：核供应国集团的未来》（与人合写）、SIPRI《研究报告》2004 年第 19 期《从源头减少威胁：欧洲对合作减小威胁的看法》、《俄罗斯和武器贸易》（主编，1998 年）和 SIPRI《研究报告》1994 年第 7 期《中东欧防务工业的前景》（主编）。他自 1988 年以来一直为《SIPRI 年鉴》撰稿。

西比勒·鲍尔（Sibylle Bauer）博士（德国）：SIPRI 研究所的“出口控制项目”负责人、“军备控制与不扩散项目”资深研究员。之前，她系布鲁塞尔欧问题研究所研究员。她撰写了大量关于欧洲出口控制和装备问题的文章，包括《欧洲国防工业重组》（欧盟委员会官方出版物办公室，2001 年）、《法国国际关系年鉴》（Bruylant，2001 年）和《欧洲国防之路》（Maklu，2003 年）的有关章节。她还与他人合写了 SIPRI《政策报告》第 8 期《欧盟武器出口行为准则：改进年度报告》（2004 年 11 月）。她的近作还有《军火贸易》一书中的几章（Routledge，2009 年即将出版）以及与他人合写的《从预警到早期行动？关于提高欧盟危机反应能力的争论仍在继续》（欧盟委员会，2008 年）。她自 2004 年以来一直为《SIPRI 年鉴》撰稿。

南尼·博德尔（Nenne Bodell）（瑞典）：SIPRI 研究所“图书和文件部”及“军控与裁军文件搜录项目”负责人。她自 2003 年以来一直为《SIPRI 年鉴》撰稿。

马克·布罗姆利（Mark Bromley）（英国）：SIPRI 研究所“武器转让项目”研究员，重点研究欧洲武器出口、欧洲武器出口控制和南美洲武器采购问题。之前，他在英美安全信息委员会（BASIC）担任政策分析员。他的著作包括：SIPRI《政策报告》第 8 期《欧盟武器出口行为准则：改进年度报告》（2004 年 11 月，与人合写）；《欧洲安全》（2007 年 6 月）一书中的“捷克、斯洛伐克和波兰的武器出口政策欧洲化”、SIPRI《政策报告》第 21 期《欧盟武器出口行为准则对国内政策的影响：捷克、荷兰和西班牙》（2008 年 5 月）；以及在 2008 年出版的一期《欧洲外交评论》中的“走向一个共同有约束力的欧盟武器出口政策，欧盟武器出口行为准则对主要常规武器出口的影响”(与人合写)。他自 2004 年以来一直为《SIPRI 年鉴》撰稿。

彼得·克莱夫斯蒂格（Peter Clevestig）（瑞典）：SIPRI 研究所“军备控制与不扩散项目”生化武器分项的资深研究员。他从事研究瑞典医学科研团体在防止轰动性恐怖主义行为和制定实施生物安全方法方面的作用和责任。作为“北欧地区生物安全网络”的一名活跃成员，他经常讲授生物安全、生物恐怖主义、法医微生物学以及令人关切的两用技术和生物技术研究等问题。他着重在病毒学方面撰写或与人合写过许多科学读物。他的近作包括《孢子战：美国的生物安全》（《詹氏情报评论》2008 年 11 月号）和 SIPRI《生命科学实验室生物应用手册》（2009 年）。

罗伯塔·科恩（Roberta Cohen）（美国）：布鲁金斯学会非常驻高级研究员，“布鲁金斯—伯尔尼国内离散人员项目”高级顾问，乔治敦大学国际移民研究所特邀高级研究员，联合国秘书长“国内离散人员人权问题”特别代表高级顾问。她于 1998 年同弗朗西斯·登合写了关于国内离散人员的第一部研究著作之后成为一些政府、国际组织和非政府组织的顾问，并担任过美国主管人权事务的助理国务卿帮办和美国常驻联合国代表团高级顾问。

弗朗西斯·登（Francis Deng）（苏丹）：2007 年被任命为联合国秘书长“防止种族灭绝问题”特别顾问。从 1992 年至 2004 年，他一直担任联合国秘书长“国内离散人员问题”代表。他还曾先后担任过苏丹驻北欧国家和加拿大、美国的大使以及主管外交事务的国务部长。他获得喀土穆大学的法学学士学位、耶鲁大学的法学硕士和法学博士学位。他撰写和编辑过 30 多部书籍，涉及法律、冲突解决、人权、人类学、传记和民俗等广泛领域。他还写过两部小说。

维达利·费琴科（Vitaly Fedchenko）（俄罗斯）：SIPRI 研究所“军备控制与不扩散项目”的研究员，负责核安全问题和核军控与不扩散的政治、技术及教育层面。此前，他在 SIPRI 作访问学者，曾是俄罗斯“政策研究中心”研究员和项目协调员，以及莫斯科国际问题应用研究所研究员。他撰写或与他人合写了多部有关国际防扩散、裁军援助、国际核燃料循环和俄罗斯核出口的著作，包括 SIPRI《研究报告》2007 年第 22 期《改革核出口控制：核供应国集团的未来》（与人合写）。他自 2005 年以来一直为《SIPRI 年鉴》撰稿。

蒂姆·福克斯莱（Tim Foxley）（英国）：SIPRI 研究所“武装冲突和冲突控制项目”研究员，主研阿富汗政治和军事问题。以前，他曾在英国国防部担任过地区性政治和军事问题分析员，主管东欧、巴尔干和前苏联方向，从 2001 年后期开始主管阿富汗方向。2006 年，他曾在“国际安全支援部队”喀布尔司令部作为高级分析员工作过 4 个月。他关于塔利班的著作包括“塔利班的宣传工作：塔利班多么能言善辩，他们究竟在说些什么”（2007）。他负责 SIPRI 研究所关于阿富汗问题的网上博客。

季北兹（Bates Gill）博士（美国）：SIPRI 研究所第七任所长。在 2007 年 10 月加入 SIPRI 研究所之前，担任华盛顿特区战略与国际研究中心中国问题“弗里曼”讲座教授。以前，他曾任外交政策研究所高级研究员、布鲁金斯学会东北亚政策研究中心首任主任。很久以来，他一直从事国际和地区安全问题的研究和写作，专长于军备控制、不扩散、战略核关系、维和行动、军事技术发展等问题，重点是中国和亚洲。他的近作包括《新兴的新星：中国的新安全外交》（布鲁金斯，2007 年）、《中国：对照表——世界对于这个新兴超级大国需了解些什么》（公共事务，2006 年，与人合写）和《亚洲新的多边主义：合作，竞争，争取组成共同体》（哥伦比亚大学出版社，2009 年，与人合写）。

亚历山大·格拉泽（Alexander Glaser）（德国）：美国普林斯顿大学“科学与全球安全项目”研究团队成员。2006 年以来，他参与“裂变材料国际研究小组”（IPFM）的工作。他在 2005 年获得德国 Darmstadt 技术大学的物理学博士学位。2001—2003 年，他是美国麻省理工学院安全研究项目的“SSRC/麦克阿瑟”奖学金研究员。2000—2001 年期间，他曾是德国联邦环境与反应堆安全部的顾问。他是《科学与全球安全》杂志的副编辑。他自 2007 年以来一直为《SIPRI 年鉴》撰稿。

罗塔·哈博姆（Lotta Harbom）（瑞典）：乌普萨拉大学和平与冲突研究系“乌普萨拉冲突数据项目”的助理研究员。她自 2005 年起为《SIPRI 年鉴》撰稿。

约翰·哈特（John Hart）（美国）：SIPRI 研究所“军备控制与不扩散项目”的化学与生物战分项资深研究员和负责人。他的著作包括：SIPRI《化学战与生物战研究》第 17 期《俄罗斯化学武器的销毁：政治、法律和技术问题》（1998 年，与人合写）、“ALSOS 使命，1943—1945 年：一个美国秘密科学情报组织”（载于《国际情报与反情报期刊》2005 年秋季号）以及《致命细菌培养：1945 年以来的生物武器一览》（哈佛大学出版社，2006 年）中“苏联的生物武器计划”一章，与人合写了《核、生、化战的历史字典》（Scarecrow 出版社，2007 年）。他最近与费琴科合写了《大规模杀伤性武器的视察和核查机制：国际不扩散政策的前景》一书（格鲁吉亚大学出版社，2009 年）。他在 1997 年、1998 年以及从 2002 年以来为《SIPRI 年鉴》撰稿。

保尔·霍尔托姆（Paul Holtom）博士（英国）：SIPRI 研究所的“武器转让项目”研究员。以前，他是英国 Glamorgan 大学“边界研究中心”的研究员。他还是欧盟理事会关于加里宁格勒州的欧洲跨境合作项目理事会的国际专家以及 Saferworld 大学的“东北欧和东南欧小武器、轻武器研究项目”的首席研究员。他为若干刊物写过关于波罗的海国家、加里宁格勒和俄罗斯联邦的文章，并出过专著《波罗的海地区的武器过境贸易》（Saferworld 出版，2003 年）和《历史转折：阿尔巴尼亚的小武器和轻武器》（Saferworld 出版，2005 年）。他还是 SIPRI 与乌普萨拉大学的联合报告《联合国禁运：对武器流动和目标变化的影响》（2007 年）的首席作者。他的近作还有《小武器、轻武器转让的透明度：2003—2006 年间向联合国常规武器登记制度报告的情况》（SIPRI《政策报告》第 22 期，2008 年）。

诺埃尔·凯利（Noel Kelly）（爱尔兰）：2008 年 1 月以来担任 SIPRI 研究所“军费开支”、“军工生产”和“武器转让”项目的研究助理，负责这三个研究领域的电子档案以及维持 SIPRI 研究所的“军费开支”报告系统。

香农·基尔（Shannon N. Kile）（美国）：SIPRI 研究所的“军备控制与不扩散项目”资深研究员。他的主要研究领域是核军控和核不扩散，特别关注伊朗和朝鲜问题。他为 SIPRI 多种出版物撰写了大量文章，包括自 1995 年以来所有《SIPRI 年鉴》中有关核军备控制和世界核力量及核武器技术的章节。他的近著有：主编了 SIPRI《研究报告》第 21 期《欧洲和伊朗：对不扩散的看法》（2005 年）。

汉斯·克里斯滕森（Hans M. Kristensen）（丹麦）：华盛顿美国科学家联合会（FAS）“核信息项目”主任。他与人合写《原子科学家公报》杂志“核武器问题追踪”专栏文章。其近作有：《中国核力量与美国核战争计划》（FAS/NRDC，2006 年 11 月）；《全球打击：五角大楼新的进攻性打击计划年表》（FAS，2006 年）；《为威慑失败做好准备》（加拿大皇家军事研究所，2005年11月/12月）；《今日军控》（2005年9月号）月刊载文“新理论不足以实现布什的承诺”。他自2001年以来一直为《SIPRI年鉴》撰稿。

兹希洛·拉霍夫斯基（Zdzislaw Lachowski）博士（波兰）：SIPRI研究所的“欧洲—大西洋安全项目”资深研究员。他在欧洲军事安全、军备控制以及有关欧洲政治军事一体化等问题上著述甚丰。与他人合编了《变革时期的国际安全：威胁、观念和机制》（Nomos，2004年），并撰写了SIPRI《研究报告》第18期《在新欧洲建立信任和安全措施》（2004年）和SIPRI《政策报告》第18期《在欧亚地区的外国军事基地》（2007年）。2006年，他牵头撰写了《在朝鲜半岛建立信任措施》一书（2007）。他自1992年以来一直为《SIPRI年鉴》撰稿。

克莱德·麦康纳基（Clyde McConaghy）（澳大利亚）：“全球和平指数”主任。他还是技术、电影制作、风险资本和慈善行业的一批公共与私营企业的集团执行董事，又是澳大利亚和伦敦交易所中一些公司的董事。他以前曾在《经济学家》和BMW中任高职。他获得Cranfield大学的工商管理硕士学位。

齐亚·米安（Zia Mian）（巴基斯坦/英国）：普林斯顿大学伍德罗·威尔逊公共与国际事务学院“科学与全球安全项目”的物理学家，领导其中的“南亚和平与安全课题”。在过去10年间，他重点研究巴基斯坦和印度的核武器、军备控制与裁军以及核能问题。他以前曾在世界科学家联合会、可持续发展政策研究所和伊斯兰堡卡伊德阿扎姆大学工作过。他在2003年、2007年和2008年为《SIPRI年鉴》撰稿。

卡塔利娜·佩尔多莫（Catalina Perdomo）（哥伦比亚）：2009年3月之前任SIPRI研究所“军费开支和军工生产项目”研究员，负责跟踪非洲、拉丁美洲和中东的军费开支。以前，她曾先后在华盛顿的美洲开发银行以及哥伦比亚和平研究基金会驻华盛顿办事处和发展事业管理科学波哥大办事处工作，现又被聘任为联合国开发署哥伦比亚项目的顾问。她发表过许多有关安全和发展问题的作品，包括《国际体系分析瞭望台 2007—2008》一书中“安全部门改革的国际援助”一章（哥伦比亚外交大学，2007 年），与人合写的《次国家发展战略的执行报告》（IADB，2004 年）。她自 2004 年以来一直为《SIPRI 年鉴》撰稿。

萨姆·珀洛—弗里曼（Sam Perlo-Freeman）博士（英国）：SIPRI 研究所“军费开支和军工生产项目”资深研究员，负责跟踪全球主要军火生产公司的相关数据。以前，他曾是西英格兰大学经济系的高级讲师，主讲防务与和平经济。他撰写过一些著作，包括《应用经济国际回顾》一书中的“发展中国家军费开支需求”一章（2003 年 1 月，与人合写）和《军火贸易与经济发展：补偿贸易的理论与政策》一书中的“巴西军火工业的补偿和发展”一章（Routledge，2004 年）。他在 2003 年、2004 年和 2008 年曾为《SIPRI 年鉴》撰过稿。

斯文亚·珀斯特（Svenja Post）（德国）：2008 年至 2009 年在 SIPRI 研究所“欧洲—大西洋安全”项目当实习生。她获得马尔堡的菲利普斯大学政治学硕士学位，主修法律、和平与冲突问题。

伊丽莎白·申斯（Elisabeth Sköns）（瑞典）：SIPRI 研究所的“军费开支与军工生产项目”负责人。她的近作有：《私营军费服务行业》（SIPRI《和平与安全分析》2008 年第 1 期，与人合写）、《武器贸易和经济发展：补偿理论和政策》（Rougledge，2004）一书中关于国防补偿的章节；《迈向非国有化的防务》（Abstrakt，2005 年）中关于重建西欧国防工业的章节；专家论文集第 5 集《和平与安全》（GPG 国际特遣部队秘书处，2006 年）中关于武装冲突的代价；《政治家年鉴 2007》（Palgrave MacMillan，2006 年）中关于为安全提供经费的章节；《Giorgio La Pira 军备与裁军年鉴》（Jaca 书社，2008 年）中关于经济全球化对军火工业带来的挑战的章节；《暴力、和平与冲突百科全书》第 2 版（学术出版社，2007 年即将出版）中关于军工生产的经济因素（与帕尔·多瑙伊合写）。她自 1983 年以来一直为《SIPRI 年鉴》撰稿。

基尔斯滕·索德（Kirsten Soder）（德国）：2006－2007 年，SIPRI 研究所的“武装冲突和冲突控制项目”研究助理。她为该项目的研究工作提供保障，并为 SIPRI 研究所的多边和平行动数据库编纂数据。

叶卡捷琳娜·斯捷潘诺娃（Ekaterina Stepanova）博士（俄罗斯）：SIPRI 研究所“武装冲突冲突控制项目”负责人。2001 年以来，她一直是莫斯科世界经济与国际关系研究所（IMEMO）非传统安全威胁研究团队的牵头人。2003 年，她在 SIPRI 研究所担任武装冲突和恐怖主义问题的研究员。其著作有《在非对称冲突中的恐怖主义：意识形态和结构方面的问题》，SIPRI《研究报告》第 23 期（牛津大学出版社，2008 年）和《冲突中和冲突后的反恐与和平建设》，SIPRI《政策论文》第 2 号（斯德哥尔摩，1993 年）。她还是《恐怖主义与政治暴力》的编委会成员。

彼得·斯塔伦海姆（Petter Stålenheim）（瑞典）：SIPRI 研究所“军费开支和军工生产项目”资深研究员，重点跟踪欧洲和中亚各国的军费开支数据，还负责管理 SIPRI 军费开支数据库。他以前曾是斯德哥尔摩民主和选举援助国际研究所（IDEA）顾问，并在德国乔治·马歇尔中心执教。现在还受聘为瑞典贸易委员会分析员。他与他人撰写了 SIPRI《政策报告》第 3 期《高加索和中亚地区的军备和裁军》(2003 年 7 月)。他自 1998 年以来一直为《SIPRI 年鉴》撰稿。

彼得·瓦伦斯腾（Peter Wallensteen）教授（瑞典）：1985 年以来任乌普萨拉大学和平与冲突研究“哈马舍尔德”讲座教授，2006 年以来还任 Notre Dame 大学和平研究所“理查德·G. 斯塔尔曼”资深研究教授。他领导乌普萨拉的冲突数据库项目和关于实施有针对性制裁的特别项目。他已更新的第二版《理解冲突的解决：战争、和平和全球体系》一书已于 2007 年出版（SAGE）。他还与人合编了《国际制裁：全球体系中介于言语与战争之间》（Frank Cass，2005

年）和《第三方在预防冲突中的作用》（Gidlunds，2008 年）。他自 1988 年以来一直为《SIPRI 年鉴》撰稿。

皮埃特·魏泽曼（Pieter D. Wezeman）（荷兰）：SIPRI 研究所的“武器转让项目”研究员。他在该研究所从 1994 年工作到 2003 年，于 2006 年再次加入。2003—2006 年间，他在荷兰国防部担任常规武器与核武器技术扩散方面的资深分析家。1995—2003 年间、2007 年和 2008 年，他曾为《SIPRI 年鉴》撰稿。

西蒙·魏泽曼（Siemon Wezeman）（荷兰）：1992 年以来工作于 SIPRI 研究所的“武器转让项目”，任资深研究员。他的一些著作涉及武器转让的国际透明度问题，例如 SIPRI《政策报告》第 4 期《联合国常规武器登记制度前景展望》（2003 年 8 月）和与人合写的《集束武器：是必要还是为了方便?》（荷兰，Pax Christi，2005 年）等等。他从 1993 年以来一直为《SIPRI 年鉴》撰稿。

莎伦·韦哈塔（Sharon Wiharta）（印尼）：SIPRI 研究所的“武装冲突和冲突控制项目”资深研究员。主要研究维和问题及和平重建问题，特别是在冲突后局势中推动公正和建立法治问题。2001 年到 SIPRI 任职前，她在西雅图华盛顿大学国际问题研究中心研究可持续发展问题。她在维和及建设和平方面的著作包括与人合写的《向公正秩序的过渡：冲突后建立当地自掌机制》（福克伯纳德特学院，2007 年）和与人合编的《和平行动的前景：地区和国家层面》（乔治敦大学出版社，2008 年即将出版。2007 年，她领导了一个代表联合国人道主义事务协调办公室的研究项目，并完成了一项报告—《外国军事资产在应对自然灾害中的效用》（2007 年）。她自 2002 年以来一直为《SIPRI 年鉴》撰稿。

（徐家雄　译）

勘　误

本卷年鉴中的勘误将会在网址〈http：//www. sipri. org/yearbook/〉上和《SIPRI 年鉴 2010》中登出。

《SIPRI 年鉴 2008：军备、裁军和国际安全》

第 118 页第 31 行（中文版第 151 页第 13 行）“2007 年初”应改为“2008 年初”。

第 213 页第 23 行（中文版第 287 页第 5 行）“十亿第纳尔”应改为“百万镑”。